KB263396

학현 변형윤 교수 근영

학현 변형윤 전집 3

한국의 경제개발계획

학현 변형윤 전집 간행위원회 엮음

지식산업사

학현 변형윤 전집 간행위원회

고　　　　문 : 박우희 안병직 김세원 이경의 정기준 김수행
간행위원장 : 강철규
편 집 위 원 : 정일용(위원장) 김태동 이근식 장세진 이정우
　　　　　　　 박순일 신상기 윤진호 장지상 김용복 원승연
후 원 위 원 : 홍용찬(위원장) 이종태 성기학 이종기

학현 변형윤 전집 3
한국의 경제개발계획

초판 1쇄 인쇄　2012. 10. 10.
초판 1쇄 발행　2012. 10. 15.

지은이　　변 형 윤
펴낸이　　김 경 희
펴낸곳　　㈜지식산업사
　　　　　본사 • 경기도 파주시 교하읍 문발리 520-12
　　　　　　전화 (031)955-4226~7 팩스 (031)955-4228
　　　　　서울사무소 • 서울시 종로구 통의동 35-18
　　　　　　전화 (02)734-1978　　팩스 (02)720-7900
　　　　　한글문패　　지식산업사
　　　　　영문문패　　www.jisik.co.kr
　　　　　전자우편　　jsp@jisik.co.kr
　　　　　등록번호　　1-363
　　　　　등록날짜　　1969. 5. 8.
책값은 뒤표지에 있습니다.
ⓒ 변형윤, 2012
ISBN　978- 89-423-3096-6 (94320)
ISBN　978- 89-423-0066-2 (전9권)

이 책을 읽고 지은이에게 문의하고자 하는 이는
지식산업사 전자우편으로 연락 바랍니다.

발간사

이 전집은 우리나라 경제학계의 큰 별인 학현 변형윤 선생이 1955
년 9월 서울대학교 상과대학 교수로 부임한 뒤 지금까지 경제학자로
서, 교육자로서, 실천적 지성으로서 활동하면서 쓴 글과 선생의 사회
활동에 관한 기록을 모두 모은 것이다. 이 전집은 선생께서 50여 년
동안 학문 활동 및 사회 활동을 하면서 발표한 학술 논문, 다양한 매
체에 기고한 에세이, 칼럼, 서평, 좌담 및 대담, 강연문, 기념사 등을
주제별로 나누어 모두 아홉 권으로 정리하였다. 이와 함께 대담 형식
의 학현 선생 대화록을 출간하였다. 전집과 대화록을 통해 학현 선생
의 깊은 학문세계와 치열했던 사회 활동의 전모를 처음으로 한 자리
에서 살필 수 있도록 하였다.

학현 선생에게는 여러 가지 별칭이 붙어 다닌다. '학현학파의 창시
자'라는 말 이외에도 '서울 상대의 산 증인', '한국경제학계의 거목',
'진보경제학계의 대부', '대쪽 선비', '만년 야당', '이 시대의 마지막 의
인' 등이 그것이다. 모두 학현 선생의 삶과 학문의 한 면모를 드러내는
말이라고 할 수 있다.

교육자, 학자, 실천적 지식인으로서 선생의 일생은 그대로 굴곡진

6

우리 현대사의 굽이굽이를 반영하는 것이기도 했다. 선생은 지금은 북한 땅이 된 황해도 황주에서 유교 가문의 장손으로 태어나 경기중학교를 거쳐 1945년 서울대학교 상과대학의 전신인 경성경제전문학교에 입학하였다. 그 뒤 지금까지 60여 년의 세월 동안 학생으로서, 교수로서, 학장으로서, 명예교수로서 서울상대와 떼려야 뗄 수 없는 관계를 가져온 '영원한 상대인(人)'이다. 선생은 1955년 서울상대 교수로 부임하여 1992년 정년퇴임하기까지 37년 동안 제자들 교육에 진력하였다. 선생은 무엇보다도 4·19 학생혁명 뒤 걷잡을 수 없는 소용돌이에 휩싸여 있던 서울상대를 손수 재건하였고 교무과장으로서, 또 학장으로서 서울상대를 한국 최고의 인재의 산실로 발전시킨 주역이었다. 학현 선생은 제자 교육에는 무서울 정도의 엄격함과 열정으로 임하셨지만 또 한편으로는 끝없는 자상함과 배려로 제자와 후학을 돌보아 주기도 했다. 1970년대 선생께서 서울상대 학장직에 있을 때, 민주화 운동 과정에서 제적될 위기에 처한 제자들을 보호하기 위해 학장직을 내던지면서까지 애썼고, 경찰에 연행되거나 구속된 제자들을 위해 몸소 경찰서와 법원을 드나들었던 일은 지금도 많은 졸업생들의 기억에 뚜렷이 남아 있는 일화이다.

학현 선생은 경제학자로서도 경제학의 여러 분야에서 선구적인 업적을 남겼다. 선생은 1950년대 후반기에 당시로서는 아직 생소했던 경제수학, 통계학, 수리경제학, 그리고 계량경제학을 한국경제학계에 도입하여 새로운 학문을 일으켰다. 1960년대에는 누구보다 앞서 경제발전론과 경제변동론의 최신 동향을 한국경제학계에 소개하였다. 무엇보다도 선생은 일생에 걸쳐 앨프리드 마셜(Alfred Marshall, 영국의 경제학자)의 학문을 연구하고 소개하는 일에 헌신했을 정도로 '마셜학파'의 대가이기도 했다. "냉철한 머리, 따뜻한 가슴"이라는 마셜의 경구는 지금까지도 학현 선생의 좌우명이 되고 있을 정도로 선생은 마셜을 사표로 삼고 있다. 그러나 역시 학현 선생의 최대의 학문적 업적은 '한국경제학' 또는 '학현경제학'의 체계를 제시한 데 있다. 학현 선생은 일찍이 "한국경제의 현실과 밀착된 한국적 경제학의 정립"을 자신의 경제학 연구의 목표라고 밝힌 바 있다. 선생은 늘 경제학을 추상적인 이론의 틀에 가두어 두지 않고, 우리 현실에 바탕을 둔 연구이자, 곧 인간에 관한 연구로 승화시키고자 노력하였다. 이를 위해 현실분석의 수단으로서 통계학, 계량경제학 등 방법론 과목에 대한 학습이, 경제개발에 필요한 이론적 뒷받침을 위해서는 경제변동론, 경제성장론, 경제발전론에 대한 연구가, 그리고 경제발전의 가치와 방향 정립을 위해서는 경제학사, 경제철학 및 경제사상사에 대한 공부가 필요함을 역설하고 있다. 이 가운데서도 선생은 인간을 모든 가치의 중심에 놓은 '인간중심의 가치'에 기초해서 한국경제의 발전 방향을 제시하고 한국경제를 분석하였다. 그러한 점에서 선생은 경제학을 실증과학의 범주에서 도덕과학의 범주로 끌어올리고 있다고 할 수 있다.

선생의 대표작에 속한다고 할 수 있는 《한국경제의 진단과 반성》(1980), 《한국경제연구》(1986), 《한국경제론》(1989) 등의 저서에 명시적으로 또는 묵시적으로 전제되어 있는 경제발전의 가치는 첫째, 평등과 분배의 정의, 둘째, 균형적 경제발전, 셋째, 자립경제 등이다. 또한 이 세 가지 가치가 실현되는 과정을 경제 민주화로 파악하고 있다. 학현 선생을 분배주의자, 평등주의자, 구조주의자, 그리고 민족주의자, 민주주의자로 규정하는 것은 선생의 이러한 가치지향성에 말미암는다 하겠다. 이로써 학현 선생의 '한국경제학'은 한국적 현실에서 진보적 경제학의 새 지평을 열었다고 할 수 있다.

학현 선생은 이러한 학문적 업적을 토대로 하여 이를 널리 전파하고 계승하는 일에도 진력하였다. 선생이 1980년의 민주화 운동으로 말미암아 서울대 교수에서 강제로 밀려나 해직교수 생활을 하던 시절 창립한 '학현연구실'은 이후 서울사회경제연구소로 확대, 개편되면서 우리 사회의 진보·개혁적 경제학자들이 모여드는 중심 구실을 하여 왔다. 그뿐만 아니라 선생은 한국의 대표적인 진보적 경제학자들의 모임인 '한국사회경제학회'와 주류경제학에 비판적인 개혁적 경제학자들의 모임인 '한국경제발전학회'를 직접 창립하였고, 회장 및 이사장으로서 후배, 제자들의 든든한 보호막 구실을 하고 있다. 이렇게 하여 선생의 뜻을 따르는 진보적, 개혁적 경제학자들이 선생의 큰 그늘 아래 모여드니 언론에서는 이를 '학현학파'라고 부르고 있다. 학현학파는 '인간 존중'을 핵심적 가치로 삼으면서, 경제정의와 균형발전의 실현을 도모하는 경제학파라 하겠다. 오늘날 학현학파는 우리 사회의 여러 곳에서 활동하면서 민주화와 경제정의 실현을 위해 연구하고 실천하는 학자들의 집단으로 성장하였다.

학현 선생은 결코 상아탑에 안주하는 학자는 아니다. 지성인으로서 사회적 실천을 매우 중시하였다. 옳지 않은 일에는 끝없이 분노하고 저항하였다. 1960년 4·19 학생혁명 당시 자유당 독재체제에 저항하던 다수의 학생과 시민이 경찰의 발포로 희생되자 선생은 분연히 궐기하여 4·25 교수데모에 참여함으로써 4·19 혁명이 성공하는 데 결정적 계기를 만들었다. 선생은 또한 1980년 이른바 '서울의 봄' 시절에는 서울대 교수협의회 회장으로서 민주화를 촉구하는 시국선언에 앞장섰다가 군부정권에 의해 중앙정보부 남산분실로 끌려가 고초를 당하였고 드디어 4년간 해직교수 생활을 해야만 했다. 서울대 교수직에 복직한 뒤에도 학현 선생의 민주화를 위한 활동은 더 넓어지고 더 깊어졌다. 선생은 1987년의 민주화 운동 이후 창립된, 우리나라 시민운동의 효시라 할 수 있는 '경제정의실천시민연합'의 초대 공동대표로서 경제정의와 경제민주화를 위해 노력하였다. 선생은 또 이 시대의 스승으로서 경제민주화, 사회민주화, 언론민주화, 학원민주화 그리고 민족 통일을 위한 다양한 활동을 이끌었다. 선생은 그야말로 언행일치의 삶, 학문과 생활이 일치하는 삶을 사셨다고 할 수 있다. 독자들은 그 구체적 내용을 이 전집과 선생의 대화록을 통해서 확인할 수 있을 것이다.

학현 선생의 가르침을 따르는 제자들은 선생의 회갑 기념으로 《한국경제론》(1987), 서울대학교 교수정년퇴임 기념으로 《경제민주화의 길》(1992), 그리고 고희 기념으로 《한국경제의 구조개혁 과제》(1997)를 출간한 바 있다. 7년 전 선생의 팔순을 앞두고 서울사회경제연구소의 제자들을 중심으로 기념논문집 발간 문제를 논의하였으나 선생께서 극구 말리는 바람에 그냥 넘긴 일이 있다.

이 전집을 본격적으로 준비하게 된 계기는 한국사회경제학회, 한국경제발전학회 그리고 서울사회경세언구소 공동 주최로 2009년 8월 대구에서 열린 공동학술대회였다. 세계 경제위기가 확산되고, 한국 사회의 양극화가 심화되어 가고 있으며, 민생과 민주주의가 후퇴하고 있는 정치·경제의 현실을 극복하기 위해서는 새로운 가치, 새로운 접근방법이 필요하다는 데 학술대회 참가자들은 인식을 같이하였다. 그리고 그러한 새로운 가치, 새로운 접근방법을 실천하기 위한 첫 걸음으로 경제정의, 균형발전, 그리고 자립적 국민경제의 실현이라는 과제를 끌어안고 평생 연구하고 실천하신 학현 선생의 삶과 학문을 되돌아보는 것이 필요하다는 데도 의견이 모아졌다. 이리하여 선생의 전집 발간을 위한 간행위원회가 꾸려져 작업에 착수하게 되었다. 이후 3년간에 걸친 노력 끝에 마침내 학현 선생의 학문과 삶의 전모를 모은 전집 발간에 이르게 되었다.

이 전집은 9권으로 구성되어 있다. 대화록을 합하면 모두 10권이 되는 셈이다. 제1권은 경제사상과 경제철학에 관한 선생의 연구를 모았다. 아담 스미스, 앨프리드 마셜, 존 메이너드 케인스, 조지프 슘페터, 그리고 군나르 뮈르달 등의 경제학자에 대한 선생의 연구를 이 책에 모았다. 독자들은 이를 통해 한국 경제발전의 가치 형성에 이들의 이론적, 철학적 논의가 어떤 영향을 미쳤는지 알게 될 것이다.

제2권은 경제학 각 분야, 특히 경제변동론, 경제성장론, 경제발전론, 경제체제론, 그리고 수리경제학, 계량경제학에 대한 선생의 이론적 연구를 수록하였다. 이를 통해 독자들은 선생의 경제학 연구가 얼마나 광범하고 또 선구적인 것인지를 확인할 수 있을 것이다.

한국경제에 관한 선생의 글은 제3권에서 제7권까지 다섯 권으로 나누어 정리하였다. 제3권에는 경제개발계획과 개발전략에 관한 글을, 제4권에는 한국 경제성장의 역사적 과정과 성장의 모순에 관한 글을, 제5권에는 산업구조와 인구구조의 분석에 관한 글을, 제6권에는 세계경제와 한국의 무역구조, 그리고 대외경제정책에 관한 글을, 그리고 제7권에는 경제민주화와 한국경제의 과제에 관한 글을 수록하였다. 통일, 경제윤리, 환경문제에 관한 글도 제7권에 포함시켰다.

제8권에는 학현 선생이 일상 생활에서 느낀 감상을 서술한 가벼운 에세이를 모았다. 주제가 일정하지 않은 짧은 글들이지만 오히려 세상사에 관한 선생의 높은 식견과 인품의 향기를 읽을 수 있을 것이다.

제9권에는 학현 선생의 '삶의 발자취'라는 제목으로 선생의 다양한 사회활동 가운데 쓴 강연, 기념사, 축사, 치사뿐만 아니라 대중매체에 보도된 선생에 대한 평, 그리고 각종 화보를 포함한 활동 보도 내용도 함께 실었다.

요즘처럼 사회가 어지럽고 나아갈 방향이 잘 보이지 않을수록 큰 가르침을 주고 올바른 방향을 알려줄 수 있는 큰 스승의 존재를 우러르게 되는 법이다. 따라서 학현 선생의 학문과 인품을 직접 보고 배울 수 있는 기회를 가졌던 우리 제자들은 이를 참으로 행운이라 여기고 자랑으로 삼지 않을 수 없다. 선생께서는 여든을 훌쩍 넘긴 연세에도 불구하고 요즈음도 매일 서울사회경제연구소에 나와서 글을 읽고, 사색하며, 집필 활동도 하고 있다. 우리 모두 선생의 건강과 장수를 기원해 마지않는다.

이 전집을 발간하는 과정에서 수많은 사람들의 열성과 노력이 있었다. 전집 발간을 위해 애써준 전집간행위원회 위원 여러분, 전집 발간을 재정적으로 후원해주신 분들, 그리고 기꺼이 출판을 맡아 수고해주신 지식산업사 김경희 사장과 직원 여러분에게 깊은 감사를 드린다.

2012년 9월
학현 변형윤 전집 간행위원회 위원장
강 철 규

차 례

제2편 발전전략과 경제정책

학현 변형윤 전집 차례

제1편
개발의 논리와 경제개발계획

한국의 경제개발계획

1. 서 언

최근 경제개발계획에 대한 관심은 개발계획을 추진하고 있는 나라가 점점 많아지고, 계획이 사회경제체제의 차이에 관계없이 중요한 정책수단의 핵심으로 등장함에 따라 현저히 높아지고 있다. 이러한 추세는 후진성의 극복이라는 긴박한 요청 때문에 저개발국에 있어서 더욱 뚜렷하다. 일찍부터 계획을 모든 경제정책의 강력한 수단으로 채택한 중앙집권적 사회주의경제에 있어 계획의 중요성은 췌언이 불요하거니와, 서구자유경제에 있어서도 계획은 전시의 물자 및 인력의 원활한 조달과 전후의 급속한 부흥을 이룩하려는 여러 정책 상호 간의 일관성을 보장하기 위한 수단으로서 시도되었다.

오늘날에 와서 계획 자체의 필요성은 어떠한 경제체제 아래서도 인정되는 바이나, 계획의 형식이나 그 경제적 의미는 각국이 처한 사회경제적 조건 등에 따라 크게 달라진다. 중앙집권적인 계획체제를 갖는 나라의 경제계획은 그 개념에 있어 자유기업 중심의 혼합경제와는 크게 다르다. 계획의 내용과 범위는 각국이 처해 있는 독특한 정치, 사회 및 경제적 조건에 따라 영향을 받지 않을 수 없으며 계획의 목적은 물론 그 집행수단도 이들 조건들과 긴밀하게 연관되어 있다. 따라서 계획작성의 방법은 선행되는 계획의 목적과 사회경제적 조건이 용인하는 수단에 따라 달라지지 않을 수 없다.

선진 자유경제가 겪은 1930년대의 대불황은 고용수준 유지를 위한 시장기구의 자동조절 기능에 대하여 회의를 낳았고 완전고용에 대한 중앙정부의 책임 있는 정책의 필요성을 환기시킴으로써 경제문제에 대한 국가의 개입영역을 대폭 확대시켰다. 또한 전후에 닥쳐올 불황에 대한 대비책으로서 혹은 실제로 닥쳐온 불황에 대한 타개책으로서 장기적 경제성장을 지속할 수 있는 정책으로 관심이 옮겨졌다. 그러나 자유기업을 주축으로 하는 구미경제에 있어서는 공공부문의 확대는 사유재산제도와 시장기구를 보완하고 소득, 임금, 물가 및 기타 공공정책을 상호 조정하면서 공동의 사회목적을 추구하기 위한 민간의 지원을 망라하는 정도였다.

주요 생산수단이 국가에 의하여 점유되어 경제활동이 영위되고 있는 소련 등 사회주의경제체제를 기반으로 하고 있는 나라에서는 계획은 개별 기업의 경제활동을 시장기구를 통하여 인도하는 것이 아니라, 국가계획에 의하여 개별 경제단위의 경제활동을 지시·통제하는 것이 원칙이다. 따라서 자유경제의 계획은 사기업 운영을 민간의 의사에 맡기면서 공공정책으로 이를 '인도조정'(引導調整)하는 데 반하여 사회주의경제의 계획은 개별 경제활동을 국가가 직접 '결정지시'하는 것이다.

정치 및 사회가 제도화하는 데 한 나라가 달성한 개발의 정도는 계획의 일반적 목적뿐만 아니라 정책수단의 선택을 결정하는 요인이 된다. 계획의 목적과 수단 사이에는 독자적으로 결정될 수 없는 상호의 존성이 놓여 있다. 왜냐하면 계획의 집행수단은 주어진 목적에 부합하여야 할 뿐만 아니라 그 목적 또한 정부가 할 수 있는 집행(정책)수단에 비추어 현실적으로 설정되어야 하는 것이기 때문이다. 선진 자유경제에서 계획의 특징은 정부의 정책수단이 주로 재정금융정책과 같은 간접적인 방법으로 민간부문을 유도하는 데에 있다. 따라서 계획의 주된 목적은 기술의 발전과 인구의 증가에 따라 확대되는 가용자원을 최대한으로 이용하는 것이다. 이와는 대조적으로 중앙집권적 계획체제 아래에서는 모든 경제의 운영이 통제기구의 직접 통제하에 있어 정부의 계획목적 설정에 대한 장애는 비교적 적다. 여기에서 계획의 주된 목적은 극대성장률의 달성과 동시에 생산과 분배의 사회적 기반을 전환시키는 정치적 목적에 중점을 두게 된다. 대부분의 저개발국에 주어진 정책수단은 대체로 자유 및 혼합경제적 유형에 속하는 것이다. 그러나 실제 정책수단의 복잡성은 선진경제의 경우와 크게 다르다. 왜냐하면 저개발국의 경우, 계획의 목적은 경제개발의 요청에 따라 현재 경제사회구조를 개혁하거나 새로운 것에 대하여 적응하는 것이기 때문이다. 경제성장과 관련하여 볼 때 대다수의 저개발국이 당면한 가장 큰 어려움은 자본의 부족이며, 따라서 무엇보다도 자본축적을 조속히 실현할 수 있는 소득과 생산의 급속한 증가가 요청된다. 이러한 성장을 달성하는 데는 급속한 공업화, 농업의 개발 및 사회간접자본의 조성 등이 구체적 과제이다. 그러나 소득분배의 균점, 균형된 지역개발, 고용기회의 확대 및 경제안정의 토대 구축 등도 커다란 관심의 대상이 된다.

계획의 다양성은 또한 서로 다른 발전단계에도 연유하고 있다. 왜냐하면 계획작성의 자료나 기술은 각국이 처한 발전단계에 따라 크게 다를 뿐 아니라 전근대적 잔존물은 가능한 정책수단과 필요한 목적을 규정짓기 때문이다.

한편 똑같은 발전단계에 있는 나라들도 그 지리적 조건이나 역사적 배경을 달리 한다. 이러한 사회적 유형의 차이는 일반적으로 보아 저개발국 사이에 더욱 심한 경향이 있다. 사회적 제약이 나라마다 다른 것은 개발계획의 다양성에 대한 다른 하나의 원인이 된다. 대부분의 저개발국에서는 조직화된 시장기구가 봉건적 토착경제와 병존하고 있다. 따라서 어떠한 획일적 계획방법이란 있을 수 없는 것이며 각국의 특수사정에 적합한 신축성 있는 계획 기술의 선택이 필요하다.

2. 개발계획과 시장기구

개발목적을 위한 시장기구의 역할을 규정하는 것은 계획과 가격기구 사이의 한계를 긋고 개발계획을 효과적으로 이루어 나갈 수 있는 기본이 되는 것이라고 할 수 있다. 시장기구에 대한 완전한 긍정은 계획 자체의 존재이유를 부정하는 것이 되며, 이에 대한 완전한 부정은 계획만능이라는 결론을 유도함으로써 경제개발을 위한 합리적 사회제도 및 정치제도에 대한 추론으로 발전하는 것이다. 왜냐하면 자유로운 생산자와 소비자의 원자적 경쟁에 의하여 결정되는 가격에 대한 불신은, 개개인의 자유로운 경제활동에 대한 회의와 몇몇 사람에 의하여 작성된 계획에 대한 과신이 되고 전체주의적 사회체제에 대한 논거가 될 수 있기 때문이다.

시장기구는 개발과정에 있어 비효율적이고 타당한 지침을 제공하지 못하며 때로는 개발 자체와 무관하게 움직인다고 비판하는 논자들은 대부분의 저개발국에서의 가격기구는 초보적인 단계에 있으며, 따라서 시장가격은 가속적인 개발과정에 수반되는 여러 가지 변혁을 수행토록 하기에는 미약하다는 것을 논거로 내세운다. 더욱이 저개발국의 여러 가지 구조적 불균형은 상품과 생산요소의 시장가격이 이들의 사회에 대한 진정한 기회비용을 반영하지 못하고 있다는 것이다. 또한 투자규모와 그 구성도 개별 투자가의 결정에 맡기기에는 너무나 중대한 것이며 현재의 상태는 단순한 한계적 조정이 아닌 장기간에 걸친 커다란 구조적 변화를 그 경제의 기본과제로 하기 때문에 시장기구는 계획에 의하여 대체되어야 한다는 것이다.

이에 대하여 시장옹호론자들은 시장기구의 단점은 그 자동적 기능에 견주어 대수롭지 않은 것일 뿐 아니라 중앙집권적 계획기구에 의한 세부적 계획은 시장기구보다 훨씬 큰 위험성을 내포한다고 말한다. 따라서 개발정책은 시장기구를 세부적 계획에 의하여 대체하기보다는 차라리 이를 개선, 보강함으로써 운영에, 저렴한 개발행정의 도구로서 활용하여야 한다는 것이다. 고전적 자유주의의 현대적 기수로서 존슨 (H. G. Johnson) 교수는, 시장기구는 저개발국의 경제정책을 집행함에 있어서 저렴하고 공정한 개발행정의 수단이라고 주장하고 있다. 시장가격에 의한 소비재의 배분은 소비자의 효용을 극대화시키며 주어진 생산재의 배분은 이윤극대화를 가능하게 한다. 또한 주어진 생산요소는 소득이 극대화되도록 각 산업에 배분되며 주어진 요소 간의 상대가격은 이윤극대화를 보장하는 생산기술을 도입케 한다는 것이다. 시장은 이와 같이 하여 일정한 시점에서의 균형뿐만 아니라 흘러가는 시계열 위에서도 극대성장을 유도한다. 즉 시장기구의 움직임에 따라 개별 소비자는 소득의 극대화를 위해 그가 가진 생산요소인 노동, 자본, 토지의 생산성을 최대한으로 개발하며, 생산자는 이윤의 극대화를 위하여 기술의 혁신과 자본축적을 과감하게 추진한다는 것이다.

그러나 시장기능의 완전성을 저해하는 요인은 대체로 다음의 두 가지로 나누어 생각할 수 있다. 그 첫째는 경제활동의 주체로서의 개개인은 시장 사정에 관한 충분한 정보를 갖지 못하고 있다는 것이다. 낮은 교육 수준, 전통적 가치관, 지역 간의 통합을 저해하는 운수·통신시설의 부족 등은 이러한 정보의 부족을 초래하는 주된 요인이 되며 이러한 현상은 저개발국에서 한층 더 심각하다. 따라서 시장기구에 대한 보완은 교육제도 및 운수·통신시설의 확충, 소비와 생산에서 잉여를 극대화할 수 있는 근대적 가치관의 확립과 이를 위한 법적 제도의 정비 등이 될 것이다.

시장기능의 완전성을 저해하는 두 번째 요인은 개인의 이익과 사회적 이익이 불일치한다는 사실이다. 개인적으로 유리한 것이 사회 전체로서도 유리하다면 개인의 이익추구는 시장의 가격 기능을 통하여 사회적 이익을 극대화하는 것으로 적극 옹호되어야 할 것이다. 그러나 개인이 자기이익을 위하여 하려고 하는 바가 사회 전체에 절대적 혹은 기회적 손실을 초래한다면, 시장기구는 사회적 발전을 위하여 마땅히 재검토되어야 할 것이다. 이러한 개인과 사회의 채산성의 불합치는 주로 규모의 경제와 외부경제에서 초래되는 것이다.

시장기구의 역할은 저개발국에서 더 불완전하며 그 가운데에서도 투자시장에서 더 불충분하다. 왜냐하면 저개발국에서는 시장정보가 더 느리며 개개인의 시장활동이 더 미숙하기 때문이다. 더욱이 투자활동은 현재의 욕망을 극대화시키는 소비행위와는 달라서 현재의 이윤을 극대화하려는 것이 아니라, 일정한 자본설비가 설치된 후 자본재의 내구기간 중의 이익을 현재가치로 환산한 이윤의 총계를 극대화시키는 것을 목적으로 하는 것이므로 시장정보의 지연이나 시장활동의 미숙 이외에도 다음과 같은 곤란을 수반한다.

① 개별 투자가 가령 기업가의 이윤을 극대화시킬 수는 있다 하더

라도 외부경제와 산업 간의 보완성 때문에 순한계사회적 생산을 극대화하지는 않는다. 따라서 독립적인 개별 투자에 비하여 일련의 사업에 대한 동시적 투자는 사회 전체로 볼 때 판이한 결과를 초래할 수도 있다.

② 시설장비의 내구연한이 길므로 개별 기업가의 예견이 불완전, 불확실하다.

③ 투자는 본질적으로 불가분의 일정 규모에서 이루어져야 하며, 시장기구와 가격이론이 가정하는 사소한 한계적 변화는 비현실적이다.

④ 자본시장은 불완전하며 가격뿐만 아니라 제도적·전통적 요인에 의하여 지배된다.

이와 같은 이유로 시장기구는 개발과정에서 가장 핵심적인 자본축적에 대한 사회적 요청에 부응하지 못한다.

한편 시장기구에 의한 총수요·공급 면의 균형은 이미 1930년대 이후 흔들렸고 고용수준의 유지를 위한 보정적 재정금융정책은 이미 정부의 일반화된 책임이 되었다.

요컨대 시장기구는 개별 경제단위의 잉여를 극대화하는 채산적 기능은 할 수 있으나, 거시적인 견지에서 본 극대생산 수준 유지를 위한 사회적 자원의 최적배분의 실현까지는 보증할 수 없는 것이다.

계획의 목적은 시계열상의 국민소득을 극대화시키려는 것이며 이를 위하여 투자규모의 극대화와 투자구성의 적정화가 기도된다. 계획의 수단은 화폐금융, 재정 및 상업정책과 투자유인 및 경제동향의 추세에 관한 정보의 제공과 같은 간접적인 것일 수도 있고, 공공투자와 같이 직접적인 것일 수도 있다. 직접적 수단이 동원되지 않더라도 투자자에게 산업 간의 상호의존에서 초래되는 부문 간 수요와 투자의 국내 및 수출입상품 수요에 미치는 영향에 관한 정보를 제공하기 위하여 계획은 필요하다. 이러한 정보는 투자구성을 유리하게 유도할 수 있다.

비록 간접적인 방법에만 의존하더라도 적극적인 경제정책의 필요성은 결코 부정될 수 없다. 그러나 계획의 정도에 관하여는 국가의 개입이 단지 때때로 필요한 처방이라는 자유주의적 사고와 계획은 계속 보강, 확대되어야 한다는 적극적 견해의 두 가지 태도로 나누어져 있다. 전자는 사적 투자는 정상적으로 최적상태를 구현한다는 가정에 근거하고 있으며, 후자는 개별 투자자의 결정은 국민소득을 극대화시킬 수 없다는 데 입각하고 있다. 계획의 내용과 그 정책수단이 서로 다른 사회제도에 의하여 결정되듯이 시장기구와 계획의 조화 또한 크게 가치판단에 달려 있는 것이지만, 이론적으로는 빈곤한 나라일수록 시장기구보다는 계획에 의존할 필요가 더 크고 간접적 재정금융정책보다 직접적 통제방식이 요구된다고 할 것이다. 가격기구의 기능이 그만큼 허약할 뿐 아니라 유인을 제공하고 경제행위에 효율성을 부여하는 것보다 급속한 성장이 그만큼 더 요청되기 때문이다. 따라서 계획에 대한 필요가 더 클수록 부패하지 않은 정부와 능률적인 관료제도에 대한 필요는 더 커진다. 그러나 시장기구에 대한 신뢰는 정부에 대한 불신에서 역사적으로 초래되었음을 상기할 필요가 있고, 부패한 정부에 의한 계획은 시장기구보다 더 큰 위험이 있음을 간과하여서는 안 될 것이다. 계획에 대한 절실한 필요에 부응할 수 있는 공정하고 능률적인 정부를 갖지 못한 것은 저개발국의 계획에 대한 커다란 제약조건이 아닐 수 없다. 충분한 훈련에 의하여 능률적이고 공정한 정부와 관료가 출현할 때까지 계획의 범위는 그 능력에 합당하도록 제한되고 시장기구를 최대한 활용하기를 루이스(W. A. Lewis)는 시사하고 있다.

3. 개발계획의 내용

저개발의 현상이 광범한 영역에 걸쳐 있고 그 이론이 다기(多岐)한 것처럼 개발계획의 내용도 광범한 사회경제적 재편을 포함한다. 그러나 이미 개발된 여러 나라의 개발과정이 보여주듯이 저개발의 사회적 징표는 경제개발과 자본축적이 진행됨에 따라 점차 적응될 수 있다고 보는 것이 타당할 것이다. 기업가정신과 기술혁신에 대한 저개발국 사람들의 태도가 완전히 변하고 난 뒤에까지도 경제개발계획의 착수를 연기한다는 것은 무의미하며 불필요한 시간의 낭비로 생각된다. 이러한 것들은 차라리 경제개발의 주축으로서의 자본축적과 생산시설의 확충에 따라 점진적으로 개선되기를 기대하는 것이 온당한 일일 것이다. 영세한 저생산성의 가족영농 형태 아래서 근대화의 정신적 추진력이 개화될 것을 기대하기는 곤란하다.

저개발의 균형은 수요 측에서 높은 엥겔 계수로 나타나고 공급 측에서는 저생산성으로 나타나며, 이 두 개의 측면은 고용구조상에서 농업부문의 큰 비중으로 나타난다. 개발이 진행됨에 따라 더 많은 사람들이 식량 이외의 다양한 소비재를 필요로 하게 되고 공업부문에 더 많은 인구가 종사하게 된다. 그리하여 개발의 과정은 저소득으로부터 고소득으로 옮겨가는 과정이며, 그 고용구조 및 산업구조상의 투영은 공업화로 특징지어진다. 단조로운 목가적 생활로부터 복잡한 도시의 생활에 적응하려는 데서 노동자의 생존경쟁의 의욕은 더욱 적극적으로 변하고 인간성은 정의적인 것에서부터 합리성과 채산성을 갖게 된다. 동시에 불규칙한 농사일과는 달리 규칙적 작업에 종사하게 됨에 따라 노동자는 숙련을 증진하며 더욱 전문적인 기술을 습득할 수 있게 된다.

따라서 개발계획의 중추적 내용은 공업화의 진도를 가속화하고 물적 생산시설을 확충하기 위한 생산적 투자활동과 그 배분에 있다고 할 수 있다.

생산적 투자가 인구증가율을 상회하고 1인당 실질소득의 증가를 이룰 수 있도록 충분한 규모로 투자를 확보하는 것은 개발계획의 첫째 임무라 할 수 있다. 이러한 자원의 동원을 위하여 자유주의와 사회주의국가는 각기 다른 방법을 채택하는 경향이 있다. 전자는 정부투자의 증가를 주로 징세수단에 의존하고 민간투자를 유발하는 데 더욱 중점을 두는데 반하여 후자는 산업, 금융, 무역 등의 국유화와 그 이윤의 재투자에 역점을 두고 있다.

일반적으로 자원의 동원방안은 다음의 시책들을 포함한다.

① 정부투자의 확대를 위한 산업시설의 국유화, 농산물에 대한 과세, 일반적인 조세 등.
② 민간투자의 촉진책으로서는 비생산적 재산처분에 대한 과세, 강제저축 및 강제대여, 이윤의 배당에 대한 제한 등.
③ 해외투자의 유치를 위한 유인의 제공 등.

개발계획의 둘째 요소는 극대성장 혹은 극대생산을 이루도록 투자를 각 산업부문 간 혹은 사업계획 간에 적절히 배분하는 것이다. 투자기준에 관한 체너리(H. B. Chenery)와 갈렌슨-라이벤스타인(D. Galenson -H. Leibenstein) 사이의 유명한 논쟁은 결국 더 높은 성장률을 달성하는 것과 총생산을 극대화하는 것 중 어느 것이 저개발국의 급선무인가에 관한 논쟁이라고 할 수 있다. 사회적 한계 생산력(Social Marginal Productivity)을 극대화하려는 체너리의 이론은 저개발의 구조적 불균형으로 인하여 생산요소의 시장가격은 그 기회비용이나 희소성을 충분히 반영하지 못하므로, 시장가격에 의한 투자의 배분이 총생산을 극대화하지 못한다고 전제하고, 투자는 생산요소의 희소성을 반영한 계산가격에 의하여 각 산업 간에 배분되어야 한다는 것이다. 저개발국에서 자본은 그 희소성에 비하여 값이 싸고 노동시장은 현존 임금수준에서 초과공급 상태에 있으므로, 시장가격에 의한 투자의 배분은 이용 가능한 생산요소를 전부 고용할 수 없고 사회적 생산은 극대화될 수 없다. 따라서 더 노동집약적인 산업에 대한 투자를 우선함으로써 당면한 고용문제를 완화하며 자본을 더욱 경제적으로 사용함으로써 당장의 빈곤을 해결하는 데 더 큰 도움이 된다고 한다.

이에 대하여 갈렌슨과 라이벤스타인은 임금은 대부분 소비되며 이윤은 전부가 저축된다는 가정 아래 급속한 자본축적을 뒷받침하는 저축률의 극대화를 위하여 상대적으로 이윤이 커지는 투자를 택하여야 한다고 주장한다. 결국 자본집약적 산업에 대한 투자가 장래의 높은 생산과 소득수준을 위하여 필요하다는 것이다. 라인벤슈타인에 따르면 일시적 생산의 극대화는 총소득 중 이윤의 비율을 저하시킴으로써 사회 전체의 저축률과 투자율을 낮추어, 결국 장기적 성장의 목적에 배치된다.

그러나 라이벤스타인이 가정하듯 추가이윤은 반드시 저축된다고 보증할 수는 없다. 저개발국의 광산이나 대규모 재식농업에 투자된 해외자본에 대한 이윤이 본국에 회수된 사례는 너무나 빈번하였다. 만일 자본가가 추가소득으로 외래품을 구입하고 공업노동자는 그 추가소득을 농작물에 지출하며 농민이 저축과 투자를 늘릴 수 있다면 노동집약적인 투자가 오히려 저축과 투자에 더 기여할 수도 있다. 한편 조세는 생산적 투자에 크게 기여하므로, 소득 중에서 이윤이 차지하는 비율 여하에 불구하고 정부가 더 많은 소득에서 더 많은 조세를 징수할 수 있다면 당장의 생산과 소득 극대화는 성장률의 향상을 위해서도 더 유익한 것이 된다. 이러한 경우에 비추어 볼 때 성장이 이윤의 상대적 크기에 의하여 결정된다는 갈렌슨-라이벤스타인의 이론은 일반화될 수 없는 것이다.

또한 장래의 생산을 극대화하는 것이 현재의 생산을 극대화하는 것보다 더 중요하다는 생각도 일반적으로 용납될 수 없다. 한 사회가 먼 장래를 예견하며 이에 대처하는 것이 사회의 발전을 위하여 중요한 것은 사실이지만, 그 시한의 장단(長短)은 현재의 생산에 대한 긴박도에 달려 있다. 만일 현재의 생활수준이 견딜 수 없을 정도로 낮다면 현재의 욕구충족이 더욱 우선되어야 할 것이다. 이러한 현재의 생활수준에 대한 지표는 무엇보다도 실업의 정도에 달려 있으며 이러한 경우 고용의 증가와 노동자의 소비재 공급을 위하여 투자는 적절히 제한될 필요가 생겨난다.

그러나 노동집약적 산업에 대한 맹목적 투자는 조그마한 수공업적 생산단위가 영세화하여, 특히 선진의 대규모 자본집약적 생산과 경쟁할 때 불리한 점을 지적하지 않을 수 없다. 요소의 시장가격이 그 희소성을 충분히 반영하지 못하는 상태에서 노동집약적 방법에 의한 생산은 필연적으로 더욱 싼 자본을 집중적으로 사용하는 산업에 비하여 열세를 면치 못하기 때문이다.

그러므로 투자배분에 있어서 획일적인 기준을 설정하기보다는 개발의 단계와 유형, 그리고 국제경제에 대한 의존도에 맞추어 당면한 경제적 요청—극대생산과 극대소득—에 부응하는 한편, 경쟁력과 성장을 최대한 고려하여야 할 것이다.

경제개발은 그 단계와 유형에 따라 서로 다른 선도부문(Leading

Sector)이 연쇄적으로 성장을 주도함으로써 이루어진다. 이러한 선도부문이 있을 수 있는 근거는 개발의 기회나 가능성이 모든 부문에서 동일하지 않고 규모의 경제가 작용하기 때문이다. 개발계획에 있어서의 투자의 배분은 선도부문으로 일어날 가능이 있는 산업에 집중적인 투자를 함으로써 확산효과를 내도록 광범하게 하는 것이다.

개발계획에서 투자의 배분에 있어서는 몇 가지의 보완적 투자를 필요로 한다.

농업에 대한 투자는 공업노동자와 그 소득의 증가에 대처하여 필요한 식량수요를 충족하기 위하여 반드시 필요하다. 농업인구의 상대적 혹은 절대적 감소에도 불구하고 개발 초기에 일어나는 커다란 식량수요를 충당하려면 무엇보다도 농업노동의 생산성을 급격하게 높여야 할 것이다. 수리, 사방, 관개사업과 개간, 간척사업 등은 이러한 생산성 증가를 위한 물적 투자이지만, 새로운 영농방법을 도입하도록 하기 위하여 농촌지도사업과 계몽사업의 확대와 같은 인간자본에 대한 투자와 제도적 개혁이 동시에 수반되어야 할 것이다.

공업노동자와 농민은 그들의 생산성 증가에 따라 더 많은 소비재를 필요로 하므로 개발투자의 전략적 배분이 자본재 생산에 치중된 경우에도 적당한 소비재 생산을 위한 투자에 유의하여야 할 것이다.

다음으로 필요한 보완적 투자로 수송, 통신, 주택 등 사회시설에 대한 투자를 들 수 있다. 이러한 시설은 생산을 위하여 직접적으로 필요하거나 그 생산에 종사하는 노동자를 위해 없어서는 아니 될 것들이다. 사회간접자본에 대한 투자는 그 회임기간이 길고 거대한 자금을 필요로 하는 한편, 직접적인 생산효과를 초래하지는 않는 보조적 수단이므로 적기에 필요한 이용을 제공함으로써 생산효과를 극대화시키도록 주의하여야 할 것이다.

개발계획이 원활히 추진되려면 그 과정에서 적어도 두 가지의 균형을 보전하여야 할 것이다. 즉 그 하나로 원재료나 기술자의 부족과 같은 실물적 어려움으로부터 계획추진을 방어하기 위하여 실물적 균형이 확보되어야 한다. 즉 어떤 투자를 계획할 때 이에 필요한 자재나 인력은 이미 다른 투자에 의하여 확보되어 있어야 한다. 각 산업은 서로 밀접불가분의 연관관계를 갖고 있으므로 이러한 실물적 균형은 수많은 재화의 수요-공급 간에 균형이 이루어지는 것을 말한다. 그런데 이러한 조건을 충족시킬 수 있는 유용한 도구는 투입산출표에 의하여 제공될 수 있다.

두 번째로 화폐적 균형은 전체소득 중 소비나 투자에 지출되는 만큼 실제로 시장에서 소비재와 투자재를 공급할 수 있는 것을 말한다. 예컨대 만일 소득 가운데 소비목적을 위하여 지출되는 금액이 실제로 시장에서 얻을 수 있는 소비재보다 많을 때 화폐적 교란, 즉 인플레가 발생한다. 화폐적 균형의 다른 하나는 외환의 수요와 공급 사이의 균형이다. 이러한 균형이 유지되려면 총수출과 총수입이 외환 면에서 균형을 이루어야 하는 것이다. 화폐적 균형의 파괴는 인플레나 국제수지 역조를 초래함으로써 결국 실물적 장애요인을 형성한다.

개발계획이 취급해야 할 또 하나의 문제는 능률적인 자원의 이용에 관련된 가격기구의 기능이다. 우선 가격은 계산수단으로 기능하여 생산비용과 생산품의 가치를 결정한다. 따라서 여러 가지 생산수단과 생산품의 사회적 비용과 중요도 및 그 희소성을 반영하는 적절한 가격체계를 갖추는 것이 필요하다. 이러한 가격체계 없이 개인의 채산성은 사회적으로 볼 때 무가치한 것이기 때문이다. 가격체계의 다른 하나의 기능은 유인(incentive)이다. 공익성이 강한 공공부문에 있어서도 공공기업의 독립채산이나 경영합리화가 전제되는 한, 지시에 의한 현상의 개선보다 그 경영자가 솔선하여 바람직한 경영정책을 세우도록 유인하는 가격체계의 필요성은 인정된다. 그러나 정부의 지시나 통제의 권외에 있는 민간부문에 대하여 이자율 등의 가격체계는 그들의 경제행위를 계획이 의도하는 방향으로 이끄는 중요한 수단이다.

그러나 경제개발의 초보단계에서 정상적인 가격체계의 확립은 부차적인 것에 불과하였던 것을 역사적 사실에서 볼 수 있다. 그 이유는 가격의 경직성이 개발의 초기단계에서 더 심각하기 때문이다. 그러나 고도의 경제개발을 성취하여 국민경제가 더욱 다양화하고 복잡하게 된 뒤, 올바른 가격체계에 의하여 자원을 효율적으로 사용하고 올바른 경제활동을 유인하는 것은 더 중요한 일이 될 것이다.

4. 계획기술

1) 계획의 일반적 과정

지금까지 논술한 개발계획의 내용을 숫자화 하는 과정이 바로 계획기술에 속한다. 자연과학에서 보듯이 필연적인 관계는 아니라고 하더라도, 사회현상에도 상호 간에 개연성의 관계가 있음은 일찍부터 인정되어 왔다. 이상적인 계획은 바로 이러한 개연성의 바탕 위에서 정립된 일련의 모형체계로부터 출발하는 것이다. 따라서 계획은 그 핵심을 이루는 개발모형의 설정과 이에 합당한 투자의 배분 및 정책들로 구성된다.

계획의 목표를 무엇으로 설정하느냐는 것은 한 사회의 후생을 주로 결정하는 인자가 무엇이냐에 달려 있으며 이를 뒷받침하는 정책수단은 주어진 사회의 정치제도에 의하여 크게 결정되지만 일반적인 정책수단으로서는 공공투자정책, 조세 및 보조금 등 공공재정정책, 노임,

이자, 이윤과 같은 가격정책과 무역정책 등을 들 수 있다.

계획의 첫 단계는 모형을 구성할 변수의 선택이며 그 둘째 단계는 추출된 변수 간의 상호관계를 수식으로 도출하는 것이다.

계획모형은 여러 가지 전문지식의 유기적 결합에 의하여 정립된다. 이러한 전문가로서 기술자, 통계학자, 계량경제학자, 거시경제학자, 사회학자, 심리학자 및 정치전문가를 들 수 있다. 그러나 계획과정의 핵심적 역할은 역시 개별 함수관계를 집성하고 제합성을 가지도록 조정하는 거시경제학자에게 있다고 할 것이다. 계획모형의 구성에 있어서 거시경제학자와 각종 전문가 사이의 분업을 보면 모형을 구성하는 변수의 목록은 각 분야 전문가의 제안과 토의에 의하여 결정되지만, 개별 함수의 성격과 이에 포함될 변수의 결정, 계수의 선험적 추정 및 연립방정식체계에 의하여 결정된 계수에 대한 사후적 판단은 각 분야별 전문가에 의하여 이루어지며 모든 계수를 동시에 결정하고 모형체계를 푸는 것은 거시경제학자의 과제이다.

이러한 과제는 틴베르헌(J. Tinbergen)에 따르면 수리적 모형의 동시적 해법에 의하여 진행되는 것이 이상적이다.

그러나 대부분의 개발계획은 이러한 완전한 모형에 의하여 입안된 것이 아니라 여러 단계의 시행착오의 반복으로 이루어 졌다.

단계별 계획(Planning in Stages)은 두어 개의 전략적 변수를 먼저 확정하고 나머지 변수를 결정하며 점차 세부적 부분으로 그리고 장기적인 기간으로 그 범위를 확대하여 가는 계획방법이다. 이러한 계획방법은 일반균형론적 해법의 특수한 예로서 통계자료의 부족과 더욱 정밀한 방법이 없을 때 충분한 합리성과 경제성을 갖는다. 반복해법은 그 반복회수에 따라 정밀해법에 접근하며 더 적은 노력을 필요로 하기 때문이다.

　첫째의 단계는 보통 '해러드-도마'(Harrod-Domar) 유형의 생산과 투자의 일반적 모형에서 시작된다. 첫 단계는 잠정적으로 저축률과 생산지수를 결정하는 것을 목적으로 한다. 둘째 단계는 장기간에 걸쳐 부문별 생산목표를 확정하는 것이며, 셋째 단계는 더욱 단기간에 많은 세부부문의 목표를 결정하는 것이다. 넷째 단계는 이상의 목표를 충족하도록 개별 사업계획을 작성하는 것이다. 이러한 단계의 진행과 함께 전 단계에 대한 수정이 이루어지며 계획의 추진과정에 있어서 새로이 수집된 자료는 다른 단계별 수정을 가능케 한다.

　물론 위의 네 가지 단계는 원칙일 수 없고 경우에 따라 다른 단계도 필요할 것이다. 가령 개별 수출품에 대한 시장분석이나 개별 사업계획에 대한 입지조건에 관한 모형은 그 예라 할 수 있다.

　결론적으로 일정 기간에 걸친 국민경제의 개발계획을 입안하는 구체적 단계는 대략 다음과 같다.

① 거시적 모델과 잠정적인 자본계수, 국내저축 및 예상되는 해외투자에 의한 경제성장률 예측.

② 부문분류의 확정.

③ 구조적 변화가 없다는 전제 아래서 예상되는 소득과 투자에 근거한 최종생산물의 계획기간 중 국내수요.

④ 가격조건에 변화가 없다는 전제 아래서 계획기간 동안 현존 수출품에 대한 해외수요.

⑤ 상기 ③과 ④에서 예측된 최종수요에 부응할 중간수요(국내생산 및 수입).

⑥ 개별 사업계획과 생산단위의 규모에 따른 부문별 단위투자의 그 생산에 대한 기여.

⑦ ④의 수출과 ⑤의 수입의 격차가 예상되는 자본수입을 능가하는 경우, 국제수지 균형을 위해서 최소의 투자로 필요한 수출 및 수입대체산업을 육성하는 방안.

⑧ 고용이나 소득분배와 같은 목적을 위한 생산계획의 조정.

⑨ 부문별 자본계수 또는 투자투입계수 및 회임기간에 의한 부문별 투자의 결정.

⑩ ⑨의 부문별 투자와 ①의 총투자가 크게 다른 경우 ⑨의 조정과 이에 따른 모든 단계의 수정.

⑪ ⑥에서 얻어진 투자의 부문별 생산성에 입각한 부문별 투자계획의 사업계획으로 발전.

2) 모형의 유형과 그 이용

개발계획의 작성에 이용되는 모형은 크게 세 가지 유형으로 나눌 수 있다.

총량모형은 달성 가능한 국민소득의 성장률, 총생산의 소비(공공 및 민간), 투자 및 수출 간의 배분계획을 집행하는 데 필요한 국내저축, 수입 및 외자도입 규모를 책정하는 데 사용된다. 부문모형은 부문별 생산 및 소비수준을 책정하고 개별 생산부문 내에서 대체적 생산가능성을 타진하는 데 사용된다.

산업연관모형은 중간재와 자본재의 수요를 책정하는 데 이용되고 부문별 생산수준과 총수입의 제합성을 제시한다. 그러나 이상 세 가지 모형의 구별은 실제로 모호할 때가 많으며, 또한 자의적인 요인을 내포하는 것이다.

(가) 총량모형

총량계획에 가장 많이 포함되는 관계는 다음과 같다.

① 소득-소비(혹은 소득-저축) 간의 관계.

② 생산요소(노동 및 자본)의 투입과 생산량 간의 관계를 규정하는
 생산함수.

③ 국민소득 혹은 그 구성과 수입의 관계를 규정하는 수입함수.

④ 국민총지출, 소득처분의 개념항등식〔국민총지출=소비(정부, 민
 간)+투자(정부, 민간)+순수출(수출-수입), 소득=소비+저축+순조세
 (조세-보조금)〕.

⑤ 자원의 사용에 관한 여러 개의 제약조건, 즉 (a) 노동의 수요는
 그 공급을 초과할 수 없다. (b) 투자는 국내저축과 순자본도입의
 합을 초과할 수 없다. (c) 수입은 외환수입과 외국차관 및 무상
 공여의 총계를 초과할 수 없다.

총량모형은 이상의 방정식을 포함하지만, 시초의 모형을 작성할 때
에는 주어진 여건 아래서 전략적 중요성을 갖는 한두 개의 자원과 이
에 관련된 행동방정식(behaviour equations)에 주의를 집중하는 것이 보
통이다.

자본이 경제성장의 주된 어려움인 대다수 저개발국의 경우 총량모
형의 핵심은 '해러드-도마' 방정식으로 표시된다. 이 모형은 노동과
수입수요를 도외시하고 투자율과 자본계수에 의하여 측정되는 투자의
생산성으로부터 달성 가능한 극대성장률을 결정한다. 이와 같이 단순
화된 모형은 여타의 변수와 경제성장 이외의 목적을 감안하여 보완될
수 있다.

모로코와 그리스의 5개년계획에서 해러드-도마 모형은 부문 간의

구별 없이 총량 기준에서 적용되었으며 자본계수와 총소득목표에서 총투자가 도출되었다. 알제리아의 10개년계획과 인도의 제2차 5개년계획에서는 자본소요가 부문별로 산출되었다. 그러나 위의 두 계획에서 소득목표와 투자소요는 일단 총량 기준에서 결정되었고, 이어 이러한 총량예측은 부문별로 분류되었다. 인도의 경우 4개의 주된 부문은 투자재부문, 소비재공업, 소규모 제조업과 농업 및 서비스업이었다. 총투자는 우선순위와 소득향상의 기여도에 따라 부문별로 배분되었고, 주어진 우선순위와 총량목표에 의하여 고용의 증가는 예측되었다. 알제리아의 경우, 전체 경제는 9개 부문으로 분류되고 부문별 자본계수가 적용되어 부문별 경제성장과 투자소요는 최초의 총량계측치와 조정되었다. 이를 위하여 27개 부문으로 구성된 산업연관표가 이용되었으며, 이러한 방법에 의하여 산출된 자본소요는 그 다음 단계로 자본공급의 가능수준—즉 한계저축성향에 입각하여 예측된 국내자본형성액—과 대비되었다. 자본의 소요와 국내저축(공공 및 민간)의 격차는 투자규모가 축소되지 않는 한 필요한 외자도입의 규모를 제시한다.

자본부족국에서 자본의 소요와 그 공급가능규모를 조정하는 과정은 반복되는 계산에 의한 점진적인 접근의 과정이다. 이러한 과정에 의하여 반복된 사업계획의 평가와 재평가로서 개별 투자계획을 삭제 또는 대체함으로써 자본의 수급을 균형시키는 것이다.

해러드-도마 모형은 자본에 치중한 것이긴 하지만 완전고용을 달성하려는 목표에 원용될 수 있다. 투자계획이 어느 정도의 고용을 증가시킬 것인가는 자본계수와 노동계수에 의하여 도출된다. 전자의 방법은 인도에서, 후자는 알제리아에서 각각 사용되었다. 이렇게 하여 산출된 고용의 증가가 고용목표에 현저히 미달되는 경우 고용목표가 하향 조정되지 않는 한, 계획상의 투자와는 관계없이 고용의 향상을 위한 어떤 조치가 있어야 할 것이다.

만일 고용이 계획의 시발점으로 생각되는 경우 국민총생산은 제1차적으로 노동공급과 노동계수에 의하여 산출된다. 이렇게 하여 도출된 경제성장은 다른 조건들에 의하여 그 실현성이 확인된다. 즉 위에서 지적된 제약조건, ⑤(b)와 ⑤(c)는 생산규모를 결정하게 된다. 만일 투자와 외자도입 규모가 고용목표에 미달한다면 고용목표가 하향 조정되지 않는 한, 더욱 적은 투자와 수입에 의한 경제성장을 이룩하도록 성장의 유형을 변경시켜야 할 것이다.

실론(스리랑카의 과거 국가명)의 계획모형은 10개년계획기간 중 예측되는 노동력의 자연증가를 감안, 실업자와 불완전취업자에게 고용기회를 제공하는 것을 주된 목표로 하고 있다. 노동력과 노동생산력에 관한 예측과 일정한 가정 위에서 계획기간 중 연도별 생산수준이 예측되었다. 이러한 총생산의 부문별 배분은 다음과 같이 이루어졌다.

첫째, 소비재는 1인당 소비수준이 약간 상승할 것이라는 가정하에 수요의 소득에 대한 탄력성을 도입함으로써 부문별로 할당되었고 수출수요를 충족하기 위한 생산은 외생변수로서 예측되었다. 한편 총투자는 국내저축과 외자도입 등을 감안, 예측되었고 국내소비, 수출 및 투자수준의 예측은 수입과 국제수지에 대한 예측으로 발전되었다. 이러한 제1차적 예측은 현저한 국제수지적자를 보였기에 그 다음 단계로서 이에 대처할 수 있는 수출목표의 확장과 수입대체산업의 육성이 고려되었다. 부문별 고용수준은 상술한 부문별 생산수준에 입각하여 추계되었고 이로써 총노동수요는 예측된 노동공급과 비교될 수 있다. 그러나 주어진 투자규모는 한정된 노동력을 흡수하는 데 불과하였고 노동의 수급 간에는 적지 않은 격차가 있었다. 잔여의 실업은 자료의 부족으로 인하여 아무런 계량적 결론 없이 소규모제조업과 서비스부문에 흡수될 것으로 가정되었다.

ECLA에 따르면 국제수지의 적자는 적어도 단기간에 있어서 경제성장에 대한 주요한 제약조건으로 간주되었다. 외환보유와 공급능력은 원자재와 투자재의 수입규모와 달성 가능한 경제성장률을 결정하므로 국민총생산과 외환공급력의 관계를 규정하는 총량모형이 작성되었다. 한편 외환의 공급은 수출, 교역조건 및 외자도입의 전망에 의하여 결정되었다. 이 모형은 외형에서 상술한 두 개의 모형과 유사하며 그 중 어느 것과 결부되어 이용된다.

지금까지 일련의 연립방정식체계 가운데서 가장 중요성을 갖는 핵심적인 것에서 출발하여, 여타의 요인을 하나하나 고려하여 가는 이른바 단계적 방법을 논술하였다. 그러나 모형에 입각한 경제계획의 방법이 가장 가치를 발휘하는 것은 여러 개의 방정식체계(제약조건)가 동시에 충족되는 경제성장을 도출하는 경우이다.

상술한 모형은 축차적 접근(Successive Approximation)의 과정에 의하여 풀이된다. 첫 단계로서 핵심적 요소에 관한 제약조건에 관심이 집중되고 그 다음에는 다른 제약조건이 시행착오의 과정에 따라 축차적으로 도입, 계산된다. 여러 나라에서 이용된 축차적 해법은 UN 기술원조에 의한 튀니지아의 계획과정에서 잘 구사되었다. 계획은 자본계수가 국내총생산 중 총자본형성이 차지하는 비율에 관한 여러 개의 대체적 가정하에서 1957~71년간의 투자와 소득 간의 총량예측을 작성함으로써 시작되었다. 이들 매개변수(Parameter)의 계산에 있어서는 그 경제의 과거 추세가 제1차적으로 감안되었다. 한편 인구와 고용구조의 변화를 고려하여 정부와 민간의 총소비규모가 예측되었다. 이들 두 개의 예측은 소요수입잉여를 제시한다. 여러 개의 대체적 예측 가운데서 투자 및 외환자원에 대한 제약조건에 비추어 가장 현실적인 예측이 계획의 기본 윤곽으로 채택되었다.

그리하여 계획목표년도의 계획의 개괄적 윤곽은 소비재, 투자재 및 중간재 중 일정한 수(약 160개 품목)의 주요 생산품의 수급을 예측함으로써 더욱 구체화되었다. 소비재와 투자재의 수요는 예측된 소비 및 투자규모(총량)의 세분에 의하여 계산되었다. 따라서 국내생산은 국내 및 수출수요를 감안하여 현재의 생산과 새로운 투자의 생산효과를 근거로 예측되었다. 이와 같은 소비 및 투자 재생산수준의 예측은 나아가서 중간재의 수요를 결정하는 데 사용되었다. 이들 주요 품목의 국내생산과 수요를 비교함으로써 수입소요액과 수출의 가능액이 예측되었다. 주요 품목별 자료는 전체 경제에 관한 더욱 완전한 예측을 도출토록 22개 부문 투입산출행렬에 적용되었다. 투입산출 간의 격차와 국내생산의 부문별 배분은 1957년도 투입산출표의 계수를 이용하여 조정되었다. 이러한 과정은 균형된 행렬에 도달될 때까지 출차적 접근에 의하여 계속되었다. 끝으로 고용수준은 주요 부문별 생산의 증가와 노동생산성의 변화에 관한 가정을 도입함으로써 예측되었다.

(나) 부문모형

개발계획에 대한 첫 번째 시도는 전체 경제를 구성하는 각 부문별 전망을 평가하는 데서 출발하였다. 이러한 절차는 개별 사업계획에 대한 통계자료는 있으나 총량모형을 작성하는 데 필요한 통계자료가 미비되어 있어서 불가피하였다. 그러나 이 방법의 단점은, 첫째 개발계획이 단순한 개별 사업계획의 집적에 불과하며, 둘째 개별 사업을 일관된 기준에 의하여 평가하는 것이 불가능하고, 개별 사업을 위한 총투입이 전체 경제의 자원공급능력과 합치될 수 없다는 점이다. 그러나 누적적 접근방법(From the Bottom up Approach)이라고 불리는 이 계획방법은 통계자료와 계획기술의 미비로 각국에 도입되었다.

이러한 단순한 계획방법도 사업계획을 평가하는 기준으로 일반경제 여건에 대한 암암리의 가정에 입각하여 있다. 흔히 외환을 획득하거나 절약하고 국내노동력을 활용하는 사업계획에 우선이 주어진다. 이러한 기준의 비중은 다만 어떤 형태이든 전체 경제의 분석에 의하여 결정될 수 있다. 만일 그와 같은 거시적 분석이 없으면 개별 사업은 서로 다른 가정과 기준 아래 평가될 위험성을 갖게 된다.

사업계획에 의한 계획방법은 가나, 캄보디아, 자메이카, 인도의 제1차 5개년계획 및 파키스탄에서와 같이 공업부문이 상대적으로 개발되어 있지 않는 나라에서 이용되었다. 파키스탄의 계획과정은 일련의 사업계획이 자원의 부존상태와 목표 경제성장률에 관한 거시적 분석모형과 어떻게 연결될 수 있는가에 관하여 설명하고 있다. 기술적 타당성과 시장수요에 입각하여 사업계획의 목록이 첫 단계로서 작성된 후 재정자금과 외환의 수급이 균형되어 전체적 계획이 타당성을 갖도록 부문 간 및 사업계획 간의 우선순위가 제정되었다. 그 기준은 사업계획의 국민소득과 국제수지에 대한 기여도였다.

이와 같이 결정된 사업계획은 부문별 계제의 제합성을 보장하고 동력, 시멘트 및 기타 주요자재의 생산애로를 타개하기 위하여 주요자재의 수급예측과 물량단위에 의한 대차대조표의 작성이 필요하였다.

실론의 10개년계획 또한 국민경제에 대한 부문별 기여도와 가능한 부문별 수급분석에 입각한 핵심적 부문에 대한 계획에서 출발하였다. 그 다음으로 이러한 부문계획은 거시적 계획목표 및 투자, 소비 등 경제의 총량 규모의 움직임에 관한 특수한 가정을 감안, 축차적 방법에 의하여 통합되었으며 거시적 및 미시적 계획 간의 제합성이 이룩되었다.

부문계획을 종합적인 계획으로 발전시키는 문제는 UN 전문가들에 의하여 수차례에 걸쳐 논의되었다. 이스라엘에 대한 이러한 건의에서 계획이 부문별로 이룩되어 온 점과 더욱이 이것이 일관성 있게 조직되거나 통합되어야 할 필요성이 전혀 인식되어 있지 않았으므로, 각 부문계획이 무수한 조세와 보조금 때문에 가격구조를 왜곡시키는 한편, 목표된 국제수지적자를 감소시키지 못하였음이 지적되었다. 이에 국제수지의 적자를 감소시키는 것이 지상 과제로 생각되었으므로 전문가단의 과제는 부문계획 및 정책의 효과적 연관을 위한 일반적 방안을 제시하는 총량계획을 작성하는 것이었다.

베트남에서는 각 부처에 의하여 입안된 부문계획의 누적효과가 지나치게 의욕적이며 비현실적인 목표의 설정으로 나타났다. 이런 경우 자원의 공급능력을 초과하는 수요는 사업계획을 중도에서 포기 혹은 지연시키는 원인이 된다.

계획기술은 특수품목에 대한 수요의 예측을 포함한다. 이러한 예측은 과거 추세의 연장이나 비슷한 유형과 단계에 있는 다른 나라의 경험을 유추하거나, 또는 수요를 결정하는 변수들의 분절 및 예측으로 이루어질 수 있다. 중간재에 대한 수요는 더 세밀한 분석을 위한 투입산출모형의 이용이 수반되어야 하지만, 때때로 더욱 간단한 방법에 의할 수도 있다.

소비재수요의 분석을 위한 가장 간단한 모형은 각 품목별 소비를 총소비수요 혹은 총가처분소득에 대한 관계로 관찰하는 것이다. 이러한 관계식은 특정 시점의 소비예측에 대한 횡단면분석(Cross Sectional Analysis)이나 시계열분석(Time Series Analysis)에 의하여 얻어질 수 있다. 두 가지 방법은 콜롬비아와 아르헨티나에 관한 ECLA의 연구에서 결합되었는데, 이에 따르면 소비는 가계조사의 분석에 의한 수요탄력성으로 일단 예측되고, 그 결과는 물가변수, 인구증가 및 기타 요인을 감안하여 최근의 추세로 조정되었다.

이미 지적된 바와 같이 부문예측은 투입산출기술이 발전되기 이전부터 많은 나라에서 이용되었고 그 이후에도 널리 이용되고 있다. 왜냐하면 이 방법에 의하여 정밀한 투입산출행렬 없이도 예측이 가능하며 따라서 시간과 노력 면에서 경제적이라는 이점이 있다. 투입산출표의 자료가 부정확하고 산업 간의 관련성이 희박한 경우, 이러한 예측기술은 투입산출모형에 의한 것만큼 정확한 결과를 나타낼 수 있다. 그러나 이 방법은 간접적 혹은 2차적 파급효과가 무시되는 약점을 갖고 있다. 따라서 이러한 한계성을 명백히 하고 2차적 혹은 간접적 파급효과가 큰 경우 이를 감안하여야 할 것이다.

(다) 산업연관모형

산업연관모형은 단순한 투입산출행렬에서부터 더욱 복잡한 선형계획모형에 걸쳐 있다. 여기에서는 계획모형으로 널리 사용되는 단순한 유형에 관하여 주로 언급하고 선형계획기술에 관하여 간단히 짚고 넘어가기로 한다.

투입산출모형은 서로 다른 부문 사이의 관계를 분석하는 것이다. 개발계획에의 응용에 있어서 국민경제는 15~30개 혹은 그 이상의 생산부문과 3~6개의 최종수요부문으로 분류된다. 모형을 구성하는 변수는 품목별 최종수요, 생산 및 수입규모이다. 최종수요의 수준은 외생적으로 주어지고 중간재 수요 및 수입은 모형을 풂으로써 내생적으로 결정된다.

투입산출모형은 전기한 총량모형을 분화한 것으로 생각될 수 있다. 재화와 서비스에 대한 수요와 공급을 하나의 방정식으로 표현하는 대신 생산부문마다 하나의 방정식이 있는 것으로 생각하는 것이다. 또한 자본, 노동 및 수입원료의 사용도 총량 기준이 아니라 부문별로 취급된다. 따라서 투입산출모형은 자본, 외환 및 숙련노동에 대한 소요를 산출함에 있어 부문별 수요와 산출의 구성이 어떻게 변했는가를 반영한다. 이 점이 총량모형과 대조적인데, 여기에서는 자본소요를 산출함에 있어 전체 경제를 망라하는 하나의 자본계수만이 적용된다.

투입산출모형은 한 부문의 산출과 이를 위한 투입 간에 선형관계를 가정하고 있다. 이러한 가정에서 한 산업의 산출량이 한 단위 증가했을 때, 다른 부문에 미치는 효과를 측정할 수 있다. 그러나 기술의 변화나 규모의 경제 혹은 비경제가 예견되는 경우 투입산출계수의 조정이 이루어져야 한다. 산업연관모형은 일정한 정도의 공업발전이 이루어져서 산업 간의 거래가 커다란 규모로 이루어지는 경제에 주로 적용될 수 있다. 이리한 경제는 적어도 국민총생산의 15퍼센트 이상이 공업부문에서 생산되고 1인당 소득수준이 150달러 이상인 것이 일반적이다.

투입산출모형은 개발계획의 작성에 다음과 같이 이용된다.

① 투입산출모형은 최종수요와 부문별 생산이 서로 제합성을 갖도록 부문별 생산과 수입수준을 결정한다.

② 모형은 계획된 생산목표를 달성하는 데 필요한 투자의 배분을 결정하는 데 도움이 되며 가용투자자원의 적정성에 대한 더 정확한 검증수단이 된다.

③ 또한 숙련노동에 대한 수요가 측정될 수 있다.

④ 부문별 국산 및 수입원자재 사용에 관한 정보, 필요한 수입규모 및 그 대체가능성에 관한 분석을 하게 한다.

⑤ 자본, 노동 및 수입에 대한 직접적 수요뿐만 아니라 타 부문생산
의 유발효과로 인한 간접수요도 예측된다.

⑥ 지역별 투입산출모형은 전체 경제와 특수 지역 간의 관계를 관
찰할 수 있도록 한다. 이러한 지역연관표는 남·북부 간의 지역격
차가 심하고 남부에 대한 개발계획이 당분간 지속될 것으로 생
각되는 이탈리아에서 작성, 그 개발계획에 이용되었다.

투입산출모형은 일찍이 이탈리아와 네덜란드에서 그 장기개발 전망
을 분석하기 위하여 이용된 뒤로 콜롬비아, 아르헨티나, 페루, 멕시코,
튀니지아 및 알제리아 등에서 개발문제를 분석하기 위하여 ECLA에
의하여 원용되었다. 대부분의 경우 분석상의 편의를 위해 20에서 30개
부문모형이 사용되었다.

개발도상의 나라에 투입산출분석을 적용하는 데 야기되는 주된 문
제점은 현재 진행 중인 국민경제의 구조적 변화를 어떻게 다룰 것이
냐 하는 것이다. 구조적 변화란 수입대체, 기술의 변화 및 기타 중간수
요구조의 변화와 같은 것이다. 다음의 예는 이들 문제를 다루는 방법
을 설명하고 있다. 이탈리아의 투입산출예측은 기술의 변화와 수입대
체를 대상으로 하였다. 중요한 기술의 변화로서 국내 천연가스 및 기
타의 잠재적 동력자원에 의한 수입석탄의 광범한 대체가 상정되었고,
이러한 연료의 대체는 연료에 관한 대차대조표에 예측된 후 투입산출
표는 순차적 접근의 방법에 의하여 조정되었다. 연료대차대조표상의
연료의 총수요는 표준열량 단위에 의하여 추계되었고 경제적·기술적
타당성과 연료공급에 영향을 미치는 특수한 조건의 검토에 입각하여
연료소모산업의 확장이 예측되었다. 이러한 예측결과는 경제 전체에
대한 반향효과를 포착하기 위하여 투입산출표에 적용되었다. 수입대

체와 관련하여 2백 개 품목에 대한 한계수입계수, 즉 국내생산이 아닌 수입에 의하여 충족될 것으로 생각되는 추가수입분이 각각 산출되었다. 수입대체의 가능성에 관한 독립된 예측치로서의 이들 수입계수는 기준년도 및 최근년도의 평균 수입비율과 연도별 수입의 평균한계적 변화에 근거하였다.

ECLA의 콜롬비아, 아르헨티나 및 페루에 대한 투입산출분석은 수입대체문제를 위주로 하였다. 필요한 수입대체의 규모를 파악하기 위하여 현재의 국내생산에 대한 수입의 비율이 먼저 예측되었다. 그 다음으로 기술적·경제적 타당성에 입각한 부문별 생산가능성을 평가하였다. 특히 페루의 경우 통계자료가 부족한 나라에서 투입산출모형은 일관된 방법으로 기술적·경제적 평가를 하는 유용성을 보여주었다.

UN 전문가들이 참가한 멕시코의 투입산출분석은 구조적 변화를 다루는 데 신축성 있는 절차를 예시하고 있다. 1955~65년간의 예측은 맨 먼저 언도별 물가변동을 감안, 수정한 1950년 투입계수로서 이루어졌다. 수입대체와 같은 구조적 변화의 직접효과는 전력소비를 증가시켰고 소비구조의 변화는 독자적 방법에 의하여 예측되었으며 그 전체 경제에 대한 간접효과는 다시 모형에 의하여 추계되었다.

지금까지 이루어진 투입산출분석의 중요성은 개발계획과 다른 중요한 특수 투자사업계획의 전반적 소요를 가용자본, 외환 및 입력 등 생산요소에 비추어 검증하는 데 있다. 개발계획의 간접적 파급효과는 때때로 직접효과에 못지않게 중요하므로 전통적 분석방법이 그대로 사용된다면 이러한 파급효과는 측정할 수 없다. 예를 들면 투입산출방법에 의하여 잠정적인 투자계획을 검증함으로써 그 불합리성을 추출할 수 있고 특정 부문에 대한 투자배분을 조정할 수 있다.

공업의 역할이 상대적으로 작은 나라에서는 통계자료의 부족으로 투입산출분석이 아직껏 실제로 적용되지 않았다. 이러한 나라에서도 개괄적인 투입산출표의 작성은 현존하는 자료를 종합하여, 어디에 자료가 불합리하고 부족하며 조사가 더 필요한가를 지적하는 정도의 유용성을 갖고 있다. 여러 나라에서 이미 이러한 목적으로 공포되지 않은 표가 작성된 바 있다. 투입산출표의 다른 하나의 효용은 이 표가 국민계정체계의 편제에 중간단계로서 이용된다는 점이다.

위에서 언급된 투입산출모형의 여러 가정에서 야기되는 기술적 제한을 극복하기 위하여 산업연관관계는 선형계획의 일반화된 틀 안에서 작성될 수 있다. 이 방법은 수입과 대체적 기술을 개별 변수 내지 활동(activities)으로 간주하며 자본의 부족, 외환의 제한성 및 특수한 자연자원의 가용성과 같은 요소를 더 효과적으로 다룰 수 있다.

선형계획모형은 생산, 소비, 수송, 수출 및 수입 등 경제적 기능을 활동(activities)으로 기술하고 이들 활동이 이룩되는 수준이 바로 변수로 취급된다. 여러 개의 대체적 생산기술도 동일한 자원의 대체적 배분과 똑같이 생각될 수 있다. 이와 같이 선형계획모형은 특수한 필요를 충족할 수 있는 현존 자원의 대체적 사용방법을 정형화한 것이다. 투입산출모형은 생산 활동과 수출입의 선택이 미리 정해져서 변수의 수가 더욱 적게 단순화된 선형계획모형이라 할 수 있다.

선형계획의 해법은 주어진 목적을 달성하는 데 가장 경제적인 방안을 발견하는 것이다. 국민소득의 증대와 그 구성이 목적으로 주어진 경우, 이에 부합하는 최소한의 외국차관은 가장 적정한 것으로 간주된다. 다른 예로서 자원이 주어지고 국민소득이 극대화되는 것도 있을 수 있다. 해법은 또한 계획의 효율성을 높이는 일련의 균형가격을 제시한다.

인도에 대한 2차에 걸친 선형계획의 적용은 그 잠재적 유용성을 설명하고 있다. UN 계획전문가에 의하여 가상적인 10개년계획의 최적 투자배분을 결정하기 위하여 14개 부문모형이 작성되었다. 이로써 철, 동, 석탄 및 기계 등 부문별 투자의 상호관계가 밝혀질 수 있었고 여러 산업에 대한 대체적 투자지출의 이해득실이 비교될 수 있었다. 비록 자료의 한정성으로 인하여 이러한 적용례는 단순한 하나의 예시에 불과하였으나 다른 저개발국에서도 적용이 가능할 것으로 보인다. 이러한 연구는 경제의 각 부문에 채택되고 있는 정책간의 상호관계를 명백히 하는 데 주된 가치가 있는 것이다.

인도의 계측에 관한 다른 연구는 4부문 계획모형에 내재하는 투자와 가격의 효율성을 검증하기 위하여 선형계획을 이용하였다. 분석의 결과, 부문별 투자의 상대적 효율성에 관하여 이에 채택된 계획모형과 다른 결론을 나타내었다. 즉, 모형에 함축된 요소가격과 현실적인 요소가격 간에는 일관성이 결여되었다. 따라서 계획모형이나 그 해석에 수정의 필요성이 지적되었다.

선형계획모형의 가장 큰 결함은 그 이용에 있어 통계정보에 관한 커다란 부담을 준다는 점이다. 따라서 아직까지 국내에 도입되지 않은 기술이 사업의 설계만에 의하여 채택되거나 다른 나라에서 그 계수가 도입되어야 하며, 또한 비교 가능한 생산물의 분류와 가격의 격차가 교정되어야 할 것이다. 더욱이 대체적 기술의 효율성에 관한 비교가 가능하려면 생산은 투입산출분석에서 지금까지 사용되었던 것보다 더 동질적인 단위로 세분되어야 할 것이다.

이러한 이유에서 선형계획모형은 개발계획의 작성을 위하여 단시일 내에 광범하게 사용될 전망이 적다. 그러나 이들 모형은 분석에 이용된 어떤 매개변수가 단순한 합리적 근사치에 불과한 경우에도 대체적 개발의 최적성을 타진하는 데 커다란 가치를 갖고 있다.

3) 계산가격과 투자자원의 배분

투자의 배분기준으로서 극대성장을 목적으로 자본집약적 산업 혹은 기술에 투자를 확대하려는 극대잉여기준(Maximum Surplus Criterion)과 당면한 국민경제에 주어진 자원을 최대한 효율적으로 사용함으로써 국민소득의 극대를 목표로 하는 사회적 한계생산력기준(Social Marginal Productivity Criterion)에 관해서는 위에서 말하였다. 계산가격(Accounting Prices)은 이러한 개발의 목적에 부합하는 자원의 최적배분을 실현하기 위하여 인위적으로 계산된 가격이다. 극대생산의 견지에서 볼 때, 저개발국의 시장가격은 기초적 수급의 불균형을 내재한 채 경직적으로 결정되는 것이어서 사회적 생산의 극대화를 달성하기 어렵다. 노동시장의 공급초과와 자본 및 외환시장의 수요초과를 시정하지 못하는 현 시장의 노임, 이자율 및 환율을 사적이윤의 계산 기준으로 삼게 됨에 따라 개인의 극대이윤과 사회적 극대생산은 서로 괴리된다.

계산가격은 이와 같은 논거에서 모든 자원의 생산성을 최대한 개발하려는 목적에서 생산요소나 주요 생산물의 수급을 일의적으로 균형시키는 가격이라 할 수 있다. 따라서 일반적으로 계산임금은 시장대금보다 낮게, 계산이자율 및 환율은 시장이자율 및 환율보다 높게 나타난다.

이러한 계산가격의 실제 산출에는 여러 가지 방법이 제안되었으나 대체로 투자 기준에 관한 견해 사이의 대립이 그대로 나타나고 있다. 첫째, 요소의 효율적 사용으로 당장의 생산을 극대화하려는 주장은 요소의 완전고용을 위한 균형가격을 계산가격으로 주장하는 데 대하여 성장 위주의 기준논자는 추가적인 요소의 고용으로 인하여 상실하는 투자자원, 즉 추가소비를 들고 있다.

계산가격의 산출에 관한 콰윰(A. Qayum)의 이론적 연구는 생산요소

시장의 수급균형과 완전고용을 제1차적인 목적으로 하고 있다. '콥-더
글라스' 생산함수를 이용하고 이윤극대화와 완전경쟁, 요소 간의 완전
한 대체가능성 및 규모의 경제를 배제하는 여러 가정 아래서 쾌윰의
계산가격은 모든 요소가 모두 고용되는 점에서 그 요소의 한계생산력
으로 표시된다.[1] 이와 같은 이론적 근거 아래서 과잉노동력을 갖고

---

1) A. Qayum, *Theory and Policy of Accounting Prices*, Amsterdam: North Holland
Publishing Co., 1960. 생산량을 P라 하고 노동가능투입량을 L, 자본의 투입량
을 K라 하고 노동과 자본의 생산에 대한 기여도를 각각 α 및 β로 표시한다면
'콥-더글라스'의 생산함수.

$$P = L^\alpha K^\beta \ (\alpha + \beta = 1)$$

에서 노동과 자본의 한계생산력은

$$\frac{\partial P}{\partial L} = \alpha L^{\alpha-1} K^\beta = \alpha \cdot L^{\alpha-1} K^{1-\alpha} = \alpha \left(\frac{L}{K}\right)^{\alpha-1}$$

$$\frac{\partial P}{\partial K} = \beta L^\alpha K^{\beta-1} = \beta L^\alpha K^{-\alpha} = \beta \left(\frac{L}{K}\right)^\alpha$$

이다.

균형노임과 이자율은 각각 한계생산력과 같다고 가정하면

$$w = \frac{\partial P}{\partial L} = \alpha \left(\frac{K}{L}\right)^\beta, \quad r = \frac{\partial P}{\partial K} = \beta \left(\frac{L}{K}\right)^\alpha$$

로 된다.

만일 총노동력 L 중 $r \times 100\%$인 $\overline{L}$만이 고용되어 있고 자본은 전부가 고용되
어 있다면 $\overline{L} = rL$, $\overline{K} = K$로 표시된다. 실제로 투입되는 노동을 전제로 할 때 위
의 생산함수는 $\overline{P} = \overline{L}\alpha K\beta$ 로 수정되고 현실적인 임금과 이자율은

$$\overline{w} = \frac{\partial \overline{P}}{\partial \overline{L}} = \alpha \overline{L^{\alpha-1}} K\beta = \alpha \left(\frac{\overline{L}}{K}\right)^{\alpha-1}$$

$$\overline{r} = \frac{\partial \overline{P}}{\partial K} = \beta \overline{L}\alpha K^{\beta-1} = \beta \left(\frac{\overline{L}}{K}\right)^\alpha$$

이다.

현실가격, $\overline{w}$, $\overline{r}$과 균형가격, w, r 사이의 관계는

$$\frac{\overline{w} - w}{\overline{w}} = \frac{\alpha \left(\frac{\overline{L}}{K}\right)^{\alpha-1} - \alpha \left(\frac{L}{K}\right)^{\alpha-1}}{\alpha \left(\frac{\overline{L}}{K}\right)^{\alpha-1}} = 1 - \left(\frac{L}{\overline{L}}\right)^{\alpha-1} = 1 - \left(\frac{1}{r}\right)^{\alpha-1} = 1 - r^{1-\alpha}$$

있는 나라에서 콰윰은 새로운 노동집약적 산업에 대하여는 보조금을, 새로운 자본집약적 산업에는 과세를 건의하고 있다. 그러나 상기한 가정들은 기술적으로 그리고 경제적으로 극히 비현실적이라는 사실에 주의하여야 할 것이다.

사회적 기회비용(Social Opportunity Cost)의 측면에서 계산가격을 다루는 입장에 서있는 사람들 간에도 여러 가지의 분파가 나뉘어 있다. 과잉노동력을 갖고 있는 나라에서 노동의 사회적 비용은 영(零)에서 현실임금에 이르기까지 광범한 영역에 걸친 평가의 차이를 보이고 있다. 루이스(W. A. Lewis)는 전자에 속하는 반면 도브(M. Dobb)와 갈렌슨, 라이벤스타인은 후자의 평가를 하고 있다.

이러한 의견의 차이는 당장의 산출량과 미래의 산출량을 극대화하는 정책목적의 차이에서 초래되고 있다. 체너리는 고용의 증가에 따른 추가소비의 증가, 즉 공업노동자의 시장임금과 농업부문의 평균생산 부문 간의 격차를 노동의 사회적 기회비용으로 보고 있다. 그러나 추가소비가 반드시 이에 국한될 것인가에 관하여는 논자에 따라 의견을 달리하고 있다.

센(A. K. Sen)은 그의 《기술의 선택》에서 이 문제를 간명하게 다루고 있다. 즉 추가소비는

$$\frac{\bar{r}-r}{r}=\frac{\beta(\frac{\bar{L}}{K})^\alpha-\beta(\frac{L}{K})^\alpha}{\beta(\frac{\bar{L}}{K})^\alpha}=1-(\frac{1}{r})^\alpha$$

은 각각 노동과 자본의 고용에 대한 보조금과 과세율을 표시한다. 만일 노동의 생산기여도는 1/4이며 80%의 노동력만이 고용되어 있는 경우 노동에 대한 보조율은 5.4%이다.

$$(\because \frac{\bar{w}-w}{w}=1-0.8^{\frac{1}{4}}=0.054)$$

$$x = wc - d(1 - c')$$

으로 표시된다.[2] 여기서 w는 공업노동자의 임금이며 d는 농업의 평균생산액으로 공업노동자로 고용되기 이전의 소비액이다. c와 c'는 공업노동자와 그의 전 부양자의 평균 및 한계소비성향이다. 모리스 도브, 센, 갈렌슨, 라이벤스타인은 노동자와 농민의 소비성향은 1이므로 추가소비는 임금 전액에 해당하며 고용의 사회적 비용은 현실임금 그 자체라고 하는 것과 달리 체너리는 $c' = 0$으로 보고 $x = w - d$ 즉 공업과 농업 간의 생활수준의 차이라고 주장한다.

대체로 극대성장을 추구하는 전자의 이론은 사회주의적 권력구조 아래서 커다란 실업과 빈곤을 눈앞에 두고 국민대중의 당장의 후생을 희생시킬 수 있는 사회체제를 전제하고 있다. 또 센도 인정하듯이 만일 농민의 한계소비성향이 1이라 하면 공업노동자와 농민의 소득이 증가됨에 따라 소비패턴이 더욱 공업품에 편향하고, 농공산품의 교역조건 면에서 공업화와 자본축적에도 유리하게 작용하게 된다. 따라서 이 경우 노동의 사회적 비용은 임금 전부로 볼 수는 없다. 한편 체너리가 보는 바와 같이 농민에 대한 과세에 의하여 농민의 한계소비성향을 영(零)으로 하는 것도 전혀 불가능하지는 않을 것이다. 그러나 파바넥은 실질적으로 농업부문의 위장실업은 생각하기 어려운 개념이며 공업노동자의 고용은 주택, 교통 시설 등에 대한 투자를 필요로 하므로 이러한 사회적 비용을 계산임금으로 제시하고 있다.

한편 아그왈라(Agwala)는 농업노동자가 공업노동자로 전환됨에 따라 생기는 식량의 부족분을 생산하기 위하여 필요한 농업투자를 계산임금으로 생각하고 있다[3].

---

2) A. K. Sen, *Choice of Technique*, Oxford, 1960.
3) 농업부문과 공업부문의 일인당 식경소비를 각각 C_a 및 C_i라 하고 농민의 한

지금까지의 계산가격은 주로 부분균형의 접근방법을 썼으나 최근 발전된 선형계획의 방법을 수용함으로써 일반균형론에 입각한 계산가격을 산출하는 것도 가능하다. 즉 모든 상품의 수급이 균형되고 그 총비용과 일치되는 가격이 바로 계산가격으로 정의된다.

이상과 같이 계산가격에 관한 이론과 실제는 개발의 목적, 사회제도 및 개발과정의 현황과 정책의도에 따라 구구하지만 이러한 계산가격은 개발의 목적에 맞는 자원의 최적배분을 실현하기 위하여 필요하다. 위에서는 주로 노임에 대하여 언급하였으나, 이러한 기본적 불균형은 생산요소는 물론 상품시장에도 있다. 모든 상품에 대하여 낱낱이 계산가격을 계산, 적용하는 것은 지나치게 번거로운 일이므로 생산요소와 주요 상품(수송, 전력)에만 국한하여 이를 적용하여야 할 것이다.

이러한 계산가격은 희소재의 생산성이 극대화되도록 부문 간의 자원을 배분시킨다. ECAFE가 제시한 한 가지 방법은 자본의 사회적 수익성을 극대화시키기 위하여 다음의 정식을 권고하고 있다.

자본의 사회적 수익=

$$\frac{(XP_e - LP_l - MP_m) + (X\Delta P_x - L\Delta P_l - M\Delta P_m)}{I}$$

여기서

계식량수요탄력성을 C_v라 하면 농업부문에서 한 사람이 공업부문에 옮겨감으로써 증가되는 농촌의 시장판매용 식량은 $b = C_a(1 - e_r)$가 된다. 농촌의 이러한 판매용잉여(S)와 공업노동자수(N_i)와의 상관관계는 $S = a + bN_i = N_i C_i$인바, 여기서 a는 기본적잉여, b는 유발잉여계수이다. 상기식에서 유도된 $N_i(C_i - b) = a$ 및 $S = C_i N_i = \frac{a}{1 - b/C_i}$에서 이러한 잉여의 증분 $\Delta S = \frac{\Delta a}{1 - b/C_i}$로 되고, 한계기본잉여 $\Delta a - \Delta S(1 = \frac{b}{C_i})$, $\Delta S = C_i(1 - \frac{b}{C_i})$를 대입하면 $\Delta a = C_i$로 된다.

농업부문의 자본계수를 k라 하면 필요한 농업투자, 즉 계산노임은 $k\Delta a = kC_i$ $(1 - \frac{b}{C_i})$가 된다. 여기서 $1 - \frac{b}{C_i}$는 일종의 승수이다.

X＝산출량

M＝구입원자재 및 감가상각비

L＝노동

P_x＝산출품의 시장가격

P_m＝원자재 및 자본재단위당시장비용

P_l＝시장임금

ΔP_x, ΔP_m, ΔP_l 시장가격과 계산가격의 차

I＝투자

이다.

상기 정식의 첫째 부분은 자본의 사적 수익성을, 전부(全部)는 사회적 수익성을 가리키고 있다.

이러한 일관된 사회적 수익성은 사업계획 혹은 부문평가에 적용되는 개개의 기준을 통합함으로써 서로 다른 기준을 비교, 평가하는 곤란을 피힐 수 있게 한다. 그러나 계량화할 수 없는 간접적 이익, 예컨대 노동의 훈련이나 다른 상품의 국내생산에 미치는 영향, 지역 간의 다양성 등도 사회적 가치로서 인정되어야 하므로 보충 자료로 참고되어야 할 것이다.

5. 한국에서의 경제개발계획

1) 제1차 경제개발 5개년계획

개발계획에 대한 국제적 관심이 높아져 가는 시대적 조류에 따라 우리나라에서도 1960년 당시의 부흥부 산업개발위원회에 의하여 1960년에서 1962년까지의 3개년을 계획기간으로 하는 종합경제개발 3개년계획이 처음으로 입안되었다. 실상 그 전에도 외국인과 또는 한국 정

부가 세운 몇 개의 계획이 있었고 그 가운데 어떤 것은 경제정책, 특히 미국의 대한원조정책의 한 지침으로서의 기능을 하였지만, 이러한 계획들은 그 어느 것이나 한 국민의 자발적 의욕에 의하여 작성되었다기보다는 원조나 수원정책을 수립하는 데 이용하고자 작성된 감이 있다. 우리 손에 의한 최초의 결합계획인 경제개발 3개년계획은 미국의 외원정책(外援政策)의 전환으로 점감이 예상되던 대한원조전망에 비추어 자립화의 기반을 구축함을 목적으로 하고 균형성장을 이론적 토대로 하였으며 기술적으로는 '콜름' 모형을 근간으로 하였다. 그런데 '콜름' 모형은 고용과 노동생산성에 의한 생산의 증가를 골격으로 하는 모형으로 고용통계가 매우 불비된 그 당시에 있어 이 모형을 어떻게 이용할 수 있었느냐에 첫째 의문이 있고 노동보다 자본이 부족한 한국의 실정 아래서 노동에 전략적 가치를 부여한 데 근본적 맹점이 있었다.

4·19 이후 경제개발 3개년계획은 외국전문가의 건의를 종합하여 이른바 요소공격식 접근방법에 의한 불균형성장이론으로 이론적 지주를 전환하였고 계획기간도 1962년부터 1966년까지의 5개년으로 연장되었으나 5·16의 발발로 그 내용에 상당한 수정이 가해진 뒤 제1차 경제개발 5개년계획으로 실천에 옮겨지게 되었다.

이렇게 하여 성립된 제1차 5개년계획은 '자립경제의 기반구축'을 위해 연평균 약 7.1퍼센트의 성장과 산업구조를 기준년도의 1차산업 36.0, 2차산업 18.2 및 3차산업 45.7퍼센트에서 목표년도에는 34.8, 26.1 및 39.1퍼센트로 각각 개선할 것을 목표로 하였다. 이러한 산업구조의 개선은 계획기간 중 연평균으로 볼 때 1차산업이 5.7, 2차산업이 14.8, 3차산업이 4.4퍼센트로 각각 성장한다는 것을 의미한다(〈표 1〉).

이와 같은 경제성장을 뒷받침하기 위하여 목표년도의 투자는 비

(比)기준년도(1960) 136.9퍼센트 증(增)을 책정하였으며 이를 위하여 민간소비지출은 인구증가율과 같은 18.2퍼센트의 증가로 억제토록 책정하였다(〈표 2〉).

인구증가율은 기준년도의 2.88퍼센트에서 목표년도에는 2.74퍼센트로 억제하고 고용은 계획기간 중 28.3퍼센트 증가시킴으로써 실업률을 기준년도의 24.2퍼센트에서 목표년도에는 14.8퍼센트로 감소시키도록 계획하였다. 따라서 1인당 국민총생산은 계획기간 중 19.0퍼센트 증가되는 셈이다(〈표 3〉).

계획기간 중의 총투자소요는 3,214.5억 원(1961년 불변가격)으로서 그 중 1차산업에 17.2, 2차산업에 34.0 및 3차산업에 48.8퍼센트를 배분하고 총투자의 55.6퍼센트를 정부가, 나머지는 민간이 부담하며, 내자조달로서 그 72.2퍼센트를 충당하고 27.8퍼센트에 해당하는 자본은 해외에서 도입키로 하였다. 이러한 비교적 높은 내자의 조달을 위하여 국내총저축률은 기준년도의 2.1퍼센트에서 축년적(逐年的)으로 증가하여 목표년도에는 국민총생산의 12.9퍼센트를 저축(감가상각 포함)토록 하고 공공투자의 중요성에 비추어 조세부담률은 기준년도의 11.8퍼센트에서 목표년도에는 14.6퍼센트로 증가토록 하였다(〈표 4, 5, 6, 7〉).

한편 무역과 국제수지에 있어 목표년도의 수출총액은 기준년도의 약 4배인 137.5백만 달러로 되어 있으며, 목표년도의 총수입규모는 기준년도에 비하여 14.4퍼센트 증가한 492.3백만 달러로 잡고 있으며, 이 가운데 차관, 개발증여, 정부보유 달러에 의한 시설재수입 137.7백만 달러를 제외하면 나머지는 원자재와 소비재수입이 된다(〈표 8〉). 재원별 수입의 내역을 보면 미국의 지원원조와 잉여농산물은 차츰 감소하는 반면, 정부보유 달러에 의한 수입과 개발증여 내지 차관에 의한 수입이 점차 큰 비중을 차지하고 있다.

무역수지는 목표년도에 354.8백만 달러의 적자를 나타내고 무역외 수지는 108.2백만 달러의 흑자를 보임으로써 경상수지적자는 기준년도의 262.3백만 달러에 비하여 약간 줄어든 246.6백만 달러가 된다. 이러한 적자는 장기자본도입을 통해 메우도록 계획되었다(〈표 9〉).

계획의 부문별 내용은 우선 주어진 전력부문의 목표년도의 시설용량이 1961년의 약 3배인 1백만kW를 보유토록 하고 이를 위해 계획기간 중 수력 7개, 화력 8개의 발전소를 완성토록 계획하였다. 전력과 함께 주요한 에너지 공급원으로서 중점을 둔 석탄 생산은 목표년도에 1,174만 톤에 달하도록 하였는데 이는 기준년도의 2배에 해당한다(〈표 10〉).

1961년의 철광석 생산은 약 40만 톤이었던바, 주로 매장량이 풍부한 양양광산에서 생산되었다. 계획은 태백산지역종합개발계획의 일환으로 선철 생산능력 25만 톤, 강괴 생산능력 22만 톤을 갖는 종합제철소를 준공하며 이와 동시에 철강석 생산도 60만 톤에 이르도록 했다.

이 밖에 기간산업시설을 확충하기 위해 시멘트 생산량을 기준년도의 65만 톤에서 목표년도에는 137만 톤으로 증가하여 국내수요량을 초과하도록 하고, 비료의 국내자급을 촉진하기 위하여 3개의 비료공장을 신설하여 목표년도에는 질소질 10만 톤과 인산질 3만 톤을 생산하여 국내수요의 50퍼센트를 자급하게 되고 제6차년도에는 70퍼센트를, 그리고 제7차년도에는 90퍼센트를 자급케 한다. 또한 유류수입에 막대한 외화를 소요하고 있었으므로 이를 절약하기 위해 원유를 직접 처리·가공할 정유공장을 제1차년도에서 제3차년도에 걸쳐 건설함으로써 연간 930만 배럴의 정유를 생산하도록 하였다.

이 밖에도 종합제철, 조선공업, PVC, 소다회, 볏짚펄프, 가성소다, 정밀기계, 디젤엔진 및 자동차 등의 공장건설을 추진하며 기존 유휴시설의 활용을 계획하였으며, 디젤기관차 1백 대와 디젤동차 145대를 도입하도록 하였다. 철도건설에 있어서는 경북선, 정선선을 신설하며 140㎞에 이르는 산업철도로서 유기적 교통망을 형성케 하고 283㎞의 산업도로를 건설하여 묵호항의 하역능력을 200만 톤으로 확장할 것을 계획하고 있다.

한편 통신은 시설의 신설확장에 중점을 두어 계획기간 중 약 16만 회선의 전화를 증설하여 목표년도에는 기준년도의 약 3배에 달하도록 하였다.

농업부문에서 쌀의 생산은 기준년도의 1,595만 석에서 목표년도에는 29퍼센트 늘어난 2,057만 석, 보리는 18퍼센트 늘어난 850만 석의 생산을 꾀하였다. 계획기간 중 면화는 2.5배, 홍삼은 2.2배, 누에고치는 3배, 소는 1.4배, 돼지는 2배의 증산을 계획하였다.

운수시설의 확충을 위해 계획기간 중 1천 량의 화차를 도입하는 한편 국내 공작창시설을 활용하여 4천 량의 화차를 신조 또는 개조하며, 경비절약을 위해 주택은 그 자본소요의 비중에 비해 직접적 생산효과가 적다고 생각되어 계획기간 중 점진적 증가에만 그치고 있다. 또한 교육, 보건위생, 상하수도 등 후생부문은 재원의 범위 안에서 추진토록 되어 있다.

대체로 위에서 본 바와 같은 내용을 가진 제1차 5개년계획은 경제계획의 필수요건인 통계가 정비되지 못한 데다, 5·16 직후 서둘러서 작성된 것으로서 우리나라 경제현실의 더욱 정확한 분석과 자원동원능력에 대한 더 치밀한 조사가 결여된 채 빈약한 자원으로 막대한 국방비를 부담하며 높은 경제성장률(7.1%)을 이룩하려는 무리한 시도를 한 결과, 마침내는 물가의 상승과 외환위기를 초래하게 되었다. 국민경제의 장기적인 성장잠재력의 검토나 개별 사업 사이의 연관성에 대한 고려와 개별 사업의 경제적인 효율성에 대한 검토가 충분하지 못하였던, 이른바 '투자계획'적 성격의 계획의 모순성에서 일어난 물가상승은 제1차년도인 1962년의 추곡과 제2차년도인 1963년의 하곡(夏穀)의 이례적인 감수에 의하여 한층 격화되었다. 이에 따른 계획의 차질은 계획의 수정보완을 불가피하게 하였으며, 정부는 1962년 11월에 수정보완 작업에 착수하여 1964년 2월에 1964~1966년을 대상기간으로 한 보완계획을 발표하기에 이르렀다.

보완계획은 원계획과 마찬가지로 '자립경제달성을 위한 기반의 구축'을 기본목표로 하며 에너지 공급원의 확보, 기간산업의 확충, 농업생산력의 증대, 수출진흥과 국제수지의 개선 및 과학기술의 진흥에 중점을 두고 있으나, '안정의 기조 위에서 건전한 성장을 지속할 수 있도록' 성장목표를 하향 조정하여 원계획에서 제1차년도의 5.7퍼센트에서 목표년도의 8.3퍼센트까지 축년적으로 증가하도록 하여 계획기간 중 연평균 7.1퍼센트로 책정했던 경제성장률을 1964~1966년간 연평균 5.0퍼센트로 낮추었다(〈표 11〉).

산업별 연평균 성장률도 광공·전력이 11.2, 농림·수산이 3.8 그리고 운수·통신·기타 서비스가 2.7퍼센트로 되어 있어 원계획의 동 기간 중의 연평균 성장률에 비하여 하향 조정되었다. 그 결과 목표년도의 국민총생산의 산업별 구성은 광공·전력이 25.8, 농림·수산이 31.7 그리고 운수·통신·기타 서비스가 42.5퍼센트로 되어 있다(〈표 12, 13〉).

이 밖에도 성장목표의 하향 조정에 따라 투자소요, 무역 및 국제수지, 인구, 고용 등 각 부문에서 상당한 수정이 이루어졌다.

이상이 제1차 계획의 내용골자이며, 계획의 작성방법은 거시적 모형으로서 '해러드-도마' 성장모형을 이용하였고 미시적 방법으로 투자계획을 집적하였다. 따라서 거시적 모형과 미시적 계획 간에는 연관성이 부족하며 단순한 투자계획의 집성(集成)이라는 비판을 받았다.

이제 제1차 계획의 성과를 살펴보자. 성장계획은 1962~1966년의 평균성장률이 8.5퍼센트에 달함으로써 계획을 1.4퍼센트나 능가하였고, 산업별로 보면 특히 2차산업의 성장이 더욱 뚜렷하여 산업구조의 개선에 적지 않은 진전이 있었음을 보여주고 있다. 즉 전기업을 포함한 2차산업의 연평균 성장률은 15.1퍼센트, 1차산업은 5.5 및 3차산업이 8.0퍼센트를 보임으로써 목표년도의 산업구조는 1차산업이 37.9, 2차산업이 24.8 및 3차산업이 37.3퍼센트로 개선되었다(〈표 14〉).

성장 면에서는 계획목표가 달성되었음에 반하여 자본형성 면에서의 실적은 계획을 밑돌고 있다. 즉 계획기간 중 평균투자율은 15.2퍼센트로서 계획의 22.6퍼센트에 비하여 7.4포인트나 밑돌고 있다. 이러한 성장과 투자에서 계획과 실적 면에서 상하로 벌어진 차이는 당초의 계획이 한계자본계수를 과대하게 책정하였거나, 투자의 실적이 과소평가되었거나, 그렇지 않으면 성장률 자체가 과대평가되었거나, 세 가지 요인에 귀착한다. 지금까지 알려진 바로는 이러한 예상 밖의 성장은 중소기업과 농업에서 기후조건과 수요의 호조에 힘입어 유휴시설의 가동률이 높았으며 생산이 활발하게 이루어진 데에 말미암는 것으로 해석되고 있다.

이상의 투자율 15.8퍼센트 중 8.7퍼센트포인트는 해외저축을 통해 나머지 7.1퍼센트포인트는 국내저축을 통해 조달되어 왔다. 목표년도의 국내저축률은 겨우 10퍼센트를 넘어 계획된 12.9퍼센트에 비하여 2.4퍼센트포인트나 낮다. 이와 같이 투자재원조달이 부진했던 것은 더 중요한 역할을 하여야 할 정부부문이 역할을 못했기 때문이다. 즉 국민총생산에 대한 조세부담률은 목표년도에 10.9퍼센트로 3.5퍼센트포인트나 낮다. 한편 해외저축률도 계획보다 6.3퍼센트포인트나 낮다.

이러한 국내저축의 부족은 1966년의 민간소비지출이 기준년도에 비하여 44.4퍼센트나 증가함으로써 계획보다 약 두 배 반이나 높은 데서도 드러나고 있다. 해외저축의 부진은 수출이 급속하게 성장한 반면 외자도입이 계획보다 지연된 데 기인하고 있다.

한편 투자를 정부·민간부문별로 보면 정부가 30퍼센트 미만을 보인 반면, 민간은 비교적 활발한 기여를 하고 있다. 또한 투자의 산업별 배분을 보면 1차산업이 7.9, 2차산업이 32.8, 3차산업이 59.5퍼센트를 각각 차지하고 있다.

1966년의 수출은 249.5백만 달러로 계획보다 110백만 달러 이상 능가하고 있으며 그 가운데 공산품의 수출이 62.4퍼센트로 현저한 수출구조의 개선을 보였다. 1966년의 수입은 736.6백만 달러에 달함으로써 이 역시 계측을 약 250백만 달러 초과하고 있으며, 재원별 수입은 KFX에 의한 수입이 54.6퍼센트로 1960년의 28.3퍼센트보다 현저히 높아졌다.

한편 산업부문별로도 각종 공장과 사회간접자본의 건설에 뚜렷한 진전을 보였는데, 가장 큰 예로서 정유, 시멘트, 비료, 전력, 철도 등을 들 수 있다.

이와 같은 성장에도 불구하고 몇 가지의 문제점이 지적될 수 있다. 첫째는 소득의 분배이며, 둘째는 고용의 문제이며, 셋째는 공공행정을 들 수 있다.

첫째, 분배구조는 지난 수년간 상당히 편중되어 가는 감이 적지 않다. 이러한 메커니즘은 주로 인플레에 의하여 제공된다. 즉 경제성장→물가앙등→실질소득 저하의 메커니즘이다. 우리나라처럼 노동력이 풍부한 곳에서 노동조합의 임금인상운동은 항상 수세에 처해 있다. 지난 수년간의 성장이 사실일진대 이러한 물가등귀에 의한 유통과정의 이전은 어디엔가 실물적인 부로 남아 있을 것이 틀림없고, 그것은 바로 빈익빈, 부익부의 논쟁거리가 된다. 여기에서 두 가지 문제가 야기된다. 하나는 실질소득의 감소가 주는 사회적 후생의 손실이 실질임금의 그만한 증가에 의한 사회적 후생의 증가보다 훨씬 크다는 점이다. 다른 하나는 이전된 소득이 어디에 쓰이느냐가 문제이다. 만일 이전된 소득이 노동자에게 장기적인 보상이 될 수 있는 생산적 투자로 쓰인다면 이러한 분배문제는 더 긴 눈으로 본 개발의 부작용으로 어느 정도의 타당성을 가질 수 있다. 그러나 그것이 사회적으로 더 긴요도가 적은 소비욕망의 충족에 쓰인다면 이는 어느 면에서도 타당성이 없다고 할 것이다. 소득분배의 편중이 경제개발을 촉진하기 위하여 감수되어야 한다는 이론은 있을 수 있으나, 더욱 큰 소비의 격차를 높이기 위해서는 납득할 수 없기 때문이다.

둘째, 고용수준의 향상은 사회적 생산력을 극대화하고 사회적 안정을 도모하기 위하여 필요하다. 고용, 노동생산성 및 임금에 관한 통계는 가장 미비한 부문이며, 공업화는 단순히 국민총생산에서 광공업부문의 비중이 커져서 이루어지는 것으로 생각하는 경향이 많다. 그러나 공업화의 주된 목적은 저생산부문에서 고생산 및 고소득부문으로 고용구조를 이행시킴으로써 소득의 향상과 생활수준의 향상을 기하고 국가 전체로는 생산력을 확충하는 데 있다. 따라서 공업화를 위하여 어느 정도의 인력이 이용 가능하며 그들의 생산성은 어떠한가에 대한 기본 자료의 정비가 하루속히 이루어져야 할 것이다. 지금까지 성장은 주로 수출산업과 수입대체산업의 개발에 의존하였으나, 어느 시점에서 이 부문의 성장이 더 이상 곤란하게 될 것이고 그때에는 국내시장이 개발의 중요 관심사가 될 것이다. 그러나 국내시장은 공업구조의 고도화를 뒷받침할 소비구조의 고도화를 통해 확대될 수 있다.

셋째의 문제는 공공행정에 관한 문제이다. 개발계획의 첫 작업은 공정하고 능률적인 공공행정체계의 정비에서 시작되고, 결국 널리 국민 일반에게 개발에 대한 의욕을 고취하여 그 자발적 열의를 진작하고 동력원을 마련하는 데 있다고 한다. 공공행정서비스의 질적 조악은 계획에 대한 일반의 열성을 마비시키며 참여의식을 결여한 계획이라서 긴 눈으로 봐서 성공하기 힘들 것이다. 공공행정의 질적 개선은 계획의 입안, 집행의 여러 과정에서 빨리 개선되지 않으면 아니될 것이다.

2) 제2차 경제개발 5개년계획

1967~1971년간의 제2차 5개년계획은 계획기술 면에서 총량, 부문 및 사업계획의 세 가지 접근방법으로 작성되었다.

총량계획은 계획의 거시적 목표(국민총생산, 수출입, 투자, 소비 및 저축) 상호 간의 균형과 타당성을 검증하기 위하여, 부문계획은 총량계획의 목표를 달성하는 데 소요되는 각 생산부문의 수요와 이에 부응하는 소요투자를 추정함으로써 투자사업계획의 작성에 명확한 수요전망을 주고 산업 간의 최적투자배분의 기준을 제시하기 위하여 작성되었다. 부문계획을 통하여 1차 계획에서 소홀했던 총량계획과 투자사업계획과의 일관성을 유지하려는 것이었다.

이와 같이 제2차 계획은 계획과정에서 부문계획을 도입하여 부문별 생산수준, 생산능력 및 자본계수에 의한 부문별 투자규모를 산출하여 개별 사업계획과 접합시켰다는 특색을 찾아볼 수 있다. 이와 같은 작업은 그동안 산업연관표가 2차에 걸쳐 만들어졌고, 그 부수적인 자료가 어느 정도 정비된 기초적 여건과 산업부문별 투자배분에 있어 자의적인 요인을 다소 제거하려는 계획입안자의 소망에서, 그리고 유솜(USOM), 네이선 그룹(Nathan Group) 및 서독 고문단의 기술지원에 의하여 가능하였다. 산업연관표의 분석과 활용은 그것이 재래의 국민소득계정의 단점을 보강하고 정부부처 간의 공동작업과 협조의 기풍을 진작하는 면에서 계획기술상 하나의 진전이라고 볼 수 있다.

그러나 계획기술의 더욱 큰 발전을 위하여 산업연관표가 갖는 함정에 관하여 언급할 필요가 있다. 첫째, 산업연관표의 각 부문에는 다양한 수많은 사업이 포함되어 있으며 계획이 추구하는 개개의 사업계획은 그 중의 평균치와 거리가 먼 사업이거나, 또는 기존 산업연관표에서는 찾아볼 수 없는 새로운 사업일 수 있다. 둘째로, 이번 제2차 계획에 적용된 부문계획은 각 부문 간의 제합성(Consistency)만을 추구하면서 최적성(Optimality)을 보장하지는 못하고 있다. 이러한 최적성을 보장하려면 현재 연구되고 있는 선형계획(Linear Programming)이 도입되어야 하며, 이를 위해서는 계획기술의 향상을 위한 전제조건—통계자료의 정비 및 제도적 개선—이 충족되어야 할 것이다. 그렇지 않으면 개별 사업의 경제성, 기술성이 철저히 검토되어 가능한 한 최적배분에 접근토록 하여야 할 것이다. 셋째로, 기존의 산업연관표가 갖는 작성 당시의 통계자료의 미비는 물론 경제구조가 갖고 있는 기초적 불균형을 감안하여야 할 것이다.

제2차 계획의 총량규모는 1967년부터 1971년간에 연평균 7.0퍼센트의 경제성장을 목표로 하고 있다. 산업별 연평균 성장률은 농림·수산업이 5.0, 광공업이 10.7 및 사회간접자본과 기타 서비스업이 6.6퍼센트로서 산업구조는 기준년도의 농림·수산 38.0, 광공업 21.7, 사회간접자본 및 기타 서비스업 40.3퍼센트에서 목표년도에는 각각 34.0, 26.8 및 39.2퍼센트의 개선을 보이게 된다(〈표 15〉).

이러한 성장계획을 뒷받침하기 위하여 계획기간 중 총투자는 135.7퍼센트의 증가를 계획하고 있으며 연평균으로는 15.4퍼센트의 투자 증가에 해당한다. 이와 같이 경제성장에 비하여 높은 투자의 증가율을 책정한 것은 2차 계획기간 동안 투자구조가 더욱 중투자형(重投資型)으로 흘러가게 되는 것을 의미한다. 계획기간 중 투자율은 19.1퍼센트로서 그 중 11.7퍼센트포인트는 국내저축으로, 7.4퍼센트포인트는 해외저축에 의하여 조달된다. 투자재원의 조달을 위해서 소비의 억제가 요청되지만, 제2차 계획은 지나친 소비억제를 계획하였던 제1차 계획이 소기한 목적을 달성할 수 없었음을 감안하여 계획기간 중 연평균 5.2퍼센트의 민간소비와 7.8퍼센트의 정부소비 증가를 계상함으로써, 총소비지출은 연평균 5.5퍼센트의 비율로 증가토록 하였다. 투자재원의 조달을 위한 정부의 역할은 정부저축률이 기준년도의 0.6퍼센트에서 목표년도에는 5.8퍼센트로 증가할 것을 계획함으로써 반증되고 있다. 따라서 정부저축은 매년 불변가격으로 26.3퍼센트 증가될 것을 의미하며 이를 뒷받침하기 위해서 세수의 증가가 암암리에 가정되고 있다(〈표 16〉).

정부저축의 중요성과 동시에 계획은 민간저축의 연평균증가율이 16.1퍼센트에 달할 것을 기대함으로써, 전체적인 국내저축은 19.6퍼센트로서 투자의 평균증가율 10.2퍼센트를 현저히 웃돌도록 하였다. 이러한 사실은 투자의 자립도(국내저축/해외저축)를 기준년도의 6.1/6.6에서 목표년도의 14.4/5.5로 향상하기 위한 것이다.

국제수지 면에서 목표년도의 상품수출은 550백만 달러, 무역외수입이 168.7백만 달러가 되어 총 외화수취는 기준년도의 2.5배인 718.7백만 달러에 이르는데 이는 그동안 외화수취가 연평균 12.8퍼센트로 증가함을 의미한다. 상품수입은 목표년도에 962.1백만 달러 수준에 달하며 이는 기준년도의 약 2배에 해당하는 것이다. 따라서 경상수지 적자는 기준년도의 192.5백만 달러에서 26.7퍼센트가 증가된 243.4백만 달러가 되도록 계획되었다(〈표 17〉).

한편 목표년도의 인구증가율은 2.0퍼센트로서 기준년도보다 0.7퍼센트포인트 낮아질 것으로 계획하였다. 이것은 계획기간 중 14.3퍼센트의 인구가 증가될 것을 의미하는바, 이로써 1인당 국민총생산은 31.3퍼센트, 1인당 소비지출은 19.8퍼센트 증가하게 된다.

이상과 같은 총량목표를 달성하려면 총생산은 70.2퍼센트 증가해야 하며, 부문별 소요 생산수준은 농림·수산이 계획기간 중 44.8퍼센트 증가하며 그 중 농업은 39.9, 수산업은 139.5퍼센트 증가한다(〈표 18〉).

광공업의 생산은 전반적으로 93.4퍼센트 증가하며, 특히 보완성이 큰 석유화학공업, 화학공업, 기계공업 및 시멘트공업 등의 부문이 집중적으로 개발됨으로써 경제성장에 있어 유도적 기능을 충분히 발휘토록 하였다. 사회간접자본과 기타 서비스업은 계획기간 중 63.8퍼센트 증가한다. 그 중 전력은 132.8, 통신은 70.5이며, 운수·보관은 57.9퍼센트 증가할 것이 예측된다. 그러나 운수·보관의 이러한 성장은 과거 수년간 지속되어 온 각급 운수난을 고려할 때 저평가되었을 위험이 있다.

계획기간 중 생산된 주요 품목의 생산목표는 〈표 19〉와 같다. 이와 같이 광공업의 생산이 확대되어 감에 따라 공업구조의 고도화가 이루어져, 1971년의 중경공업비는 1965년의 27.8 대 72.2퍼센트에서 33.6 대 66.4퍼센트가 된다. 이것은 우리나라 경제의 각 산업 및 공업 간의 관련이 더욱 긴밀해지고 생산구조의 우회화가 이루어져 가고 있음을 의미하는 것이다(〈표 20〉).

이상이 제2차 계획의 개요인데 이 계획은 몇 가지의 문제를 가지고 있음을 주의하여야 할 것이다.

첫째, 인구고용에 있어 인구증가율의 저하는 가족계획사업 등에 대한 지나친 낙관에 따른 지나친 의욕의 발로가 아닌가 생각된다. 만약 이러한 인구계획에 차질이 생기면 식량자급 등 계획의 전반적 내용에 커다란 수정이 불가피해질 것이다. 또한 고용계획에 대한 관심은 제2차 계획에서도 너무나 등한시한 감이 있다. 실업에 관한 기초통계가 불비하다. 어떠한 노동자가 그 숙련의 정도에 따라 하루 몇 시간의 일을 하며 그들의 임금은 어떤지에 관한 자료가 아주 부족하다. 계획의 산업별 고용예측은 산업연관분석에 의한 부문별 생산이 추계된 뒤 역산된 것이며 그 미시적 과정이 더욱 연구, 검토되어야 할 것이다.

둘째, 재원조달에 있어서 계획은 급속한 국내자원 동원을 상정하고 있다. 제1차 계획의 자본동원이 기대한 성과를 거두지 못하였던 사례와 단위투자의 생산성은 점차 감소되어 가는 경향에 비추어 재원조달에 관한 관심은 반드시 필요한 것이다. 제1차 계획은 특히 전반기에 있어 인플레로 인하여 정부재원이 자본동원의 구실을 하지 못하였던 것으로 특징지어진다. 제2차 계획은 급속한 세수의 증가를 방법으로 삼고 있지만 누구에게 어떻게 과세할 것이냐는 점은 깊이 생각해야 할 문제이다. 즉 서민층에 대한 과세가 더욱 능률적인 소비억제를 위하여 요청되지만 서민층의 더 이상의 소비억제가 사회적 후생과 정치적 안정의 견지에서 추진될 수 있을지 의문이다. 고소득층에 대한 과세는 민간의 투자의욕을 어떻게 감쇄시키지 않을 것인가의 문제를 내포한다. 한 가지 방편으로 고소득층의 소비에 대한 과세를 들 수 있다. 그러나 고소득층의 정치적·사회적 영향력에 비추어 그 압력을 극복하여, 공정하고 능률적인 징세행정을 확립하는 어려움을 차치하고라도 이러한 과세액이 정부투자 재원조달계획에 합치될 수 있을까 하는 것도 문제이다. 만일 충분한 저축 없이 투자만을 과감하게 추진한다면, 경제개발의 화폐적 균형은 파괴되고 여러 가지 부작용을 초래할 것이다. 따라서 계획의 성패에 관한 핵심은 안정된 바탕 위에서 자원조달을 할 수 있는 세제개혁에 있다고 할 것이다.

셋째, 계획기구와 개발행정체계의 확립 및 그 효율적 운용이다. 종합계획의 가장 큰 장점은, 그것이 부분적 계획이나 지엽적 정책을 한데 묶어서 하나의 목표를 위해 서로 일관되고 연결되는 종합적 정책을 실시한다는 것이다. 따라서 계획의 작성에는 관계 부처와 기관의 공동 작업이 보장되어야 함은 물론, 일단 작성된 계획을 집행하는 데서도 관계 정부 부처 간의 충분한 협조가 보장되어야 한다. 계획기구의 계획 작성과 조정기능의 강화는 능률적인 개발행정체제를 위해 필요한 수단이다. 계획이 단지 하나의 과장된 목적을 위한 것이 아니라면 계획입안의 핵심은 그 집행과정에서 도외시되어서는 안 될 것이다.

<표 1> 산업별 성장과 산업구조(%)

	성 장 률		구 성 비	
	연평균	1960~1966	기준년도 (1960)	목표년도 (1966)
제 1 차 산 업	5.7	35.9	36.0	34.8
농 림 업	5.5	35.0	34.9	33.5
수 산 업	8.7	64.8	1.1	7.3
제 2 차 산 업	14.8	101.4	18.2	26.1
광 업	15.5	123.2	2.0	3.1
제 조 업	15.0	94.4	12.7	17.5
건 설 업	14.0	114.2	3.6	5.4
제 3 차 산 업	4.4	20.4	45.7	39.1
전 기	21.1	294.8	0.7	1.9
우 송 보 관	10.6	64.4	4.9	5.7
통 신	23.4	211.0	0.7	1.6
주 택	2.5	13.3	6.2	5.0
일 반 행 정 및 국 방	0.4	-2.5	8.3	5.7
기 타 서 비 스 업	2.8	8.3	25.0	19.2
국 민 총 생 산	7.1	40.7	100.0	100.0

<표 2> 국민총생산에 대한 지출(1961년 가격)

(단위: 10억 원)

	기준년도(A)	목표년도(B)	B/A(%)
국 민 총 생 산	2,322.7	3,269.1	140.7
투　　　　자	313.9	743.6	236.9
소 비 지 출	2,365.7	2,846.1	120.3
민　　　간	1,995.1	2,357.6	118.2
정　　　부	370.6	488.5	131.8

<표 3> 인구, 고용 및 1인당 국민총생산

	단 위	기준년도(A)	목표년도(B)	B/A(%)
총　　　인　　　구	천 명	24,694	29,185	118.2
고　　　용	천 명	7,837	10,111	128.3
실　　업　　률	%	24.2	14.8	–
1인당 국민총생산	백 원	94.1	112.0	119.0

<표 4> 산업별 투자배분(%)

	기준년도	목표년도	계획기간 중
제 1 차 산 업	2.1	16.6	17.2
제 2 차 산 업	34.1	35.1	34.0
제 3 차 산 업	63.8	48.3	48.8
합　　　계	100.0	100.0	100.0

<표 5> 주체별 투자배분(%)

	기준년도	목표년도	기획기간 중
정　　　부	32.8	34.0	34.8
민　　　간	67.2	66.0	65.2
합　　　계	100.0	100.0	100.0

〈표 6〉 투자재원의 조달(%) (1962~1966)

	정부민간원천별		내외투자		구성비
	정 부	민 간	내 자	외 자	
제 1 차 산 업	73.8	17.2	94.0	6.0	17.2
제 2 차 산 업	50.6	49.4	56.6	43.4	34.0
제 3 차 산 업	52.6	47.4	75.7	24.3	48.8
합 계	55.6	44.4	72.2	27.8	100.0

〈표 7〉 국내총저축률 · 조세부담률

	1960	1961	1962	1963	1964	1965	1966
국민총저축률	2.1	5.6	3.7	7.3	10.3	12.0	12.9
조 세 부 담 률	11.8	10.2	11.4	12.5	13.4	14.2	14.6

〈표 8〉 수출입

(단위: 백만 달러)

	기준년도(A)	목표년도(B)	B/A×100
수 출	32.9	137.5	417.9
수 입	343.0	492.3	143.5
수 지 차	−310.1	−354.8	114.4

〈표 9〉 국제수지

(단위: 백만 달러)

	기준년도 (1960)	목표년도 (1966)		기준년도 (1960)	목표년도 (1966)
A. 투자 및 용역	−262.3	−246.6	A + B	13.4	−73.1
상 품	−310.1	−354.8	C. 자 본 및		
용 역	47.8	108.2	화 폐 용 금	−11.3	73.1
B. 이 전 지 출	275.7	173.5	장 기 자 본	2.6	75.3
정 부	19.6	19.6	단 기 자 본	−4.1	2.5
민 간	256.1	153.9	외 화 보 유 고	−9.8	−4.7

〈표 10〉 주요 품목 생산목표

	단 위	기준년도(A)	목표년도(B)	B/A(%)
쌀	천 석	15,950	20,567	129.0
맥 류	〃	7,211	8,482	117.6
어 류	천 M/T	241.7	421.0	174.2
석 탄	〃	5,350	11,740	219.4
시 멘 트	〃	431	1,370	317.9
비료(질소·질환 등)	〃	–	109.5	–
정 유	천 배럴	–	9,300	–
발 전 량	백kWh	1,699	4,509	265.4

〈표 11〉 경제성장률의 대비(%)

	1962	1963	1964	1965	1966	평 균
원 (原)	5.7	6.4	7.3	7.8	8.3	7.1[1](7.8)
보 완	(2.6)	(4.4)	5.0	5.0	5.0	5.0

주: 1) 보완계획기간 중의 평균임

〈표 12〉 산업별 성장률의 대비(%)

	원				보 완			
	1964	1965	1966	평 균	1964	1965	1966	평 균
농림·수산	5.5	5.7	6.2	5.8	3.9	3.7	3.8	3.8
광공·전력	17.0	16.0	16.8	16.6	11.1	11.1	11.3	11.2
기 타	3.6	4.7	4.6	4.3	2.9	2.8	2.4	2.7
국민총생산	7.3	7.8	8.3	7.8	5.0	5.0	5.0	5.0

〈표 13〉 산업별 국민총생산의 대비

(단위: 억 원)

	원					보 완				
	기준년도(1962)		목표년도(1966)		증가율	기준년도(1962)		목표년도(1966)		증가율
	부가가치	구성비	부가가치	구성비		부가가치	구성비	부가가치	구성비	
농림·수산	910.0	37.1	1,137.7	34.8	25.0	939.5	33.4	1,080.0	31.7	15.0
광공·전력	506.0	20.7	914.4	28.0	80.7	584.1	20.8	876.3	25.8	69.0
기 타	1,036.7	42.3	1,217.0	37.2	13.3	1,291.2	45.8	1,445.6	42.5	12.0
국민총생산	2,452.7	100.0	3,269.1	100.0	33.3	2,814.8	100.0	3,401.9	100.0	20.9

〈표 14〉 국민총생산의 계획대비

(1960＝100)

	계 획		실 적		B/A (%)
	1965 (A)	연평균 (1962~1965)	1965 (B)	연평균 (1962~1965)	
국 민 총 생 산	130.0	6.8(7.1)	140.5	7.6	108.1
제 1 차 산 업	128.0	5.5(5.7)	128.8	4.1	100.6
제 2 차 산 업[1]	178.3	14.5(15.6)	182.2	14.8	102.3
광 업	204.0	16.7(15.5)	188.2	18.2	102.2
제 조 업	164.9	14.4(15.0)	185.3	15.3	112.2
건 설 업	179.3	12.6(14.0)	165.4	13.6	92.2
전 기	358.7	23.8(21.1)	183.6	15.2	51.2
제 3 차 산 업	111.2	3.4(3.6)	131.5	7.4	118.3
운 송 · 통 신	162.4	12.9(12.9)	188.8	16.6	116.3
주 택	110.1	2.5(2.5)	113.4	2.6	103.0
일반행정·국방	97.2	0.4(0.4)	130.8	7.2	134.6
기 타 서 비 스	104.6	2.7(2.8)	133.4	7.4	127.5

주: 괄호 안은 계획기간 중의 연평균 성장임.
　1) 제2차산업은 전력을 포함함.

〈표 15〉 종량규모(1965년 가격)

(단위: 10억 원)

	기준년도(1965)		목표년도(1971)		B/A ×100	연평균 성장률 (%)	1967~ 71년 합계
	금액(A)	구성비	금액(B)	구성비			
국 민 총 생 산	779.40	100.0	1,169.67	100.0	150.1	7.0	5,131.60
농 림 · 수 산 업	296.44	38.0	397.26	34.0	134.0	5.0	－
광 공 업	168.94	21.7	314.16	26.8	186.0	10.7	－
사 회 간 접 자 본 및	314.02	40.3	458.25	39.2	146.2	6.6	－
기 타 서 비 스							
수 출	76.91	9.9	190.74	16.3	248.1	17.0	779.34
	(289.8)		(718.7)				(2,936.5)
상 품	(175.1)	－	(550.0)	－	－	－	－
용 역	(114.7)	－	(168.7)	－	－	－	－
수 입	128.00	16.5	255.34	21.8	199.5	12.3	1,156.50
	(482.3)		(962.1)				(4,357.0)
해 외 저 축	51.09	6.6	64.60	5.5	126.4	4.0	377.16
	(192.5)		(243.4)				(1,421.1)

총 가 용 자 원	830.49	106.6	1,239.27	105.5	148.2	5.4	5,508.76
소 비 지 출	731.64	93.9	1,001.27	85.6	136.9	10.1	4,528.69
정 부	85.64	11.0	152.41	13.0	177.9	10.1	701.39
민 간	645.96	82.9	848.86	72.6	131.4	4.7	3,827.30
총 투 자	98.85	12.7	233.00	19.9	235.7	15.4	980.07
정 부	39.17	5.0	90.22	7.7	230.3	14.9	401.09
민 간	59.68	7.7	142.78	12.2	239.2	15.7	578.98
국 내 저 축	47.76	6.1	168.40	14.4	352.6	–	602.91
정 부	4.92	0.6	68.07	5.8	1,383.5	55.0	218.97
민 간	42.84	5.5	100.33	8.6	234.2	15.3	383.94
인 구 (천 인)	28,377	–	32,429	–	114.3	2.3	–
증 가 율(%)	2.7	–	2.0	–	–	–	–
1인당 국민총생산(천 원)	27.5	–	36.1	–	131.3	4.7	–
1 인 당 소 비(천 원)	25.8	–	30.9	–	119.8	2.6	–

주: 괄호 안은 백만 달러 단위로 표시된 것임.

〈표 16〉 투자율 · 소비율 · 저축률 · 조세부담률

(단위: %)

	총투자율	총소비율	국내총저축률	해외저축률	조세부담률
1965[1]	12.7	93.9	6.1 (5.5, 0.6)	6.6	8.8
1966	17.2	91.7	8.3 (5.7, 2.6)	8.9	10.3
1967	17.9	91.2	8.8 (6.1, 2.7)	9.1	12.2
1968	18.5	90.1	9.9 (6.8, 3.1)	8.6	13.5
1969	19.1	88.4	11.6 (7.5, 4.1)	7.5	13.8
1970	19.7	86.9	13.1 (8.1, 5.0)	6.6	14.0
1971	19.9	85.6	14.4 (8.6, 5.8)	5.5	14.2

주: 괄호 안은 각각 민간과 정부의 저축률을 표시함.
  1) 이것은 1965년 경상가격에 의한 잠정추계에서 계산된 계열임. 따라서 확정추계에
    서 계산된 계열과는 차이가 있음.

〈표 17〉 국제수지

(단위: 백만 달러)

	기준년도 (1965)	목표년도 (1971)		기준년도 (1965)	목표년도 (1971)
A. 재화 및 용역	−192.5	−243.4	A + B	6.4	−95.8
	(6.6%)	(5.6%)	C. 자본 및 화폐용금	−0.4	95.8
상 품	−240.8	−253.5	장 기 자 본 도 입	47.2	165.0
용 역	48.3	10.1	원 금 상 환	−5.1	−35.3
B. 이 전 지 출	198.9	147.6	외 화 자 산	−42.5	−33.9
정 부	130.2	63.2	D. 오 차 및 누 락	−6.0	−
민 간	68.7	84.4			

주: 괄호 안은 국민총생산에 대한 비율임.

〈표 18〉 부문별 생산수준(1965년 가격)

(단위: 10억 원)

	기준년도 (1965)	목표년도 (1971)	증가율 (%)
총 생 산	1,354.6	2,305.5	70.2
농 림 · 수 산	367.4	532.0	44.8
농 업	335.9	469.0	39.9
임 업	15.3	23.3	52.3
수 산 업	16.2	38.8	139.5
광 공 업	527.9	1,021.1	93.4
섬 유	131.7	255.2	93.8
화 학 공 업	31.6	81.0	115.3
화 학 비 료	4.5	23.9	431.1
시 멘 트	6.3	14.1	123.8
금 속 공 업	36.1	87.6	142.7
기 계 공 업	35.3	77.0	118.1
사회간접자본·기타 서비스업	459.3	752.4	63.8
전 력	12.5	29.1	132.8
통 신	7.8	13.3	70.5
운 수 보 관	39.9	63.0	57.9

<표 19> 주요 품목 생산목표

품 목	단 위	기준년도 (1965)	목표년도 (1971)	증가율 (%)
쌀	천 M/T	3,501	4,858	39
맥 류	〃	1,856	2,474	33
어 류	〃	337	673	100
합 판	백만 평방ft	729	1,518	108
정 유	천 배럴	10,205	35, 094	244
비 료	천 M/T	75	374	399
시 멘 트	〃	1,614	4,520	180
판 유 리	천 C/S	517	1,100	113
철 강 재	천 M/T	266	686	158
전 동 기	천 마 력	289	719	149
자 동 차	천 대	1.4	24.4	1,646
조 선 능 력	천 G/T	64	150	134
석 탄	천 M/T	10,248	13,762	84
발 전 량	백만 kWh	3,250	7,797	140
주 택 건 설	천 평	3,961(계획기간 중)		
화 물 수 송	백만 톤/粁	5,365	9,553	78
여 객 수 송	백만 인/粁	11,932	24,410	96

<표 20> 공업구성(1965년 가격)

(단위: 10억 원)

	기준년도(1965)		목표년도(1971)		B/A×100
	생산액(A)	구성비	생산액(B)	구성비	
중 공 업	139.4	27.8	329.0	33.6	235.0
경 공 업	362.0	72.2	651.3	66.4	180.0
전 체	501.4	100.0	980.3	100.0	195.6

《경제논총》(고려대, 1968. 11)

한국경제의 계량경제학적 모형

1. 서 론

경제문제에 대한 이론적 수량적 접근과 경험적 수량적 접근의 종합을 목표로 하는[1] 계량경제학적 연구는 그 주요 용도의 하나[2]를 정책수립에의 응용에서 찾고 있다. 사실 계량경제학적 연구는 오늘날 전체적으로 균형 잡힌 모순 없는 정책을 수립하기 위해서 각국에서 널리 이용되고 있다.

이에 논자는 이와 같은 계량경제학적 연구의 용도에 착안하여 한국경제 전체에 적용될 계량경제학적 모형을 구성해 보기로 한 것이다. 그러나 계량경제학적 모형이라 해도 그것에는 틴베르헌형[3]과 레온티

---

[1] 계량경제학회의 회칙 제1조를 참조하라. R. Frisch는 계량경제학회의 기관지인 *Econometrica*의 창간사에서 이것을 부연하여 계량경제학적 연구를 "경제이론 통계학 수학의 삼자의 종합을 목표로 하는 것"이라고 밝히고 있다.

[2] 이 밖에 계량경제학적 연구의 용도로서는 ①경제의 운동법칙의 파악, 구조의 해명, ②과거의 경제변동의 설명 ③ 장래의 경제변동의 예측을 들 수 있다.

[3] 이 형의 개척적이며 가치 있는 연구로서는 J. Tinbergen, *Statistical Testing of Business Cycle Theories, Ⅱ: Business Cycle in United States of America 1919~1932* (1939)를 들 수 있다. 이 모형에 속하는 주요한 모형에 대해서는 F. Christ,

예프형4) 두 가지가 있다. 여기서는 그 가운데 전자인 틴베르헌형의 계량경제학적 모형을 사용하기로 했다. 또한 같은 틴베르헌형이 모형이라 해도 그의 크기에는 상당한 차이가 있다. 어느 것은 40개의 방정식으로 구성되고 있는가 하면, 어느 것은 겨우 5, 6개의 방정식으로 구성되고 있는 것이 있다. 그러나 우리나라의 경우에는 모두 아는 바와 같이 통계자료가 미비되어 있거나 혹은 정비되어 있는 것이라 해도 그 신뢰성이 매우 의심스럽고, 또 우리나라의 경제에 정치(精緻)한 모형을 적용시킬 필요가 없다고 생각했기 때문에 6개의 방정식으로 구성되는 간단한 계량경제학적 모형을 사용하기로 했다. 각 절의 내용은 다음과 같다. 제2절은 틴베르헌형 모형의 특성을 요약한 것이며, 제3절은 구조방정식의 파라미터의 추정법의 2대 산맥을 이루고 있다고 할 수 있는 고전적 최소자승법과 제한정보최우법의 상대적 특징을 기술한 것이며, 제4절은 한국경제모형의 내용을 기술한 것이며, 제5절은 구성된 한국경제모형의 추정을 기술한 것이다.

"On Econometric Models of the U. S. Economy," *Income and Wealth Series* Ⅵ (1957)와 M. Nerlove, "A Quarterly Econometric Model for The United Kingdom," *The American Economic Review*(March 1962)를 참조하라. 그리고 특히 Klein모형에 대해서는 L. R. Klein and A. S. Goldberger, *An Econometric Model of the United States, 1929~1952*(1955)를 참조하라.

4) 이 모형에 대해서는 주로 W. W. Leontief, *The Structure of American Economy*(1951); W. W. Leontief et al., *Studies in the Structure of American Economy*(1953); W. D. Evans and M. Hoffenberg, "The Interindustry Relations Study for 1947," *Review of Economics and Statistics*(May 1952); Netherland Economic Institute, *Input-Output relations*(1953); Conference on Research in Income and Wealth, "Input-Output Analysis: An Appraisal," *Studies in Income and Wealth*, vol. 18(1955); T. Barma ed., *The Structural Independence of the Economy*(1956)을 참조하라.

2. 틴베르헌형의 모형

　이 모형은 각각 경제의 어떤 중요한 부문 혹은 특징을 표시하는 방정식으로 구성되는 N개의 방정식 체계다. 방정식의 일부는 내셔널 어카운팅에서 찾아지는 형의 정의식(혹은 항등식)이다. 이들은 어느 때나 성립되는 것으로 가정되며 또 미지수를 포함하지 않는다. 이의 예로서는 '소비+투자+정부지출+순수출=국민지출'과 '평균화폐임금률×노동투입량=화폐임금' 등이 들어진다.

　나머지 방정식 즉 정의식(定義式)의 방정식은 근사적으로만 성립하는 것으로 가정되며, 그들의 오차는 적고 확률적으로 결정된다고 가정된다. 이의 한 예로서는 '소비=가처분소득의 일정비율+상수+확률오차'가 들 수 있다. 오차가 계통적이라기보다는 도리어 확률적이라는 가정은 통계적으로 상수의 값어치를 추정하는 데 매우 편리하다. 때로는 이 가정은 오차가 계통적 부분을 포함하는 경우에도 정당화된다.

　확률오차를 포함하는 방정식은 확률방정식(stochastic equation)이라고 부른다. 왜냐하면 통계학에서는 '확률적'(stochastic)이라는 말은 확률적으로 결정된다는 것을 의미하기 때문이다. 확률방정식의 일부는 소비자, 투자자, 화폐보유자 등과 같은 경제 내의 중요 집단의 행동을 기술한다. 그리고 일부는 생산함수, 조세함수 등과 같은 기술적 혹은 제도적 제약을 기술한다. 그리고 또 일부는 노동시장, 화폐시장, 재화시장 등과 같은 특정 시장에 불균형이 존재할 때 일어나는 조정과정을 기술한다. 이상의 네 가지 형의 방정식(정의식, 행동방정식, 제약식 및 조정방정식)은 구조방정식5)(structural equation)이라고 부른다. 왜냐하면 각

---

5) 변수의 분류법에는 다음 세 가지가 있다.

식은 경제의 어떤 잘 정의된 부분을 기술하는 것이라 가정되기 때문이다.

방정식은 변수와 파라미터를 포함한다. 파라미터는 값어치에 있어서 상수로 가정된다. 전형적으로는 방정식의 수보다도 변수의 수가 더 많기 때문에 체계는 모든 변수의 값어치를 결정할 수 없다. 변수의 일부는 체계 외부에서 완전히 결정되는 것으로 가정되며 그들의 값어치는 부여된다. 이러한 예로서는 기후(이것은 모형에서 이때까지 사용된 일이 거의 없다), 정부정책변수, 외국수요 등이 들어진다. 이와 같은 외생변수(exogenous variable) 외에 변수로서는 내생변수(endogenous variable)가 있다. 이것은 파라미터 외생변수 및 오차의 값어치가 부여될 때 체계에 의해서 결정된다. 만약 체계가 완전하려면 N개의, 즉 방정식의 수와 같은 수의 내생변수가 있어야 한다. 그러나 이 내생변수는 다시 금기의 내생변수와 시차내생변수(즉 전기에 있어서의 체계의 작용에 의해서 그 값어치가 결정되는 내생변수)로 나뉜다. 시차내생변수의 예로서는 전기소득, 과거의 최고소비 등을 들 수 있다.

따라서 금기의 내생변수를 외생변수 및 시차내생변수와 구별하는

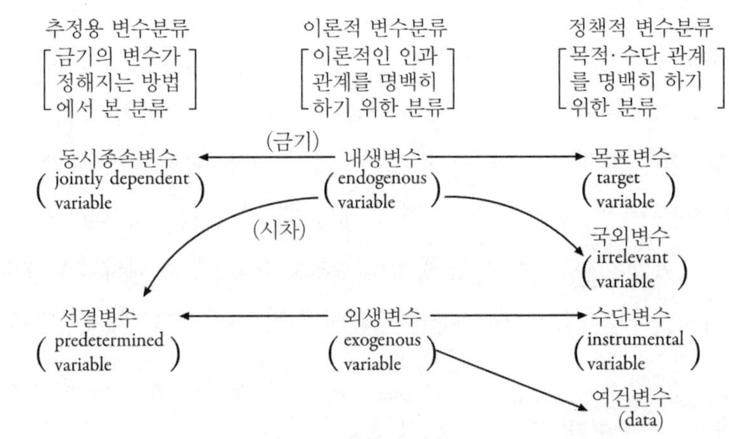

것은 유용한 일이 되는데, 외생변수와 시차내생변수는 따로 선결변수 (predetermined variable)라고 불리기도 한다(단, 금기의 외생변수와 시차외생변수는 다 같이 체계 외부에서 결정되는 것이므로 구별할 필요가 없다).6)

시차내생변수를 포함하는 체계는 동태적 성격을 갖는다. 왜냐하면 금기의 내생변수는 파라미터 외생변수 및 오차에 의존하기 때문이다. 시차를 포함하는 단순체계는 파라미터 또는 외생변수 또는 오차에 변화가 없을 때에도 순환 및(혹은) 장기성장 혹은 감퇴를 발생시킬 수 있다. 한 체계를 동학화하는 또 다른 방법은 과거의 순투자의 합계인 자본스톡과 같은 누적변수(cumulated variable)를 사용하는 것이다.7) 여사한 누적변수는 동일모형에 있어서 미분 혹은 도함수와 쉽게 결합될 수 있다.

구조방정식의 미지의 파라미터는 현재의 내생변수와 선결변수의 값의 계열에 피팅(부합)시킴으로써 추정된다. 만약 각 방정식이 완전히 정확하며 자료가 오차를 포함하지 않는다면 피트(부합도)는 완전할 것

---

6) 이 밖에 J. Tinbergen은 방정식으로서 최종방정식(final equation)을 들고 있다. F. Christ에 의하면 이 방정식은 다음과 같이 정의된다고 한다.

"To analyze the time-path of endogenous variable, one wants an equation expressing that variable in terms of lagged values itself(but not other endogenous variable. Such equations are called final equations, and in principle they may always be obtained from the reduced from by algebra. A final equation is a difference equation in one endogenous variable, with coefficients depending on the parameters and exogenous variables of the model."(F. Christ, *On Econometrics Models of the U. S. Economy*, p. 5)

그리고 그는 이 방정식의 예로서 다음의 것을 들고 있다(F. Christ, *ibid*, p. 7).

$$y_t = (\alpha+\beta)y_{t-1} - \beta y_{t-2} + g_t$$
$$c_t = (\alpha+\beta)c_{t-1} - \beta c_{t-2} + ag_{t-1}$$
$$i_t = (\alpha+\beta)i_{t-1} - \beta i_{t-2} + \beta(g_{t-1} - g_{t-2})$$

7) 한 체계를 동학화(動學化)하는 또 다른 방법은 시차 대신에 연년에 있어서의 변수의 변화를 도입하는 것이다. 이에 대해서는 F. Christ, "Aggregate Economic Models," *the American Economic Review*(June 1956), p. 387의 주3을 참조하라.

이며 파라미터의 값은 정확하게 구해질 수 있다. 그러나 현실적으로는 방정식은 고작해야 근사적으로만 정확하며, 자료는 오차를 포함한다. 따라서 피트는 거의가 정확하지 않은 것이 사실이다.

3. 파라미터의 추정법

구조방정식의 파라미터의 추정법에는 여러 가지가 있다.[8] 그러나 틴베르헌형 모형에서 최근에 가장 많이 이용되고 있는 방법은 고전적 최소자승법과 제한정보최우법(limited information likelihood method)이다. 최소자승법은 방정식의 한 변수를 종속변수로 선정해, 이 변수의 실제치와 계산치의 편차를 구하여 이 편차의 자승의 합계를 최소케 하는 파라미터의 값을 결정한다.

따라서 그 결과는 종속변수의 선택 여하에 달려 있다. 제한정보최우법은 우선 한 방정식의 내생변수를 모두 합침으로써 단일한 새로운 합성변수를 만들고, 그 방정식에 존재하는 모든 변수와 그 방정식에 존재하지 않는 약간의 변수를 포함하는 많은 선결변수에 관한 그 합성변수의 최소자승회귀방정식을 구한다. 다음으로 그 방정식에 존재하지 않는 선결변수의 계수가 이 회귀방정식에서는 영(零)이 될 것이라는 조건을 부여하여, 그 합성변수를 그것의 구성부분으로 분해하고 각 내생변수의 파라미터와 그 방정식에 존재하는 각 선결변수의 추정치를 구한다.

---

8) 크게는 최소자승법, 조작변수법(instrumental variable method), 최우법으로 나뉜다. 그러나 최소자승법은 다시 고전적 최소자승법, 이단최소자승법, 삼단최소자승법으로 나뉘며 최우법도 완전정보최우법, 제한정보최우법으로 나뉜다. 이들 방법에 대해서는 L. R. Klein, *A Textbook of Econometrics*(1953)와 H. Theil, *Economic Forecasts and Policy*(1958)를 참조하라.

최소자승법은 비교적 계산이 용이하다. 그리고 이 방법에 의해서 구해지는 추정치는 그들의 기대치(평균치)를 중심으로 비교적 적은 분산을 갖는다. 그러나 이 방법은 연립방정식체계의 일부분을 이루고 있는 방정식에 적용될 때에는 편의된 추정치, 즉 그 기대치가 진정치와 차이를 갖는 추정치를 낳는다는 결점을 갖는다. 따라서 연립방정체계에 적용되는 최소자승법은 그 탄착점(즉 그 추정치)을 비교적 서로 가깝게 산포시키지만 집중적으로 표적을 명중시키지 못하는 산탄총에 비유될 수 있다.

제한정보최우법은 계산이 비교적 번거롭다.[9] 그리고 그 추정치는 최소자승추정치보다 더 큰 그들의 기대치를 중심으로 한 분산을 갖는다. 이 추정치도 또한 편의를 갖는다.

단, 모형 구성자가 행하는 전형적인 가정하에서 표본의 크기(관측의 회수)가 무한대에 가까워짐에 따라서, 이들 편의가 더 적어지고 영에 가까워질 때에는 예외이다. 따라서 제한정보최우법은 그 탄착점(즉 그 추정치)을 최소자승법의 경우, 보다 덜 가깝게 산포시키며 또 집중적으로 표적의 중심을 명중시키지 못하지만 표본의 크기가 무한대에 가까워짐에 따라서 더욱더 중심을 명중시키는 산탄총에 비유될 수 있다.

따라서 어떤 유한한 표본에 대해서 어느 방법을 사용하느냐의 문제는 아직도 해결되지 않고 있다. 왜냐하면 어떤 주어진 표본의 크기에서 제한정보최우법의 편의가 그보다 큰 분산을 능히 상쇄할 만큼 최소자승법의 편의보다 적으냐에 관해서 대답할 방법을 찾지 못했기 때

---

9) 추정치와 그들의 추정표준오차를 얻기 위해서는 최소자승법이 1회의 역행열의 계산을 필요로 하는데 대해서 제한정보최우법은 4개의 역행열의 계산을 필요로 한다. 4개의 역행열 중 1개는 적어도 최소자승법에서 사용되는 것과 동수의 행과 열을 가지며(흔히는 행과 열의 수가 더 많다) 나머지 3개는 그것보다 적은 수의 행과 열을 갖는다.

문이다.[10]

　이 점에 대해서는 두 가지 형의 경험적 증거가 서서히 집적되고 있는 중이다. 제1형은 몬테카를로법에 의해서 실험적으로 얻어지는 것이다. 이 방법은 기지(既知)의 방정식과 파라미터를 갖고서 사전에 구성된 의제적 실세계에서 많은 수의 자료의 표본을 추출하고, 각 표본에서 일정의 기지의 파라미터의 추정치를 계산하는 방법이다. 그와 같이 해서 얻어진 파라미터의 많은 추정치는 추정치의 상당히 좋은 표본분포를 부여할 것이다. 발간되지 않은 논고에서 바그너(H. M. Wagner)[11] 는 한 의제적 실세계에서 추출된 1백 개의 표본과 또 다른 의제적 실세계에서 추출된 1백 개의 표본에 의거해서 한계소비성향의 최소자승추정치와 제한정보추정치를 비교했다.

　어느 경우에나 그의 의제적 실세계는 3개의 방정식으로 구성되는 간단한 소득·소비·투자모형이었다. 소비는 소득의 선형함수이며, 한계소비성향은 0.5, (제한정보추정 과정에서 사용되는) 모형의 선결변수는 시차를 갖는 소득과 시간이었다. 그리고 표본의 크기는 20이었다. 한계소비성향의 1백 개의 추정치의 분포는 〈표 1〉에 요약되어 있다.

　어느 경우에나 최소자승추정치의 추정 편의가 제한정보추정치의 그것보다 크지만(제3행) 최소자승추정치의 추정표준편차가 제한정보추정치의 그것보다 최소자승추정치의 평균자승근편차[12] (root mean square

---

10) 오차의 자승의 기대치를 두 방법의 선택의 기준으로서 사용하기로 하자. 어느 방법의 경우에나 이것은 편의의 자승+추정치의 기대치에 대한 분산과 같다. 따라서 최소자승법보다 좋기 위해서는 제한정보최우법은 두 방법의 분산의 차보다 큰 값만큼 최소자승법의 편의의 자승보다 적은 편의의 자승을 가져야 한다.

11) F. Christ, "Aggregate Economic Models," *the American Economic Review*(June 1956), p. 398.

12) 임의의 원점을 선정하여야 이 원점과 각 관측치의 편차의 자승을 구하고 이

〈표 1〉 바그너 추정치의 요약

	의제적 실세계 I		의제적 실세계 II	
	최소자승법	제한정보최우법	최소자승법	제한정보최우법
1. 진　　정　　치	0.5000	0.5000	0.5000	0.5000
2. 추정치 100의 평균	0.5137	0.4955	0.5087	0.5049
3. 추　정　편　의 （100개의 추정치）	0.0137	−0.0045	0.0087	0.0049
4. 추 정 표 준 편 차 （100개의 추정치）	0.0107	0.0174	0.0453	0.0460
5. 평 균 자 승 근 편차 （100개의 추정치）	0.0174	0.0179	0.0462	0.0463

자료: F. Christ, "Aggregate Economic Models," *the American Economic Review*(June 1956), p. 399.

error)를 제한정보추정치의 그것보다 약간 적게 할 만한 크기의 값만큼 (제5행) 적음에 주의하라. 그러나 그 차는 매우 작으므로—사실 3퍼센트보다 적다—이 두 방법의 경쟁은 결국 무승부인 셈이다.

경험적 증거의 제2형은 최소자승법과 제한정보최우법이 사용되었고 따라서 그 결과의 비교가 가능한 2, 3의 실질적 연구에서 찾을 수 있다.13) 이들의 대부분에 있어서 2종의 추정치의 차는 매우 적으므로 어느 추정치가 더 좋은가를 말하는 것은 힘든 일이다. 그러나 계산이 더욱 간단한 최소자승추정치에 유리한 방향으로 논의가 기울어지고 있는 것 같다.

2종의 추정치가 실질적으로 차이를 갖는 소수의 경우에 있어서는 최소자승추정치가 해당 파라미터에 대해서 이론적으로 기대할 수 있는 것에 비추어 볼 때 제한정보추정치보다 거의 언제나 더 합리적이

것을 산술평균한 값의 자승근을 말한다. 이에서 전 관측치의 산술평균과 임의의 원점의 차의 자승을 감한 값의 자승근이 바로 표준편차이다.

13) L. R. Klein, *Economic Fluctuations in the United States 1921~1941*(1950), pp. 108~113.

다.14) 이 논쟁에 직면하기를 원하는 독자를 위해서는 불행하게도 클라인(L. Klein)과 골드버거(A. S. Goldberger)는 제한정보추정치와의 비교를 위한 그들의 모형의 최소정보추정치를 제시하지 않고 있다. 그러나 불행하게도 폭스(K. A. Fox)는 그들의 자료를 사용하여 1929~1952년에 대한 모형2의 최소자승추정치를 계산해서 발표했다.15)

그러나 대부분의 파라미터의 경우에는 최소자승추정치와 제한정보추정치는 양자 사이의 퍼센트 차이에 의해서 측정되나, 표준편차의 크기에 의해서 측정되나 대체로 동일하다. 따라서 크리스트(F. Christ)는 두 방법의 우열에 관한 논쟁은 아직도 해결되지 않은 채로 있지만 최소자승법 편이 단순성으로 해서 유리하다는 인상을 확실히 주고 있다고 말하고 있다.16)

4. 한국경제의 모형

한국경제가 직면하고 있는 가장 심각한 고민은 단적으로 말해서 '입초(入超)와 실업의 딜레마'에 있다. 입초의 상태가 영속하면 그 차액으로 외국에 지불할 외화는 더욱 더 증가해서 마침내 그 국민경제는 외국자본을 차입하든지, 그렇지 않으면 수입을 삭감해서 무역균형의 회복을 도모하든지 하여야 할 것이다. 그러나 외자의 도입에 한계가 있고 또 외국자본에 의존하는 것이 바람직스럽지 않으므로 입초의 해소

---

14) 예컨대 F. Christ, "An Econometric Models of the U. S. Economy," *Income and Wealth Series* Ⅵ(1957).

15) K. A. Fox, "Economic Models of the US Economy," *Journal of Political Economy*(April 1956).

16) F. Christ, "Aggregate Economic Models," *the American Economic Review*(June 1956), p. 400.

는 단기적으로는 주로 수입의 삭감에 의존하게 된다. 만약 수입을 삭감하면 그만큼 국내에 공급되는 수입물자가 부족해지며, 따라서 다른 조건에 변화가 없는 한 국내시장에서의 인플레 경향은 피할 수 없게 된다. 이로 인해 일어나는 국내물가의 등귀는 첫째로 우리나라의 수출품의 외국품에 대한 상대가격을 높임으로써 해외의 구매의욕을 감퇴시키며, 둘째로 동일 상품을 수출하기보다는 도리어 국내시장에서 판매하는 편이 유리하며 또 용이하게 됨으로써, 결과적으로 수출의욕을 상쇄하기 때문에 수출을 감소시킨다. 이리하여 수출은 감소하며 입초현상이 재현된다. 따라서 이와 같은 악순환을 반복하지 않으려면 수입을 삭감하는 동시에, 그에 따라서 일어나는 물가의 등귀를 회피하지 않으면 안 된다. 그러려면 소비·투자·정부지출 중의 어느 것인가를 삭감해서 유효수요를 삭감시키는 정책, 즉 디플레 정책을 채용하는 수밖에 없다.

이와 같이 한편에서 수입이 삭감되고 다른 편에서 구매력이 억제되면, 그 결과 실업이 증대하게 됨은 뻔한 일이다. 왜냐하면 수입 삭감이 수입원재료의 감소를 의미하며 유효수요의 감퇴가 판매의 감소를 의미하는 이상, 생산규모의 감소와 피용자의 정리가 발생하며, 따라서 실업자의 증대현상이 일어나게 된다. 이와 같이 입초를 해소하려고 하면 실업의 증대 현상이 일어난다. 그러나 거꾸로 실업을 해소하려고 하면 생산활동을 왕성하게 해야 한다. 그러기 위해서는 각종 원재료가 필요하다. 그런데 우리나라처럼 많은 원료를 외국에 의존하고 있는 경우에는 생산의 증가는 자연히 수입을 증대시킨다. 다른 한편, 생산이 증대했다고 해서 수출이 반드시 확장되는 것은 아니다. 따라서 입초는 더욱더 확대되지 않을 수 없다. 즉 실업구제는 입초의 증가를 수반한다. 이와 같은 상호모순이 바로 여기서 말하는 '입초와 실업의 딜레마'

다.[17]

그러면 이 딜레마는 어떻게 해결할 것인가. 우선 수출만 증가하면 입초가 해소될 뿐 아니라 무역규모의 확대에 따라서 생산 활동의 수준이 높아지며 고용의 증가가 가능하게 된다. 따라서 입초와 실업의 딜레마를 해결하려면 우선 수출의 진흥이 필요하다. 그러나 수출의 증가요인에는 두 가지가 있다. 첫째는 외국의 국민소득 증가, 해외물가의 등귀, 통상제한 완화 등의 해외요인이며 둘째는 국내물가의 하락, 무역회사나 정부의 마케팅 능력의 향상, 수출 진흥을 위한 여러 방책들의 채용 등 국내요인이다. 이 두 요인 중에서 해외요인을 움직이는 것은 곤란한 일이기 때문에 주로 국내요인에 의존하지 않을 수 없다.

그런데 그 요결은 '좋은 상품을 싸게 만드는' 데 있다. 그리고 그것을 위해서는 기술 개량과 경영의 합리화와 노동자의 능률 향상이 필요함은 물론이다. 그러나 기술 개량만 해도 새로운 자본설비의 구입을 필요로 하는 이상, 수출 진흥을 위한 필요조건의 해결을 위해서는 뭐니 해도 자본축적이 요구된다. 그뿐 아니라 자본축적만 되면 상당한 비율로 자원의 부족도 극복될 수 있다. 그리고 자원의 부족이 극복되면 이에 기인하는 수입을 감소시킬 수 있다. 따라서 입초와 실업의 딜레마를 해결하려면 자본축적이 필요하다고 할 수 있다.

이처럼 수출 진흥과 자본축적이 바로 우리나라 경제의 발전을 위한 열쇠가 되는 셈이다. 이것은 신기술을 게을리하지 말고 채용해 가야 함을 의미한다. 이것은 뒤집어 말하면 단기적으로는 고용의 관점에서 바라는 바가 못 되는 것도 하지 않으면 안 된다는 것을 의미한다.

따라서 여기서는 장기적인 관점에서 실질국민소득을 최고로 하는

---

17) 市村眞一, 《日本經濟の構造》(1957), pp. 3~4.

것을 목표로 한국경제의 모형을 구성하기로 했다.

그 모형은 2개의 정의식(4.1과 4.6)과 4개의 행동방정식(4.2, 4.3, 4.4, 4.5)으로 구성되며 다음과 같다.

$$(4.1) \quad Y = C + I + G + E - M \quad \cdots\cdots\cdots\cdots \text{GNP 항등식}$$

$$(4.2) \quad C = \alpha_0 + \alpha_1 Y + u_1 \cdots\cdots\cdots\cdots\cdots \text{소비함수}$$

$$(4.3) \quad Y = \beta_0 + \beta_1 \sum_0^t I(t) + u_2 \cdots\cdots\cdots\cdots \text{투자함수}$$

$$(4.4) \quad G = \gamma_0 + \gamma_1 Y + u_3 \cdots\cdots\cdots\cdots\cdots \text{정부지출함수}$$

$$(4.5) \quad M = \mu_0 + \mu_1 Y + u_4 \cdots\cdots\cdots\cdots \text{수입함수}$$

$$(4.6) \quad B = E - M \cdots\cdots\cdots\cdots\cdots\cdots\cdots \text{국제수지항등식}$$

단,　Y: GNP

　　C: 개인소비

　　G: 정부지출

　　I: 국내순자본형성

　　E: 수출

　　M: 수입

　　B: 국제수지의 차

　　α_1: 한계소비성향

　　β_1: 한계자본계수의 역수

　　γ_1: 한계정부지출성향

　　$\alpha_0,\ \beta_0,\ \gamma_0,\ \mu_0$: 상수

　　$u_1,\ u_2,\ u_3,\ u_4$: 오차항

모든 변수는 1955년의 불변가격으로 표시된다. 이에서 이 모형은

수출을 외생변수로 취급하고 있음을 알 수 있을 것이다.[18]

다음에 소비함수, 투자함수, 정부지출함수, 수입함수의 형에는 여러 가지가 있다.[19] 그러나 이미 서론에서 언급한 바와 같이 대부분의 경우 통계자료가 미비하거나, 혹은 그 신뢰성이 매우 의심스러운 것이 많기 때문에 이 모형은 이상과 같은 형의 함수를 사용하고 있다.

끝으로 오차항의 취급법에도 여러 가지가 있다.[20] 그러나 분석을

---

18) 수출의 예측은 상품별과 상대국별로 행해진다. 그러나 이 수출도 GNP의 함수로 삼을 수 있음은 물론이다.

19) 예컨대 투자함수만 해도 상기 것 외에

$$I = \beta_0 + \beta_1 (Y_t - Y_{t-1})$$

$$Y = kK_0 + k(1-d) \int_0^t I(t)dt$$

의 형이 있다.

20) Three possible error assumptions are:

$$\frac{S}{Y} = \alpha + u$$

$$\frac{S}{Y} = \alpha u$$

$$S = \alpha Y + u$$

Each case implies a different statistical calculation for the estimate of α. In the first case, the savings income ratio is assumed to deviate randomly above and below a central value. The arithmetic average of sample values of $\frac{S}{Y}$ would give a desirable estimate of α. In the second case, the ratio is assumed to deviate above and below a central value with deviation proportional to size of ratio. The geometric average of ratios would seem to be suggested, but this method is not generally applicable since $\frac{S}{Y}$ can be either positive or negative. In years of serious economic depression the ratio may turn negative, and geometric averages of negative members have no meaning for us. In the third case, we have the ordinary linear regression model with zero intercept. If Y is an endogenous variable, not independent of μ, the technique for the estimation of α will be more complicated than in the usual case of least square regression.

In many case, we can not decide upon one probability model or another, but careful study of the data may help to fix our choice. Not only do we want a close fit between mathematical theory and statistical fact, but we want to habe an estimate that is consistant with the probability assumptions of the model. One assumption that is usually made is that the distribution of points in a scatter

간단하게 하기 위하여 오차항을 앞에서와 같이 취급하고 있다.

〈표 2〉 1955년 불변시장가격에 의한 GNP 및 관련 변량

(단위: 10억 원)

연 차	GNP	민간소비	정부지출	국내순자본형성[*]	수 입
1953	86.85	71.03	10.00	7.96	11.56
1954	91.35	73.50	9.71	8.59	8.54
1955	95.02	80.72	9.79	8.10	11.47
1956	95.28	85.44	11.06	3.61	12.20
1957	103.53	86.94	11.39	11.16	14.25
1958	110.70	90.66	13.48	9.62	12.57
1959	116.48	95.52	12.99	8.70	10.90
1960	118.89	98.55	13.61	8.63	12.46
1961	123.04	96.21	13.54	13.51	11.77

※ 〈표 3〉을 참조하라.
자료: 한국은행 조사부 발행, 1962년 《경제통계연보》 및 기타.

〈표 3〉 국내순자본형성의 계산

(단위: 10억 원)

연 차	국내총자본형성	고정자본소모충당금	국내순자본형성
	(1)	(2)	(3)=(1)-(2)
1953	12.96	5.00	7.96
1954	13.45	4.86	8.59
1955	12.33	4.23	8.10
1956	7.87	4.26	3.61
1957	15.85	4.69	11.16
1958	14.92	5.30	9.62
1959	14.18	5.48	8.70
1960	13.92	5.29	8.63
1961	18.51	5.00	13.51

---

diagram have uniform variability about the estimated, or fitted, function.[L. R. Klein, *An Introduction to Econometrics*(1962), pp. 189~190]

5. 한국경제모형의 통계적 추정

이미 3에서 밝힌 바와 같이 최소자승법은 표본의 수가 유한일 때에는 결코 제한정보최우법에 뒤떨어지지 않는다. 도리어 계산이 간단하다는 점에서 제한정보최우법보다 유리하기조차 하다. 따라서 여기서는 최소자승법을 추정법으로서 사용하기로 했다.

이제 최소자승법을 사용하여 다음의 자료에서 (4.2)~(4.5)을 유도하면 다음과 같다.

$$(4.2)\quad C=11.630+0.716\,Y \qquad S^2=5.94$$

$$(4.3)\quad Y=82.18+0.544\sum_0^t I(t) \qquad S^2=0.28$$

$$(4.4)\quad G=-0.815+0.120\,Y \qquad S^2=2.67$$

$$(4.5)\quad M=7.958+0.036\,Y \qquad S^2=1.87 \qquad S: \text{추계오차}$$

이들 식을 사용해서 계산한 수치와 실제치의 차를 표시한 것이 바로 〈표 4〉다. 이 표는 실제치와 계산치 간에 별로 큰 차가 없음을 나타내고 있다. 즉 이 표는 가정적인 관계가 현실에서 그다지 크게 유리되어 있지 않음을 표시하고 있다.

따라서 일단 이들 식은 현실을 반영하는 식으로 간주할 수 있다. 그러할 때에는 한국의 한계소비성향, 한계자본계수, 한계정부지출성향, 한계수입성향은 각각 (4.2)식, (4.3)식, (4.4)식, (4.5)식에서 0.72,[21] 2.1,[22] 0.12, 0.036이 되는 셈이다.

---

21) 따라서 한국의 투자승수(k)는 $k=k=\dfrac{1}{1-MPC}=\dfrac{1}{1-0.72}$에서 3.6이 된다.

22) 이것은

<표 4> GNP 민간소비 정부지출 및 수입의 실제치와 계산치

(단위: 10억 원)

연차	GNP			민간소비			정부소비			수 입		
	실제치	계산치	차	실제치	계산치	차	실제치	계산치	차	실제치	계산치	차
1953	86.8	86.5	0.3	71.0	73.8	−2.8	10.0	9.6	0.4	11.6	11.1	0.5
1954	91.4	91.2	0.2	73.5	77.1	−3.4	9.7	10.1	−0.4	8.5	11.2	−2.7
1955	95.0	95.5	−0.5	80.7	79.7	1.0	9.8	10.6	−0.8	11.2	11.4	−0.2
1956	95.3	97.5	−2.2	85.4	79.9	4.5	11.1	10.6	0.5	12.2	11.4	0.8
1957	103.5	103.6	−0.1	86.9	85.7	1.2	11.4	11.6	−0.2	14.2	11.7	2.5
1958	110.7	108.9	−1.8	90.7	90.9	−0.2	13.5	12.5	1.0	12.6	11.9	0.7
1959	116.5	113.6	2.9	95.5	95.0	0.5	13.0	13.2	−0.2	10.9	12.1	−1.2
1960	118.9	118.3	0.6	98.6	96.8	1.8	13.6	13.5	0.1	12.5	12.2	0.3
1961	123.0	125.6	−2.6	96.2	99.0	−2.8	13.5	13.9	−0.4	11.8	12.4	−0.6

이상과 같은 한국경제의 모형이 유도되면 GNP의 성장률과 수출을 부여함으로써 GNP의 관련변량의 예측이 가능하게 된다. 이 밖에 노동의 생산성(ρ)와 GNP(Y) 사이의 관계식[23]

$$\rho = lY + n$$

$$Y(t) - Y(t-1) = 0.544 I(t)$$

혹은

$$I(t) = \frac{Y(t) - Y(t-1)}{0.544}$$

에서 계산한 값 1.84를 기초로 해서 얻은 근사치다. 이제 참고삼아 실제의 자료에서 유도한 한계자본계수를 들어 두면 다음과 같다.

	1953	1954	1955	1956	1957	1958	1959	1960	1961	1962*	비 고
1. G N P	86.8	91.4	95.0	95.3	103.5	110.7	116.5	118.9	123.0	125.8	
2. 국내순자본형성	8.0	8.6	8.1	3.6	11.2	9.6	8.7	8.6	13.5	−	
3. GNP의 증가	4.6	3.6	0.3	8.2	7.2	5.8	2.4	4.1	2.8	−	
4. 한계자본계수	1.74	2.40	27	0.44	1.55	1.60	3.62	2.10	4.82	−	(2)÷(3) (평균2.27)**

* 잠정추계.

** 1955년의 27을 제외한 평균이다.

23) 이 함수는 진보함수(Progress Function) 혹은 수득함수(Learning Function)이라고 불린다.

$$l:\ \text{계수}$$

$$n:\ \text{상수}$$

와 취업노동인구 N과 GNP(Y) 사이의 관계식

$$Y = \rho N$$

에서

$$N = \cfrac{1}{l + \cfrac{n}{Y}}$$

이 유도되어 있기만 하면 GNP의 예측치를 사용하여 고용상태의 예측도 가능하다.

이상 한국경제의 극히 간단한 계량경제학적 모형을 유도해 보았다. 위에서 본 바와 같이 이 정도의 모형조차도 한국경제의 상태에 대해서 많은 것을 기술해 줄 수 있다. 그러나 이 모형은 어디까지나 시안에 불과한 것이다. 따라서 시행착오의 긴 과정을 통해서 정밀한 모형으로 만들어가는 한편, 좀더 많은 수의 방정식으로 구성되는 모형으로 확장시켜 가야 할 것이다. 끝으로 우리나라 학계의 현실을 볼 때 경제학자의 연구 가운데에는 지나치게 현실과 동떨어져 순수 학술적인 성격을 띠고 있는가 하면, 다른 한편 너무나 저널리스틱하여 학문적 뒷받침이 결여되어 있는 것이 없지 않아 있는 것 같다. 만약 본 논고가 다소나마 이와 같은 결점을 면했다고 하면 논자의 의도의 다른 반은 달성되었다고 말할 수 있겠다.

〈부 록〉

우리가 사용한 모형은 간단한 틴베르헌형(Tinbergen-type)의 모형이었다. 따라서 참고삼아 대규모 틴베르헌형의 모형의 하나인 클라인-골드버거(Klein-Goldberger) 모형을 여기에 들어둔다.

(1) Consumption Function:

$$C=-34.5+0.62(W_1+W_2-T_W)_t+0.46(P-S_P-T_P)_t$$
$$\quad(7.7)(0.04)\qquad\qquad(0.03)$$

$$+0.39(A-T_A)_t\quad+0.23C_{t-1}+0.024(L_1)_{t-1}+0.36(N_P)_t$$
$$(0.025)\qquad\quad(0.05)\qquad(0.02)\qquad\quad(0.08)$$

$$\delta^2/S^2=2.2$$

(2) Investment Function:

$$I_t=-16.8+0.76(P+A+D-T_P-T_A)_{t-1}-0.14K_{t-1}$$
$$\quad(4.5)(0.17)\qquad\qquad\qquad\qquad(0.08)$$

$$+0.14(L_2)_{t-1}$$
$$(0.10)$$

$$\delta^2/S^2=2.3$$

(3) Corporate Savings Function:

$$(Sp)_t=-2.42+0.86(Pc-Tc)_t-0.30(Pc-Tc-Sp)_{t-1}$$
$$\quad(0.8)\ (0.04)\qquad\qquad(0.20)$$

$$-0.014B_{t-1}$$
$$(0.016)$$

$$\delta^2/S^2=1.9$$

(4) Relation Between Corporate Profits And Nonwage Nonfarm Income:

$$(Pc)_t=-8.34+0.71P_t$$
$$\quad(0.53)(0.02)$$

$$\delta^2/S^2=1.4$$

(5) Depreciation Function:

$$D_t=11.46+0.14\frac{K_t+K_{t-1}}{2}$$

---

* 이 모형에는 Relation Between Agricultural and Nonagricultural Rices인
$$(P_A)_t=\lambda_0+\lambda_1 p_t+\lambda_2(P_A)_{t-1}$$
이 생략되어 있다.

$$(0.36)(0.08)$$

$$\delta^2/S^2=0.30$$

(6) Demand For Labor Function:

$$(W_1)_t=-2.70+0.36(Y+T+D-W_2)_t$$
$$(1.05)(0.04)$$

$$+0.14(Y+T+D-W_2)_{t-1}+0.16_t$$
$$(0.03)\qquad\qquad\qquad(0.08)$$

$$\delta^2/S^2=2.0$$

(7) Production Function:

$$(Y+T+D-W_2)_t\ =-31.98+2.31[h(N_W N_G)+N_E+N_F]_t$$
$$(7.3)\ \ (0.18)$$

$$+0.076\frac{K_t+K_{t-1}}{2}+1.90_t$$
$$(0.06)\qquad\qquad\ (0.15)$$

$$\delta^2/S^2=1.4$$

(8) Labor Market Adjustment Function:

$$w_t-w_{t_{-1}}=4.11-0.75(N-N_W-N_E-N_F)_t$$
$$(4.83)(0.63)$$

$$+0.56(p_{t-1}-p_{t-2})+0.56_t$$
$$(0.30)\qquad\qquad(0.26)$$

$$\delta^2/S^2=2.4$$

(9) Import Demand Function:

$$(F_I)_t=2.09+0.0087(W_1+W_2+P+A-T_W-T_P-T_A)_t\frac{p_t}{(pI)_t}$$
$$(0.65)(0.0057)$$

$$+0.24(F_I)_{t_{-1}}$$
$$(0.12)$$

$$\delta^2/S^2=1.6$$

(10) Agricultural Income Determination Function:

$$A_t = -4.53 + 0.25(W_1 + W_2 + P - S_P - T_W - T_P)_t$$
$$\quad\quad (1.48)(0.09)$$

$$-0.13(W_1 + W_2 + P - S_P - T_W - T_P)_{t-1} + 0.0096(F_A)_t$$
$$(0.11) \quad\quad\quad\quad\quad\quad\quad\quad\quad\quad (0.014)$$

$$\delta^2/S^2 = 1.5$$

(11) Household Liquidity Preference Function:

$$(L_1)_t = 0.14(W_1 + W_2 + P + A - T_W - T_P - S_P - T_A)_t$$

$$+75.0(i_L - 2.0)_t - 0.84$$
$$(16.6) \quad\quad\quad (0.03)$$

$$\delta^2/S^2 = 0.73(\text{for the logarithmic form of residuals})$$

(12) Business Liquidity Preference Function:

$$(L_2)_t = -0.77 + 0.24(W_1)_t - 0.69(is)_t - 0.27(p_t - p_{t-1})$$
$$(1.43)(0.05) \quad\quad (0.31) \quad\quad (0.09)$$

$$+0.64(L_2)_{t-1}$$
$$(0.08)$$

$$\delta^2/S^2 = 2.0$$

(13) Relation Between Short And Long Term Interest Rates:

$$(iL)_t = 2.66 + 0.46(is)_{t-3} + 0.23(is)_{t-5}$$
$$(0.17)(0.10) \quad\quad (0.10)$$

$$\delta^2/S^2 = 0.9$$

(14) Money Market Adjustment Function:

$$100\frac{(is)_t - (is)_{t-1}}{(is)_{t-1}} = 6.42 - 0.55R$$
$$(8.52)(0.31)$$

$$\delta^2/S^2 = 1.3$$

(15) Identity:

$$C_t + I_t + G_i + (F_E)_t - (F_I)_t = Y_t + T_t + D_t$$

(16) Identity:

$$(W_1)_t + (W_2)_t + P_t + A_t = Y_t$$

(17) Identity:

$$h_t \frac{wt}{pt}(Nw)_t = (W_1)_t + (W_2)_t$$

(18) Identity:

$$K_t - K_{t-1} = I_t - D_t$$

(19) Identity:

$$B_t - B_{t-1} = (Sp)_t$$

C=Consumer Expenditures In 1953 Dollars

W_1=Deflated Disposable Employee Compensation

W_2=Deflated Government Employee Compensation

$W_1 + W_2 - T_W$=Deflated Disposable Employee Compensation

P=Deflated Nonwage Nonfarm Income

S_P=Deflated Corporate Savings

$P - S_P - T_P$=Deflated Disposable Nonwage Nonfarm Income

A=Deflated Farm Income

$A - T_A$=Deflated Disposable Farm Income

L_1=Deflated End Of-Year Liquid Assets(Currency, Bank Deposits,
Savings and Loan Shares, and U.S. Government Bonds) Held By Persons

N_P=Number Of Persons In The United States

I=Gross Private Domestic Capital Formation In 1939 Dollars

D=Capital Consumption Charges In 1939 Dollars

iL=Average Yield On Corporate Bonds

K=End Of-Year Stock Of Private Capital In 1939 Dollars

L_2=Deflated End Of-Year Liquid Assets Held By Enterprises

Pc=Deflated Corporate Profits

Tc=Deflated Corporate Income Taxes

B=Deflated End Of-Year Corporate Surplus Gross

$Y+T+D-W_2$=Private National Product In 1939 Dollars

t=Time Trend In Years

h=Index Of Hours Worked Per Persons Per Year

Nw=Number Of Wage And Salary Earners

N_G=Number Of Government Employees

N_E=Number Of Nonfarm Enterprises

N_F=Nonfarm Farm Operators

w=Index Of Hourly Wages

N=Index Of Persons In The Labor Force

$N-N_W-N_B-N_F$=Unemployment In Number Of Persons

p=General Price Index

F_I=Imports Of Goods and Services In 1939 Dollars

p_I==Index Of Prices Of Imports

$W_1+W_2+P+A-T_W-T_P-T_A$=Deflated Disposable Income Plus Corporate Saving

F_A=Index Of Agricultural Exports

$W_1+W_2+P-S_P-T_W-T_P$=Deflated Disposable Nonfarm Income

iL=Average Yield On Corporate Bonds In Percent

is=Average Yield On Short Term Commercial Paper

R=Excess Reserves Of Bank As a Percentage Of Total Reserves

G=Government Expenditures For Goods and Serves In 1939 Dollars

F_E=Exports Of Goods And Services In 1939 Dollars

T=Deflated Indirect Taxes Less Subsidies

Below each estimated parameter, in parentheses, is the standard error of the estimate. This gives us a measure of statistical reliability. Also each stochastic equation is assumed to have a set of mutually independent disturbances. The statistic δ^2/S^2 for each estimated equation is designed to show the presence or absence of serial correlation in the residuals for each equation and thus provide an indicator of the degree of fullfilment of the above assumption about the disturbance. The expected value of *is* 2.1 and numerical estimates in the neighborhood of this figure indicate a significant lack of serial correlation in the residuals. Values below 1.25 suggest the presence of serial correlation in the residuals.

(L. R. Klein & A. S. Goldberger, *An Econometric Model of the United States 1929~1952*, pp. 44~53)

《인문사회과학》(서울대, 1964. 10)

개발계획은 경제정책 속에서
: 5개년계획의 실적과 전망에 관련하여

1. 머리말

'요란한 경적'과 함께 경제개발 5개년계획에 들어선 지 5년째인 올해에 제1차 계획을 끝마치게 되었다. 오늘날 후진국 특히 동남아의 대만, 필리핀, 인도, 파키스탄, 미얀마 등에서도 성격과 내용은 다소 다르지만 개발계획을 세우고 이를 집행하여 나가고 있는데, 대부분의 경우 공업화를 이룩하여 중진국에로의 조속한 비약을 목표로 하고 있다.

물론 우리나라의 제1차 5개년계획도 예외는 아니다. 돌이켜보면 5·16 이후 경제정책의 중점이 확대균형에 놓이게 되자, 그 내용은 5개년계획으로 집약되었던 것이다. 그리하여 경제의 조속한 성장을 가로막고 있는 여러 가지 고질적 애로를 극복하여 공업화에의 기틀을 마련하고, 또한 왜곡된 산업구조를 개편함으로써 궁극적으로는 자립경제를 달성하고자 연평균 성장률을 7.1퍼센트로 하는 제1차 경제개발 5개년계획을 1962년을 초년으로 하여 실시하게 되었다. 이 계획의 기본지침은 다음과 같다.

① 전력, 석탄 등 에너지 공급원의 확보
② 농업생산력의 증대에 따른 농가소득의 상승과 국민경제의 구조적 불균형의 시정
③ 기간산업의 확충과 사회간접자본의 충족
④ 유휴자원의 활용 특히 고용의 증가와 국토의 보전과 개발
⑤ 수출증대를 주축으로 하는 국제수지의 개선
⑥ 기술의 진흥 등

그러나 과도한 의욕과 행정의 미숙에서 야기된 빈번한 정책의 변경은 오히려 경제계에 심한 충격을 주어 초년도부터 인플레의 압력에 부딪치게 되었다. 이에 1963년부터는 재정안정계획이 부활되고 안정기조 위에서의 성장이라는 일대 수정이 불가피하였고 따라서 계획의 목표들은 하향 조정되었다. 물론 이러한 목표 설정의 차질은 계획의 작성 때부터 예견되었던 것이다. 즉 불과 수개월 만에 방대한 계획이 작성되었고 충분한 자료의 검토, 문제점의 해결 등을 안이하게 처리하여 버린 사실은 어차피 연차적으로 계획을 수정한다는 가정을 내포하고 있었다.

따라서 현재까지의 결과를 종합하여 볼 때, 제1차 5개년계획의 의의는 일련의 국민계산에 의한 목표의 설정과 달성에 있었다기보다는 오히려 종합적인 개발계획을 마련하여 정책목표를 제시하고 경제정책의 초점을 모색하는 데 있었다고 하겠다.

성공적이든 아니든 이미 주사위는 던져졌다. 이제 제1차 5개년계획을 매듭짓고 1967년부터는 제2차 5개년계획에 돌입하게 되었다. 아래에서는 우선 제1차 5개년계획의 실적을 개관하고 다음으로 제2차 5개년계획의 내용을 간단히 밝히고, 끝으로 얻은 교훈과 앞으로의 경제정

책의 입안에 있어서 고려할 사항을 도출하여 보기로 한다.

2. 제1차 5개년계획의 실적

1962~1965년간의 계획에 대한 실적을 종합적으로 검토해 보면 우선 GNP성장률은 1962년 4.1퍼센트, 1963년 9.3퍼센트, 64년 8.9퍼센트, 65년 8.0퍼센트를 보여주어 계획치를 대체로 웃돌고 있다. 그러므로 성장률 면에 있어서 계획은 달성되고 있다고 하겠다.

그러나 투자 실적은 계획에 훨씬 미달되었고 저축 역시 미달되어 '목표 투자의 달성 없이 목표 성장률을 달성하였다'는 결론에 도달한다. 이러한 명제는 두 가지로 해석할 수 있다. 첫 번째는 투자계획을 과도히 책정하였다는 점이고 두 번째는 목표성장률을 과소하게 책정하였다는 것이다. 그러나 전자의 경우가 더 합리적인 입론인 것 같다. 이에 관하여서는 별도의 집근을 봉하여 원인을 규명하여야 할 것으로 생각되므로 이곳에서는 자본소요액의 추정은 광범위한 기초통계 위에서 작성되어야 한다는 점을 강조하는 데 그치고자 한다.

한편 저축률도 훨씬 미달하였는데(1962년 0.8%, 63년 7.0%, 64년 6.45%, 65년 4.95%), 이 결과는 정부계획사업의 부진으로 집중적으로 나타났다. 계획사업의 선정기준도 객관적인 지표를 마련하지 않고 주관적이고도 의욕에 치우쳤기 때문에 그 진척이 부진한 점도 있겠으나 더욱 중요한 이유는 상술한 내자동원의 차질에서 비롯된 것이다.

이제 다시 기술한 계획의 기본지침에 따라 부문별로(특히 계획사업을 중심으로)고찰하여 보면 다음과 같다.

첫째로 농림수산업은 식량의 자급자족을 위하여 간척, 개간사업 등으로 12만여 정보의 경지확장을 도모하고 영농방식의 합리화를 통하여, 목표년도에는 양곡생산을 기준년도에 비해 32퍼센트 증산을 계획하고 기타(유축농업)등을 통하여 국가소득의 증진을 꾀하였다. 또한 어업근대화를 위하여 원양어선도입, 어선건조, 어선의 장비개선, 수산물가공처리시설확장 등을 계획하였다.

그러나 계획기간 중 농업생산은 천후조건에 따라 기복이 심하였고 이에 따라 농업생산력도 기복이 심하였다. 물론 영농방식의 개선을 위하여 여러 가지 시책이 있었고 특히 농지구획정리사업 전개와 천수답의 수리안전답으로의 전환노력은 천후조건과 싸워야 하는 한국농업에 개선의 기틀을 마련하여 주었다고 할 수 있다.

그러나 농업소득 면에서 보면 장기적인 농업물가대책의 결여로 말미암아 상대소득은 별로 증가하지 못하였다. 1950년 가격에 의한 농가판매가격지수와 구입가격지수의 비율을 보면 1963년의 124.2퍼센트를 정점으로 64년에는 115.0퍼센트, 65년에는 109.3퍼센트로 급강하하여 농촌경제의 위축을 면치 못하였다. 농업생산력의 증가는 적절한 농산물가격대책 아래서만 결실을 볼 수 있다는 점을 명심해야 할 것이다.

어업의 근대화로 공동어선건조사업, 선착장, 물양장, 냉동시설 등의 부대시설의 확충은 비교적 활발하게 전개되었으나 직접적인 어업자본의 근대화는 아직도 거리가 멀다. 한일협정에 의한 어장의 개방은 영세농민의 활동을 더욱 위축시킨 감이 있고 그 보상은 제2차 계획으로 미루지 않으면 안 되게 되었다.

둘째로 에너지 공급원의 확보에 있어서 무연탄생산은 가격 면에서는 불리한 조건임에도 불구하고 안정된 국내수요를 바탕으로 1965년에는 1,245만M/T을 생산함으로써 초과 달성되었다. 그러나 심부개발단계에 들어간 무연탄광업은 후반에 들어와서 그 증가율이 둔화되고 있다는 점은 앞으로 주목하여야 할 것이다.

한편 전력개발은 괄목할 만한 성과를 거두었다고 하겠다. 왕십리디젤 증설, 광주디젤 증설, 영월화력 복구, 삼척화력 제2증설, 부산화력, 춘천수력, 섬진강수력. 신규영월화력 등이 거의 계획대로 진척되어 1965년 말 현재 총시설 용량은 769.5천㎾를 초과하여 공급 여력을 갖게 되었다. 그리하여 해방 이후 처음으로 무제한 송전을 실시하게 되었다.

셋째로 공업화의 터전을 마련하려는 제조업 부문의 계획사업은 비료, 시멘트, 정유공장 등은 거의 계획대로 진행되었으나 종합제철, 종합기계, 기초화학공장 등의 건설은 완전히 제2차 계획으로 이월하지 않으면 안 되게 되었다. 특히 시멘트 공장건설은 예정대로 진척되었음에도 불구하고 공급부족을 나타냈는데 이는 계획 작성에 있어서 올바른 수요 측정이 얼마나 중요한가를 단적으로 말해 주고 있는 것이다.

그 밖에 PVC공장, 소다회공장, 디젤엔진공장 등은 계획 자체의 빈번한 변경으로 진척이 매우 부진하였고 계획사업으로서의 성격이 의심스러운 신탄진연초공장이 1965년 4월에 준공 되었다.

넷째로는 사회간접자본의 대종을 이루는 운송 부문을 보면 철도건설은 1962년에는 황지지선(9㎞) 동해북부연장선(33㎞)이 신설되었고, 1963년에는 황지지선(85㎞)이 개통되었다. 그리고 1966년에 완공 예정인 정선선(30㎞)과 경북선의 일부가 1965년에 개통되었고 진삼선과 경인복선이 역시 동년에 개통되었다. 또한 철도디젤화계획의 일환으로 디젤기관차 30량과 디젤동차 52대가 도입되고 그 밖에 객화차의 조립이 있었다.

한편 통로 건설은 1962년에 예미~정선 간(23㎞) 고한~삼거리 간(15㎞)의 산업도로 건설로 무연탄수송 완화에 기여하였고 1963년에 17㎞, 1964년에 10.5㎞, 1965년에 5.6㎞의 산업도로 건설이 있었다.

대체로 운송부문에 있어서는 대부분의 재원이 정부예산에 의존하고 있던 관계로 일부 차관에 의한 사업에 차질이 있었으나 계획을 달성한 것 같다. 그러나 제1차 5개년계획에서는 비용이 비싼 철도 건설에 치중한 점을 지적하지 않을 수 없다.

산업철도가 산업도로로 대체될 수 있는 방안을 모색하는 데 노력을 아끼지 말아야 할 것이다.

다섯째로 수출은 급격한 증가를 보여 당초계획을 초과 달성하였다. 그러나 그간의 수출증대는 다음 표에서 알 수 있는 바와 같이 그다지 국제수지 개선에 기여한 바 없다고 할 수 있다. 결국 수입이 계속 증가하는 한 수출증대는 그다지 국제수지 개선의 효과를 갖지 못하는 셈이다. 그런데 이 수출증대는 주지하는 바와 같이 주로 각종 특혜에서 초래된 것이다.

외환보유고에의 기여 면에서 보면 그간의 수출증대는 더욱더 기여한 바 없다고 할 수 있다. 수출의 증가와 더불어 수출의 구성도 2차산품의 비중이 높아져(1962년에 20.6%, 63년에 46.8%, 64년에 49.6%, 65년에 61.9%) 질적으로 많은 개선을 본 것만은 사실이다. 그러나 2차산품의 외화 획득률은 매우 낮다. 따라서 외화 획득액의 증가는 별로 크지 않다. 거기에 더해서 2차산품의 해외원료 의존도가 매우 높다는 것을 생

〈표〉 수출입 추이

(단위: 백만 달러)

연 도	수 출	수 입	수입초과(경상수지차)
1961	41	316	275
1962	55	422	367
1963	87	560	473
1964	119	404	285
1965	175	450	275

자료: 한국은행 조사부.

각하면 2차산품의 수출증대는 자연히 수입증가를 초래하게 되어 있는 것이다.

3. 제2차 5개년계획의 내용

1967~1971년을 계획기간으로 하는 제2차 5개년계획의 윤곽이 최근에 발표되었다. '이미 이룩된 기반을 토대로 산업구조를 근대화하고 자립경제의 확립을 촉진함'을 목표로 하는 제2차 5개년계획은 그 기본 지침으로서

① 식량의 자급자족
② 수출증진과 수입대체에 의한 국제수지의 개선
③ 철강, 기계 및 화학공업에 중점을 둔 공업의 고도화
④ 고용증대와 인구팽창의 억제
⑤ 국민소득의 향상
⑥ 기술수준과 생산성의 향상 등을 들고 있다.

이제 이 계획의 내용을 보면 연평균 성장률을 7퍼센트로 설정하고 이를 달성하기 위한 총고정자본 형성은 계획기간 중 9,801억 원을 책정하여 연 19퍼센트의 투자율을 계획하고 있다.

투자의 산업별 배분은 농림수산업 13퍼센트, 철공업 30퍼센트, 사회간접자본 및 기타 서비스업 57퍼센트로 되어 있으며 제3차산업에 가장 높은 비중을 두고 있다.

한편 연평균 19퍼센트의 투자율을 지탱하기 위한 국내저축은 6.029억 원(62%), 해외저축은 3,772억 원(38%)으로 계상하고 있다. 따라서

기간 중 평균국내저축률은 11.6퍼센트가 되는데 이는 1962~1965년 연평균이 4.8퍼센트에 불과한 데 비하여 약 2.5배에 달하는 것이다. 즉 제2차 5개년계획기간 중 국내저축을 2배 이상으로 증가시킴으로써 해외저축보다도 국내저축에 더욱 치중하여 점차 대내균형에 접근하고자 하였다. 이러한 국내저축은 정부에서 2,190억 원을, 민간부문에서 3,840억 원을 조달하는 것으로 계상하고 있다.

국제수지에 있어서는 목표년도의 상품수출은 5억 5천만 달러 상품수입은 8억 2천만 달러로 책정하여 기준년도인 1965년의 경상수지차를 1.1퍼센트(GNP에 대한 비율) 감축하는 것으로 계상하고 기간 중의 국제수지차는 장기자본도입(835백만 달러), 물품계획원조(160백만 달러), 잉여농산물(195백만 달러), 기술원조(30백만 달러), 대일청구권자금(150백만 달러), 기타(369백만 달러) 등으로 보완하기로 되어 있다. 특히 현재 감축 일로에 있는 물품계획원조(CPA)는 목표년도인 1971년에는 중단되는 것으로 상정하고 있다.

이상을 주요 골자로 하는 제2차 5개년계획은 제1차 5개년계획의 작성 때와는 비교가 안 될 정도로 방법론에 있어서 정밀화되었다고 한다. 즉 종래 주먹구구식의 계획 작성이 아니고 현실화된 국민소득계정에 의하여 총량모형을 설정하고 이 총량모형을 보완하기 위하여 부문모형으로서 산업연관모형을 이용하여 투자규모를 검증하였다고 한다.

4. 맺는말

우리는 제1차 5개년계획의 성격과 실적을 토대로 하여 다음과 같은 일반적인 교훈을 얻었다고 생각한다.

① 계획은 의욕적이어야 하지만 그것은 어디까지나 실행 가능성의 범위 내에서만 그래야 한다. 과잉의욕은 계획을 그르치는 감정의 노예이다. 따라서 계획의 규모는 국민경제가 동원할 수 있는 자원의 한계를 넘지 않아야 한다.

② 계획은 신뢰도 높은 기초자료에 토대를 두어야 한다. 따라서 잡다한 부정확한 통계를 정비하여 기초 통계의 질을 보강하여야 할 것이다. 예를 들면 자본소요액 추정을 위한 자본계수, 민간저축액 추정을 위한 한계저축성향 등 주요 구조의 파라미터를 잘못 추정하면 계획의 기본적 틀이 무의미하게 되어 버린다.

③ 경제개발계획은 국민경제와 개별경제가 조화적인 균형을 이룩할 수 있도록 집행되어야 하고, 예상하지 못한 수급은 그 대책이 항상 조속히 마련되는 시스템이 필요하다.

④ 계획사업의 선정과 추진에 있어서는 정치적 중립을 유지할 수 있는 제도적인 배려가 있어야 하며, 일정한 선정 원칙하에 내자동원의 가능성을 아울러 검토하여야 한다.

이러한 교훈은 단편적인 것이기는 하나 결코 무시되어서는 안 되는 것들이다. 그리고 계획의 전제 내지 가정은 충분히 용납될 수 있는 것이어야 한다. 이에 대하여 경제정책을 입안하는 데 있어서 다음과 같은 사항을 현실적으로 고려할 것을 주장한다.

첫째로 계획의 성패의 가장 중요한 관건은 내자조달에 있다. 특히 민간저축의 증강은 강조되어야 하는데 이에 대한 전반적인 금융정책의 중점을 내자조달의 지원과 그것의 효율적인 배분에 두어야 한다. 내자는 그 스스로가 외자를 불러들인다는 점을 염두에 두어야 할 것이다.

둘째로 제1차 5개년계획기간 중 특히 1962~1964년에 경험한 인플레 경향은 계획을 오도하기 쉽다는 점이다. 경제개발과 인플레의 관계는 이미 진부한 화제일는지 모르나 해방 이후 인플레에 신경과민이 된 국민이 경제심리로서는 만약 제2차 5개년계획기간 중에 인플레가 야기된다면 심한 자원의 낭비를 초래할 것이다. 더욱이 11.6퍼센트라는 평균 국내저축률을 달성할 수 없을 것이다.

셋째로 우리의 계획이 중앙집권적 계획이 아닌 이상 국민의 광범위한 협조에 의존하지 않을 수 없다. 따라서 정책수립은 항상 일관성이 유지되어야 하며 정책을 실험물로 삼아서는 안 될 것이다. 아울러 정책은 되도록 간접효과를 충분히 고려하여야 할 것이다. 민간영역에의 과도한 간섭은 부작용을 초래하기 쉽다.

끝으로 정책변수 혹은 목표변수에 대하여 과만하거나 인색하여서는 안 된다.

앞으로 계획의 시행에 따라 불변가격에 의한 여러 계수는 경상가격으로 환산되어야 하고 다시 한번 강조하거니와 정부만이 계획을 집행하는 것이 아니고 궁극적으로는 국민의 협조와 운용에 의하여 그 결실이 맺어지는 것이므로 모름지기 정책은 국민의 신임을 받을 수 있는 장기적이고도 일관된 신념에서 우러나온 것이어야 할 것이다.

《재무》(1966. 8)

경제개발계획

1. 머리말

제2차 대전 전만 해도 경제계획은 소련의 전유물인 양 생각하고 있었다. 그러나 2차 대전 이후부터는 선후진국을 막론하고 자본주의제국도 경제재건과 부흥 혹은 경제개발을 위해서 경제계획을 수립하게 되었다. 그러나 종합적인 경제계획의 필요성은 제2차 대전 후 식민지 반식민지 상태에서 벗어나 정치적으로 독립하게 된 후진국에 더욱 절실했다. 그리하여 인도, 미얀마 등은 일찍부터 서둘러 5개년경제개발계획을 수립·실시했던 것이다.

우리나라에서 최초로 작성된 종합적인 경제계획은 네이선 보고서이다. 그 후 몇 가지 경제계획이 작성되었다. 그러나 최초로 실시에 옮겨진 것은 제1차 경제개발 5개년계획이다. 따라서 아래에서는 이 제1차 경제개발계획을 중심으로 그 이전과 그 이후의 것으로 나누어 한국의 경제개발계획을 다루기로 한다.

2. 제1차 경제개발 5개년계획 이전의 계획들

1) 네이선 보고서(한국경제재건계획)

미국의 네이선 협회에 의해서 1953년 3월에 발표된 이 보고서는 유엔의 결의에 따라서 한국의 재건과 부흥의 원조를 맡은 운크라가 그의 목적을 수행하기 위해서 필요한 자금이 얼마나 되며, 또 그것이 어떤 방향으로 쓰여야 할 것인가를 알기 위해서 작성된 것이다. 1953년부터 1957년까지의 5개년을 계획기간으로 한 이 계획은 국민총생산을 1953년의 16억 5천9백만 달러에서 원조 없이 자립할 1958년에 25억 1천만 달러로 증가시켜 1인당 국민총생산을 78달러에서 103달러로 올리고 이를 위해 필요한 19억 2천9백만 달러의 투자재원 가운데 12억 4백만 달러는 원조에 의해서 그리고 나머지 7억 2천5백만 달러는 국내에서 조달할 것을 내용으로 하고 있다. 이 계획은 비교적 풍부한 내용을 담고 있으나 하나의 페이퍼 플랜에 그치고 말았다. 왜냐하면 제1원조국인 미국이 타스카 사절단을 통해 별도의 계획을 세웠기 때문이다. 그러나 이 보고서는 타스카 보고서나 한국 정부가 대미원조교섭을 위해서 작성한 경제부흥 5개년계획의 기초자료가 되었다.

2) 타스카 보고서(타스카 3개년 대한원조계획)

1953년 7월에 타스카 사절단이 미국 정부에 건의한 이 보고서는 휴전 이후 미국의 군사원조와 경제원조의 일반지침이 된 것이다. 미공개 문서가 되어서 상세히는 알 수 없지만 일부 발표된 부분을 통해 보면 이 보고서는 다음의 세 가지를 내용으로 하고 있다.

첫째로 원조계획을 군사원조, 구호사업, 재건사업의 3부문으로 나누어서 1954년부터 1956년까지의 3개년에 걸쳐서 실시하되, 원조자금총액 8억 8천3백만 달러 중 3억 달러는 초년도에, 3억 8백만 달러는 제2차년도에, 2억 7천5백만 달러는 제3차년도에 각각 배당한다.

둘째로 원조 실시에 있어서는 3단계로 나누어서 사업부문별로 순차적인 진행을 도모한다. 즉 제1단계에서는 기본 용역시설의 정비와 교통, 통신, 전력, 농업, 수산업의 발전에 노력하며 기초적인 물자 및 용역의 공급에 주력하고, 이러한 사업이 완성된 후에 식량, 연료, 소비물자의 자급태세를 갖추도록 원조한다. 제2단계에서는 일반 문화생활 수준의 향상을 기하기 위해서 주택 건설, 교육기관 건설, 공중 보건위생 증진을 위한 체계적인 원조를 제공하며 치산치수, 토지개량 등의 사업에 착수한다. 제3단계에서는 한국경제의 만성적인 고율의 생산비용과 비능률적인 요인들을 없애고 산업합리화를 이룩하기 위해서 필요한 사업운영과 기술의 육성을 적극 추진한다.

셋째로 한국경제의 고질병이 되어 있는 인플레의 억제책을 강구한다. 이상의 내용을 갖는 이 보고서는 계획 자체로서는 네이션 보고서에 미치지 못하나 그 후의 대한원조 기본방향을 제시한 점에서 의의가 있다.

3) 경제부흥 5개년계획

이것은 한국인이 작성한 최초의 계획이지만, 1954년 7월에 당시의 대통령의 방미에 앞서서 미국 원조의 다량획득을 목적으로 급작스럽게 작성된 것이다. 이 계획은 1954년에서 1958년까지의 5개년간에 23억 달러의 미국 원조를 전제로 하고 있다.

4) 경제개발 3개년계획

1960년 3월, 당시 부흥부의 자문기관이던 산업개발위원회가 작성한

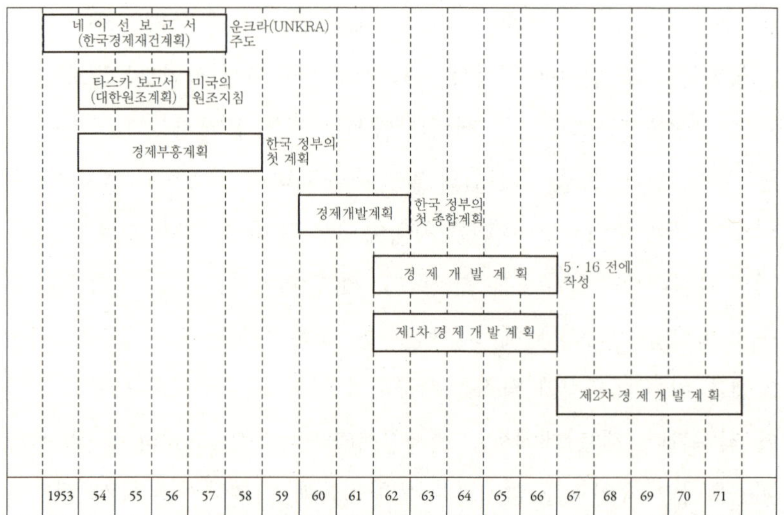

〈그림 1〉 경제개발계획의 발자취

것이다. 1960년에서 1962년까지의 3개년을 계획기간으로 하는 이 계획은 58년을 기준년도로 하여 연평균 5.2퍼센트, 계획기간 중 22.6퍼센트의 경제성장을 책정하고 있으며, 또 이를 위해서 1955년 가격으로 6,393억 환(639.3억 원)의 투자를 책정하고 있다. 이것을 당시의 환율 5백 환 대 1로 환산하면 약 1,230백만 달러에 달한다. 그 중 85.6백만 달러는 DLF 및 외국자본도입에 의해서 조달하기로 되어 있다.

이 계획은 균형성장이론에 의거하고 있으며 '자립화의 기반을 구축함'을 기본목표로 하고 있다. 그리고 이 기본목표를 달성하기 위하여 ① 농산물의 수급균형달성 ② 자본집약적 중점투자와 노동집약적 투자의 병행 ③ 수출산업의 육성 ④ 민간자본 축적의 촉진 ⑤ 사회간접자본시설의 확충 등을 도모하고 있다. 그리고 또 계획 작성에 있어서는 콜름 모형을 토대로 거시적 접근법과 미시적 접근법을 병용하고 있다.

<표 1> 경제개발 5개년계획의 주요 지표(1955년 불변가격)

	기준년도(1960) A	목표년도(1965) B	B／A×100
G　N　　　P(10억 환)	1,164.8	1,709.7	146.8
인　　　　　구(천 명)	29,294	29,542	121.6
취 업 인 구(천 명)	7,642	10,452	136.8
총 자 본 형 성(10억 환)	148.0	399.3	222.5
민 간 소 비 지 출(〃)	949.0	1,263.7	133.2
1 인 당 소 비 지 출(환)	59,179.0	87,262.0	147.2
광　공　업　생　산			
석　　　　　탄(천/MT)	4,136	11,500	278
시　멘　　트(〃)	363	1,650	450
요　소　비　료(〃)	−	170	−
초　안　비　수(〃)	−	79	−
정　　　　유(천 G/A)	−	252,000	−
인　견　사(천 LBS)	−	7,920	−
강　　　　괴(M/T)	38,170	270,000	707
농　림　수　산　업			
쌀　　（천 석）	16,602	21,846	131.6
어　　　류(M/T)	392	533	136
전　　　　력(백만 kWh)	1,686	5,090	301.9
수　　　　출(백만 달러)	19.7	75.7	384.3
증　　　　여(〃)	243.9	278.7	142.7
수　　　　입(〃)	303.8	405.6	101.8

주: 차관을 포함함.

이 계획은 노동공급부족국의 모형인 콜름 모형을 토대로 하고 있다는 점이 결점으로 작용한다. 그러나 이 계획은 한국인의 손으로 작성된 최초의 종합적인 경제개발계획이라는 점에서 높이 평가되어야 할 것이다.

5) 경제개발 5개년계획

5·16 직전에 산업개발위원회에 의해서 거의 작성이 끝났던 이 계획

은 1960년을 기준년도로 그리고 1962년부터 1966년까지의 5개년을 계획기간으로 하고 있다. 연평균 5.6퍼센트, 계획기간 중 46.8퍼센트의 경제성장을 책정하고 있는 이 계획의 주요 지표는 〈표 1〉과 같다.

이 계획과 전술한 3개년계획을 비교해 보면 후자가 자유경제체제를 표방하고 있는 데 비해 전자는 혼합경제체제를 표방하고 있으며, 그 목표에 있어서나 또 투자계획에 있어서 훨씬 의욕적이다. 또 전자는 후자가 균형성장이론에 의거하고 있는 데 비해 요소공격식 불균형성장이론에 의거하고 있다. 이와 같은 방향전환은 주로 당시의 한국경제가 무제한 자본과 자원의 공급능력을 전제로 하는 다부문균형성장모형이 적용되기에는 너무나도 많은 기초적 애로에 봉착하고 있던 데 기인한다.

이 계획은 에너지 공급원의 확보, 농업생산력의 증대, 정유공장, 인견사공장, 기초화학공장 등의 구체적인 사업계획에 중점을 두고 있다. 그러나 이 계획은 군사혁명으로 실시되지 못했다.

3. 제1차 경제개발 5개년계획

1) 원계획

1961년 9월에 경제기획원에 의해서 작성되어 동년 12월 말에 확정을 본 원계획은 1960년을 기준년도로 하여 1961년의 연중평균가격을 불변가격으로 하며 1962년에서 1966년까지 5개년을 계획기간으로 하고 있다. 이 원계획의 내용은 다음과 같다.

(1) 계획의 기본목표와 기본방침

이 계획은 그 기본목표를 '모든 사회경제적 악순환을 과감히 시정하고 자립경제의 달성을 위한 기반을 구축'하는 데 두고 있다. 그리고 이 계획은 또 자유경제체제를 원칙으로 하면서 강력한 계획성을 가미하는 '혼합경제체제' 아래서 ① 전력, 석탄 등의 에너지 공급원의 확보 ② 농업생산력의 증대에 의한 농가소득의 상승과 국민경제의 구조적 불균형의 시정 ③ 기간산업의 확충과 사회간접자본의 충족 ④ 유휴자본의 활용 특히 고용의 증가와 국토의 보전 및 개발 ⑤ 수출증대를 주축으로 하는 국제수지의 개선 ⑥ 기술의 진흥 등에 중점을 둘 것을 기본방침으로 삼고 있다. 말하자면 이 계획은 불균형성장이론에 의거한 '전략(애로)부문'의 중점적 개발을 시도하고 있다.

(2) 계획의 내용

경제성장·산업별성장 국민총생산은 평균적 7.1퍼센트, 계획기간 중 40.7퍼센트의 성장을 하게 되어 있으며 또 산업별로는 제1차산업, 제2차산업, 제3차산입이 각각 계획기간 중에 35.9퍼센트, 101.4퍼센트, 20.4퍼센트의 성장을 하게 되어있다. 이 산업별성장을 연평균으로 보면 각각 5.7퍼센트, 14.8퍼센트 및 4.4퍼센트가 된다(〈표 2, 3〉). 그 결과 목표년도의 산업구조는 기준년도의 36.0 대 18.2대 45.7퍼센트에서 34.8대 26.1대 39.1퍼센트가 되어 공업화에의 진전을 보이게 된다.

〈표 2〉 국민총생산에 대한 지출(1961년 가격)

(단위: 10억 원)

	기준년도(A)	목표년도(B)	B/A(%)
국 민 총 생 산	2,322.7	3,269.1	140.7
투　　　　자	313.9	743.6	236.9
소 비 지 출	2,365.7	2,846.1	120.3
민　　간	1,995.1	2,357.6	118.2
정　　부	370.6	488.5	131.8

<표 3> 산업별 성장과 산업구조(%)

	성장률		구성비	
	연평균	1960~1966	기준년도 (1960)	목표년도 (1966)
제 1 차 산 업	5.7	35.9	36.0	34.8
농 림 업	5.5	35.0	34.9	33.5
수 산 업	8.7	64.8	1.1	7.3
제 2 차 산 업	14.8	101.4	18.2	26.1
광 업	15.5	123.2	2.0	3.1
제 조 업	15.0	94.4	12.7	17.5
건 설 업	14.0	114.2	3.6	5.4
제 3 차 산 업	4.4	20.4	45.7	39.1
전 기	21.1	294.8	0.7	1.9
운 수 보 관	10.6	64.4	4.9	5.7
통 신	23.4	211.0	0.7	1.6
주 택	2.5	13.3	6.2	5.0
일반행정 및 국방	0.4	−2.5	8.3	5.7
기 타 서 비 스 업	2.8	8.3	25.0	19.2
국 민 총 생 산	7.1	40.7	100.0	100.0

이와 같은 성장을 뒷받침하기 위하여 목표년도의 투자규모는 기준년도에 비하여 136.9퍼센트나 증가하도록 되어 있다. 이것은 재정투융자의 증가와 함께 민간소비지출의 억제를 의미한다.

목표년도의 민간소비지출은 기준년도에 비하여 겨우 18.2퍼센트의 증가에 그친다. 계획기간 중 인구증가율이 18.2퍼센트인 점을 생각하면(<표 3>) 1인당 민간소비지출 규모는 변동하지 않는 셈이 된다. 그러나 정부소비지출은 기준년도에 비하여 31.8퍼센트가 증가하도록 되어 있다.

인구와 고용: 인구는 증가율을 기준년도의 2.88퍼센트에서 목표년도에는 2.74퍼센트로 감소시켜서 계획기간 중에 18.2퍼센트의 증가에 그

〈표 4〉 인구, 고용 및 1인당 국민총생산

	단 위	기준년도(A)	목표년도(B)	B/A(%)
총 인 구	천 명	24,694	29,185	118.2
고 용	〃	7,837	10,111	128.3
실 업 률	%	24.2	14.8	－
1인당 국민총생산	백 원	94.1	112.0	119.0

치도록 하고 있으며 고용은 계획기간 중 28.3퍼센트의 증가를 꾀하고 있다. 그리하여 1인당 국민총생산은 계획기간 중 19.0퍼센트 증가하게 되어 있으며 실업률은 기준년도의 24.2퍼센트에서 목표년도에는 14.8 퍼센트로 감소하게 되어 있다.

투자소요와 재원조달: 계획기간 중의 총투자소요는 3만 2,145억 환 (2,473백만 달러)이다. 이중에서 17.2퍼센트는 제1차산업에, 34.0퍼센트 는 제2차산업에, 48.8퍼센트는 제3차산업에 각각 배분된다(〈표 5-1〉). 그리고 주체별로 보면 34.8퍼센트가 정부에, 65.2퍼센트가 민간에 각 각 배분된다(〈표 5-2〉). 이 총투자소요는 민긴에서 44.4퍼센트, 정부에 서 55.6퍼센트를 각각 조달하기로 되어 있다.

〈표 5-1〉 산업별 투자배분(%)

	기준년도	목표년도	계획기간 중
제 1 차 산 업	2.1	16.6	17.2
제 2 차 산 업	34.1	35.1	34.0
제 3 차 산 업	63.8	48.3	48.8
합 계	100.0	100.0	100.0

〈표 5-2〉 주체별 투자배분(%)

	기준년도	목표년도	계획기간 중
정 부	32.8	34.0	34.8
민 간	67.2	66.0	65.2
합 계	100.0	100.0	100.0

〈표 6〉 투자재원의 조달(1962~1966)

(%)

	정부민간원천별		내외자별		구성비
	정 부	민 간	내 자	외 자	
제1차산업	73.8	17.2	94.0	6.0	17.2
제2차산업	50.6	49.4	56.6	43.4	34.0
제3차산업	52.6	47.4	75.7	24.3	48.8
합 계	55.6	44.4	72.2	27.8	100.0

〈표 7〉 투자외화소요(계획기간 중)

	금 액	구성비
K F X	226.0	33.1
I C A	22.7	3.3
A I D / D G	8.9	1.3
차 관	426.0	62.3
합 계	683.6	100.0
〔투자의 해외의존도(%)〕	〔27.8〕	—

정부재원이 과반수를 넘는 것은 정부의 역할이 큼을 입증해 준다. 한편 내외자별로 보면 27.8퍼센트에 해당하는 683.6백만 달러를 외자로, 그리고 나머지를 내자로 조달하기로 되어 있다(〈표 6〉). 그리고 이 투자외화소요는 그 33.1퍼센트를 우리나라의 보유달러로, 62.3퍼센트를 차관으로, 나머지 4.6퍼센트를 ICA자금 등으로 조달하기로 되어 있다(〈표 7〉).

목표년도의 국내총저축률은 12.9퍼센트로서 기준년도의 2.1퍼센트보다 10.8퍼센트나 높다. 그리고 재정수입의 근간인 조세부담률은 기준년도의 11.8퍼센트에서 해를 거듭하며 이를 증가시켜서 목표년도에는 14.6퍼센트로 높이기로 되어 있다(〈표 8〉).

무역과 국제수지: 목표년도의 수출총액은 기준년도의 약 4.2배인

〈표 8〉 국내저축률 · 조세부담률

	1960	1961	1962	1963	1964	1965	1966
국내총저축률	2.1	5.6	3.7	7.3	10.3	12.0	12.9
조세부담률	11.8	10.2	11.4	12.5	13.4	14.2	14.6

〈표 9〉 수 출 입

(단위: 백만 달러)

	기준년도(A)	목표년도(B)	B/A×100
수 출	32.9	137.5	417.9
수 입	343.0	492.3	143.5
수 지 차	-310.1	-354.8	114.4

137.5백만 달러이다(〈표 9〉). 그리고 1차산품의 수출이 수출총액의 66.8퍼센트를 차지하고 있으며 2차산품의 수출과 보세가공수출은 각각 10.0퍼센트와 14.5퍼센트에 불과하다(〈표 10〉).

다음에 목표년도의 수입총액은 기준년도의 14.4퍼센트 증가한 492.3백만 달러로 되어 있다. 이 중 차관, 개발증여, 정부보유불에 의

〈표 10〉 상품류별 수출

(단위: 백만 달러)

	기준년도(1960)		목표년도(1966)		1962~1966 합계	
	금액	구성비	금액	구성비	금액	구성비
식 료 품	10.3	31.3	35.8	26.0	138.2	27.6
비식용원재료	16.5	50.2	50.9	37.0	185.2	37.1
광 물 성 연 료	1.1	3.4	3.6	2.6	13.5	2.7
동식물성유지	0.2	0.6	1.6	1.2	6.0	1.2
화학제품약품	0.2	0.6	3.7	2.7	14.2	2.8
원 료 별 제 품	4.1	12.4	10.0	7.3	39.7	7.9
잡 제 품	0.6	1.8	12.0	8.7	42.8	9.7
보세가공수출	-	-	20.0	14.5	61.0	8.5
계	32.9	100.0	137.5	100.0	500.7	160.0

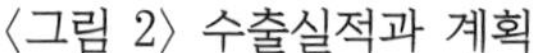

〈그림 2〉 수출실적과 계획

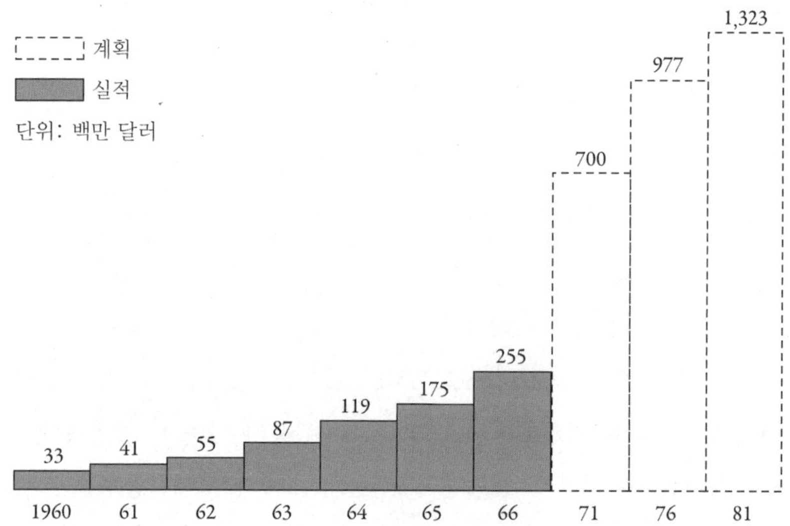

한 시설재수입 137.7백만 달러를 제외하면 나머지는 원자재와 소비재 수입이다. 수입을 재원별로 보면 미국의 지원원조와 잉여농산물은 차츰 감소하는 반면에 정부보유불에 의한 수입과 개발증여 내지 차관 및 공공장기차관에 의한 수입이 점차 큰 비중을 차지한다(〈표 11〉). 그리고 목표년도에서는 식료품, 화학제품 등의 수입은 감소하고 반대로 기계류, 비식용원료, 원료별제품 등의 수입은 증가한다.

끝으로 무역수지는 목표년도에 354.8백만 달러의 적자를 나타낸다. 그리고 무역외수지는 108.2백만 달러의 수입초과를 나타낸다. 따라서 경상수지는 246.6백만 달러의 적자를 나타냄으로써 기준년도의 262.3 백만 달러의 적자에 비하여 약간 감소하게 된다. 이 적자는 장기자본 도입에 의해서 커버하기로 되어 있다(〈표 13〉).

부문별 목표: 〈① 전력〉 전력은 석탄과 함께 에너지 공급원으로서 산업개발에 있어서 기초적 역할을 하므로 전력부문 투자에 우선을 부

〈표 11〉 재원별 수입(물자도착 기준)

(단위: 백만 달러)

	기준년도(1960)		목표년도(1966)		1962~1966 합계	
	금 액	구성비	금 액	구성비	금 액	구성비
지 원 원 조	175.6	51.2	108.2	22.0	661.7	27.5
P L 4 8 0	19.9	5.8	41.3	8.4	233.0	9.7
개 발 증 여	–	–	1.8	0.4	8.9	0.4
KFX(원자재)	95.3	27.8	192.6	39.1	763.9	31.8
KFX(시설재)	–	–	38.9	7.9	226.0	9.4
I C A	–	–	–	–	22.7	0.9
차 관	2.3	6.7	97.0	19.7	426.0	17.7
민 간 지 원	13.5	3.9	12.5	2.5	62.5	2.6
계	343.0	100.0	492.3	100.0	2,404.7	100.0

〈표 12〉 상품류별 수입

(단위: 백만 달러)

	기준년도(1960)		목표년도(1966)		1962~1966 합계	
	금액	구성비	금액	구성비	금액	구성비
식 료 품	31.5	9.2	25.1	5.1	143.1	6.0
비 식 용 원 료	68.5	20.0	84.8	17.2	410.5	17.1
광 물 성 연 료	23.0	6.7	31.9	6.5	145.5	6.1
동 식 물 성 유 지	2.5	0.7	2.2	0.4	10.6	0.4
화 학 제 품	76.1	22.2	65.8	13.4	358.7	14.9
원 료 별 제 품	47.0	13.7	58.7	11.9	290.4	12.1
기 계 류	40.1	11.7	157.2	31.9	718.8	29.9
기 타	54.2	15.8	66.6	13.5	327.2	13.6
계	343.0	100.0	492.3	100.0	2,404.7	160.0

〈표 13〉 국제수지

(단위: 백만 달러)

	기준년도 (1960)	목표년도 (1966)		기준년도 (1960)	목표년도 (1966)
A 재화 및 용역	−262.3	−246.3	A + B	13.4	−73.1
상 품	−310.1	−354.8	C 자본 및 화폐	−11.3	73.1
용 역	47.8	108.2	용 금		
B 이 전 지 출	275.7	173.5	장 기 자 본	2.6	75.3
정 부	19.6	19.6	단 기 자 본	−4.1	2.5
민 간	256.1	153.9	외 환 보 유 고	−9.8	−4.7

<표 14> 주요 품목 생산목표

	단 위	기준년도(A)	목표년도(B)	B/A(%)
쌀	천 석	15,950	20,567	129.0
맥 류	〃	7,211	8,482	117.6
어 류	천M/T	241.7	421.0	174.2
석 탄	〃	5,350	11,740	219.4
시 멘 트	〃	431	1,370	317.9
비료(요소질환산)	〃	–	109.5	–
정 유	천 배럴	–	9,300	–
발 전 량	백만kWh	1,699	4,509	265.4

여하여 증산을 계획하고 있다. 61년의 발전시설용량은 37만kW며 평균 발전량은 20만kW 내외에 불과한 상태였으므로 가능한 최단시일 내에 전력의 최저수요를 충족하기 위하여 건설이 빠르고 비용이 덜 드는 화력발전소를 우선 건설하는 한편, 국토건설사업에 의한 수자원개발을 통하여 계획기간 중 수력발전을 또 개발하도록 하고 계획기간 중 수력 7개, 화력 8개의 발전소를 완성하도록 계획하고 있다.

5개년계획 전반기에 완성될 발전소의 건설은 이미 1962년 이전에 대부분 착공되었으며 목표년도에는 1961년 발전시설용량의 약 3배인 100만kW의 능력을 갖춘다. 목표년도의 발전량은 기준년도의 약 2.7배인 4,509백만kWh이다(<표 14>).

<② 석탄> 석탄생산은 계획의 착공 이전 수년 동안에 비약적 성장을 보여 1955년에는 불과 130만 톤을 생산하던 것이 1960년에는 4배인 535만 톤으로 증산되었다. 그러나 계획기간 중 건설될 8개의 화력발전소와 기간산업시설에 따른 산업용 연료수요와 가정연료의 무연탄대체에 따른 민간소비수요(목표년도의 무연탄 총수요 상정 1,180만 톤)를 고려하여 목표년도에 1,174만 톤을 생산하도록 계획하고 있다. 이와 같은 기준년도의 2배나 되는 증산은 민영탄광의 활동에 큰 비중을 두

〈그림 3〉 전력생산 추세

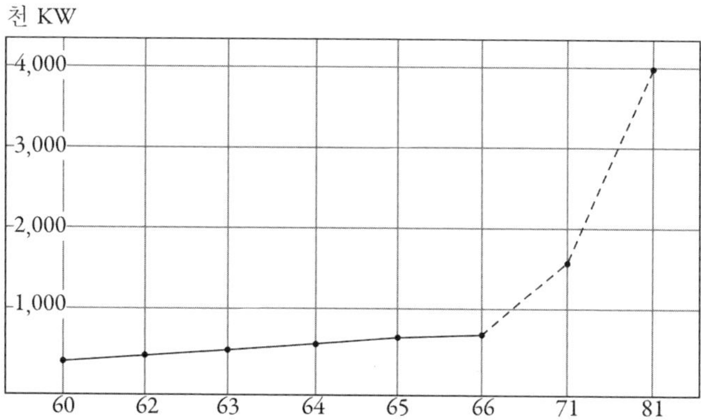

고 있고 이 계획이 완수되면 유류 및 기타 수입연료에 소비된 외화를
연간 1천만 달러 절약할 것을 상정하고 있다.

〈③ 철강 및 제철〉 1961년의 철광석 생산은 약 40만 톤이며 주로
매장량이 풍부한 양양철산에서 생산되었다. 계획에서는 태백산지역
종합개발계획의 일환으로서 선철생산능력 25만 톤, 강괴생산능력 22
만 톤을 갖는 종합제철소를 준공하게 되며 이에 대비하여 철광석생산
도 60만 톤으로 기준년도보다 50퍼센트 증산할 것을 기도하고 있다.

그러나 종합제철소의 실지 가동은 제6차년도에 본격화하게 될 것으
로 보고 계획기간 중 증산될 철광석의 대부분은 수출토록 하고 있다.
광업의 기타 부분에 있어서는 수출산업의 주요한 비중을 점하는 중석
은 물론 흑연, 고령토, 활석, 석등도 대폭 증산을 기도하고 있다.

〈④ 시멘트, 비료, 정유 및 기타〉 풍부한 석회석 매장량과 기간공업
의 확대에 따른 시장수요를 예상하여, 계획은 시멘트 생산량을 기준년
도의 65만 톤에서 목표년도에는 137만 톤으로 증가하여 국내수요량
120만 톤을 초과하도록 하고 있다. 건설 계획된 시멘트 공장 중 1개는
제1차년도에 착공되어 제2차년도에 완공되고 나머지는 제2차년도부터

순차적으로 착공되어 그 일부는 계획기간 중 준공된다.

비료의 국내수요는 요소질 16만 톤, 인산질 7만 톤에 달하고 있는데 1961년까지는 국내생산이 전무하여 전량을 수입하였다. 충주비료공장은 요소비료 8만 5천 톤의 생산을 계획시작 이전에 이미 개시하였고 제1차년도에는 다시 요소비료 8만 5천 톤의 생산능력을 갖는 호남비료공장이 완성되어 요소비료의 연간 생산량은 17만 톤에 이를 것이나, 이는 국내 수요량의 3할에도 미달하므로 계획에서는 비료의 자급도를 더욱 높이기 위하여 3개 공장의 신설을 서두르고 있다. 이로써 목표년도에는 요소질 10만 톤과 인산질 3만 톤을 생산하여 국내수요의 51퍼센트를 자급하게 되고 제6차년도에는 70퍼센트를, 그리고 최종 비료공장이 완공되는 제7차년도에는 90퍼센트를 자급하게 된다.

한편 유류수입에 막대한 외화가 소요되고 있으므로 원유를 직접 도입하여 국내에서 가공하면 막대한 외화를 절약할 수 있다. 계획에서는 일산 3만 배럴의 생산능력을 갖는 정유공장을 제1차년도부터 제3차년도에 걸쳐 건설함으로써 연간 930만 배럴의 정유를 생산하도록 하고 있다. 또 계획에서는 각종의 공장기계와 광산기계 등을 국내에서 제작하기 위하여 종합기계공장을 건설하며, 그동안 부진상태에 있던 조선공업도 육성하여 기간 중 약 6만 톤의 선박을 수리 및 건조하도록 하고 있다.

이 밖에도 기존 유휴건설의 활용과 전매시설의 확장개량, 그리고 PVC, 소다회, 스트로 펄프, 가성소다, 정밀기계, 디젤엔진 및 자동차 등의 공장건설을 추진하여 여타산업부문의 발전을 유도하도록 배려하고 있다.

〈⑤ 농업 및 수산업〉 우리나라는 식량 부족으로 해마다 다량의 외곡을 도입하여 왔다. 따라서 식량의 자급을 위해서뿐 아니라, 피폐하여 가는 농촌경제를 재건하고 농가소득을 향상시키는 것은 공업원료의 제공과 공산품의 시장확대의 견지에서 공업화의 중요한 과제이기도 하다.

계획은 농업의 진흥을 위하여 계획기간 중 목포 영산강 유역의 간척사업과 전국적인 개간사업을 통하여 약 10만 정보의 농지와 4만 5천 정보의 수리안전답을 확장하고, 시비의 개선과 농사기술의 보급을 통한 단위당 생산량의 증가에 의해서 쌀은 기준년도의 1,595만 석에서 목표년도에는 29퍼센트 증인 2,056.7만 석, 보리는 18퍼센트 증가한 850만 석의 생산을 꾀하고 있다(〈표 14〉).

또 주곡을 위주로 한 종래의 단순영농방식을 지양하며 다각적 경영방식을 채택함으로써 특용작물의 대폭적인 증산을 계획하고 있으며, 축산과 잠업은 주로 수출산업으로서 외화획득을 위하여 증산을 꾀하고 있다. 그리하여 기준년도에 비하여 목표년도에는 면화를 2.5배, 홍산을 22배, 빅하유를 6배, 누에고치를 3배, 소를 1.4배, 돼지를 2배 증산하게 된다.

한편 수산업도 외화획득의 견지에서 그 증산이 요청되며 이를 위하여 기술의 향상과 장비의 개량이 요청되므로 계획에서는 7척의 원양어선 도입과 약 2천9백 척의 어선 건조 및 장비의 개량을 추진하며 이로써 기준년도의 어획고 24.2만 톤에서 42.1만 톤으로 증산하도록 되어 있다.

〈⑥ 운수·통신〉 운수는 전력과 함께 사회간접자본으로서 경제규모 확대에 대해서 선도적인 역할을 한다. 계획은 수송시설의 확보와 그 체계의 확립을 위해 특히 태백산지역 종합개발계획에 따르는 수송시설의 확충강화에 중점을 두고 있다.

이를 위하여 계획기간 중 1천 량의 화차를 도입하는 한편 국내 공작창시설을 활용하여 44량의 화차를 신조 또는 개조하여 경비절약을 위해서 디젤기관차 1백 대와 디젤동차 145대를 도입토록 하고 있다.

철도건설에 있어서는 경북선, 정선선을 신설해서 이미 착공된 기타선 및 동해북부선과 더불어 140km에 달하는 산업철도를 완성하며, 동 지역의 탄전을 연결하는 283km의 산업철도를 건설하여 묵호항의 하역시설을 2백만 톤의 능력으로 확장할 것을 계획하고 있다.

한편 통신은 시설의 신설확장에 중점을 두어 계획기간 중 약 16만 회선의 전화시설을 증설하여 목표년도에는 기준년도에 비하여 약 3배에 달하도록 하고 계획기간 중 시외 및 국제전화전신시설을 약 2배, 우체국시설을 2.3배 증가하도록 하고 있다. 이것은 통신업무의 신속화와 농촌지방까지 1면 1국 방침을 세워 통신업무의 유기적인 확립을 위하여 필요하다고 생각한 데 기인한다.

〈⑦ 주택·기타〉 계획기간 중 긴급한 실물생산 내지 이에 직결된 분야에 우선을 둠에 따라 점진적인 증가만 기하고 있다. 그리하여 재원의 범위 내에서 주택의 양적 증가에 노력하여 기준년도의 주택부족률 24퍼센트를 목표년도에는 22퍼센트로 낮춘다. 그 밖에 특히 시급한 의무 및 기술교육, 보건 및 사회사업, 상하수도 및 관광사업 등은 여력이 있는 범위 내에서 추진하도록 되어 있다. 따라서 이 부분들은 계획상의 망각지대인 감이 있다.

〈⑧ 국토건설사업〉 4·19 이후 잠정적인 실업문제의 해결과 동시에 다소의 건설효과를 거두려고 미잉여농산물에 의해 처음 시도된 사업이 바로 국토건설사업이다. 이때 농작물의 감소와 실업문제가 정치적 불안정을 타고 사회적 문제가 되었었다. 국토건설사업은 이 점에서 유휴자원 특히 유휴동력을 활용하여 국토의 보전과 개발을 목적으로 하는 사업이다. 5·16 뒤에도 이러한 사업들은 계속 추진하기로 하였고 5

개년계획에서는 특수한 사업들을 이 방법에 의해서 실시하려고 시도한 것이다. 특수사업들이란 수력발전, 수리관개 및 철도건설 등 대규모의 인력이 동원되는 토목사업을 말한다.

춘천댐, 섬진·동진강 종합개발사업, 소양강댐, 안동댐, 충주댐 등 일련의 수자원개발사업과 산업철도, 산업도로 등과 종래에 하여 오던 국토보전사업으로 도로, 치수, 도시토목, 항만, 토지개량, 조림, 사방, 공공주택건설 등이 이에 포함된다.

2) 보충계획

(1) 계획보완의 필요성

계획은 5·16 직후에 서둘러서 작성한 것이다. 따라서 이것은 경제계획의 필수요건인 통계도 정비하지 못한 채 작성되었다.

다음으로 이 계획은 우리나라 경제현실의 더욱 정확한 분석과 자원동원능력에 대한 치밀한 조사를 행하지 못한 채로 주어진 성장률(7.1%) 위에 투자사업을 누적하여 이루어진 이른바 '투자계획'의 성격을 띠고 있다.

셋째로 이 계획은 투자재원의 막대한 해외의존을 전제로 하면서도 점증해가는 외국차관에 대한 원금상환이나 기존 시설의 높은 해외원료의존도에 따른 해외원료 요소가 경제성장에 미치는 영향을 반영하지 못하고 있다.

넷째로 이 계획은 국민경제의 장기적인 성장잠재력의 검토나 개별사업 간의 연관성에 대한 고려와 개별사업의 경제적 효율성에 대한 검토를 충분히 행하고 있지 못하다.

다섯째로 이 계획은 매우 큰 비중을 차지하는 중요 품목에 대한 수급계획의 구체적인 지원정책을 마련하지 못하고 있다.

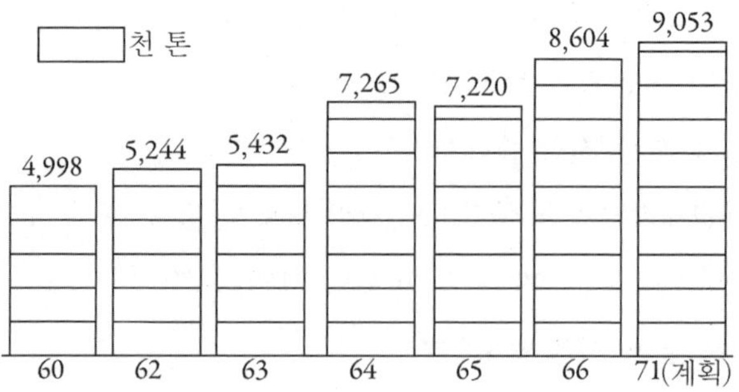

〈그림 4〉 추곡생산 추이

이에 더해서 이 계획은 빈약한 자원으로 막대한 국방비의 부담하에 높은 경제성장을 이룩하려는 무리를 범하고 있다. 이리하여 마침내 물가의 상승과 외환위기를 초래하고 말았다. 이와 같은 계획의 모순에 기인해서 일어난 물가의 상승은 제1차년도인 1962년의 추곡과 제2차년도인 1963년의 하곡의 이례적인 감수에 의해서 더욱더 격화되었다.

이리하여 계획에 차질이 생기게 되어 계획의 수정보완이 불가피하게 되었다. 이에 정부는 1962년 11월에 수정보완작업을 시작하여 1964년 2월에 1964~1966년을 보완대상 기간으로 한 보완계획을 발표하기에 이르렀다.

(2) 계획의 내용

보완계획은 원 계획과 마찬가지로 '사회경제적 악순환의 시정'과 '자립경제 달성을 위한 기반의 구축'을 기본목표로 삼고 있으며 또 에너지 공급원의 확보, 기간산업의 확충, 농업생산력의 증대, 수출진흥과 국제수지의 개선 및 과학기술의 진흥 등에 중점을 두고 있다. 그러나 이 계획은 '안정의 기조 위에서 건전한 성장을 지속할 수 있도록' 성장목표를 현실적으로 하향 조정하였다는 데에 특징이 있다.

즉 원계획은 제1차년도의 5.7퍼센트에서 목표년도의 8.3퍼센트까지
축년적으로 증가하는 경제성장률을 책정함으로써 계획기간 중 연평균
7.1퍼센트라는 높은 성장을 목표로 하였으나, 보완계획은 일본을 제외
한 에카페(ECAFE) 지역의 국가들이 과거 약 10년 동안 연평균 5퍼센
트 미만의 성장을 이룩하였고, 또한 우리나라의 과거성장실적이 부흥
도상에 있던 시기인 1954년부터 1957년까지의 기간을 포함하여도 연
평균 4.2퍼센트(국민계정 구계열 53-62)의 성장밖에 이룩하지 못하였
는 점과 제1차년도의 소비가 국민총생산에 대하여 차지하는 비율이
98.0퍼센트로서 원계획의 96.3퍼센트를 능가하여 투자재원의 조달에
커다란 난관이 있었음을 고려하여 1964년부터 1966년까지의 연평균
성장률을 5.0퍼센트로 하향 조정하였다.

경제성장 · 산업별 성장: 국민총생산은 보완계획기간 중 연평균 5.0퍼
센트의 성장을 계획하고 있다(〈표 15〉). 그러나 원계획이 후차년도의
성장목표를 높게 책정한 관계로 실질적인 성장목표는 원계획의 7.8퍼
센트에서 5.0퍼센트가 된 셈이다.

〈표 15〉 경제성장률의 대비(%)

(%)

	1962	1963	1964	1965	1966	평 균
원	5.7	6.4	7.3	7.8	8.3	7.1(7.8)*
보 완	(2.6)	(4.4)	5.0	5.0	5.0	5.0

* 보완계획기간 중의 평균임.

이것은 1962년 및 1963년의 성장실적을 포함하여 원계획기간 중의
40.7퍼센트에서 겨우 20.9퍼센트로 되는 것을 의미한다.

산업별 연평균 성장률도 광공·전력이 11.2퍼센트, 농림·수산이 3.8

〈표 16〉 산업별 성장률의 대비(%)

(%)

	원				보 완			
	1964	1965	1966	평 균	1964	1965	1966	평 균
농림·수산	5.5	5.7	6.2	5.8	3.9	3.7	3.8	3.8
광공·전력	17.0	16.0	16.8	16.6	11.1	11.1	11.3	11.2
기 타	3.6	4.7	4.6	4.3	2.9	2.8	2.4	2.7
국민총생산	7.3	7.8	8.3	7.8	5.0	5.0	5.0	5.0

퍼센트, 그리고 운수, 통신, 기타 서비스가 2.7퍼센트가 되어 원계획의 동 기간 중의 평균성장률에 비하여 하향 조정되었다(〈표 16〉). 그 결과 목표년도에 있어서의 국민총생산의 산업별 구성은 광공·전력이 25.8 퍼센트, 농림·수산이 31.7퍼센트, 그리고 운수, 통신, 기타 서비스가 42.5퍼센트로 되어 있다(〈표 17〉). 결국 이 계획은 우리나라의 공업화에의 점진적인 접근을 기도하고 있는 셈이다.

투자소요와 재원조달: 계획기간 중의 총투자소요는 1,658억 원이다. 이 가운데 18.1퍼센트는 농림·수산에, 47.2퍼센트는 광공·전력에, 34.7

〈표 17〉 산업별 국민총생산의 대비

(단위: 억 원)

원계획					
	기준년도(1962)		목표년도(1966)		증가율
	부가가치	구성비	부가가치	구성비	
농 림 · 수 산	910.0	37.1	1,137.7	34.8	25.0
광 공 · 전 력	506.0	20.7	914.4	28.0	80.7
기 타	1,036.7	42.3	1,217.0	37.2	13.3
국 민 총 생 산	2,452.7	100.0	3,269.1	100.0	33.3

보완계획					
	기준년도(1962)		목표년도(1966)		증가율
	부가가치	구성비	부가가치	구성비	
농 림 · 수 산	939.5	33.4	1,080.0	31.7	15.0
광 공 · 전 력	584.1	20.8	876.3	25.8	69.0
기 타	1,291.2	45.8	1,445.6	42.5	12.0
국 민 총 생 산	2,814.8	100.0	3,401.9	100.0	20.9

퍼센트는 운수, 통신, 기타 서비스에 각각 배분된다. 그리고 주체별로 보면 50.2퍼센트가 정부에, 49.8퍼센트가 민간에 각각 배분된다(〈표 18〉).

총투자는 보완기간 중 매년 점증하여 기준년도에 대비하여 목표년도에는 31.9퍼센트 증가로 되어 있다(〈표 19〉). 그리하여 총투자율은

〈표 18〉 총자본형성

(%)

	원			
	1964	1965	1966	평 균
산 업 별				
농 림 · 수 산	16.8	16.4	16.6	16.6
광 공 · 전 력	48.9	44.8	42.5	45.4
기 타	34.3	38.8	40.9	38.0
주 체 별				
민 간	43.3	47.5	46.6	45.8
정 부	56.7	52.5	53.4	54.2
재 원 별				
내 자	67.0	77.0	74.9	73.0
외 자	33.0	23.0	25.1	27.0
계	100.0	100.0	100.0	100.0
	보 완			
	1964	1965	1966	평 균
산 업 별				
농 림 · 수 산	16.2	18.5	19.0	18.1
광 공 · 전 력	47.7	45.9	48.0	47.2
기 타	35.1	35.6	33.0	34.7
주 체 별				
민 간	49.7	47.4	52.2	49.8
정 부	50.3	52.6	47.8	50.2
재 원 별				
내 자	70.0	72.3	73.0	71.8
외 자	30.0	27.7	27.0	28.2
계	100.0	100.0	100.0	100.0

보완기간 중 평균 17.0퍼센트가 된다(〈표 20〉). 이것은 과거 5년간의 평균 13.2를 고려하여 당초의 계획 22.6퍼센트를 크게 낮춘 것이다. 이것은 총소비율이 보완기간 중 평균 92.8퍼센트로서 원계획의 90.8퍼센트보다 훨씬 높아진 것을 반영하고 있다.

총소비지출 중 민간소비지출은 보완기간 중에 15.2퍼센트 증가된다(〈표 19〉). 한편 정부소비지출은 강력한 재정안정정책을 반영하여 1962년 대비 1966년에는 겨우 4.3퍼센트의 증가만을 허용하고 있다(〈표 19〉).

〈표 19〉 국민총생산에 대한 지출의 대비

	원[1]			보 완[2]		
	1962	1966	증가율(%)	1962	1966	증가율(%)
국 민 총 생 산	2,452.7	3,269.1	33.2	2,814.8	3,401.9	20.9
민 간 소 비 지 출	1,896.5	2,357.6	24.3	2,275.5	2,621.2	15.2
총 자 본 형 성	493.1	743.6	50.8	435.6	574.5	31.9
정 부 소 비 지 출	465.8	488.5	4.9	480.9	501.5	4.3

주: 1) 1961년 가격표시임.
   2) 1962년 가격표시임.

정부소비지출이 축소됨에 따라 보완계획은 한계자본의 생산성을 극대화한다는 것과 자유기업의 원리를 표방하면서 투자의 우선을 이미 착수된 계속사업의 완성과, 신규사업에 있어서는 정부가 꼭 하지 않으면 아니 될 농업생산성 향상과 농가소득의 증대, 기간산업과 사회간접자본의 확충, 외환가득을 위한 수출 및 수입대체산업, 과학기술의 진흥 및 인구증가의 억제에 배분토록 하고 있다. 이들 투자규모의 축소에 따라 원계획의 국내총저축률 9.2퍼센트는 현실적으로 조정되어 7.2퍼센트가 되었다(〈표 20〉).

〈표 20〉 투자율·소비율·저축률·조세부담률의 대비

	총투자율		총저축률	
	원	보 완	원	보 완
1962	20.0	(15.5)	96.3	(97.9)
1963	23.0	(17.8)	92.7	(98.4)
1964	24.1	17.0	89.7	94.0
1965	23.3	16.9	88.0	92.7
1966	22.7	16.9	87.1	91.8
평 균	22.6	17.0	90.8	92.8

	국내총저축률		해외저축률		조세부담률	
	원	보 완	원	보 완	원	보 완
1962	3.7	(2.1)	16.4	13.4	13.0	–
1963	7.3	(1.6)	15.7	16.2	14.1	–
1964	10.3	6.0	13.7	11.3	15.1	13.9
1965	12.0	7.3	13.8	9.7	15.7	14.1
1966	12.9	8.2	9.8	8.7	16.3	14.0
평 균	9.2	7.2[1]	13.7	9.9[1]	–	–

주: 1) 보완기간 중의 평균임.

한편 내외자별로 보면 내자 71.8퍼센트, 외자 28.2퍼센트로 내자의 부담이 약간 가벼워지고 있다(〈표 18〉). 정부의 투자규모는 당초 계획을 밑돌고 있는데 이것은 인플레 압력으로 건전재정정책을 견지하는 데 주 원인이 있다. 보완계획은 재정적자를 불식하고 경상세입을 확보하는 한편, 경상지출을 최대한 억제하면서 자원의 조달을 이룩하기 위하여 우선적으로 조세수입을 외원의 점감 추세를 고려하여 연차별로 점증토록 계획하였다.

그러나 조세부담률은 원계획보다 낮은 14.0퍼센트 수준에서 큰 변동이 없다(〈표 20〉).

앞에서 본 바와 같이 외화는 총투자 중에서 28.2퍼센트를 점하고 있다. 그러나 우리나라의 보유외환을 감안하면 순외자의존도는 21.1퍼센트가 된다(〈표 21〉 주).

<표 21> 투자외화소요의 대비(1964~1966)

(단위: 백만 달러)

	원		보 완	
	금 액	구성비	금 액	구성비
K F X	135.7	31.6	91.0	25.2
차 관 및 기 타	294.3	68.4	269.7	74.8[1]
계	430.0	100.0	360.7	100.0

주: 1) 따라서 차관 및 기타가 총투자 중에서 점하는 비율은 28.2% ×0.748=21.1%가 됨.

무역과 국제수지: 수출은 거의 원계획과 동일한 규모로 되어 있다. 그러나 수입의 규모를 감소시키고 있으므로 무역수지적자도 감소하고 있다. 한편 무역외수지의 흑자는 원계획에 비해서 대폭 감소되고 있다. 그러나 경상수지적자의 규모는 원계획과 별로 차이가 없다(<표 22>).

<표 22> 경상수지

(단위: 백만 달러)

	원			보완		
	1964	1965	1966	1964	1965	1966
무 역 수 지	−390.9	−363.4	−354.8	−361.4	−326.3	−300.8
수 출	96.0	121.6	137.5	94.0	112.8	135.6
수 입	486.9	485.0	492.3	455.4	439.1	436.4
무 역 외 수 지	94.8	100.3	108.2	66.0	59.8	59.3
수 입	130.2	141.3	153.7	106.7	106.2	107.9
지 불	35.4	41.0	45.5	40.7	46.4	48.6
경 상 수 지	−296.1	−263.1	−246.6	−295.4	−266.5	−241.5

인구와 고용: 보완기간 중 원계획에서는 인구의 자연증가율을 2.84퍼센트에서 2.74퍼센트로 낮추기로 되어 있으나, 보완계획에서는 가족계획사업 같은 인구조절을 위한 강력한 시책적 노력에 기대하여 2.70퍼센트에서 2.50퍼센트로 낮추기로 되어 있다.

한편 고용은 보완기간 중에 인구의 평균자연증가율보다 0.57퍼센트
나 낮고 노동인구의 평균증가율 2.03퍼센트보다 약간 높은 2.10퍼센트
의 증가를 가져오기로 되어 있으며 실업률은 대체로 8.5퍼센트를 유지
하기로 되어 있다(〈표 23〉).

〈표 23〉 총인구 · 노동인구 · 고용

(%)

	원				보 완			
	1964	1965	1966	평 균	1964	1965	1966	평 균
총 인 구	2.82	2.78	2.74	2.78	2.70	2.60	2.50	2.60
노 동 력 인 구	2.14	2.06	1.80	2.00	2.10	2.00	2.00	2.03
고 용	3.90	4.69	4.83	4.47	2.13	2.12	2.04	2.10
실 업	−4.62	−8.91	−12.72	−8.75	1.72	0.72	1.56	1.33
실 업 률[1]	19.3	17.3	14.8	−	8.6	8.5	8.5	−

주: 1) 보완계획에는 1960년 인구센서스를 기초로 하여 완전실업만 포함함.

4. 제1차 경제개발 5개년계획의 실적

작성과정과 집행에서 많은 우여곡절을 겪은 제1차 계획도 벌써
1966년으로 마지막 해에 접어들었다. 그동안의 경제정책은 계획의 정
직한 집행만은 아니었다. 계획과 집행과의 괴리는 적어도 두 가지 이
유에서 일어났다.

첫째는 계획이 연차계획을 통하여 집행되는 과정에서 새로운 경제
여건의 변동에 적응해야 하는 데 말미암았고, 둘째는 계획의 구속력이
약하여 정치와 행정의 당국자가 순수한 경제적인 합리성을 떠나서 더
욱 '고차적'인 신축성을 보인 데 말미암았다. 계획이 어떠한 이유에서
수정되어 집행되었건 개발계획의 내용과 외연은 이러한 수정의 이유
로서 들 수 있는 어떠한 것도 포함하는 것이므로 어떤 조정도 계획에

의한 것으로 가정하는 것이 타당할 것이다. 그렇지 않고 그동안의 집행을 엄밀히 구분하여 계획에 의한 것과 그렇지 않은 것으로 세분하는 것은 기술적으로 불가능하지는 않더라도, 심히 번잡한 절차가 될 것이다.

원계획은 이미 언급한 바와 같이 보완계획을 통하여 일보의 후퇴를 겪었거니와 그 집행과정에서 또다시 조정되었고, 이러한 조정의 진폭은 계획이 기준년도부터 멀어져 갈수록 확대되어 간 탓에 제4차년도에 와서는 당초의 계획과 보완계획의 어느 것이 준거가 되는지조차 분명하지 않다.

그러나 제1차 계획을 통하여 우리 경제가 무엇인가 하나의 전기를 맞은 것은 사실이다. 그 첫째는 개방경제의 출범이다. 아직도 우리 경제는 막대한 이전수입 및 차관 등의 자본도입으로 대외균형을 유지하고 있는 상태이지만 최근 수년간의 수출과 수입대체의 활발상은 머지 않은 장래에 자력으로 대외균형을 실현할 수 있다는 확신을 갖게 한다. 그러나 지금까지의 수출 및 수입대체산업의 육성과 공업개발의 실적은 상당한 특혜 아래서 이루어졌고 또한 그동안 물가상승은 정액소득자의 상대적, 절대적 희생 아래서 가능하였음을 상기하면, 앞으로의 정책방향은 자원의 최적배분을 실현하고 노동자, 농민 및 봉급생활자에게도 경제성장의 혜택이 조금씩이라도 배당되어 개발을 위한 국민적 정력을 유도하는 것이 무엇보다도 중요한 과제라 할 것이다.

아래에서는 그동안의 실적을 원계획과 대비하여 검토하기로 한다.

1) 경제성장 · 산업별 성장

국민총생산은 그동안 2차에 걸쳐서 수정되었으므로 원계획상의 수치는 사실상 무의미해졌다. 이와 같은 추계는 가격기준의 변경과 추계

방법의 개선을 위해 이루어졌는데 그 결과 국민총생산의 규모는 평균 17.9퍼센트의 신장을 나타내게 되었다. 또한 성장률도 각 연도별로 변화를 보여 1954년에서 1963년까지 사이에 평균 4.4퍼센트에서 5.4퍼센트로 증가되었다. 이와 같은 변화는 1960년 이후 구계열보다 신계열의 성장률이 더 크며 그 차이는 또한 확대되어 가는 것을 의미하는 것이다(〈표 24〉).

〈표 24〉 신구계열의 성장률 대비

	1954	1955	1956	1957	1958	1959	1960	1961	1962	1963	평 균
구 계 열	5.2	4.0	0.3	8.7	7.0	5.2	2.1	3.5	2.2	5.8	4.4
신 계 열	6.7	5.9	1.1	8.1	6.5	4.8	2.5	5.0	4.1	9.3	5.4

이와 같이 계획과 실적 간의 통계기준의 불일치는 계획의 실적을 평가하는 데 있을 수 있는 '평가익'이나 '평가손'을 계상해야 하는 이유가 된다. 기업회계의 보수주의 원칙은 평가손을 계상하면서 평가익은 경상활동에서 생긴 이득이 아니므로 처분할 수 있는 이익의 범주에 넣지 않는 경향이 있다. 한 나라 경제를 평가하는 데 있어서도 이러한 원칙은 타당하지 않을까 생각한다. 왜냐하면 평가손은 성장을 위한 자극이 되고 평가익은 지나친 안도에 대한 방패가 되어야 하기 때문이다.

1960년을 100으로 한 국민총생산은 1965년에 계획 130.0에 대하여 실적은 140.5를 달성함으로써 계획된 수준보다 8.1퍼센트를 초과하였다. 연평균 성장률에 있어서도 같은 기간 중 계획된 6.8퍼센트보다 0.8퍼센트 높은 7.6퍼센트를 달성하였다. 만일 한국은행이 지난 9월에 발표한 바와 같이 1966년의 성장률이 10.5퍼센트에 달한다면 계획기간 중 연평균 실적성장률은 8.1퍼센트가 되어 계획의 7.1퍼센트보다 1.0 퍼센트나 초과하게 될 것이다(〈표 25〉).

〈표 25〉 국민총생산의 계획대비(1960=100)

	계 획		실 적		B/A(%)
	1965(A)	연평균 (1962~65)	1965(B)	연평균 (1962~65)	
국 민 총 생 산	130.0	6.8(7.1)	140.5	7.6	108.1
제 1 차 산 업	128.0	5.5(5.7)	128.8	4.1	100.6
제 2 차 산 업 [1]	178.3	14.5(15.6)	182.2	14.8	102.3
광 업	204.0	16.7(15.5)	188.2	18.2	102.2
제 조 업	164.9	14.4(15.0)	185.3	15.3	112.2
건 설 업	179.3	12.6(14.0)	165.4	13.6	92.2
전 기	358.7	23.8(21.1)	183.6	15.2	51.2
제 3 차 산 업	111.2	3.4(3.6)	131.5	7.4	118.3
운 수 통 신	162.4	12.9(12.9)	188.8	16.6	116.3
주 택	110.1	2.5(2.5)	113.4	2.6	103.0
일 반 행 정 국 방	97.2	0.4(0.4)	130.8	7.2	134.6
기타 서비스	104.6	2.7(2.8)	133.4	7.4	127.5

주: 괄호 안은 계획기간 중의 연평균 성장임.
   1) 제2차산업은 전력을 포함함.

산업별로 보면 제1차산업은 28.8퍼센트의 성장을 보여 계획된 수준 보다 0.6퍼센트를 웃돌고 있다. 그러나 그동안의 농업생산은 천후조건 에 따라 증감의 폭이 커서 농산물 가격의 등락과 이에 따른 일반물가 상승을 자극하였다. 예를 들면 1962년부터 시작된 인플레는 천후조건 의 불순에 따른 농작물의 감산에 의하여 시작되었고 그해의 막대한 토목사업과 곧이어 닥쳐온 외환의 부족 등으로 전파되어 계획 초년도 의 곤란을 초래하였다. 이러한 농산물 가격의 불안정은 경제개발을 수 행함에 있어 노동자의 생계 및 실질임금과 직결되므로 노동자를 위한 저곡가정책과 농가소득의 향상에 따른 시장규모의 확충을 위한 농민의 고곡가수입이 최대한 절충될 수 있도록 배급기능을 강화할 것이며 농업신용제도도 강화되어야 할 것이다.

농업생산의 단기적 증감과 경직적인 수요는 단기적인 곡가 앙등 및 폭락으로 계획에 혼란을 가져오고 장기적인 농업생산성의 정체는 또 하나의 장애를 이룬다. 가난한 나라에서 경제개발을 시작하여 새로이 설립된 공장에 노동자가 고용되면, 이들 노동자는 그들의 상대적 소득 향상의 큰 부분을 식량의 소비에 쓰게 되고, 이러한 것이 집적되면 계획 초기에 있어서의 농산물에 대한 수요는 상당한 규모에 이르게 된다. 그러나 계획이 점차 완성되어 감에 따라 이미 식량에 대한 만복감을 느끼게 되고 추가소득 중 식량소비에 쓰는 부분은 점점 작아지게 된다. 그러므로 식량의 증산은 적어도 인구증가율과 소득증가율×식량의 수요탄력성의 합계보다 많아야 한다.

지난 1962년부터 1965년까지의 제1차산업의 연차적 성장률은 계획 5.5퍼센트보다 1.4퍼센트나 낮은 4.1퍼센트였다(〈표 25〉).

광공업을 주축으로 하여 건설업과 전기업을 포함하는 제2차산업은 제4차년도인 1965년에 82.2퍼센트 성장하여 계획기간 중 우리나라 경제를 이끌어온 선도산업으로서, 계획 178.3퍼센트를 2.3퍼센트나 초과하고 있다. 연평균 성장률은 14.8퍼센트로서 계획의 14.5퍼센트를 0.3퍼센트 웃돌고 있다. 이와 같은 제2차산업의 괄목할 만한 성장은 계획 초년도의 외환부족에 자극되어 수출산업과 수입대체산업의 육성에 정책상의 중점을 둠에 따라 소비재 및 중간재의 수입대체가 활발하게 이루어졌고, 저노임을 이점으로 하는 수출산업이 대거 진출하여 제조업이 85.3퍼센트, 즉 연평균으로 15.3퍼센트의 성장을 한 데 기인한다. 산업구조상 적은 비중을 차지하지만 광업도 계획을 초과하였다. 건설업은 계획에 의한 투자 지출의 증가로 연평균 13.6퍼센트의 성장을 이룩하였다. 그러나 후술하는 바와 같이 계획의 자금 조달이 난관에 부딪혀 정부에 의한 토목사업 등이 축소됨에 따라 계획수준에는 약간 미달된 것 같다.

전력은 석탄과 더불어 에너지 공급원으로서 가장 큰 중점을 두었으나 투자규모의 일반적 축소는 1962~65년의 계획된 연평균 성장률 23.8퍼센트에 크게 미달되는 15.2퍼센트의 성장을 기록하였다.

운수통신 등 사회간접자본과 도소매, 금융 및 일반행정, 국방 등 서비스부문을 포괄하는 제3차산업은 1965년 현재로 가장 크게 계획을 웃돌고 있다. 제4차년도의 제3차산업 성장률은 131.5로서 계획의 111.2퍼센트를 20.3퍼센트나 초과하고 있다. 이 가운데에서도 가장 중점을 두었던 운수통신은 그동안 88.8퍼센트 성장하여 계획의 연평균 12.9퍼센트를 3.7퍼센트나 웃도는 16.6퍼센트를 기록하였다. 운수 중 철도수송은 산업활동의 신장과 인구증가에도 불구하고 수송시설 부족으로 만성적인 초과수요 아래서 지탱되어 왔다. 앞으로의 수송정책은 더욱 입체적인 면

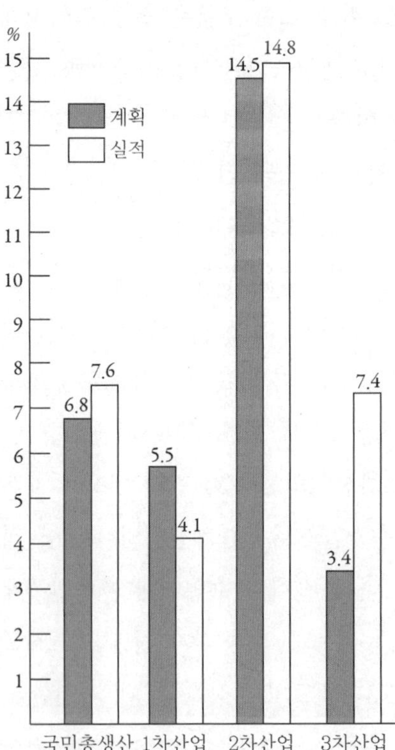

〈그림 5〉 경제성장의 계획과 실적
(1962~65년 평균)

에서 문제를 분석하여 고식적인 철도 일변도의 수송정책을 지양하고, 지금까지 큰 역할을 하지 못했으나 최근 점차 활발해져 가는 공로 및 연안 해운을 육성·개발하여야 할 것이다. 이를 위해서는 합리적인 요금정책, 도로투자, 해운사업의 육성 등이 검토·연구되어야 하고 근본적으로 현재의 왜곡된 가격구조 아래서 부적절하게 움직여 가는 산업입지를 적정화하여 개별 기업가의 최소비용과 동시에 사회적 비용의 절감이 있어야 할 것이다.

이 밖의 제3차산업의 성장은 계획에서 거의 도외시되거나 경시되었다. 주택은 연평균 인구증가율에도 미급한 2.5퍼센트의 연평균 성장이 계획되었다. 그러나 이와 같은 낮은 주택의 건설은 인구증가율 이상의 주택난을 야기한다. 왜냐하면 경제개발은 인구의 도시집중화 현상을 거의 공통된 특징으로 하고 있기 때문이다.

주택의 실적성장률은 연평균 2.6퍼센트로서 계획을 0.1퍼센트 상회하고 있다. 주택에의 투자는 장기적으로 볼 때 대단히 생산적이며 주택 부족은 부동산투기 등을 조장하여 자본의 낭비적 지출을 초래한다. 일반행정

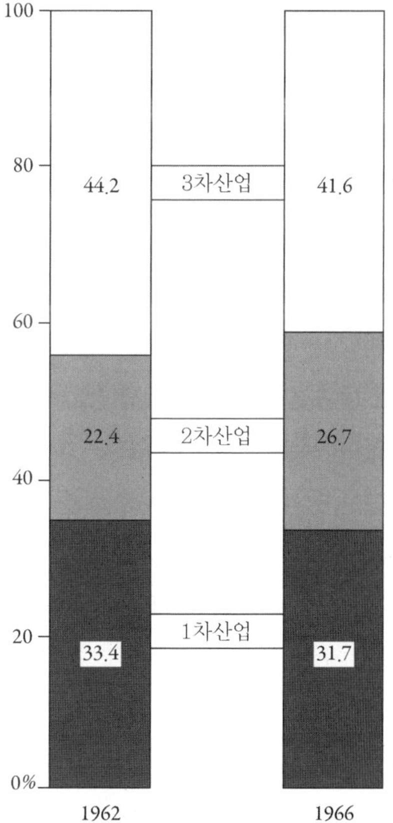

〈그림 6〉 산업구조의 변동

및 국방서비스도 계획을 대폭 웃돌고 있다. 산업활동과 인구증가에 따른 서비스의 증가는 당초의 계획이 아무리 경상비를 절감한다고 하더라도 불가피한 것이며 경상비도 정부기능 확대에 따른 간접적, 우회적인 생산효과가 있음을 간과하여서는 아니 될 것이다. 일반행정 및 국방의 연평균 증가는 0.4퍼센트로 계획되었으나 실적은 연평균 7.2퍼센트의 성장을 기록하고 있다. 또한 기타 서비스업도 도소매, 금융 등 실물생산을 보완하고자 계획의 2.7퍼센트를 훨씬 초과하는 연평균 7.4퍼센트의 높은 성장을 보이고 있다. 원계획이 이처럼 서비스업의 성장을 과소책정한 것은 이 부문이 과잉인구와 저생산 부문이며 본원적인 생산을 잠식하다고 생각한 데 그 이유가 있는 듯하다. 그러나 실물생산의 증가는 생산과정의 전후단계에 있어서의 교량적 서비스 없이는 그 효율성을 기할 수 없다는 점을 주의할 필요가 있다.

산업구조는 제2차산업이 기준년도의 19.8퍼센트에서 1965년 25.6퍼센트로 확대된 반면, 제1, 3차산업은 기준년도의 35.2퍼센트 및 45.0퍼센트에서 1965년에는 32.3퍼센트 및 42.1퍼센트로 각각 축소되고 있다.

1965년의 계획된 산업구조는 제1차산업이 35.5퍼센트, 제2차산업이 25.9퍼센트, 제3차산업이 38.6퍼센트로 제3차산업은 계획보다 비대해진 반면 제1차산업은 계획보다 빨리 줄어들고 있고, 제2차산업은 계획에 거의 접근하고 있다(〈표 26〉).

이와 같이 제1차 계획은 목표성장률을 초과 달성하였다. 그러나 국민총생산에 대한 재평가 작업이 상기한 바와 같이 두 차례에 걸쳐 있었고 이러한 성장률을 엄밀하게 따진다면 얼마만큼이 평가이익에 해당하는가를 알 필요가 있다. 왜냐하면 신계열이 국민총생산의 다른 부문보다 급속히 성장하는 부문을 새로이 추계내용에 포함시키면 신구

<표 26> 경제성장과 산업구조

	성장률		산업구조	
	1960~65	연평균	1960	1965[1]
제 1 차 산 업	28.8	4.1	35.2	32.3
				(35.5)
제 2 차 산 업	82.2	14.8	19.8	25.6
				(25.9)
광 업	88.2	18.2	2.2	2.9
제 조 업	85.3	15.3	13.6	17.7
건 설 업	65.4	13.6	3.4	3.6
전 력	83.6	15.2	0.8	1.1
제 3 차 산 업	31.5	7.4	45.0	42.1
				(38.6)
운 수 통 신	88.8	16.6	4.7	5.9
주 택	13.4	2.6	6.7	5.4
일반행정 및 국방	30.8	7.2	7.2	5.7
기 타 서 비 스	33.4	7.4	26.2	24.5
국 민 총 생 산	40.5	7.6	100.0	100.0

주: 1) 괄호 안은 계획치임.

계열의 성장률은 점차 현격한 차이를 나타내게 되기 때문이다. 이러한 염려는 실제로 한은의 추계결과에 나타나고 있는데, 신구계열 성장률은 1960년의 2.1/2.5에서 1963년에는 5.8/9.3으로 확대되어 가고 있다. 따라서 계획의 7.6퍼센트 실적을 구계열로 환원하면 얼마의 평가된 성장이 포함된 것인지를 알 수 있게 된다. 그러나 본격적인 추계과정의 검토 없이 속단키 어려우며 다만 여기서는 후술하는 재원조달의 부진과 결부하여 이러한 성장률 달성은 적당히 할인되어야 한다는 점만 언급해 둔다.

2) 국민총생산에 대한 지출

지출 면에서 국민총생산을 보면 1962년에서 1965년까지의 기간 동안 총소비율은 92.8퍼센트로서 그동안 7.2퍼센트 저축된 셈이다(<표 2

〈표 27〉 투자율 · 소비율 · 저축률 · 조세부담률(실적)

	총투자율	총소비율	국내총저축률	해외저축률	조세부담률
1960	10.4(10.4)	97.9(97.9)	2.1(2.1)	8.3(8.3)	10.0
1961	12.5(12.6)	94.4(95.7)	5.6(4.3)	6.9(8.3)	9.6
1962	12.3(12.4)	97.0(95.2)	3.0(4.8)	9.3(11.6)	11.3
1963	20.0(18.1)	91.7(93.0)	8.3(7.0)	11.7(11.1)	9.3
1964	14.4(13.5)	91.5(93.5)	8.5(6.5)	5.9(7.0)	7.8
1965[1]	13.9(13.1)	91.1(94.2)	8.9(5.8)	5.0(7.3)	9.2
1962~1965 평균	15.2(14.3)	92.8(94.9)	7.2(5.1)	8.0(9.2)	–

주: 괄호 안은 경상계열임.
 1) 1965년의 경상계열은 확정추계에서 계산된 계열임. 따라서 잠정추계에서 계산된
  계열과는 차이가 있음(〈표 38〉).

7〉). 한편 기간 중 총투자율은 15.2퍼센트며 그 중 8.0퍼센트는 해외저축에 의해서 보충되었다. 계획상의 총투자율이 평균 22.6퍼센트(1962~1965년간의 평균)인 것을 고려하면 7.4퍼센트의 투자의 미달이 있었는데 이것은 국내저축률이 계획의 8.3퍼센트(1962~1965년의 평균)에 1.1퍼센트, 해외저축률이 계획의 14.3퍼센트(1962~1965년의 평균)에 6.3퍼센트 미달함으로써 초래되었다(〈표 27〉, 〈표 20〉). 한편 경상시장가격으로 보면 제4차년도인 1965년의 총소비율은 94.2퍼센트로서 국내저축률은 5.8퍼센트에 그치고 있다. 이것은 기준년도의 2.1퍼센트에 비하면 3.7퍼센트의 증가이지만 계획의 12.0퍼센트에 비하면 반도 안 된다. 또 1965년의 총투자율은 13.1퍼센트로서 기준년도의 10.4퍼센트에 비하면 2.7퍼센트의 상승을 보이고 있으나 계획의 23.3퍼센트에 비하면 훨씬 떨어지고 있다. 이와 같은 투자의 저조는 동 기간 중의 투자규모가 1960년에 비하여 124.4퍼센트 증가하도록 계획되었으나 실적은 88.2퍼센트에 그쳤다(〈표 28〉).

 1965년의 민간소비지출은 기준년도에 대하여 9.2퍼센트의 증가를 계획했는데 이를 훨씬 능가하는 35.5퍼센트의 증가를 보였다. 이는 연

〈표 28〉 국민총생산에 대한 지출(1960년 불변가격)

(단위: 10억 원)

	기준년도(A)	1965년(B)	B/A(%)	1962~1965년 연평균 증가율
국민총생산	243.14	341.73	140.5	7.6
투　　　자	25.26	47.53	188.2	15.7
소 비 지 출	238.01	311.29	130.8	6.6
민　　간	202.47	274.33	135.5	7.6
정　　부	35.54	36.96	104.0	1.3

평균 7.6퍼센트에 해당하는 것으로 그동안의 경제성장률과 같은 것이다. 이에서 1인당 소비의 증가를 인정하지 않으려고 겨우 인구증가율에 해당하는 분만을 계상한 계획이 얼마나 비현실적인지 알 수 있다.

1965년의 정부소비지출은 1960년에 비하여 4.0퍼센트 증가함으로써 그동안의 재정규모가 인플레에 의하여 수입, 지출 양면에서 압박을 받아왔음을 짐작케 한다.

앞에서 본 바와 같이 해외저축률은 계획상의 해외저축률 14.3퍼센트(1962~1965년의 평균)에 미달하는 8.0퍼센트를 보이고 있는바, 이것은 수출이 계획보다 빨리 늘어난 반면 외자도입이 부진하였던 데 기인한다.

〈표 29〉 외자도입 총괄[1]

	1959~1962년 합 계	1963	1964[2]	1965	1959~1965년 합 계
공 공 차 관	73.0(7.1)	9.5(43.2)	37.9(11.6)	16.6(4.9)	197.0(66.8)
민 관 차 관	1.8(−)	54.7(23.6)	61.9(10.9)	84.3(35.1)	202.7(70.1)
직 접 투 자	3.6(−)	5.4(5.4)	0.7(0.5)	22.6(5.0)	32.3(10.9)
계	78.4(13.1)	69.6(72.3)	100.5(23.0)	183.5(43.5)	431.0(147.8)

주: 괄호 안은 도입실적임.
　1) 공공차관은 협정체결 기준, 민간차관은 L/C개설 L/G발급 기준.
　2) 대일차관 20만 달러 제외.

〈표 29〉에서 알 수 있는 바와 같이 외자도입 협정체결분은 1965년 현재로 431백만 달러지만 물자도착 기준으로 본 외자도입 실적은 147.9백만 달러에 불과하다.

이처럼 계획상의 투자가 부진한 가운데 계획된 성장률을 달성하였다는 사실은 다음의 가능성을 시사해준다.

① 실적성장률의 과대평가
② 계획의 한계자본계수의 과대 책정
③ 투자 및 저축의 과소평가

3) 투자의 배분

투자지출을 정부와 민간별로 보면 1965년에는 기준년도의 약 4배나 되지만 생산재가격지수(1965=274.4, 19630=100)로 디플레이트(deflate)한 실질투자는 민간 87.6퍼센트 증가, 정부 75.6퍼센트 증가로서 계획상의 380.1퍼센트 및 134퍼센트 증가에 크게 미달되고 있다(〈표 30〉). 주도적 역할을 하게 되어 있던 정부투자의 부진은 조세부담률의 하강추세에서 나타나고 있다(〈표 27〉). 이와 같이 조세부담률이 인플레와 더불어 떨어지는 이유는 우리나라의 조세구조가 간접세 위주로 되어 명목적인 화폐소득의 팽창을 신속히 흡수하지 못하는 데 기인한다.

계획기간 중 총고정투자는 투자재의 가격등귀를 감안하면 1965년에는 기준년도에 비하여 84.3퍼센트가 증가되어 계획의 100.5퍼센트 증가에 미달하고 있다(〈표 30〉). 산업별로 보면 제1차산업은 8.1퍼센트, 제2차산업은 129.9퍼센트 및 제3차산업은 82.1퍼센트며 1962~65년 기간 중 제1차산업은 총고정투자의 8.5퍼센트, 제2차산업은 35.8퍼센트, 제3차산업은 55.7퍼센트를 차지하고 있다(〈표 31〉). 이 산업별 투자배분은 같은 기간 중 제1차산업에 17.6퍼센트, 제2차산업에 46.5퍼센트

<표 30> 주체별 투자

(단위: 10억 원)

	기준년도 1960(A)	목표년도 1965(B)	B/A(%)	B/2,174(B′)[1]	B′/A(%)
총 투 자	25.26	100.81	399.0	46.4	183.7
민 간	17.06	69.56	407.7	32.0	187.6
정 부	8.20	31.25	381.1	14.4	175.6

주: 1) 2,174는 1965년의 생산재가격임.

<표 31> 산업별 고정투자

(단위: 10억 원)

	기준년도(A)	1965(B)	B/A(%)(B′)	B′/2,714[1]	1962~65년 합계[2]
제 1 차 산 업	3.54	8.32	235.0	108.1	24.03(8.5)
제 2 차 산 업	6.69	33.44	499.9	229.9	101.22(35.8)
제 3 차 산 업	15.19	60.12	395.8	182.1	157.40(55.7)
총 고 정 투 자	25.42	101.88	400.8	184.3	282.65(100.0)

주: 1) 2,174는 1965년의 생산재가격임.
    2) 괄호 안은 구성비임.

및 제3차산업에 35.9퍼센드를 책성하였던 계획에 비하여 제1차산업의 투자가 가장 큰 압박을 받았고, 제2차산업의 투자도 상대적으로 축소 되었지만 제3차산업에 대한 투자가 상대적으로 확대되었음을 말해준 다. 이 제3차산업에 대한 투자의 상대적 확대는 그동안 수송시설—철 도, 도로, 항만 등을 비롯한 사회간접자본이 계속하여 애로를 이룬 데 기인한다.

4) 소득의 분배

계획기간 중 소득의 분배구조는 빈익빈 부익부의 과정을 밟아왔다. 이와 같은 과정은 인플레와 간접세제에 의하여 이루어졌다.

1965년을 기준으로 하면 1965년 현재 서울 소비자물가지수는 204.4, 광공업노동자의 임금지수는 196.9 및 180이다. 그러나 실질소득은 각

〈표 32〉 노동자의 소득지수

	서울 소비자 물가지수	명목노동자 소득지수			실질노동자 소득지수			노동생산성지수	
		광 업	제조업	정 부	광 업	제조업	정 부	광 업	제조업
1960	100.0	100.0	100.0	100.0	100.0	100.0	100.0	100.0	100.0
1961	108.1	112.8	109.2	119.5	104.3	101.0	110.5	112.5	112.0
1962	115.2	120.0	115.0	132.2	104.7	99.8	114.7	120.8	114.8
1963	139.0	136.4	127.3	141.1	98.1	91.6	101.5	121.2	122.4
1964	180.0	159.2	154.2	149.9	88.6	85.9	83.3	123.6	133.2
1965	204.4	196.9	180.0	155.8	96.3	88.6	76.2	133.0	154.4

각 3.7퍼센트 및 11.5퍼센트나 낮아졌음을 보여주고 있다(〈표 32〉).

한편 노동생산성지수는 광업이 133.0, 제조업이 154.4로서 커다란 신장을 보이고 있다. 실질임금과 노동생산성의 괴리는 우리나라의 노동시장이 아직 공급과잉 상태에 있어 노동쟁의의 성격이 방어적인 것에서 벗어나지 못하고 있으며 한편 기업가는 노동자의 자본장비율을 높여 기업잉여의 증가를 기도한 데 기인한다. 이와 같은 소득격차의 확대는 비단 임금노동자에 한정된 것이 아니라 광범한 봉급생활자에 공통된 현상이다. 노동법상 쟁의권이 없는 공무원의 급여지수를 예로 들자면 1960년에 비하여 1965년에는 23.8퍼센트의 실질가격 하락이 있었다. 그동안 경제성장이 40.5퍼센트나 되었으나 이러한 성장은 대부분의 급료생활자에게 별로 혜택을 주지 못했다. 급속한 경제개발은 대부분의 소수를 위한 희생을 합리화한다는 논리는 이제 낡아버린 것이 아닌가 생각된다.

20세기 후반기는 18, 9세기의 산업혁명기와는 다르며 매스미디어가 극도로 발달된 시대이다. 더욱이 우리는 민주주의 정치제도 아래서 살고 있으며 각자의 존엄성은 그가 행사하는 모든 기본 권리와 함께 보장된다. 이러한 환경 아래서 인플레를 매개로 한 경제개발이 언제까지

갈 수 있을 것인가? 더욱이 이와 같은 인플레에 따른 소득재분배 기능이 일단 실현되어 인플레 소득이 이들 기업가에 배분되면 인플레의 재원조달방법으로서의 효율성은 전적으로 기업가의 재량에 의한 인플레 소득의 자유처분에 달려 있다.

만약 기업가가 90퍼센트의 이익을 생산적 투자로 돌린다면, 일반대중의 희생은 시간이 가고 투자의 생산효과가 나타남에 따라 보상받게 된다. 그러나 만약 인플레 수익이 재투자되지 않고 낭비되어 버린다면 사회적 후생은 어떻게 충족되는가? 사실 인플레 수입과 같은 돈은 쉽게 소비되는 경향이 많다. 이와 같은 과정은 지난 5년간을 돌아보면 명백하다. 고용의 증가에도 불구하고 소득의 이전적 상실은 너무나 크

〈그림 7〉 제조업 노동자의 소득지수(1960=100)

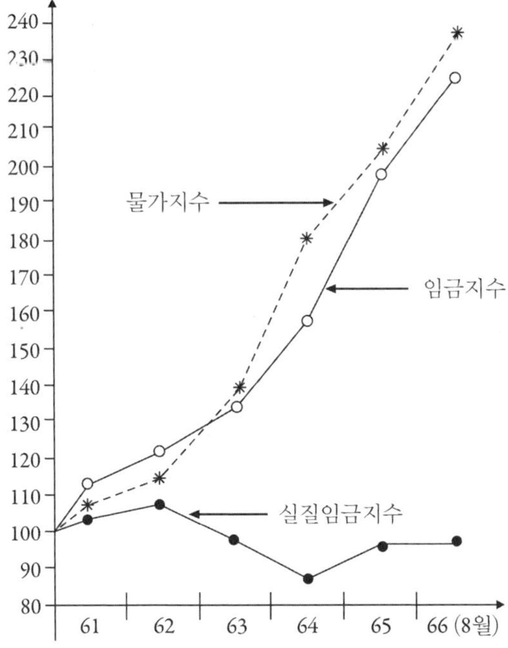

다. 그러나 제1차 계획기간 중 민간소비지출은 매년 약 7.6퍼센트의 증가를 했다. 이와 같은 사실은 인플레 소득의 상당히 큰 부분이 소비지출로 흘러가고 있음을 말하는 것이다.

경제성장은 만병통치약이 아니다. 경제성장은 정치적 패배를 초래할 수도 있다. 그보다도 개발계획이 국민의 것이 되려면, 개발계획의 수행에 고통이 있다면 균등하게 배분되어야 하고, 개발계획에 성과가 생겼다면 적어도 조그마한 낙수일망정 널리 나누어져서 모든 국민이 참여의식을 갖도록 하지 않으면 안 될 것이다.

5) 무역과 국제수지

무역의 국제수지에서 우리나라 경제는 그동안 가장 활기를 띠었다. 1960년의 무역수지를 보면 우리의 힘으로 얻은 외화는 116.9백만 달러로서 그 가운데 대종을 점하여야 할 상품수출은 상품수입의 약 10분의 1에 불과하였다(〈표 33〉). 이와 같은 적자는 물론 미국의 원조로 보충되었다. 미국이 국제수지의 역조로 부득이 외원을 감소시켜감에 따라 이것은 외환 면에서 압박으로 나타났고, 계획 초년도의 외화수요가

〈표 33〉 경상수지

(단위: 10억 원)

| | 기준년도 | | 제4차년도(1965) | | | | 계획/실적×100 | |
| | 수 입 | 지 출 | 계 획 | | 실 적 | | 수 입 | 지 불 |
			수 입	지 불	수 입	지 불		
재화 및 용역	116.9	379.2	262.9 (138.9)	526.0 (138.9)	289.8 (247.9)	488.3 (128.8)	110.2	92.8
상 품	32.8	305.4	121.6	485.0 (141.4)	175.1 (533.8)	420.3 (137.6)	144.0	86.7
용 역	34.1	73.8	141.3	41.0	114.7 (136.3)	68.0 (−107.1)	81.2	165.9
재화 및 용역 순 계	−	262.3	−	263.1	−	198.5 (−124.7)	−	75.4

급증하자 이른바 외환위기가 초래되었으며, 부족한 외화를 우리 힘으로 빨리 벌어들여야 한다는 생각이 정책적 고안과 과감한 집행을 할 수 있도록 하였다.

1965년의 상품수출은 계획보다 44퍼센트를 초과하는 175백만 달러로서 1960년보다 5.3배나 증가하였다. 용역수출을 합한 총수출은 2.5배나 늘어났고 이것은 계획보다 10퍼센트 높은 것이다.

한편 수입은 상품수입이 그동안 37.6퍼센트, 총수입이 28.8퍼센트 증가하였다. 이와 같이 수입의 증가가 경제성장보다 낮다는 사실은 그동안 수입대체가 활발히 추진되었음을 입증하는 것이다. 상품과 총수입이 각각 41.4퍼센트와 38.9퍼센트 증가되도록 계획되었음을 생각할 때 수입대체는 계획보다 빨리 실현되어 왔음을 의미한다. 따라서 경상계정적자는 계획보다 24.6퍼센트나 낮아지게 되었다. 물론 이러한 경상계정적자는 일면 외자도입의 부진으로 인하여 더 축소된 것이다.

수출확장에 기여한 정책은 1963년까지는 주로 수출입연계제, 구상무역제, 수출장려보조금제, 무역금융 및 경제외교의 강화 등이었다. 그러나 1964년 5월 3일 환율 개정 이후 무역정책은 장기적인 단일변동환율제를 채택하였다. 처음에는 실시 부진으로 수출보조금정책과 수입통제를 병용하였으나 1965년 3월 22일부터 단일변동환율제가 본격적으로 실시됨을 계기로 종래의 직접적인 통제에서 간접적인 방식으로 무역정책의 방향을 정하고 무역의 자유화에 한걸음 가까이 갔다.

연차별 공산품의 수출은 〈표 34〉와 같다. 수출의 구조는 공업화의 지표가 된다. 우리나라의 경우에는 인위적인 정책으로 인하여 이례적으로 공산품의 수출이 큰 비중을 차지하고 있다. 그러나 공산품의 외화가득률이 매우 낮으므로 수출단위당 외화의 총수취는 얼마 되지 않는다. 물론 수출의 고용효과나 경제발전의 동태적 요인으로서의 신기

〈표 34〉 공산품 수출

(%)

	기준년도 (1960)	제1차년도 (1962)	제2차년도 (1963)	제3차년도 (1964)	제4차년도 (1965)
실 적	16.7	19.4	45.7	49.1	61.1
계 획	16.7	26.2	30.2	33.7	33.2

술, 신시장 및 신지식을 가져다주는 효과는 결코 적은 것이 아니다. 그러나 수출의 주된 목적은 외화의 가득에 있음을 인정하여야 할 것이다. 그리고 수출이 국내의 각 산업과 긴밀한 관계로 경제발전을 매개하려면 해외에서 가져온 기계로 해외에서 가져온 원료를 단지 가공하여 수출하는 데 그치지 않고, 더욱 적극적인 전후방의 파급효과를 수반하도록 하여야 할 것이다. 이 점에서 중소기업과 대기업의 계열화는 앞으로 해결되어야 할 주요한 과제라 할 것이다.

6) 인구와 고용

1966년 10월 1일 현재로 실시된 인구센서스에 따르면 총인구는 29,194천 명이다. 이것은 1960년 12월 1일 현재의 인구센서스 인구 24,994천 명보다 16.8퍼센트가 증가된 셈이다. 그동안의 5년 10개월을

〈표 35〉 고용과 실업

(단위: 천 명)

	경제활동 인구(A)	전 산업		제1차산업		제2차산업		제3차산업		취업률 B/A ×100	실업률
		취업자[1] (B)	구성비	취업자	구성비	취업자	구성비	취업자	구성비		
1963	8,686	7.94	100.0	5,022	63.2	888	11.2	2,037	25.6	91.5	8.5
1964	8,893	8,210 (3.3)	100.0	5,084	61.9	917	11.2	2,209	26.9	92.3	7.7
1965	9,195	8.52 (3.8)	100.0	5,200	58.7	1,125	13.2	2,397	28.1	92.5	7.5

주: 1) 괄호 안은 증가율임.

복리로 가산하면 연평균 인구증가율은 2.77퍼센트에 해당한다. 제1차 계획의 인구계획은 대체로 성과를 거두었다고 할 수 있다.

경제활동인구조사에 따르면 1965년의 연평균 취업자 수는 8,522천 명으로 전년도인 1964년에 비하여 3.8퍼센트가 증가했다(〈표 35〉).

한편 산업별 취업자 수를 보면 제1차산업이 1963년 63.2퍼센트에서 1965년에는 58.7퍼센트로 상대적 축소를 보이고 있음에 반하여 제2, 3차산업은

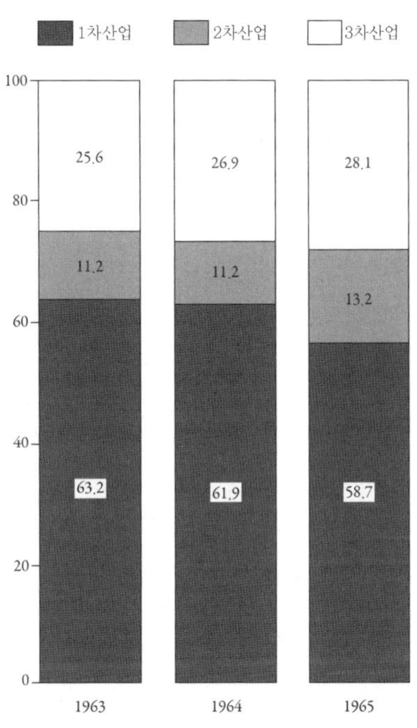
〈그림 8〉 취업자 구성비

11.2퍼센트 및 25.6퍼센트에서 13.2퍼센트 및 28.1퍼센트로 확대되어 가고 있다. 공업화에 따라 농업부문의 고용이 축소되는 것은 당연하지만 제1차산업이 전 취업자의 15~20퍼센트의 구성비를 갖는 선진국의 고용구조를 갖기 위해서는 아직도 유휴농업인구가 광공업을 중심으로 한 고생산성 산업에 더 많이 흡수되도록 박차를 가해야 할 것이다. 이와 같은 실적을 계획과 대비해 보면 계획상의 연평균 고용의 증가율 4.7퍼센트에 비하여 낮음을 알 수 있다. 그러나 인구증가율을 웃돎으로써 실업률은 1963년의 8.5퍼센트에서 1965년의 7.5퍼센트로 떨어지고 있다.

<표 36> 주요 품목 생산목표의 계획과 실적의 대비

	단 위	제4차년도(1965) 실적(A)	목표년도 계획(B)	(A/B) ×100
쌀[1]	천 석	17,625	20,567	89.1
맥 류	천 석	9,514	8,482	112.2
어 류	천M/T	337	421.0	80.0
석 탄	〃	10,248	11,740	87.3
시 멘 트	〃	1,614	1,370	118.0
비 료 (요소질환산)	〃	75	109.5	69.0
정 유	천 배럴	10,205	9,300	109.7
발 전 량	백만 kWh	3,250	4,509	72.1

주: 1) 현실화 이전의 계열임.

7) 부문별 목표

(1) 에너지 공급원

무연탄 생산은 가격 면에서는 불리했음에도 불구하고 안정된 국내 수요를 바탕으로 1965년에는 1,024.8만M/T을 생산함으로써 목표년도 계획의 87.3퍼센트에 이르렀다(<표 36>). 그러나 심부개발단계에 들어 간 무연탄광업은 후반에 들어와서 그 증가율이 둔화되고 있는 점은 앞으로 주목하여야 할 것이다. 한편 전력개발은 괄목할 만한 성과를 거두었다고 하겠다.

왕십리디젤 증설, 광주디젤 증설, 영월화력 복구, 삼척화력 제2호 증설, 부산화력, 춘천화력, 섬진강화력, 신규영월화력 등이 거의 계획 대로 진척되어 1965년 말 현재 총시설용량은 769.5천kW로 최대 수요전 력 602.2천kW를 초과하여 공급여력을 갖게 되었다.

그리하여 해방 이후 처음으로 무제한 송전을 실시하게 되었다. 그러 나 아직도 목표년도 계획의 72.1퍼센트에 불과하다.

(2) 농업 및 수산업

1965년에 쌀 생산은 목표년도 계획의 89.1퍼센트, 맥류생산은 목표년도의 계획 112.2퍼센트에 이르렀지만 농업생산은 천후조건에 따라 기복이 심하였으며, 농업생산력도 기복이 심하였다. 물론 영농방식의 개선을 위한 여러 가지 시책이 있었고 특히 농지구획정리사업 전개와 천수답의 수리안전답으로의 전환 노력은 천후조건과 싸워야 하는 한국농업에 개선의 기틀을 마련해 주었다고 할 수 있다. 그러나 농업소득 면에서 보면 장기적인 농업물가대책의 결여로 말미암아 상대소득은 별로 증가하지 못하였다. 1960년 가격에 의한 농가판매가격지수와 구입가격지수의 비율을 보면 1963년의 124.2퍼센트를 정점으로 64년에는 115.0퍼센트, 65년에는 109.3퍼센트로 급강하하여 농촌경제의 위축을 면치 못하였다. 따라서 1인당 실질농업생산력이 증가하여도 상대소득의 증가는 이에 따르지 못하기 때문에, 심지어는 풍년기근을 유발하기까지 하였다. 농업생산력의 증가는 적절한 농업물가대책 아래서만 결실을 볼 수 있다는 것을 명심하여야 할 것이다.

어업부문에서는 공동어선건조사업, 선착장, 물양장, 냉동시설 등의 부대시설의 확충이 비교적 활발히 전개되었으나 직접적인 어업자본의 근대화는 아직도 거리가 멀다. 한일협정에 의한 어장의 개방은 영세어민의 활동을 더욱 위축시킨 감이 있고 그 보상은 제2차 계획으로 미루지 않으면 안 되게 되었다. 어류 생산은 1965년에는 목표년도 계획의 80퍼센트에 이르렀다.

(3) 기간산업

비료, 시멘트, 정유공장 등의 건설은 거의 계획대로 진행되었으나 종합제철, 종합기계, 기초화학공장 등의 건설은 완전히 제2차 계획으로 이월하지 않으면 안 되게 되었다. 특히 시멘트공장의 건설은 예정대로 진척됨으로써 시멘트 생산량이 1965년에 이미 목표년도의 계획을 18퍼센트나 초과하고 있음에도 불구하고 공급부족을 나타내고 있었다. 이것은 계획 작성에 있어서 올바른 수요추정이 얼마나 중요한가를 단적으로 말하여 주고 있는 것이라고 할 수 있다. 정유생산의 경우도 마찬가지이다. 그러나 비료생산량은 1965년에는 목표년도 계획의 69퍼센트에 불과하다. 그 밖에 PVC공장, 소다회공장, 디젤엔진공장 등은 계획 자체의 빈번한 변경으로 진척이 매우 부진하였고 계획사업으로서의 성격이 의심스러운 신탄진연초공장이 1965년 4월에 준공되었다.

(4) 사회간접자본

철도건설은 1962년에 황지(黃池)지선(9km), 동해북부연장선(33km)이 신설되었고 63년에 황지지선(85km)이 개통되었다. 그리고 1966년에 완공예정인 정선선(旌善線, 30km)과 경북선의 일부가 1965년에 개통되었고 진삼선(晋三線)과 경인복선이 역시 동년에 개통되었다. 또한 철도디젤화계획의 일환으로 디젤기관차 30량과 디젤동차(動車) 52대가 도입되고, 그 밖에 1962년에 예미(禮美)-정선 간(23km) 고한-삼거리 간(15km)의 산업도로 건설로 무연탄운송 완화에 기여하였고, 63년에 17km, 64년에 10.5km, 65년에 5.6km의 산업도로 건설이 있었다. 대체로 운송부문에 있어서는 거의 대부분의 재원이 정부예산에 의존하고 있던 관계로 일부 차관에 의한 사업에 차질이 있었으나 대체로 계획을 달성한 것 같다. 그러나 제1차 5개년계획에서는 비용이 비싼 철도 건설에 치중한 점을 지적하지 않을 수 없다. 산업철도가 산업도로로 대체될 수 있는 방안을 모색하는 데 노력을 아끼지 말아야 할 것이다.

5. 제2차 경제개발 5개년계획

1) 계획 작성의 경위

1966년으로써 제1차 계획은 그 대단원의 막을 내렸고, 1967년부터 새로운 계획에 착수하여야 함에 따라 1964년 10월부터 이를 위한 작업은 경제기획원이 중심이 되어 추진했고 지난 8월 드디어 이를 확정, 공포하게 되었다. 제2차 계획은 그 작업기간이 1차 계획에 비하여 훨씬 길어서 우선 계획 작성을 위한 준비로서 우리나라 경제의 장기적 성장(1981년까지)을 예견 혹은 소망스러운 예측을 하여 그 첫 번째의 5년간을 더 장기적인 목표 달성을 위한 하나의 단계로 보았다. 이를 위한 장기예측은 1981년에 가서 우리나라 경제가 완전한 자립체제와 다양하고 고도화된 산업구조를 갖춤으로써 1인당 소득은 배가되며 완전고용이 달성되는 한편, 사회보장제도를 갖추어 복지국가의 기틀을 마련할 것으로 보았다.

이러한 장기계획을 달성하기 위한 첫 번째의 중기계획인 2차 계획은 제1차 계획이 총량계획과 투자계획에 의하여 작성된 데 대하여 이들의 제합성을 보장하기 위하여 부문계획을 시도하였다. "총량계획은 먼저 지난 10년 동안의 한국경제를 돌이켜 보고 제1차 계획의 성과를 분석하여 계획의 잠정목표를 설정하고 계획의 기본방침 및 계획사업의 작성요령을 시달하는 한편, 목표와 이를 뒷받침하는 경제량들 간의 상호관계와 제약조건을 검증함으로써 계획의 총량 변수들을 확정시키는 것이었다. 부문계획은 총량규모에 따른 부문별 생산요소 및 생산능력을 산출하고 이에 필요한 투자를 부문별로 추계하고 고용수준을 결정하는 것이었다. 그리고 투자계획은 각 산업별 분과작업회가 개별 사업의 경제성과 기술성을 검토하여 채택한 것이었다." 이들 계획안은

'제2차 계획작성을 위한 합동회의'와 '경제계획자문위원회'에서 종합적으로 검토, 조정되었다.

2) 계획의 기본목표와 기본방침

제2차 계획은 1980년대까지 완전한 자립체제를 갖추고 국제수지의 균형, 필요한 투자재원의 완전한 국내조달 및 완전고용을 달성하여야 한다는 장기적 목표 아래 그 장기개발을 위한 하나의 도정으로서, '산업구조를 근대화하고 자립경제의 확립을 더욱 촉진'시킬 것을 기본목표로 하고 있다. 그리고 이 계획은 또 시장경제의 원칙에 따라 민간의 경제행위의 자유를 최대한으로 존중하여 창의를 발휘케 하되 개인의 이익과 전체경제의 발전이 조화를 이루지 못하는 경우에 한하여 국가가 경제활동에 개입하는 이른바 '조정에 의한 자유시장 경제' 체제하에 "① 자원의 부존상태에 대한 인식에서 출발하며 ② 공업화의 기본목표를 하루속히 달성하기 위하여 세계시장에서의 우리나라의 참여도를 본질적으로 상승시키며 ③ 자립경제를 가까운 시일 내에 달성한다는 기본전략에 따라서 ① 식량의 자급자족 ② 철강, 기계 및 화학공업에 중점을 둔 공업화의 고도화 ③ 수출증진과 수입대체에 의한 국제수지의 개선 ④ 고용증대와 인구팽창의 억제 ⑤ 국민소득

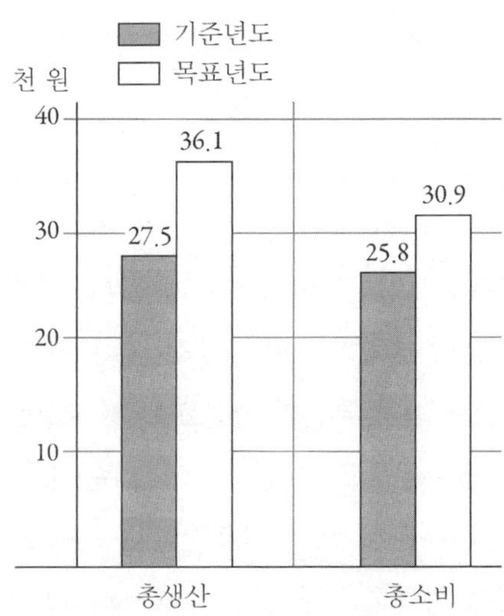

〈그림 9〉 국민총생산과 총소비계획(1인당)

의 향상 ⑥ 기술수준과 생산성의 향상" 등에 중점을 둘 것을 기본방침
으로 삼고 있다.

<표 37> 총량규모(1965년 가격)

(단위: 10억 원)

	기준년도(1965)		목표년도(1971)		B/A ×100	연평균 성장률 (%)	1967~ 71년 합계
	금액(A)	구성비	금액(B)	구성비			
국 민 총 생 산	779.40	100.0	1,169.67	100.0	150.1	7.0	5,131.60
농 림 · 수 산 업	296.44	38.0	397.26	34.0	134.0	5.0	−
광 공 업	168.94	21.7	314.16	26.8	186.0	10.7	−
사 회 간 접 자 본 및	314.02	40.3	458.25	39.2	146.2	6.6	−
기 타 서 비 스							
수 출	76.91 (289.8)	9.9	190.74 (718.7)	16.3	248.1	17.0	779.34 (2,936.5)
상 품	(175.1)	−	(550.0)	−	−	−	−
용 역	(114.7)	−	(168.7)	−	−	−	−
수 입	128.00 (482.3)	16.5	255.34 (962.1)	21.8	199.5	12.3	1,156.50 (4,357.0)
해 외 저 축	51.09 (192.5)	6.6	64.60 (243.4)	5.5	126.4	4.0	377.16 (1,421.1)
총 가 용 자 원	830.49	106.6	1,239.27	105.5	148.2	−	5,508.76
소 비 지 출	731.64	93.9	1,001.27	85.6	136.9	5.4	4,528.69
정 부	85.64	11.0	152.41	13.0	177.9	10.1	701.39
민 간	645.96	82.9	848.86	72.6	131.4	4.7	3,827.30
총 투 자	98.85	12.7	233.00	19.9	235.7	15.4	980.07
정 부	39.17	5.0	90.22	7.7	230.3	14.9	401.09
민 간	59.68	7.7	142.78	12.2	239.2	15.7	578.98
국 내 저 축	47.76	6.1	168.40	14.4	352.6	−	602.91
정 부	4.92	0.6	68.07	5.8	1,383.5	55.0	218.97
민 간	42.84	5.5	100.33	8.6	234.2	15.3	383.94
인 구(천 인)	28,377	−	32,429	−	114.3	2.3	−
증 가 율(%)	2.7	−	2.0	−	−	−	−
1인당 국민총생산(천 원)	27.5	−	36.1	−	131.3	4.7	−
1 인 당 소 비(천 원)	25.8	−	30.9	−	119.8	2.6	−

주: 괄호 안은 백만 달러 단위로 표시된 것임.

3) 계획의 내용

(1) 총량규모

경제성장률은 계획기간(1967~1971) 중 50퍼센트, 연평균 7퍼센트가 된다(〈표 37〉). 한편 농림·수산업과 비농림·수산업의 계획기간 중의 연평균 성장률은 각각 5.0퍼센트와 8.1퍼센트가 된다. 그중 광공업은 10.7퍼센트로 성장한다. 그리하여 농림·수산업에 비농림·수산업의 상대비가 1965년의 38 대 62에서 34 대 66이 된다. 수입수요의 국내자급과 외국차관에 대한 원리금상환을 보장할 수출은 상품수출이 550백만 달러, 무역외수입이 167.7백만 달러가 되어 1971년의 총외화수취는 1965년 총외화수취 289.8백만 달러의 2.5배인 718.7백만 달러에 이른다. 이것은 그동안 외화수취가 연평균 17퍼센트로 증가함을 의미한다.

〈표 38〉 투자율 · 소비율 · 저축률 · 조세부담률

(단위: %)

	총투자율	총소비율	국내총저축률	해외저축률	조세부담률
1965[1]	12.7	93.9	6.1 (5.5, 0.6)	6.6	8.8
1966	17.2	91.7	8.3 (5.7, 2.6)	8.9	10.3
1967	17.9	91.2	8.8 (6.1, 2.7)	9.1	12.2
1968	18.5	90.1	9.9 (6.8, 3.1)	8.6	13.5
1969	19.1	88.4	11.6 (7.5, 4.1)	7.5	13.8
1970	19.7	86.9	13.1 (8.1, 5.0)	6.6	14.0
1971	19.9	85.6	14.4 (8.6, 5.8)	5.5	14.2

주: 괄호 안은 각각 민간과 정부의 저축률을 표시함.
　　1) 이것은 1965년 경상가격에 의한 잠정추계에서 계산된 계열임. 따라서 확정추계에서 계산된 계열과는 차이가 있음(〈표 36〉).

한편 인구는 가족계획의 추진으로 성장률이 1965년부터 연평균 2.7 퍼센트에서 1971년에는 2.0퍼센트로 낮추어져 계획기간 중 14.3퍼센트가 증가하게 된다. 그리하여 1인당 소비지출은 20퍼센트 증가하게 되며 1인당 국민총생산은 31퍼센트 증가하게 된다.

정부소비지출은 경제규모의 확대에 따른 일반경비의 증가와 공무원 처우개선을 반영하여 계획기간 동안 약 78퍼센트 증가하고 민간소비지출은 약 31퍼센트 증가한다.

국내저축은 1965년의 6.1퍼센트에서 1971년에는 14.4퍼센트로 저증된다. 그 중 정부저축률은 5.8퍼센트며 민간 저축률은 8.6퍼센트이다. 이와 같은 저축률의 상승은 1965년 가격으로 저축액이 252.6퍼센트, 정부저축이 1,283.5퍼센트, 민간저축이 134.2퍼센트 증가함을 의미한다. 그리하여 조세부담률은 8.8퍼센트에서 14.2퍼센트로 높아진다(〈표 38〉).

계획기간 중의 총투자소요는 1965년 가격으로 9천8백억 원에 이르며 1971년의 투자율은 19.9퍼센트에 달한다. 계획기간 중 평균 총자본

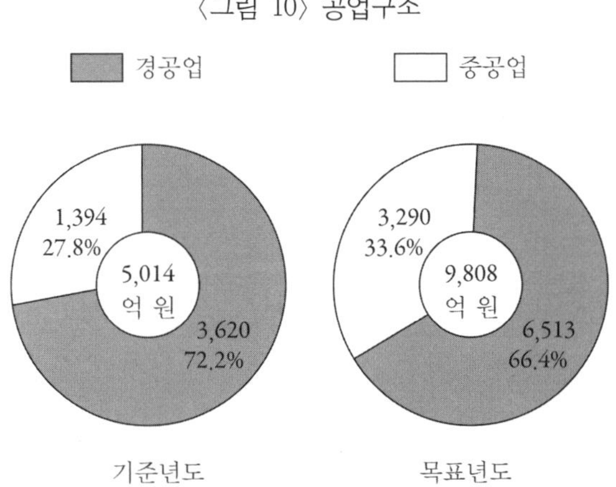

〈그림 10〉 공업구조

<표 39> 부문별 생산수준(1965년 가격)

(단위: 10억 원)

	기준년도(1965)	목표년도(1971)	증가율(%)
총 생 산	1,354.6	2,305.5	70.2
농 림 · 수 산	367.4	532.0	44.8
농 업	335.9	469.0	39.9
임 업	15.3	23.3	52.3
수 산 업	16.2	38.8	139.5
광 공 업	527.9	1,021.1	93.4
섬 유	131.7	255.2	93.8
화 학 공 업	31.6	81.0	115.3
화 학 비 료	4.5	23.9	431.1
시 멘 트	6.3	14.1	123.8
금 속 공 업	36.1	87.6	142.7
기 계 공 업	35.3	77.0	118.1
사회간접자본·기타 서비스업	459.3	752.4	63.8
전 력	12.5	29.1	132.8
통 신	7.8	13.3	70.5
운 수 보 관	39.9	63.0	57.9

계수는 2.9퍼센트가 된다.

수출, 소비 및 투자의 이러한 수준은 1971년 국민경제의 총가용자원을 1965년 가격으로 1만 2,343억 원에 이르게 한다. 그 가운데 국민총생산은 1만 1,697억 원, 해외저축은 646억 원(243백만 달러)이 된다.

(2) 생산수준과 공업구조

총생산수준은 70.2퍼센트 증가하게 된다(<표 39>). 계획기간 중 상품별 생산수준은 다음과 같이 높아진다.

① 농림수산업은 식량의 증산과 수산업의 진흥을 통해서 45퍼센트 증가하며 그 중에서 농업은 1965년에 비하여 1971년에 40퍼센트, 수산업은 140퍼센트 증가한다.

② 광공업에 있어서는 생산수준이 전반적으로 높아지며 특히 보완

〈표 40-1〉 주요 품목 생산목표

품 목	단위	기준년도(1965)	목표년도(1971)	증가율(%)
쌀	천 M/T	3,501	4,858	39
맥 류	〃	1,856	2,474	33
어 류	〃	337	673	100
합 판	백만 평방ft	729	1,518	108
정 유	천 배럴	10,205	35,094	244
비 료	천 M/T	75	374	399
시 멘 트	〃	1,614	4,520	180
판 유 리	천 C/S	517	1,100	113
철 강 재	천 M/T	266	686	158
전 동 기	천 마력	289	719	149
자 동 차	천 대	1.4	24.4	1,646
조 선 능 력	천 G/T	64	150	134
석 탄	천 M/T	10,248	13,762	84
발 전 량	백만 kWh	3,250	7,797	140
주 택 건 설	천 평	3,961(계획기간 중)		
화 물 수 송	백만 톤/粁	5,365	9,553	78
여 객 수 송	백만 인/粁	11,932	24,410	96

성이 큰 석유화학공업을 비롯한 화학공업, 기계공업 및 시멘트공업 등을 부문별로 집중적으로 개발함으로써 경제성장에서 이 부문이 유도적 기능을 충분히 발휘토록 한다.

광공업의 1971년의 총생산수준은 1965년에 비하여 배가한다. 특히 화학비료공업은 431퍼센트, 화학공업을 156퍼센트, 금속공업을 143퍼센트, 시멘트공업을 124퍼센트, 기계공업을 118퍼센트 그리고 섬유공업을 94퍼센트씩 각각 증가시켜 산업구조의 고도화를 촉진할 것이다.

③ 사회간접자본, 기타 서비스업은 산업생산을 지원하고자 생산수준을 1965년에 비하여 64퍼센트 증가시킨다. 그중 전력, 운수 및 통신은 각각 133퍼센트, 58퍼센트, 그리고 71퍼센트의 증가가 필요하게 되는 것이다. 이상의 부문별 생산수준은 산업연관표를 이용하여 산출되었는바 여기서의 생산수준은 중간재를 포함한 총생산을 의미한다. 계

〈표 40-2〉 신규품목 생산목표

(단위: 천M/T)

	목표년도(1971)
화 학 펄 프	97.5
소 다 회	100.0
에 틸 렌	60.0
P V C	44.2
인 산 질 비 료	131.0
가 리 질 비 료	59.0
알 루 미 늄 괴	15.0

획기간 동안 생산될 주요 품목과 주요 신규품목의 생산목표는 〈표 40-1, 2〉에 표시한 바와 같다.

광공업 생산이 확대됨에 따라 공업구조의 고도화가 이루어진다. 1971년의 중공업과 경공업의 생산구성비는 1965년의 27.8퍼센트와 72.2퍼센트에서 33.6퍼센트와 66.4퍼센트로 되어 화학·기계공업 등의 생산증대를 반영하고 있다(〈표 41〉). 이것은 우리나라 경제의 각 산업 및 공업 간의 연관이 더욱 긴밀해지고 생산구조의 우회화가 이루어져 가고 있음을 의미하는 것이다.

〈표 41〉 공업구성(1965년 가격)

(단위: 10억 원)

	기준년도(1965)		목표년도(1971)		B/A×100
	생산액(A)	구성비	생산액(B)	구성비	
중 공 업	139.4	27.8	329.0	33.6	235.0
경 공 업	362.0	72.2	651.3	66.4	180.0
전 공 업	501.4	100.0	980.3	100.0	195.6

(3) 투자소요와 재원조달

계획기간 중의 총투자소요액은 국민총생산의 19.1퍼센트인 9천8백억 원에 달한다. 제1차 계획기간 중의 투자실적 14.2퍼센트에 비하면

<표 42> 투자재원의 조달(1965년 가격)

(단위: 10억 원)

	기준년도(1965)		목표년도(1971)		1967~1971년 합계	
	금 액	구성비	금 액	구성비	금 액	구성비
총 투 자	98.85	100.0	233.0	100.0	980.07	100.0
국내저축	47.76	48.3	168.0	72.3	602.3	61.5
해외저축	51.09	51.7	64.60	27.7	377.16	38.5

<표 43> 국내 한계저축성향

(단위: 10억 원)

	기준년도(1965)	목표년도(1971)	증분액
국민총생산	779.40	1,169.67	390.27(A)
국내저축	47.76	168.40	120.64(B)
B/A×100	–	–	30.9

제2차 계획의 투자율은 4.9퍼센트 높다. 연평균 성장률로 볼 때 제1차 계획기간 중의 연평균 7.6퍼센트보다 0.6퍼센트나 낮게 책정된 제2차 계획의 성장목표 달성을 위해 이처럼 막대한 투자를 책정한 것은 1차 계획기간 중에는 천후조건과 유휴시설의 가동률 향상으로 새로운 투자 없이도 성장할 수 있었음에 반하여, 이러한 측정할 수 없는 성장의 원천을 적어도 계획을 입안함에 있어서 더 계상할 수 없을 뿐 아니라, 제2차 계획의 투자내용이 중공업과 사회간접자본 및 자본집약적인 영농방법에의 투자에 중점을 둠으로써 자본계수가 높아진 데 기인한다. 그러나 현재의 국민소득계정이 국내저축을 과소 평가하였을 가능성이 있으므로 통계상의 하향 바이어스를 조정한다면 실제의 증가는 그리 큰 것이 아니라고도 할 수 있다.

이상의 투자소요는 국내저축에서 그 중 61.5퍼센트에 해당하는 6,029억 원을, 그리고 해외저축에서 3,772억 원(1,421백만 달러)을 조달한다(〈표 42〉). 1971년의 국내 총저축률은 14.4퍼센트로서 기준년도의 6.1퍼센트보다 8.3퍼센트나 높다(〈표 38〉). 정부저축은 0.6퍼센트에서 5.8퍼센트로, 민간저축은 5.5퍼센트에서 8.6퍼센트로 상승하게 된다. 그리하여 투자의 자급률 즉 총투자에 대해서 국내저축이 기여하는 비중은 1965년의 48.3퍼센트에서 목표년도에는 72.3퍼센트로 높아지며 (〈표 42〉) 1965~1971년의 국내 한계저축성향은 제1차 계획기간 중의 10.2퍼센트보다 3배나 높은 30.9퍼센트가 된다(〈표 43〉).

〈표 44-1〉 세입내역(1)(1965년 가격)

(단위: 10억 원)

	기준년도(1965)(A)	목표년도(1971)(B)	B/A×100
조 세	67.54	165.70	245.3
세 외 수 입	13.94	25.94	186.1
원조 및 청구권자금	28.49	14.40	50.5
기 업 잉 여	7.65	27.58	360.5
정 부 차 관	5.76	3.93	68.2
기타 특별회계수입	1.47	3.91	266.0
계	124.55	241.46	193.4

〈표 44-2〉 세입내역(2)(1965년 가격)

(단위: 10억 원)

	기준년도(1965)		목표년도(1971)	
	금 액	구성비(%)	금 액	구성비(%)
국 내 수 입	90.60	72.6	223.13	92.4
해 외 수 입	34.25	27.4	18.33	7.6
계	124.85	100.0	241.46	100.0

　　민간부문의 통제가 곤란함을 고려하여 계획기간 중에는 재원조달의 주도적 역할을 정부저축에 맡기고 있다. 그리하여 세입의 근간인 조세부담률은 기준년도의 8.8퍼센트에서 목표년도에는 14.2퍼센트로 높아

〈표 45〉 국내 세입에 대한 한계정부저축성향

(단위: 10억 원)

	기준년도(1965)	목표년도(1971)	증분액
세　　　　　　　　입	124.85	241.46	116.61
해　외　세　입	34.25	20.98	-
원조 및 청구권자금	28.49	14.40	-
정　부　차　관	5.76	3.93	-
원　자　재　차　관	-	2.65	-
국　내　세　입	90.60	220.48	129.88(A)
정　부　저　축	4.92	68.07	63.15(B)
（ B / A ）× 1 0 0	-	-	48.5

지며(〈표 44-1〉, 〈표 38〉) 또 총세입에 대한 국내세입의 비율도 기준년도의 73퍼센트에서 목표년도에는 92퍼센트로 높아진다(〈표 44-2〉). 그 결과 국내세입에 대한 한계정부저축성향은 48.5퍼센트가 된다(〈표 45〉).

1971년의 민간저축은 1965년에 비하여 134퍼센트가 증가된 1천여억 원에 이르며 계획기간 중 총민간저축액은 3,480억 원이 된다(〈표 37〉). 이와 같은 민간저축은 법인의 사내유보와 저축기관을 통하여 이루어진다. 그러나 이를 달성하기 위해서는 인플레의 억제, 적정 수준의 금리 보장 및 저축운동의 강화가 필요할 것이다.

해외재원은 미국의 지원원조와 잉여농산물원조가 감소되지만 차관도입, 청구권자금, 민간증여 등으로 조달된다(〈표 46〉).

(4) 무역과 국제수지

계획기간 중의 국제수지의 특징은 규모의 확대, 수출의 급증에도 불구하고 원자재 및 자본재수입의 증대에 기인한 경상수지의 적자, 이전수입의 점감 및 외환보유고의 증가로 요약된다. 1971년의 상품수출은 1965년의 3배에 달하여 소요외환을 획득하는 주축을 이룬다. 그러나

<표 46> 해외재원

(단위: 백만 달러)

	기준년도 (1965)	목표년도 (1971)	1967~71년 합계	
			금 액	구성비
조 해 외 저 축	257.3	319.4	1,738.5	100.0
장 기 자 본 도 입	47.2	165.0	835.0	48.0
지 원 원 조	63.9	–	160.0	9.2
잉 여 농 산 물	72.5	34.0	194.6	11.2
기 술 원 조	5.0	6.0	30.0	1.7
청 구 권 자 금	–	30.0	150.0	8.6
민 간 증 여 및 기 타	68.7	84.4	368.9	21.3
(공제) 외환보유고 및 원금상환 등	64.8	76.0	317.4	18.3
순 해 외 저 축	192.5	243.4	1,421.1	81.7

<표 47> 국제수지

(단위: 백만 달러)

	기준년도(1965)	목표년도(1971)
A. 재 화 및 용 역	-192.5 (6.6%)	-243.4 (5.6%)
상 품	-240.8	-253.5
용 역	48.3	10.1
B. 이 전 지 출	198.9	147.6
정 부	130.2	63.2
민 간	68.7	84.4
A + B	6.4	-95.8
C. 자본 및 화폐용금	-0.4	95.8
장 기 자 본 도 입	47.2	165.0
원 금 상 환	-5.1	-35.3
외 화 자 산	-42.5	-33.9
D. 오 차 및 누 락	-6.0	–

주: ( ) 안은 국민총생산에 대한 비율임.

수입도 국내의 빈약한 자원을 보충할 원재료의 수입뿐만 아니라 개발계획을 밀고 나가는 데 필요한 막대한 자본재의 수입으로 인하여 크게 증가한다.

1971년의 재화 및 용역의 수출입은 1965년의 2배 이상으로 팽창하여 경상수지의 적자는 243.4백만 달러가 되어 1965년 대비 26.4퍼센트나 확대된다(〈표 47〉). 그러나 총가용자원의 해외의존도를 의미하는 이 적자의 국민총생산에 대한 비율은 1965년의 6.6퍼센트에서 5.5퍼센트로 줄게 된다. 이 경상수지의 적자는 이전수입과 장기자본도입으로 충당된다. 이것은 경제성장을 위한 장기자본의 도입과 원리금상환을 빼고 보면 1965년의 140백만 달러에서 40백만 달러 수준으로 경상수지의 적자가 대폭 줄게 된다는 것을 말한다. 한편 외환보유고는 대외지불규정의 확대에 따른 준비의 증가를 반영하여 계획기간 중 106백만 달러를 늘려 1971년에는 266.2백만 달러대로 늘어난다. 상품무역수지에 있어서는 수출의 급증에도 불구하고 1967년의 354.9백만 달러와 1971년의 253.3백만 달러 사이의 적자를 보이지만, 용역수지에 의한 흑자로써 이것을 보전하여 재화 및 용역의 적자의 폭을 줄이게 된다.

〈표 48〉 외환보유고

(단위: 백만 달러)

	1965	1966	1967	1968	1969	1970	1971
외 환 보 유 고	138.3	159.8	178.4	195.2	214.2	238.3	266.2

〈표 49〉 수출의존도 · 수입의존도

	1965	1966	1967	1968	1969	1970	1971
수 출 의 존 도	6.0	8.0	8.9	10.0	10.9	11.7	12.5
수 입 의 존 도	15.7	20.6	21.5	21.8	21.2	20.7	20.3

〈표 50〉 상품수출(FOB)

(단위: 백만 달러)

	기준년도(1965)		목표년도(1971)		1965~1971 증가율(%)
	금 액	구성비	금 액	구성비	
농 산 품	15.2	8.7	28.1	5.1	84.9
수 산 품	24.0	13.7	87.4	15.9	264.2
광 산 품	26.8	15.3	29.6	5.4	10.4
공 산 품	109.1	62.3	404.9	73.6	271.1
계	175.1	100.0	550.0	100.0	214.1

〈표 51〉 품목별 수입(CIF)

(단위: 백만 달러)

	기준년도(1965)		목표년도(1971)		1967~1971년 합계	
	금 액	구성비	금 액	구성비	금 액	구성비
원 자 재	321.4	69.3	461.1	51.6	2,175.4	53.4
자 본 재	71.2	15.4	335.1	37.5	1,459.8	35.8
소 비 재	69.4	19.3	97.3	10.9	437.9	10.8
계	462.0	100.0	893.5	100.04	4,073.1	100.0

　1971년의 상품수출은 550백만 달러로서 1965년도의 3배 이상의 증가에 해당한다(〈표 37〉). 이것은 연평균 17퍼센트의 증가에 해당하는 것이며 국민총생산의 수출 의존도는 1965년의 5.3퍼센트에서 1971년에는 12.5퍼센트로 상승한다(〈표 49〉). 공산품은 1965년의 62.3퍼센트에서 1971년에는 73.6퍼센트가 된다(〈표 50〉).

　상품수입은 1965년의 462.0백만 달러에서 1971년에는 893.5백만 달러로 거의 배가하며 계획기간 중의 연평균증가율은 6.7퍼센트가 된다. 계획기간 중 상당한 수입대체가 예상됨에도 불구하고 경제규모의 팽창과 투자수요의 증가로 수입규모는 계속 확대될 것이다. 국민총생산에 대한 그 의존도는 계획기간 중 대체로 21퍼센트 선에 머무르게 된다(〈표 49〉). 상품수입의 구조는 과거의 수입에서 큰 비중을 차지하던

〈표 52〉 재원별수입(CIF)

(단위: 백만 달러)

	기준년도(1965)		목표년도(1971)		1967~1971년 합계	
	금 액	구성비	금 액	구성비	금 액	구성비
정 부 보 유 외 환	252.6	54.7	620.9	69.5	2,534.2	62.2
장 기 자 본 도 입	37.9	8.2	165.0	18.4	835.0	20.5
원 조 및 기 타	171.5	37.1	107.6	12.1	703.9	17.3
계	462.0	100.0	893.5	100.0	4,073.1	100.0

비료 및 식량의 수입이 없어지는 반면에, 자본재의 수입이 증가하여 이에 대신하는 등 상당한 변화를 보이게 된다. 그리하여 기계류 등의 자본재수입은 1965년의 71.2백만 달러에서 1971년에는 334.1백만 달러로 증가하며 그 구성비는 1965년의 15퍼센트에서 38퍼센트로 상승하게 된다(〈표 51〉). 원자재의 수입은 그 규모는 증가하나 총수입 중에서 점하는 비중은 점차 감소된다. 이것은 기간 중 원자재의 수입대체가 행해지는 데 기인한다. 소비재의 수입두 또한 수입대체를 반영하여 점차적인 무역 자유화에도 불구하고 그 비중이 65년의 15.3퍼센트에서 10.9퍼센트로 감소하게 된다.

수입을 재원별로 하면 보유외환에 의한 자력수입이 점하는 비율이 1965년의 55퍼센트에서 1971년에는 70퍼센트로 늘어난다(〈표 52〉). 한편 장기자본도입에 의한 수입은 1965년의 8퍼센트에서 1971년에는 18

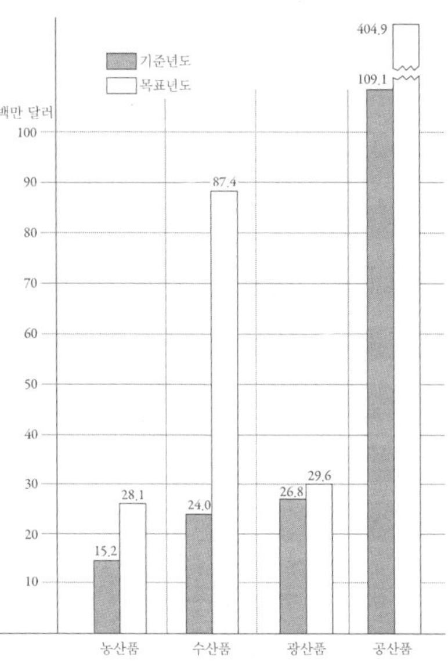

〈그림 11〉 상품수출계획

퍼센트로 증대하고 원조 및 기타 재원에 의한 수입은 37퍼센트에서 1971년에는 12.1퍼센트로 크게 줄어든다.

무역외수입 또한 늘어 1965년의 115백만 달러에서 1971년에는 169백만 달러로 증가한다(〈표 37〉). 대유엔군 수입은 대체로 현 수준에서 머무르게 될 것으로 보았으나 대베트남경제협력에 따른 용역수출의 대폭 증가와 관광, 운수 및 보험수입의 개선이 반영되어 있다.

이에 따라 자본도입에 따른 이자지불의 점증을 고려하더라도 용역수지 전체로서 흑자를 초래하게 된다. 이전수입은 공공원조의 감소에 따라 해외교포로부터의 송금 증가와 대일청구권자금 수입을 반영하더라도 점차 감소될 것으로 보인다.

자본수지에 있어서는 최근 활발해진 외자도입을 더욱 추진하게 되어 계획기간 동안 매년 160백만 달러 이상의 장기자본이 유입된다.

유입되는 장기자본은 계획기간 중 도합 835백만 달러에 달한다(〈표 53〉). 이 중에는 현재 확정된 분으로 미도착액 382백만 달러와 청구권자금에 의한 장기저리차관 200백만 달러가 포함된다. 이와 같은 장기자본의 유입에 따르는 원리금상환 부담액은 1967년의 37백만 달러에서 1971년의 72백만 달러에 이르기까지 해마다 점증한다. 계획기간 중의 원리금상환 총부담은 280백만 달러이다(〈표 54〉).

〈표 53〉 장기자본도입

(단위: 천 달러)

	기준년도 (1965)	1966	1967	1968	1969	1970	목표년도 (1971)	1967~1971 합계
공공차관	4,961	73,943	81,629	98,971	92,517	85,957	91,000	450,134
상업차관	36,937	50,684	59,213	56,029	57,423	59,043	54,000	285,708
합작투자	5,302	10,750	19,158	20,000	20,000	20,000	20,000	99,158
계	47,200	135,377	160,377	175,000	170,000	165,000	165,000	835,000

<표 54> 원리금상환 계획

(단위: 천 달러)

	제1차년도(1967)			목표년도(1971)			1967~1971년 합계		
	원 금	이 자	계	원 금	이 자	계	원 금	이 자	계
공 공 차 관	530	2,537	3,067	1,160	9,881	11,041	4,086	30,817	34,913
상 업 차 관	18,970	12,136	31,106	34,140	19,519	53,659	139,014	81,956	220,970
합 작 투 자	−	3,000	3,000	−	7,000	7,000	−	25,000	25,000
계	19,500	17,673	37,173	35,300	36,400	71,700	143,100	137,773	280,873

(5) 인구와 고용

인구의 과다 증가는 경제성장과 소득향상의 상대적 제약요인이 된다. 따라서 인구의 압력을 완화시키기 위하여, 계획에서는 인구의 자연증가율을 1965년의 2.7퍼센트에서 1971년에는 2.0퍼센트로 떨어지도록 한다(<표 37>).

<표 55> 노동력 · 고용

(단위: 천 명)

	기준년도(1965)(A)		제1차년도(1967)		목표년도(1971)(B)		B/A×100	연평균 증가율
	인 원	구성비	인 원	구성비	인 원	구성비		
노 동 력	9,199	32.1	9,773	32.8	10,917	33.7	118.7	−
(증 가 율) %	(−)		(3.0)		(2.5)			
고 용	8,522	100.0	9,094	100.0	10,371	100.0	121.7	3.3
(증 가 율) %	(−)		(3.3)		(3.3)			
농 림 · 수 산 업	5,411	63.5	5,619	61.8	6,058	58.4	112.0	2.0
(증 가 율) %	(−)		(1.9)		(1.9)			
광 업 · 제 조 업	786	9.2	924	10.2	1,283	12.4	163.2	8.5
(증 가 율) %	(−)		(8.5)		(8.6)			
건설·운수·통신	2,325	27.3	2,561	28.1	3,030	29.2	130.3	4.4
및 기타(증가율)%	(−)		(4.6)		(4.3)			
실 업	677	−	679	−	546	−	80.6	−
실 업 률 (%)	(7.4)	−	(6.9)	−	(5.0)	−	−	−

한편 노동력의 증가율은 계획기간 동안 인구증가율보다 높은 3.0퍼센트에서 2.5퍼센트에 걸치게 된다(〈표 55〉). 계획기간 동안 투자에 의한 노동수요의 증가에 뒷받침되어 농림·수산업이 연평균 2퍼센트, 광공업이 8.5퍼센트, 그리고 사회간접자본, 기타 서비스가 4.4퍼센트의 증가를 보여 고용구조면에서 농림·수산업 취업자가 1965년의 63.5퍼센트에서 1971년에는 58.4퍼센트로 줄어듦과 동시에 비농림·수산업은 광공업이 9.2퍼센트에서 12.4퍼센트, 사회간접자본·서비스업이 27.3퍼센트에서 29.2퍼센트로 확대됨에 따라 기준년도의 63.5퍼센트에서 목표년도에는 58.4퍼센트로 되어 고용구조면에서 공업화에의 진전을 나타내게 된다. 1971년의 고용은 농림·수산업 6,058천 명, 광공업 1,293천 명, 사회간접자본·기타 서비스업 3,060천 명, 도합 10,371천 명이 될 것이며 완전실업률은 5퍼센트로 저하될 것이다.

(6) 과학기술 진흥

과학기술의 진보와 이로써 얻어지는 총체적인 역량은 경제발전의 한계를 결정한다. 계획기간 중 노동의 양적 공급은 수요를 초과하게 되지만 질적인 노동력, 즉 기술인력은 많은 부족을 보이게 되므로 기술계 인력자원의 개발을 위한 시책이 필요하게 된다. 현재 실업계교육 인구는 공급이 수요를 초과하고 있다. 그러므로 교육기관의 양적 확충과 학생정원의 증가는 인력 장기수요예측에서 얻어지는 양적 공급의 준비를 재개할 때까지 억제해야 할 것이다. 그러나 교육의 질적 향상을 위한 재훈련과 직업기술훈련 교사의 확보, 실험실습 및 직업훈련 시설을 충실히 하고 교과내용을 개편, 쇄신하기 위하여 다음의 시책을 추구한다.

① 국·사립 이공계학교의 시설내용의 충실과 교육의 질적 향상

② 1백만 명을 목표로 한 장단기 직업훈련 및 군복무기간 중의 기능훈련제도 강화

③ 인력수출을 위한 단기 특정훈련 실시

④ 자격에 따른 임금의 직급화 및 산업별 표준화

⑤ 인력개발을 위한 학계, 산업계의 협동체제 확립

선진국의 지식과 기술을 재빨리 흡수, 이용하고 우리 것을 발전시키고자 연구개발사업을 계획하였다. 계획기간 중 산업기계의 설계·제작, 화학공정 및 화학제품 생산 그리고 금속 및 비철금속 등 17개의 부문을 중점적으로 연구개발한다. 이를 위하여 종합연구개발 심의기구를 설치하고 종합과학기술 연구소를 완성한다. 또 해외에 체재중인 우수한 과학기술자를 국내로 유치하여 활용토록 한다. 뿐만 아니라 연구개발기금을 마련하여 연구장려비를 지급함으로써 연구개발활동을 촉진한다. 한편 기술의 향상을 위하여 국제 간의 기술협력을 강화한다.

(7) 국민생활

계획은 국민생활수준의 향상과 소득의 균형, 임금수준의 증가 및 물가의 안정에 한 절을 할애하고 있다. 계획은 국민생활수준의 당면한 목표로 '우선 의식주의 해결을 이룩하면서 소비내용의 충실과 생활환경시설의 개선을 도모하는 것'을 들고 있다. 국민생활수준의 움직임을 집약적으로 반영하는 민간소비지출은 생산의 증가보다 완만하기는 하지만 점차 늘어난다.

먼저 계획은 계획기간 중 식량을 자급하고 급식수준을 높이며 급식내용을 개선한다. 양곡 소비수준은 1965년의 1인당 3.6합에서 1971년에는 3.8합으로 높이게 된다. 육류 소비수준은 1965년의 3.0kg에서 1971년에는 4.1kg으로 되고 젖소 등 낙농업을 발전시켜 우유 소비수준

을 1965년의 1인당 0.4kg에서 1971년에는 1.2kg으로 증가시키는 한편 버터, 치즈 등의 공급을 증가시킨다. 또 해산물의 공급을 크게 증가시켜 어류의 소비수준을 1965년의 1인당 11.0kg에서 1971년에는 14.3kg으로 늘릴 것이다. 따라서 국민의 체력은 이러한 단백질과 지방질의 공급증가로 더욱 강해질 것이다.

식생활에 다음 가는 의류에 있어서는 천연섬유에서 인조섬유로 소비양태가 달라져 가고 있음에 비추어 천연섬유뿐 아니라 화학섬유로 적극 개발하여 이를 중심으로 한 양적 증가와 다양화를 꾀할 것이다. 의생활의 지주였던 면포는 1965년의 1인당 소비량 3미터 수준을 이어갈 것이다. 화학섬유의 소비량은 1965년의 1인당 0.7kg에서 1971년에는 1.3kg으로 증가시킨다.

좋은 주택은 생활의 안정감을 통하여 생산의욕을 북돋아주는 가장 중요한 생활환경이다. 주택건설에는 워낙 막대한 자금이 소요되기 때문에 물적 생산의 확충에 우선을 두어야 할 우리나라의 경제 형편상 계획기간 중 인구의 자연증가에 따른 주택건설과 불량주택의 개량에 그친다. 1965년 현재의 절대부족수와 인구의 자연증가에 따른 주택소요를 충당하기 위하여 계획기간 동안 총 833천 호의 주택을 건설하는 한편, 민간의 자력건설을 조장하기 위하여 대단위의 택지를 조성한다. 또 주택 및 주택자재를 규격화하고 주택금융을 원활히 함으로써 주택건설을 촉진하는 여건을 마련할 것이며 농어촌의 지붕 개량으로 주거수준을 높일 것이다.

계획에서는 농어촌의 전화를 촉진하고자 송변배전시설을 확충하는 한편 농어촌에 전등 797천 개를 공급하고 전국의 전화율을 1965년의 27.1퍼센트에서 1971년에는 45.4퍼센트로 높여서 농어촌의 생활환경의 개선에 이바지하도록 할 것이다.

이 밖에 경제활동을 활발하게 하기 위하여 교통시설을 확충·강화할 것이다. 이를 위하여 철도, 도로 및 해운 등의 여러 가지 교통수단 간의 종합적 및 유기적인 발전을 꾀하고 새로운 철도를 산업 및 지역개발의 중요도에 따라 건설하는 한편, 교통상 중요한 국도의 포장률을 높이고 농어촌의 지방도로를 신설, 확장하도록 힘쓸 것이다. 또 대도시교통난을 완화하기 위하여 순환도로, 관광도로를 건설 확장한다. 통신시설을 확충하여 농어촌의 1면 1우체국제를 완성하는 한편, 그 분국을 신설·보완하여 525천 대의 도시 및 농어촌전화를 신설하여 도시와 농어촌간의 통신의 원활을 기할 것이다.

뿐만 아니라 상하수도시설과 보건시설의 개선, 공업용수의 공급, 국민보건을 향상시키고자 노력할 것이다. 국민의 소득을 실현하기 위하여 세제를 점차 직접세로 이행시켜 나가는 한편, 누진세를 높이고 재산소득과 비근로소득에 중과하고 노동소득에 대하여 면세점을 인상하여 소득의 계층적인 격차를 완화한다. 또 현재의 분류소득세를 종합소득세로 조속히 전환하는 등 소득의 균형적 증가를 더욱 촉진한다. 뿐만 아니라 소득의 지역격차를 완화시키기 위하여 지방교통의 정비 강화, 공업의 지방 분산, 미잉여농산물에 의한 개간, 간척, 조림사업과 농촌전화(電化)를 촉진하는 한편, 농산물가격 안정기금을 확보하여 농가소득의 실질적 향상을 도모한다. 물가는 가장 역진적인 조세이다. 국민생활의 안정을 위해서뿐만 아니라 계획 자체의 성공적 수행을 위해서는 물가의 안정이 선행되어야 한다. 이를 위해 물자수급, 통화 및 유통에 대한 집중적인 시책을 강구함으로써 생활필수품, 주요 건설자재 및 원자재가격의 안정을 위한 노력을 집중하는 한편 자유롭고 공정한 경쟁을 조장한다.

(8) 산업별 투자배분

계획기간 중 총투자의 16.3퍼센트는 농림·수산업에, 30.7퍼센트는 광공업에, 그리고 53.0퍼센트는 사회간접자본 및 기타 서비스업에 배분된다(〈표 56〉). 농림·수산업과 광공업의 투자배분비는 1962~65년의 9.1퍼센트와 23.9퍼센트에 비해 크게 증가되는 반면, 사회간접자본·기타 서비스업의 투자배분비는 1962~65년의 67.0퍼센트에 견주어 감소된다.

농림·수산업에 대한 투자가 부가가치나 인구의 구성비와 비교해 볼 때 과소한 것 같이 보이나 사실상 비농림·수산업에 농림·수산업을 위한 지원투자가 상당히 포함되어 있으므로 이들을 감안하면 이 부문의 투자는 총투자의 21.5퍼센트 이상에 이른다.

〈표 56〉 산업별 투자배분(1965년 가격)

(단위: 10억 원)

	1967~1971년	구성비
농림·수산업	159.04	16.3
광공업	301.01	30.7
사회간접자본·기타 서비스업	519.12	53.0
총투자	980.07	100.0

4) 계획 달성 뒤의 국민경제 모습

계획 달성 뒤의 우리 경제의 모습은 다음과 같은 내용으로 특징지어진다.

① 경제의 규모는 1965~1971년에 50퍼센트 확대된다.

② 1인당 국민총생산은 31퍼센트 증가한다.

③ 산업구조의 개선이 이루어지고 공업구조도 고도화된다. 계획기간 중 농림·수산업이 연평균 5퍼센트씩 성장하고, 비농림·수산

업이 8퍼센트씩 성장하여 구조의 변동을 일으키며 광공업이 국
민총생산에서 점하는 비율이 22퍼센트에서 27퍼센트로 뚜렷하
게 증가한다.

④ 고용은 1965년 8.5백만 명에서 22퍼센트 증가한 10.4백만 명에
달하여 완전실업률이 1965년의 7.4퍼센트에서 5.0퍼센트로 낮추
어진다. 고용구조에 있어서도 광공업의 고용이 9퍼센트에서 12
퍼센트 이상으로 비중이 높아져 농업 등의 노동력이 흡수된다.

⑤ 미국으로부터의 잉여양곡도입을 없애게 된다.

⑥ 수출은 상품 550백만 달러, 무역 외 169백만 달러로 모두 719백
만 달러가 되며 미국으로부터의 지원원조를 안 받고도 총수입
962백만 달러 중 자력에 의한 수입이 75퍼센트(1965년 482백만
달러의 60%)로 크게 늘게 된다.

⑦ 총세입에 대한 국내수입의 비율은 1965년의 73퍼센트에서 92퍼
센트로 높아져 재정의 자립도가 더 한층 향상된다.

⑧ 투자재원의 조달에 있어서도 자급률은 1965년의 48퍼센트에서
72퍼센트까지 높아진다.

⑨ 식량은 10.2백만M/T에 달하는 총수요를 자급하며 1인당 1일소
비량은 1965년의 3.6합에서 3.8합으로 증가된다.

⑩ 1인당 연간 면포소비량은 약 3미터 수준을 유지하지만 화학섬유
의 소비량은 1965년의 0.7kg에서 1.3kg으로 배가된다.

⑪ 계획기간 중 833천 호의 주택을 건설하여 인구증가에 따르는 주
택수요를 충족시키고 불량주택을 개량한다.

⑫ 공업생산수준은 약 2배가 되며 경공업 대 중공업의 상대비는
1965년의 72 대 28에서 66 대 34로 중공업의 비중이 높아진다.

⑬ 1971년까지 확대될 기초공업의 주요 생산은 〈표 57〉과 같다.

〈표 57〉 목표년도(1971) 주요 생산품목

	단 위	기초년도(1961)	목표년도(1971)	배 율
철 강 재	천M/T	266	686	2.6
석 유 류	천Bbl	10,205	35,094	3.4
알루미늄괴	천M/T	–	15	–
화 학 비 료	요소질 천M/T	75	374	5.0
소 다 회	천M/T	–	100	–
시 멘 트	〃	1,614	4,520	2.8
전 동 차	천 마력	289	719	2.5
자 동 차	천 대	1.4	24	17.1
조 선 능 력	천G/T	64	150	2.3

⑭ 전력생산은 1965년의 3,250백만kWh에서 7,797백만kWh로 늘어 1인당 전력소비가 87kWh에서 192kWh로 배가되며 농촌은 급속도로 전화된다.

⑮ 총화물수송량은 1965년의 5,365백만 톤/킬로에서 9,553백만 톤/킬로로 여객수송량은 11,932백만 명/킬로에서 23,410백만 명/킬로로 늘어나게 된다.

5) 계획의 평가

(1) 계획기술

제2차 계획은 계획과정에서 부문계획을 도입하여 부문별 생산수준, 생산능력 및 자본계수에 의한 부문별 투자규모를 산출하여 개별 사업에 대한 투자계획과 접합시켰다는 점에서 우선 특색을 찾아볼 수 있다. 이와 같은 작업은 그동안 산업연관표가 2차에 걸쳐 만들어졌고 부수적인 자료가 어느 정도 정비된 기초적 여건과 산업부문별 투자배분에 있어 자의적인 요인을 다소 제거하려는 계획입안자의 소망에서, 그리고 유솜, 네이션 사절단 및 서독 고문단의 기술지원에 의하여 가능하였다. 산업연관표의 분석과 활용은 그것이 재래의 국민소득계정의 단점을 보강하고 정부부처 간의 공동작업과 협조의 기풍을 일으키는 점에서 계획기술상 하나의 진전이었음을 부인할 수 없다.

그러나 산업연관분석에 너무나 큰 기대를 거는 것은 위험하다. 그 이유는 다음과 같다.

첫째로 산업연관표의 각 부문은 잡다한 생산부문을 통합한 것으로 계획의 집행이나 투자사업계획과는 다른 분류에 근거하고 있다는 점이다. 산업연관표의 각 부문에는 다양한 수많은 사업이 포함되어 있으며 계획이 추구하는 개별 사업계획은 그 중의 평균치와 거리가 먼 사업이거나 기존하는 산업연관표에서는 찾아볼 수 없는 새로운 사업일 수 있다.

둘째로 이번 제2차 계획에 적용된 부문계획은 각 부분 간의 제합성(consistency)만을 추구하면서 최적성(optimalty)을 보장하지 못하고 있다. 따라서 부문계획에 대해서 총량계획의 범위 안에서 각 사업계획의 최대수익을 보장하는 이른바 경제성 및 기술성 검토를 병행해야 한다.

셋째로 기존의 산업연관표는 특정 연도의 왜곡된 가격체계 위에서 작성된 것이다. 지나치게 낮은 환율, 금리수준 및 일부상품에 대한 가격의 직접적 통제로 생긴 상대가격의 파행성은 개별 경제단위의 가장 합리적인 행동이 경제 전체로 보았을 때는 낭비적인 것으로 만든다. 그 결과, 산업연관표의 투입산출관계는 전체 경제의 관점에서 적지 않은 불합리성을 내포하게 되고 이에 준거한 경제정책은 상당한 편향성을 갖게 된다.

(2) 인구와 고용

제2차 계획의 가장 큰 약점은 인구와 고용에서 찾을 수 있다. 목표

년도의 '완전'실업률은 5.0퍼센트로 되어 있는데 실업자의 개념 즉 '1
주일에 한 시간의 노동도 하지 않는 자'는 납득하기 곤란하다. 또 가족
계획에 의한 인구증가율의 감소는 계획기간 중 0.7퍼센트에 달하는
바, 이것은 출생률을 1955~1960년의 4.0퍼센트~4.5퍼센트에서 1960
년대의 말기에는 3.5퍼센트미만으로 떨어뜨리려는 것을 의미한다. 그
동안 정부의 가족계획사업은 1965년까지 대체로 가임부부의 15퍼센트
가 출산통제를 하여 가족계획사조의 보급, 낮은 문맹률, 통신수단의
대량 민속화 및 종교단체 등의 조직적인 반대가 없는 것 등 좋은 조건
을 반영하여 고무적으로 발전했다. 그러나 1962년에 처음 시작된 가족
계획사업이 앞으로도 계속하여 좋은 성과를 거둘 수 있을지는 의문이
아닐 수 없다. 왜냐하면 지금까지의 성과는 비교적 침투하기 쉽고 또
출산통제의 의욕이 강한 층에 접근하였으나, 앞으로는 더욱 무관심하
고 분산된 계층을 포함하여야 하기 때문이다.

　만약 출산율 감소에 경미한 차질이라도 생기면 인구 증가율은 대폭
높아지고, 이로 인하여 식량의 자급 등 계획의 여러 분야에 걸친 조정
이 불가피하게 된다.

(3) 재원조달

　계획의 연평균 성장률 7.0퍼센트의 달성여부는 총량계획의 기초자
료인 한계자본계수, 한계저축성향 및 해외재원의 유입가능성에 의하
여 결정된다. 계획의 자본계수는 앞으로 언급된 바와 같이 2.9퍼센트
로서 최근년의 것보다 훨씬 높다. 천후조건의 호조에 따른 자본계수의
과소책정을 기피한 것은 현명한 것이었으며, 중공업 등에의 투자, 자
본집약적 영농방법의 도입도 생산의 우회화, 농공의 균형적 성장을 통
하여 길게 보면 자본절약적인 투자라고 할 수도 있다. 그러나 계획의

투자는 기존시설의 가동률이 재고투자 및 운전자본의 공급에 의하여 어떻게 움직이는가를 분석하고 투자를 조와 순, 혹은 고정 또는 재고로 세분하였어야 할 것이다. 따라서 더욱 생산효과가 빠른 재고투자 및 환투자를 고려한다면 자본계수는 좀더 낮춰질 수 있을 것이다. 왜냐하면 많은 중소기업이 운전자본의 부족, 원재료의 공급부족으로 인하여 아직도 저가동 상태에 있기 때문이다.

1965~1971년의 한계저축성향은 30.9퍼센트이다. 이것은 제1차 계획기간 중의 10.2퍼센트에 비하면 3배나 되는 증가인 것이다(〈표 43〉). 우리나라의 저축률은 지난 10여 년 동안 계속하여 낮았다. 민간부문은 인플레에 의하여 저축유인을 상실하였고 정부저축은 방만한 재정운영으로 적자를 시현하여 왔으며, 1964년에 비로소 실현되었으나 제1차 계획의 목표에 크게 미달하였다. 제2차 계획에서도 제1차 계획에서와 마찬가지로 정부부문이 중요한 역할을 담당하고 있다.

기준년도의 약 14배에 해당하는(〈표 37〉) 목표년도의 정부저축은 〈표 44-1〉에서 알 수 있는 바와 같이 주로 145.3퍼센트의 조세수입 증가, 86.1퍼센트의 세외수입 증가 및 260.5퍼센트의 기업잉여 증가 등의 세입 증가에 의해서 행해진다.

지난 5년간의 극심한 물가앙등을 돌이켜보아 앞으로도 최선의 정책방향이 제시되더라도 상당한 물가의 상승이 예상된다면, 정부의 인플레에 의한 화폐소득의 증가가 시장의 구매력으로 나타나기 전에 흡수할 수 있는 이른바 자동안정장치(built-in-stabilizer)의 확립이 요청된다.

경제개발에 필요한 재원을 조달하는 두 가지 방법은 인플레와 조세이다. 이제까지는 정책적으로 의도한 것은 아니지만 결과적으로 전자의 방법을 택한 셈이다. 인플레는 화폐소득의 자동적인 재정수입으로의 흡수가 없는 한, 정부재정 자체를 궁지에 빠뜨리고 투자의 배분을 왜곡시키는 등 막대한 사회적 희생을 초래하면서도 생산적 투자에의 효율성은 별로 크지 않다. 그러나 대부분의 예가 제시하는 것처럼 인플레는 징세의 강화보다 정치적으로 안이한 방법이다. 생존수준 이하의 농민이나 노동자 등의 서민층에게 막대한 세금을 부과하는 것은 대부분 정치적으로 불가능하며 부유한 기업가에게 징세를 강화하는 것은 생산적 투자의욕을 감쇄시킨다는 견지에서 반대되기 때문이다. 그러나 인플레는 이러한 번잡한 절차를 밟지 않고 서민층의 소득을 부유한 기업가에게 재분배하여 그들로 하여금 생산적 투자를 하도록 한다. 그러므로 인플레의 재원조달기능은 그것의 소득재분배 속도와 기업가의 한계투자(저축)성향에 의존한다. 노동조합이 수세적인 입장에 서는 우리나라의 경우 전자는 비교적 쉽게 이루어진다.

그러나 정상적인 기업가정신과 기업가의 행태가 원만하게 발아하지 못하였기 때문에 이러한 인플레는 단기적 투기, 재고투자 혹은 부동산 투기만을 조성하여 혼란을 야기할 염려가 있다. 또 인플레의 사회 후생적 의미는 심각하게 음미되어야 한다. 노동생산성의 꾸준한 향상에도 불구하고 노동자의 실질소득은 물가상승에 반비례하여 감소되며, 게다가 이전된 실질소득의 상당한 부분이 장래의 소비수준 향상을 위한 생산적 투자가 아니라 부유한 계층에 의하여 소비되어 버린다면 대부분의 노동자에게 이것은 납득하기 곤란한 희생일 수밖에 없다. 지난 제1차 계획기간 중 우리나라 경제가 걸어온 길은 이와 유사하다.

광공업부문 노동자의 생산성은 1960년에 비하여 1965년에는 각각 33퍼센트 및 54.4퍼센트 향상하였음에 반하여, 화폐가치의 하락으로 실질소득은 각각 3.7퍼센트 및 11.4퍼센트 떨어졌다. 또 공무원의 봉급 지수도 23.8퍼센트나 떨어졌고 대부분의 봉급생활자도 이에 유사한 실질소득의 감소를 겪어야 했다(〈표 32〉). 자본의 축적에 따른 고용인원의 연평균 증가율 3.5퍼센트를 감안하더라도 민간소비지출이 연평균 증가율 7.6퍼센트는 상당한 부분 생산적 투자를 하여야 할 계층에 의하여 이루어졌음을 의미하는 것이다.

징세수단의 강화는 자원의 배분을 더욱 적게 왜곡시키면서 경제개발에 필요한 재원을 조달토록 한다. 그러나 징세의 강화가 계획대로 이루어질지는 의문시된다. 서민층의 중과는 공평부담의 원리상 곤란하게 생각되며 생산적 기업가에 대한 징세는 민간의 투자의욕을 감쇄시킬 우려가 있다. 그러므로 세수입 증가는 상업자본가에 대한 중과, 소득탄력적인 소비항목에의 누진소비세 적용, 인플레 수입의 자동적 흡수제도의 마련 등으로 이루어질 수 있다. 그런데 이러한 과정은 적지 않은 사회적 물의와 비판을 받게 되고 이를 감당하려면 강력한 정치적 자세가 요청된다. 지나간 실패를 반복하지 않기 위해서는 이러한 모든 자세의 확립이 필요할 것이지만, 계획상의 내자 조달규모는 어떻든 좀 과대한 것이 아닐까 생각된다. 한편 정부기업의 자체 투자의 증가는 경영합리화 및 합리적인 요금정책이 실시되어야만 가능하다. 그러나 흔히 공공요금 인상이 인플레에 대한 심리적 충격이 되는 것을 피하기 위하여 공공요금을 부당하게 낮게 책정하여 왔다. 이러한 견지에서 일반물가에의 자극을 최소한 줄이면서 최대의 투자재원을 조달하는 방안이 마련되어야 할 것이다.

해외저축에 있어서 계획이 책정한 자본도입 규모의 상당분은 이미 확정되었거나 활발히 추진되고 있고 해외의 대한 투자 분위기가 상당히 성숙하여 가므로 목표의 달성은 낙관할 수 있을지 모른다. 그러나 근자에 외자도입의 붐을 타고 내자조달의 곤란을 현금차관으로 극복하려는 움직임이 있다. 내자조달은 실물자본의 형성을 의미하는 것이지 명목적 화폐자본의 축적을 의미하는 것은 결코 아니다. 이러한 현금차관은 일면 통화량의 증가를 통해서 인플레의 요인이 되는 반면 외환의 비경상적 공급을 통하여 환율의 안정을 돕는다. 인플레는 수출비용의 상승으로 나타나며 환율의 불필요한 안정은 수출상품의 원화수입을 억제하며, 국내의 산업이 해외의 금융자본의 지배를 받게 되는 계기가 된다. 그러므로 국내에서 유휴시설이 없고 생산의 탄력성이 없는 경우의 현금차관은 일반물가의 상승만 자극할 뿐이며 경제의 혼란요인이 된다. 따라서 현금차관의 도입은 지양되어야 할 것이다.

또 차관의 원리금상환이 경제에 미치는 부담을 최소한 줄이기 위하여 무상원조의 감소분은 되도록 장기저리의 공공차관에 의하여 대체하고, 상환기간이 짧고 이자가 비교적 높은 상업차관은 피해야 할 것이다. 적정한 규모의 외채를 지는 것은 불가피하지만 그 정도를 넘는 방만한 외자도입은 후세대의 긴축을 강요할 것이므로 외자도입의 규모는 장래의 저축능력에 맞도록 결정되어야 하며 외자도입을 위한 내자의 조달이 인플레적 방법에 의존하지 않도록 경계하여야 할 것이다.

(4) 소득의 배분과 국민생활

성장의 조달이 문제의 해결은 아니다. 만약 전기한 반인플레적인 조세에 의한 재원조달이 되지 않고 계획된 투자가 그대로 추진될 때에 닥쳐올 인플레의 위험을 고려하여야 한다. 국민생활수준의 향상이 단순한 생산규모의 확대에서 달성되는 것은 아니다. 그것은 마치 국민총생산의 7.0퍼센트 성장이 어떤 계층에서는 몇 배의 소득증대로 나타나고 어떤 계층에서는 몇 퍼센트의 저감으로 나타나는 것과 같이, 현재의 우리나라 경제가 시장경제에 입각한 이상 생산의 증가는 구매력의 정당한 배분 위에서만 각자에게 향유된다. 계획 당국은 성장과정의 분배 면에서 효과를 분석하여 모든 사람에게 개발에 대한 흥미를 진작시킬 재원 조달의 전략을 세워야 할 것이다.

(5) 투자의 배분

계획상의 투자 배분에 있어서는 아직도 우리 경제의 발전에 애로가 되고 있는 사회간접자본에 대한 투자가 상대적으로 축소되었다. 경제개발에 있어 사회간접자본에는 우선적 투자가 이루어져야 함을 생각할 때 이것은 방향의 착각이 아닌가 생각된다. 이와 같은 투자의 배분이 산업연관표에 의하여 이루어졌다면 이 표가 1963년의 운수, 주택 등의 사회간접자본부문에 대한 초과수요 상태를 전제로 하고 있다는 사실을 잊어서는 안 될 것이다.

(6) 투자 우선순위와 우발적 투자계획

재원의 비인플레적 조달이 실패한다면, 계획은 지나친 물가상승의 선철을 밟지 않기 위해서는 성장목표를 줄이는 한이 있더라도 투자규모를 축소시키지 않으면 아니 된다. 이러한 인플레는 과거의 사례가 그랬던 것처럼 우발적인 요인에 의하여 생길 수도 있다. 계획 당국은 이러한 경우에 대비하여 투자사업의 우선순위에 따라 차선의 투자계획을 미리 마련하여야 할 것이다. 한편 계획사업의 연차별 집행을 규모 있게 제재하면 계획추진으로 인하여 파생하는 부작용을 극소화할 수 있다. 그러므로 연차별 투자계획은 어떤 연도에만 집중되지 않도록 조화 있게 집행될 필요가 있다.

(7) 식량의 자급

식량의 자급은 계획기간 중 달성에 차질이 생길 가능성이 크다. 인구증가율이 과소 책정된 반면 양곡의 수급예측에 있어 저류와 기타 양곡의 소비에 대체가 이루어질 수 있다는 가정 아래 열량단위에 따라 저류를 미곡으로 환산하였다. 그러나 이러한 완전한 대체가 식생활의 관습에 어긋나는 가정임은 두말할 것 없으며 따라서 생산목표가 달성되더라도 수급에 차질을 면할 수 없을 것으로 보인다.

(8) 무역과 국제수지

경제의 궁극적 성장은 자원의 최적배분으로 이루어진다. 우리나라의 주요 수출품은 국제가격에 비하여 그 생산원가가 상당히 높은 경향이 있다. 개방체제가 생산규모 확대에 기여하려면 국제분업의 원리에 의한 비교우위를 갖는 수출품을 개발하여야 할 것이다. 계획상의 수입예측은 지나치게 과다한 것 같다. 상품수입의 1965~71년간 연평균 증가율은 12.3퍼센트인데 이것은 생산의 증가보다 뒤떨어졌던 과거의 수입실적에 비추어 과다한 것이다. 이것은 2차산품의 급증에 의하여 부분적으로 설명되지만 원자재수입을 제외하더라도 연 9.1퍼센트의 증가를 나타낸다. 이와 같은 수입의 과대는 계획목표 간의 내부적 제합성(internal consistency)에 대한 의문을 제기하게 한다. 예컨대 1967~71년의 자본재 전입의 누계는 투자계획상의 외자소요액보다 100백만 달러나 많다. 그 결과 1967~71년의 총액은 투자계획상의 외자소요(사업계획 집행을 위한 용역수입 및 반제품수입을 포함하고 있음)를 20퍼센트 이상이나 상회하고 있다(IBRD보고서). 이와 같은 초과 자본재수입은 판로에 관한 문제를 야기한다.

또 식량수입의 예측에 있어서도 의문점을 내포하고 있다. 제2차 계획이 식량의 자급자족을 이루도록 하고 있음에도 40천M/T의 식량수입이 1971년의 수입계획에 책정되어 있다. 이것은 식량 가운데 비곡류수입이 1965년의 약 9.1백만 달러로부터 1971년에는 거의 5천만 달러가 된다는 것을 말하는데 연평균으로는 30퍼센트의 증가를 의미한다.

동시에 국산 식품가공제품의 생산은 연 7.7퍼센트로 증가시키도록 계획하고 있다. 그러나 식품가공업은 제2차 계획이 개인소비에 가하고 있는 제약을 고려한다면 과도한 것으로 생각된다. 따라서 제2차 계획의 수입예측은 약간 높게 책정되고 있고 따라서 수입수요를 더욱 현실적인 근거 아래 추정하는 작업이 계속되어야 할 것이다(〈IBRD보고서〉).

(9) 기 타

계획수행에 있어서 생각할 수 있는 또 하나의 문제점은 계획기구와 개발 행정의 정비 및 효율적 운영이다. 계획의 입안이 계획의 완성은 아니다. 계획수행에 따른 부작용도 있을 수 있으며, 예상하지 못한 자연조건의 변화 및 국내외 정세의 변화를 생각할 수 있다. 이러한 경우 계획의 집행은 문제의 핵심을 파악하고 미봉적이 아닌 근본적 해결을 모색하는 방향으로 이루어져야 할 것이다. 단순한 관료적 행정기구는 지나치게 임기응변을 함으로써 현대경제사회의 복잡한 문제를 미봉하여 행정력만 구사하는 폐단이 있다. 경제문제의 더 근본적 해결을 위하여 계획기구의 정비 및 활용이 시급히 요청되는 까닭은 여기에 있다. 그 다음은 계획과 관련된 정책의 일사불란한 집행을 위한 관료제도의 개선문제이다. 그것은 부패하지 않고 능률적이어야 한다.

이번 제2차 계획은 그동안 있을 두 번의 총선거를 통해서 집행이 해이해질 가능성을 안고 있다. 제1차년도인 1967년 및 목표년도인 1971년의 총선거가 바로 그것이다. 한국적 정치생리는 계획의 정치적 이용을 꾀할 터전이 되고 만약 정권교체가 실현된다면, 계획의 입안에 정당과 정파를 초월한 이해를 구할 필요는 이런 때일수록 더 긴요하게 느껴진다. 경제개발은 현 세대의 역량을 역사적인 차원에서 실증하는 공동의 작업이며 어느 누구의 이익을 위한 전유물은 아니다. 따라서 경제개발의 희생과 과실은 균점되어야 할 것이다.

《동화연감》(1967)

외국차관 도입과 근대화 문제

1. 근대화의 두 가지 길

근대화란 근대 이전의 사회 즉 전통적 사회를 근대적 사회로 이끌어가는 과정이다. 역사적으로 보면 근대화란 봉건사회로부터 자본주의 사회로 나아가는 과정, 즉 봉건적 제도 및 봉건적 사상·질서를 타파하고 자본주의적 제도와 근대적 합리주의를 수립하는 과정이었다. 이러한 역사적 과정은 두 가지 유형으로 전개되었다.

하나는 서구 선진자본주의 국가들에서처럼 그 나라에서 자주적으로 자본주의가 발전되는 과정에 근대화가 스스로 수행되는 유형이고, 다른 하나는 외부로부터의 충격이나 식민지적 지배에 의하여 근대화가 피동적으로 수행되는 유형이다.

근대화를 인식함에 있어서 이 두 가지의 유형은 준별되어야 한다. 왜냐하면 양자는 모두 근대화라는 공통성을 지니고 있기는 하지만 그들이 수행하여야 할 과제는 서로 다른 원칙에 의하여 지배되고 있기 때문이다.

서구적 유형에 있어서의 근대화의 대상은 봉건적 또는 반봉건적 여러 요소였다. 농촌에서 봉건적 자연경제질서를 타파하고 농기업을 창설한다든지, 도시에서 길드적 구속들을 철폐하고 자유로운 공장별 공업을 발전시킨다든지, 더 나아가서 해외에 식민지를 창설함으로써 자국 산업의 발전을 위한 저축의 원천을 획득하는 일, 말하자면 봉건적 내지는 반봉건적 세력들을 억압하고, 산업자본가의 자유로운 발전을 보장하는 것이 바로 그들의 근대화와 일치하였다. 서구의 선진 자본주의국가들에서 근대화를 위하여 가장 중요한 일은 산업자본가들에게 정치적 경제적 지상권(至上權)을 보장해주는 과정에 있어서 그들로 하여 봉건적 세력을 타도하게끔 하는 일이었다.

그러나 일본을 제외한 아시아 국가들, 즉 선진 자본주의국가들의 식민지 또는 반식민지에서의 근대화는 전자와는 상이한 원리 아래서 수행되었다. 전자에서는 산업자본가에게 정치적 및 경제적 지상권을 부여하고 그들로 하여금 국내의 봉건적 요소들을 청산하게끔 하는 것이 근대화의 중요 과제였으나 후자에서는 자국 내의 민족자본 형성이 미약하므로 외국자본가가 정치적 및 경제적 지상권을 획득하게 되고 그들은 외국자본가이므로 민족경제를 외국경제에 강력하게 종속시키고, 식민지에서 질서 유지의 필요상 식민지의 봉건세력과 야합하게 된다. 그러므로 식민지에서의 근대화는 외국자본의 지상권 아래서 식민지의 자본주의적 발전을 침해하는 봉건적 세력들을 청산하지 못함으로써 기형적으로 수행된다. 즉 식민지에서의 근대화는 민족경제의 대외의존, 봉건적 세력의 잔존 및 산업구조의 불균형 등으로 표현된다.

한국에서의 근대화도 이러한 유형으로부터 출발하였다. 주지하는 바와 같이 한국의 근대화는 일본의 식민통치하에서 시작되었다. 일본은 그 자체의 자본주의적 발전의 요청에 따라 막대한 자본을 수입하여 당시 생성기에 있었던 민족자본가를 타도하고 정치적 및 경제적 지상권을 획득하는 한편, 한국의 봉건 세력들과 야합하여 농촌에 반봉건적 농업제도를 창안하였다. 이와 같이 한국의 근대화는 일본 자본의 지상권 아래서 민족경제의 예속화 과정인 동시에 봉건적 세력의 보호 과정이기도 하였다. 이러한 예속경제의 특징을 살펴보면 다음과 같다.

첫째로, 식민지경제의 지상권을 갖고 있는 것은 외국 자본가이기 때문에 국내에서 축적되는 부는 해외로 유출되어 항상 자본의 부족을 느끼게 되고 외국자본에 의존하게 된다.

둘째로, 그 나라의 경제구조는 불균형적이다. 경제구조의 불균형 중 가장 중요한 것은 자본제적 공업과 반봉건적 농업 간의 불균형, 즉 공업과 농업 간의 불균형이다. 이러한 불균형은 단순히 경영방식에서의 불균형일 뿐만 아니라, 공업과 농업이 서로 산업연관적 관계를 갖지 못하고 그들이 다 같이 식민국의 경제와 일정한 관계를 갖게 된다는 점이 더욱 특징적이다.

셋째로, 그 나라의 새로운 산업건설이 그 나라의 자립적 경제건설에 이바지하지 못하고 외국자본의 이익을 보장해 주기 위해서, 또는 외국 자본의 전쟁목적을 수행하기 위하여 이루어진다.

넷째로, 외국자본의 지상권을 보장해 주기 위하여 반봉건적 세력이나 매판 세력을 배양하면서 민족 자본력의 발전을 저해한다.

이와 같은 식민지적 근대화는 봉건적 국가들을 자본주의의 일환으로 편입시킨다는 점에서는 세계사의 일대 발전을 의미하는 것이나, 어느 일국가의 자주적 경제발전을 탄압하고 그들의 지배권을 지속적으로 행사하기 위하여 식민지의 봉건적 세력을 온존시켜 왔다는 점에서 세계사의 일대 퇴보였다. 그러므로 2차 대전 이후 새로이 독립한 종래의 식민지 및 반식민지 국가들에서는 자주적 경제의 건설을 위해서 상술한 네 가지의 부정적 요소를 제거하지 않으면 안 되었다. 그러나 그것은 쉬운 일이 아니었다. 지금까지 그 나라의 경제를 지탱해 오던 지주(支柱)들을 제거하고 그 나라의 경제를 완전히 새로운 기반 위에 올려놓지 않는 한, 그 나라의 경제를 지탱해 주는 지주가 옛날 그대로인 경우가 많았다. 네 개의 지주 중 가장 강력한 지주, 그것은 바로 외국 자본일 것이다.

2. 집권층의 근대화 비전

2차 대전 이후 일본 식민통치로부터 독립한 한국도 자주경제의 건설을 위하여 앞에서 지적한 네 가지의 부정적 요소를 청산하지 않으면 안 되었다. 2차 대전을 통한 일본제국주의 패망, 그 자체가 일본 자본의 한국경제에 있어서의 지상권을 박탈하고 말았으나, 그 외 자주적 근대화를 부정하는 여러 요소들은 온존하고 있었다. 산업 간의 불균형과 자본 부족 및 봉건세력 등은 새로이 탄생된 한국이 자주적 경제 건설을 위하여 극복하여야 할 기본 과제였다.

그러나 당시 집권층은 이러한 시대적 과제를 외면하고 말았으며 도리어 일본 식민지시대의 기형적 근대화를 재편성하기 시작하였다. 미군정으로부터 정권을 계승하였던 자유당 정권하의 중요한 경제정책은 농지개혁과 불하원조재벌의 육성이었다. 농지개혁은 짐짓 일제하에서 보호되어 오던 봉건적 지주계급을 청산하는 것처럼 가장되어 왔으나 당시 국회를 지배하고 있던 지주 출신의 한민당에 의하여 왜곡됨으로써 농촌에 있어서 봉건적 지주제도를 재생하였을 뿐이고 불하원조재벌의 육성은 대일본 의존경제체제를 대미 의존경제체제로 재편하는 과정이었다. 이처럼 일본 식민지시대에는 일본 자본에 의하여 또 자유당 정권하에서는 미국 자본에 의하여 한국경제는 기형적 근대화의 길로 줄달음쳐 왔다.

그런데 요즈음 새삼스럽게 '근대화'란 용어가 유행하고 있다. 쓰는 사람에 따라 개념도 다르고 또 용어의 뚜렷한 내용도 제시된 바가 없으나 제1·2차 5개년 경제계획을 통하여 나타난 정책의 내용을 검토해 봄으로써 그 뜻을 살펴보면 다음과 같다.

첫째, 물질적 면에서의 근대화로서 '생산·수출·건설'에 의한 국민총생산의 증가이다. 산업구조의 개편 및 장비의 현대화 등 국민경제의 질적인 개선을 도모하지 않는 것은 아니나 주로 국민생산의 제고라는 양적인 측면에 역점을 두고 있다. 이의 실시 방안으로서 대기업에의 집중적 융자, 외자도입 및 농촌에서의 지주제의 부활을 도모하고 있다. 일반 소비대중의 절약에 의하여 축적된 저축의 대기업에의 편중 융자는 불하원조재벌의 성장을 의미하는 동시에 일반 소비대중 및 중소기업의 몰락을 의미하는 것이며 외자도입 및 농촌에서의 지주제의 강화는 민족경제의 대외의존성과 봉건성을 강화하는 수단일 것이다. 이미 전술한 근대화의 두 가지 길 중 기형적 근대화를 강화하는 길이며 자주적 민족경제의 건설을 의미하는 근대화는 아닐 것이다.

둘째, 정신적 면에서의 근대화로서 물질적 근대화를 뒷받침하여 줄 '정치적 안정, 사회적 합리주의와 문화의 전근대적 요소의 청산'이다. 이의 실현방안으로써 근면 절약, 부정적 자세의 지양, 창조적 정신의 개발 및 기업윤리의 진작 등을 들고 있다. 이러한 근대화의 정신적 측면에 대하여 일부에서는 기형적 근대화가 빚어낸 소비대중의 궁핍을 합리화하는 것이라고도 하지만, 이는 이러한 소극적 측면에만 머물러 있지 않을 것 같다. 위에서 제시된 근대화의 정신적 요소들이 하나의 원리에서 유도된 것이 아니라 그때그때 필요에 따라 등장하는 캐치프레이즈에 불과한 것이기는 하지만 무원칙을 원칙으로 하고 필요에 따라서 근사한 캐치프레이즈를 남발하여 왔던 저 유명한 2차 세계대전 당시의 전체주의국가를 상기하여 볼 때, 그들 국가에서 국민들의 시야를 좁히고 무엇인지도 모르는 목적을 향하여 국민 의사를 통일시켰던 것은 허구의 정신적 그 무엇이 아니었던가.

요즈음 우리가 흔히 들을 수 있는 근대화의 진정한 의미는 외자에 의한 민주경제의 양적 증대와 이를 위한 국민정신의 통일이라는 우리가 역사상 수없이 보아왔던 기형적 근대화인 것이다. 이는 외자도입 과정에 집약적으로 나타났다.

3. 외자도입의 실태

외자도입은 크게 보아 무상외자도입과 유상외자도입으로 나눌 수 있다. 무상외자도입은 원조의 형태를 취하고 유상외자도입은 공공차관, 상업차관 및 직접투자의 형태를 취한다. 무상원조와 공공차관은 국가자본 수입의 형태이며 상업차관 및 직접투자는 민간자본수입 형태이다. 저개발국에서는 대체로 처음에는 국가자본을 수입하고 그 뒤에는 민간자본을 수입하는 것이 통례이다. 처음에 국가자본이 저개발국에 진출하여 군사 및 행정의 강화와 사회간접자본의 조성을 통하여 민간자본이 진출할 수 있는 유리한 여건을 조성하며 뒤를 이어 민간자본이 진출하게 된다.

이러한 과정은 한국에서도 마찬가지였다. 우리나라에서 외자도입의 이러한 질적 변화는 대체로 1963년에 일어났다고 볼 수 있다. AID, PL480 및 UNKRA 등의 무상원조는 1957년에 382.9백만 달러였던 것이 1963년에는 216.4백만 달러였고 1966년에는 103.3백만 달러로 감소하고(수취 기준) 유상외자도입은 1961년에는 6,746천 달러에 불과하던 것이 1963년에는 2,314천 달러라는 막대한 숫자에 달하고 있다(물자도착 기준).

유상외자도입 중 국가자본으로 볼 수 있는 재정차관의 도입은 그 양적 변동이 상당히 불규칙적인 데 반하여 민간자본 도입인 상업차관과 합작투자는 1964년을 제외하면 1963년부터 1966년에 이르기까지 착실하게 증가하고 있다.

이와 같이 우리나라의 외자도입을 1963년을 기준으로 두 단계로 나누어 보면, 1945년부터 1963년에 이르는 첫 단계에서는 군사 및 행정의 근대화, 산업의 목적보다도 군사적 목적이 우선하는 철도, 도로, 항만, 전기 및 통신 등 사회간접자본의 확충과 자주적이라기보다는 대외의존적인 불하원조재벌을 위하여 외자도입이 집중적으로 이루어졌다. 이는 통계숫자를 들 필요조차도 없이 정부세출에서 국방비가 차지하는 비율이 어떠하며, 우리나라 산업의 대종을 이루는 3백산업과 방직업이 원조에 의하여 어떻게 성장하여 왔으며, 원료와 설비 면에서 외국자본에 어떻게 존재하고 국내 시장을 어떻게 지배하는가를 보면 원조의 성격을 능히 짐작할 수 있을 것이다. 이와 같이 원조에 의한 외자도입은 국민경제의 군사화 및 대외 의존화라는 점에서 기형적 근대화를 촉진시켰다. 그러나 군사비 부담을 제외하면 국민생활에 크게 부담을 주는 것은 아니었다.

그러나 1963년부터 외자도입의 질적 변화가 일어나면서 무상외자도입이 유상외자도입으로 바뀌자 외자도입이 국민경제에 줄 부담이 클 것으로 우려되고 있다.

유상외자도입의 추진상황을 보면 〈표 1〉에서 알 수 있는 바와 같이 확정된 사업 902,073천 달러 인가된 사업 563,675천 달러, 완공된 사업 337,883천 달러로서 1967년 2월 말 현재 총 유상외자 도입액은 14

억 달러가 좀 넘는다.

<표 1> 외자도입 추진상황

(단위: 천 달러)

구 분	건 수	금 액	구성비
① 확정된 사업			
가. 공공차관	56	421,323	46.7
나. 상업차관	102	417,014	46.2
다. 직접투자	59	63,736	7.1
합 계	217	902,073	100.0
② 인가된 사업			
가. 공공차관	2	33,000	5.9
나. 상업차관	127	530,675	94.1
합 계	129	563,675	100.0
③ 완공된 사업			
가. 공공차관	14	112,913	33.6
나. 상업차관	47	161,234	47.8
다. 직접투자	59	63,736	18.6
합 계	120	337,883	100.0

주: ①, ②는 1967년 11월 말 기준이며 ③은 1967년 말 기준임.
자료: 경제기획원 경제협력국.

이것을 차관형태별로 보면 확정된 사업에서는 공공차관이 46.7퍼센트, 상업차관이 46.2퍼센트, 직접투자가 7.6퍼센트를, 각각 인가된 사업에서는 공공차관이 5.9퍼센트, 상업차관이 94.1퍼센트를 각각, 완공된 사업에서는 공공차관이 33.6퍼센트, 상업차관이 47.8퍼센트, 직접투자가 18.6퍼센트를 각각 차지하고 있다. 이로 미루어 보아 앞으로 외자도입의 중점이 상환기간 및 이자 지불조건이 유리한 공공차관으로부터 상환조건이나 이자율이 높은 상업차관, 직접투자로 전환될 것이 예상된다. 사실 이러한 경향은 실업인 대표들의 연두기자회견에서도 뚜렷이 밝혀진 바 있다.

그러면 이들 외자의 도입조건은 어떠한가. 그것을 살펴보면 공공차관에서는 상환기간이 20년 이상인 것이 98.5퍼센트, 40년 이상인 것이 71.2퍼센트, 금리가 4.0퍼센트 이상인 것이 98.8퍼센트, 2.5퍼센트 이하인 것이 71.2퍼센트이며, 상업차관에서는 상환기간이 5년 이하인 것이 9.8퍼센트, 10년 이하인 것이 63퍼센트, 금리가 5.1~6.0인 것이 77.1퍼센트, 7.70퍼센트 이하인 것이 6.2퍼센트이다. 상업차관에는 이 밖에 착수금이라는 부대조건이 있다. 상업차관 중 착수금을 요하는 것은 31.8퍼센트인데 이 중에서 20퍼센트의 착수금을 요하는 것이 2.2퍼센트, 15퍼센트의 착수금을 요하는 것이 2.5퍼센트, 10퍼센트의 착수금을 요하는 것이 15.7퍼센트, 5퍼센트의 착수금을 요하는 것이 2.4퍼센트이다. 외국인의 직접투자에서는 지분비율이 100퍼센트인 것이 26.9퍼센트, 50퍼센트 이상인 것이 59.6퍼센트이며, 50퍼센트 미만인 것은 13.5퍼센트에 불과하다.

직접투자의 경우 그 이윤율이 얼마나 되는가를 잘 알 수 없으나 직접투자의 가장 뚜렷한 예인 대한석유공사의 경우, 1965년 말 현재의 총투자액에 대한 자본잉여금은 1.8배, 이윤율은 80퍼센트였다.(한국산업은행,《한국의 산업》상, 1996, p. 572)

그리고 외자도입사업의 산업별 구성을 보면 농림수산업은 5.1퍼센트, 광공업은 52.8퍼센트, 전력 운수, 통신 등의 기간산업은 42.1퍼센트이며(1966년 말 완공 기준)이들의 업종별 사업실태를 보면, 〈표 2〉에서 보는 바와 같이 방직, 화학비료, 화학섬유, 시멘트, 석유화학 및 기타 화학 등 외국자본에 의존하여 원료 및 설비를 도입하여 국내시장을 개척할 수 있는 업종이 대부분을 차지하며 철강, 금속 및 기계 등의 생산재를 생산하는 업종은 외자도입의 혜택에서 제외되어 있다.

이와 같이 1963년 이후 이른바 근대화의 작업과 더불어 시작된 외

<표 2> 업종별 제조업의 차관사업실태(1967년 말 완공 기준)

(단위: 천 달러)

	공공차관		상업차관		합 계	
	건 수	금 액	건 수	금 액	건 수	금 액
식 품		–	1	296	1	296
펄 프 제 지		–	3	3,404	3	3,404
방 직			5	14,749	5	14,749
화 학 섬 유	3	10,591	10	24,923	13	35,514
화 학 비 료	2	48,800	2	49,846	4	96,646
시 멘 트	3	9,172	5	19,870	8	29,042
석 유 화 학			2	20,785	2	20,785
기 타 화 학	1	5,600	3	7,845	4	13,455
철 강		–	4	9,057	4	9,057
금 속		–	2	404	2	404
전 기		–	5	7,905	5	7,905
기 계		–	1	700	1	700
기 타	5	38,750	4	1,720	9	40,470
계	14	112,913	47	161,234	61	274,147

자도입의 질적 전환은 외국 자본에 대하여 높은 이자율 및 이윤율을 보장해주고 그들에게 국내시장의 문호를 개방해주는 방향을 취하고 있다.

상술한 바와는 다른 각도에서 다시 우리나라 근대화와 외자도입과의 관계를 살펴보면, 외자는 자본형성 중에서 매우 큰 비중을 차지하고 있다. <표 3>에서 보는 바와 같이 1962년에는 국내저축 1.5퍼센트, 해외순이전 9.5퍼센트, 해외순차입 1.3퍼센트이던 것이 1966년에는 국내저축 1.7퍼센트, 해외순이전 7.5퍼센트, 해외순차입 3.0퍼센트로서 국내저축이 국내총투자 중에서 차지하는 비중은 차차 높아지기는 하지만 해외저축이 여전히 그것의 약 50퍼센트를 차지하고 있으며 더욱이 중요한 일은 해외로부터의 자금원천이 해외순이전으로부터 해외

〈표 3〉 국내총투자의 자금원천

(단위: 10억 원)

연 도	국내총투자		자금원천							
			국내저축		해외순이전		해외순차입		통계상 불일치	
	금 액	구성비	금 액	구성비	금 액	구성비	금 액	구성비	금 액	구성비
1962	45.47	13.0	5.17	1.5	33.18	9.5	4.54	1.3	2.58	0.7
1963	89.68	18.4	33.67	6.9	33.87	6.9	18.52	3.8	3.62	0.8
1964	101.24	14.5	48.88	7.0	44.03	6.3	5.19	0.7	3.14	0.5
1965	118.24	14.7	60.75	7.5	53.95	6.7	1.28	0.1	5.06	0.6
1966	223.11	21.6	121.32	11.7	58.44	5.7	30.57	3.0	12.78	1.2
1962~66	577.98	17.1	269.79	8.0	223.47	6.6	57.54	1.7	27.18	0.8

순차입으로 전환되고 있다는 사실이다. 이는 곧 국내총자본형성 중에서 외국자본가가 차지하는 몫이 커진다는 것을 의미하며 이는 막대한 국내저축의 해외유출을 나타낸다.

끝으로 도입외자 원리금상환 실적과 그 계획을 보면, 〈표 4〉에서 알 수 있는 바와 같이 1967년 8월 23일을 기준으로 할 때 원리금상환액은 1970년에 가서도 경상외환수입액의 7.5퍼센트에 불과하다.

그러나 우리도 여기에서 직접투자에 대한 원리금 회수를 전혀 고려하고 있지 않다는 사실을 기억해야 할 것이며, 또 1967년 11월 말 현재로 인가된 외자도입 563,675천 달러에 대한 원리금상환을 고려한다면 경상외환수입이 예상대로 실현된다고 하더라도, 1970년에 가서는 도입외자에 대한 원리금 상환액이 정부가 안정선으로 잡고 있는 경상외환수입의 9퍼센트를 훨씬 초과할 것으로 보인다.

이와 같이 우리나라의 근대화는 외국자본의 강력한 뒷받침되어 수행되고 있다. 따라서 그 결과 자칫 잘못하면 국내시장은 외국자본의 독점 내지 지배 아래 놓이게 될 것이다.

〈표 4〉 외자도입 원리금상환(1967. 8. 13 현재)

(단위: 백만 달러)

연 도	경상외원 수입액	원리금상환액	상환비율
1962	179.0	1.1	0.6
1963	177.2	4.3	2.4
1964	212.2	6.0	2.8
1965	298.0	7.4	2.5
1966	477.6	14.4	3.0
1967	682.6	29.3	4.3
1968	746.8	48.5	6.5
1969	851.2	56.3	6.6
1970	963.8	72.4	7.5
1971	1,075.0	62.0	6.0

주: 1962~66은 실적, 67~71은 추계치임.
자료: 재무부 및 경제기획원 자료에서 작성.

4. 외자도입사업의 실태

경제과학심의위원회의에서 발표한 〈외자도입 및 차관기업체의 운영 실태보고서〉는 차관기업체의 실태를 다음과 같이 지적하고 있다. 첫째로, 차관기업체의 사업추진 실태를 보면, 1966년 11월 말 현재로 13개 차관기업 중 53.8퍼센트가 시설도입에서 예정기일보다 지연되고 있으며, 자재도입 후 준공까지의 기간 및 준공 후 가동까지의 기간에서 각각 50퍼센트 안팎에 해당하는 기업체가 예정기일보다 지연되고 있다. 그 원인은 내자조달의 차질과 제품수요량에 대한 추정의 미비에 있다고 한다.

둘째로, 차관기업체의 자본구성을 보면 자본잉여금을 포함하는 자기자본은 18.1퍼센트에 불과하고 나머지 81.9퍼센트는 타인자본이다. 이러한 현상은 차관기업체의 특권적 지위를 말하여 주는 것으로서 그들은 금융기관으로부터 편파대출을 받았거나 내자조달 등 현금차관을 한 자들이다.

  셋째로, 차관기업체의 국제경쟁력을 보면 국제경쟁력이 강한 것으로 나타난 업체는 2.1퍼센트에 불과하고 88.9퍼센트는 그 경영규모가 작이 국제경쟁력이 약하나. 그러므로 그늘은 국내시장에서 국제가격보다도 7~98퍼센트나 높은 가격을 받으면서도 차관의 원리금을 갚을 능력이 없어 대불의 현상을 야기하고 있다. 1967년 9월 말 현재 대불액은 수억 원에 달하고 있다.

  넷째로 차관기업체의 시장점유율을 보면 22개의 차관업체 생산품목 중 시장점유율이 1백 퍼센트인 품목이 3개, 50~99퍼센트인 것이 8개, 20~49퍼센트인 것이 5개, 19퍼센트 이하인 것이 5개에 불과하다.

  이와 같이 차관기업체는 내자조달 면에서 정부로부터 특혜를 받고 있을 뿐만 아니라 시장의 독점권을 행사하고 있다.

5. 결 어

  앞서 지적한 바와 같이 우리나라의 근대화는 기형적 근대화이다. 기형적 근대화는 국민경제의 자주적 발전을 저해하는 것이며 대외의존성을 강화시킬 뿐이다. 사람들은 흔히들 화려한 어구에 대하여 매력을 느끼게 된다. 그러나 진정한 지성인이라면 말의 참뜻을 이해할 때까지 그 말을 곱씹어 볼 여유가 있어야 할 것이다. 말의 뜻은 항상 그때의 분위기에서 이해되어야 하는 것처럼 근대화의 의미도 그 시대의 사회, 경제적 배경 아래서 이해되어야 한다.

《四月》(1968. 2)

Economic Models for Planning and Policy Making

Ⅰ. Numerical Models

Like from themselves, numerical models applied to planning and programming can be differentiated according to:

(ⅰ) the time horizon

(ⅱ) the scale of sectoral economic disaggregation

(ⅲ) organizational-administrative criteria and

(ⅳ) regional criteria.

other classification criteria could also be accepted: those based on the character of target variables, on the number of instruments, on the mathematical properties of the models, etc.

(a) Overall central models

Aggregated and simplified macro-models

These models analyse the basic inter-connexions between the rate of national income, consumption, investment, foreign trade and the labor force. They help in formulating possible variants of development strategy in long-term programmes and mediam-term plan. They are based on the use of overall coefficients characterizing the structure of the economy in varying degrees of detail(labor productivity, capital-output ratio, capital ratio, etc.).

Macro-economic models may serve the central planner as a medium for his active role in designing the original outline of the development strategy for application at sectoral levels. But model-building exercise, worked out independently at the centre, may be treated not only as an instrument of preliminary choice among alternative strategies, but also as a first set of internally consistent macro-directives for the working out of further, more detailed, versions of the programme or plan. In this way the exercise becomes an instrument for logical control in planning and counter-planning procedures, and helps to create a rational sequence of plan-building processes.

For such aggregate and simplified models, only a fairly simple set of aggregative variables is needed. For example, the model builder can start with a desired rate of growth of national income per head, and compute as a tentative target the required level of total national income, given a forecast of total population growth.

Short-term aggregated macro-models

Aggregated macro-models have also been developed for the formulation of short-term, or "conjunctural" policy. Perhaps the best-known example in western Europe is that developed by the Netherlands Central Planning Bareau. This is essentially an annual forecasting model which is used to present alternative forecasts under alternative policy assumption. The dependent variables in the "reaction" equations of the model concern the major aggregates of private final expenditure, the demand for labour and for imports, factors determining price formation (including wages), and the volume of liquidities.

Disaggregated simplified macro-models

This approach centres on the use of input-output, or activity, models of production. In the simplest version, the input-output model of production is the only formal part of the model. Exogenous estimates of final deliveries to private and public consumption, investment in stocks and fixed capital and exports—sometimes also of competitive imports—are used in conjunction with such a model to determine the implied levels of production and employment in the various industrial branches, structural imports, real incomes of wage-and salary-earners, etc. In more developed versions, partial models of other aspects of the economic structure may be grafted on to the production model.

As an example of this type of model the model used in preparing the annual national budget in Norway may be mentioned. This model consists of an input-output model with about 150 production sectors and a model determining deliveries to private consumption from each of the major production sectors. These latter deliveries are assumed to be functions of incomes and relative prices. Exogenous estimates are made of changes in gross investment, government consumption, tax rates, certain items of private consumption, exports from each sector, and gross production in a limited number of sectors where production is assumed to depend on supply conditions. Exogenous estimates are also made of wage and productivity changes in all sectors, price changes in sectors with strong foreign competition and changes in profit rates in other sectors.

(b) Developed interbranch optimization macro-models and their connection with sectoral models

The aggregated simplified models are appropriate for any organization of the planning system. Within any system, they help to formulate the first version of macro-directives, but are no more than a first step in elaborating more detailed plans either on the central or the sectoral level.

Attempts have been made to enlarge the field of practical application of mathematical methods by constructing macro-models for medium-term plans encompassing up to 300~400 branches or product groups. If such a models is used in conjunction with mathematical methods of planning and counter planning connecting the macro-model with sectoral models, it can give the central authority a new and powerful instrument for the construction of better central plan-directives.

The problems encountered in constructing better developed macro-models for long and medium-term plans are now engaging the attention of planners. One of the most advanced experimental works in this field is the Hungarian "two-level models" for the medium-term plan. This is a multi-sector macro model covering the whole complex of investment, technical development, production, import and export plans, and international financing.

This macro-model approach, as exemplified by the Hungarian experiment, though comprehensive, is not complete. It covers the most important sectors but not every sector, the major investment projects but not the whole of investment. Other models embracing the whole economy—both the more aggregated models, and the various static and dynamic input-output models can be used to complement the two level planning approach, or as tools in designing plans for a more limited scope of policy.

Some of the basic requirements for developed, optimizing macro-models are as follows:

The *first* requirement is the formulation of a set of alternative preference functions. Possible   alternative formulations are:

(i) maximization of consumption over the period of the plan, assuming a given rate of investment and minimum growth of consumption in the consecutive intermediate stages; constraints for, inter alia, foreign trade and labor are given;

(ii) maximization of a fixed structure; constraints on, *inter alia*, foreign trade and labor are given;

(iii) maximization of foreign currency earnings, final production for domestic use being given, together with constraints on, *inter alia*, foreign trade and labor;

(iv) minimization of costs under given lower limits on final home production and the current balance of foreign trade; constraints inter alia, for, foreign trade and labor are given. Two possible sub-variants are applied;

(a) minimization of labor costs, investment outlays being given;

(b) minimization of the sum of labor costs and investment outlays.

Secondly, there are the structural and balancing constraints.

These are:

(i) input-output balance equations for materials;

(ii) conditions relating the increase in productive capacities in time with investments outlays in time;

(iii) labor equations relating the level of employment with the level of production;

(iv) foreign trade balances relating exports, and currency balances and taking into account foreign supply-and demand-limitations;

(v) final balances, e. g. relating consumers' money incomes with the supply of goods for consumption.

Third, come the statistical requirements. The applications models to planning is limited by computational problems. It is also limited by the quantity and organization of statistical data. In particular, aggregation often leads to the explicit or implicit assumption of stable coefficients.

Finally, it should be said that the process of multi-sectoral model-building has to be adapted to the existing organizational structure of the economy. The divergences between a statistically or economically convenient subdivision of sectors and branches on the administrative and organizational economic structure on the other, are bound to create problems for the model builder. Yet for the application of a plan in practice it is essential that the subdivisions of the economy for which targets and models of behavior are proposed in the plan should be identified with specific agencies and groups of decision-making units. The design of the subdivision of the model must as far as possible be organically related to the organizational structure of the administration and of the economy.

(c) Partial models-sectoral, regional and specific purpose modes

These models encompass only one sector(or a branch within the sector) or one region, or one aspect of economic policy, and can therefore answer more detail questions. The problems of aggregation and data processing are more acute in regional models than in sectoral ones, simply because the necessary data for regional analysis are so often lacking.

All these partial models require the existence of a set of directives and of central parameters from the central planner. Here two approaches are possible;

(i) the central planner fixes quantitative limits for sectoral targets and for sectoral resources; or

(ii) the central planner fixes quantitative limits for sectoral targets and shadow (accounting) prices for the evaluation of resources; or the exercise must be conducted to in terms of market prices.

Models can be constructed to solve such problems as:

(a) special problems of financial or monetary policy,

(b) the structure of final production,

(c) the choice of techniques,

(d) the optimal use of existing capacities,

(e) the allocation of sectoral investments funds among branches,

(f) the geographical allocation of regional investment funds,

(g) the location of enterprises within a region,

(h) problems of interregional commodity flows, etc.

The following preference functions are usually applied in partial models:

(a) maximization of final production under some limitations on changes in its internal structure,

(b) maximization of profits under the same limitations,

(c) minimization of outlays, given final demand,

(d) minimization of foreign currency surplus, given final demand.

The field of application of partial model is very broad. Input-Output tables are used for checking consistency of sectoral plans. Models of investment allocation within given sectors or regions are constructed. Models of optimization of investment for foreign trade, as well as models of current optimization of foreign trade, are applied in practice. Transportation models are built and used within branches and regions. Models can be built applying to financial policy, or tax-policy, or income distribution, or to such problems as educational development.

Practical experience shows that the construction and application of partial models must be strictly connected with the fields of competence of the administrative agencies responsible for the questions which the model -building procedure is designed to answer. Only then can the model analysis became a workable tool of importance in practical decision-making.

In general, it can be said that the purpose of the investigation now going on in several countries into the field of application of numerical models is not to define a single programme which would then be unequivocally recommended for execution, but continuously to work out plan variants and their consequences, keeping the date of the model up to date. The mathematical model should thus become a permanent tool of continuous planning.

Ⅱ. Non-Numerical Algebraic Models

A non-numerical model, formulated in algebraic terms and representing the economic structure in the abstract, is used to analyse the functioning of the system and the properties of the optimal solution. On the basis of this analysis it becomes possible to formulate decision criteria for specific decision units. These decision criteria depend on central parameters determined by overall balances. The central parameters will typically be "shadow prices" for certain basic commodities, a "shadow rate of interest," and "shadow exchange rates" for trade with particular foreign markets. They might also be the prices, for example, of labor or capital goods. The purpose of these central parameters is to provide a guide for partial optimization superior to that provided by the existing structure of prices. The central parameters are intended both for the guidance of the separate decision units in drawing up their planning proposals, and (after revision in the course of the iterative process of drawing up the plan) for their guidance in the actual conduct of their affairs in carrying out the plan.

The non-numerical model lays down the parameters for a numerical solution to be found by specific decision unit, not the solution itself. The non-numerical model may then be used as a basis for constructing a system of numerical models and traditional planning and decision-making procedures.

Such a system may embrace one central and several subordinated decision-making units, all adopting the patterns of behavior and observing the decision criteria indicated by the analysis of the non-numerical model.

The method seems particularly applicable for planning and management over fairly short periods, when production capacities are given, and attention is focused on the efficient use of these capacities and on the choice among existing techniques of production and foreign trade. The level and structure of profit maximization, which contain a set of central parameters, i. e. marginal rates of exchange (expressing the scarcity of foreign currencies in the overall solution) and shadow (accounting) prices of basic commodities (also expressing their scarcities in the overall commodity balance). Once it has received these central parameters, every enterprise or group of enterprises can construct a short run optimization model and solve it numerically, using methods of operational research, or can optimize its structure of production and the geographical allocation of its exports and imports by simple traditional planning techniques.

The non-numerical model approach can also be used for longer-term planning and management. In the dynamic longer-term model, changes of productive capacities through investment are introduced, and the time factor is taken into account. Beginning by evaluating possible variants of the desired level and structure of final demand, the central planner works out an outline of an overall strategy of development, based on the exploration of future possibilities and formulates plan directives for the executive level. The longer the time horizon, the larger the field of manoeuvre, but at the same time the more the elements of uncertainty. Here various approaches are possible: general dynamized models expressing the time schedule of activities(dynamic multi-stage models)on the one hand, or simpler single-phase solutions for consecutive year on the other.

The choice of preference function determines the solution of the model. This choice belongs to the category of value-judgements and is made on general political, social and economic considerations. The role of the model builder, on the basis of the algebraic analysis of the properties of the optimal solution, is to elaborate the system for translating general criteria into partial criteria for executive levels, consistently with the preferences of the central planning authority. The basic and complex question reappears: how to decompose or disaggregate the overall optimization model into partial models corresponding to the lower levels of decision-making.

At this point the approach may be different from that accepted in the short-run model. First, the necessity for disaggregation is much less in long-term than in short-run planning, and it is therefore more acceptable to operate with aggregates.

Secondly, the use of existing market prices, or of shadow prices, expressing present scarcities and present preferences, must be excluded for rational long-term optimization. New shadow prices expressing future preferences and scarcities should be introduced into the optimization procedure. Reliance on purely static analysis of the existing structure is of no use: new central parameters must be estimated or computed. If the scope of planning activities requires the cooperation of lower administrative units, then the central planning authority must formulate plan directives and consider the resources required to implement them. These formulations may take the shape either of quantitative constraints on targets and resources, or of shadow prices for the evaluation of resources.

Which of the two basic theoretical approaches(aggregation or decomposition), or what combination of them, will in practice best conduce to optimization in long-and short-term planning and management remains to be seen. The answer to this question seems to be of crucial importance for the formulation of rational principles and procedures for planning and management.

Annex A: Kalecki's Model

In Prof. Kalecki's general model the basic relationships determining the rate of growth of national income are as follows:

$$\frac{\Delta y}{y} = \frac{1}{m} - \frac{I}{y} - a + u$$

'where

y—annual national income

Δy—annual increment of national income both calculated in gross terms(i. e. without deduction of depreciation) and at constant prices.

m—marginal capital/output ratio

I—annual gross expenditure on productive investment at constant prices.

a—capacity reducing coefficient (related to annual replacement of worn-out fixed capital)

u—coefficient expressing the annual increment of national income due to factors other than investment (better utilization of fixed capital, etc.)

When this model is used in perspective planning, it is assumed, first, that there is no accural of foreign credit, so that the necessity of balancing foreign trade is paramount; and, second, that the increment of output yielded by better utilization of fixed capital(i.e.u=a). It follows that in the long-term analysis of basic relationships the increase in output is treated as a function of productive investment only.

$$\frac{\Delta y}{y} = \frac{1}{m} - \frac{I}{y}$$

Annex B: Stone's Cambridge Model

The model developed at Cambridge University by R. Stone, J. A. C. Brown and others is as follows:

(1) $q = A_q + h + x - m$

(2) $n = \hat{a_3}q$

(3) $\beta = i'(x - m - n)$

Where

q—vector of gross outputs

h—vector of home final demands

A—matrix of fixed input coefficients

x—vector of exports

m—vector of competitive imports, all classified by commodity type

n—vector of non-competitive imports classified by industry of use

$\hat{a_3}$—matrix of non-competitive import coefficients

β—external balance of goods and services

All figures are in £ million at 1960 prices.

Equation (1) expresses the equality between supplies (q) and demands$(A_q + h + x - m)$ for commodities. The use of matrix A implies proportionality between inputs and outputs. Equation (2) relates non-competitive imports to production of commodities, by simple proportionalities of the input-output type. Equation (3) merely says that the external balances of goods and services is equal to the difference between exports and imports.

Annex C: The Traditional Method of Strategy-Building

(1) $P = P_0 + \Delta P(\Delta E, I, T)$

(2) $N_w = h(N)$

(3) $E = h(N_w)$

$$(4) \quad Z = E \cdot b$$

$$(5) \quad E = E_a + E_n$$

$$(6) \quad Z_n = g(P_n, T_n)$$

$$E_n = \frac{Z_n}{b_n}$$

$$(7) \quad Z_a = g(P_a, T_a)$$

$$E_a = \frac{Z_a}{b_a}$$

$$(8) \quad Z_a + Z_n = E_a b_a + E_n b_n$$

$$(9) \quad I = K_k + IK_k + M_k$$

$$(10) \quad I = S + D + L$$

$$(11) \quad S = g(Y)$$

$$(12) \quad P + M = PA + C + I + X$$

$$(13) \quad P^{mb} = f(P^b) = g(I)$$

$$(14) \quad P_c + M_c = C + X_c$$

$$P_k + M_k = I + X_k$$

where

P—production

P_0—production in base year

E—employment

ΔE—increase in employment

I—gross investment

N_w—Population of working-age

N—total population

Z—labor inputs

b—average working time

E_a, E_n—employment of the agricultural and non-agricultural sectors respectively

Z_a, Z_n—labor input of the respective sectors

P_a, P_n—production of the respective sectors

T_a, T_n—techniques of the respective sectors

B_a, B_n—average working time of the respective sectors

K_k—existing capacity for producing capital goods

IK_k—technically possible increment of capacity for producing capital goods

S—home savings

D—depreciation

L—foreign loans(net)

Y—national income

M—imports

C—consumption

X—exports

A—matrix of current coefficients

P^{mb}—production of building materials

P^b—production of construction sector

P_c, P_k—production of the consumer and capital goods sectors respectively

M_c, M_k—imports of the respective sectors

X_c, X_k—exports of the respective sectors

《경제논집》(서울대, 1970. 9)

경제계획과 국토개발의 재원 조성

1. 머리말

정부는 1971년 9월 8일 국무회의 의결을 거쳐 국토의 다목적 개발을 위한 '국토종합개발 10개년계획'을 확정·발표하였다.

총설에 이어 기본 계획, 부분별 계획, 권역별 계획, 계획의 관리와 집행 등 4부로 구성된 이 계획은 계획기간을 1972~81년의 10년간으로 잡은 우리나라에서 성안된 최장기 개발계획이다.

기본계획에서는 ① 국토의 이용·관리의 효율화, ② 개발기반의 확충, ③ 국토포장자원개발 및 자연의 보호·보전, ④ 국토생활환경의 개선 등을 기본목표로 삼고 있으며, 개발의 중점정책으로서는 ① 대규모 공업기지의 구축·정비, ② 교통, 통신, 수자원의 개발 및 에너지 공급책의 정비, ③ 부진지역개발의 강화 등을 들고 있다.

한편 장기 국토개발계획의 핵심이 되고 있는 국토이용계획에서는 ① 중앙지대 지향적인 토지이용을 전 국토에 확대하고 ② 국토의 개발권역을 4대권(大圈) 8중권(中圈)으로 구분하여 각 권역을 상호 연결 및 개발하며 ③ 각 권역별 주기능 부여로 지역분업 및 자립체제의 확립을 기하도록 하였고 ④ 산업의 적지 집권화와 농경지 보전을 위한 토지의 용도별 구분을 기하였다.

이 국토개발계획은 전반기계획(1972~76년)이 제3차 경제개발 5개년 계획과 부합하도록 수립되고 있는데 1972~81년의 10년간 국민총생산(GNP)의 성장률은 연평균 8.5퍼센트로 계획하고 있으며 1인당 GNP는 기준년도인 1970년의 223달러에서 목표년도인 1981년에는 544달러에 달한다고 되어 있다. 한편 이 계획에 소요되는 투자규모는 합계 11조 3,787억 원(1970년 가격 기준)으로 이 가운데 88.8퍼센트는 국내저축으로 충당하고 나머지 11.2퍼센트(40억 달러)는 해외저축으로 조달하게 되어 있다.

〈표 1〉 권역구분

(단위: ㎢)

4대권	8중권	주기능	범 위	면 적 (1970)
4	8		32개 시, 140개 군	98,477 (100.0)
한 강 유 역 권	수도권	중추관리	서울·경기 강원도 철원군	12,395 (12.6)
	태백권	자원산업	강원도 충북(충주·중원·단양·제천)	18,540 (18.8)
금 강 유 역 권	충청권	농업·공업	충북(태백권 포함 지역 제외) 충남(합천군 제외)	13,134 (13.3)
	전주권	농업·공업	전북(남원·순창 제외) 충남 합천군	7,134 (7.2)
낙동강 유 역 권	대구권	공업·농업	경북	19,798 (20.1)
	부산권	상업·공업	부산·경남	12,321 (12.5)
영산강 유 역 권	광주권	농업·공업	전남 전북·남원·순창	13,326 (13.6)
	제주권	관광·상업	제주	1,829 (1.9)

자료: 경제기획원, 내무부, 건설부.

이와 같이 장기적이고 대규모적인 개발계획은 우리나라에서 처음 있는 일이며 국민경제 및 국토를 계획적으로 개발·운용하여 나아가는 데 하나의 새로운 이정표가 될 것으로 기대된다.

이하에서는 국토개발 10개년계획의 재원조달을 중심으로 하면서 재원조달의 가능성과 그것을 위한 여러 가지의 수단에 대하여 간단히 고찰하고자 한다.

2. 국토개발계획의 재원조달 내용

계획이란 합리적이고 의식적인 경제정책이며 일차적으로 조정된 경제정책 이외의 아무것도 아니다. 이러한 계획의 핵심적인 과제는 충분한 생산적 투자를 확보하는 문제와 그 생산적 투자를 국민경제의 생산력을 가장 급속히 성장시킬 부문에 배분하는 문제, 즉 투자재원의 조달과 배분의 문제가 바로 그것이다. 그러나 이 투자재원의 조달과 배분의 문제는 각각 독립적인 요인이 아니라 서로서로 상호작용을 하면서 국민경제의 변혁을 이룩하는 것이다. 즉 투자의 배분은 결국 차기의 재원조달을 규정하는 중요한 요인이 되며 재원조달의 방법은 투자배분의 방향을 결정하는 주요 요인이기 때문이다.

앞에서 말한 '충분한 생산적 투자'란, 정체로부터 특징적 발전으로의 이행, 즉 도약(Take-off)을 야기하는 데 충분할 만큼 큰 투자를 의미하며 국민경제구조에 진정한 질적 변화를 일으키는 데 필요한 대규모 투자를 가리킨다.

국토개발 10개년계획은 그 전반기(1972~76년)를 제3차 경제개발 5개년계획과 부합되게 수립하고 있으며 그 재원의 조달과 배분도 경제개발계획과 동일하다. 따라서 이 국토개발계획은 사실상 제4차 경제개발 5개년계획(1977~81년)을 미리 입안해 둔 것과 다름이 없으며 만일 제3차 5개년계획의 최종년도에 가서 경제기획원이 마련할 제4차 5개년계획의 내용이 이와 다르면 국토개발 10개년계획의 후반부는 그 실시가 어려워질 것이다.

국토계획도 경제총량의 개요로부터 시작하여 국민총생산, 총가용자원과 그 배분, 산업별 투자계획, 국제수지, 노동력 및 취업인구 예측, 인구추계를 포함하고 권역별 인구계획, 총생산, 고용 등도 계획하고 있다. 국토개발계획은 경제개발계획으로부터 출발하고 있으나 그 중심은 산업별 투자계획, 사회간접자본별 투자계획, 건설부 소관 부문별 투자계획이라고 볼 수 있다. 따라서 제3차 경제개발 5개년계획은 그 중점목표를 '농어촌경제의 혁신적 개발, 수출의 획기적 증대 및 중화학공업의 건설'에 둔 데 반하여 국토개발 10개년계획은 '국토이용관리의 효율화, 개발기반의 확충, 자원개발 및 자연보호, 국민생활환경의 개선' 등을 그 기본목표로 삼음으로써 경제개발을 위한 사회간접자본의 형성에 큰 중점을 두고 있다.

그러나 이러한 국토개발계획의 투자배분도 결국은 총량적인 규모에서의 재원조달에 그 성패가 걸려 있으므로 그 재원조달의 내용을 살펴보기로 한다.

우선 경제총량 규모의 추이를 보면 GNP는 1972~81년간 연평균 8.5퍼센트로 성장하여 목표년도의 GNP는 기준년도인 1970년의 2.5배로 확대된다. 소비성향은 1970년의 83.1퍼센트에서 1976년에는 78.5퍼센트로 또 1981년에는 74.8퍼센트로 급격히 감소하고 있으며, 그리하여 계획기간 중 소비성향을 평균 77.8퍼센트로 계획하고 있다. 이에 따라 저축성향은 1970년의 16.9퍼센트에서 1981년에는 25.2퍼센트로 대폭 확대되고 있으며 계획기간 중 평균 22.2퍼센트로 계획하고 있다.

<표 2> 생산 · 소비 · 저축

(1970년 가격)

	단 위	1970 (A)	1976 (B)	1981 (C)	증가율		계획기간 중 합계		
					B/A	C/A	1972~76	1977~81	1972~81
가. 국 민 총 생 산	10억 원	2,562.0	4,257.1	6,401.2	166.2	249.9	18,201.6	27,369.0	45,570.6
나. 소　　　　비	〃	2,130.5	3,343.6	4,787.5	156.9	224.7	14,625.9	20,822.4	35,448.3
다. 저　　　　축	〃	431.5	913.5	1,613.7	211.7	373.9	3,575.7	6,546.6	10,122.3
라. 소비성향(나/가)	%	83.1	78.5	74.8	-	-	80.4	76.1	77.8
마. 저축성향(다/가)	%	16.9	21.5	25.2	-	-	19.6	23.9	22.2

　　이러한, 생산·소비·저축의 계획은 매우 의욕적인 것이며 구체적인 소비절세 및 저축증강책이 없으면 달성하기 어려울 것으로 보인다.

　　한편 투자율의 추이를 보면 1970년의 총투자율 26.1퍼센트는 거의 변함없이 1976년 24.9퍼센트, 1981년에도 25.2퍼센트의 수준을 유지하고 있다. 이러한 고수준의 투자율은 지속적인 고도성장의 유지에 반드시 필요한 요인이기 때문이다. 그런데 이 투자율의 재원구성을 보면 1971년에는 총투자액의 67.8퍼센트를 국내저축으로 충당하고 나머지 32.2퍼센트를 해외저축(해외로부터의 이전과 차인)에서 조달하였는데, 1976년에 이르면 총투자액의 86.3퍼센트를 국내저축으로, 13.7퍼센트를 해외저축으로 조달하게 되며, 1981년에 가서는 국내저축으로 총투자를 완전 커버할 뿐만 아니라 오히려 해외투자까지 한다고 계획하고 있다. 이에 따라 1972~76년의 제3차 5개년계획기간 중에는 총투자의 해외저축 의존도가 21.3퍼센트인 데 반하여 1977~81년에는 불과 4.4 퍼센트로 격감하게 되며 1972~81년의 계획기간 중에는 국내저축으로 총투자의 88.8퍼센트를 조달하며 나머지 11.2퍼센트를 해외저축으로 조달하게 되어 있다. 이와 같은 투자재원 구성의 대폭 개선은 결코 투자규모의 축소에서 초래된 것이 아니라 국내저축을 확대시키고 무역

〈표 3〉 투자의 재원구성

(%)

	1970	1976	1981	계획기간 중 평균		
				1972~76	1977~81	1972~81
투 자 율	26.1	24.9	25.2	24.9	25.0	25.0
국 내 저 축 률	16.9	21.5	25.2	19.6	23.9	22.2
해 외 저 축 률	9.2	3.5	0.0	5.3	1.1	2.8

수지 및 무역외수지를 흑자기조로 전환시킨다는 전제하에서 계획된 것이다.

이제 해외저축의 추이를 살펴봄으로써 국토개발 10개년계획의 투자 재원 조달의 어려움을 고찰해 보기로 하자.

양차에 걸친 경제개발 5개년계획기간 중 해외로부터의 자본차입 규모는 현저히 증가하였으며 1971년 현재의 대외채무 잔액은 약 20억 달러로 원리금액 규모는 1971년의 2억 달러에서 점차 누증하게 되어 있으므로 앞으로 대외차인의 증대는 분명히 외환위기를 몰고 와서 국내경제를 파탄시키게 될 위험이 존재하고 있다. 그럼에도 제3차 5개년 계획기간 중 30억 달러의 대외 신규차입을 계획하고 있으며 후반기인 1977~81년까지는 10억 달러를 계획하고 있어 계획기간 중의 총대외 차입 규모는 40억 달러에 이르고 있다. 그러나 이러한 해외저축의 규모는 수출·수입계획의 비현실성 때문에 과소평가되고 있지 않나 생각된다.

1970까지 계속 확대되어온 무역수지 적자폭이 1971년부터 계속 축소되기 시작하여 1977년 이후부터는 오히려 무역수지의 흑자를 시현한다고 예상하고 있으며, 수출은 1970년의 8억 8천만 달러에서 1976년에는 35억 달러(4배)에 이르고 수입은 1970년의 18억 달러에서 1976년에는 36억 달러(2배)에 그칠 것으로 계획하고 있다. 또한 1981

년에 가서는 수출이 57억 달러(1970년의 6.5배), 수입이 52억 달러(1970년의 2.9배)에 이르러 무역수지의 흑자폭은 5억 달러로 확대되어 해외저축은 완전 제거되며 오히려 해외투자까지 계획하고 있다.

이와 같이 해외저축의 감축계획은 외채의 원리금상환 부담의 가중을 회피하기 위한 방법이긴 하지만 수출 및 수입규모의 예측에서 상당히 큰 왜곡을 나타내고 있다고 말할 수 있으며, 또한 이러한 수출의 격증과 수입의 격감 없이는 외환위기를 더욱 촉진시킨다는 점에 국토개발계획의 재원조달 면에서의 문제점이 있다.

결국 이상에서 논의한 국토개발계획의 재원조달 내용은 외채의 원리금상환 부담의 가중 때문에 해외저축에 대한 의존을 감축시키지 않을 수 없으며, 이에 따라 국내저축성향을 1970년의 16.9퍼센트에서 1981년에는 25.2퍼센트로 급증시키게 된 것이다. 물론 국내저축률 25.2퍼센트는 일본이나 서독에 비교하여 그리 높은 것은 아니지만 현행의 높은 소비성향을 감축시켜야 한다는 데 어려움이 있는 것이다.

특히 선진국에 견주어 대단히 소규모인 총소득 또는 부의 대단히 불균등한 분배 때문에 일반적으로 통상적 소비필요액을 초과하는 큰 개인소득 부분은 상대적으로 소집단인 고소득층에 귀속시켜 고소득층의 소비유형은 완전히 일반국민과 괴리된 과시적 소비지출을 증대시키고 있으므로 고소득층에 의하여 축적될 수 있었을 저축량을 크게 감축시키고 있는 것이다.

따라서 앞으로 재원조달 방향은 지금까지의 고식적인 방편이나 대중부담적 방법이 아니라 고소득층의 잠재저축 여력을 생산적으로 동원하는 방법을 강구해야 할 것이다.

그럼에도 국토개발 10개년계획에서는 소요투자액은 대규모로 계획하고 있으면서도 그것의 조달 또는 동원의 정책수단은 하나도 제시하지 않고 있다. 앞에서도 언급한 바와 같이 계획의 핵심적인 과제는 투자재원의 조달과 배분이며 또한 조달과 배분은 서로 불가분의 관계에 있는데도 불구하고 투자의 배분 계획만 나열하고 투자재원의 조달은 경제계획에 일임하고 있는데 이는 국토개발계획에서도 보완되어야 할 것이다.

3. 투자재원의 조달방법

일반적으로 생산적 투자를 위한 재원의 동원방법으로서는 대개 다음과 같은 것들이 지적되고 있다.

첫째, 사회주의국가에서 사용되었던 것으로 산업·금융·무역의 국유화와 여기에서 나오는 이윤을 투자목적에 사용하는 방법이다.

둘째, 특히 민족혁명국가에서 이용된 것으로 외국인소유 자연자원의 국유화와 이들 자원에서 나오는 이윤을 투자목적에 사용하는 방법이다.

셋째의 방법은 토지개혁이 시행된 나라에서의 농민의 기여이다.

〈표 4〉 해외저축의 내역

(단위: 백만 달러)

	1970(A)	1976(B)	1981(C)	증가비		계획기간 중 합계		
				B/A	C/A	1972~76	1977~81	1972~81
해 외 저 축	△803	△474	+1	—	—	△3,055	△991	△4,046
1. 무역수지	△922	△144	517	—	—	△1,947	1,294	△653
수　　출	882	3,510	5,747	398.0	651.6	12,589	24,649	37,238
수　　입	△1,804	△3,654	△5,230	202.5	289.9	△14,536	23,355	△37,891
2. 무역외수지	119	△330	△516	—	—	△1,108	△2,285	△3,393
수　　입	497	548	934	110.3	187.9	2,402	3,741	6,143
지　　출	△378	△878	△1,450	232.3	383.6	△3,510	△6,026	△9,536

넷째는 민간저축자로 하여금 생산적 투자를 수행하도록 유도하는 것이다. 이것은 국민생산업자, 상인, 지주 및 금융인으로 하여금 그들 소득의 상당한 부분을 국가의 급속한 경제발전을 확보하는 데 공헌하는 방향으로 투자하게 유도하는 것을 의미한다.

다섯째로 외국자본의 도입도 또한 생산적 투자에 자금을 공급하는 하나의 원천이다.

이와 같은 재원조달의 일반적인 방법은 그 국가가 처해 있는 시기와 상황에 따라 상이한 비율로 이용되고 있다. 그런데 우리나라에서 현재 이용 가능한 방법은 넷째와 다섯째의 방법인데 외자도입은 원리금상환 부담의 가중 때문에 앞으로는 크게 기대할 수 없으므로 결국 정부에 의한 잠재저축 여력의 생산적 동원방법 이외에는 별다른 방도가 없는 것 같이 보인다.

만약 우리가 집권정부의 정치적·사회적 구조를 무시하고 국가의 조작적 전능을 믿는다면 후진성을 극복하고자 정부가 취할 수 있는 수단은 매우 많다.

예컨대 비생산적 재산 사용에 대한 과세 및 고율의 누진세제도에 의하여 잉여구매력을 정부에 이전시키며 이러한 방법으로 비필수적 소비를 제거하여 생산적 투자로 인도할 수 있을 것이다. 또 희소상품에 대한 투기와 필수품에 대한 과도한 폭리행위는 엄격한 가격통제로 억제될 수 있을 것이며 부족한 대중소비재의 공평한 분배는 배급제에 의하여 확보될 수 있을 것이다. 수요가 큰 재원을 사치 목적으로 분산시키는 것은 배분계획과 우선계획에 의하여 저지될 수 있을 것이다. 외환을 사용하는 거래의 엄격한 감독은, 자본도피, 사치품 수입을 위한 한정된 지출, 해외유람여행 등을 불가능하게 할 것이다. 또한 민간 및 공공의 개발활동에서 초래되는 인플레이션 압력은 투자에 의하여

유발된 총화폐소득의 증대를 중화시키는 데 충분한 양을 소득흐름 중에서 효과적으로 이전하는 조세정책에 의하여 감소될 수 있거나 제거될 수 있을 것이다.

이러한 여러 가지 조치의 결합은 경제발전에 필요한 투자재원의 조달에 크게 공헌할 것이다. 고소득층의 소비를 감축함으로써 투자 목적에 이용할 수 있는 저축량이 현저히 증가될 수 있을 것이다. 제한된 외환공급을 자본도피나 불요불급한 외국상품 및 용역의 수입에 낭비하는 것은 저지될 것이며 이리하여 절약된 외화자금은 경제발전에 필요한 기계 도입자금으로 사용될 수 있을 것이다. 이리하여 조달된 재원은 국민경제의 생산력을 가장 급속히 증대시킬 부문에 투자되며 사회적 합리성과 사적 합리성의 괴리가 매우 큰 사회간접자본부문에 투자되어 생산력의 증대에 기여하는 경제환경을 창조할 수 있을 것이다.

그러나 이러한 여러 가지 조치의 단순한 나열만으로 투자재원의 조달문제가 해결되는 것이 아니며 집권정부의 강력하고 체계적인 정책의 집행이 요구된다.

다음으로 계획에서 투자재원의 조달과 마찬가지로 핵심적 과제인 투자의 배분문제를 간단히 고찰하여 보자. 이 문제는 결국 국민경제의 생산력을 가장 급속히 증대시킬 투자부문을 선택하는 문제인데, 현재 이상의 생산능력을 증대시키는 것은 생산수단을 생산하는 생산재 공업의 발전을 통해서만 가능하다. 그런데 국민경제의 생산력은 생산수단의 생산에 투자함으로써 직접적으로 증대될 수도 있고 또 필요한 생산수단을 장래에 수입할 수 있게 하는 수출산업의 개발에 의하여 간접적으로 증대될 수도 있다. 만약 후자의 간접적 방법을 채택한다면 그때에는 분명히 이들 수출에 대한 교환으로 국민경제의 생산력을 증대시킬 수 없다.

한편 생산재공업에 대한 전략적인 투자 이외에도 농업부문 및 소비재공업에의 투자도 필요한데, 이는 경제발전이 순조롭게 진행될 수 있도록 하는 데 필요한 보완투자이다.

끝으로 개발투자의 주요한 분야의 하나인 수송시설, 도로 및 사회적 용역과 같은 경제적 하부구조에 대한 투자인데, 이는 보통 사회간접자본이라고 불리고 있으며 개발도상국에서 공업투자의 주요한 장애요인으로 나타나 있는 외부경제의 부재나 경제적 환경의 불적합성을 제거하는 주요 투자이다. 그러나 때때로 도로, 철도, 항만 등 사회간접자본의 건설이 국민적 이익보다 세계의 복지 또는 외국인에 귀속되는 외부경제의 필요 때문에 이루어지는 경우가 있다. 이러한 경우에는 사회간접자본이 공업투자를 위한 외부경제를 창조하기보다는 소비풍조를 자극하여 소비의 고도화를 일으킬 뿐이다. 따라서 사회간접자본에의 투자는 경제발전을 위한 보완투자임에는 틀림없지만 국민적 이익 또는 공업화를 위한 것이 되어야 한다는 부대조건은 반드시 뒤따라야 할 것이다.

4. 맺는말

이상에서 국토개발 10개년계획의 개요와 재원 조달내용을 살펴보면서 재원조달의 중요성과 어려움을 지적하고 재원조달의 방법을 몇 가지 생각하여 보았다.

국토개발 10개년계획은 우리나라에서 성안된 최장기의 개발계획으로서 국민경제 및 국토의 계획적 운용에 큰 공헌을 할 것이 예상된다. 그러나 개발계획의 핵심이라 할 수 있는 재원조달계획이 매우 엉성하여 구체적인 정책수단체계를 결여하고 있다는 점에서 그 성공 여부에는 상당한 의문점이 제기되고 있다.

앞으로는 외자에 의존한 재원조달은 사실상 상당히 어려울 것으로 전망되므로 국내저축의 생산력 동원이 무엇보다 절실하다. 그러나 현재까지 외자도입이라는 안이한 재원조달방법에 익숙해온 정부가 과연 국토개발계획에 소요되는 막대한 투자를 국내에서 조달해 낼 수 있는 정책적 조치들을 취하면서 자신을 점점 혁신해 갈 수 있을는지 매우 의심스럽다. 요컨대 사려 깊고 능률적인 정부는 생산적 투자재원을 조달할 수 있는 여러 가지의 정책수단을 가질 수 있고, 이러한 수단에 의하여 국민경제를 변혁하고 지속적 성장을 달성할 수 있으며, 사회적 불안과 사회의 양극화를 극복할 수 있을 것이다.

—토론의 결론요지—

1. 해외저축률이 75년에는 완전히 소멸한다는 비전을 국토건설종합개발계획에서 제시하고 있는데 이것을 바꾸어 말하면 76년을 계기로 수출이 수입을 초과할 수 있다는 낙관적 정책표현이나 그 신빙성이 희박하다.

따라서 이를 실현하기 위해서는 오늘날 우리가 목격하고 있는 국민의 높은 소비수준, 특히 국제전시효과(International Demonstration Effect)에 민감한 고소득층의 높은 소비수준을 반드시 억제해야 할 명제에 부닥치는데 정부부처가 솔선수범하여 청교도적인 정신으로 소비수준을 낮추는 방향으로 나가야 한다.

2. 국토개발계획에서는 수출의 양적인 확대가 수입의 양적인 확대를 가져오는 현실을 간과하고 있다. 따라서 이와 같은 현상을 타파하기 위해서는 반드시 중화학화학공업이 육성되어야 한다. 그리고 중화

학공업의 육성방안에 대한 세심한 검토가 이루어져야 한다.

3. GNP가 성장하고 절대적 소득수준이 향상된다 하더라도 경제내부구조에 대한 개선이 간과되어서는 안 된다. 따라서 성장률에만 집착하지 말고 내부 경제구조 개선에 정책의 중점을 두어야 한다.

4. 국가적 개발사업의 재원조달 과정에 야기될지도 모를 국민의 복지문제에 대한 정책적 경시 가능성에 우려를 표명한다. 국토종합개발계획의 집행과정에서 국민의 복지문제를 경시하면 모든 계획이 달성될 수 없으므로 최소한의 복지는 고려되어야 한다.

5. 개발산업의 추진에는 반드시 비용편익분석(Cost Benefit Analysis)을 통해서 수익성을 토대로 하여 편익성을 고찰해야 한다.

6. 경기변동과도 연관을 두어 계량화를 통한 재원조달 방법의 작성이 요구된다.

7. 국토계획의 목표는 복지사회의 건설에 있다. 이 계획을 작성하기 위해 건설부 국토계획조사단에서 그동안 일을 추진하여 왔으나 현재 그 기능이 약화되어 있다. 그러므로 국토개발계획을 효과적으로 달성하기 위해서는 더 상위기관의 설치가 필요하다.

8. 국토개발에 대해 경제기획원과 건설부가 상이한 관점을 가지고 있는바 이에 대한 의견의 통일이 시급하다.

9. SOC에 대한 평가기준이 막연한데 경제과학과 자연과학 분야가 힘을 모아 점차적으로 평가기준의 표준화(Standardization)를 지향해야 한다.

10. 합작투자의 도입이 국내경제에 미치는 악영향을 고려할 때 시급히 고려되어야 할 문제가 있다.

《대학국토계획학회지》(1972. 7)

한국경제의 진단과 반성
: 자주적 근대화의 방향과 한국경제

1. 머리말

1960년대의 한국경제는 경제자립을 목표로 하는 제1, 2차 경제개발 5개년계획의 집행으로 공업성장에 주도된 고도성장을 이룩했다. 1962년에 시작하여 1966년에 끝난 제1차 경제개발 5개년계획기간 중에 한국경제는 연평균 8.3퍼센트라는 고도성장을 지속하였을 뿐 아니라, 뒤이어 착수된 제2차 경제개발 5개년계획에 있어서도 1970년까지 연평균 8퍼센트라는 성장률을 기록함으로써 양적으로는 여러 지표들에서 계획목표를 앞당겨 달성하였다.

이리하여 한국경제는 1962~1970년 사이에 연평균 9.9퍼센트 성장하여 국민경제의 규모는 배가되었다. 그러나 이와 같은 국민경제 규모의 확대와 주요 계획목표의 달성에도 불구하고 한국경제는 당초 계획이 의도했던 자립적 국민경제의 확립을 실현하지 못하였으며, 도리어 국민경제 규모의 증대에 따라 당초의 의도에 역행하는 방향으로의 전개가 심화되었다.

한국경제가 양적으로 여러 계획지표들을 실현했음에도 불구하고, 그 과정에서 조성된 부정적 측면으로서는 다음과 같은 것이 지적될 수 있을 것이다.

첫째, 국민경제의 구조적 측면에서 그동안의 경제성장은 경제구조의 이중성 및 파행성을 심화시키고 사회적인 불균형을 확대시키는 결과를 가져왔다.

둘째, 민족자본인 중소기업이 몰락하고, 외국자본 및 외자관련 자본으로 하여금 국민경제의 중추를 장악하도록 방임하였다.

셋째, 국민경제의 대외경쟁력 및 자립이란 측면에서 보면 원자재의 높은 대외의존과 특정국에의 자본 및 무역의존의 심화를 가져왔으며, 기술적으로 낙후했거나 경제성 규모에 이르지 못하는 기업을 외자도입에 의하여 건설함으로써 거의 80퍼센트에 이르는 외자업체를 부실기업으로 만들었고, 이를 국민의 부담으로 남겨놓는 결과를 가져왔다.

넷째, 국민의 소비구조를 왜곡시킴으로써 높은 수입과 수요를 유발하였다.

다섯째, 국민경제의 정상적인 지불능력을 초과하는 대외채무의 누적을 결과하였다.

동일한 사물에 대한 판단도 입장의 차이에 따라 서로 같지 않을 수도 있을 것이다. 지난 두 차례의 경제계획의 평가에서도 긍정적 측면인 양적 성장만을 강조하여 이를 중진국을 향한 기반의 구축과 자립경제에의 길을 더욱 단축시킨 것으로 보는 견해도 있을 수 있으나 이 견해가 반드시 옳다고는 볼 수 없다. 그것은 앞에서 지적한 바와 같이 양적인 경제성장 뒤에서 부정적 측면이 축적되어 갔던 것이며, 이 부정적 측면이 그대로 방임되는 한 경제의 지속적 양적 확대는 이루어질지 모르나 국민경제의 자립은 달성하기 어려우리라는 전망 때문이다. 따라서 우리는 한국경제가 양적인 성장에 의한 그 규모의 증대에도 불구하고 이를 자립경제로 이끌지 못한 비리를 해명함으로써 한국경제의 자립 및 올바른 근대화를 위한 방향을 모색해 보고자 한다.

2. 근대화에 이르는 두 가지 길

1) 근대화의 의미

자립경제의 확립과 근대화 문제는 구식민지체제의 붕괴과정에서 정치적으로 주권을 회복했거나 지금에 있어서도 정치적 자주를 실현코자 하는 모든 나라들의 공통된 과제가 되고 있다. 자립적 국민경제의 확립과 근대화 문제가 저개발국의 중요한 관심사로 되는 것은 이들 저개발국이 전전후의 식민지 지배 아래서 선진국의 경제적 지배와 무차별한 수탈 때문에 정도의 차이는 있다 하더라도 자립적 국민경제를 갖지 못했으며 빈곤한 가운데서 전근대적 상태에 정체하고 있기 때문이다.

일반적으로 근대화는 전반적인 사회변혁을 지칭하는 것이므로, 그것이 갖는 내용에 대해서는 그것을 보는 측면을 달리하거나 상이한 가치관에 따라 각기 그 견해를 달리할 수 있다. 그러나 주지하는 바와 같이 근대화를 둘러싼 여러 가지 견해들은 결국 근대화를 서구화와 동일시하느냐 그렇지 않느냐에 따라 크게 두 가지로 나뉜다.

근대화를 서구화로 이해하는 견해는 그 주관적 동기야 어떻든 객관적 결과에서는 저개발국이 갖는 향배가 서구사회의 운명을 결정한다는 위기의식으로부터 비롯되고 있다. 유진 스테일리는 일찍이 그의 저서 《저개발국의 장래》에서 "저개발국이 가는 방향은 앞으로의 서양문명에게는 생사의 관심사이다. 가령 저개발국이 서구 국가들과의 협조에 의한 진보를 의도했다 하더라도 그들이 역사로부터 계승한 고유한 문화가 서구적인 규범과 반드시 잘 융합될 것인가는 알 수 없다. 더욱이 그것이 적어도 그 반대인 경우, 즉 그들이 서구적 가치를 인정하지 않으려 할 때에는 장기적으로 서양은 몰락한다"고 말함으로써 저개발국의 개발의 방향이 선진국들의 장래의 위기의 내용에 관련된 사활의 문제라는 것을 주장하고, 서구적 규범과 합치되는 개발 방향으로 유도할 것을 제의하였다.

서구학자들의 근대화론이 일반적으로 서구화라는 서구 국가들이 경험한 역사적 방식에 따른 근대화로서의 내용을 지니는 것은 이런 데서 말미암는 것이다.

그러나 근대화의 내용이 비록 그들이 말하는 의미에서 서구화를 의미하는 것은 아니라 할지라도 근대화가 사회적 생산력의 발전을 제약하고 있는 전근대적 규제로부터 생산력을 해방하는 사회적 변혁과정이라는 것은 부인할 수 없다. 근대화를 구체적으로 쟁취하는 방법에는 여러 가지가 있지만 그 내용에 있어서 근대화가 이룩해야 할 일은 가장 추상적인 의미에서 서구사회가 경험했던 것과 동일할 것이다.

곧 근대화란 경제발전을 저해하는 전근대적 요인을 청산하고 사회적 생산력을 해방시키는 것을 그 내용으로 한다. 그러나 오늘날 구체적으로 근대화를 이룩하려는 나라들에서는 전근대적 제약이 어떠한 요인에 의하여 지속되고 있으며 어떤 성격을 지니고 있는가에 따라 그를 극복 및 청산하는 방법은 달라질 것이다.

따라서 전근대적인 제약들로부터 벗어나 사회적 생산력의 비약적인 발전을 보장하는 과정에서 이루어진 ① 분업의 심화에 따른 공업화와 ② 전근대적인 신분적 규제로부터의 인간 해방과 평등화의 소산인 민주주의 ③ 지방분권주의를 극복하고 단일한 국민시장권의 형성과정에서 발전된 민족주의 등은 오늘날 저개발국의 근대화에서도 매우 중요한 것으로 될 것이다.

다시 말하면 근대화는 단순한 공업화나 경제개발을 의미하는 것이 아니라 정치·경제·사회·문화적인 여러 영역들에서 일어나는 총체적인 변혁인 것이다. 사회적 현상들에 대한 기초적 요인이 경제라는 데서 공업화는 근대화 과정에서 중요한 지표가 될 수는 있으나 공업화만으로써 근대화가 이룩되는 것은 아니다. 왜냐하면 나머지 다른 부문들의 근대화 없이 경제부문만의 근대화를 기대하기란 불가능한 일이기 때문이다.

2) 근대화의 필요성

저개발국의 근대화는 일반적으로 사회적 생산력의 발전을 제약하고 있는 전근대적인 요소가 식민정책에 의하여 유지되었던 것이므로 뮈르달이 말한 것처럼 포괄적인 개념으로는 식민주의의 파괴적 역할이 결과한 경제적, 사회적 유제(遺制)를 불식하는 것이며, 한 걸음 더 나아가 적극적으로는 역사적으로 전승된 고유의 민족적 유산을 발전·개발시켜 낡은 식민주의의 유산을 창조적으로 대체하는 것이다.

일반적으로 구식민지에서 식민지배 세력은 식민지 지배를 강화하기 위하여 식민지의 낡은 지배세력과 결탁하여 봉건적 지배질서를 식민지 지배기구로 재편성하였다. 이 과정에서 고리대적인 상업자본은 농촌의 전근대적인 생산조직을 기반으로 농촌경제를 수탈함으로써 농업의 정체를 강요한다. 그리고 식민지에서 형성된 공업은 그 나라 경제가 갖는 내재적 힘으로써 이룩된 것이 아니고 외부적으로 이식된 것이므로 자본의 성격상 전근대적인 농촌사회를 분해하지 못한다.

그리고 선진 자본주의국에 의한 식민지 지배는 오늘날 저개발국으로 하여금 국지적 시장권 형성에 기초한 고전적 국민경제의 발전과정을 갖지 못하게 한 원인이 되고 있다. 국민경제의 발전에 있어서 이른바 자연적 질서에 따른 방식은 전근대사회 내부에서 꾸준히 성장하는 생산력의 발전을 기초로 하여 국지적 시장권을 형성하는 것이며, 국지적 시장권 내부에서 생산력의 발전을 통해 국민적 산업을 조성하고, 이들 국민적 산업을 매개로 하여 독립·분산적인 국지적 시장권을 통합·통일시킴으로써 국민경제의 형성이 달성되는 것이다.

그리고 이와 같은 국민경제의 자연적 질서에 의한 과정은 자립적 국민경제의 형성과정이며, 국민경제의 내포적 발전과정으로 되는 것이다. 따라서 국지적 시장권을 기반으로 한 서구사회에서 국민적 시장권을 형성하는 과정은 지방분권적 봉건주의를 청산하는 사회적 변혁이기도 하였다.

그러나 오늘날 저개발국의 경우는 부분적인 공업화와 근대 경제제도의 도입과정에서 전근대적 생산방법을 청산하기는커녕 오히려 낡은 생산방법을 온존시킨 채, 그 위에 식민지적 경제기구를 구축하였다. 식민지의 경제구조는 선진국 자본의 높은 이윤 획득을 위한 식민지의 수탈과정에서 형성되었으며, 이것은 다음과 같은 일반적인 유형을 지니고 있다.

먼저 국내적으로 균형된 분업에 의한 단일화된 국민경제적 통합 대신에 도시에서는 원료 수탈의 효율화를 위한 가공공업 형태의 매판적 공업과, 식민지의 지배체제를 유지하기 위한 식민지 관료 및 사무원의 비생산적 구지배 세력의 국내적으로 고립된 생활권을 형성시켰고, 농촌에서는 대다수의 국민을 구성하는 농민층의 의연한 전근대적 생활권, 즉 전근대적 생산방식 및 전근대적 유제가 잔존하고 경제적으로는 약탈무역에 의해 국내의 도시권과 관련을 맺지 못하고 식민국과 관련을 갖는 농촌이라는 이중적 사회구조를 형성케 하였다. 이리하여 매판적 도시와 전근대적 농촌이 상호대립적으로 공존하면서 전근대성을 심화시키고 토착의 지주, 고리대상인, 소수의 공업 자본가, 외국 자본가들이 근대화의 반대물로 등장하였다.

따라서 저개발국의 근대화 과정에서 전근대적 요인의 불식은 정치·사회·문화의 여러 측면들에서의 개혁만이 아니라, 농촌 및 도시에서 각기 전근대성의 경제적 기반이 되고 있는 농촌의 전근대적 토지소유에 대한 부정으로서의 토지개혁과 약탈적 무역을 매개하는 매판적 경제구조의 청산을 동시에 수반하는 것이어야 한다.

3) 근대화의 두 가지 길

저개발국에서 근대화 과정은 구체적인 한 나라의 정치적 주도세력의 성격에 따라 그 유형을 달리한다. 따라서 저개발국의 근대화 유형을 구분하고 그 특성을 제시하려는 노력들은 그동안에 광범하게 이루어져왔다.

이와 같은 유형 구분 가운데서 한 예를 든다면 경제의 근대화 과정에서 그 제도적 유형을 기준으로 저개발국의 근대화 유형을 ① 자본주의형 ② 사회주의형 ③ 민족혁명형으로 나누는 것을 들 수 있다. 이 가운데서 우리의 관심을 끄는 것은 민족혁명형이다.

민족혁명형은 그 유형적 특성으로서 먼저 국가투자나 공공투자가 경제발전의 가장 능동적 요소로 되고, 둘째로 외국자본을 국유화함으로써 국가 역할의 강화가 시도될 뿐만 아니라, 셋째는 농업개혁이 착수된다는 점 등을 주 내용으로 한다. 그리고 이와 같은 민족혁명형이 사회주의형과 다른 것은 외국자본의 일부만이 국유화되고 일반적으로 민족자본의 국유화가 진행되지 않는 데 있으며, 사회주의형과 유사한 점은 고전적 자본주의 주장처럼 경제발전이 자연발생적으로 이루어지는 것이 아니라 계획에 의해서 의도적으로 추구되는 데 있다.

이와 같은 민족혁명형은 근대화의 방향을 크게 자주적 유형과 예속적 유형으로 구분한다고 할 때 이데올로기의 선택 없이 후진국이 추구할 수 있는 자주적 근대화의 방향이다. 예속적 유형은 식민지 통치과정에서 형성되는데, 전후 정치적으로 독립한 저개발국이 식민지적 구질서를 청산하지 못하고 구질서를 토대로 근대화를 추진하는 데에서는 어디서나 존속한다. 이에 대하여 자주적 근대화의 방향은 이 구질서를 변혁적으로 거부하고 민족경제의 자립을 위해 새로운 질서를 창조하는 것이다.

앞서 지적한 바와 같이, 자주적 근대화의 방향은 식민지 통치가 남긴 유제로서의 전근대적인 요소를 청산하는 과정에서 정립된다. 이것을 좀더 자세히 검토하여 보면 다음과 같다.

첫째, 대외적으로는 구식민지 종주국과의 정치적·경제적·문화적·사회적인 예속 관계들을 부정하고 단절하는 것이라야 한다. 즉 경제적으로 선진국의 자본지배로부터 벗어나야 하며, 정치·사회·문화적으로도 선진국의 영향권으로부터 벗어나야 한다.

둘째, 대내적으로는 외국자본과 더불어 식민지 지배에 동조했거나 식민지 지배의 결과로서 탄생된 매판적 세력을 청산하고 국가권력으로부터 배제하여야 한다. 왜냐하면 이 세력들은 구질서의 전근대적 유제에 번영의 기반을 갖고 있기 때문에 구질서, 즉 저개발국 경제의 대외종속과 전근대적 요소의 잔존을 유지하려고 노력하기 때문이다.

셋째, 매판적 세력들의 청산과 새로운 경제 질서의 확립을 위해서는 그들이 갖는 경제적 기반을 와해시켜야 한다. 그들의 경제적 기반은 전근대적 토지소유에 있으므로 토지소유의 근대적 개혁이 철저하게 수행되어야 한다. 이러한 개혁은 또한 이중구조의 해소를 위한 중요한 정책수단이 되기도 한다.

넷째, 국내에 잔존하고 있는 외국자본의 활동은 제한되어야 한다. 외국자본은 그것이 어떠한 외양을 갖든 막대한 초과이윤의 획득을 목적으로 한다. 따라서 새로운 국가건설을 의도하는 나라들에서 외국자본의 활동은 그들이 당면하고 있는 자본 부족을 해소하는 데 부분적으로 공헌할 수는 있으나, 앞으로 민족경제의 주축을 담당할 민족자본의 발전을 저해하고 국내에 잔존하고 있는 매판적 세력들의 부활을 위한 기반이 될 위험성을 갖는다. 따라서 외국자본의 활동은 새로운 민족경제 건설에 장애가 되지 않는 범위 안에서 허용되어야 한다.

다섯째, 식민지 아래서 형성된 국민경제의 이중구조는 청산되어야 하며, 선진국의 상품시장 및 식량·원료 공급지로서의 식민지적 국제분업은 거부되어야 한다. 선진국들의 자본에 의한 식민지 지배로 오늘날 저개발국은 앞에서 본 바와 같이 순조로운 근대화의 과정을 거칠 수 없었으며, 약간의 공업화 과정은 국민경제의 단일화된 시장권으로 통합되는 대신에 선진국의 경제권에 편입된 의존경제구조를 낳았다. 따라서 국민경제의 전근대적 이중구조와 의존경제구조는 극복되어야 한다.

그러나 자주적 근대화는 낡은 것에 대한 부정만으로써는 이루어지지 않는다. 낡은 것을 부정하는 토대 위에서 새로운 것을 수립하는 것이어야 한다. 이로부터 자주적 근대화를 위한 새로운 질서의 수립은 다음과 같은 것이 될 것이다.

첫째, 자주적 근대화는 자립경제를 확립하는 것이며, 이것은 국민경제를 국내적으로 균형된 분업연관에 의해 통일화하는 자율적 재생산구조의 확립 과정이어야 한다. 이것은 식민지 아래서 형성된 도시와 농촌 사이의 이중구조와 선진국의 상품시장 및 식량·원료 공급지라는 식민지적 국제 분업관계로부터 벗어나 국민경제를 동질화하고 각 산업부문 사이의 연관관계를 높이는 과정이다. 이 과정에서 이루어져야 할 중요한 작업은 지금까지의 기간산업으로서의 소비재 공업 편중을 극복하고 생산재부문이 이제는 기간산업부문으로 되어 이를 기반으로 스스로의 발로 굳건히 서는 국민경제 구조를 갖는 것이다.

따라서 이 작업은 선진국의 경제적 우위성에 의한 '선진국=자본재', '저개발국=소비재'라는 국제분업 관계에의 강요를 거부하는 것을 전제로 하고 있으므로 자립적 국민경제를 확립하는 길은 이와 같은 힘의 우위를 민족적 결단과 단결로 극복하는 것이며, 따라서 이는 국제무역을 보조적인 것으로 하고 국내적으로 균형된 분업에 의해 완결되는 자급자족 체계의 실현이라는 내용을 갖는다.

둘째, 이와 같은 국민경제의 자립화 방향은 민족의지의 표현으로서 경제의 계획화에 의해 추진되어야 한다. 저개발국에 있어서 경제적 민족주의 추구는 이것을 가격기구의 자유로운 작용에 방임하면 이른바 역류효과가 연관효과를 압도하여 국민경제의 균형적 발전을 불가능케 한다. 그뿐만 아니라 뮈르달이 말하는 이러한 경제적 효과가 아니더라도 경제적 민족주의의 추구는 선진국의 이해와 대립하고 국내적으로 민족자본이 취약한 조건 아래서 국민정부의 경제개발전략으로서의 경제계획 없이는 실현되지 못한다. 이와 같은 국민경제의 계획화는 역사발전에 있어서 경제에 대한 인간의지의 능동적 작용이라는 것을 전제로 하여 내외적으로 주어진 선진국 자본의 요구를 배제하기 위한 새로운 국민경제의 내재적 논리를 창조하는 과정이어야 한다.

따라서 국민경제의 자립을 위한 경제의 계획화는 모리스 도브가 말하는 일국의 생산재 생산의 변화 또는 급속히 이 생산재 생산을 변화시키는 방향으로 정립되어야 하며, 낡은 국제분업 관계에 따라 식민지적 후진지역의 온존을 노리는 국제적 특화의 압력을 배제하는 길이어야 한다. 어떻든 저개발 국가들의 자주적 근대화를 위해서는 경제의 계획화가 불가결한 것이다.

셋째, 저개발국이 근대화를 추구할 때에는 근대화의 추구는 새로운 국민경제의 담당주체로서 민족자본의 형성 및 육성을 위한 노력이 불가결하다. 식민지 지배는 매판자본 및 외국자본에 의한 민족자본의 소멸과정이었다. 이로부터 자주적 근대화는 이것을 담당하는 주체인 새로운 산업자본의 창조나 이미 존재하는 민족적 국내자본의 특혜적 육성을 불가결한 요건으로 한다. 그리고 이와 같은 민족자본의 형성 및 육성을 위한 노력은 외국자본 및 외국자본의 대행자인 국내 매판자본에 대한 대결을 통해서 국가 개입으로 국가자본을 창출하거나 또는 국가자본에 의한 민족자본의 지원으로 국민경제의 기간적 부분을 창조하는 것이어야 한다.

넷째, 자주적 근대화의 방향은 전 국민적 참여와 평등의 보장에 의한 민족적 창의의 동원과정이어야 한다. 자주적 근대화는 새로운 국민경제체제의 확립과정에 대한 전 국민적 참여를 불가결의 요건으로 한다. 왜냐하면 빈곤한 가운데 부를 창조할 수 있는 가능성은 전 국민의 창의적 노력에서만 기대할 수 있기 때문이다. 사회적 불평등을 형평과 정의의 원리를 좇아 바로잡고, 모든 사람에게 참여를 보장함으로써 경제적 잉여를 최대한으로 동원할 수 있다.

다섯째, 민족의 고유한 전통의 재발견과 새로운 민족문화의 창조, 식민지 아래서 형성된 문화를 청산 및 극복하고 자기 민족의 고유한 전통을 재발견하고 새로운 민족문화를 창조하는 일은 민족적 연대의식과 자긍을 가지게 하는 동인이다.

이와 같이 근대화의 자주적 방향은 유형적으로 식민지적 유제들에 대한 부정과 민족적인 새 질서의 확립으로써 제시된다. 이에 대하여 예속적·타율적인 방향은 눈앞의 이해에 급급한 나머지 낡은 것의 부정 위에 새로운 것을 창조하는 것이 아니라, 자립·자주적인 것으로의 가능성을 갖지 않은 낡은 토대 위에서 외부세력과의 타협 속에 안이하게 새로운 것을 접합시키는 것이라고 말할 수 있다.

3. 한국경제의 비리

1) 한국경제의 전개과정

일제 식민지 통치 아래서 자본주의적 경제발전의 단초를 열었던 우리나라 경제는 일본 독점자본에 의한 이윤취득 과정에서 식민지 경제구조가 갖는 특징들을 구체화시켰다.

일본 독점자본에 의한 한국농업의 재편성 과정은 반봉건적 소작제도의 구체화였으며, 한국경제에서 주된 생산력 개발은 일본경제의 농공 간의 불균형 완화를 위한 원료 및 식량생산에서 이루어졌다. 그뿐만 아니라 약간의 공업화는 주로 일본과 식민지 한국 사이의 분업관련을 매개로 하는 원료 및 식량용 농산물의 수집과 가공과정에서 발생, 발전하였으며, 본질적으로 가공공업적 성격을 지닌 자본이 산업자본의 외형을 지니고 식민시에 투하됨으로써 이루어졌다. 여기서 근대화된 공업 및 수출부문과 전근대적이고 자연경제적인 농촌부문이 병존하는 이중경제구조의 원형이 정형화된 것이다. 그리하여 반세기에 걸친 일제에 의한 한국의 식민지 지배는 식량 원료의 공급지로서, 또 일본상품 시장으로서의 경제구조의 파행성과 산업의 지역적 편재라는 이중구조적 상황을 더욱 심화시켰다.

1930년대를 전후하여 식민지 한국은 일본의 자본시장으로 기능을 하게 되고 또 이 시기에 군수공업이 중추가 되어 어느 정도의 공업화가 이루어졌으나, 이것은 식민지적 경제구조를 심화시켜 갔을 뿐이며 일본 자본주의의 외연적 발전의 한 과정으로서 의미를 지녔을 뿐이다.

1945년 우리는 반봉건적 소작제가 지배적인 농촌과 약간의 공업을 가진 도시라는 이중구조 아래서 식민지 통치의 귀결로서 국민경제 운용의 주체적 담당자인 민족자본이나 지도적 세력의 형성없이 해방을 맞이하였다. 일본으로부터의 해방은 일본경제와의 의존관계의 단절을 의미하였고, 따라서 한국경제는 새로운 재생산 기반을 확립하지 않으면 안 되었다.

그러나 해방 후 한국경제는 남북 분단으로 식민지적 유산의 청산은 커녕 종래의 산업구조의 파행성은 더욱 심화되었고, 이북에 편재한 공업생산력 기반의 상실로 경제는 파국으로 줄달음질쳤다. 다만 해방으로 국민경제 건설을 위하여 유리했던 정황 조건은 국내 총자본의 약 8할로 추산되는 일본인 소유의 자본이 국가소유로 귀속됨으로써 자립경제의 확립을 위한 한 계기를 마련하였다.

그러나 귀속재산의 처분의 경과는 결코 소망스런 방향으로 진행되지 못하였다. 미 군정 3년 동안에 국유화된 일본인 재산 및 자본의 불하는 귀속재산이 민족자본으로 전환할 수 있는 계기가 되지 못하였던 것이며, 특정인에게 자본의 시원적 축적의 계기를 줌으로써 이때부터 한국자본주의가 관료자본주의적 성격을 강화하게 되었고, 대일 의존에서 대미 의존으로의 전환 및 심화는 그대로 종전의 구조 위에서 재편성되는 결과를 가져왔다.

해방 이후 일제의 경제적 유산에 대한 가장 변혁적인 조치는 농지개혁이었다. 그러나 농지개혁은 그 범위나 방법에서 사회적 변혁의 내용을 갖추고 있었던 것은 아니었다. 따라서 경제의 이중구조의 청산이나 기존 경제세력의 배제는 아니었다.

막심한 경제적 파괴를 가져온 6·25동란 이후의 경제 재건기는 의존경제 체제를 청산하고, 새로운 자립경제 기반을 구축할 중요한 계기였다고 볼 수 있다. 그러나 경제재건 과정이 자력에 의하여 추진되지 못하고 미국의 원조에 의하여 이루어졌다는 데서 경제구조의 변화는 대외의존으로 되어 갔다.

미국의 경제원조를 부정적인 측면에서 보면 다음과 같은 점들을 지적할 수 있을 것이다.

첫째, 외국 원자재의 도입에 의하여 국내적 분업과 관련 없이 공업을 입지시키고, 이 과정에서 자본축적의 원천인 원조자금의 배정과 정부의 재정·금융상의 각종 특혜를 둘러싸고 기업에 대한 정치권력의 개입이 증대해 갔다.

둘째, 경제의 생산력 발전과 관계없는 방대한 원조물자의 유통과정에 기생하는 상업조직의 팽창에 의하여 외국상품에 대한 소비를 조장하였으며, 동시에 생산력의 뒷받침 없는 소비구조의 고도화는 수입수요의 증대를 가져오고, 이것은 또 대외의존을 심화시킴으로써 국내의 자본축적 능력을 저해한 중요한 요인이 되었다.

셋째, 막대한 잉여농산물의 도입은 대충자금의 국방비로의 전이를 가능하게 하고 또 인플레이션의 억제를 위한 농산물 저가격 정책의 실시를 가능케 하였다. 그러나 이것은 만성적인 식량 공급의 과잉상태를 초래하여 국내 농업생산력의 정체를 가져와 결국 식량 및 원료의 대외의존도를 높이는 요인이 되었다.

즉, 6·25동란 후 미국 원조에 의한 한국경제의 전개과정은 한국의 자본주의를 상업자본주의적이고 대외의존적인 것으로 심화시켰다. 특히 원조물자의 소비재 및 원자재에로 치중하여 값싼 외국 원자재의 부분가공적 소비재공업이 급속하게 성장하였으며, 국내분업 연관에 기초한 중소기업의 성장은 저지되었다. 식량 부족을 미봉책으로 해결하는 데 도움을 준 미국의 잉여농산물은 농지개혁 이후 생성된 농업 발전의 가능성을 없애고 농업의 근대화를 저해함으로써 이중구조의 상황을 지속시키는 데 기여하였다.

결국 미국의 원조는 중소기업의 몰락과 농업의 정체로 민족자본 형성의 물질적 기초의 확립을 막았으며, 외국자본과의 관련에서 이루어지는 자본의 급속한 축적은 경제구조의 파행성과 공업구조의 취약성을 가져온 것이다.

이와 같은 상황에 대한 거부, 그리고 그와 같은 재생산방식이 지속하기 어려운 사정이 4·19혁명으로 나타나고, 그 후 근대화를 내세우는 경제개발계획에 일시적이나마 부분적으로 반영되었던 것이다.

2) 5·16 이후의 근대화 논리

4·19혁명과 5·16 이후의 진전 상황은 원조경제 아래서 심화된 이중구조가 잉태한 필연적인 귀결이었다고 볼 수 있다. 4·19가 내세운 민주화의 요구나, 5·16의 근대화의 요구는 그 근저에 자립경제에 대한 요구를 스스로의 생활상의 필요에서 갖고 있었다고 보인다. 그리고 그 요구는 미국 원조의 점감과 종결의 전망에서 발생한 위기의식으로부터 더욱 강조되었다. 5·16 이후의 경제개발계획은 현실적으로 주어진 위기에 대처하기 위한 시도라는 데서 큰 의의를 갖는다. 어떻든 해방 후 15년이 경과한 뒤에 정권을 장악한 집단에 의해서 비로소 근대화의 문제가 제기된 것이다.

5·16을 주도한 세력은 그 이전의 한국정치를 주름잡던 세력과는 명

백히 다른 성격을 띠고 있었다. 다수가 빈농 출신의 청년 장교들인 그들은 자기의 출신을 반영하여 집권 초기에는 민족적 주체성을 강조하는 민족주의적 성향을 또렷이 드러냈다. 그리고 이러한 성향이 주관적으로는 이른바 경제개발계획을 제기하게 한 것으로 볼 수 있다. 즉 제1차 경제개발 5개년계획은 이와 같은 주관적 동기의 순수한 산물이라고 말할 수 있는 것이다.

그러나 그 동기의 순수성에도 불구하고 결과는 다른 방향으로 전개되고 말았다. 그 이유는 근본적으로는 5·16이라는 정치적 변혁이 대중적 기반을 갖지 못하였기 때문에, 이것이 사회적 변혁으로 구체화될 수 없었던 데서 찾을 수도 있겠지만, 더 구체적으로 다룬다면 다음과 같은 것이 될 것이다.

첫째, 그들은 근대화가 총체적인 사회적 변혁이어야 한다는 것을 결과적으로 인식하지 못하였음을 지적할 수 있다. 즉 근대화를 구호로 내세우면서도 일제 아래서 형성되고 그 후 원조경제 아래서 더욱 고정화된 국민경제의 이중구조와 대외의존성을 교정하기 위한 강력한 조치가 수반되지 않았다. 그들은 근대화를 단순한 공업화로 인식하고, 공업화를 위하여 외자 중시의 입장에서 선진국의 이해를 반영하는 불균형 성장정책과 대외 개방정책을 거의 아무런 구속도 없이 시행하였다. 이로부터 한국경제의 자립화 방향과 상응하지 않은 많은 부정적 측면들이 계기하게 되었다.

둘째, 근대화를 담당할 민족자본 육성의 중요성을 인식하지 못하였다. '근대화=공업화'로 보고 대외 개방을 그 당연한 귀결로 보았기 때문에, 자본의 성격 및 국적은 거의 문제도 되지 않는 것으로 보았다. 즉 경제개발계획의 집행과정에서 외자 및 외자 관련기업을 우대함으로써 이로 인한 중소기업의 몰락을 중요시하지 않고 다만 경제성장률이 높아지는 것에 만족하였다. 외국자본의 논리에 자본의 논리로써 대항할 수 있는 국가자본의 창출 또한 시도하지 않았다. 이로부터 경제의 주요 부문이 외국자본에 위임되는 결과가 빚어지고 있다.

셋째, 경제개발계획의 집행과정에 있어서 투자원의 외자의존은 50퍼센트에 접근하는 높은 수준으로서, 이것은 한국경제의 비리를 가져온 중요 요인이 된다. 외국자본은 그 양상이 원조든 공공차관이든 상업차관이든, 또는 직접투자든 합작투자든 모두 엄밀한 의미에서 이윤을 노리는 것이며, 국내자본이 적고 외자를 우대하는 풍토에서 더욱 철저하게 자기 논리를 관철하게 되어 있다.

넷째, 경제개발계획은 경제자립을 위한 의지의 표현이고, 이것의 실현을 위해 정부는 마땅히 그 수단을 가져야 했으나 그러지를 못했다. 즉 국민경제적 이익의 실현을 위해 의존해야 할 경제적 기초를 마련하지 못한 것이다.

다섯째, 근대화를 공업화로 인식하였을 뿐만 아니라, 공업화 자체에 있어서도 경제구조 개선이나 공업화에 따른 성장 과실의 균점에 대한 고려가 거의 없었다. 선 건설 후 분배라는 의식에서 비롯된 성장정책은 공업의 대외의존 증대와 더불어 소득분배의 불균형도 확대하였으며, 이중구조의 청산과 국민적 단결의식을 심는 데 기여하지 못했다.

자립경제는 추상적인 구호가 아니라 국민 각자의 요구가 그것에 의해서만이 충족될 수 있다는 절실한 생활상의 발로이어야 한다. 그래야만 국민적 참여가 있게 되고, 국민적 참여 속에서 새로운 국부의 창출이 기대될 수 있는 것이다.

3) 한국경제의 비자립적 요소

근대화를 위한 주관적 동기가 순수했고 또 그를 위해 많은 노력이 있었음에도 불구하고, 근대화를 단순한 공업화로 잘못 인식했기 때문에 한국경제의 자립을 위한 그동안의 노력은 오히려 대외의존의 심화를 가져오는 결과를 낳았다. 근대화를 위한 제1, 2차 5개년계획이 그 양적 지표에서 거의 그 목표를 실현한 지금에서도 한국경제는 자립의 토대를 마련하지 못하였으며, 농산물에 대한 대외의존으로부터 생산재에 대한 수입수요에 이르기까지 높은 대외의존 속에서 그동안에 누적된 부채의 상환과 재생산 활동을 지속하기 위해 수출입국이라는 캐치프레이즈를 내세워 안간힘을 쓰고 있다.

그동안 잘못된 근대화에 대한 의식으로부터 누적되어 온 한국경제의 비자립적 요소는 다음과 같다.

자립경제란 생산재 생산공업을 정점으로 하여 밑으로는 기초산업의 밑받침을 갖는 누적적 과정이라고 말할 수 있다면, 한국경제는 이와 같은 요구를 충족시키지 못하고 있다.

경제의 성장에 따라 산업구조는 공업의 구성비 증대와 부분적으로 중화학공업의 비중 증대를 나타내고 있으나, 공업은 국내적 분업관련을 갖지 않은 최종단계의 가공업이며 중화학공업 또한 동일한 범주에 드는 것이다. 그리고 이와 같은 산업구조는 기초산업인 농업과 광업의 정체 속에서도 제조업의 계속적인 성장을 가능하게 하였고, 이것은 한국경제의 대외의존을 더욱 증대시키는 요인으로 되고 있다. 그동안의 공업화가 경제자립을 위한 기반의 구축에서 결정적인 결함을 나타내는 것은 금속 및 기계공업 부문의 개발이 두 차례의 개발계획에서 이루어지지 못하였다는 데 있다. 이것은 제철 및 기계공업의 건설에 막대한 자본이 소요된다는 데에도 그 원인이 있으나 건설방식에서 외국자본에 의존하면서 기간산업의 건설을 꺼렸기 때문이기도 하다.

어쨌든 그동안의 공업화 과정은 투자재원의 대부분을 해외저축으로 충당하고 경제의 이중구조를 온존한 상태로 국내적 분업관련을 고려하지 않은 채 주로 소비재의 수입대체나 수출산업에의 투자에 우선순위를 둠으로써 농공 간의 격차, 공업구조의 파행성과 해외의존성을 심화시켰다고 말할 수 있을 것이다.

비자립적 요소의 둘째는 대외의존의 증대이다. 이것은 앞의 요소와도 관련되는 것이지만, 외국자본에 의존한 공업화 방식은 외자 의존도를 증대시켜 1971년 6월 말 현재 확정된 것만 35억 달러가 넘는 외채의 누적을 가져왔고, GNP에 대한 무역의존도는 1970년에 43퍼센트에 이르렀다. 이리하여 누적된 외채의 원리금상환은 원자재의 대외의존과 더불어 외환사정에 심각한 압박을 가하고 있으며, 따라서 외자의 계속적인 도입은 재생산 활동을 지속하기 위한 불가결한 조건이 되고 있는 실정이다. 이와 같은 대외의존의 심화는 대일 관계에서 일본의 중화학공업과 계열화된 경공업 특화라는 말까지 나오게 만들었다.

셋째, 그동안의 공업화 과정은 중소기업의 몰락 속에 외국자본 및 외자관련 기업이 한국경제의 중추를 장악하는 결과를 가져왔다. 그리고 이것은 일본과의 관련에서 더욱 두드러진다. 일본 외무성 경제협력국의 《일한경제협력》(1969.8)은 시멘트의 약 5할, 비료의 약 4할, PVC의 약 7할, 나일론의 약 4할, 아크릴면의 전부, 폴리프로필렌 섬유의 약 6할, 아세테이트의 전부, 철판의 약 6할, 알루미늄 지금(地金)의 전부, 형판 유리의 전부가 일본 민간차관에 의해 도입된 설비에 의해서 생산되거나, 생산될 것이라고 말하고, 사회간접자본에 대해서도 전력의 약 3할, 디젤카의 약 5할, 화차의 약 2할, 준설능력의 약 4할, 수송차량의 약 1할, 화물선·유조선의 약 5할이 일본으로부터 공공차관 및 민간차관에 의해서 도입된 것이라고 지적하고 있다. 그리고 이와 같은 사태는 일본인들로 하여금 한국경제를 일본경제권에 편입시키는 데는 많은 시간을 필요로 하지 않았다고 말하게 하고 있다.

무원칙한 대외개방의 과정에서 우리나라 중소기업은 몰락의 길을 걷게 되었으며, 이것은 민족자본의 생성 가능성을 배제하는 것이기도 하다. 이제 외국자본에 의한 기간산업의 장악은 석유산업에서 보는 것처럼 국내문제의 결정에까지 외국자본이 개입할 수 있음을 실증적으로 보여주고 있다.

넷째로, 한국경제의 비자립적 요소는 재정주권의 불확립에서도 찾을 수 있다. 통계상 98.3퍼센트의 재정 자립도의 실현(1972년 예산안)을 주장하고 있으나, 막대한 외채의 누적과 차관 도입의 필요성은 관련 국가들 및 국제기구와의 협의라는 제약 때문에 국가가 자기의 자주적 의사에 의해 세입·세출을 결정할 수도, 금융외환정책을 집행할 수도 없게 하고 있다.

이 밖에도 한국경제가 갖는 비자립적 요소는 허다하다. 그러나 문제는 기본적으로 한국경제의 공업화 과정, 그리고 이것을 포함하는 근대화 과정 전반이 일제 식민지 이후의 발전 제약요인들을 제거하지 못함으로써 생성된 것이라고 볼 수 있을 것이다.

4. 맺음말

지금까지의 논의에서 우리는 근대화의 개념과 근대화의 유형들을 설정하고, 그동안 한국경제의 공업화 및 근대화 과정이 자주적 근대화를 위한 요소들을 충족하고 있지 못함을 보아 왔다.

한국경제는 이제 그동안의 그릇된 근대화의 추진으로 말미암은 부정적 측면들의 누적으로 새로운 전환을 위한 강요를 각기 상이한 방향으로부터 받고 있다. 오늘 대외적 조건의 급격한 변동 속에 우리 경제를 뒤덮고 있는 먹구름을, 무엇인가 새로운 전환을 강요하는 경제논리의 발현으로서 받아들여야 할 것이다.

오늘날 한국경제를 둘러싼 내외적 조건은 자주적 근대화의 길이 심히 고난에 찬 길이라는 것을 예상하게 하는 것이지만, 우리 민족의 장기적 목표에 비추어 본다면 이 고난은 값진 것임을 알 것이다.

《신동아》(1971. 11)

민간주도형 경제란 무엇인가

1. 과연 민간주도형 경제란 무엇인가?

주지하는 바와 같이 우리나라에서는 1962년부터 2차에 걸쳐 실시된 경제개발 5개년계획의 전 기간을 통해 정부의 역할은 지대한 바 있었다. 사회간접자본이라고 불리는 각종 공공사업을 거의 전부 정부가 담당한 것은 물론, 공사라고 불리는 정부가 직접투자한 기업의 수가 수십 개를 헤아리게 되어 이들이 각 분야를 맡고 있다. 또 민간의 자본축적이 빈약한 상황에서 경제개발에 필요한 자금은 직접·간접으로 정부의 힘이 작용하는 경로를 거쳐 민간기업에 조달되고 있으므로 민간기업조차도 그 경제활동에 있어서 정부의 주도하에 움직일 수밖에 없었다.

그뿐인가. 경제개발계획의 실행에 따른 투자결정은 경제개발계획 또는 정책결정자의 의도에 따라 결정되었고 시장조건은 거의 고려되지 않았으며 각종 재화의 상대가격, 환율, 이자율, 세율 등은 개개의 특수 사정의 고려하에 정부에 의해서 결정되고 또 통제됨으로써 이 중요한 경제지표들은 시장상태나 사회의 기회비용을 반영하지 못한 채 여러 방향으로 경제구조의 왜곡을 가져오게 되었다.

그런데 요즈음 정부 측으로부터 앞으로는 경제개발을 민간주도형으로 전환하겠다는 말이 나오고 있고 이에 대한 논의가 활발히 이루어지고 있는데, 그 내용이 구체적으로 무엇인지 분명하지 않은 채 각계에서는 서로 아전인수 격으로 이를 받아들여 자기들에게 유리한 해석을 내리면서 그 정책전환의 방향이야말로 이러이러해야 한다고 떠들어대고 있다. 그러면 과연 민간주도형 경제란 무엇인가?

민간주도형 경제란 그에 대립되는 말로 정부주도형 경제를 상정하고 있는 듯하다. 따라서 이 말이 내포하고 있는 것은 지금까지 우리나라 경제는 정부가 경제개발을 주도한 정부주도형 경제였는데 이제부터는 경제개발을 민간부문이 주도하게 하는 방향으로 전환해야 하겠으니, 그러한 경제를 두고 민간주도형 경제가 아니겠느냐 하는 정도의 의미로 사용되는 것 같다. 그리고 그 이상의 의미도 가질 수 없을 것이다. 그러면 그 정도의 의미를 갖는 말을 새로 만들어서 떠들 필요가 있을까?

정통경제학에서는 민간주도형 경제니 정부주도형 경제니 하는 말은 없다. 경제학에 그러한 말이 나오지 않는 것은 지금까지 경제학이 다룬 문제 가운데 우리나라의 현 사태와 같은 경우가 한 번도 등장하지 않았기 때문인가? 그렇지 않다. 민간주도형 경제란 가격기구가 기능을 발휘하여 경제학의 기본문제를 해결하는 시장경제를 의미하며, 정부주도형 경제란 정부가 세부적인 계획에 따라 자원의 배분을 결정하고 각종 통제를 가하여 경제의 운행을 정부의 의도대로 끌고 가는 경제, 즉 경제학의 기본문제들을 계획기구에 의해 해결하려는 경제를 의미한다고 볼 수 있다. 그러므로 민간주도형 경제가 무엇이냐, 정부주도형 경제가 무엇이냐를 알고 그것들의 경제개발에 있어서의 효율성을 논하려면 결국 가격기구와 계획기구의 비교라는 문제에 귀착되고 만다. 따라서 민간주도형 경제의 특징과 경제개발에서의 효율성 문제는 결코 새로운 문제는 아니며, 경제학에서는 긴 역사를 가지고 있는 문제라 할 수 있다.

저개발국이 경제개발을 추진함에 있어서 그 방식으로 자유주의적 가격기구의 기능을 살리는 쪽을 택하는 것이 효율적이냐 아니면 중앙집권적 계획기구의 기능을 살리는 쪽을 택하는 것이 효율적이냐 하는 문제는 경제개발론에서 중요한 쟁점이 되어오고 있는 문제다.

급속한 경제개발을 이룩하는 데 가격기구의 기능에 의존하는 것이 효율적이 아니라고 주장하는 사람들에 따르면 저개발국에서는 대체로 가격기구가 제대로 발달되어 있지 않으며, 따라서 가속적인 경제개발을 추진하는 데 따르는 커다란 변혁에 필요한 부담을 맡기기에는 가격기구가 너무나 미약한 기구라는 것이다. 또 가격기구가 어느 정도 발달되어 있는 경우라도 재화와 생산요소의 시장가격은 이들의 사회적 기회비용을 제대로 반영하지 못하는 경우가 많으므로, 가격기구를 믿고 자원의 분배를 맡길 수 없다는 것이다. 그리고 경제개발과의 관련에서 이들의 주장은, 경제개발에서는 투자의 양과 구성이 대단히 중요한데, 이 투자결정을 가격기구에 따라 다소의 투자자에게 맡길 수 없다는 것이다. 왜냐하면 경제개발이란 단지 현재의 한계적 조정에 그치는 것이 아니라 먼 앞날을 내다볼 수 있는 구조적 변혁을 수반한다는 것이기 때문에, 이 점을 감안하기 위해서는 더 효율적이고 강력한 계획기구에 의해 가격기구는 대체되어야 한다는 것이다.

한편 이와 같은 가격기구 또는 시장기구에 대한 반론에 대해 시장기구를 주장하는 사람들은, 시장기구는 다른 기구가 감히 따르지 못할 본질적인 기능을 가지고 있으며 반론에서 주장하는 논거는 이 본질적 기능과 비교해 볼 때 극히 사소한 것에 불과하다고 한다. 즉 세부적인 면의 결정에까지 계획기구에 의존하는 데서 오는 불이익 또는 비효율은 시장기구가 갖는 단점보다 훨씬 더 심각하다는 것이다. 따라서 시장기구에 단점이 있다면, 그 때문에 이것이 계획기구로 대체되어야 하는 것이 아니라, 시장기구의 기본적인 좋은 기능을 살리면서 이를 개선, 강화하는 방향으로 노력하는 것이 더욱 소망스럽다는 것이다.

이 양 주장은 각기 많은 지지자를 가지고 있으며 아직도 어느 쪽으로 확정적인 결론을 내릴 수는 없는 것이다. 이 양측의 주장을 좀더 구체적으로 알아보기 위하여 계획기구 우위론을 대표한다고 볼 수 있는 로젠슈타인-로단(Paul N. Rosenstein-Rodan)과 가격기구 우위론의 존슨(H. G. Johnson)의 소론을 보기로 하자.

2. 계획기구 우위론

로젠슈타인-로단의 소론[1]은 다음과 같다.

자유주의경제학에 따르면 국민소득의 극대화는 경쟁적 조건들이 충족되는 수요와 공급이라는 메커니즘의 작용에 의해 다음의 4단계 또는 균형을 통해서 달성된다. 즉 ① 소비재의 양이 주어졌을 때 이의 배분, ② 기존설비, 노동, 토지가 주어졌을 때 이의 생산배분, ③ 노동, 토지, 자본이 주어졌을 때 이의 투자배분, ④ 총수요와 총공급의 균형이다.

시장에서 경쟁조건이 충족될 때 소비재의 배분이 가격기구에 의해서 만족스럽게 이루어질 수 있는 것은 사실이다. 그리고 기존 설비와

---

1) Paul N. Rosenstein-Rodan, "Programming in Theory and in Italian Practice," in *Investment Economic Growth*, Asia Publishing House, 1961.

원료와 노동이 주어졌을 때 이에 따라서 생산되는 재화들의 구성을 가격기구에 맡겨 결정하는 것은 소비재의 배분처럼 완전하지는 못하다 할지라도, 우리가 용인할 수 있을 만큼은 만족스럽게 이루어질 수 있다.

그러나 고정자본의 양이 주어졌다는 가정을 버리고, 투자에 의해서 그 양과 구성이 결정된다고 가정하면 그것이 가격기구에 의한 다수의 투자자의 의사결정에 의해서 달성된다고 할 때 가격기구는 이 투자의 양과 구성을 최적배분 할 능력을 갖지 못하게 된다. 로젠슈타인-로단은 그 이유로서 다음 넷을 들고 있다.

(1) 개별 투자자는 사회적 순한계생산물을 극대화하려는 것이 아니라 사적 순한계생산물을 극대화한다. 그러므로 외부경제가 충분히 이용되지 않는다. 또 산업들 사이의 보완성은 매우 중요한 것이므로 이를 위해서는 독립적인 투자의 우연한 일치를 바라는 것보다는 보완적인 투자가 동시에 일어나도록 유도할 필요가 있다.

(2) 생산설비의 수명은 긴 것인 데 견주어 투자자의 앞을 내다보는 눈은 완전하지 못하기 때문에 합리적인 투자가 이루어질 수 없다. 개별 투자자가 짊어지게 되는 위험부담은 전반적 투자계획이 당면하게 되는 위험보다 크다. 또 잘못된 판단에 의한 투자결정에 따른 손실은 특정 투자자의 손실일 뿐 아니라 국민경제 전체의 큰 손실이다.

(3) 자본의 불가분성 때문에 투자는 미소 변화가 아니라 큰 변화로 나타난다. 그런데 가격기구가 완전히 제 기능을 하려면 미소 변화의 가정이 충족되어야 한다.

(4) 자본시장은 흔히 잘 조직되어 있는 것처럼 보이지만 불완전한 시장으로 악명이 높다. 왜냐하면 자본시장은 가격에 의해서 지배될 뿐만 아니라 제도적·전통적인 할당식으로 움직이기 때문이다. 이러한 여

러 가지 이유로 자유주의 경제이론에서 가장 약한 부분이 바로 이 투자이론이다.

끝으로 총수요와 총공급의 균형은 절대로 자유경제의 자동적 작용에 맡겨서 달성될 수 없다는 것은 아무리 자유경제를 찬양하는 사람이라도 인정하지 않을 수 없다. 즉 이 균형은 의도적인 정책으로써만 해결될 수 있다. 그런데 총공급과 총수요의 균형이 이루어지지 않고서는 가격은 믿을 만한 선택의 파라미터(매개변수)가 될 수 없으며, 따라서 가격기구는 무너지고 만다.

그러므로 시장경제의 자동적 기능은 주어진 소비재의 효율적 배분과 주어진 설비로부터의 생산의 배분을 효과적으로 수행할 수 있으나 투자의 배분과 화폐적 균형을 수행하는 데는 무력하다는 것이다.

여기서 로젠슈타인-로단은 계획이야말로 합리적이고 의식적이며 일관성 있고 조화된 경제정책의 다른 표현일 따름이라며, 이 계획은 어느 시대에서나 화폐정책의 형태로 실시되어 왔으나 이것이 최근에는 표면에 나타난 데 지나지 않는다고 주장하고 있다.

경기정책과 상업정책을 포함하는 화폐정책은 목표를 달성하는 데 간접적인 수단을 사용하는 계획형태인데, 이는 3단계를 거쳐 발전해 왔다. 빅셀(Johan Gustaf Knut Wicksell) 이전 단계라고 부를 수 있는 제1단계에서는 투자와 소비를 구별함이 없이 총수요와 총공급만을 일치시키는 것이 그 유일한 목적이었다. 빅셀 이후 단계라고 부를 수 있는 제2단계에서는 화폐정책이 국민소득의 여러 부문에 미치는 영향들을 구분하고 선택하게 되었다. 케인스 이후 단계라고 부를 수 있는 제3단계에서는 화폐정책은 화폐적 균형만을 목표로 하지 않고 완전고용을 보증하는 균형, 나아가서는 최적경제성장률을 보증하는 균형을 목표로 하게 되었다. 이 단계에서 계획은 투자의 양뿐만 아니라 그 구성을 문제 삼게 된다.

계획의 목적은 시간에 따른 국민소득의 극대화이고 이를 위해서 투자의 양을 극대화하고 그 구성을 최적화하려고 한다. 또 이를 위해 채택하는 방법은 간접적인 것으로 화폐정책, 상업정책, 경제추세에 대한 정보제공, 각종 유인과 억제 등을 들 수 있고, 직접적인 것으로는 공공투자를 들 수 있다. 직접적인 방법을 채택하지 않더라도 계획은 필요하다.

왜냐하면 투자자들에게 장기 및 단기의 경제추세, 특히 산업들 사이의 보완성 때문에 생기는 부문 상호 간의 수요의 동향, 그리고 투자로 말미암은 장래의 각종 재화의 수요에 미치는 간접적인 효과 등에 관한 정보를 제공하는 것이 필요하기 때문이다. 이러한 정보를 제공함으로써 투자의 양과 구성을 올바로 유도할 수 있게 될 것이다.

이러한 이유로 로젠슈타인-로단은 계획은 국민소득의 극대화를 추구하는 정책으로서 불가피하다고 보며 따라서 문제가 되는 것은 경제계획을 수립할 것이냐 아니냐의 문제가 아니라 어느 정도까지 계획을 할 것이냐, 계획 안에는 무엇을 포함할 것이냐, 그리고 여러 경제부문 상호 간 또는 부문 내의 활동에 어느 정도의 자유를 허용할 것이냐를 결정하는 것이라고 주장한다.

3. 시장기구 우위론

한편 존슨(H. G. Johnson)은 경제개발기구로서의 시장기구를 다룬 글[2]에서 시장기구 우위론을 다음과 같이 전개하고 있다.

---

2) H. G. Johnson, "The Market Mechanism as an Instrument of Development," *Money, Trade and Economic Growth*, 1962.

우선 그가 시장기구와 대립시켜 사용하는 계획이라는 말은 자유방임과 대립되는 개념은 아니다. 그는 일국 경제의 일방적인 방향을 결정한다는 의미에서의 계획은 기정사실로서 어느 사회에나 있고 또 있어야 함을 인정한다. 이러한 의미의 계획에 의해서 경제운행의 큰 테두리가 정해지면 이것의 세부적 실천에는 두 가지 선택 가능성이 있게 된다. 하나는 세부적인 면까지 계획에 의존하는 것이고 또 하나는 세부적인 일의 진행은 되도록 시장의 작용에 맡기는 것이다.

그는 여기서 경제개발기구로서의 세부적 계획과 시장기구의 문제를 논하고 있다.

그는 우선 경제개발기구로서 시장기구가 우월하다는 것을 다음 두 가지의 근거에서 강력하게 주장하고 있다. 첫째, 후진국에서는 통제의 방법으로 기대하는 결과를 달성하기는 매우 어렵고 비효율적이라는 것이다. 여기서 그는 애덤 스미스가 자유방임주의의 중요한 논거로 들었던 것이, 그가 살고 있던 당시의 정부의 비효율성과 부패였음을 상기시키고 있다. 둘째, 시장기구를 사용하는 과정에서 나타날 수 있는 중요한 결함의 치유책을 생각한다는 것은 급속한 성장을 추구해야 할 저개발국으로서는 시기상조이며 사치스럽다는 것이다. 더욱이 급속한 성장과 소득의 공평분배 사이에는 대립이 있을 수 있는데, 이때 급속한 성장을 열망한다면 소득의 분배에 관해서는 그리 크게 걱정하지 않는 것이 좋다는 것이다.

이러함에도 불구하고 시장기구는 경제개발에 관한 문헌에서 아주 보잘것없이 취급되고, 경제학에서 시장과 관련하여 전개된 이론적 분석은 흔히 간과되고 관심을 끌지 못하였음을 감안하여 존슨은 시장기구를 뒷받침하는 강력한 논거를 제시하고 있다.

먼저 시장의 기능을 살펴보면 정태적 기능으로서 첫째, 소비재를 소비자들 사이에 분배하는 기능을 가진다. 그리고 소득의 분배가 용인할 수 있는 것이라면 이 분배는 또한 사회적으로 효율적인 과정이기도 하다. 둘째, 이윤극대화의 기준에 따라 생산을 재화별로 배분하는 기능을 가진다. 이는 또한 같은 가정 아래서 사회적으로 유용한 과정이다. 셋째, 소득극대화의 기준에 따라 생산요소를 여러 가지 용도별로 배분하는 기능을 가진다. 넷째, 가용자원과 자본설비의 형태별 상대적 수량을 결정한다. 다섯째, 기능적 및 인적 소득분배를 결정한다. 이리하여 가격기구는 희소자원의 배분에 관한 모든 경제문제를 해결하게 된다.

지금까지 말한 것은 정태적 기능이지만 시장기구는 또한 여러 가지 방법으로 경제성장에 유인을 줄 수 있다. 즉 소비자에게는 소득 증가에 대한 유인을 주며, 투자자에게는 투자유인을, 기능공에게는 기능축적이라는 인적자본의 축적유인을 그리고 기업가에게는 물적자본의 축적유인을 준다.

그러므로 기능을 제대로 발휘하게 되면 시장기구는 경제적 효율을 높임과 동시에 경제성장을 촉진시키는 경향이 있다고 주장할 수 있다. 또 이 기구의 작용은 자동적이기 때문에 대규모의 행정기구나 의사결정기구가 필요 없고 여러 가지 계약을 보장해주기 위한 법체계를 마련해주는 이외에는 별다른 정책이 필요없다는 장점을 가진다는 것이 또한 중요하다.

지금까지의 이야기는 모두 귀가 솔깃하다. 그러나 이것으로 이야기가 모두 끝난 것은 아니다. 그러면 시장기구를 반대하는 이유는 무엇인가? 그 반대는 얼마나 심각한가? 그리고 경제개발과의 관련에서 이 반대는 어떻게 처리해야 할 것인가? 이 문제들을 좀더 자세히 보기로 하자.

그러면 시장기구의 반대 이유는 무엇인가? 이것은 두 개의 유형으로 나눌 수 있다. 그 한 유형은 시장기구가 제 기능을 제대로 발휘하지 못한다는 것이고, 다른 한 유형은 시장기구의 기능의 결과가 그 자체로서 소망스럽지 못하다는 것이다.

먼저 첫째 유형을 보자면 이것은 또 두 종류로 구분할 수 있다. 즉 시장의 기능이 불완전한 경우와 시장기능이 완전할지라도 최적 결과를 가져오지 못하는 경우이다.

저개발국에서 시장기능이 불완전한 이유는 시장기구에 익숙하지 못하고 알아야 할 정보를 알지 못한다는 것과 노력으로부터 얻는 것을 합리적으로 극대화하는 것과는 상이한 행동유형이 우세하기 때문일 것이다. 그러나 이는 정부의 적절한 국민에 대한 계몽과 교육으로 고쳐질 수 있을 것이다.

시장기구가 완전한 기능을 발휘한다 하더라도 사회적 비용과 사적 비용 간의 차이가 있을 때는 시장기구는 그 자체의 기준에 의하여 최선의 가능한 결과를 가져오지 못할 것이다. 이것은 특히 경제개발과 관련하여 중요한 것이다. 이것은 규모에 대한 수익의 체증을 포함하여 또 기술진보 및 자본축적이 농업에서보다 공업에서 더 빨리 진행되는 경향이 있다는 가능성을 포함하도록 확대 해석도 할 수 있다. 그러나 사회적 비용과 사적 비용의 차이가 실제로 있다 하더라도, 그것은 결코 정부가 시장기구를 대신해야 할 필요성을 지시하는 것은 아니다. 그 대신 사회적 비용과 사적 비용 사이의 격차를 메우는 적절한 조세 및 보조금 정책을 사용함으로써 시장의 기능은 완전해질 수 있다.

다음은 시장기구에 대한 반대의 두 번째 유형, 즉 시장기구가 제대로 기능을 발휘하지 못하는 것이 아니라 기능을 제대로 발휘할 때 그 결과 자체가 소망스럽지 못한 결과라고 하는 것을 보기로 한다. 여기에도 중요한 반대 이유가 두 가지 있다고 보는데, 그 첫째는 소득분배이다. 즉 시장기구에 의해 결과된 소득분배는 공정하지 못하고 사회적으로 소망스럽지 못한 분배라는 것이다. 시장기구를 통한 소득의 분배는 개인이 가지는 부와 재능 그리고 유리한 기회를 포착할 수 있는 능력에 따른다. 그런데 이에 대한 반대는 이러한 소득분배 결정방법이 공정하지 못하다는 것이다.

그러나 이러한 소득분배 방법에 간섭을 하려 한다면 이 간섭이 시장기구의 효율성을 해친다는 문제에 봉착하게 된다. 즉 사람들로 하여금 그들의 결정에 따라 획득하는 소득을 향유하지 못하도록 하면 이것은 그들의 결정 자체에 영향을 주게 되며 따라서 가격기구의 효율성이 침해된다. 그러므로 경제적 효율성과 사회정의 사이에 갈등이 생기는데, 이 갈등은 경제개발의 정도에 따라 그 정도와 중요성이 달라진다. 선진국은 어느 정도 경제성장을 희생해서 사회정의를 구현할 수 있다. 그러나 경제개발의 수준이 낮은 나라에서는 소득의 공평분배에 따른 희생은 크다. 이 문제에 대해서 해리 존슨 자신의 의견은, 경제성장이 급속하게 이루어지면 시간이 경과함에 따라 여러 가지 방법으로 부의 공평분배가 촉진되는 경향이 있다고 보아 낙관하고 있다.

시장기구의 결과가 소망스러운 결과를 낳지 못한다는 근거에서의 반대의 둘째는, 시장기구에 따른 경제성장은 그 성장률이 기대하는 율보다 낮다는 것이다. 이 반대에는 상당한 근거가 있다고 본다. 왜냐하면 사람들의 저축 및 투자활동은 장래에 대해서 어떤 추측을 내리느냐에 크게 의존하게 된다. 그런데 사람들은 그들 자신의 현재의 요구는 누구보다도 자신이 더 잘 알지만, 장래의 요구는 개인의 관점에서 또는 개인의 집합인 국민의 관점에서 보아야 할 문제가 아니라 전진하고 있는 사회의 관점에서 보아야 한다. 그런데 장래의 사회의 요구는 자유로운 시장기구를 통해서는 잘 나타나지 않는 경향이 있다. 그러므로 경제성장률을 높이려면 국가의 개입이 필요하다는 결론을 얻을 수 있다.

그러나 이 결론을 받아들인다고 해서, 이것은 반드시 국가가 개발을 위한 저축과 투자를 스스로 담당해야 한다는 것을 의미하는 것은 아니다. 기업을 세우고 운영하는 데는 민간기업이 정부보다 더 효율적일 수가 있으며, 최선의 정책은 면세, 보조금, 저리 융자 등으로 민간기업에 유리한 유인을 주는 정책일 수 있다. 마찬가지로 조세나 인플레이션에 의해서 강제로 정부의 손으로 저축을 끌어들이는 것보다 이자율을 높여서 민간 저축에 유인을 주는 것이 유리할 것이다. 저이자율과 강제저축에 반대하는 논거는 그것이 장기적으로 소득분배의 불평등화를 더욱 가속화할 것이라고 생각되기 때문이다. 왜냐하면 소규모의 저축은 정부가 책정한 이자율밖에는 못 받게 되지만 대규모 저축은 수익성이 높은 부문에 투자함으로써 높은 수익을 올리게 되는 것이 보통이기 때문이다. 그러므로 고이자율 정책은 개발을 위한 저축을 촉진하고 소득의 분배를 개선하는 이중효과를 가지게 된다.

정부가 개발투자를 직접 담당해야 한다는 주장에 대한 또 하나의 반대 논거로서는, 정부가 직접투자를 담당할 때 정부관리가 그의 목적에 순수한 마음을 갖지 않을 경우 그 결과는 장래의 경제발전에 해로운 산업의 기득권을 낳게 되고, 기술의 변화에 대해 저항하게 된다는 것이다.

앞에서의 논의를 요약하면 개발정책과 관련해서 개발계획은 시장기구의 기능을 개선하고 강화함으로써 유리한 방향으로 나아갈 수 있다는 뜻이 된다. 그리고 이제까지의 논거는 시장기구를 지지하는 논거의 일면만을 나타낸 것이다. 그 다른 면은 정부의 통제에 필요한 행정력의 발휘에 드는 인력의 비용과 그 통제의 어려움, 그리고 그에 따른 부작용과 그 부작용을 시정하는 데 필요한 통제, 그리고 그 비용 등이다. 이리하여 가격기구는 통제적 계획기구에 비해서 관리비용 면에서 대단히 경제적인 기구가 된다고 볼 수 있다.

지금까지 본 해리 존슨의 소론은 경제개발은 국가와 민간기업의 협력과정이며 문제는 이 둘을 결합하는 가장 좋은 방법을 안출해 내는 기본 전제 아래서 가격기구의 자동적인 각종 배분기능을 강조하고 이의 단점은 정부의 적절한 정책에 의해 개선 또는 보완함으로써 가격기구를 유리한 경제개발 기구로 이용할 수 있음을 강조하고 있다.

마이어(G. M. Meier)도 개발계획의 미래를 다룬 글3)에서 존슨과 비슷한 태도를 취하고 있다.

1960년대 대부분 저개발국의 계획은 중앙집권적이고 종합적이며 세부적인 사항까지 포함하는 중형(heavy type)의 경제개발계획이었다. 그러나 이러한 개발방식이 많은 부작용과 비효율을 야기하게 되자 이에 대한 반성이 각국에서 일어나고 있다. 그러면 경제개발계획은 어떤 방향으로 수정되어야 할 것인가? 그 한 방향은 경제개발 과정에서 시장기구의 기능을 이용함으로써 개발계획을 보다 가벼운 형(lighter type)으로 축소하는 것이다.

시장기구를 더욱더 활용한다는 것은 그 자체가 정부 역할의 감소를 의미하지는 않는다. 역할이 달라진다는 것을 의미한다. 정부의 정책은 시장기구의 강화를 위해서 필요하며 또 더 강력한 시장기구는 이를 통하여 공공정책을 효과적으로 실시하기 위해서 필요하다. 그러므로 정부의 역할은 과거의 적절하지 못한 계획의 좋지 못한 결과를 교정

---

3) G. M. Meier, "The Future of Development Planning" in *Leading Issues in Economic Development*, 1970.

하기 위해서 더욱더 요구될지도 모른다. 즉 과거의 자의적인 직접통제로 말미암아 수많은 경제의 불균형이 나타났고 무역정책, 재정정책, 산업정책, 임금정책 등 각종 정책은 서로 상치된 방향으로 작용하여 그 효과가 서로 상쇄되고 이로 말미암아 많은 왜곡된 결과가 나타나게 되었는데, 이의 시정을 위해서는 더 개선된 계획이 필요하다고 생각된다.

민간부문의 잠재적 능력과 자본을 비통제적인 방법으로 동원하는 데는 시장기구를 발전시키는 길밖에 없다. 그리고 정부에 의한 경제적 및 사회적 간접자본의 확충은 시장기구의 발전을 위한 물적 기반을 마련해주며 시장 상호 간의 의존관계를 강화하게 된다.

정부는 또한 은행제도, 화폐시장, 자본시장, 노동조직, 농업협동조합, 농업신용조직 등의 기구를 구축하는 데 중대한 역할을 하게 되며, 또 민간활동을 활발하게 할 경제환경을 조성할 각종 법적, 제도적 뒷받침을 하는 데 있어서 정부의 역할은 지대하게 된다.

일단 시장기구의 불완전성이 감소되고 시장기구가 개선되면, 시장기구는 개발기구의 역할을 담당할 수 있다. 즉 정부의 정책 실현을 촉진하고 민간의 경제활동이 더 효율적으로 될 수 있다. 종합적이고 세부적인 계획 대신 정부는 목적하는 정책의 실현을 위해서 가격변수를 바꾸면 되고, 이 가격변수는 환율, 이자율, 관세, 조세, 보조금 등의 변수를 포함하게 할 수 있다. 보조금과 조세정책은 기업으로 하여금 생산요소와 생산물을 사회적 기회비용에 따라 평가하고 외부경제를 이용할 수 있게 하는 동시에 새로운 생산기술을 도입하는 유인으로도 적합하다.

이러한 정책의 전환에 수반하여 가장 중요한 것은 여러 가지 특수한 통제로 말미암아 각종 상대가격이 왜곡된 것을 제거하는 일이다.

도시부문에서 이자율이 지나치게 낮게 책정되고 환율이 높게 평가되며, 임금의 격차가 심할 뿐 아니라 농산물의 가격이 낮게 평가되는 현상 등은 가격기구의 기능을 마비시키는 중요한 요인들이다.

이러한 왜곡된 상태가 적절한 정책에 의하여 시정되면 자원의 재배분이 활발하게 진행되고 더 효율적인 자원의 배분이 이루어질 것이다.

4. 우리나라의 개발 방식의 방향

지금까지 우리는 가격기구와 계획기구의 장단점을 비교하고 이 양자에 대한 평가가 어떤 방향으로 변천하고 있는가를 일반적인 관점에서 검토하였다.

〈표〉 국내 총자본형성의 자금원천 구성

(단위: %)

	1962	1963	1964	1965	1966	1967	1968
국 내 총 자 본 형 성 고정자본 소모충당금 중	100.0	100.0	100.0	100.0	100.0	100.0	100.0
정 부 기 업	5.3	2.7	2.4	2.1	1.4	1.5	1.3
일 반 정 부	1.8	1.0	1.0	1.1	0.8	0.7	0.7
저 축 중							
일 반 정 부	40.4	23.7	30.9	38.8	25.7	30.2	29.9
정 부 부 문 합 계	47.5	27.4	34.3	42.0	27.9	32.4	31.9

자료: 한국은행, 《경제통계연보》, 1970.

그러면 다음은 구체적으로 우리나라에서는 이 문제가 어떻게 인식되고 어떤 방향으로 나아가야 할 것인가를 검토해보자.

우리나라의 지금까지 경제개발 과정에서 정부가 얼마나 주도적인 역할을 해왔는가는 앞에서도 말한 바 있고 우리 모두가 느껴서 잘 알고 있는 것이지만, 그 가운데 대표적인 지표로서 국내 총자본형성의 자금원천 중 정부부문이 차지하는 비중을 나타내는 다음의 표를 보면 더욱 잘 알 수 있다. 이 표에 따르면 우리나라의 경제개발 5개년계획의 전 기간에 걸쳐 국내 총자본형성의 자금 중 약 30퍼센트가 정부저축으로 조달되고 있으며 정부부문에 의한 기타 자본형성 자금원천까지 합치면 정부부문의 비중은 약 3분의 1이 된다. 그러나 이 표에는 나타나고 있지 않지만, 그 밖에도 '정부 관련'적인 것까지 합치면 그 비중은 더욱 커지리라는 것은 명백하다. 그런데 이는 1965년 대만에서 국내총투자율 22.6퍼센트에서 정부의 비율은 1.0퍼센트였고, 일본은 33.3퍼센트 중 6.9퍼센트였던 데 견주면 우리나라에서 정부의 비중이 얼마나 높은 것인가를 짐작하고도 남음이 있다.

그러나 최근 우리나라에서 개발방식에 대한 전환이 논의되는 것은 이와 같은 이유 때문만은 아니라고 생각된다. 즉 자금조달의 주체가 누구냐 하는 것보다도 자금운용의 방법이 더 중요하다. 2차에 걸친 5개년계획에서 정부는 자금조달의 주체였을 뿐 아니라 투자의 주체였다. 경제개발 과정에서 정부의 비중이 커지는 것은 경제적 및 사회적 간접자본의 확충이 모든 경제활동의 기반이 되는 것이며, 이는 정부가 맡아서 할 수밖에 없는 것이기 때문에 당연하다고 생각된다. 이는 정부의 고유 투자활동이라고 볼 수 있다. 또 투자의 불가분성 때문에, 그리고 투자 사이의 보완성 때문에 분산된 투자활동에 의해서는 그 실효를 거둘 수 없는 경우, 즉 가격기구에 맡겨 투자할 수 없는 경우, 효율적인 투자를 위하여 정부가 담당하는 것은 정부의 직접투자로 나타나게 되며, 이러한 이유로 정부의 투자규모가 커지는 것은 별로 문제될 것이 없다(물론 이것도 해리 존슨의 말대로 간접적인 유인을 주어 민간투자로 돌릴 수 있겠지만). 그런데 지금까지 우리나라 경제개발 과정에서는 시장기구의 기능을 살려 민간이 투자결정을 하여 민간의 손으로 투자가 이루어졌더라면 더 효율적인 투자가 되었으리라고 기대되는 많은 투자가 정부의 투자결정으로 또는 정부 자신의 투자로 나타났던 것이다. 이처럼 투자기구를 무시하고 또는 가격기구를 왜곡시켜가면서 이루어진 투자가 어떤 결과를 가져왔는가는 최근에 일어난 부실기업사태가 웅변해주고 있다.

우리나라의 지금까지의 투자결정은 상대가격, 이자율, 환율 등 가격기구의 지표 변수들이 거의 작용을 하지 못하는 상태에서 결정되어 왔다. 그리고 정부는 가격기구의 기능을 살리는 방향으로 노력했다기보다는 어떤 구체적인 문제에 당면해서 고식적인 미봉책을 사용하는 데 주력했기 때문에, 이런 결과가 누적되면서 가격기구는 왜곡될 대로 왜곡되어 가격기구에 의한 건전한 투자는 있을 수 없을 만큼 가격기구 자체가 파괴되어 있다.

그런데 앞의 여러 가지 논의에서도 본 바와 같이 세부적인 결정에서는 가격기구가 계획기구보다 우월하다는 것은 점점 더 많은 사람들에 의해서 인식되고 있는 것이 세계적인 추세이고, 우리나라에서도 이것은 예외가 아니다. 따라서 우리나라에서 지금까지의 개발방식에 대해서 반성이 있고, 그 방향을 전환해야 한다고 생각하는 것은 옳다고 생각한다. 그러나 이 방향전환은 민간주도형 경제라는 생소한 말을 창안해서 마치 급격한 정책전환이 있을 것처럼 일반에게 인식을 주는 것은 건전한 태도라고 볼 수 없다. 아무리 과거의 개발방식이 잘못된 것이었다 할지라도 경제에서 급격한 정책변화란 그 의도가 아무리 좋더라도 큰 부작용이 따르게 마련이다.

그러므로 현 단계에서 우리는 개발방식의 전환의 기본방향은 찬성하지만, 이 전환의 작업은 신중하고 점진적인 방법으로 이루어져야 한다고 생각한다. 즉 지금까지의 정책 중에 잘못된 것은 무엇이었던가, 가격기구가 제대로 기능을 발휘하지 못했다면 이는 그 기구가 완전하지 못했기 때문인가, 아니면 인식부족에 의한 것인가. 개발기구가 왜곡되어 있다면 그것은 어떻게 왜곡되어 있고 이를 개발기구로서 이용할 수 있게 되려면 이 왜곡은 어떻게 시정될 수 있는가, 정책전환에 따른 예상되는 부작용은 무엇인가, 이는 어떻게 최소화할 수 있을 것인가, 정책전환으로 기대되는 효과는 무엇인가, 이 효과는 부작용을 상쇄하고도 남을 만큼 큰 것인가 등등 생각할 수 있는 모든 문제에 대해서 사전에 충분히 연구·검토하고 이를 국민경제의 입장에서 냉정하게 판단한 다음 조용하고 서서히 정책의 전환을 시도하는 것이 소망스럽다고 할 것이다.

《신동아》(1971. 5)

경제계획 10년의 결산

1. 머리말

1962년을 시점으로 하여 추진된 1차 5개년계획과 그 뒤를 이어 계속 추진된 2차 5개년계획으로 이제 우리나라는 경제계획 10년의 해를 맞았다. 물론 1962년 이전에 전혀 경제계획이 수립되지 않은 것은 아니다. 1960년 당시의 부흥부 산업개발위원회에 의하여 세워진 종합경제개발 3개년계획을 비롯하여 외국인 혹은 한국 정부에 의하여 수차의 계획이 세워지기는 하였으나 제대로 실천에 옮겨진 일이 없었고 실제로 실천에 옮겨진 것은 제1차 경제개발 5개년계획부터이다.

지난 10년간에 걸친 경제계획에 의하여 우리나라의 경제구조는 양 및 질에 있어서 크게 변화하였다. GNP 규모는 1962년의 6,349.7억 원에서 1970년에는 무려 1조 4,223억 원에 달하였으며 이를 1965년 불변시장가격 기준으로 볼 때 9년 동안에 122.4퍼센트의 성장률(연평균으로 13.6%)을 이룬 것이다. 수출에서는 1962년의 5,480만 달러에서 1970년에는 8억 3,520만 달러에 이르며 같은 기간에 1,424.1퍼센트의 획기적인 증대를 보였을 뿐만 아니라 구조 면에서도 개선을 보여 수출액에서 공산품이 차지하는 비중은 27.0퍼센트에서 83.6퍼센트로 높아졌다.

한편 산업구조도 크게 개선되어 농림수산업 대 광공업 대 사회간접자본 및 기타부문의 부가가치는 1962년의 39.7퍼센트 대 16.7 대 43.9에서 1970년에는 25.8 대 28.0 대 46.2로 변화하여 산업구조의 고도화가 이루어졌다.

그러나 이러한 국민경제의 발전에도 불구하고 물가의 계속적인 앙등, 소득배분의 불균형, 수출입차의 확대 등은 정부 주도의 경제계획에서 커다란 문제점이 되고 있으며 더 이상의 경제발전을 저해하는 애로점(bottleneck)으로 작용하고 있다.

따라서 지금까지 10년 동안에 걸친 경제계획에서 얻어진 성과 및 문제점을 1, 2차 계획으로 나누어 자세히 분석, 검토한다는 것은 앞으로 계속 추진될 3차 및 4차 5개년계획의 올바른 방향설정에 큰 도움이 되리라고 생각한다.

2. 총 관

1) 경제개발의 기원과 배경

경제개발계획이 저개발국에서 국제적 관심을 끌게 된 것은 2차 대전 이후의 일이다. 전전에 선진국의 식민지, 반식민지 혹은 종속국이었던 이들 국가 중에서 자기 민족 스스로의 힘에 의해서 독립을 쟁취하였던 소수의 국가가 처음에는 경제개발계획을 수립·집행하기 시작하였다. 이와 같이 민족주의 세력에 의하여 독립을 쟁취한 이들 소수의 국가가 경제계획을 수립하게 된 동기는 선진국의 식민정책에 의하여 황폐화된 민족경제를 부흥시키는 동시에 식민지시대에 형성된 식민지종주국과 식민지 사이의 의존적 경제관계를 청산하자는 것이었다.

이들 소수의 국가들이 전후 몇 년 되지 않은 단기간 내에 경제적 독립성을 회복하고 눈부신 국민경제의 발전을 보이게 되자 이제까지 경제개발계획을 수립하지 못하여 경제의 대외의존성이 높고 빈곤에 허덕이는 다수의 저개발국에서도 경제계획을 수립하기 시작했다. 이들 경제개발계획의 후참자들이 경제계획을 수립하는 동기에는 경제개발계획의 선참자들이 보여주었던 눈부신 업적을 스스로 모방하자는 의도도 있었지만 대부분의 경우에서는 선진국의 권고에 의한 것이었다.

그러므로 그들이 경제계획을 수립하는 동기가 선참자들의 그것과 완전히 동일할 수도 없었고 또 그들이 달성한 성과도 서로 다를 수밖에 없었다. 좀더 구체적으로 말하면 선참자의 경제개발계획은 구식민지시대의 경제적 대외의존성을 청산하는 과정에서 민족경제의 독립성과 발전을 기하는 것을 목표로 삼았다고 한다면, 대부분의 후참자의 경제개발계획은 구식민지종주국 혹은 새로이 등장한 제국주의 국가와는 경제적 종속관계를 온존시키든지 강화하는 토대 위에서 경제성장률만을 높이는 데 일차적인 목적을 두었다.

저개발국에게 경제개발계획은 앞에서도 지적한 바와 같이 초기에는 민족경제의 자립적 발전을 지향하는 것이었고 또 경제개발계획을 수립하는 어떠한 저개발국도 적어도 하나의 경제계획 목표로서 자립경제의 확립이라는 것을 표방하지 않는 나라는 없지만, 경제개발계획이 정말로 자립적 민족경제의 확립을 목표로 하느냐 하지 않느냐는 것은 그 개발계획의 내용과 성과를 구체적으로 검토하지 않고서는 일률적으로 말할 수 없는 것이다.

이 점이 우리나라의 1차, 2차 및 3차 5개년계획을 평가할 때 가장 중요한 기준이 되어야 한다.

2) 우리나라 경제개발의 태동

우리나라에서는 1960년에 부흥부 산업개발위원회에 의하여 1960~1962년까지 3개년을 계획기간으로 하는 종합경제개발 3개년계획이 경제계획으로서는 처음으로 입안되었다. 이 계획은 균형성장을 그 이론적 토대로 하고 고용과 노동생산성의 증대에 의한 생산량의 증가를 골격으로 하는 콜름 모형을 근간으로 하였다. 그러나 콜름 모형은 노동력이 풍부한 우리나라에는 적합하지 않아 4·19 이후 이 계획은 불균형성장이론에 입각한 1962~1966년 동안의 5개년계획으로 수정되었다가 다시 5·16 이후 그 내용의 상당한 수정을 거쳐서 1차 5개년계획으로 확정되었다.

3) 1차 계획의 수립

1차 5개년계획은 '자립경제의 기반구축'을 계획의 궁극적 또는 표면적 목표로 하고, 이 목표를 성취하기 위하여 국민총생산의 성장률을 연평균 7.1퍼센트로 잡는 한편 농림수산업은 5.7퍼센트, 광공업은 15.1퍼센트, 사회간접자본 및 기타 서비스업은 5.4퍼센트의 연평균 성장을 이룩하여 산업구조의 획기적인 개선을 도모하고, 1962~1966년 동안의 수출은 4.2배로 증대시키는 것과 달리 수입은 1.4배로 억제하여 무역수지의 개선을 기하는 동시에 수출에서는 2차산품의 비중을 높이고 수입에서는 자본재의 비중을 높여 무역상품구조로 개선하려고 노력하였다.

이러한 면만을 관찰한다면 1차 5개년계획이 국민경제의 급속한 성장과 구조 개선을 도모한 것이었다고 하는 사실에는 의심할 여지가 없겠으나 투자재원을 조달할 때 지나치게 해외저축에 의존한 결과(총투자율 22.6% 중 국내저축은 9.3%, 해외저축은 13.3%로 각각 책정되었다),

국민경제의 대외의존성이 더 강화될 것이 미리 예상되었고, 또 국내저축과 더불어 해외저축의 조달이 예상 외로 부진하여 이 계획은 계획집행 도중에 대폭 수정되지 않을 수 없었다.

4) 계획의 보완

보완계획은 1964~1966년을 대상기간으로 하고 원계획을 크게 후퇴시키는 방향으로 조정되었다. 1964~1966년 동안의 국민총생산의 성장률은 원계획치인 7.1퍼센트에 크게 미달하는 5.0퍼센트로 책정되었으며 따라서 부문별 성장률, 투자소요, 무역수지 및 국제수지 등의 세부계획도 크게 수정되었다. 1차 5개년계획의 수정은 이러한 계획지표의 수정뿐만이 아니라 외자에 대한 정책적 태도의 수정을 동반하였다. 계획수립 당초에 있어서는 국내저축의 부족분을 메우기 위하여 외자를 도입하더라도 국민경제적 입장을 어느 정도 견지하였으나 계획의 수정 과정에서 국민경제적 입장은 거의 방기되다시피 되었다.

5) 2차 계획의 수립

2차 5개년계획은 1967~1971년 동안에 연평균 7.0퍼센트의 국민총생산의 성장을 기하도록 하는 한편 농림수산업은 0.5퍼센트, 광공업은 10.7퍼센트, 사회간접자본 및 기타 서비스업은 6.0퍼센트씩 각각 성장하도록 하여 산업구조의 근대화를 도모하였다. 그리고 국제수지의 개선을 위해서 수출은 1965~1971년 동안에 3.1배로 증대시키는 한편 수입은 같은 기간에 1.9배로 억제하도록 하였으며 무역구조의 개선을 위해서도 수출에서는 1차산품 대 2차산품의 구성이 1965년의 37.7 대 62.3퍼센트로부터 1971년에는 26.4 대 73.6퍼센트 되도록 하여 2차산품의 비중을 높이기로 하였으며, 수입에서는 자본재 대 원자재 대 소비재 및 기타의 구성이 1965년의 15.4 대 69.3 대 15.3퍼센트에서 1971년에는 37.5 대 51.6 대 10.9퍼센트가 되도록 하여 원자재와 소비재의 비중을 줄이고 자본재의 비중을 높이기로 하였다. 이와 같은 의욕적인 국민경제의 고도성장과 산업구조 및 무역구조를 개선하려는 노력을 뒷받침해 주는 것은 말할 필요도 없이 해외저축, 즉 외국자본의 도입이었다. 2차 5개년계획의 투자재원 조달을 보면 국내저축 대 해외저축의 구성을 기준년도인 1965년의 48.3 대 51.7퍼센트에서 목표년도인 1971년에는 72.3 대 27.3퍼센트로 국내저축의 비중을 높이기로 하였으나 실제로는 국내저축의 비중을 높이기가 어렵다는 것이 예상되었고, 또 계획집행 과정 중에 외국자본 도입은 무계획적으로 촉진되기도 하였다.

6) 3차 계획의 수립

3차 5개년계획은 2차 5개년계획의 성과를 토대로 국민총생산을 연평균 8.6퍼센트씩 성장토록 하고 농림수산업은 4.5퍼센트, 광공업은 13.0퍼센트, 사회간접자본 및 기타 서비스업은 8.5퍼센트씩 성장토록 하였다. 그리고 수출은 1970~1976년 동안에 4배로 증대토록 하고 수입은 2배로 억제토록 하였다. 투자재원 조달은 국내저축 대 해외저축의 구성은 1970년의 64.6퍼센트 대 35.4퍼센트에서 1971년에는 86.1퍼센트 대 13.9퍼센트로 국내저축의 비중을 크게 높이도록 하였다. 위에서 1차, 2차 및 3차 5개년계획의 내용을 개괄적으로 소개하였다. 아래에서는 세 차례에 걸친 5개년계획의 계획과 실적을 계획지표와 대비하면서 그간에 제기된 문제점을 지적하기로 한다.

7) 경제개발에서 제기된 문제점

세 차례의 5개년계획에서 가장 중요한 계획목표는 국민총생산의 증대였다. 그러므로 이 계획은 국민총생산의 증대가 '자립경제의 기반구축'에 필요 및 충분조건이 된다고 보았을 뿐만 아니라 여타의 계획목표는 이 목표를 달성하기 위하여 계획실천 과정에서 수정되든지 폐기되기도 하였다. 1차 및 2차 계획에서는 국민총생산의 성장률을 각각 연평균 7.1퍼센트 및 7.0퍼센트로 잡았는데 실적이 각각 8.3퍼센트 및 11.8퍼센트(1967~1970)를 나타냄으로써 경제성장목표는 초과 달성되었다.

그러나 앞에서도 지적한 바와 같이 고도경제성장이 저개발국의 경제개발계획에서 추구되어야 하는 유일한 목표는 아니다. 저개발국에서 경제계획이 진정한 의미에서 성공을 거두려면 경제적 자립성을 확보해야 한다. 이 점에서는 5개년계획은 실패하였다고 볼 수 있다.

(1) 외자의존

우선 경제성장을 위한 투자재원의 국내외별 구성을 보면 5개년계획이 외자의존형 계획임이 단적으로 드러난다. 1차 및 2차 5개년계획에서 투자재원 중 국내저축 대 해외저축의 구성이 각각 43.1 대 56.9퍼센트(1966) 및 48.3 대 51.7퍼센트(1965)에서 56.1 대 43.1퍼센트(1966) 및 72.3 대 27.7퍼센트(1971)로 국내저축의 비중을 높이려고 계획하였는데, 그 실적을 보면 1966년에는 그 구성이 58.6 대 41.4퍼센트, 1970년에는 58.6 대 35.0퍼센트로 되어 1차 5개년계획에서는 실적이 달성되었고 2차 5개년계획에서는 상당히 미달하였다.

그러나 여기서 기본적으로 문제가 되는 것은 계획 대 실적의 비율 문제가 아니고 60년대의 경제개발이 해외저축을 그 중요한 투자재원으로 하고 있다는 점이며, 일단 외자를 과도하게 도입한 결과 국민경제의 대외의존성이 확립된 후에는 국민경제의 자립성을 견지하기가 어렵다는 점이다. 3차 5개년계획은 그 구성을 1970년의 64.6 대 35.4퍼센트에서 1976년에는 86.1 대 13.9퍼센트까지 국내저축의 비중을 높이고 해외저축의 비중을 낮출 것을 계획하고 있으나 이 목표는 달성되기 어려울 것이다.

(2) 무역적자

국민경제의 대외의존성은 무역 면에서도 나타나 있다. 1차 및 2차 5개년계획에서는 수출을 1960~1966년 동안에 4.2배로 늘리고 1965~1971년 동안 3.1배로 늘리기로 하였는데 그 실적은 7.9배, 4.8배로 되어 계획목표를 초과 달성하였으나, 수입은 전기에 1.4배, 후기에 1.9배로 억제하기로 하였는데 그 실적은 2.1배, 4.3배로 되어 수입의 격증을 억제하지 못하였다. 그 결과 1차 5개년계획에서는 무역적자가 3억 1,090만 달러에서 4억 6,060만 달러로, 2차 5개년계획에서는 3억 8,690만 달러에서 11억 4,880만 달러로 각각 확대되었다. 이러한 무역규모의 증대 및 무역적자의 확대와 더불어 수출입상품구조도 변화를 나타내었다. 즉 수출상품구조에서는 1차산품의 비중은 계획 이상으로 낮아지고 2차산품의 비중은 계획 이상으로 높아짐으로써 2차산품의 비중이 급격하게 높아졌으며, 수입상품구조에서는 자본재의 비중은 계획대로 높아지지 않고 원자재의 비중은 계획대로 작아지지 않았으나 자본재와 원자재의 비중이 상당히 높아졌다.

이상의 여러 사실을 가지고 흔히들 '수출입국'이다, '무역상품구조의 근대화'다 하고 있지만 사실은 그와는 정반대로 수출입규모의 증대는 원자재공급의 해외의존도의 확대와 더불어 국민경제의 대외의존성의 증대를, 수출상품구조의 근대화는 우리나라 수출상품구조의 보세 가공적 성격을 각각 나타낼 뿐이다.

(3) 산업구조의 파행성

국민경제의 대외의존성의 강화에도 불구하고 국민총생산의 규모가 커짐에 따라 산업구조도 크게 변화하였다. 1960년에 농수산업 대 광공업 대 사회간접자본 및 기타 서비스업의 구성이 41.4 대 15.1 대 43.5퍼센트였던 것이 1970년에는 그 구성이 25.8 대 28.0 대 46.2퍼센트로 되었다. 이러한 산업구조의 급격한 변화는 경제발전에 따르는 농림수산업 비중의 감소와 광공업, 사회간접자본 및 기타 서비스업 비중의 증대 등 경제구조의 근대화로 볼 수도 있으나 그것을 구체적으로 검토하여 보면 반드시 그렇지 않다. 1970년의 산업구성비의 계획치와 실적치를 비교하여 보면 계획치는 34.6 대 26.0 대 39.4퍼센트인데 대하여 실적치는 25.8 대 28.0 대 46.2퍼센트이다. 이것은 농림수산업은 계획 이상으로 축소되고 광공업과 사회간접자본 및 기타 서비스업은 계획 이상으로 확대되었다는 것을 나타내는데, 이는 단적으로 말하여 농림수산업의 절대적 정체와 과대한 실업군의 압력에 의한 사회간접자본 및 기타 서비스업의 과대한 비대를 의미할 뿐이다.

3차 5개년계획이 농림수산업을 더욱 축소시키고 사회간접자본 및 기타 서비스업을 더욱 확대시킬 것을 계획하고 있으나 이것은 위에 지적한 두 가지 문제의 해결을 간과한 것이라고 할 수 있다.

(4) 공업구조의 기형화

산업구조에서 한 가지 더 언급해 두어야 할 것은 공업구조에 관해서다. 중공업 대 경공업의 구성을 1960년의 25.8 대 74.2퍼센트에서

1970년의 33.1 대 66.9퍼센트로 변화시켜 공업 중에서 중공업의 비중을 훨씬 높인 것은 커다란 성과라 할 수 있겠으나 우리나라의 중공업 중에서 자동차공업, 전기기계공업 및 석유공업과 같은 최종소비재 생산부문의 비중이 높다는 것은 중공업이 생산부문으로서의 제구실을 다하지 못하고 있다는 것을 말해 준다.

상술한 바에서 첫째 1차 및 2차 5개년계획은 그 투자재원 조달에 있어서 지나치게 해외저축에 의존한 결과 국민경제적 입장에서 계획이 집행되지 못하고 외자공급의 사정에 따라 계획이 수정되어갔고, 둘째 60년대의 경제성장은 외자의존성 성장이기 때문에 고도성장, 무역규모의 확대 및 근대화 등이 모두 국민경제의 대외의존성을 강화하는 방향으로 진행되었다는 사실을 알 수 있다.

3. 1차 5개년계획의 결산

1) 계획의 목표와 기본방침

1차 5개년계획은 계획기간 중에 보완된 일이 있고 또 산업을 제1차, 제2차, 제3차로 구분하고 있다. 그러나 이하에서는 그 보완계획(1964~1966)은 별로 의의가 없게 되었으므로 계획의 내용을 다룰 때나 계획의 평가에서는 보완계획에 대해서 언급하지 않기로 했으며 또 2차, 3차 5개년계획과의 대비를 위해서 제1차, 제2차, 제3차의 산업구분을 이용하지 않기로 했다.

1차 5개년계획은 그 기본목표를 '모든 사회경제적 악순환을 과감히 시정하고 자립경제의 달성을 위한 기반을 구축'하는 데 두고 있다. 그리고 이 계획은 또 경제질서는 자유경제체제를 원칙으로 하면서 강력한 계획성을 가미하는 '혼합경제체제' 아래서 ① 전력, 석탄 등의 에너지 공급원의 확보 ② 농업생산력의 증대에 의한 농가소득의 증대와 국민경제의 구조적 불균형의 시정 ③ 기간산업의 확충과 사회간접 자본의 충족 ④ 유휴자원의 활용, 특히 고용의 증가와 국토의 보전 및 개발 ⑤ 수출증대를 주축으로 하는 국제수지의 개선 ⑥ 기술의 진흥 등에 중점을 둘 것을 기본방침으로 삼고 있다.

2) 계획의 내용

(1) 총량계획

① **국민총생산 · 산업구조 · 소비:** 국민총생산은 계획기간(1962~1966) 중 연평균 7.1퍼센트의 성장을 하게 되어있으며 또 산업별로는 농림수산업, 광공업, 사회간접자본 및 기타 서비스업이 각각 계획기간 중에 연평균으로 5.7퍼센트, 15.1퍼센트, 5.4퍼센트의 성장을 하게 되어 있다. 그 결과 목표년도의 산업구조는 기준년도의 36.0 대 14.7 대 49.3 퍼센트에서 34.8 대 20.6 대 44.5퍼센트가 되어 공업화에의 진전을 보이게 된다.

그리고 공업구조도 고도화하게 된다. 즉 중공업과 경공업의 비중이 기준년도의 25.8퍼센트, 74.2퍼센트에서 목표년도에는 각각 35.6퍼센트, 64.4퍼센트로 된다.

목표년도의 1인당 국민총생산은 기준년도에 견주어 19.0퍼센트 증가하게 되며 목표년도의 민간소비지출은 기준년도에 견주어 18.2퍼센트 증가하게 된다. 목표년도의 기준년도에 대비한 인구증가율이 31.8 퍼센트인 점을 생각하면 1인당 민간소비 지출은 변동하지 않는 셈이 된다. 그러나 정부소비지출은 기준년도에 견주어 31.8퍼센트가 증가하도록 되어 있다.

② **투자재원의 조달과 배분:** 계획기간 중의 투자는 동 국민총생산의

22.6퍼센트인 3,214억 5천만 원(1961년 불변 가격표시)이다. 이 투자는 국내저축에 의하여 40.2퍼센트, 해외저축에 의하여 59.8퍼센트를 각각 조달하기로 되어 있다. 한편 국내저축률, 해외저축률은 각각 계획기간 중 연평균으로 9.3퍼센트, 13.3퍼센트이다. 그리고 재정수입의 근간인 조세의 부담률은 기준년도의 12.6퍼센트에서 역년적(逆年的)으로 증가시켜서 목표년도에는 16.3퍼센트 제고하기로 되어 있으며 계획기간 중 연평균적으로 14.9퍼센트가 되도록 하고 있다.

투자 중에서 17.4퍼센트는 농림수산업에 33.2퍼센트는 광공업에, 49.4퍼센트는 사회간접자본 및 기타 서비스 등에 각각 배분되기로 되어 있다. 그리고 주체별로는 65.3퍼센트가 민간에, 34.7퍼센트가 정부에 배분되기로 되어 있다.

③ **무역과 국제수지**: 목표년도의 수출총액은 기준년도의 약 4.2배인 1억 3,750만 달러로 되어 있다. 그리고 2차산품의 수출은 수출총액의 34.3퍼센트를 차지한다. 한편 목표년도의 수입총액은 기준년도의 약 1.4배인 4억 9,300백만 달러로 되어 있다. 이 가운데 자본재수입이 31.9퍼센트를 차지하고 재원별로는 정부보유처리달러(KFX)에 의한 수입이 47.0퍼센트를 차지한다. 원조에 의한 수입은 점차 감소하는 반면 정부보유달러와 차관에 의한 수입은 증가해가기로 되어있다.

그리고 무역수지는 목표년도에 있어서 3억 5,480만 달러의 적자를 나타나게 되어 있다. 그리고 무역외수지는 1억 820만 달러의 수입초과를 나타내게 되어있다. 따라서 경상수지는 2억 4,660만 달러의 적자를 나타냄으로써 기준년도의 2억 6,230만 달러의 적자에 견주어 감소하게 되어 있다. 이 적자는 장기자본도입에 의해서 메우도록 되어 있다.

④ **인구와 고용**: 인구는 증가율을 기준년도의 2.88퍼센트에서 목표년도에는 2.74퍼센트로 감소시켜서 계획기간 중 연평균 2.81퍼센트의

증가에 그치도록 하고 있으며 고용은 연평균 4.7퍼센트, 계획기간 중
28.3퍼센트의 증가를 하게 되었다. 산업별로 보면 농림수산업, 광공업,
사회간접자본 및 기타 서비스업이 각각 계획기간 중에 연평균으로 3.8

〈표 1〉 1차 5개년계획기간 중 주요 품목의 생산계획 및 실적

| 품 목 | 단 위 | 기준년도(1960) 실 적(A) | | 목표년도(1966) | | B/A(%) | | B′/A(%) | |
		계획상의 실적(A₁)	실 적 (A₂)	계 획 (B)	실 적 (B′)	B/A₁	B/A₂	B′/A₁	B′/A₂
농 림 수 산 업									
쌀	천 석	15,950	21,071	20,567	26,914	129.0	97.6	168.7	127.8
보 리	천 석	7,211	9,787	8,482	16,030	117.6	86.7	222.3	163.7
면 화	천 근	32,000	18,990[1]	84,000	13,703	262.5			72.2
잠 견(蠶繭)	천 관	1,226	4,599[1]	3,900	9,601	318.1			208.8
어 류	M/T	241,737		421,000	424,933	174.2		175.8	
광 공 업									
석 탄	천M/T	5,350		11,740	11,613	219.4		217.1	
철 광	천M/T	392		600	789	153.1		201.0	
중 석	S/T	4,915		8,369	3,704	170.2		75.0	
시 멘 트	천M/T	430		1,370	1,884	318.6		438.1	
비료·질소질	M/T	(13.36)[2]		109.5	(173.0)[2]				
강 괴(鋼塊)	M/T		50.1	90.0	215.8		179.6		430.7
선 철(銑鐵)	M/T	13.9	13.2	43.2	20.6	310.8	327.2	148.2	156.1
가 성 소 다	M/T	300	0	10,200	8,473	3,400		2,824.3	
펄 프	M/T	13,145		35,000		266.3			
정 유	천BBL	—		9,300	1,941				
소 다 회	M/T	—		39,600					
P V C	M/T	—		1,800					
사 회 간 접 자 본									
발 전 량	100만 kWh	1,699	1,697	4,509	3,885.8	265.4		228.7	229.0
주 택 건 설	천 호	3,346		3,908	3,858.9	116.8		115.3	
화 물 수 송	100만 t/km	3,710	58,110	6,881	157,635	185.5		4,248.9	271.3
여 객 수 송	100만 인/km	8,006	9,485	11,334	13,798	141.6		172.3	145.5

주: 1) 단위는 M/T임, 2) 요소(尿素)를 표시함.

퍼센트, 13.1퍼센트, 4.4퍼센트의 증가를 하게 되어 있다. 그 결과 목표
년도의 고용구조는 기준년도의 67.3 대 6.3 대 26.4퍼센트에서 64.7 대
10.7 대 24.7퍼센트가 되어 상당한 개선을 보이게 된다.

한편 실업률은 기준년도의 24.2퍼센트에서 목표년도에는 14.8퍼센
트로 감소하게 되어 있다. 그러나 1차년도의 계획과 실적을 대비해 볼
때 이 계획치는 부정확한 고용통계에 의거하고 있음을 알 수 있다.

⑤ **계획의 보완**: 이상과 같은 내용을 가진 1차 5개년계획은 경제계
획의 필수요건인 통계가 정비되지 못한 5·16 직후에 서둘러서 작성된
것으로서 우리나라 경제현실의 더 정확한 분석과 자원동원능력에 대
한 더 치밀한 조사가 결여된 채 빈약한 자원으로 막대한 국방비 부담
아래 높은 경제성장률을 이룩하려는 무리를 범한 결과 마침내는 물가
의 상승과 외환위기를 초래하게 되었다.

이리하여 계획에 차질이 생기게 되어 계획의 수정보완이 불가피하
게 되었다. 이에 정부는 1962년 11월에 수정보완작업에 착수하여
1964년 2월에 1964~1966년을 대상으로 한 보완계획을 발표하기에 이
르렀다.

보완계획은 원계획과 마찬가지로 '사회경제적인 악순환의 시정'과
'자립경제 달성을 위한 기반의 구축'을 기본목표로 하며, 또 에너지 공
급원의 확보, 기간산업의 확충, 농업생산력의 증대, 수출진흥과 국제수
지의 개선 및 과학기술의 진흥에 중점을 두고 있다. 그러나 이 보완계
획은 '안정의 기조 위에서 건전한 성장을 지속할 수 있도록' 성장목표
를 하향 조정하였다는 데에 그 특징이 있다.

즉 원계획이 경제성장률을 제1차년도의 5.7퍼센트에서 목표년도의
8.3퍼센트까지 축년적(逐年的)으로 증가하도록 하며 계획기간 중 연평
균 7.1퍼센트의 수준을 유지하게 했던 반면, 보완계획에서는 경제성장

〈표 2〉 1차 5개년계획의 계획치와 실적치

(1961년 불변가격)

	단 위[1]	기준년도 (1960)(A)		1차년도 (1962)		목표년도 (1966)(B)		B/A(%)		1962~66년 평균	
		계 획	실 적	계 획	실 적	계 획	실 적	계 획	실 적		
국 민 총 생 산[2]	10억 원	(480.1)		(507.0)		(675.7)					
		232.27	589	245.27	635	326.91	914	140.7	155.2		
국민총생산성장률	%	2.3		5.7	3.5	8.3	13.4			7.1	8.3
농 림 수 산 업	%	1.7		5.3	−6.0	6.2	11.0			5.7	5.5
광 공 업	%			11.3	15.7	16.7	15.2			15.1	14.8
(제 조 업)	%			11.5	14.9	17.8	16.1			15.0	15.0
사 회 간 접 자 본	%			4.4	9.1	6.4	14.8			5.4	8.9
및 기타 서비스											
(사회간접자본)	%			6.7	13.8	8.7	21.0			7.6	16.8
산 업 구 조[3]											
농 림 수 산 업	%	36.0	41.4	37.1	39.7 (33.4)	34.8	37.9 (31.7)			36.1	39.5 (33.0)
광 공 업	%	14.7	15.1	15.3	16.7 (21.7)	20.6	19.8 (25.7)			17.8	18.2 (23.5)

（제 조 업 ）	%	12.7	13.7	13.0	15.0	17.5	18.1			15.1	16.5
사 회 간 접 자 본	%	49.3	43.5	47.7	43.6	44.5	42.3			46.1	42.3
및 기타 서비스					(44.9)		(42.6)				(43.5)
（사회간접자본）	%	16.1	10.5	17.4	11.2	19.6	12.4			18.5	11.6
공 업 구 조											
중 공 업	%	25.8		31.8	27.1	35.6	30.9			34.2	29.5
경 공 업	%	74.2		68.2	72.9	64.4	69.1			65.8	70.5
투 자[2]	10억 원	(64.88)		(101.92)		(153.70)				(132.89)	
		31.39	62.48	49.31	77.99	74.36	207.38	218.1	331.9	64.29	131.1
										(321.4)[4]	(655.53)[4]
투 자 재 원 조 달											
국 내 저 축	%	43.1		18.3	11.4	56.9	58.6			40.2	40.6
해 외 저 축	%	56.9		81.7	82.9	43.1	41.4			59.8	54.7
투 자 율	%	11.6		20.1	12.2	22.7	22.7			22.6	15.6
국 내 저 축 률	%	5.0		3.7	1.5	13.0	13.4			9.3	6.9
해 외 저 축 률	%	6.6		16.4	10.8	9.7	9.4			13.3	8.7
투자재원배분(1)											
농 림 수 산 업	%	2.1		19.3	9.0	16.6	7.8			17.4	8.5
광 공 업	%	33.7		30.0	22.6	34.6	27.3			33.2	26.1

사회간접자본 및 기타 서비스 투자재원배분(2)	%	64.2		50.7	68.4	48.8	64.9			49.4	65.4
민　　　간	%	67.2		69.4	71.4	66.0	66.8			65.3	72.1
정　　　부	%	32.8		30.6	28.6	34.0	33.2			34.7	27.9
조 세 부 담 률	%	12.6		13.0	11.2	16.3	8.5			14.9	9.1
소 비 지 출[2]	10억 원	(488.99)		(488.29)		(588.29)				(528.97)	
		236.57		236.23	639.40	284.61	801.75	120.3	164.0	255.91	707.89
		(100.0)		(100.0)	(100.0)	(100.0)	(100.0)			(100.0)	(100.0)
민간소비지출[2]	10억 원	(412.39)		(392.0)		(487.32)				(430.89)	
		199.51		189.65	568.96	235.76	716.99	118.2	173.9	208.46	632.64
		(84.3)		(80.3)	(89.0)	(82.8)	(89.4)			(81.5)	(89.4)
증 가 율	%			0.3	7.7	8.2	7.2			4.5	6.3
정부소비지출[2]	10억 원	(76.60)		(96.28)		(100.97)					
		37.06		46.58	70.44	48.85	84.76	131.8	110.7	47.45	75.25
		(15.7)		(19.7)	(11.0)	(17.2)	(10.6)			(18.5)	(10.6)
증 가 율										90.7[5]	93.3
소　　비　　율	%	101.9		96.3	99.9	87.0	86.7				

1인당 국민총생산	원	(19,450) 9,410 (94.4)[6]		(19,397) 9,384	24,284 (96.1)[6]	(23,150) 11,200	31,419 (130.8)[6]	119.0	161.5	4.2	5.6[5]
인　　　　구	천 인	24,694		26,136	26,125	29,185	29,086	118.2	117.8	27,650	27,617
인 구 증 가 율	%			2.88	2.85	2.74	2.60			2.81	2.77
고　　　　용	천 인	7,877		8,497	7,944	10,111	8,635	128.3	109.6	9,267	8,252
고 용 증 가 율	%			5.78		4.83	1.3			4.71	2.8
농 림 수 산 업	%			3.52		4.10	−0.12	123.1		3.78	−0.89
광　공　업	%			32.94		9.60	2.3	218.3		13.08	8.16
(제 조 업)	%										
사 회 간 접 자 본 　및 기타 서비스	%			3.78		4.78	3.9	120.2		4.43	6.80
고 용 구 조	%	100.0									
농 림 수 산 업	%	67.3		66.1	65.2	64.6	57.8				
광　공　업	%	6.3		9.4	10.7	10.7	13.3				
(제 조 업)	%										
사 회 간 접 자 본 　및 기타 서비스	%	26.4		24.6	24.1	24.7	28.9				
실 업 률	%	24.2		22.3	8.4	14.8	6.8			18.9	7.7

항목	단위									
수 출	100만 달러	32.9 (100.0)		65.9 (100.0)	56.7 (100.0)	137.5 (100.0)	255.8 (100.0)	417.9	789.5		
1 차 산 품	100만 달러	27.9 (84.8)		47.7 (72.4)	41.4 (73.0)	90.3 (65.7)	96.1 (37.7)	323.7	362.6	100.1 (100.0)	139.7 (100.0)
2 차 산 품 (공 산 품)	100만 달러	5.0 (15.2)		18.2 (27.6)	15.3 (27.0)	47.2 (34.3)	159.7 (62.3)	944.0	2,706.8	67.4 (67.3)	61.0 (43.7)
수 입(1)	100만 달러	343.0 (100.0)		456.7 (100.0)	421.8 (100.0)	492.3 (100.0)	716.4 (100.0)	143.5	208.9	32.6 (32.7)	78.7 (56.3)
자 본 재	100만 달러	40.1 (11.7)		123.7 (27.1)	69.8 (16.5)	157.2 (31.9)	171.7 (24.0)	392.0	428.2	481.0 (100.0)	
원자재, 소비재 및 기 타	100만 달러	303.0 (88.3)		333.0 (72.9)	352.0 (83.5)	335.1 (68.1)	544.7 (76.0)	110.6	179.8	143.8 (29.9)	
수 입(2)	100만 달러	343.0 (100.0)		456.7 (100.0)	421.8 (100.0)	492.3 (100.0)	716.4 (100.0)	143.5	208.9	337.2 (70.1)	
정 부 보 유 불 (K F X)	100만 달러	95.3 (27.8)		174.3 (38.2)	179.0 (42.4)	231.5 (47.0)	397.8 (55.5)	242.9	417.4	481.0 (100.0)	
차 관	100만 달러	2.3 (0.7)		50.0 (10.9)	4.5 (1.1)	97.0 (19.7)	108.4 (15.1)	4,217.4	4,713.0[4)	198.0 (41.2)	
원조 및 기타	100만 달러	245.4 (71.5)		232.4 (50.9)	238.3 (56.5)	163.8 (33.3)	210.2 (29.3)	66.7	85.7	85.2 (17.7)	

경 상 수 지	100만 달러	−262.3		−309.8	−292.5	−246.5	−323.0	94.0		−286.1	
무 역 수 지	100만 달러	−310.1		−390.8	−335.8	−354.7	−429.6	−14.4		−380.8	
무 역 외 수 지	100만 달러	47.8		81.0	43.3	108.2	106.6	226.4		94.7	

주: 1) 계획치는 61년 불변가격이며 실적치는 65년 불변가격임.
   2) 괄호 안은 GNP Deflator를 사용하여 65년 불변가격으로 고친 수치임.
   3) 괄호 안은 경상가격 기준임.
   4) 괄호 안은 5년간의 총투자액임.
   5) 1인당 국민총생산 증가율의 5년간 평균임.
   6) 패리티환율에 의하여 달러화로 환산한 것임.

률을 1964~1966년간 연평균 5.0퍼센트로 낮추었다.

산업별 연평균 성장률도 원계획에 비하여 하향 조정되었다. 또 이러한 성장목표의 하향 조정에 따라 투자소요, 무역 및 국제수지, 인구, 고용 등 각 부면에 대한 상당한 수정이 불가피하였다.

(2) 부문별 계획

① **농림수산업**: 〈농업〉 우리나라는 식량의 부족으로 해마다 다량의 외곡을 도입하여 왔다. 식량의 자급을 위해서뿐 아니라 피폐하여 가는 농촌경제를 재건하고 농가소득을 향상시키는 것은 공업원료의 제공과 공산품이 시장 확대의 견지에서 공업화의 중요한 과제이기도 하다. 계획은 농업의 진흥을 위하여 계획기간 중 목포 영상강 유역의 간척사업과 전국적인 개간사업을 통하여 약 10만 정보의 농지와 4만 5천 정보의 수리안전답을 확장하고 시비의 개선과 농사기술의 보급을 통한 단위당 생산량의 증가에 의해서 쌀은 기준년도의 1,595만 석에서 목표년도에는 29퍼센트, 보리는 18퍼센트 증산시키기로 되어 있다. 또 주곡을 위주로 한 종래의 단순영농방식을 지양하여 다각적 경영방식을 채택함으로써 특용작물의 대폭적인 증산을 계획하고 있으며 잠업 등은 주로 수출산업으로서 외화 획득을 위하여 증산을 꾀하고 있다. 그리하여 기준년도에 견주어 목표년도에는 면화를 2.6배, 누에고치를 3배로 증산하게 된다.

〈수산업〉 수산업도 외화획득의 견지에서 그 증산이 요청되며 이를 위하여 기술의 향상과 장비의 개량이 요청되므로 계획에서는 7척의 원양어선 도입과 약 2천9백 척의 어선 건조 및 장비의 개량을 추진하며 이로써 기준년도의 어획고 24만 2천 톤에서 목표년도에서는 74.2퍼센트를 증가하도록 되어 있다.

상술한 바를 주 내용으로 하는 이 부문의 목표들을 달성하기 위하여 계획기간 중에 이 부문에는 총투자 3조 2,145억 원의 17.2퍼센트인 5,544억 원을 투자하기로 되어 있으며, 그 결과 부가가치성장률은 연평균으로 5.7퍼센트가 되는 것으로 계획하고 있다.

② **광공업**: 〈광업〉 석회생산은 계획의 착수 이전 수년 동안에 비약적 성장을 보여 1955년에는 겨우 130만 톤을 생산하던 것이 1966년에는 4배인 535만 톤으로 증산되었다. 그러나 계획기간 중 건설될 8개의 화력발전소와 기간산업시설에 따른 산업용연료 수요와 가정용연료의 무연탄 대체에 따른 민간소비수요를 고려하여 목표년도에는 기준년도의 2.19배나 되는 1,174만 톤을 생산하도록 계획하고 있다.

1961년의 철광석 생산은 약 40만 톤인바 주로 매장량이 풍부한 양양, 철산에서 생산되었다. 계획에서는 태백산 지역 종합개발계획의 일환으로서 선철 생산능력 25만 톤, 강괴 생산능력 22만 톤을 갖는 종합제철소를 준공하게 되며 이에 대비하여 철광석 생산도 60만 톤으로 기준년도보다 53.1퍼센트 증산할 것을 기도하고 있다.

그러나 종합제철소의 실제 가동은 제6차년도에 본격화하게 될 것으로 보고 계획기간 중 증산될 철광석의 대부분은 수출하도록 하고 있다. 광업의 기타부문에서는 수출산업의 주요한 비중을 차지하는 중석은 70.2퍼센트 증산을 기도하고 있다.

무진장의 석회석 매장량과 기간공업의 확대에 따른 시장수요를 예상하여 계획은 시멘트 생산량을 43만 톤에서 목표년도에는 137만 톤으로 증가하도록 하고 있다.

〈공업〉 충주비료공장은 요소비료 8만 5천 톤의 생산을 계획 시작 이전에 이미 개시하였고 제1차년도에는 다시 요소비료 8만 5천 톤의 생산능력을 갖는 호남비료공장이 완성되어 요소비료의 연간 생산량은

17만 톤에 달할 것이나 이는 국내수요량에 크게 미달하므로 계획에서는 비료의 자급도를 더욱 높이기 위하여 3개 공장의 신설을 서두르고 있다. 이로써 목표년도에는 국내수요의 51퍼센트를 자급하게 된다.

한편 유류수입에 막대한 외화가 소요되고 있으므로 원유를 직접 도입하여 국내에서 가공하면 막대한 외화를 절약할 수 있다. 계획에서는 일산 3만 배럴의 생산능력을 갖는 정유공장을 제1차년도부터 제3차년도에 걸쳐 건설함으로써 연간 930만 배럴의 정유를 생산하도록 하고 있다. 또 계획에서는 각종의 공작기계와 광산기계 등을 국내에서 제작하기 위하여 종합기계공장을 건설하며 그동안 부진상태에 있던 조선공업도 육성하여 계획기간 중 약 6만 톤의 선박을 수리 및 건설하도록 하고 있다.

이 밖에도 기존 유휴시설의 활용과 전매시설의 확장개량 그리고 PVC, 소다회, 스트로 펄프, 가성소다, 정밀기계, 디젤엔진 및 자동차 등의 공장건설을 추진하여 여타 산업부문의 발전을 유도하도록 배려하고 있다.

상술한 바를 주 내용으로 하는 이 부문이 목표를 달성하기 위하여 계획기간 중에 이 부문에는 총투자 3조 2,145억 원의 33.2퍼센트인 1,076억 1천만 원을 투자하기로 되어 있으며, 그 결과 부가가치성장률은 연평균으로 15.1퍼센트가 되는 것으로 계획하고 있다.

③ **사회간접자본 및 기타 서비스업**: 〈전력〉 전력은 석탄과 함께 에너지 공급원으로서 산업개발의 기초적 역할을 하므로 전력부문 투자에 우선을 부여하여 증산을 계획하고 있다. 1961년의 발전시설용량은 37만kW며 평균발전량은 20만kW 안팎에 불과한 상태였으므로 가능한 최단시일 안에 전력의 최저수요를 충족하기 위하여 건설이 빠르고 비용이 덜 드는 화력발전소를 우선 건설하는 한편 국토건설사업에 의한

수자원개발을 통하여 계획기간 중 수력발전을 또 개발하도록 하고 계획기간 중 수력 7개, 화력 8개의 발전소를 완성하도록 계획하고 있다. 목표년도의 발전량은 기준년도의 약 2.7배인 45억 9백만㎾이다.

〈운수〉 운수는 전력과 함께 사회간접자본으로서 경제규모 확대에 대해서 선도적인 역할을 한다. 계획은 수송시설의 확보와 그 체계의 확립을 위해 특히 태백산 지역 종합개발계획에 따르는 수송시설의 확충 강화에 중점을 두고 있다. 이를 위하여 계획기간 중 1천 량의 화차를 구입하는 한편 국내공작창 시설을 활용하여 44량의 화차를 신조 또는 개조하며 경비절약을 위해서 디젤기관차 1백 대와 디젤동차 145대를 도입토록 하고 있다. 그리하여 목표년도에는 화물수송은 기준년도의 약 1.8배, 여객수송은 약 1.4배로 증가시킬 것을 계획하고 있다.

철도시설에서는 경북선, 정선선을 신설해서 이미 착공된 기타선 및 동해 북부선과 더불어 140킬로미터에 달하는 산업철도를 완공하며 같은 지역의 단호항(炭湖港)의 하역 시설을 약 2백만 톤의 능력으로 확장할 것을 계획하고 있다.

〈통신〉 통신은 시설의 신설 확장에 중점을 두어 계획기간 중 약 16만 회선의 전화시설을 증설하여 목표년도에는 기준년도에 견주어 약 3배에 이르도록 하고 계획기간 중 시외 및 국제전화시설을 약 2배, 우체국시설을 2.3배 증가하도록 하고 있다. 이것은 통신업무의 신속화와 농촌 지방까지 1면 1국 방침을 세워 통신업무를 유기적으로 하기 위한 것이다.

〈건설〉 계획기간 중 긴급한 실물생산 또는 이에 직결된 분야에 우선을 둠에 따라 주택에 대해서 점진적인 증가를 기하고 있다. 그리하여 재원의 범위 안에서 주택의 양적 증가에 노력하여 기준년도의 주택부족률 24퍼센트를 목표년도에는 22퍼센트로 저하시킨다.

목표년도의 주택건설은 390만 8천 호가 된다. 이것은 계획기간 중 16.8퍼센트의 증가를 계획하고 있음을 말해준다. 그 밖에 특히 시급을 요하는 의무 및 기술교육, 보건 및 사회사업, 상하수도 및 관광사업 등은 여력이 있는 범위 안에서 추진하도록 되어 있다. 따라서 이 부문들은 계획상의 망각지대인 감이 있다. 상술한 바를 주 내용으로 하는 이 부문의 목표를 달성하기 위하여 계획기간 중에 총투자 3조 2,1545억 원의 49.4퍼센트인 1조 5,840억 원을 투자하기로 되어 있으며, 그 결과 부가가치성장률은 연평균 5.9퍼센트가 되는 것으로 계획하고 있다.

3) 계획의 실적

(1) 총량실적

① **국민총생산·산업구조·소비:** 국민총생산은 계획기간 중 연평균 8.3퍼센트의 성장을 함으로써 계획을 초과하고 있다. 그리고 산업별로는 농수산업, 광공업, 사회간접자본 및 기타 서비스업이 각각 계획기간 중에 연평균으로 5.5퍼센트, 14.8퍼센트, 8.9퍼센트의 성장을 함으로써 농림수산업과 광공업은 0.2퍼센트포인트, 0.3퍼센트포인트씩 각각 계획을 미달하고 있으나 사회간접자본 및 기타 서비스업은 3.5퍼센트포인트 계획을 상회하고 있다.

산업구조는 목표년도에는 37.9 대 19.8 대 42.3퍼센트가 됨으로써 공업화에 발전을 보이고 있다. 그러나 공업구조가 고도화된 것은 사실이지만 목표년도의 중공업의 비중이 계획치를 4.7퍼센트포인트 하회하고 있다.

목표년도의 1인당 국민총생산과 민간소비지출 기준년도에 비하여 각각 61.5퍼센트, 73.9퍼센트 증가함으로써 계획치를 크게 상회하고 있다. 그러나 정부소비지출은 계획치를 상당히 하회하고 있는 10.7퍼센트의 증가에 그치고 있다.

② **투자재원의 조달과 배분**: 계획기간 중의 연평균 투자율(저축률)은 15.6퍼센트며 그 중 8.7퍼센트는 해외저축률이다. 계획상의 연평균 투자율이 22.6퍼센트인 것을 고려하면 7.0퍼센트포인트의 투자 미달이었는데 이것은 국내저축률이 계획의 9.3퍼센트에 2.4퍼센트포인트, 해외저축률이 계획의 13.3퍼센트에 4.6퍼센트포인트 미달함으로써 초래된 것이다. 한편 국내저축과 해외저축의 비중은 계획기간 중 연평균으로 40.6퍼센트, 54.8퍼센트를 나타냄으로써 국내저축은 계획에 도달하나 해외저축은 계획을 5.1퍼센트포인트 하회하고 있음을 말해주고 있다.

조세의 부담률도 계획기간 중 9.1퍼센트를 나타냄으로써 계획의 14.9퍼센트에 크게 미달하고 있다. 이와 같이 계획의 투자가 부진한 가운데 계획된 성장률을 달성하였다는 사실은 다음의 가능성을 시사해준다. ① 실적성장률의 과대평가 ② 계획의 한계자본계수의 과대책정 ③ 투자 및 저축의 과소평가. 계획기간 중 투자의 8.5퍼센트가 농림수산업에, 26.1퍼센트가 광공업에, 65.4퍼센트가 사회간접자본 및 기타 서비스업 등에 각각 배분되었다. 이 산업별 투자배분은 같은 기간 중에 농림수산업에 17.4퍼센트, 광공업에 33.2퍼센트, 사회간접자본 및 기타 서비스업에 49.4퍼센트를 책정하였던 계획에 견주어 농림수산업에의 투자가 가장 큰 압박을 받았고 광공업에의 투자도 상대적으로 축소되었지만 사회간접자본 및 기타 서비스업에의 투자가 상대적으로 확대되었음을 말해준다. 이 사회간접자본 및 기타 서비스업에의 투자의 상대적 확대는 그동안의 수송시설—철도, 도로, 항만 등을 비롯한 사회간접자본이 계속하여 애로를 이룬 데 기인한다. 그리고 주체별로 보면 계획기간 중 민간에의 투자는 72.1퍼센트, 정부에의 투자는 27.9퍼센트를 각각 차지하고 있다. 민간에의 투자는 계획을 상회하고 정부에의 투자는 계획을 하회하고 있다. 주도적 역할을 하게 되어 있던 정부투자의 부진은 조세부담률의 계획 미달에 나타나고 있다.

③ **무역과 국제수지**: 목표년도의 수출총액은 계획의 약 2배나 되는 25억 5천8백만 달러로 증가하였으며 2차산품의 수출은 수출총액의 62.3퍼센트를 차지함으로써 계획을 훨씬 상회하였다.

한편 목표년도의 수입총액 또한 계획을 크게 상회하였다. 즉 계획 4억 9천3백만 달러에 대하여 7억 1,640만 달러나 되었다. 그리고 그 중 투자재수입은 24.0퍼센트, 정부보유달러에 의한 수입은 55.5퍼센트를 차지하고 있다. 전자는 계획을 밑돌고, 후자는 계획을 웃돌고 있다.

수출이 크게 늘었지만 수입 또한 늘었기 때문에 무역수지는 계획을 상회하는 4억 2,960만 달러의 적자를 나타내고 있고 무역외수지는 계획을 약간 하회하는 1억 660만 달러의 수입초과를 나타내고 있다. 따라서 경상수지는 계획을 상회하는 3억 2천3백만 달러의 적자를 나타내고 있다. 이 적자폭은 기준년도의 그것보다도 크다.

④ **인구와 고용**: 인구는 연평균 2.77퍼센트, 계획기간 중 17.8퍼센트의 증가를 보여주고 있다. 1차 5개년계획의 인구계획은 대체로 성과를 거두었다고 할 수 있다. 고용은 연평균 2.8퍼센트, 계획기간 중 9.6퍼센트 증가하였다. 산업별로 보면 계획기간 중에 연평균으로 농림수산업은 0.9퍼센트 감소, 광공업은 8.2퍼센트 증가, 사회간접자본 및 기타 서비스업은 6.8퍼센트 증가하였다. 그 결과 목표년도의 고용구조는 57.8퍼센트 대 13.3 대 28.9퍼센트가 되었다.

고용구조는 계획을 상회하여 개선되었지만 고용의 증가에서는 전체로 볼 때는 물론 산업별로 볼 때에도 사회간접자본 및 기타 서비스업을 제외하고서는 계획을 미달하고 있다. 그러나 고용증가율이 매우 근소하나마 인구증가율을 상회함으로써 실업률은 1962년의 8.4퍼센트에서 목표년도에는 6.8퍼센트로 떨어지고 있다.

(2) 부문별 실적

① **농림수산업**: 〈농업〉 보리 생산은 목표년도에 63.8퍼센트 증가함
으로써 계획을 훨씬 초과하고 있다. 그러나 쌀, 면화, 누에고치의 생산
은 계획을 미달하고 있고 특히 면화는 도리어 감산하고 있다. 즉 쌀
생산은 27.7퍼센트 증가, 면화 생산은 27.8퍼센트 감소하고 있고 누에
고치 생산은 2.1배로 증가하고 있다. 그러나 그동안의 농업 생산은 천
후조건에 따라 기복이 심하였으며 따라서 농업 생산력도 기복이 심하
였다.

물론 영농방식의 개선을 위한 여러 가지 시책이 있었고, 특히 농지
구획정리사업의 전개와 천수답의 수리안전답으로의 전환 노력은 기후
조건과 싸워야 하는 우리나라 농업에 개선의 기틀을 마련하여 주었다
고 할 수 있다. 그러나 농가소득 면에서 보면 장기적인 농업물가대책
의 결여로 말미암아 상대소득은 별로 증가하지 못하였다.

〈수산업〉 수산업부문에서는 공동어선 건설사업, 선착장, 물양장(物
揚場), 냉동시설 등의 부대시설의 확충이 비교적 활발히 전개되었으나
직접적인 어업자본의 근대화는 아직도 거리가 멀다. 한일협정에 의한
어장의 개방은 영세어민의 활동을 더욱 위축시킨 감이 있고 그 보상
은 2차 5개년계획으로 미루지 않으면 안 되게 되었다. 어획고는 목표
년도에는 계획치인 74.2퍼센트를 약간 상회한 75.8퍼센트의 증가를 보
이고 있다.

농림수산업에 대한 투자는 계획기간 중 연평균으로 투자의 8.5퍼센
트가 배분됨으로써 계획치 17.4퍼센트에 크게 미달했지만 부가가치는
계획치 5.7퍼센트에 매우 가까운 5.5퍼센트의 성장을 보였다.

② **광공업**: 〈광업〉 석탄생산은 가격 면에서는 불리했음에도 불구하고 안정된 국내수요를 바탕으로 목표년도에는 1,161만 3천 톤을 생산함으로써 계획을 거의 달성했다. 즉 기준년도의 2.19배는 못 되지만 2.17배로 증산되었다. 철광석 생산은 목표년도에는 계획된 53.1퍼센트 증가를 훨씬 상회하여 약 2배로 증가되었다. 그러나 중석 생산은 도리어 감소하여 목표년도에는 기준년도의 75퍼센트에 불과하다.

〈공업〉 비료·시멘트·정유공장 등의 건설은 거의 계획대로 진행되었으나 종합제철, 종합기계, 기초화학 공장 등의 건설은 완전히 2차 5개년계획으로 이월하지 않으면 안 되게 되었다. 특히 시멘트공장의 건설은 예정대로 진척됨으로써 시멘트 생산은 목표년도에는 4.3배로 증가되었다. 이것은 계획을 120퍼센트포인트 상회함을 말해준다.

비료 생산은 목표년도에는 요소질의 경우에는 수요의 약 90퍼센트를, 인산질의 경우에는 약 70퍼센트를 충족시킬 만큼 이루어졌다. 이해의 비종별 구성을 보면 요소질이 47.1퍼센트, 인산질이 30퍼센트, 가리질이 14.5퍼센트이다.

정부에서는 일당 3만 5천 배럴의 원유를 처리할 수 있는 정유공장을 울산에 건설하여 1964년 4월부터 정상가동을 하게 되었다. 1965년 하반기부터는 초과조업을 하였다. 그리하여 목표년도에는 약 2백만 킬로리터의 석유생산이 이루어졌다. 그러나 1966년(목표년도)부터 유류수요가 격증한 결과 심한 생산부족 현상이 야기되었다.

그 밖에 PVC공장, 소다회공장, 디젤엔진공장 등은 계획 자체의 빈번한 변경으로 진척이 매우 부진하였고, 계획사업으로서의 성격이 의심스러운 신탄진연초공장이 1965년 4월에 준공되었다.

광공업에 대한 투자는 계획기간 중 연평균으로 투자의 26.1퍼센트가 배분됨으로써 계획치 33.2퍼센트에 상당히 미달했지만 부가가치는 계획치 15.1퍼센트에 매우 가까운 14.8퍼센트의 성장을 보였다.

③ **사회간접자본 및 기타 서비스업**: 〈전력〉 전력개발은 괄목할 만한 성과를 거두었다고 할 수 있다. 왕십리 디젤 증설, 광주 디젤 증설, 영월화력 복구, 삼척화력 제2호 증설, 부산화력, 춘천수력, 섬진강수력, 신영월화력 등이 거의 계획대로 진척되어 목표년도에는 발전량을 기준년도의 약 2.3배인 365억 8천9백만㎾가 되었다. 이것은 계획보다 약간 미달한다.

〈운수〉 계획기간 중 산업의 발전과 지역사회개발에 따른 수송수요의 증대에 부응하여 철도건설이 적극적으로 추진되었다. 그리하여 8개선 169.9㎞의 철도건설을 완료하였고 2개선 73.1㎞가 공사중에 있으며 철도건설 개량사업에서는 목표년도 말 현재 56.3퍼센트의 진도를 보였는데 선로용량 확장은 48퍼센트, 신호시설은 38퍼센트, 전력시설은 78퍼센트, 통신시설은 55.8퍼센트, 건물시설 개량은 71.9퍼센트 진척되었다. 그리고 차량 취득은 목표년도에 70퍼센트의 진도를 보였다.

그리하여 목표년도에는 화물수송은 기준년도의 2.7배, 여객수송은 기준년도의 1.5배로 증가되었다. 이것은 화물수송의 경우에는 계획을 크게, 여객수송의 경우에는 약간 상회하고 있음을 말해준다.

〈통신〉 1962년까지는 국내 통신기계공업 시설이 전혀 없어 통신기기는 거의 전량을 수입에 의존했으나 계획기간 중의 획기적인 육성책에 의해 목표년도에는 자동식 교환기(E. M. D)의 일부 부분품과 반송단국장치를 제외하고는 전선과 각종 케이블, 공전식 교환기 및 기타의 통신기기의 완전 국산화가 가능해져 국내수요를 충족하게 되었다.

〈건설〉 주택건설은 인구의 증가율보다 약간 낮은 증가율을 갖도록 계획되었다. 그런데 그 실적은 이 계획된 16.8퍼센트보다도 1.5퍼센트포인트나 낮은 15.3퍼센트를 보였다. 주택투자는 장기적으로 볼 때 생산적이며 주택부족은 부동산투자 등을 조장하여 자본의 낭비적 누출을 초래한다. 일반행정 및 국방서비스, 기타 서비스업도 계획을 대폭 상회하고 있다. 사회간접자본 및 기타 서비스업에 대한 투자는 계획기간 중 연평균으로 투자의 65.4퍼센트가 배분됨으로써 계획치 49.4퍼센트를 크게 초과하고 있고 부가가치도 계획치 5.4퍼센트를 3.5퍼센트포인트나 상회하는 8.9퍼센트의 성장을 보였다. 말하자면 이 부문만이 계획을 상회하고 있고 그것도 크게 상회하고 있는 셈이다.

4) 문제점

(1) 긍정적인 면

5·16 후 고조된 근대화·공업화의 문제의식 아래에서 수립·집행된 1차 5개년계획은 우리나라 경제가 갖고 있는 여러 가지 제약요인을 타파하고 지속적인 고도성장을 이룩하기 위하여 전력·석탄 등 에너지 공급원의 확보, 시멘트·비료·철강 등 기간산업의 확대, 수송·통신 등 사회간접자본의 확충, 국제수지 개선을 위한 수입대체산업의 육성과 수출촉진 등에 중점이 두어졌다. 정부는 이러한 개발계획에 필요한 모든 시책을 강구하는 한편 막대한 소요재원의 조달책으로 외자도입의 적극 추진과 과감한 재정투융자를 꾀하였다.

그러나 계획의 초기에는 원조의 점감 추세와 국내자원의 빈곤에 연유하는 자본 부족에도 불구하고 지나치게 의욕적인 계획의 집행으로 과잉유동성의 팽창과 외환사정의 악화 등 경제불안 요인이 곡물의 흉작과 결부하여 1963년경에는 극심한 개발 인플레이션이 유발되었다. 이에 대한 대책으로 취하여진 긴축재정금융정책과 그 이후 환율 및 금리 등에 대한 일련의 현실화정책이 실효를 거두게 되고 거액의 외자가 순조롭게 도입되면서부터 경제 전반은 안정 기조를 회복하게 되고 개발계획은 착실히 진전되었다.

한편 개발계획 수행의 원동력이 된 외자도입에는 기술도입도 수반되어 기술혁신에 의한 성장촉진 요인이 국내산업 전반에 걸쳐 조성되었으며 이것이 과잉노동력과 결합하여 특히 수출촉진에 크게 기여하였다.

이상과 같은 정책시행과 여건조성 아래서 추진된 1차 5개년계획은 여러 가지 면에서 큰 성과를 거두었다. 1962~66년의 계획기간 중 연평균 경제성장률은 전후 부흥기(1953~57년)의 5.5퍼센트와 안정적 침체기(1958~61년)의 4.1퍼센트를 거의 배가하는 8.3퍼센트를 나타냄으로써 목표성장률 7.1퍼센트를 초과 달성하였다. 또 상품수출은 1962년의 5,480만 달러에서 1966년에는 2억 5,030만 달러로 대폭 증대되었으며 수출상품구조에서도 1962년에는 농수산물과 광산물 등 1차산품의 비중이 총수출의 73.0퍼센트를 차지하고 있었던 것과 달리 1966년에는 그 구성비가 역전하여 공산품이 총수출의 62.4퍼센트를 차지하게 되었다. 한편 총발전량도 1960년의 16억 9천7백만㎾에서 1966년에는 38억 8천6백만㎾로 증가하여 전력난이 완전 해소되었으며 비료, 정유, 섬유, 시멘트, 석탄 등 주요 산업이 크게 확대되고 철도, 도로, 통신시설의 개량과 확충 등에서 큰 성과가 있었으며 고용의 증대와 실업의 감축에도 크게 기여하였다.

(2) 여러 문제점들

근대화 또는 공업화의 기초를 정비한다는 1차 5개년계획의 기본이념에 비추어볼 때 계획기간 중 비록 여러 부 안에서 큰 성과를 거두긴 하였지만 계획의 핵심과제인 생산적 투자를 위한 재원조달과 그 투자재원의 배분문제에서 주요한 오류를 범하였으며 이로 말미암아 1차 5

개년계획은 경제적 자립화를 크게 추진하지 못하고 우리나라 경제의 대외의존도를 더욱 심화시키는 결과를 초래하였다. 1차 5개년계획과 그 실적의 몇 가지 문제점을 지적하면 다음과 같다.

① **기초공업의 빈약**: 공업화계획에서 기초공업의 건설을 등한시함으로써 공업의 하부구조를 구축하는 데 실패하였다. 개발도상국의 자립적 공업화계획에서는 그 제1차 계획에서 금속, 공작기계, 조선, 전기기계 및 기초화학공업 등 기초공업을 건설하여 공업의 하부구조를 구축하는 것이 통례이다. 왜냐하면 그것 없이는 공업화에 필요한 각종 시설재의 가능한 자가 생산 및 기술과 숙련의 발전을 기대할 수 없고, 또한 생산적 투자의 파급효과가 국내에서 유발되도록 할 수 없기 때문이다. 더욱이 기초공업의 기반을 가지지 못하면 지속적인 공업화가 요구하는 많은 시설재는 물론 합성원료와 그 밖의 부분품을 해외에 의존하지 않을 수 없으므로 국제수지에 압력을 가하고 외채에 대한 지나친 의존을 초래하여 공업화가 곧 경제의 대외의존을 가져올 것이기 때문이다.

1차 5개년계획은 공업구조를 소비재공업 중심으로부터 중화학공업으로 이행시키는 데 어느 정도 성공하고 있지만 중화학공업 개발은 최종 또는 중간가공부문이 위주였고 기초부문의 대부분은 미개발 상태 그대로였다. 오늘날 공업원료의 주요 공급부문으로서의 위치를 차지하고 있는 석유화학이나 제철 및 제강부문의 개발은 전혀 진전되지 않았으며, 생산수단을 생산하는 기계공업 특히 공작기계공업은 계획 이전의 그대로였다.

이에 따라 자본재의 도입이 크게 이루어졌으며 화학중간재 예컨대 화학섬유원료, 무기 및 유기질의 각종 기초화학제품, 합성수지원료, 합성고무 등의 수입이 격증한 동시에 제철시설의 미비로 국내 생산된 철광석을 부득이 수출까지 하면서도 고철, 강재와 대중형 압연재 등 중간재를 크게 수입에 의존하게 되었다.

이와 같은 공업화계획의 실패는 경제성장을 지속하면 할수록 수입 규모가 증대되고 무역수지의 적자폭이 확대되는 결과를 초래하였으며 수입의 순조 여부가 공업생산을 규정하는 대외종속적 경제구조를 가지게 된 것이다.

또한 수출이 크게 증가하고 공산품수출의 비중이 급증하였지만 우리나라의 공업이 원료와 반제품을 해외에 의존하는 하청적 성격의 취약한 기반에서 벗어나지 못한 탓으로 공업제품의 수출이 증가하였다 하더라도 가공수출에 지나지 않았다. 따라서 수출이 증가하면 이에 정비례하여 수입이 증대하여야 하는 까닭에 무역수지의 적자폭을 좁히기란 여간 어려운 일이 아니었다.

② **투자조달체제의 미비**: 1차 5개년계획의 문제점은 생산적 투자를 위한 재원조달체제를 확립하지 못하였다는 데 있다. 개발 초기에 필요한 막대한 투자재원의 조달을 위한 정책수단체계를 갖추지 못하고 정부의 투융자 및 외자도입에 안이하게 의존하였다.

유휴민간자본의 생산적 동원을 위한 유통기구의 근대화나 적절한 조세정책이 없이 정부의 투융자 위주의 개발정책은 필연적으로 초과유동성을 팽창시켜 물가의 폭등을 야기하였다. 1962~66년 동안에 전국도매물가는 약 2배나 상승케 함으로써 생산적으로 동원될 수 있는 민간의 유휴자금을 부동산투자나 재고투기 등 비생산적 투자나 낭비로 탕진케 하였다. 더욱이 특정 가족재벌에게 특혜 융자나 편파 대출 등의 방법으로 신규계획사업의 건설을 배정하고 이 가족재벌은 주식을 공개하지 않음으로써 민간유휴자본은 생산적 투자기회를 가지지 못하여 점점 비생산적 투자와 낭비로 향하게 되었다. 이에 따라 정부의 투자계획은 정부에 의한 신용창조와 외자도입에 더욱 의존하게 되었다.

1962~66년 동안 외자도입총액(확정분)은 6억 7천3백만 달러에 달하며 이것은 1959~61년 동안의 2천만 달러에 비하면 엄청난 규모이며 매년 증가 추세를 나타내었다. 더욱이 민간 고정자본형성에서 외자도입의 비중은 1962년의 3.1퍼센트에서 1966년에는 36.3퍼센트로 격증하였으며 또한 공업부문의 고정자본형성 중에서 도입외자가 차지하는 비중은 1962년의 12.2퍼센트에서 1966년에는 55.0퍼센트로 더욱 증대되었다. 이와 같은 외자에 대한 의존은 국내 유휴자본의 생산적 동원을 등한시한 결과로서 외채상환 부담을 가중시키고 투자의 파급효과를 해외로 유출시켜 설비투자가 국내 시설재공업의 발전에 전혀 기여를 하지 못하게 하였다.

③ **식량자급의 실패:** 개발계획의 보완투자부문인 농업의 개발이 정체되어 식량자급화란 제1차 5개년계획의 정책목표는 완전히 실패하였다. 공업화가 진전함에 따라서 증가하는 비농업인구의 식량수요를 충족시키기 위하여 농업부문에 대한 투자는 공업화계획의 보완투자로서 큰 중요성을 가질 뿐만 아니라 협소한 국내시장을 확대하여 내포적 공업화의 기반을 형성하기 위해서는 농업개발이 무엇보다 중요하다. 그럼에도 정부는 농업투자를 소홀히 하였을 뿐만 아니라 인플레이션의 압력을 저곡가정책으로 농민에게만 전가시켰기 때문에 농업의 위축을 가져와 양곡의 수입규모는 1963년에는 전년의 흉작과 결부하여 1억 7백만 달러에 달하였다.

이상에서 1차 5개년계획과 그 실적의 몇 가지 문제점을 생산적 투자를 위한 재원조달과 그 배분이라는 관점에서 고찰하여 보았다. 그 밖에도 개발과정에서는 여러 가지의 문제점이 제기되었다. 예컨대 자본가와 노동자 사이의 이익분배의 극도한 불균형과 실질임금수준의 계속적 하락, 도시와 농촌의 소득격차의 확대, 대기업의 융성과 중소기업의 파탄, 부정부패의 확대 등 사회경제학적 문제점이 많이 나타났다. 그러나 1차 5개년계획기간에서는 아직도 이러한 문제점들이 분명히 의식되어 사회운동의 방향을 규정할 정도로 크게 등장하지는 못하였다.

4. 2차 5개년계획의 결산

1) 계획의 목표와 기본방침

이 계획은 1980년대까지 완전한 자립체제를 갖추고 국제수지의 균형, 필요한 투자재원의 완전한 국내조달 및 완전고용을 달성해야 한다는 장기목표 아래 그 장기개발을 위한 하나의 도정으로서 산업구조를 근대회하고 자립경세의 확립을 더욱 촉진시킬 것을 기본 목표로 하고 있다. 그리고 이 계획은 또 시장경제의 원칙에 따라 민간의 경제행위의 자유를 최대한 존중하여 창의를 발휘케 하되 개인의 이익과 전체경제의 발전이 조화를 이루지 못하는 경우에 한하여 국가가 경제활동에 개입하는, 이른바 조정에 의한 자유시장 경제체제 아래 ① 자원의 부존상태에 대한 인식에서 출발하며 ② 공업화의 기본목표를 재빨리 달성하기 위하여 세계시장에서의 우리나라의 참여도를 본질적으로 상승시키며 ③ 자립경제를 가까운 시일 안에 달성한다는 기본전략에 따라서 (ㄱ) 식량의 자급자족 (ㄴ) 철강, 기계 및 화학공업에 중점을 둔 공업의 고도화 (ㄷ) 수출증진과 수입대체에 의한 국제수지의 개선 (ㄹ) 고용증대와 인구팽창의 억제 (ㅁ) 국민소득의 향상 (ㅂ) 기술수준과 생산성의 제고 등에 중점을 둘 것을 기본 방침으로 삼고 있다.

2) 계획의 내용

(1) 총량계획

① **국민총생산 · 생산구조 · 소비**: 국민총생산은 계획기간(1967~1971) 중 연평균 7.0퍼센트의 성장을 하게 되어 있으며 또 산업별로는 농림수산업, 광공업, 사회간접자본 및 기타 서비스업이 각각 계획기간 중에 연평균으로 5.0퍼센트, 10.7퍼센트, 6.6퍼센트의 성장을 하게 되어 있다. 그 결과 목표년도(1971년)의 산업구조는 기준년도(1965년)의 38.0퍼센트 대 21.7퍼센트 대 40.3퍼센트에서 34.0퍼센트 대 26.8퍼센트 대 39.2퍼센트가 되어 공업화에 진전을 보이게 된다.

그리고 공업구조도 고도화하게 된다. 즉 중공업 대 경공업의 비중이 기준년도의 27.8퍼센트 대 72.2퍼센트에서 목표년도에는 33.6퍼센트 대 66.4퍼센트로 된다.

목표년도의 1인당 국민총생산은 기준년도에 비하여 31.3퍼센트 증가하게 되며 목표년도의 민간소비지출은 기준년도에 비하여 31.4퍼센트 증가하게 된다. 기준년도에 대비한 인구증가율이 14.3퍼센트인 점을 생각하면 1인당 민간소비지출은 크게 증가하는 셈이 된다. 정부소비지출은 기준년도에 비하여 77.9퍼센트가 증가하도록 되어 있다.

② **투자재원의 조달과 배분**: 계획기간 중의 투자는 동 국민총생산의 19.1퍼센트인 9천8백억 7천만 원(1965년 불변가격표시)이다. 이 투자는 국내저축에 의하여 61.5퍼센트, 해외저축에 의하여 38.5퍼센트를 각각 조달하기로 되어 있다. 한편 국내저축률, 해외저축률은 각각 계획기간 중 연평균으로 11.6퍼센트, 7.5퍼센트이다. 그리고 재정수입의 근간인 조세의 부담률은 기준년도의 8.8퍼센트에서 목표년도에는 14.2퍼센트로 올리기로 되어 있다.

투자 중에서 16.3퍼센트는 농림수산업에, 30.7퍼센트는 광공업에,

〈표 3〉 수출입 및 국제수지 계획

(단위: 백만 달러)

	1967	1968	1969	1970	1971
상 품 수 출	350.0	450.0	650.0	936.0	1,191.0
상 품 수 입	879.6	993.2	1,355.9	1,805.0	1,991.0
(F O B)					
경 상 수 지					
무 역 수 지	−529.6	−543.2	−705.9	−869.0	−800.0
무 역 외 수 지	156.6	195.0	247.4	110.0	−58.0

53.0퍼센트는 사회간접자본 및 기타 서비스업에 배분하기로 되어 있다. 그리고 주체별로는 59.1퍼센트가 민간에, 40.9퍼센트가 정부에 배분되기로 되어 있다. 민간부문의 통제가 곤란함을 고려하여 계획기간 중에는 재원조달의 주도적 역할을 정부저축에 맡기고 있는 셈이다.

③ **무역과 국제수지**: 목표년도의 수출총액은 기준년도의 약 3배인 5억 5천만 달러로 되어 있다. 그리고 2차산품의 수출은 수출총액의 73.6퍼센트를 차지한다. 목표년도의 수입총액은 기준년도의 약 1.9배인 4억 6천2백만 달러로 되어 있다. 이 중 자본재수입이 37.5퍼센트를 차지하고 재원별로는 정부보유불(KFX)에 의한 수입은 69.5퍼센트를 차지한다. 원조에 의한 수입은 점차 감소하는 반면 정부보유불과 차관에 의한 수입은 증가해 가기로 되어 있다.

무역수지는 목표년도에 2억 4,340만 달러의 적자를 나타나게 되어 있다. 그리고 무역외수지는 1,010만 달러의 수입초과를 나타나게 되어 있다. 따라서 경상수지는 2억 4,340만 달러의 적자를 나타냄으로써 기준년도의 1억 9,250만 달러의 적자에 견주어 증가하게 되어 있다. 이 적자는 이전수입과 장기자본도입에 의해서 메우도록 되어 있다.

장기자본 도입에 따르는 원리금상환 부담액은 1967년의 3천7백만 달러에서 1971년의 7천2백만 달러에 이르기까지 해마다 점증한다. 계획기간 중의 원리금상환 부담액은 2억 8천만 달러이다.

그러나 상술한 당초의 수출입계획, 국제수지계획은 그 뒤 매년 총자원 예산이 작성될 때마다 아래 표와 같이 대폭 수정되었다.

④ **인구와 고용**: 인구는 증가율을 기준년도의 2.70퍼센트에서 목표년도에는 2.0퍼센트로 감소시켜서 계획기간 중 연평균 2.3퍼센트의 증가에 그치도록 하고 있으며 고용은 계획기간 중 연평균 3.3퍼센트의 증가를 하게 되어 있다.

산업별로 보면 농림수산업, 광공업, 사회간접자본 및 기타 서비스업이 각각 계획기간 중에 연평균으로 2.0퍼센트, 8.5퍼센트, 4.4퍼센트의 증가를 하게 되어 있다. 그 결과 목표년도의 고용구조는 기준년도의 63.5 대 9.2 대 27.3퍼센트에서 58.4 대 12.4 대 29.2퍼센트가 되어 상당한 개선을 보이게 된다. 한편 실업률은 기준년도의 7.4퍼센트에서 목표년도에는 5.0퍼센트로 감소하게 되어 있다.

(2) 부문별 계획

① **농림수산업**: 〈농업〉 계획은 식량의 증산과 수산업의 진흥 등을 위하여 전천후 농업을 위한 농업용수개발사업, 미곡증산을 위한 정부의 지원사업, 농어민 소득증대를 위한 생산단지조성사업, 수산진흥사업 등을 추진하기로 했다. 그리하여 쌀은 기준년도(1965년)의 350만 1천M/T(2,431만 석)에서 목표년도(1971년)에는 485만 8천M/T(3,352만 석) 맥류는 185만 6천M/T(1,336만 석)에서 247만 4천M/T(1,781만 석)으로 각각 증산하기로 되어 있다. 그리고 누에고치는 기준년도에 비하여 목표년도에는 3.4배로 증산하게 된다.

〈수산업〉 수산업도 기준년도의 어획고 50만 4천 톤(어류의 경우에는 33만 7천 톤)에서 목표년도에서는 75.8퍼센트(어류의 경우에는 99.7%)를 증가하도록 되어 있다.

상술한 바를 주 내용으로 하는 이 부문의 목표들을 달성하기 위하여 계획기간 중에 이 부문에는 총투자 9천8백억 7천만 원의 16.3퍼센트인 1,599억 4천만 원을 투자하기로 되어 있으며 그 결과 부가가치성장률은 연평균으로 5.0퍼센트가 되는 것으로 계획하고 있다.

② 광공업: 〈광업〉 우리나라 에너지 공급원의 주축인 석탄과 수출산업에서 비중이 큰 일반광업은 1차 5개년계획 중 생산 활동이 급속도로 증대하였다. 그러나 석탄광의 경우 노두채굴 또는 표층잔부채탄에서 심부개발로 이행함에 따른 채굴조건의 악화, 기타 광업에서는 몇 가지 광물에 있어서 해외시장 조건의 악화, 그리고 심부광황(深部鑛況)의 불량 등으로 생산수준의 둔화 경향이 나타났다. 이와 같은 광업부문의 제반 여건을 감안하여 계획에서는 금속 및 비철금속의 생산증가율이 석탄 생산의 증가율보다 더 클 것이라는 예상 아래서 계획을 수립하였다. 석탄 생산은 채굴조건의 악화를 감안하여 목표년도에는 기준년도보다 34퍼센트 늘어난 1,376만 2천M/T을 증산할 것을 계획하고 있다.

그리고 기타 광업에서는 첫째, 수출능력을 증대하고 둘째, 관련공업 발전에 따른 국내수요를 충당하며 셋째, 제철을 비롯한 각종 공업의 육성에 따른 국내원료를 확보하기 위하여 계획기간 중 철·동·연·아연광과 고령토·석회석 등 중요 광산물을 대폭 증산토록 계획하고 있다.

그 중 철광석 생산은 160만M/T으로 기준년도보다 119퍼센트 증산할 것을 기도하고 있다. 이상과 같은 사업들의 효과를 극대화하고 계획된 생산목표들을 달성하기 위하여 지질조사 및 시추사업을 계속 추진 강화하도록 되어 있다.

〈표 4〉 2차 5개년계획의 계획치와 실적치

(1965년 불변시장가격)

| | 단위 | 계 획 | | | 1967년도 (1차년도) | | 1970년도 | | C'/A' (%) | C'/C (%) | C'/A (%) | C'/B (%) | 연평균 | |
		기준년도 (1965)(A)	목표년도 (1971)(C)	C/A (%)	계획	실적(B)	계획(A')	실적(C')					계 획	4년간 실적치
국 민 총 생 산	10억 원	779.40	1,169.67	150.1	892.34	995.16	1,093.15	1,422.33	130.1	121.6	182.5	142.9		
국민총생산성장률	%	7.4	7.0		7.0	8.9	7.0	8.9					7.0	11.8
농 림 수 산 업	〃	−0.9	5.0		5.0	−5.5	5.0	−0.8					5.0	1.7
광 공 업	〃	21.1	10.7		10.7	22.5	10.7	17.7					10.7	21.8
(제 조 업)	(〃)					(23.9)		(17.9)						(23.0)
사 회 간 접 자 본	〃	9.9	6.3		6.8	13.7	6.4	9.9					6.6	14.1
및 기타 서비스업														
(사회간접자본)	(〃)					(17.8)		(11.6)						(22.0)
산 업 구 조	%													
농 림 수 산 업	〃	38.0	34.0		36.6	32.8	34.6	25.8					35.3	29.1
광 공 업	〃	21.7	26.8		23.4	22.3	26.0	28.0					25.1	25.3
(제 조 업)	(〃)					(20.6)		(26.7)						(23.8)
사회간접자본 및 기타 서비스업	〃	40.3	39.2		40.0	44.9	39.4	46.2					39.6	45.7

(사회간접자본) 공업구조	(″) %					(10.0)		(13.1)						(11.9)
중 공 업	″	27.8	33.6			32.2		33.1						33.7
경 공 업	″	72.2	66.4			67.8		66.9						66.3
투 자[1]	10억 원	118.48	233.00	196.7	159.81	241.72	215.44	455.58	211.5	195.5	384.5	188.5	196.0	373.22
투 자 재 원 조 달	%													
국 내 저 축	″	48.3	72.3		49.2	50.2	66.4	58.6[2]					61.5	53.9
해 외 저 축	″	51.7	27.7		50.8	41.5	33.6	35.0					38.5	39.4
투 자 율	%	12.7(14.7)	19.9		17.9	24.3	19.7	28.0[3]					19.1	29.4
국 민 저 축 률	″	6.1	14.4		8.8	11.0	13.1	16.4					11.6	15.7
해 외 저 축 률	″	6.6	5.5		9.1	9.1	6.6	9.8					7.5	13.2
투 자 재 원 배 분	%													
농 림 수 산 업	″	11.6	16.3[4]			8.3		6.5[5]					16.3	7.0
광 공 업	″	27.2	30.7			28.6		22.7					30.7	25.0
사회간접자본 및	″	61.2	5.30			63.1		70.8					53.0	68.0
기 타 서 비 스 업						(38.3)		(41.1)						(41.7)
투 자 재 원 배 분	%													
민 간	″	73.6	59.1			77.3		76.3[6]					59.1[7]	75.2
정 부	″	26.4	40.9			22.7		23.7					40.9	24.8

항목	단위													
조 세 부 담 률[8]	%	8.8	14.2		12.2	12.3	14.0	15.6						14.5
소 비 지 출	10억 원	731.64	1,001.27	136.9	813.66	877.34	950.06	1,203	126.7	120.2	164.5	137.2	905.74	1,037.16
		(100.0)	(100.0)		(100.0)	(100.0)	(100.0)	(100.0)					(100.0)	(100.0)
민 간 소 비 지 출	〃	645.96	848.86	131.4	693.02	783.92	802.58	1,077.16	134.2	126.9	166.8	137.4	765.46	926.14
		(88.3)	(84.8)		(85.2)	(89.4)	(84.5)	(89.5)					(84.5)	(89.3)
증 가 율	%		5.8		5.1	9.3	5.5	11.1					5.2	10.7
정 부 소 비 지 출	10억 원	86.68	152.41	177.9	120.64	93.42	147.48	126.489	85.8	83.0	147.6	135.4	140.28	111.02
		(11.7)	(15.2)		(14.8)	(10.6)	(5.5)						(15.5)	(10.7)
소 비 율	%	93.87	85.60		91.18	88.1	86.91	84.6					88.4	85.8
1 인 당 국 민 총 생 산	원	27,466	36,069	131.3	29,960	32,690	34,383	45,487	132.3	126.1	165.6	139.1	32,912	39,234
	(달러)	(114.4)				(143.4)		(223)						
인 구	천 인	28,377	32,429	114.3	29,784	29,784	31,793	31,793	100.0	98.0	112.0	106.7		
인 구 증 가 율	%	2.7	2.0		2.4	2.4	2.1	2.3					2.3	2.3
고 용	천 인	8,522	10,371	121.7	9,094	8,914	10,031	9,574	95.4	92.3	112.3	107.4		
고 용 증 가 율	%	3.8	3.4		3.3	2.94	3.3	2.43					3.3	2.6
농 림 수 산 업	〃	-1.7	1.9		1.9	-1.8	1.9	0.8					2.0	-0.9
광 공 업	〃	21.2	8.6		8.5	19.8	8.5	2.5					8.5	10.1
(제 조 업)	(〃)					(21.7)		(3.1)						(10.4)
사회간접자본 및 기타 서비스업	〃	10.1	4.3		4.6	5.8	4.3	4.9					4.4	5.7

고용구조	%													
농림수산업	”	63.5	58.4		61.8	55.2	59.3	50.5					60.1	52.4
광 공 업	”	9.2	12.4		10.2	12.8	11.8	14.3					11.3	13.8
(제 조 업)	(”)					(11.7)		(13.2)						(12.7)
사회간접자본 및 기타 서비스업	”	27.3	29.2		28.0	32.0	28.9	35.2					28.6	33.8
실 업 률	%	7.4	5.0		6.9	6.2	5.8	4.7					6.1	5.0
수 출[9]	백만 달러	175.1	555.0	314.1	300.0	320.2	480.0	835.2	174.0	151.9	477.0	260.8	422.0	558.3
		(100.0)	(100.0)		(100.0)	(100.0)	(100.0)[9]	(100.0)					(100.0)	(100.0)
1 차 산 품	”	66.0	145.1	306.0	125.9	104.8	188.1	188.6	100.3	130.0	285.8	180.0	154.2	138.4
		(37.7)	(26.4)		(42.0)	(32.7)	(39.2)[1]	(22.6)					(36.5)	(24.8)
2 차 산 품 (공 산 품)	”	109.1	404.9	319.3	174.1	215.2	291.9	646.3	221.4	159.6	592.4	300.3	267.8	419.8
		(62.3)	(73.6)		(58.0)	(67.2)	(60.8)[2]	(77.3)					(63.5)	(75.2)
수 입(1)[10]	백만 달러	462.0	893.5	193.4	724.9	996.2	855.1	1,984.0	232.0	222.0	429.4	199.2	814.6	1,566.7
		(100.0)	(100.0)		(100.0)	(100.0)	(100.0)[4]	(100.0)					(100.0)	(100.0)
자 본 재	”	71.2	335.1	470.6	231.0	310.2	323.8	589.5	182.1	175.9	827.9	190.0	298.5	506.5
		(15.4)	(37.5)		(31.9)	(31.1)	(37.9)	(29.7)					(36.6)	(16.2)
원 자 재	”	321.4	461.1	143.5	433.1	573.8	468.1	1,025.4	219.1	222.4	319.0	178.7	454.0	797.9
		(69.3)	(151.6)		(59.7)	(57.6)	(54.7)	(51.7)					(55.7)	(25.5)
소비재 및 기타	”	69.4	97.3	140.2	60.8	112.1	63.2	368.3	582.8	378.5	530.7	328.5	62.2	261.7

구분	단위													
수 입(2)[11]	백만	(15.3)	(10.9)		(8.4)	(11.3)	(7.4)	(18.6)					(7.6)	
	달러	462.0	893.5	193.4	724.9	908.9	855.1	1,804.2	211.0	201.9	390.5	198.5	814.6	1,566.7
		(100.0)	(100.0)		(100.0)	(100.0)	(100.0)[2]	(100.0)					(100.0)	
정 부 보 유 달 러	〃	252.6	620.9	245.8	399.9	584.6	556.1	1,118.4	201.1	180.1	442.8	191.3	506.8	961.2
(K F X)		(54.7)	(69.5)		(55.2)	(64.3)	(65.0)	(62.0)						
차 관	〃	37.9	165.8	435.4	160.0	152.6	165.0	363.9	220.5	220.5	960.2	238.5	140.8	335.7
		(8.2)	(18.4)		(22.1)	(16.8)	(19.3)	(20.2)						
원 조 및 기 타	〃	171.5	107.6	62.7	165.0	171.7	134.0	353.9	240.2	289.2	187.7	187.5	167.0	269.8
		(37.1)	(12.1)		(22.8)	(18.9)	(15.7)	(17.8)						
경 상 수 지	백만	−192.5	−243.4		−305.7	−417.1	−272.6	−802.7						
(재 화 및 용 역)	달러													
무 역 수 지	〃	−240.8	−253.5		−354.9	−574.2	−288.1	−922.0						
무 역 외 수 지	〃	48.3	10.1		49.2	157.1	15.1	119.3						

주: 1) 실적치는 통계상의 불일치를 포함함.
    2) 경상가격으로 계산하였으며 통계상의 불일치가 존재함.
    3) 1970년 투자율의 실적치는 경상시장가격으로 계산한 것이며 국내 및 해외저축률과 투자율사이에는 통계상의 불일치가 존재함
      (괄호 안은 65년의 확정 실적치임).
    4) 계획기간 중 투자의 구성비를 표시함.
    5) 67년 70년 실적치는 고정자본형성 중에서 차지하는 비율로 계산하였음.
    6) 경상가격에 의함.
    7) 68년 실적치는 경상가격으로 계산하였음.

8) 경상가격 기준으로 계산하였으며(조세총액/국민총생산)의 값임.
9) FOB가격에 의하였으며 통관기준에 의하여 계산하였음.
　1차산품은 SITC Code Number 0, 1, 2, 3, 4로 하였으며
　2차산품은 SITC Code Number 5, 6, 7, 8로 하였음(65, 71년의 계획치는 이 분류에 의한 것이 아님).
　미분류(SITC 9)는 1, 2차산품에서 제외되었음.
10) CIF가격에 의한 통관기준이며 계획은 기계류를 자본재로, 식료품류 및 기타 잡제품을 소비재로, 그리고 나머지를 원자재로 간주하였음
　　(65, 71년의 계획치는 이 분류 방법에서 제외).
　실적은 SITC Code Number 7을 자본재.
　실적은 SITC Code Number 2, 3, 4, 5, 6을 원자재.
　실적은 SITC Code Number 0, 1, 8을 소비재로 하였으며
　미분류는 수입액에만 포함시키고 분류시키지 않았음.
11) 국제수지표에서 얻은 수치임.

〈공업〉 계획에서 제조업은 여타부문에 비하여 가장 높은 성장을 나타낼 뿐만 아니라 산업구조에서도 내수산업에서 수출 또는 수입대체산업으로, 소비재공업에서 생산재공업의 육성으로 질적인 개편이 시도된다.

제조업에서는 우선 석유화학공업의 경우, 제철 및 기계공업과 함께 계획의 전략부문의 하나로서 중추 역할을 담당하고 있으나 선진국에 견주어 아직 개발 이전의 상태에 불과하기 때문에 시급히 개발 초기 단계로 돌입하는 데에 계획의 목표를 두고 있다.

계획기간 중에 6만 5천 배럴의 제2정유공장과 납사분해센터를 건설하고 이를 중심으로 하여 현재 석유화학공업에서 비중이 가장 큰 PVC·폴리에틸렌·카프로낙담·PVA·에틸렌그리콜, 아크릴론니트릴 공장 등의 건설을 추진함으로써 석유화학 콤플렉스를 이루도록 되어 있다.

정유생산은 목표년도에는 기준년도의 3.4배인 3,509만 4천 배럴로 증산할 것을 계획하고 있다.

계획기간 중에 급속히 발전시켜야 할 기계공업과 각종 건설사업의 소재가 되는 철강수요가 1971년에 약 80만M/T 정도로 추정됨에 따라서 금속공업의 발전이 시급한 과제로 되었다. 계획기간 중에는 약 80만M/T의 일부 대형 강재를 제외한 각종 철강재를 국내생산으로 충당하는 동시에 제선, 제강부문의 불균형을 시정하기 위하여 제1단계의 작업으로 50만M/T 규모의 종합제철·공장을 1971년까지 완공하도록 계획하고 있다. 또한 비철금속부문에서는 1만 5천M/T 규모의 알루미늄 제련공장을 건설하여 이에 대한 국내공급을 가능하게 하며 아연제련시설을 1만M/T 규모로 확장하여 종래 수출하던 원광석을 국내에서 제련토록 되어 있다. 이와 아울러 2만 2천M/T 규모의 특수강공장, 인천제철, 합금철공장 등의 건설계획도 포함되어 있다.

기계공업의 발전을 저해하는 요인은 기술의 부족, 자본의 영세화, 시설의 노후화 그리고 국내시장의 협소와 금속공업의 전반적인 후진성이다. 따라서 기계공업을 육성하기 위하여 기술도입을 적극화하고 대규모 공장을 중심으로 이 부문의 기업들을 계열화 육성함으로써 제품의 질을 향상시키고 시장을 확보하는 것이 필요하다. 이와 같은 방향으로 산업기계, 공작기계, 중농기구, 각종 자동차, 조선시설, 통신시설, 수송기계공장 등의 공장을 건설 확충하되 외국과의 기술제휴를 강화함으로써 초기단계에는 부분품을 도입하여 조립하는 방식으로 취하고 이를 점차 발전시켜 국산화율을 높여 갈 것을 계획하고 있다. 전기부문에서는 전동차·라디오·자동전화기·변압기·전선 등의 생산을 약 2~4배로 증대시키는 한편, 차단기류 1천㎾ 이상의 발전기·텔레비전·어군탐지기 등의 국산화를 촉진하도록 되어 있다.

수송용기계는 국내 조선능력을 6만 4천G/T에서 15만G/T로 증대시켜 급히 늘어나고 있는 화물선과 어선수요의 국내 공급능력을 증대시킨다. 그리고 객·화차 자동차, 1천 마력 이상의 선박용 디젤엔진과 자동차용 소형 가솔린엔진 등 수요의 대부분을 국산화하기로 되어 있다.

비료공업은 계획의 입안기간 중에 이미 건설 중에 있었던 제3, 제4, 제5 비료공장의 건설을 완성시킴으로써 1967년부터는 요소질 비료의 수요를 충당하게 되며 인산질 및 가리질 비료의 자급을 위하여서는 소규모의 인산질 및 가리질 비료공장을 건설하기로 되어 있다. 요소질 비료생산은 목표년도에는 기준년도의 약 5배인 37만 4천5백M/T로 증산할 것을 계획하고 있다.

섬유공업에서는 목표년도에 면사를 9만 2천 톤으로 증산하는 등 수출용 섬유제품의 생산을 원활히 함을 목표로 하고 있다. 한편 화학섬유에서는 아직도 전량 수입에 의존하고 있는 인견(人絹)스프계(系), 아세티이트계(系)의 내수 전량을 국산으로 충당하도록 되어 있다.

합성섬유는 근래에 급속히 국내외 수요가 늘어나고 있으므로 나일
론사를 목표년도에 기준년도의 6.6배인 9천9백M/T을 생산하는 외에
폴리아크릴·폴리에스텔·폴리프로필렌 등도 생산하도록 되어 있다.

〈표 5〉 2차 5개년계획기간 중 주요 품목의 생산계획 및 실적

품　　　　　　목	단 위	계 획			실 적		C′/A (%)	C/B (%)
		1965 (A)	1971 (B)	B/A (%)	1967	1970(C)		
농 림 수 산 업								
미　　　　　　곡	천M/T	3,501	4,858	139.0	3,603	3,939	112.5	81.1
	(만석)[1]	(2,415.7)	(3,352.0)		(2,486.1)	(2,717.9)		
맥　　　　　　류	천M/T	1,856	2,474	133.0	2,253	2,352	126.7	95.1
	(만석)[1]	(1,336.3)	(1,781.3)		(1,622.2)	(1,693.4)		
잠　　　　　　견	천M/T	7,766	26,570	342.1	10,903	21,409	275.7	80.0
어　　획　　고	천M/T	504	886	175.8	653	816	161.9	92.1
(　어　　류　)	천M/T	337	673	199.7				
광　　공　　업								
무　　연　　탄	천M/T	10,248	13,762	134.0	12,436.2	13,393.6	120.9	90.1
철　　　　　　광	천M/T	735	1,600	218.0	698.2	571.0	67.7	35.7
면　　　　　　사	천M/T	66	92	139.0	75	72	109.1	78.3
나 　일 　론 　사	M/T	1,500	9,900	660.0	2,039	17,428	1,161.9	176.1
합　　　　　　판	백만 평방ft	729	1,518	208.0	1,490	2,840	389.6	187.1
크 라 프 트 지	천M/T	21	63	300.0	31	53	252.4	84.1
정　　　　　　유	천Bbl	10,205	35,904	344.0		69,610	682.1	198.4
비　　　　　　료	천M/T	75	374	499.0	185	593	790.7	158.6
(질소질 성분환산)								
시　　멘　　트	천M/T	1,614	4,520	280.0	2,441	6,266	360.1	138.6
판　　유　　리	천S/C	517	1,100	213.0	558	1,361	263.2	123.7
철　　강　　재	천M/T	266	686	258.0	470	1,132	425.6	165.0
전　　동　　기	천 마력	289	719	249.0	214	305	105.5	42.4
각 　종 　전 　선	M/T	4,919	20,000	407.0				
변　　압　　기	천Kva	347	823	237.0	336	1,256	361.9	152.6
자　　동　　차	천 대	1.4	24.4	2,646.0	5.9	17.6	1,257.1	72.1
각 종 내 연 기 관	천 대	11	45	409.0				

조 선 능 력	천G/T	64	150	234.0	81	188	293.5	125.3
사 회 간 접 자 본								
발 전 기	백만 kWh	3,250	7,797	240.0	4,911	9,167	282.1	117.6
주 택 건 설	천 평 (4m²)		3,961[2] (13,091.60)[3]		5,888[3]	10,787[3] (33,964)[4]		259.4[5]
화 물 수 송	백만t/km	5,365	9,553	178.0		13,382	249.4	140.1
여 객 수 송	백만 인/km	11,932	23,410	196.0	9,557	30,362	254.5	129.7

주: 1) 괄호 안은 쌀의 경우는 1M/T=6.9석, 맥류의 경우 1M/T=7.2석으로 환산한 수치임.
2) 계획기간 중 합계이며 단위는 천 평임.
3) 단위는 천㎡임.
4) 67~70년까지의 4년간 합계이며 단위는 천㎡임.
5) 67~70년까지의 실적합계를 계획치의 기간 중 합계로 나눈 것임.

시멘트공업은 1차 5개년계획에서 가장 큰 성과를 거둔 산업 중의 하나였으나 국내수요가 계속적으로 증가될 것이 예상됨으로써 계획기간 중 기존 시멘트공장을 확장하고 연간 2백만M/T 규모의 대단위 시멘트공장을 설립하도록 계획하였다. 그리하여 시멘트 생산은 목표년도에는 기준년도의 2.8배인 452만M/T을 증산할 것을 계획하고 있다.

상술한 바를 주 내용으로 하는 이 부문의 목표들을 달성하기 위하여 계획기간 중에 이 부문에는 투자 9천8백억 7천만 원의 30.7퍼센트인 3,010억 1천만 원을 투자하기로 되어 있으며, 그 결과 부가가치성장률은 연평균으로 10.7퍼센트가 되는 것으로 계획하고 있다.

③ **사회간접자본 및 기타 서비스업**: 경제성장이 본격화됨에 따라 교통·통신·전력 등의 사회간접자본 및 기타 서비스업이 애로부문으로 등장하게 되었다. 1차 5개년계획에서도 이 부문의 개발에 크게 주력한 결과 상당한 성과를 거두었으나 계속적인 경제성장의 전제조건으로 이 부문의 확장은 계획의 중대한 목표가 되고 있다. 계획에서는 철도·도로·해운 등 교통시설에 중점을 두고 전력·통신 및 기타 토목사업은 산업발전에 따른 수요에 맞추어 건설한다는 원칙에 입각하여 있으며

보건·교육·주택·도시 및 지역계획 그리고 과학기술부문에도 보다 많은 힘을 기울일 것을 계획하고 있다.

〈전력〉 전력은 계획기간 중 비료·정유·철강·비금속·중기계 및 수송용 기계 등 대량의 전기를 소비하는 기간공장 건설을 포함한 급속한 공업시설 확충에 힘입어 목표년도의 판매 전력량이 기준년도의 24억 6천4백만kW에서 153퍼센트 증가한 62억 3천만kW가 될 것이라는 예상 아래서 화력 71만 6천kW, 수력 16만 5천kW로 합계 88만 1천kW의 발전소를 건설할 계획을 세우고 있다. 이로써 발전시설 용량은 기준년도의 76만 9천kW에서 목표년도에는 165만kW로 115퍼센트 증가하며 발전량은 32억 5천만kW에서 140퍼센트가 증가한 77억 9천7백만kW가 될 것이다.

〈운수〉 교통은 과거의 수송수단이 철도위주였으며 철도투자도 선로의 부설 중심으로 용량의 확대에 별로 치중하지 않았기 때문에 산업발전의 중대한 애로부문이 되었다. 따라서 계획에서는 객화차의 증대, 철도 및 연안해운에 더욱더 치중하여 수송능력을 확대할 것을 계획하고 있다. 그리하여 화물수송은 기준년도의 53억 6천5백만t/km에서 목표년도에는 78퍼센트 늘어난 95억 5천3백만t/km, 여객수송은 119억 3천2백만인/km에서 96퍼센트 늘어난 234억 1천만인/km로 증가하게 되어 있다.

〈통신〉 통신시설 역시 1차 5개년계획기간 중에 상당한 발전이 있었음에도 계속적인 경제규모의 확대, 활발해질 경제활동, 생산수준의 향상 등으로 수요가 급격히 늘어날 것으로 예상됨으로써 장기공급 대책을 강구치 않으면 안 되었다.

따라서 계획기간 중에 도시전화 47만 1천 회선, 농어촌전화 10만 5천 회선을 증설함으로써 전화 대수를 65년 말의 1천 인당 9대에서 26

대로 증가시키게 되었다.

〈건설〉 계획기간 중 인구증가에 따른 소요주거를 고려하여 계획기간 중에 396만 1천 평의 주택건설이 계획되고 있다.

토목 및 기타 건설부문을 도시토목, 상하수도 이수 및 방재, 다목적 댐, 중기도입 그리고 공업의 지방분산 등의 사업이 이루어지게 되어 있다. 상술한 바를 주 내용으로 하는 이 부문의 목표들을 달성하기 위하여 계획기간 중에 이 부문에는 투자 9천8백억 7천만 원의 53.0퍼센트인 5,191억 2천만 원을 투자하기로 되어 있으며, 그 결과 부가가치 성장률은 연평균으로 6.6퍼센트가 되는 것으로 계획하고 있다.

3) 계획의 실적

목표년도는 금년인 1971년이지만 아직 자료가 없으므로 실적은 4차년도인 1970년까지를 보기로 한다.

(1) 총량실적

① **국민총생산 · 산업구조 · 소비**: 국민총생산은 4년 동안에 연평균으로 11.8퍼센트의 성장을 함으로써 계획을 크게 초과하고 있다. 그리고 산업별로는 농림수산업, 광공업, 사회간접자본 및 기타 서비스업이 각각 4년 동안에 연평균으로 1.7퍼센트, 21.8퍼센트, 14.1퍼센트의 성장을 함으로써 농림수산업은 3.3퍼센트포인트 계획을 미달하고 있으나 광공업과 사회간접자본 및 기타 서비스업은 각각 11.1퍼센트포인트, 7.5퍼센트포인트나 계획을 상회하고 있고, 특히 광공업의 경우는 초과의 도가 매우 크다. 그러나 몇 년 동안 10퍼센트를 상회하던 국민총생산 성장률이 8.9퍼센트로 둔화되었다. 이것은 연중에 추구된 안정화 정책의 영향으로 투자활동이 냉각되었고 농업부문의 천후조건 불순에

기인한 성장률의 저조에 그 원인이 있다.

산업구조는 1970년에 25.8 대 28.0 대 46.2퍼센트가 됨으로써 계속 공업화에의 진전을 보이고 있다. 그리고 공업구조도 1970년에 33.1 대 66.9퍼센트를 보임으로써 목표년도의 계획과 거의 같아졌다. 그러나 사회간접자본 및 기타 서비스업의 구성비의 실적이 1967년의 경우나 1970년의 경우나 계획을 비교적 크게 상회하고 있음을 잊어서는 안 될 것이다.

1970년의 1인당 국민총생산과 민간소비지출은 기준년도에 견주어 각각 65.6퍼센트, 66.8퍼센트 증가함으로써 계획치인 31.3퍼센트, 31.4 퍼센트를 크게 상회하고 있다.

1970년의 1인당 국민총생산은 223달러이다. 그러나 정부소비지출은 계획을 하회하고 있는 47.6퍼센트의 증가를 보이고 있다. 이것은 정부 소비지출이 과도하게 책정되었음을 말해주는 것이 아닌가 생각한다.

② **투자재원의 조달과 배분**: 4년 동안 연평균투자율(저축률)은 29.4퍼 센트며 그 중 해외저축률은 13.2퍼센트이다. 투자율 29.4퍼센트는 계 획상의 연평균투자율 19.1퍼센트를 훨씬 상회하고 있으며 결과적으로 고도성장의 원인을 밝혀주고 있다. 한편 국내저축과 해외저축의 비중 은 4년 동안 연평균 53.9퍼센트, 39.4퍼센트를 나타냄으로써 국내저축 은 계획을 하회하고 해외저축은 계획을 상회하고 있음을 말해주고 있 다. 이에서 알 수 있는 바와 같이 고도성장의 이면에는 투자재원의 조 달을 위해서 막대한 외자의 도입이 이루어지고 있다.

4년간 투자의 7.0퍼센트가 농림수산업에, 25.0퍼센트가 광공업에, 68.0퍼센트가 사회간접자본 및 기타 서비스업에 배분되었고 사회간접 자본 및 기타 서비스업에 배분된 68.0퍼센트 중 41.7퍼센트는 사회간 접자본에 배분되었다. 농림수산업에 배분된 비율이 이처럼 낮은 것은 식량을 외국에 의존하다시피 한 우리나라의 실정에 비추어 볼 때 아쉬운 일이라고 아니할 수 없다. 또한 이것은 농림수산업의 투자확대로 농공 간의 균형성장을 달성하려는 정부의 계획과 노력에 큰 차질이 있음을 말해주는 것임을 잊어서는 안 된다.

한편 사회간접자본 및 기타 서비스업을 15퍼센트포인트나 상회하고 있고 사회간접자본에 대한 배분비율 41.7퍼센트는 농림수산업·광공업·기타 서비스업에 대한 배분비율보다도 월등히 높다. 이것은 저개발국의 경제발전의 가장 큰 애로부문이 이 부문이기 때문에 일어나는 현상으로 볼 수 있지만, 다른 한편 이 부문에 대해서 지나친 투자가 이루어지고 있음을 말해주는 것으로 볼 수 있다.

주체별 투자를 보면 4년 동안 민간에 대한 투자는 75.2퍼센트, 정부에 대한 투자는 24.8퍼센트를 차지하고 있다. 민간에 대한 투자, 정부에 대한 투자는 다 같이 계획을 매우 크게 상회하고 있다.

③ **무역과 국제수지**: 1970년의 수출총액은 계획의 약 4.7배나 되는 8억 3,520만 달러로 증가하였으며 2차산품의 수출은 수출총액의 77.3퍼센트를 차지함으로써 계획을 훨씬 상회하였다.

한편 1970년의 수입총액 또한 계획을 훨씬 크게 상회하였다. 즉 계획 8억 5,510만 달러의 2배를 넘는 19억 8천4백만 달러나 되었다. 그리고 그 중 자본재수입은 29.7퍼센트, 정부보유달러(KFX)에 의한 수입은 62.0퍼센트를 차지하고 있다. 양자 모두 계획을 하회하고 있다.

수출이 엄청나게 늘었지만 수입 또한 매우 크게 늘었기 때문에 무역수지는 계획의 3.2배나 되는 9억 2천2백만 달러의 적자를 나타내고 있고 무역외수지는 계획의 7.7배나 되는 1억 1,930만 달러의 수입초과를 나타내고 있다. 따라서 경상수지는 계획의 약 3배나 되는 8억 270만 달러의 적자를 나타내고 있다. 그동안 적자폭은 계속 확대되어 왔으며 외자의 도입으로 충당되었다. 그리하여 현재 국제수지의 악화와 과중한 외채상환부담이라는 심각한 문제가 야기되고 있다.

④ **인구와 고용**: 인구는 4년 동안에 연평균 2.3퍼센트의 증가를 보여주고 있다. 이 계획의 인구계획은 정확히 실시되었다고 할 수 있다.

고용은 4년 동안 연평균 2.6퍼센트 증가하였다. 산업별로 보면 4년 동안 연평균으로 농림수산업은 0.9퍼센트 감소, 광공업은 10.1퍼센트 증가, 사회간접자본 및 기타 서비스업은 5.7퍼센트 증가하였다. 그 결과 1970년의 고용구조는 50.5 대 14.3 대 35.2퍼센트가 되었다.

고용구조는 계획을 상회하여 개선되었지만 고용의 증가는 전체로 볼 때 계획을 약간 미달하고 있다. 그러나 산업별로 볼 때에는 광공업과 사회간접자본 및 기타 서비스업은 계획을 상회하고 있다. 그리고 실업률은 고용증가율이 매우 근소하나마 인구증가율을 상회함으로써 1차년도인 1967년의 6.2퍼센트에서 1970년에는 4.7퍼센트로 떨어지고 있다.

(2) 부문별 실적

① **농림수산업**: 〈농업〉 식량증산 기반의 조성사업인 경지정리사업과 농업용수개발사업은 농업부문에 대한 투자 부진, 정부사업 집행의 부진, 지방세·양곡·해당지역 부담의 부진 등으로 해서, 또 종자갱신사업, 수도집단재배사업 등 생산 향상에 기여할 수 있는 기술향상사업은 정부지원의 부족 등으로 해서, 각각 별로 큰 성과를 못 거두었다.

그리하여 현재 고곡물가정책이 채택되고 있기는 하지만 상실되다시피 한 농민의 생산의욕은 별로 북돋워지지 못했고 결과적으로 1970년에 쌀 생산은 27억 1,790만 석, 맥류 생산은 16억 9,340만 석에 달함으로써 계획을 미달하고 있으며 특히 쌀의 경우는 그 도가 심하다. 현재

무려 2억 달러나 되는 외곡도입이 국제수지 악화 요인의 하나임을 감안할 때 식량증산은 꼭 이루어야 할 과제임에도 불구하고 그것이 이루어지지 못하고 있는 셈이다.

그러기에 현재 농업정책의 근본적 재검토가 촉구되고 있다.

농어민소득증대사업의 하나로서 1968년부터 특별히 추진되고 있는 잠업증산을 위한 노력도 별로 큰 성과를 거두지 못했다고 할 수 있다. 1970년의 누에고치 생산은 2,140만 9천M/T으로서 계획에 미달하고 있다.

〈수산업〉 한편 어획고는 수산진흥사업의 힘을 입어 매년 증가해 와서 1970년에는 81만 8천M/T에 이르고 있다. 계획에는 약간 미달이지만 대체로 소기의 성과를 거두고 있는 것 같이 생각된다. 그러나 부존어류자원이 차츰 감소함에 따라서 어업자원과 어업관리의 문제가 중대한 의미를 가지게 되었으며, 따라서 연근해어업에서 탈피하여 원양어업을 개발하고 신어장의 탐색에 힘써야 할 것이다.

이 부문에서는 계획을 크게 하회하는 4년간 투자의 7퍼센트가 투자되었고 그 결과 부가가치성장률도 연평균으로 계획에 크게 미달하는 1.7퍼센트에 불과하다.

② **광공업**: 〈광업〉 주요 광산물 중 석탄·철광석 등을 제외하고서는 대부분이 1970년에 이미 목표년도의 계획치를 초과하고 있다. 석탄 생산은 1970년에 1,239만 3천6백M/T으로서 목표년도의 계획치 1,376만 2천M/T에는 아직 미달이지만 대체로 목표년도에는 계획을 달성할 수 있을 것 같다. 그러나 철광석 생산은 1970년에 57만 1천M/T으로서 목표년도의 계획치 160만M/T의 반도 못 됨으로 목표년도까지의 계획 달성은 바라기 어렵다고 아니할 수 없다.

〈공업〉 제조업에서는 우선 석유공업은 원유처리능력 11만 5천 배럴

규모의 대한석유공사와 1969년 6월 3일에 일산 6만 배럴의 시설을 완공하고 1970년 10월 20일에 다시 4만 배럴의 시설을 확장한 호남정유의 시설규모를 합하여 1970년 12월 현재로 총 21만 5천 배럴의 원유처리시설을 갖추고 있다. 또한 경인에너지개발주식회사가 미국 유니언 오일(Union Oil)과 합작, 외자 총 1,775만 달러를 투입하여 6만 배럴 규모의 공장을 1969년 6월에 착공하였다. 따라서 주요 유류의 생산은 계획기간 중 상당히 증가하였다. 한편 석유화학공업은 1966년에 석유화학공업개발계획이 수립되어 계획의 중점사업으로 추진되었다. 대한석유공사 주체로 석유화학공업의 발전척도가 되는 에틸렌(10만M/T)을 생산하는 나프타 분해공장이 건설 중에 있으며 이를 모체로 한 폴리에틸렌(50만M/T) 및 VCM공장(6만M/T), 아크릴니티릴공장(2만 6천 4백M/T)을 설립추진 중에 있다. 또한 충주비료 주체로 울산석유화학을 단지 내에 건설토록 하고 신설된 공장의 공동부대시설로 유틸리티(Utility)와 정비센터를 설치하게 하였다. 그 밖에 SBR공장(1만 5천M/T), 폴리프로필렌공장(2만M/T), 세타놀공장(4만 5천M/T), 알킬벤젠공장(1만M/T) 및 아세트알데히드공장(2만 5천M/T)을 민간주체로 건설추진 중에 있다.

중간재를 생산하는 철강공업은 시설능력의 저위와 부문 사이의 구조적 파행성으로 저조한 생산실적을 보여 왔다. 따라서 계획에서는 목표년도까지 일부 대형 강재를 제외한 각종 철강재를 국내생산으로 충당하는 동시에 제선·제강부문의 불균형을 시정할 것을 계획함으로써 본격적인 공업고도화 단계에 돌입할 준비를 하였다. 그러나 계획의 심볼·프로젝트로 강조된 종합제철이 1969년 9월 2일에 KISA와의 협정이 해약됨으로써 착공이 지연되었고 결과적으로 1970년 철강재 수요량의 41.4퍼센트가 해외수입에 의존하는 현상을 방치할 밖에 없게 되었다. 따라서 철강공업의 구조적 파행성을 시정하고 수입의존도를 낮추기 위하여 계속해서 종합제철의 건설이 추진되던 중 1969년 12월 3일 103만 톤 규모의 신사업계획이 한·일 양국 간에 합의됨으로써 한 가닥 희망이 보이게 되었다. 외자 1억 6,309만 4천 달러, 내자 393억 6천만 원의 총투자가 소요되는 이 사업이 완성되면 선철 95만M/T, 조강 103만 2천M/T, 압연제품 90만 8천M/T의 철강이 생산됨으로써 제철공업의 구조적 균형화와 국내수요의 충족이 가능하게 된다.

기계공업의 육성을 위해서 기계공업육성자금이 방출되고 있으나 그 제품 중 동력탈곡기, 면직기 등과 같이 1970년에 1965년 대비로 감산하고 있는 것이 있으며 계획목표치를 초과하고 있는 것은 일부 전기기계, 자동차 등에 불과한 실정에 있다. 조선공업은 기계공업과는 별도로 정부재정지원을 받고 있다. 선박의 수요는 막대하나 기업이 방대하고 원가가 고수준이며 자금의 회임기간이 길다는 이유 때문에 국내수요를 외국선으로 충당시키는 형편이다. 따라서 선박건조의 국산화 비율을 높이며 국내선박수요를 국내생산으로 충족시키기 위하여 더욱더 정부의 지원이 요망된다.

비료공업은 제3, 제4, 제5비료공장의 준공으로 인산질과 가리질의 일부 수요량 미달을 제외하면 요소질은 생산능력이 수요량을 초과하고 있다. 요소질 비료 재고는 동남아시장의 협소와 세계적으로 야기되는 덤핑사태 때문에 수출전망이 극히 어두워 심각한 문제를 야기하고 있다.

또한 공장시설 및 경영관리의 비합리성으로 원가가 높아 경영합리화를 위한 과감한 시책이 필요하다.

기초 화학공업에서 소다회는 1968년에 동양화학공업주식회사 소다회공장이 준공됨으로써 국산이 가능하게 되었다. 그러나 소다회 생산에는 공업염 수입에 의한 원가고의 문제, 석회석 수송의 문제 등의 장애가 있다.

섬유공업은 1970년 실적에서 면방 생산은 당초 계획량의 130.2퍼센트, 소모방공업은 60퍼센트, 인조섬유공업은 95퍼센트의 성과를 보이고 있다. 계획에 따르면 1971년의 섬유수출이 2억 달러로 책정되었던 것인데 1969년 초에 이미 당초 목표를 초과하여 2억 3천만 달러의 수출실적을 보였으며 1970년에는 3억 5천만 달러에 이르러 섬유류 수출이 계획기간 중 수출성장을 주도하였다.

그러나 섬유공업 일부 시설의 과잉에 의한 기업운영의 불황이나 수출시장의 대미 편중성 그리고 원료의 해외의존은 섬유공업 발전에 중대한 문제점으로 등장하고 있다.

시멘트공업은 1970년의 계획에서 목표년도의 계획량으로 책정한 452만M/T을 135만 1천M/T이나 초과하는 587만 1천M/T을 생산하고 있다. 이것은 각종 건설사업의 활발한 진행에 따른 수요증가에 기인한 것이다. 그러나 수출부진의 경우는 공급과잉의 상태에 빠질 것이므로 시멘트의 수출증대를 도모할 필요가 있을 것이다. 이 부문에는 계획을 하회하는 4년간 투자의 25.0퍼센트가 투자되었다. 그러나 부가가치성장률은 연평균으로 계획을 11.1퍼센트포인트나 상회하는 21.8퍼센트에 이르고 있다. 이것은 중화학공업에 견주어 경공이 상대적으로 비대한 상태에 있는 데 기인하지 않는가 생각된다.

③ **사회간접자본 및 기타 서비스업**: 〈전력〉 이 부문의 개발에 집중적인 노력을 기울인 결과 과거 산업발전에 장애가 되었던 전력은 그 수요를 완전히 충족시킬 수 있게 되어 1969년 이래 무제한 송전을 단행하고 있으며 1970년 말의 발전량은 목표년도의 계획을 훨씬 상회하는 91억 6천7백만kW에 이르고 있다.

〈운수〉 수송부문도 심각한 애로부문이었으나 1970년에 경부고속도로의 개통과 호남고속도로의 건설 그리고 철도·항만·해운 등의 부문들이 모두 크게 확충되어 현재 애로상태는 어느 정도 타개되었다. 철도수송량은 1970년에 화물수송이 133억 8천2백만t/㎞, 여객수송이 303억 6천2백만인/㎞로서 각각 목표년도의 계획을 크게 상회하고 있다. 그러나 현재 차츰 도로수송에 의한 철도수송의 대체현상이 일어나고 있다. 따라서 철도수송의 전망은 그다지 밝지 않다.

〈통신〉 통신부문의 계획은 당초 목표량이 대부분 삭감 수정되어 진행되고 있다. 이것은 주로 재원의 부족과 대일청구권자금에 의한 시설재도입 지연 등에 기인한다. 가장 활발한 사업의 하나는 국제 장거리전화시설계획이며 가장 부진한 사업의 하나는 시내전화시설계획이다. 국제 장거리전화시설계획은 140회선에서 120회선으로 수정되었으나 1970년까지 164회선을 신설함으로써 초과 달성되었다. 또 1970년에 금산 위성통신지구구이 개통되있다. 이에 대해서 시내전화시설계획은 57만 6천 회선에서 60퍼센트 삭감된 33만 4,930회선으로 수정되었으나 1970년까지 27만 870회선을 신설함으로써 저조한 실적을 보여주고 있다.

〈건설〉 이 밖에도 공업용수 개발, 공업단지 조성, 국토건설 및 보전 등 각종 건설지원이 활발히 추진되었고 인력개발과 과학기술 진흥 및 주택·보건·위생 등의 분야들에서도 발전이 있었으며 유통구조의 개선 등 서비스부문의 향상도 있었다.

이 부문에는 계획을 훨씬 상회하는 4년간 투자의 68.0퍼센트가 투자되었다. 그 결과 부가가치성장률도 연평균으로 계획을 7.5퍼센트포인트나 상회하는 14.1퍼센트에 달하고 있다.

4) 문제점

1962년부터 1970년까지의 9개년은 우리나라 경제의 산업화를 위한 시동작업과 고도경제성장을 위하여 여타 경제부문의 희생을 기반으로 광공업부문과 사회간접자본부문이 중점적으로 육성된 시기였다고 할 수 있다. 특히 계획기간 중인 1967년부터 1970년 사이에 이러한 특징이 뚜렷하였고 그 성과도 괄목할 만한 것이었다.

그러나 이 기간 중에 '고도경제성장' 정책의 부산물로서 나타난 국민경제 각 부문의 불균형성은 심각한 단계에 이르고 있으며, 이제 더이상 그 해결을 보류한다면 성장에 대한 위기로 나타날 것이다. 다시 말하면 '고도경제성장' 정책은 그 집행과정에서 나타난 국민경제 각 부문의 불균형성 때문에 그대로는 더 이상 지속할 수가 없는 것이며, 만약 그것을 계속 추구하려 한다면 정책을 현실에 맞게 근본적으로 재조정하지 않으면 안 된다.

이와 같은 관점에서 2차 5개년계획기간 중—1차에도 마찬가지이지만—에 국민경제 각 부문에서 나타난 불균형성을 지적한다면 아래와 같은 것을 들 수 있을 것이다.

(1) 외채의 증대

고도성장을 추진하기 위하여 소요되는 막대한 투자재원의 염출이 상당한 부분 해외저축에 의하여 이루어진 결과 이제는 계속적인 외자 도입 없이 국민경제를 유지·발전시킨다는 것이 어렵게 되었으며, 이에 따라 국제수지의 위기가 조성되고 차관을 직접투자에로 그 형태적 전환을 가져오게 되었다. 계획에서는 투자의 자립도(국내저축/해외저축)를 1965년의 4.8/5.1에서 1971년에는 16.8/6.5로 개선할 것을 목표로 하고 있으나 그 실적치는 1969년에 17.2/11.2에 불과하고 1971년에는

6.4/3.5가 될 것이 예상됨으로써 재원조달계획의 수행에 큰 차질이 있음을 볼 수 있다. 이와 같이 과도하게 투자재원의 염출이 해외저축에 의존됨에 따라 차관원리금 지불이 예상 외로 증대되어 1971년에 7천6백만 달러로 계획되었던 것이 3년 이상의 장기차관원리금 지불만으로도 2억 3천만 달러에 이를 것으로 예상되며, 더구나 1972년에는 그것이 3억 1천5백만 달러로 경상외환수입의 15.7퍼센트에 이를 것이 예상되어 국제수지 위기의 한 가지 요인을 조성하고 있다.

정부는 차관의 원리금상환이 국제수지에 미치는 악영향을 예상했음인지 1967년부터 각종 우대조치로 외국인직접투자를 장려한 결과 1971년 3월 말 현재 2억 3천5백만 달러를 유치하게 되어 자립적 국민경제의 발전에 대하여 심각한 위기를 조성하게 되고, 이는 국제수지의 위기와 더불어 외국자본 없이는 우리나라 경제의 유지·발전을 거의 불가능케 하고 있다. 이러한 사실은 외자도입선이 지역적으로 미·일에 편중되어 있고 앞으로 일본에 주로 의존하지 않을 수 없는 것과 더불어 국민경제적인 입장에서 크게 경계해야 할 점이다.

(2) 국제수지의 악화

'수출입국'을 표방한 1960년대의 외연적 공업화 과정의 무계획적인 자본도입과 무제한적 수입에 의하여 무역수지의 적자폭은 크게 확대되었을 뿐만이 아니라 무역의 보세가공적 성격으로 발전함에 따라 수출의 외자가득률은 크게 떨어졌다.

이와 같은 무역수지적자폭의 확대 및 수출의 외화가득률 저하는 차관의 원리금상환액 증대에 더하여 국제수지 위기의 또 하나의 요인이 되고 있다. 계획은 일반무역수지의 적자폭을 1966년의 1억 9,250만 달러에서 1971년까지 단지 26.7퍼센트가 증가된 2억 4,340만 달러까지 억제할 것을 계획하였으나 1970년 현재 그것은 5억 9,650만 달러까지 확대되었으며 총무역수지의 적자폭은 1966년의 4억 6,610만 달러에서 1970년에는 11억 2,800만 달러까지 확대되었다. 그리고 수출의 외화가 득률은 1966년의 59.6퍼센트에서 1969년에는 52.3퍼센트로 하락하였다. 이와 같은 무역수지의 악화는 계획기간 중에 수출증가율이 낮은 데 그 원인이 있는 것이 아니라 수출원자재의 수입 등 수입을 전제로 하는 수출증대에 있는 만큼 이러한 수출구조, 즉 보세가공적 수출구조를 지양하지 않고서는 수출증가율이 아무리 높더라도 무역수지의 개선을 기대하기 어려울 것이다.

(3) 기업의 몰락과 부실화

'고도성장' 정책에서 가공부문의 성장주도 산업으로 선정되어 특혜적으로 보호·육성되었으나 ① 소비재공업을 위주로 개발됨으로써 그 구조가 매우 취약하여 대외의존성이 강하고 ② 국내 중소기업을 무시하는 소비재공업을 건설함으로써 중소기업의 몰락을 촉진하고 ③ 일부 대공업을 특혜적으로 보호·육성함으로써 기업경영의 부실을 초래하였다. 계획은 1965~1971년 사이에 중공업의 비중을 27.8퍼센트에서 33.6퍼센트로 높이고 경공업의 비중을 72.2퍼센트에서 66.4퍼센트로 낮출 것을 계획하였는데 1970년에 이미 중공업 대 경공업의 구성비를 33.4 대 66.6퍼센트로 개선시킴으로써 적어도 표면적으로는 공업구조의 개선을 계획대로 달성한 것처럼 보인다.

그러나 중공업의 내부구성을 보면 반드시 공업구조의 개선이 달성되었다고 볼 수 없다. 정부는 계획의 4차년도에 이르기까지는 석유화학공업, 철강공업 및 화학공업 등의 건설을 완료하여 국내공업의 수입원자재에의 의존도를 낮출 것을 계획하였으나 이들 중요 사업 중에서 제대로 완성된 것은 거의 없으며 자동차공업, 전기기계공업 및 석유공업 등 최종소비재를 생산하는 중공업과 화학비료공업을 무계획적으로 건설함으로써 원자재수입의 절대량에서 공업의 대외의존도를 오히려 강화하였다.

공업용 원자재의 수입이 계획기간 중에 매년 20퍼센트 이상씩 증가하였다는 것은 바로 이러한 사실을 말하는 것이라고 하겠다. 이와 같이 무계획적으로 건설된 대공업은 필연적으로 국내의 중소기업을 몰락케 하는 한편 외자도입 과정에서 발생하는 정치적 요인과 기업인의 불건전한 자세 때문에 부실경영에 빠지지 않을 수 없었다. 차관기업은 창설 당초부터 막대한 비경제적 비용을 부담하지 않을 수 없었고 기업회계와 개인회계가 미분리된 현재의 경영풍토 아래서 다수의 기업인들이 생산활동보다 차관을 획득하는 과정에서 축재하려고 하였기 때문에 1971년 11월 현재 330개 차관기업 가운데 26개 업체가 정리대상으로 되어 있다. 그리고 국내 재계가 외채상환의 능력이 없다는 것을 인정하고 외채상환 기간연장과 차관금리의 인하를 요구하고 있다는 사실이 바로 대부분의 대기업이 부실경영 상태에 있다는 것을 말해주고 있다.

(4) 농업경제의 정체

공업생산의 급속한 증대에도 불구하고 농업생산은 정체 또는 절대적으로 감소하고 있다. 농업생산의 정체 또는 감소의 근본적인 원인은 미국 잉여농산물 도입을 중심으로 하는 과다한 해외농산물 수입과 이로 인한 농산물 저가격정책이 농민들의 생산의욕을 완전히 박탈하였다는 데 있지만 이를 보상해 줄 만한 정부의 농업투자 기피에도 또 하나의 중요한 원인이 있다. 정부의 농산물 저가격정책 및 농업투자기피

정책의 배경은 외연적 공업화 바로 그것이다.

계획에서는 경지 확장, 수리시설 확충, 토지 개량, 품종 개량 및 경영규모의 개선 등 여러 가지 농업정책을 세우고 있지만 이것은 국민경제계획의 일부로서 완전한 구색에 불과하고 계획의 중점은 외연적 공업화에 있다. 계획에서 공업화는 외자유치에 의한 공장건설 및 '수출입국'으로서 수출입 증대에 그 핵심이 있기 때문에 공업화의 전제조건이 되는 자본조달, 시장확대 및 원료·식량의 공급을 반드시 국내에서 찾을 필요는 없을 것이다. 계획은 곡물 부족량을 1965~1971년간에 66만 9천M/T에서 4만M/T으로 감소시킬 것으로 계획하였으나 도리어 1965~1970년 동안에 식료품 도입량(산 동물 포함)이 6천4백만 달러에서 3억 1천9백만 달러로 증대하였다는 사실 하나만을 보아도 농업은 근대화 과정에서 희생산업으로 지정되었다는 것을 알 수 있을 것이다. 그러나 농업은 근대화 과정에서 상대적으로 쇠퇴하는 산업인 것은 분명하지만 공업화를 위하여 식량 및 원료를 공급하고 시장을 마련해 주어야 함에도 우리나라 농업은 이러한 역할을 하기는커녕 식료 및 농산물원료 도입을 둘러싸고 공업과 심각한 외화수요 경쟁산업으로 등장하고 있다.

(5) 소득격차와 중산층의 몰락

공업화가 진행됨에 따라 사회 각 계층 및 지역 사이에 소득의 격차가 확대되고 있다. 어느 나라 할 것 없이 공업화 과정에서 사회 각 계층 및 지역 사이에 소득의 격차가 확대되는 것은 사실이지만, 우리나라에서는 과잉인구의 압박 및 농업의 정체 또는 절대적 쇠퇴에 따라 그 격차는 더욱 뚜렷하다. 센서스 자료에 의거해서 사회 각 계층 사이의 격차를 보면 1960~1966년 사이에 자본가계층의 소득은 약 10퍼센트 감소하고 노동자계층의 소득은 10퍼센트포인트 이상 증가하고 있다. 이 자산가 중에는 90퍼센트 이상이 자영업자인 농민과 소상인인데 이러한 자본가의 감소와 노동자의 증가는 한마디로 중산층의 몰락을 의미하는 동시에 소수 자본가의 질적 비대를 말해주고 있다.

그리고 지역 사이의 소득격차를 보면 1969년에 서울시민은 전국 인구의 15.8퍼센트를 점하는 데 불과하나 전국의 상속세 납부액의 76.2퍼센트, 소득세 납부액의 57.6퍼센트, 그리고 직접세 납부액의 59.1퍼센트를 차지하고 있다. 이에 대하여 전남은 전국 인구의 13.5퍼센트를 차지하고 있음에도 상속세 납부액의 1.1퍼센트 그리고 소득세 납부액의 2.4퍼센트밖에 차지하지 못하고 있다.

여기서 우리는 공업화가 진행됨에 따라 사회 각 계층 간 및 지역 간 소득격차가 확대되고 있음을 본다.

(6) 고질화된 물가고

우리나라의 물가는 상승률이 높으며 공산품의 경우 국제가격보다 약 2배 정도 높다는 두 가지 특징을 가진다. 물가상승률은 1965~1970년 사이에 도매물가지수에서는 10.0퍼센트에서 9.1퍼센트로, 서울 소비자물가지수에서는 13.6퍼센트에서 12.7퍼센트로 각각 조금씩 낮아지는 것 같으나 금년(1971년)의 격심한 물가상승을 감안한다면 계획기간에 물가안정을 기하였다고는 보기 어렵다.

계획은 물가대책으로서 물가수급의 원활화, 통화공급 억제, 유통기구의 근대화, 농산물가격의 안정, 임금 및 공공요금의 적정화를 들고 있는데 이것은 우리나라의 물가상승요인이 과잉투자수요를 중심으로 하는 초과수요 및 수입물자가격의 상승에 있다는 점을 감안할 때 적절한 대책이 되지 못함은 물론이다. 다시 말하면 '고도경제성장'에 따른 과잉수요를 억제하고 수입의존경제체제로부터의 탈피 없이는 물가 상승을 억제하기 어렵다. 그리고 우리나라의 높은 공산품가격 수준은 보호정책이라는 미명 아래 높은 관세장벽, 독점가격의 형성 및 비싼 차관원리금의 생산비에의 산입에 그 원인이 있는 것이므로 관세율을 적절히 조절하고 독점가격을 형성하지 못하도록 강력한 조치를 취할 뿐만이 아니라 차관원리금까지도 파렴치하게 생산비에 견주어 계산에 넣는 일부 기업인의 자세가 시정되지 않고는 국제수준에까지 낮추기 어렵다.

(7) 후퇴한 투자계획

계획은 1차 5개년계획에 견주어 계획 과정에서 부문계획을 도입하여 부문별 생산수준, 생산능력 및 자본계수에 의한 부문별 투자규모를 산출하고 이를 개별 사업계획과 더 구체적으로 접합시켰다는 점에서 우선 특색을 찾을 수 있다. 이와 같은 작업은 2차에 걸친 산업연관표의 발표 등 기초자료의 정비, 유솜, 네이선 사절단 및 서독 고문단의 기술지원 및 산업별 투자배분에 자의적인 요소를 다소 제거하려는 계획입안자의 소망에 의하여 가능하였다.

그러나 계획이 1차 5개년계획보다 위와 같은 점에서 계획기술상의 일대 진보가 있기는 하였으나 투자계획에서는 1차 5개년계획보다 오히려 후퇴한 점도 있다. 그것은 1차 5개년계획에서는 투자계획이 계획 기간 중의 연차계획으로 작성되어 있으나 계획에서는 그것이 기간 중 투자계획으로 뭉뚱그려져 있고 연차계획은 연차별 생산 또는 건설계획으로 대체되었다는 점이다. 이것은 마치 투자계획 없는 생산계획과 같이 계획의 허구성 또는 실현 불가능성을 보여주는 것 같다.

우리나라와 같이 자본조달의 대부분을 외자에 의존하고 있는 나라에서는 투자계획을 수립하는 데 정부가 받는 제약조건은 더욱 크다는 점을 감안할 때 계획이 투자계획을 수립하면서 연차계획을 수립하지 않은 것은 계획기술상에서 보면 1차 계획보다 후퇴한 감이 있다고 할지라도 오히려 더 현실적인 것인지도 모른다.

5. 3차 5개년계획—한국경제의 전망

1) 계획의 기조와 목표

1, 2차 5개년계획의 적극적인 추진은 GNP 규모 및 수출의 획기적인 증대 그리고 산업구조의 개선을 가능케 하였으며, 따라서 총체적인 의미에서 국민경제 수준의 향상을 기하도록 하였다. 그러나 가열된 팽창정책, 관련효과를 고려하지 않은 경공업 편중투자 및 그 밖의 무리한 정책수단의 사용으로 차후의 경제계획을 추진하면서 많은 애로점을 발생시켰다. 해외저축 방식에 의한 투자, 지역·산업 사이의 격차, 소득분배의 불균형, 그리고 수출증대에 앞서는 수입수요 등은 지금까지 개발 붐을 타고 이루어진 경제성장을 지속시키지 못하게 하는 주요한 저해요인이 되고 있다.

따라서 차후의 경제개발계획이 성공적으로 수행되고 지속적인 경제성장을 이루기 위해서는 이들 저해요인을 해소시켜야 할 것이다.

이러한 시점에서 마련된 3차 5개년계획을 통하여 이룩하려는 기본정신은, 첫째로 '성장·안정·균형의 조화'를 추구하여 안정된 기반 위에서 성장을 이룩하고 동시에 개발성과가 농어민과 저소득층을 포함하여 온 국민에게 널리 보급되도록 하여 국민의 복지를 향상하고, 둘째로 산업구조의 고도화와 국제수지의 개선 및 주곡의 자급을 실현함으로써 '자립적 경제구조'를 이룩하며, 셋째로 4대강 유역개발 도로망의 대폭적인 확충 등 국토의 종합적인 개발을 더욱 촉진하여 '지역개발의 균형'을 기하는 데 있다.

따라서 정부는 이와 같은 기본정신에 따라 3차 5개년계획을 완수함으로써 우리나라는 상위중진국이 될 것이라고 말하고 있다.

이와 같은 기조에 따라 계획은 그 기본목표를 '농어촌경제의 혁신적 개발, 수출의 획기적인 증대 및 중화학공업의 건설'로 잡고 다음의 목표들을 중점적으로 달성하도록 하고 있다.

① 식량을 증산하여 주곡을 자립하고 농어민소득을 적극적으로 증대시키는 동시에 경지정리 및 기계화 등을 촉진한다.

② 농어촌의 보건 및 문화시설을 충실화하고 농어촌전화 및 농어촌도로망을 확충한다.

③ 무역수출을 목표년도에 35억 달러를 달성하는 등 국제수지를 개선한다.

④ 중화학공업을 건설하여 공업의 고도화를 기한다.

⑤ 과학기술의 급속한 향상과 교육시설의 확충으로 인력을 개발하며 고용을 최대한으로 증대한다.

⑥ 전력·교통·보관·하역·통신 등 사회기초시설의 균형된 발전을 기한다.

⑦ 4대강유역개발을 비롯한 국토자원의 효율적인 개발과 수출공업단지 등 개발단지의 조성으로 지역개발을 촉진하고 공업과 인구를 적정히 분산한다.

⑧ 주택과 위생시설 및 사회보장을 확충하고 근로환경을 개선함으로써 국민의 복지와 생활향상을 기한다.

2) 계획의 내용

(1) 총량계획

① **국민총생산·산업구조·소비**: 국민총생산은 계획기간(1972~1976) 중 연평균 8.6퍼센트의 성장을 하여 목표년도(1976년)에는 국민총생산이 4조 2,571억 원이 되도록 되어 있다. 이러한 성장률은 2차 5개년계획기간 중의 11.6퍼센트에 비하면 상당히 낮은 수준이나 다른 나라들에 견주면 높은 수준이라 할 수 있다. 계획기간 중의 성장률이 낮게 책정된 것은 무리한 고도성장에 수반된 문제점들을 해결하여 성장과 안정을 조화시키는 동시에 농어촌부문, 중소기업, 유통부문 등 저생산성부문의 개발에 역점을 둠으로써 부문 간의 균형도 이룩하려는 데 있다.

또 산업별로는 1, 2차 5개년계획에서 다소 소홀히 취급된 농림수산업이 계획에서 중점 투자되어 계획기간 중 연평균 4.5퍼센트, 광공업·사회간접자본 및 기타 서비스업이 각각 13.0퍼센트, 8.5퍼센트의 성장을 하게 되어 있다. 그 결과 목표년도의 산업구조는 기준년도(1970년)의 28.4 대 21.7 대 43.9퍼센트에서 22.4 대 27.9 대 49.7퍼센트가 되어 공업화의 진전을 보이게 된다.

그리고 공업구조도 고도화하게 된다. 즉 중공업 대 경공업의 비중이 기준년도의 64.1 대 35.9퍼센트에서 목표년도에는 59.5 대 40.5퍼센트로 된다. 목표년도의 1인당 국민총생산은 기준년도에 견주어 51.5퍼센트, 목표년도의 민간소비지출은 56.9퍼센트 증가하게 된다. 소비의 총가용자원에 대한 비율은 기준년도의 76.1퍼센트에서 목표년도에는 75.9퍼센트로 그 비중이 낮추어 가게 되는 바 이를 위해서는 경제의 안정기조를 더욱 굳히는 한편 합리적인 소비생활의 유도 등을 필요로 하게 된다.

<표 6> 3차 5개년계획

(1970년 불변가격)

	단 위	기준년도 (1970) (A)	1차년도 (1972)	목표년도 (1976) (B)	B/A (%)	연평 균	비 고
국 민 총 생 산	10억 원	2,562.0	3,071.8	4,257.1	166.2		
	(백만 달러)	(6,994)	(8,830)	(13,353)			
국민총생산성장률	%	9.7	9.0	8.5		8.6	
농 림 수 산 업	〃	2.0	4.5	4.5		4.5	
광　공　업	〃	17.4	14.5	12.3		13.0	
(제 조 업)	〃	(17.6)	(14.9)	(12.5)		(13.0)	
사회간접자본 및	〃	10.2	8.9	8.3		8.5	
기 타 서 비 스 업							
(사회간접자본)	〃	(9.7)	(13.0)	(11.5)		(12.3)	
산 업 구 조	%	100.0	100.0	100.0		100.0	
농 림 수 산 업	〃	28.4	26.1	22.4		24.2	
광　공　업	〃	21.7	24.0	27.9		26.0	
(제 조 업)	〃	(20.5)	(22.9)	(26.8)		(24.9)	
사회간접자본 및	〃	49.9	49.9	49.7		49.8	
기 타 서 비 스 업							
(사회간접자본)	〃	(13.3)	(14.2)	(16.1)		(15.2)	
공 업 구 조	%	100.0		100.0			
중　공　업	〃	35.9		40.5			
경　공　업	〃	64.1		59.5			
투　　　　자	10억 원	667.6	776.5	1,060.7	158.9		4,524.5
							(계획기간
							중 합계)
투 자 재 원 조 달	10억 원						
	(%)						
국 내 저 축	〃	431.5	543.6	913.5	211.7		3,575.5
(구 성 비)		(64.6)	(70.0)	(86.1)			(79.0)(〃)
해 외 저 축	〃	236.1	232.9	147.2	62.3		948.8
(구 성 비)		(35.4)	(30.0)	(13.9)			(21.6)(〃)
투　자　율	%	26.1	25.3	24.9		24.9	
국 내 저 축 률	〃	16.9	17.7	21.5		19.5	
해 외 저 축 률	〃	9.2	7.6	3.4		5.4	
투자재원배분(1)	10억 원						4,778
	(%)						(100.0)[1]
농 림 수 산 업	〃						649(13.6)
(구 성 비)							

광 공 업	〃						1,313(27.5)
(구 성 비)							
사회간접자본 및	〃						2,816(58.9)
기 타 서비스업							
(구 성 비)	〃						
투자재원배분(2)	〃						4,778(100.0)
민 간	〃						2,913(61.6)
정 부	〃						1,865(39.0)
조 세 부 담 률	%	15.9	17.1	17.5		17.3	
소 비 지 출	10억 원	2,130.5	2,528.2	3,343.6			
증 가 율	%	10.7	8.1	7.0		7.4	
소 비 율	%	83.1	82.3	78.5		80.5	
1인당 국민총생산	원(달러)	81,809	94,929	123,951	151.5		
		(223)	(273)	(38.9)			
인 구	천 인	31,317	32,359	34,345	109.7		
인 구 증 가 율	%	1.8	1.6	1.5		1.52	
고 용	천 인	9,941	10,532	11,792	118.6		
고 용 증 가 율	%	2.4	2.9	2.9		2.9	
농 림 수 산 업	〃	0.8	−0.8	−1.3		−1.1	
광 공 업	〃	2.5	7.2	6.9		7.0	
사회간접자본 및	〃	4.9	5.4	5.1		5.3	
기 타 서비스업							
고 용 구 조	%						
농 림 수 산 업	〃	47.8	44.3	37.7		41.0	
광 공 업	〃	16.1	17.5	20.5		19.0	
사회간접자본 및	〃	36.1	38.2	41.8		40.0	
기 타 서비스업							
실 업 률	%	4.6	4.4	4.0		4.2	
수 출	백만 달러	882	1,584	3,510	398.0		
(F O B 기준)	(%)	(100.0)	(100.0)	(100.0)			
1 차 산 품	〃	145	197	337	232.4		
(구 성 비)		(16.4)	(12.4)	(90.4)			
2 차 산 품	〃	737	1,387	3,173	430.5		
(구 성 비)		(83.6)	(87.6)	(90.4)			
수 입(1)	백만 달러	1,982	2,428	3,993	201.5		
	(%)	(100.0)	(100.0)	(100.0)			
자 본 재	〃	590	680	1,050	178.0		
(구 성 비)		(29.8)	(28.0)	(26.3)			
원자재 및 소비재	〃	1,392	1,748	2,043	211.4		
(구 성 비)		(70.2)	(72.0)	(73.7)			

수 입(2)	백만 달러	1,982	2,428	3,993	201.5		
	(%)	(100.0)	(100.0)	(100.0)			
정부보유외환	〃	1,239	1,506	3,047	245.9		
(KFX)(구성비)		(62.5)	(64.50)	(76.3)			
원조및기타	〃	743	922	946	127.3		
(구 성 비)		(37.5)	(25.50)	(23.7)			
경 상 수 지	백만 달러	−128	94	392			
(재화및용역)							
무 역 수 지	〃	−247	206	722			
무 역 외 수 지	〃	119	−112	−330			

주: 1) 투자재원배분액은 5년간의 총량으로서 자본형성 외에 개발지출을 포함한 것임.

② **투자재원의 조달과 배분**: 계획기간 중의 투자는 4조 5,245억 원은 국내저축으로 나머지 21퍼센트인 9,488억 원은 해외저축으로 조달하도록 되어 있다. 이에서 알 수 있는 바와 같이 계획은 국민의 소비억제를 통한 민간저축 증대로서 투자재원을 조달할 것을 기대하고 있다.

한편 국내저축 중 조세징수에 의한 정부저축분은 계획기간 중 1조 3,709억 원으로 책정되어 계획의 수행에서도 정부의 역할이 크다는 것을 보여준다.

투자재원의 배분의 경우 계획기간 중 농림수산업에 13.6퍼센트, 광공업에 27.5퍼센트, 사회간접자본 및 기타 서비스업에 58.9퍼센트를 투자하도록 되어 있다(투자지출은 자본형성 이외에 재정투융자상의 개발지출을 포함한 것임). 이러한 산업별 배분율은 2차 5개년계획과 비교하면 농림수산업에의 배분이 크게 증가한 반면 광공업과 사회간접자본 및 기타 서비스업은 감소하여 계획에서 농림수산업의 중요성을 보여준다.

③ **무역과 국제수지**: 목표년도의 수출총액은 기준년도의 약 4배인 35억 1천만 달러로 되어 있다. 이 중 1차산품의 수출은 9.6퍼센트, 2차상품의 그것은 90.4퍼센트로서 기준년도의 16.4퍼센트, 83.6퍼센트에

비해 2차산품의 수출증가에 큰 역점을 두고 있다.

목표년도의 수입총액은 기준년도의 약 2배인 39억 9천3백만 달러로 되어 있다. 이중 자본재수입이 26.3을 차지하고 재원별로는 정부보유불(KFX)에 의한 수입이 76.3퍼센트를 차지한다. 원조에 의한 수입이 차츰 감소하는 반면 정부보유불·차관에 의한 수입은 증가해 가기로 되어 있다.

2차 5개년계획기간 중에서는 무역수지의 적자 및 무역외수지의 흑자가 계속 확대되어 왔으나 계획기간 중에는 이러한 추세가 바뀌어 무역외수지는 적자를 현시하고 무역수지는 개선되어 경상수지적자는 기준년도의 8억 3백만 달러에서 1976년에 4억 7천4백만 달러로 감소된다. 특히 정부보유불에 의한 일반무역수지는 1970년의 2억 4천7백만 달러의 적자에서 1976년에는 7억 2천2백만 달러의 흑자를 나타내게 된다.

④ **인구와 고용**: 인구는 증가율을 기준년도의 1.8퍼센트에서 목표년도에는 1.5퍼센트로 감소시켜서 계획기간 중에 연평균 1.52퍼센트의 증가에 그치도록 하고 있으며 고용은 계획기간 중 연평균 2.9퍼센트 증가하도록 되어 있다. 그리하여 인구는 목표년도에 3,434만 5천 인으로 억제하며 고용은 기준년도의 994만 1천 인에서 1,179만 2천 인으로 증가시키고 실업률은 기준년도의 4.6퍼센트에서 목표년도에 4.0퍼센트로 감소하도록 되어 있다.

산업별로 고용증가율을 보면 농림수산업, 광공업, 사회간접자본 및 기타 서비스업이 각각 계획기간 중에 연평균 −1.1퍼센트, 7.0, 5.3퍼센트의 증가를 하게 되어 있다. 그 결과 목표년도의 고용구조는 기준년도의 47.8 대 16.1 대 36.1퍼센트에서 목표년도에는 37.7 대 20.5 대 41.8퍼센트로 되어 상대적 개선을 보게 된다.

⑤ **인력개발과 과학기술**: 계획은 1970년의 학교 수 8,460교를 1976년까지 1만 160교로 확장하여 학생 수는 1970년의 765만 8천 인에서 874만 3천 인으로 확대시킬 것을 계획하고 있다. 더욱이 과학기술계 인력의 수요가 크게 늘어날 것으로 예견되는 기계, 전기, 전자, 토목, 건축 등의 학과를 증설하고 실험실습을 비롯한 내부시설을 대폭 확충한다.

우리나라는 과학기술 부문에서는 이공계대학 졸업생으로서 공급의 여력이 있으나 기능공의 공급은 현저한 부족상태에 있다. 따라서 계획기간 중 기능공의 훈련양성에 역점을 두며 이를 위하여 정부재정자금뿐만 아니라 국제기관으로부터의 자금지원을 강화하여 중앙직업훈련원의 확충을 비롯한 농촌직업훈련소, 직업훈련센터 등의 증설로 공공직업훈련능력을 확대할 것을 계획하고 있다.

이 밖에 계획기간 중 연구개발 활동과 선진 외국기술 도입의 확대 및 흡수·소화를 촉진하여 우리의 인력에 부합하는 신기술을 개발할 것을 계획하고 있다.

⑥ **복지의 향상**: 경제개발의 성과는 궁극적으로 국민의 복지와 생활의 향상에 귀착되어야 한다. 개발의 장기적인 관점에서 보아 초기에는 생산기반의 확충을 통하여 경제규모의 확대에 중점을 둘 수 있으나 개발의 성과가 일정 수준에 달했다면 국민의 복지향상을 위한 노력이 있어야 한다.

이를 위하여 계획에서는 기왕의 저생산부문인 농업·중소기업 등의 개발을 기본방향의 하나로 삼고 각종 정책수단을 강구하고 있으며 소득의 불균형 현상을 조세재정정책에 의해 조정·완화할 것을 계획하고 있다. 이에 더하여 3차 5개년계획에서는 농어촌환경의 근대화에 역점을 두는 한편 주택 및 보건시설을 개선하고 사회보장제도를 확충함으로써 국민복지의 향상을 꾀하고 있다.

농어촌환경의 근대화사업은 도로의 건설, 전화율의 제고, 통신망의 확충, 간이 상수도시설의 확충, 무의면의 일소 등을 포함한다. 1970년 전화가 완료된 농어촌주택은 67만 9천 호로서 전화가능농어가 253만 호의 27퍼센트에 불과하다. 계획기간 중 1백만 호의 전화사업을 추진함으로써 1976년에 전화율을 70.3퍼센트로 높일 것을 계획하고 있다. 통신망 확충에서는 1970년 이동통신망이 3,040개소에 불과한 것을 계획기간 중 4천8백 개소 가설할 것을 계획하고 있다.

계획기간 중 전국의 가구 수는 1970년의 557만 4천 가구에서 1976년에 6354만 9천 가구로 증대될 것이므로 가구 수의 증대에 따른 주택난을 점진적으로 해소하기 위하여 계획기간 중 주택 80만 호를 새로 건설하여 주택보유를 확대할 것을 꾀하고 있다.

(2) 부문별 계획

① **농림수산업**: 〈농림업〉 그간 식량의 증산에도 불구하고 60년대의 양곡수급사정은 호전되지 못하였다. 60년대 초에는 50만~60만M/T에 불과했던 양곡도입량이 60년대 말에는 2백만M/T을 초과하였고 주곡인 쌀에 있어서도 1966년 이후 계속 도입하여야 했으며 1970년(기준년도)에는 59만M/T에 이르게 되어 국제수지상의 부담을 가중시켰다. 그리하여 식량을 자급하고 농업을 근대화하는 것이 계획의 중요 목표의 하나가 되었다.

계획은 목표년도의 쌀과 보리쌀의 수요를 각각 482만 5천M/T과 240만 6천M/T으로 잡고 쌀은 이를 상회하는 486만M/T(3,362.4만 석), 보리는 240만 6,000M/T(1,660만 석)을 생산할 것을 계획함으로써 주곡의 자급을 목표로 하고 있다. 이와 같은 식량자급과 생산근대화를 위하여 수리시설의 확충, 경지정리의 확대, 농업기계화, 농사시험지도의 강화, 그리고 4대강유역종합개발에 재원을 집중 투자토록 하고 있다.

계획기간 중 소득증대에 따라서 축산물에 대한 수요는 계속 늘어날 것으로 추정된다. 쇠고기는 기간 중 연평균 11.3퍼센트 증가하여 목표년도에 7만 3천9백M/T, 돼지고기는 10.0퍼센트 증가하여 13만 5천M/T, 우유는 16.2퍼센트 증가하여 11만 2천M/T, 달걀은 9.9퍼센트 증가하여 43억 5백만 개의 수요가 예상되며, 이에 쇠고기를 제외한 다른 축산물은 자급자족할 수 있도록 계획되어 있다. 이를 위하여 종목우의 확보와 개량, 육우사업의 확대, 우유 도입과 가공시설의 건설 등 축산진흥을 위해 계획기간 중 343억 원을 투자한다.

잠업에서는 상전은 계획기간 중 면적의 확대 없이 기존 상전의 보완관리를 강화하고 비료 및 약제 공급의 원활화, 공동사육의 확대, 검사시설 및 제사시설의 근대화 등으로 누에고치 생산을 기준년도의 2만 1천4백M/T에서 목표년도에 4만 7천2백M/T으로 증대한다.

임업에서는 계획기간 중 미립목지 27만 5천ha에 식목을 완성하여 조림지를 5,813ha로 녹화할 것을 계획하고 기타 야계공사와 사방초지의 조성으로 황폐산지를 경제적으로 이용할 것을 계획하고 있다.

〈수산업〉 수산물수요는 기준년도의 93만 5천M/T에서 목표년도에는 55.8퍼센트가 증가된 145만 7천M/T으로 추정되며 그 중 국내수요는 82만 7천M/T에서 114만 1천M/T으로 수출은 10만 8천M/T에서 31만 6천M/T으로 증대된다. 이를 위하여 어선의 확충과 대형화, 증식사업의 확대, 어항시설의 확충 및 정비, 유통 및 가공시설의 확충과 어업자금의 지원 등이 계획되고 있다. 선박 총보유는 기준년도의 37만 6천M/T에서 목표년도에 57만 2천M/T으로 늘어나고 특히 원양어선은 9만G/T에서 164.4퍼센트 증가하여 23만 8천G/T으로 증가된다.

② **광공업**: 〈광업〉 계획기간 중 원유수입으로 인한 국제수지의 부담을 상대적으로 줄이고 국내자원의 활용을 늘리기 위하여 석탄개발을 촉진할 것이 계획되고 있다. 석탄의 수요는 농어촌의 무연탄 소비증대 등 주로 민수용탄의 수요증대로 계획기간 중 계속 증가할 것이나 국내 생산능력을 감안하여 목표년도의 최대생산목표를 1,781만M/T으로 책정하고 있다.

원료광물의 개발에서는 자원부존이 양호하고 국내 공업원료로서 수요가 크거나 수출전망이 밝은 철광, 동광, 연아 연광, 중석, 활석 및 고령토 등의 광종을 중점 개발하도록 하고 있다.

철광석의 수요는 종합제철의 건설과 시멘트공장의 확충 등에 따라 기준년도의 57만 1천M/T에서 목표년도에는 241만M/T으로 증가할 것으로 추정된다. 이와 같은 수요의 증가에 대비하기 위하여 철광석의 생산은 기준년도의 57만 1천M/T에서 목표년도에는 165만M/T으로 증대한다.

철광석의 국내수요는 전기동의 수요가 증가함에 따라 기준년도의 4만 2천M/T에서 목표년도에 22만 6천M/T으로 늘어나고 이에 대비하여 수입은 1970년의 1만 5천M/T에서 1976년에 4만 1천M/T으로 증가하고 국내생산은 2만 7천M/T에서 18만 5천M/T으로 늘리도록 하고 있다.

고령토와 활석은 도자기공업과 관련산업 제지공업의 성장과 수출의 증대로 그 수요가 늘어나 생산도 각각 30만M/T, 20만M/T으로 늘리도록 하고 있다.

이상과 같은 사업을 위하여 계획기간 중 광업부문에 666억 4천4백만 원이 투자되고 정부와 민간사업에 각각 310억 5천9백만 원, 355억 8천5백만으로 배분될 것이 계획되고 있다.

〈표 7〉 3차 5개년계획기간 중 주요 품목 생산계획

	단 위	1970(A)	1976(B)	B/A
농 림 수 산 업				
미 곡[1]	천M/T(만 석)	3,939(2,717.9)	4,860(3,353.4)	1.23
대 소 맥[1]	천M/T(만 석)	2,331(1,678.2)	2,894(2,083.7)	1.24
축 산[2]	천M/T	161	296	1.84
잠 견	천M/T	21	47	2.24
어 류	천M/T	935	1,457	1.56
광 공 업				
석 탄	천M/T	12,394	17,810	1.44
철 광 석	천M/T	571	1,650	2.89
동 광 석	천M/T	27	185	6.85
선 철	천M/T	49	1,153	23.53
철 강 재	천M/T	1,276	3,589	2.81
특 수 강	천M/T	12	90	7.50
공 작 기 계	대	3,057	8,600	2.81
경 운 기	대	3,717	10,000	2.69
자 동 차	대	35,560	82,500	2.32
조 선	천G/T	39	1,172	30.05
비료(성분환산)	천M/T	589	887	1.51
정 유	천kℓ	10,628	26,528	2.50
면 사	천M/T	104	184	1.77
나 일 론 사	천M/T	17	53	3.12
아 크 릴 S F	천M/T	16	40	2.50
합 판	백만 S/F	2,840	3,978	1.40
신 문 용 지	천M/T	103	204	1.98
시 멘 트	천M/T	6,270	12,966	2.06
판 유 리	천 상자	1,322	3,800	2.88
사 회 간 접 자 본				
발 전 시 설 용 량[3]	천kW	2,288	6,075	2.66
화 물 수 송	백만t/km	13,382	26,636	1.99
여 객 수 송[3]	백만인/km	30,362	67,173	2.21
전 화	천 회선	559	1,121	2.01
주 택 건 설	천 호	120	183	1.53

주: 1) 괄호 안은 쌀의 경우는 1M/T=6.9석, 맥류의 경우는 1M/T=7.2석으로 환산한 수치임.
   2) 우돈(牛豚) 및 계육(鷄肉).
   3) 연말누계.

〈공업〉 철강공업은 2차 5개년계획기간 중 기존 시설의 확장보수는 물론 신규공장의 건설로 그 시설능력이 많이 증가하였다. 그러나 아직도 철강 생산시설이 부족하며 시설 간 균형 및 일관체제가 이루어지지 못하고 있다. 3차 5개년계획에서는 기계공업의 발전과 건설사업의 확대에 따라 철강재수요가 늘어날 것에 대비하여 기존 시설을 확충하고 추진 중인 종합제철을 완공하여 국내생산을 기준년도의 127만 6천M/T에서 목표년도에 358만 9천M/T으로 증가시켜 수요의 90퍼센트를 국산 공급하게 된다.

기계공업은 1967년 기계공업진흥법의 제정으로 새로운 발전의 전기가 마련되었으나 아직 급속히 증가하는 수요를 따르지 못하고 영세성을 벗어나지 못하고 있다. 계획에서는 공작기계의 생산은 기준년도의 3,057대에서 목표년도에는 8천6백 대로 생산을 증가시키고 농업기계 중 경운기 생산은 3,717대에서 1만 대로, 자동차의 생산은 3만 5,560대에서 8만 2천5백 대로, 조선능력은 3만 9천G/T에서 117만 2천G/T으로 증가시킬 것을 계획하고 있다. 전자공업에서는 계획 중 제품의 국산화율을 높이고 수출산업으로 육성하기 위하여 라디오, 텔레비전 등 가정용기기 8개 품목, 탁상용계산기 등 산업용기기 16개 품목 등을 개발·촉진한다.

이상과 같은 기계공업을 위하여 내자 1,020억 원, 외자 3억 4천5백만 달러, 계 2,090억 원의 투자를 계상하고 있다.

석유화학공업은 철강공업과 함께 2차 5개년계획기간의 후반기에 그 건설이 본격화되었다. 계획기간 중에는 계열공장의 완공을 서둘러 석유화학공업의 기초를 확립하고 뒤이어 고밀도 폴리에틸렌, 합성수지 및 합성고무의 원료인 스틸렌모노마 공장 등의 건설을 추진함으로써 원료의 국산화를 촉진시켜 수입대체를 이룰 계획이다.

비료는 계획기간 중 암모니아센터를 완공하고 중과석비료공장 등의 건설을 추진함으로써 88만 7천 성분M/T의 생산을 목표로 하고 있다.

정유공업은 1970년(기준년도)까지 총원유처리능력 21만 5천BPSD에 이르도록 확장되었다. 앞으로 석유류 수요는 석탄공급의 부족과 산업성장 및 인구증가에 따라 목표년도에는 기준년도의 2.5배인 2,650만㎘로 크게 증가할 것으로 추정되고 계획은 이러한 수요를 충족시킬 수 있도록 시설능력을 확장시키도록 하고 있다.

섬유공업은 생산, 고용, 수출 등 국민경제에서 큰 비중을 차지하고 있는 부문으로서 3차 5개년계획 중에도 화학섬유원료의 국산화 등으로 계속 발전할 부문이다. 면사는 목표년도에는 기준년도의 10만 4천M/T에서 18만 4천M/T으로, 나일론사는 1만 7천M/T에서 5만 3천M/T으로, 아크릴섬유는 1만 6천M/T에서 4만M/T으로 각각 증가할 계획이다.

그 밖에 합판은 목표년도에는 기준년도의 28억 4천M/T에서 39억 7천8백만M/T으로, 신문용지는 10만 3천M/T에서 20만 4천M/T으로, 시멘트는 627만M/T에서 1,296만 6천M/T으로, 판유리는 132만 2천 상자에서 380만 상자로 생산을 증가시킬 계획이다.

③ **사회간접자본**: 1, 2차 5개년계획기간 중 전력개발에 역점을 두었으나 이 부문에 대한 투자는 자본소요가 크고 건설기간이 길어 단시일 안에 시설용량을 증대시키기 어려워 수급의 차질을 가져와 2차 계획 전반기까지 애로부문이 되어 왔다. 후반기에 계속적인 투자로 발전시설용량은 1964년의 59만 7천kW에서 기준년도에 228만 8천kW로 크게 증대되어 20.3퍼센트의 예비용량을 보유하게 되었다. 그러나 앞으로 전력수요는 계획기간 중 연평균 18.3퍼센트로 증가하여 목표년도의 총 판매전력은 기준년도에 비하여 약 3배에 해당하는 2만 2,470kW에 이를

것이다. 이와 같은 전력수요증대에 대비하여 계획기간 중 화력 232만 4천㎾, 수력 32만 8천㎾, 원자력 59만 5천㎾, 계 324만 7천㎾의 발전소를 건설함으로써 시설용량이 기준년도의 228만 8천8백㎾에서 목표년도에는 607만 5천㎾로 2.7배 늘릴 것을 계획하고 있다.

계획기간 중 수출입 및 산업생산의 증가에 따라 화물수송수요는 기준년도의 133억 8천2백만t/㎞에서 1976년에는 266억 3천6백만t/㎞로 99퍼센트 증가하고 여객수송수요는 303억 6천2백만인/㎞에서 671억 7천3백만인/㎞로 121.2퍼센트 증가할 것으로 추정된다. 계획은 이에 대비하여 철도, 도로, 항만 등 수송시설의 확장과 그 운용의 효율화로 수송능력을 증가시킬 것을 계획하고 있다. 철도건설은 중앙·태백·영동선의 전철화, 수도권지하철 건설이 중점사업이며 호남·영동 및 남해안 고속도로를 포함한 고속도로의 건설로 수송량을 확대한다.

1960년대 통신시설의 확장과 기술 및 서비스 향상이 있어 왔으나 경제규모의 확대, 무역증가 및 생활수준 향상 등 여러 요인들로 그 수요는 계속 증가할 것이 예상된다. 따라서 계획기간 중 시내전화 50만 회선, 시외전화 6,450회선 및 우정시설 개선 등 시설확충이 계획되고 있다.

그 밖에 한수해(旱水害)의 근원을 제거하고 안정된 전천후영농 기반의 구축과 용수원의 확보를 위하여 한강·금강·낙동강·영산강의 4대강 유역종합개발이 추진될 것이 계획되고 있다.

3) 1976년의 경제모습

만약 3차 5개년계획에서 지향한 각 부문별 수치들을 계획대로 달성한다면 목표년도인 1976년의 우리나라 경제모습은 다음과 같아진다.

(1) 경제규모의 확대·개선

① 국민총생산은 기준년도의 2조 5,620억 원에서 4조 2,571억 원이 되고, 1인당 국민총생산은 기준년도의 8만 1천8백 원에서 12만 4천 원에 이르며 달러로서는 기준년도의 223달러에서 389달러로 된다.

② 계획기간 중 농림수산업은 연평균 4.5퍼센트, 광공업은 13.0퍼센트, 사회간접자본 및 기타 서비스업은 8.5퍼센트의 성장을 하며 국민총생산에 대한 광공업의 비중은 기준년도의 21.7퍼센트에서 목표년도에는 27.9퍼센트로 오르며 농림수산업은 28.4퍼센트에서 22.4퍼센트로 떨어진다.

③ 총인구는 기준년도의 3,131만 7천 인에서 3,434만 5천 인이 된다. 그리고 고용은 기준년도의 990만에서 1,180만 인이 되고 실업률은 4.6퍼센트에서 4.0퍼센트로 낮아진다.

(2) 국제수지의 개선

④ 무역수출은 기준년도의 8억 8천2백만 달러에서 35억 1천만 달러로 4배 증가되며 이 중 공산품수출은 32억 달러에 달하여 총수출에 대한 그것의 비중이 기준년도의 83.6퍼센트에서 90.4퍼센트로 증가한다. 특히 중화학제품의 구성은 기준년도의 14.3퍼센트에서 33.3퍼센트로 된다.

⑤ 무역수출과 일반무역수입(KFX)의 수지 차는 기준년도의 2억 4천7백만 달러 적자에서 7억 2천2백만 달러 흑자로 전환되며 용역수지를 포함한 일반재화 및 용역수지 차도 기준년도의 1억 2천8백만 달러 적자에서 3억 9천2백만 달러 흑자가 된다.

(3) 농어촌경제의 개발

⑥ 미곡의 생산은 기준년도의 393만 9천M/T(2,728만 석)에서 486만 M/T(3,353만 석)으로 증대되어 자급을 기한다.

⑦ 우유는 기준년도의 2만 4천 두에서 5만 9천 두로 늘어나고 쇠고기 공급량은 기준년도의 3만 7천M/T에서 6만 4천M/T으로 대폭 증가한다. 우유생산은 기준년도의 4만M/T에서 11만 4천M/T으로 증대되어 자급을 기하게 된다.

⑧ 잠견 생산은 기준년도의 2만 1천M/T에서 4만 7천M/T으로 증대되고 생사 수출은 기준년도의 4천만 달러에서 7천9백만 달러로 증대된다.

⑨ 경지정리면적은 기준년도의 15만 8천ha에서 45만ha로 늘어나 정리가능면적의 75퍼센트를 완료하여 농업기계화의 기반이 확대되고 이와 같은 면적을 기계화함으로써 생산성을 높인다.

⑩ 한강·금강·낙동강·영산강의 4대강유역종합개발이 추진으로 한수해를 극복하는 영농기반이 확대된다.

⑪ 도로망의 확장, 70퍼센트 전화율의 달성, 통신망의 확장, 위생시설의 개량, 무의면의 일소 등으로 농촌환경이 근대화된다.

(4) 공업구조의 고도화

⑫ 공업생산수준은 기준년도의 2.3배가 되며 경공업 대 중공업의 비율은 기준년도의 64.1 대 35.9퍼센트에서 59.5 대 40.5퍼센트로 중공업의 비중이 높아진다.

⑬ 조강 103만M/T 규모의 종합제철공장이 완공되어 철강재 생산은 기준년도의 127만 6천M/T에서 358만 9천M/T으로 2.8배 증대되고 철강재 수요의 90퍼센트를 국내에서 조달케 된다.

⑭ 20만M/T 규모의 주물공장과 봉강 6만M/T 이상 규모의 특수강 공장이 새로 건설되고 주물용 철선 생산은 25만 5천M/T 특수강(봉강) 생산은 기준년도의 1만 2천M/T에서 9만M/T으로 7.5배 증대된다.

⑮ 조선능력은 기준년도의 19만G/T에서 1천3백만G/T으로 6.8배 늘어난다.

⑯ 새로운 기술의 도입 및 개발촉진으로 전자제품의 생산이 확대되고 4억 달러 이상의 수출이 달성된다.

⑰ 현재 건설 중에 있는 석유화학공장의 완공과 신규 석유화학공업의 개발로 기초화학 섬유·합성수지·합성고무 등의 원료가 국산화된다.

(5) 사회간접자본의 확대

⑱ 전력시설은 기준년도의 228만 8천kW에서 607만 5천kW로 2.7배 확대되고 송배전시설의 확장으로 전력공급이 원활해진다.

⑲ 총화물수송량은 기준년도의 133억 8천2백만t/km에서 266억 3천6백만t/km로 여객수송량은 303억 6천2백만인/km에서 671억 7천3백만인/km로 늘어나게 된다.

⑳ 계획기간 중 1천km의 고속도로가 건설되어 고속도로의 연장은 기준년도의 551km에서 1,653km로 되며 고속도로를 제외한 국도의 포장 연장은 기준년도의 1,924km에서 5,702km로 늘어나 포장률이 2.37퍼센트에서 70.2퍼센트로 확대된다.

㉑ 항만하역능력은 기준년도의 1,821만 3천M/T에서 3,905만 M/T으로 확대되고 해운수송력이 외항선의 경우 기준년도의 79만 7천G/T에서 215만 4천G/T으로 내항선의 경우 17만 8천G/T에서 26만 5천G/T으로 증대된다.

㉒ 1인당 총소비는 기준년도의 6만 8천 원에서 9만 7천4백 원으로 43.1퍼센트가 는다.

㉓ 1인당 연간 섬유의 소비량은 기준년도의 5.1kg에서 7.6kg으로 증가한다.

㉔ 주택보유수는 기준년도의 433만 8천 호에서 500만 8천 호로 늘어난다.

㉕ 1인당 1일 급수량은 기준년도의 175ℓ에서 2백ℓ로 늘어나고 상수도 급수보급률은 35.5퍼센트에서 51.4퍼센트로 제고된다.

㉖ 1인당 연간에너지 소비량은 기준년도의 1,252kg에서 65.7퍼센트가 늘어난 2,074kg이 된다.

4) 문제점

3차 5개년계획은 1차 및 2차에 걸친 5개년계획에 의한 양적 성장을 질적 발전으로 전환하려는 네 기본목표를 두고 있다. 1962년부터 1971년까지의 계획적 경제운용에서 달성한 것은 자립적인 공업화가 아니라 외관상의 공업화였다. 기초공업의 건설이 전혀 이룩되지 못하였으며 투자재원에서도 외자에 대한 의존이 심하였고 식량자급으로 가는 길은 요원하였다. 이리하여 공업화가 진전하면 할수록 우리나라 경제의 대외의존성은 점점 심화된다는 비리를 낳게 되었던 것이다. 더욱이 양차에 걸친 5개년계획으로 말미암은 막대한 외채에 대한 원리금상환 부담의 가중과 수입촉진적 산업구조에서 초래되는 수입수요의 계속적인 팽창은 국제수지의 전망을 흐리게 하고 있으며 그동안의 차츰 현재화하기 시작한 계층 간·지역 간·산업 간의 불균형은 사회운동의 목표로 크게 등장하게 되어 1970년 이래 위기감마저 고조되고 있다.

이러한 현실적인 경제여건 아래서 1972년부터 실시될 계획에서는 그 주축을 ① 농어촌경제의 혁신적 개발 ② 수출의 획기적인 증대 및 ③ 중화학공업의 건설에 둠으로써 ㉠ 식량의 자급, 도시와 농촌 사이의 지역격차의 해소를 도모하고 ㉡ 외채 원리금상환 부담의 경감, 해외저축에 대한 의존도 감소 및 국제수지의 개선을 달성하며 ㉢ 석유화학, 기계공업 및 종합제철공장의 건설에 의하여 자본재와 공업원료의 해외의존도를 낮춤으로써 공업투자의 파급효과가 국내산업에서 유발되도록 하여 경제적 자립화를 달성하는 것을 목표로 삼고 있다.

3차 5개년계획의 이와 같은 기본방향의 설정은 대체로 우리나라 경제의 당면과제에 대한 명확한 인식으로부터 출발한 것 같다. 그러나 이러한 목표를 달성하기 위하여 투자재원의 조달과 배분 및 계획달성을 위한 주요 정책수단에서는 몇 가지 문제점과 유의할 점이 있다.

첫째, 국제수지와 관련된 문제이다. 경상수지의 적자폭은 1970년의 6억 2천3백만 달러에서 1976년에는 3억 5천9백만 달러로 축소되어 투자에서 차지하는 해외저축의 비율은 1970년의 35.4퍼센트에서 1976년에는 13.9퍼센트로 격감하도록 되어 있다. 이와 같은 국제수지의 개선은 상품수출이 1970년의 8억 8천2백만 달러에서 1976년에는 35억 1천만 달러로 4배가 증대하는 반면 상품수입은 1970년의 18억 4백만 달러에서 1976년에는 36억 5천4백만 달러로 3배가 증가함으로써 무역수지의 적자폭이 1970년의 9억 2천2백만 달러에서 1976년에는 1억 4천4백만 달러로 대폭 축소시킴으로써 이루어진다. 과거의 실적을 보면 1964~70년간에 상품수출은 1억 2천만 달러에서 8억 8천2백만 달러로 7배 증가하였고 상품수입은 3억 6천5백만 달러에서 18억 4백만 달러로 5배 증가하였으나 무역수지의 적자폭은 1964년의 2억 4천5백만 달러에서 1970년에는 9억 2천2백만 달러로 대폭 확대되었던 것이다.

이렇게 볼 때 계획의 국제수지계획은 매우 의욕적일 뿐만 아니라 과거의 추이와는 전혀 동떨어진 계획임에 틀림없다.

그러면 이러한 국제수지 개선을 위하여 정부는 무엇을 계획하고 있는가?

계획달성을 위한 주요 정책수단에서 정부는 수출증대와 국제수지 개선을 위한 정책으로서 ① 재정금융 및 외환정책의 유기적 운용 ② 수출산업의 국제경쟁력 강화 ③ 수출품목의 확대 및 시장의 다양화 ④ 수출지원체제의 개선 ⑤ 가득률의 제고 및 품질 향상 ⑥ 적정수입규모의 유지 ⑦ 무역외수지의 개선 등을 열거하고 있다. 그러나 이러한 수단은 과거 몇 년간의 정책수단과 다른 것이 없으며 이러한 수단으로 무역수지의 추이를 역전시킬 수 있을는지 매우 의심스럽다.

더욱이 상품구조별 수출계획을 보면 중화학공업제품은 1970년의 1억 5백만 달러(총수출의 14.3%)에서 1976년에는 10억 5천7백만 달러(총수출의 33.3%)로 10배 이상 증가하여야 하며 경공업제품은 1970년의 6억 3천2백만 달러에서 1976년에는 21억 1천6백만 달러로 3배 증가하게 되어 있다. 이러한 상품구조별 수출계획은 세계무역의 상품별 동향을 잘 파악한 계획이긴 하지만, 현재의 산업구조를 중화학공업화하여야 하는 문제와 중화학공업 제품이 국제경쟁력을 거쳐 수출되어야 하는 문제 및 선진국시장 특히 미·일 일변도 수출시장의 다변화, 저개발국 시장의 개척문제 등 실로 매우 많은 문제점이 있다고 할 것이다.

만약 이러한 국제수지의 개선계획이 달성될 수 없다면 계획은 실패로 돌아갈 우려가 있으며, 국제수지계획이 제대로 달성되지 않는데도 불구하고 계획의 목표달성률을 계속 유지하려고 한다면 국민의 조세부담률을 대폭 증대시키지 않을 수 없을 것이다. 계획에서도 국민의 조세부담률이 1970년의 15.9퍼센트에서 1976년에는 17.5퍼센트로 점증하고 있는데 만약 국제수지계획이 제대로 달성되지 못할 경우에는 조세부담률이 매우 높아져 현재에 일어나고 있는 조세저항이 대규모 보편화할 우려마저 있다.

그런데 계획의 국제수지 개선계획이 성공을 거둔다 하더라도 국민총생산의 수출입의존도가 1970년의 43퍼센트에서 1976에는 62.6퍼센트로 대폭 늘어나게 되어 우리나라 경제가 불안정한 대외경제에 의존하는 비율이 너무나 크게 될 것이다. 더욱이 현재에 일어나고 있는 세계경제의 다각화현상과 치열한 경쟁 및 보호무역 경향을 감안할 때 국민경제의 수출입의존도가 60퍼센트에 달하는 것은 소망스럽지 못한 것임에 틀림없다.

둘째는 투자계획과 관련한 문제이다. 3차 5개년계획은 분명히 그 역점을 중화학공업의 건설과 중화학공업제품 수출의 획기적 증대에 두고 있다. 그러나 투자계획에 있어서는 이러한 정책목표가 크게 흐려지고 있다. 산업부문별 투자 비중을 보면 계획기간의 투자 중 농림수산업에 13.6퍼센트, 광공업에 27.5퍼센트, 사회간접자본 및 기타 서비스업에 58.9퍼센트를 투자하기로 되어 있다.

이를 좀더 세분하여 보면 금속공업(종합제철공업, 주물공장, 특수강공장)에는 투자의 3.7퍼센트, 기계공업(중기계공장, 조선소 건설, 전자부품공장 건설 등)에는 투자의 4.4퍼센트, 화학공업(스틸렌모노마, 에틸렌그리콜, DMT공장 등)에는 투자의 3.3퍼센트를 각각 투자하고 있는 반면 고속도로를 비롯한 교통부문에는 투자의 22.5퍼센트를 투하하고 있다.

이러한 투자계획은 3차 5개년계획의 기본목표와 전혀 합치되지 않고 있으며 따라서 중화학공업화 또는 중화학공업제품의 수출증대에 큰 차질을 가져다줄 것임에 틀림없다. 투자계획의 전략적 요인은 '생산수단을 생산하는 공업'에 대한 투자이며 이를 통하여 국민경제의 생산력이 증대되는 것이고 이를 보완하는 투자가 농업부문 및 사회간접자본부문에 대한 투자인데 3차 5개년계획은 교통 등 보완투자에 역점을 두고 금속·기계·화학 등 전략투자는 소홀한 정책 전도를 보이고 있다. 따라서 이러한 투자계획에 따르면 양차에 걸친 5개년계획이 유발시킨 대외의존적 국민경제 체질을 결코 탈피 또는 개선하지 못할 것이다. 전략적인 산업에 대한 투자는 소홀히 하면서 사회간접자본에 대한 투자만을 크게 증대시키는 것은 사회간접자본의 이용이 낮아질 우려가 있을 뿐만 아니라 현재에 나타나고 있는 바와 같이 공업의 외부경제 창출효과보다는 소비풍조의 자극효과가 더욱 크게 나타날 우려가 있다.

셋째는 1971년부터 급격히 일어나고 있는 계층별·지역별·산업별 불균형에 대한 대중운동을 해결할 수 있는 방안을 3차 5개년계획은 제시하고 있지 않다. 1971년에 들어와 차관기업의 상당수가 부실기업화되었고 소득편중에 의한 국내시장의 협소와 해외시장의 불안정으로 국내기업 사이의 과당경쟁과 과잉생산의 현상이 나타나 기업도산과 해고의 선풍이 불었고 시장상인의 철시를 비롯한 조세저항이 있었으며 빈민의 집단폭동이 일어났다. 이러한 여러 가지 대중운동은 앞으로 우리나라 경제 및 사회를 혼란시켜 지금까지와 같은 개발방식의 재검토를 불가피하게 할 것으로 보이는데도 3차 5개년계획에서는 이러한 대중운동을 생산적인 방향으로 유도할 아무런 방안도 제시하지 못하고 있다.

6. 경제계획의 교훈

1) 경제계획의 배경

1962년까지의 경제적 성장은 극히 미미하였다. 미 잉여농산물과 그 밖의 원조에 의한 도입물자를 기반으로 한 소비재가공업 특히 섬유·제당·제분 등 이른바 3백(白)산업이 공업구조의 대종을 차지하고 있었으며 이러한 산업이 혼란 중의 소비경제를 안정시키는 데 큰 역할을 하였다. 그러나 국내에 금속, 기계 등 기초공업이 확립되지 않았기 때문에 이러한 소비재가공업에 대한 투자는 그 파급효과가 국외로 유출되어 해외로부터의 생산재 및 원자재의 도입을 누증시키고 국민경제의 더 이상의 발전을 이룩할 수 없게 하였다. 또한 재정적자를 위주로 하는 자원동원 방법은 인플레이션을 누진시켜 부동산투자나 재고투기 등 비생산적 투자성향을 고착화시켰으며 빈번한 환율변경은 수출촉진의 효과보다는 수입가수요의 격증과 외환투기를 조장시켰다. 더욱이 금융·조세·외환특혜 등 특혜공여에 의한 개발방식은 소득분배 면에서 극단의 불균형을 초래하였고 소득의 불균형에 기인한 사치적 소비풍조는 잠재적 저축여력을 고갈시키고 있었다. 반면에 인구의 과반을 포용하고 있는 농업은 미국 잉여농산물의 막대한 도입과 저곡가정책에 의하여 황폐해지고 도시의 실업자군은 크게 증가하였다.

이러한 경제적·사회적 상황을 기반으로 하여 정치적 부패와 무능은 4·19와 5·16의 두 차례 혁명을 야기시켰으며 1962년부터 국민경제를 계획적·의도적으로 운영하는 경제개발 5개년계획의 성립을 보게 된 것이다.

2) 공업화의 허상

우리나라에서 처음으로 실시된 경제계획은 그 성패의 여부를 떠나서 모든 국민에게 근대화와 공업화에 대한 문제의식을 심어 주었으며 국민에게 내일에 대한 희망을 불어 넣어 준 것임에는 틀림없다. 더욱이 군사혁명 직후의 민족적 민주주의라는 정치표어는 대외적 예속과

굴종의 그늘 아래에서 살아온 모든 국민을 경제의 자립화 과정에 자발적으로 참여시킬 계기를 마련하기도 했다. 사치적 소비풍조를 제거하기 위한 정부의 노력이나 국민생활에 규율을 불어 넣었던 혁명 초기의 정책 등은 경제계획의 입안으로 더욱 높은 평가를 받았었다.

그러나 1차 5개년경제계획을 끝내고 2차 5개년계획을 막 끝내려고 하는 지금에 와서 경제계획을 되돌아보면 계획 초기의 열망이 크게 배반당했음을 느끼지 않을 수 없다.

물론 경제계획의 10년 동안에 달성한 경제적·사회적 성과를 무시할 수는 없다. 10년 동안 연평균 10퍼센트 이상의 실질경제성장을 이룩하여 경제규모의 확대, 국민생활의 향상 및 고용의 증대를 가져왔다. 수출이 대폭 증가하여 공업구조에서도 자동차·화학·전자공업 등 중화학공업의 비중이 크게 확대되었고 고속도로, 철도, 통신 등 사회간접자본도 확충되었다.

그러나 경제계획 10년 동안에 발생·심화된 경제적·사회적 문제점도 그 성과에 못지않게 많았으며 이러한 문제점들이 앞으로의 정책방향에 큰 참고가 될 것이다.

(1) 공업하부구조의 취약

우선 경제자립의 기반이 될 공업의 하부구조, 다시 말하면 국민경제의 생산력을 증대시킬 기초공업이 개발되지 않고 외국으로부터의 도입원자재를 최종 처리·판매하는 가공·조립 공업만이 발달하였다. 경제계획 기간 중 내구소비재를 위한 중화학공업의 건설이 크게 이루어져 외견상으로는 공업화가 이루어지는 것 같았으나 사실은 외국의 원자재를 대부분 도입하여 국내에서 최종 처리하는 가공·조립 공업에 불과하였다. 1차 5개년계획에서 기초공업의 기반을 형성하지 못하고

외견상의 공업화가 주는 국내외적 선전효과에 사로잡힌 정부는 2차 5
개년계획에서도 여전히 실질적인 공업화에 대한 노력을 기울이지 않
았다. 이리하여 공업화가 진행됨에 따라 공업구조의 자립성이 제고되
기는커녕 오히려 대외 의존적이 되는 결과를 초래하게 되었다. 이러한
공업구조는 공업투자에 의한 국내시장 확대의 효과를 유발하지 못함
으로써 1970년 이후에는 해외시장의 불안정성과 결부하여 과잉생산을
야기시키고 조업단축과 해고의 선풍을 우리나라 경제에 몰고 왔다. 이
와 같이 경제계획 10년 동안에 있어서 기초공업의 확립 없이 최종적
인 가공·조립공업에만 의존하여 온 공업화정책의 한계점이 1970년 이
후 차츰 나타나고 있는 것이다.

  (2) 대외의존도의 심화

  국내저축을 지속적으로 증대시킬 제도적 기본구조를 확립하지 않고
외국자본에만 과도하게 의존하여 온 지금까지의 경제개발계획의 한계
점이 차츰 부각되고 있다는 점이다. 외자도입이 성공하려면 도입외자
에 의한 국내생산 또는 수출의 확대효과가 그 원리금상환액을 초과하
여야 하는데도 외자기업체의 대부분이 부실기업으로 전화하여 기업합
리화위원회의 처분대상이 되고 있는 현 상태에서는 외채상환의 문제
만이 남게 되었다. 더욱이 외채상환의 원리금상환율이 3년 이상의 장
기확정차관분만으로도 1970년에는 경상외환수입(무역 및 무역외수입)
의 11.8퍼센트(1억 6천만 달러)에 이르렀으며 단기차관 및 무역신용을
합하면 20퍼센트를 초과하고 있다. 이에 따라 국내업계에서는 은행의
신규대출로 외채상환을 하기 때문에 대출은 급증하지만 자금난은 해
소되지 않고 있으며, 지보은행은 대불의 증가로 은행경영의 부실을 야
기하고 있고 순외화자산은 격감하고 있다. 이렇게 볼 때 경제계획의

10년 동안을 지배하며 온 외자에 의한 경제개발 방식이 큰 도전을 받고 있을 뿐만 아니라 앞으로는 외자 위주의 개발은 사실상 어려울 것으로 보인다.

(3) 수출목표 달성의 허구

다음은 수출과 관련한 문제점이다. 원래 저개발국의 수출이란 국민경제의 생산력을 증대시킬 생산수단을 획득하기 위한 간접적인 방법이기 때문에 중요한 위치를 차지하고 있는 것이다. 그러므로 수출에 의하여 얻어진 외화가 생산수단을 도입하는 데 쓰이지 않는다면 별 큰 의미가 없는 것이다. 그런데 경제계획의 10년 동안에 이러한 수출의 의의가 망각되고 과대한 수출목표의 달성만이 과제가 되고 있었다. 이에 따라 수출업자에게 원자재도입을 위한 금융지원, 조세감면 및 높은 손모율을 허용하여 국산원자재의 이용보다 우대를 해주었고 심지어는 수출실적과 관련시켜 금수인기품목의 도입까지도 허용하였던 것이다. 이러한 결과로 수출실적은 크게 증대하였지만 이것은 수출채산성과 국제경쟁력에 기반을 둔 것이 아니라 수출의 대가로 얻어지는 여러 가지의 특혜를 향유하기 위한 것이었다. 이에 따라 원자재수입, 금융지원, 관세 및 내국세 감면의 규모가 수출증가율을 크게 상회하였고 수출산업의 확대에 의한 국내적 파급효과는 극히 미미하였으며 외화가득률의 감소, 국내 원자재산업의 위축, 금융 운영의 경직성과 국민의 조세부담률의 가중만을 초래한 것이다. 이렇게 볼 때 경제계획 10년 동안의 수출정책은 수출규모의 양적 확대만을 달성하였을 뿐 수출입국에는 전혀 기여하지 못하였음을 알 수 있다. 따라서 앞으로의 수출정책은 상당한 재검토가 필요한 것이다.

(4) 소득분배 철학의 전도

경제계획 10년 동안의 유일한 경제철학인 '선 건설 후 분배'에 관한 문제점이다. 정부는 기회가 있을 적마다 작은 과일의 분배는 결과적으로 경제발전의 속도를 느리게 할 것이므로 노동자, 농민 등 노동대중은 후세의 손자들로부터 존경받을 선조가 되기 위하여 당분간 희생할 것을 강조하였다. 이러한 경제철학에 바탕을 두고 저임금정책과 저곡가정책을 강행하였으며 대중과세를 추진하였다. 임금상승이 제품원가를 인상시켜 물가가 상승한다고 주장하여 정부의 총수요조절정책의 실패를 엄폐하면서 노동자의 임금투쟁을 억압하였고 곡가 인상→임금 인상→기업이윤의 감축→기업 확장·임금의 축소라는 도식에 따라 저가로 곡물을 강제 수매하였으며 기업 우대·소비자 희생의 과세제도와 중산층중과의 조세제도를 실시하였다.

이러한 정책의 경제적 귀결로 계층 간, 지역 간의 소득격차가 크게 확대되었다. 고소득층의 사치적, 과시적 소비는 크게 늘어난 반면 노동대중의 생활은 궁핍화하였고, 도시의 생활환경은 고도로 개선된 반면 농촌의 생활환경은 더욱 악화되어 인구의 도시집중을 초래하였다. 소득의 불균등 분배와 농촌의 파탄은 국내시장규모를 축소시켰고 이것은 주요 각국의 보호무역 경향과 더불어 국내 주요 산업의 시장문제를 크게 대두시켰다. 더욱이 소득격차에 대한 국민적 저항이 1970년 이후부터 점차 격렬해지게 되었다. 정부의 유일한 경제철학인 '선 건설 후 분배'가 크게 도전을 받고 있는 것이다.

3) 공업화의 핵심

이상에서 간략하나마 경제계획 10년 동안의 성과와 문제점을 살펴보았다. 경제계획 10년 동안에 과거에는 볼 수 없었던 경제규모의 확대, 고용의 증대, 수출의 급증, 국민생활의 향상 등 양적인 면에서는 큰 성과를 달성하였으나 공업부문에서 자립기반의 결여, 국제수지의 악화, 계층 간, 지역 간의 소득격차의 확대 등 경제체질 면에서 상당히 심각한 문제점을 제기하였으며 앞으로 경제를 운용하는 데에 지난 10년 동안의 경제계획 방식과는 다른 개발 방식을 요구하고 있다고 보아야 할 것이다.

그 중에서 가장 중요한 요점을 지적한 특정 소수인을 중심으로 한 개발 방식을 탈피하고 전 국민의 창조적 에네르기를 동원하는 개발 방식을 취하여야 한다는 점이다. 전 국민에게 물질적 및 정신적 자극을 주어 개발 과정에 자발적으로 참여시키는 길만이 경제개발을 자주자립적으로 추진하는 방법이다. 아무리 공업투자나 농업투자를 많이 한다 하더라도 실제의 생산담당자인 노동자와 농민의 적극적인 참여 없이는 도대체 경제발전이란 있을 수 없는 것이다. 저임금과 저곡가로 실제의 생산담당자를 기아 수준에서 생활하게 하면서 거기서 창의력과 노동능률의 향상 내지는 생산의 확대를 기대할 수는 없다. 더욱이 사회 일면에서는 사치와 향락을 구가하면서 노동자로 하여금 개발 과정에 적극적으로 참가하라고 설득할 수는 없다. 따라서 경제계획 10년 동안의 경제철학이었던 '선 건설 후 분배'는 역사의 박물관으로 보내고 이제부터는 전 국민의 창의적 에네르기를 동원하는 획기적인 정책 전환을 하여야 할 것이다. 이러한 경제철학의 재정립이 없이는 앞으로 있어야 할 여러 가지의 경제개혁에 따른 사회적 마찰을 해결하지 못할 것이다. 지금까지 최종적인 가공·조립공업의 발달로 말미암아 형성된 내실 없는 고도의 생활수준이 기초공업의 확립이란 명제 때문에 타격을 받을 수 있으며 국내저축의 증대를 위한 과격한 정책수단이 국민의 극소부분인 고소득층의 반발을 일으킬 수도 있기 때문이다.

앞으로의 개발방식은 전 국민의 창의적 에네르기의 동원과 개발과정으로의 자발적 참여를 수반하도록 하여야 할 것이다. 만약 그렇지 못하면 자립적 경제구조 또는 공업화는 결코 달성되지 못할 것이며 대외의존의 굴레에서 벗어나는 일도 불가능할 것이다.

《합동연감》(1972)

《산업연관과 경제개발》[*]

1961년 9월에 산업연관기술에 관한 제3차 국제회의가 스위스의 제네바에서 개최되었다. 이 회의는 UN 사무국과 레온티예프(W. W. Leontief) 교수를 대표로 하는 하버드 경제연구팀(Harvard Economic Project)의 공동주최로 개최되었다. 이 회의에는 후진국과 사회주의국을 포함한 41개국으로부터 2백여 명의 경제학자와 통계가들이 참여하였다.[1] 이 회의에 대해서 특기할 만한 일은 처음으로 소련 기타의 사회주의국의 전문가들과 후진국의 경제계획가들이 자본주의 선진국의 전문가들과 자리를 나란히 하여 산업연관연구에 관한 그들의 생각과 실무적 경험

---

[*] T. Barna(ed.), *Structural Interdependence and Economic Development*—Proceedings of an International Conference on Input-Output Techniques, Geneva, September 1961—, London: Macmillan & Co. Ltd, 1963.

[1] 이 회의에 앞서서 이미 두 차례나 회의가 개최되었다.

제1차 회의는 1950년에 네덜란드의 드리벨겐에서 개최되었다. 네덜란드 외에서 참가한 사람은 불과 15명이었다. 이 회의에서 보고된 논문을 수록한 것이 The Netherlands Economic Institute(ed.), *Input·Output Relations*, 1953이다.

다음에 제2차 회의는 1954년에 이탈리아의 바레나에서 개최되었다. 이탈리아 외에서 참가한 사람은 제1차 회의의 경우와 별차 없는 25명이었다. 이 회의에서 보고된 논문을 수록한 것이 T. Barna(ed.), *The Structural Interdependence of Economy*, 1956이다.

을 나누었다는 사실이다.

본서는 바로 이 회의에서 보고된 논문 중에서 경제개발계획에 대한 산업연관기술의 응용이라는 데 중점을 두고서 사계의 권위자인 영국의 서섹스(Sussex) 대학의 교수 바나(T. Barna)가 케네시(Z. Kenessey) 박사와 에이브러햄(W. Abraham) 교수의 협조 아래 17개를 선정하여 수록한 것이다.

본서는 4편 17장으로 구성되고 있다. 제1편은 '경제개발모형'이라는 제목을 갖고 있으며 5개 장으로 구성되고 있다.

제1장 〈개발계획에서 산업연관분석의 이용〉은 미국의 체너리(H. B. Chenery)가 쓴 논문이다. 여기서 그는 산연관분석과 선형계획법 사이의 타협을 암시하고 있다. 소련의 넴치노프(V. S. Nemchinov)[2]는 레온티예프의 특징은 산업 간 생산함수를 수학적으로 표현하는 데 있으며 특히 대차대조표법과 선형계획법의 결합에 있다는 말을 하고 있는데 바로 이 두 방법의 결합의 응용이 본장에 예시되어 있다. 개발계획을 위해서는 고전적인 산업연관모형은 만족스러운 것이 못된다. 그러나 다른 한편에 후진국에서 선형계획법에 필요한 정보를 전부 입수할 수 있으리라고 기대하는 것은 실천적인 것이 못된다. 체너리는 산업연관기술과 계획기술이 각자의 결과를 검토하며 수정하기 위해서 어떻게 결합되어서 사용될 수 있는가를 밝히고 있다. 그러나 그의 결과는 비공업국의 장기개발에 특별히 응용 가능한 것이라는 것을 잊어서는 안 된다.

제2장 〈계획경제에서 단기계획의 분해와 극대화〉는 폴란드의 미시엘스키(J. Mycielski), 레이(K. Rey) 및 트레제치아코프스키(W. Trezeciakowski)

---

2) *Structural Interdependence, and Economic Development*, p. 177.

가 쓴 논문이다. 여기서 그들은 단기계획 문제를 다루고 있다. 이 점에서 체너리의 논문과 대조를 이루고 있는 셈이다. 그들의 논문은 사회주의국이 당면하고 있는 경제문제의 해(解)를 위한 엄격한 수학적 기술 응용의 유명한 예이다. 또 그것은 조잡한 산업연관분석과 너무나도 의욕적이기 때문에 실천적인 것이 못되는 계획기술 사이의 타협을 추구하고 있다. 그들은 중앙집권적 계획경제에서 분권화된 결의를 할 때 준수될 규칙—예컨대 기업의 관리자는 국가의 무역유형이 국가적 입장에서 최적이 되도록 수입과 수출에 관한 결의를 해야 한다는 것과 같은—을 고찰해 내려고 하고 있다. 그리고 그들은 그 문제를 단기적인 경우의 것이기는 하지만 추상적인 형태로 해결하고 있다. 그러나 그들 자신이 말하고 있는 바와 같이 분권화의 기구상의 문제는 아직 해결하지 못하고 있다.

제3장 〈경제의 기술전환을 위한 유효경로〉는 인도의 마투르(P. N. Mathur)가 쓴 논문이다. 여기서 그는 매우 추상적인 형태이기는 하지만 중요한 문제를 다루고 있다. 그는 미국과 같은 선진국의 기술을 채택하고 있는 인도와 같은 후진국의 문제를 제기하고 최적해의 대체적 정의 아래 낡은 기술에서 새로운 기술로의 전환의 유효경로를 구명하고 있다. 그는 이자를 포함하지 않는 이윤 대신 이자를 포함하는 이윤이 극대화되는 경우에 투자유형이 어떻게 변화하는가를 실례를 드는 방법에 의해서보다도 예시의 방법에 의해서 표시하고 있다. 그는 또 외국차관이 개발에 있어서 할 수 있는 중요한 역할을 예시하고 있다.

제4장 〈선진경제의 식량 및 농업부문〉은 미국의 폭스(K. A. Fox)가 쓴 논문이며 제5장 〈후진경제의 농업 및 공업모형〉은 인도의 센굽타(J. K. Sengupta)가 쓴 논문이다. 이 둘은 다 같이 공통의 문제, 즉 어떤 일정의 목적을 위해서 경제를 농업 및 관련 산업과 기타 산업의 두 부

문으로 나누는 것이 타당한가의 문제를 검토하고 있다. 폭스는 미국과 같은 선진경제에서는 농업은 상대적으로 기타 산업과 독립적이기 때문에 농업과 공업 사이의 상호의존성에 대해서 세심한 주의를 하지 않고서도 농업문제를 분석할 수 있다고 말하고 있다. 또 센굽타도 비록 농업이 공업에 투입물을 공급하기는 하지만 인도와 같은 후진국에 대해서도 동일한 이야기를 할 수 있다는 것을 밝히고 있다. 〔그러나 이 두 논문의 평자인 미국의 데이(R. H. Day)는 선진국의 경우나 후진국의 경우나 가계부문을 통한 상호의존성이 존재한다는 것을 말하고 있다.〕 폭스는 더 나아가서 농업과 식량부문의 세밀한 분석에서 일어나는 문제 중의 약간을 다루고 있으며 농업을 위한 과정 분석(process analysis)과 경제 전체를 위한 산업연관모형의 조화의 가능성을 표시하고 있다. 다른 한편 센굽타는 경제성장의 연구를 위한 2부문 모형의 응용에 관심을 갖고 있다. 특히 후진국에서 농업의 행동은 공업의 행동보다 덜 예측 가능하다는 것을 밝히고 있으며 또 2부문 모형에서는 확률적 요소를 도입하는 것은 어려운 일이 아니라는 것을 밝히고 있다. 상이한 관점이기는 하지만 폭스와 같이 센굽타는 계획기술과 산업연관기술의 결합을 모색하고 있다.

이상에서 알 수 있는 바와 같이 제1편의 각 논자는 추상적인 형태이기는 하지만 경제계획과 결정행위의 문제를 다루고 있다. 그들은 산업연관모형이 그들의 목적을 위해서 충분한 것이라고는 생각하고 있지 않으며 또 계획기술이 언제나 실행 가능한 것이라고는 생각하고 있지 않다. 따라서 그들은 각각 간단한 산업연관모형보다는 복잡하지만 경험적 응용을 불가능케 할 정도로 복잡하지 않은 방법을 모색하고 있다. 그러나 논자들이 어디까지나 그들의 모형의 경험적 응용에 초점을 두고 있는 것에는 의심할 여지가 없다.

　제2편은 '지역모형'이라는 제목을 갖고 있으며 3개 장으로 구성되고 있다.

　제6장 〈산업연관기술의 지역과학에의 응용〉은 미국의 아이사드(W. Isard)와 스몰렌스키(E. Smolensky)가 쓴 논문이다. 여기서 그들은 산업연관기술이 지역과학에서, 특히 예측과 계획 및 개발목적을 위해서 행하는 중심적 역할을 예시하고 있으며, 또 수개 지역으로 구성되고 있는 후진국의 경우에는 전국적 산업연관분석은 중대한 계획착오를 초래시킬 수 있고 불균형과 불균형 성장에 이바지할 가능성이 있기 때문에 이러한 국가는 지역산업연관분석을 채택할 필요가 있다는 사실을 시사하고 있다.

　제7장 〈다원적 지역산업연관분석〉은 미국의 레온티예프와 세카우트(A. Secout)가 쓴 논문이다. 여기서 그들은 다원적·지역적 산업연관 체계의 기술을 행하고 있으며 또 이 체계의 경험적 응용을 위해서 필요한 지역연관계수(이 체계의 구조파라미터)의 네 가지 추정법, 즉 '정밀해'법, '단순해'법, '최소자승'법, '점추정'법을 제시하고 각 방법에 의한 추정 결과를 비교하고 있다.

　제8장 〈산업연관기술의 도시지역에의 응용〉은 미국의 허쉬(W. Z. Hirsch)가 쓴 논문이다. 여기서 그는 29개의 생산부문과 연방정부, 주정부, 총자본형성, 수출을 포함하는 최종수요 부문으로 구성되는 세인트루이스 산업연관모형을 제시하고 그것을 사용하여 각종의 외부적 힘(external forces)이 도시의 복지(성장, 고용량 등), 지방정부의 순재정자원, 도시의 토지소요량에 주는 충격을 분석하고 있다.

　이상에서 알 수 있는 바와 같이 제2편도 모형을 다루고 있는 것만은 사실이다. 그러나 제목이 가리키는 바와 같이 여기서의 관심은 지역적 응용에 쏠려 있다. 이 산업연관 및 관련기술의 지역적 응용은 여러 나라에서 차츰 많은 관심거리가 되어오고 있는 것이다.

제3편은 '산업연관기술과 국가계획'이라는 제목을 갖고 있으며 4개 장으로 구성되고 있다.

제9장 〈소련계획에서의 통계적 및 수학적 방법의 이용〉은 소련의 넴치노프가 쓴 논문이다. 여기서 그는 소련의 계획과정에서 통계적 및 수학적 기술의 응용을 광범하게 다루고 있다. 소련은 35년 동안의 실천적 계획의 기록을 갖고 있다. 그러나 경제의 경험적 모형이 구성된 것은 최근의 일이다. 넴치노프는 바로 최근에 와서 비로소 이루어지게 된 이 분야에서의 발전상황을 기술하고 있다.

제10장 〈프랑스의 산업연관 연구자료〉는 프랑스의 드랑쥬(G. Delange)가 쓴 논문이다. 여기서 그는 1956년 산업연관표의 단기예측에의 이용,3) 이 표의 자료원과 특징, 그리고 투입계수를 다루고 있다.

제11장 〈이집트의 산업연관모형〉은 이집트의 엘에이쉬(G. Eleish)가 쓴 논문이다. 여기서 그는 이집트경제의 상호연관성, 투입계수의 안정도, 1954년 산업연관표의 1960~61년 예산과 관련한 이용을 다루고 있다. 그리고 그는 다음과 같은 결론을 얻고 있다.

(a) 상호연관성은 이집트경제에서도 찾아볼 수 있다. 따라서 산업연관표의 작성은 이집트의 경우에도 필요하다.

(b) 이집트경제의 현재의 구조와 장래의 발전에 기인해서 기술계수의 변화의 빈도는 선진경제의 경우보다 크다.

(c) 이집트의 경우에는 경제개발은 공업화를 의미하는데 이 공업화는 국내생산의 수입대체의 형태를 취하게 된다. 따라서 경제개발의 진

---

3) 프랑스는 2차대전 후부터 국가계획에 관한 경험을 갖게 되었지만 국가계획을 실시한지 얼마 안 되어서 단기예측과 장기계획에서의 산업연관기술의 실천적 용도에 착안하여 그 기술을 채택하기 시작했다. 그러나 여기서는 그 이용 중에서 단기예측에의 이용만 다루고 있다.

행은 생산부문의 기술계수의 급격한 변화를 초래한다.

(d) 상대가격도 경제개발의 진행에 의해서 선진경제의 경우보다 자주 영향을 받는다. 또 규모의 경제(economies of scale)의 효과도 선진경제의 경우보다 자주 일어난다.

(e) 그러나 장기예측을 위한 산업연관표의 유용성에는 의심의 여지가 없다. 물론 여기에는 장래의 상태에 대한 기술계수의 조정이 전제가 된다.

제12장 〈이스라엘경제의 구조 및 개발의 분석에 대한 산업연관기술의 응용〉은 이스라엘의 브루노(M. Bruno)가 쓴 논문이다. 여기서 그는 1958년 요약산업연관표(20×20표)에 의한 생산예측의 경험적 테스트, 1958년 상세산업연관표(297×164표)의 응용을 다루고 있다.

본장은 후진국에서 산업연관기술의 응용의 좋은 예를 보여주는 것이라고 할 수 있다.

제13장 〈남미 국가늘에서의 산업연관표의 작성과 이용〉은 ECLA에 근무하는 발보아(M. Balboa)가 쓴 논문이다. 여기서 그는 아르헨티나, 볼리비아, 에콰도르, 멕시코 및 페루의 산업연관표를 이용하여 통계상의 문제, 경제구조의 분석을 위한 산업연관표의 이용(단 이것은 아르헨티나에 국한된다), 경제계획을 위한 산업연관모형의 이용, 모형 응용상의 문제를 다루고 있다.

일반적으로 저소득국 혹은 개발도상에 있는 국가의 각 경제부문은 소여의 투입구조에서 생산물을 생산하며 투입수준은 생산수준에 비례한다는 산업연관모형의 가정은 여러 가지 이유로 더 제한적인 것이라는 주장이 제기되고 있다. 이 여러 가지 이유 중에는 그 투입계수가 급격한 변화를 받는 이질적 구조를 갖고 있는 농업부문의 대단히 큰 비중, 생산수준에 영향을 주며 또 투입계수의 변화를 초래하는 외적요인의 강한 영향, 수입물의 국내생산물에 의한 영구적 혹은 잠정적 대체, 기술전환의 존재 및 신시설의 부가, 생산부문에서의 보다 적은 부문 간 거래의 존재가 포함된다. 끝 부분인 〈모형 응용상의 특수문제〉는 바로 이 주장을 검토하고 있는 부분에 해당한다고 할 수 있다. 이 부분은 말하자면 후진국에서 산업연관모형을 이용할 때 어떤 문제에 부닥치게 되는가에 대한 약간의 시사를 제공해 주고 있는 셈이다.

제3편은 결국 산업연관기술의 국가적 규모에서의 응용을 다루고 있다. 말하자면 이것은 산업연관기술의 응용에 관한 국별 '케이스 스터디'에 해당하는 셈이다. 상술한 바에서 알 수 있듯이 각 논자는 국민경제의 전향분석(forward looking analysis)에서의 응용에 주 관심을 두고 있다. 그리고 이상에서는 밝히지 않았지만 그들은 비록 계획의 내용은 국가에 따라서 다르지만 이 계획을 위해서 산업연관 및 관련기술이 유용하다는 견해를 피력하고 있다.

제4편은 '추정 및 통계의 문제'라는 제목을 갖고 있으며 4개 장으로 구성되고 있다. 제14장 〈일본산업의 노동계수와 기업규모〉는 일본의 코미야(R. Komiya)와 우치다(T. Uchida)가 쓴 논문이다. 여기서 그들은 방직공업과 기계공업(전기기계 제외)을 들어 생산물, 기업규모, 시간이 노동계수에 미치는 효과를 통계적으로 조사한 후 기업규모가 기업 사이의 노동계수의 차이를 야기시키는 가장 중요한 요인의 하나라는 것을 밝히고 있다. 그들에 따르면 소기업의 노동계수는 대기업의 그것보다 현저하게 크다고 한다.

제15장 〈기술변화를 고려하는 동학적 산업연관모형의 부가적 기술계수〉[4]는 미국의 카터(A. P. Carter)가 쓴 논문이다. 여기서 그녀는 신

---

4) 노동계수, 전력계수, 자본계수를 말한다.

공장과 현재 공장의 확장의 배합변화를 가장 잘 나타내는 부가적 기술계수를 산출하는 문제에 주로 관심을 두고서 제관공업과 볼 및 롤러 베어링 공업에서 이 계수의 세 가지 형, 즉 '신공장계수', '크로스 섹션 계수', '산업시계별 계수'를 추정하고 이들을 비교하고 있다. 그녀는 공업성장에 수반하는 기술계수의 변화를 감안하기 위해서는 현존능력(existing capacity)을 반영하는 산업의 평균기술계수와 경상적 성장 및 갱신의 과정 중에 부가되는 능력부분을 특징짓는 부가적 기술계수를 구별할 필요가 있다는 입장을 취하고 있다.

제16장 〈산업연관계수의 변화〉는 노르웨이의 세발드슨(P. Sevaldson)이 쓴 논문이다. 여기서 그는 산업연관계수의 안정의 의미, 안정조건의 존재 여부를 확인하기 위해서 필요한 경험적 테스트의 종류, 노르웨이의 코르크공업과 목재·펄프공업을 예로 들어서 수행한 각 생활부문에서의 안정에 관한 경험적 연구를 다루고 있다.

그에 따르면 투입계수의 안정조건은 투입계수의 그 평균치로부터의 편차(K_{ij})의 분포가 최종수요의 소정치에 대해서 산업연관모형을 기각시키게 하는 u(생산수준의 추정치에서의 오차)의 분포를 야기시키지 않는 것이라고 한다. 그리고 그가 안정에 관한 경험적 연구에서 얻은 결과는 다음과 같다.

코르크산업의 경우에는 (a) 주원료의 수량계수는 가치계수보다 안정적이다. (b) 이 시간의 변화는 주로 관찰오차에 기인한다. (c) 기업 사이의 변화는 생산물 혼합(product-mix)의 차이에 일부 기인한다. (d) 기업군의 평균계수는 개별 기업계수보다 안정적이다. (e) 노동계수에는 생산물의 수량의 변화가 큰 영향을 미치고 있다. (f) 기술변화도 큰 영향을 미치고 있다. (g) 그러나 관찰오차는 원료계수에서보다 덜 중요하다.

한편 목재 펄프공업의 경우에는 (h) 높은 혹은 낮은 주원료계수를 계속 갖고 있는 기업이 있는가 하면 또 높은 계수에서 낮은 계수로 변화한 기업이 있다. (이 변화는 그 산업에 기술변화가 있음을 시사해 준다.) (i) 소수의 뚜렷한 잘못이 있는 수치를 수정하며 또 단일방향의 기술변화라는 가정에 따라서 관찰치를 평준화한다면 이(異)시간의 평균 산업계수의 거의 모든 변화는 설명된다.

제17장 〈산업연관통계의 표준화의 문제〉는 여러 사람들이 쓴 논문이다. 이 장은 말하자면 산업연관통계의 국제적 표준화를 적극적으로 찬성하는 카오피나(V. Cao-Pinna), 뒤비비에(R. Duvivier) 등과 제한된 범위 내에서 찬성하는 에이브러햄(W. I. Abraham), 호픈버그(M. Hoffenberg) 등 사이의 토론내용을 표시하고 있는 셈이다. 개념, 정의 및 분류에 관한 어떤 형태의 국제적 통일의 필요성은 말할 나위도 없으며, 또 이 비교적 새로운 경제 및 통계연구의 분석에서 이러한 통일을 얻지 못한다면 유감스러운 일이 아닐 수 없을 것이다.

대체적으로 말해서 적극적으로 찬성하는 사람은 국제기관과 관련을 갖고 있는 사람이며 신중론을 전개하는 사람은 각국의 정부기관에서 일하고 있는 통계가들인 것 같다. 그러나 표준화에의 움직임은 차츰 결실을 맺어가고 있는 감이 있다.

제4편은 결국 어떤 범위 안에서 그리고 어떤 수정을 받고서 산업연관모형이 경제적 응용에 이용될 수 있는가의 실제적 문제를 다루고 있고(제14, 15, 16장) 또 산업연관통계의 국제적 통일을 위한 토론의 터전을 마련해 주고 있다.

이상 간단히 본서의 내용을 훑어보았다. 독자는 17장 중에서 각기의 목적에 따라서 적당한 것을 택하여 읽으면 된다. 어떤 장에서도 아마 얻는 수확이 클 것이다. 그러나 본 평자는 꼭 제11장에서 제16장까지를 읽을 것을 권한다. 왜냐하면 제11장에서 제13장까지는 선진국에서 탄생하고 성장한 산업연관기술이 우리나라와 마찬가지로 후진국인 이집트, 이스라엘, 남미 국가들에서 어떤 역할을 할 수 있는가를 다룬 것이기 때문이다. 그리고 제14장에서 제16장까지는 투입계수의 안정성의 문제를 다룬 것이기 때문이다.[5] 이 산업연관분석의 가장 기본적인 가정은 투입계수의 일정이다. 그리고 이 분석 결과의 정도는 투입계수의 안정성 여하에 크게 의존하고 있다.

다음에 가능하면 제1장과 제9장도 꼭 읽을 것을 권한다. 왜냐하면 제1장은 새로운 경향의 하나인 산업연관분석과 선형계획법의 종합을 암시하고 있는 것이기 때문이며 제9장은 소련에서의 통계적 및 수학적 방법의 이용을 다룬 것이기 때문이다. 소련에서는 1953년을 전기로 하여 통계적 및 수학적 방법이 대대적으로 원용되기 시작했는데 이런 경향을 대표하는 넴치노프가 제9장에서 직접 이 문제를 다루고 있다.

만약 이 책에서 더 나아가서 1953년에 발간된 책과 1956년에 발간된 책[6]도 아울러 읽는다면 산업연관분석의 거의 전반에 관한 전문적 지식을 얻을 수 있을 것이며 동시에 산업연관분석의 그동안의 발전경향도 알 수 있을 것이다. 1953년에 발간된 책은 기본적 이론체계의 구성과 경험적 응용에 중점을 두고 있으며 1956년에 발간된 책은 분석적, 통계적 및 계산적 방법에 중점을 두고 있다. 따라서 산업연관분석에 관한 전문적 지식을 필요로 하는 사람은 이 책과 함께 이들 두 책을 꼭 읽을 필요가 있을 것이다.

그러나 산업연관분석은 이미 본 《논집》 제Ⅲ권 제3호[7]에서 밝힌 바

---

5) 제14장은 또 이중구조에 기인하는 투입계수의 차이를 다루고 있다는 점에서도 의의가 있다.
6) 주1 참조.
7) 동, pp. 208~209.

와 같이, 또 크리스트(C. F Christ) 등[8]이 밝히고 있는 바와 같이 여러 가지 결함을 갖고 있다. 따라서 이 책을 읽을 때에는 이들 논문도 아울러 읽어주기 바란다.

《경제논집》(서울대, 1965. 9)

8) C. F. Christ, "A Review of Input-Output Analysis," *Input-Output Analysis: An Appraisal*, edited by National Bureau of Economic Research(1955), pp. 137~182; W. W. Leontief, "Some Basic Problems of Empirical Input-Output Analysis," *ibid.*, pp. 9~51.

《경제개발계획》[*]

이 책은 도합 5편 12장으로 구성되고 있지만 크게 다음의 세 가지 부분으로 나누어 볼 수 있다.

	편	장
I	1	1
II	2	2, 3, 4
	3	5, 6, 7
	4	8, 9, 10
III	5	11, 12

I은 서론에, II는 본론에, III은 결론에 각각 해당한다.

서론에 해당하는 I의 제1편은 본론과 결론의 설명을 위한 준비를 제공하고 있다. 이 제1편은 편자 자신이 쓴 부분인데 편자는 여기서 국가의 경제적 목표와 정부 결심, 정부가 경제체계에 주는 충격, 경제

---

* E. E. Hagen(ed.), *Planning Economic Development*, A Study from the Center for International Studies Massachusetts Institute of Technology, Richard D. Irwin. Inc., 1963.

개발계획이 포함하는 내용, 계획과정, 계획의 필요성, 약간의 설명해설 (Project, Program 및 Plan의 해설)을 다루고 있다.

편자에 따르면 경제개발계획은 다음의 다섯 가지를 포함한다고 주장한다.

① 개별적 제안의 취사선택,

② 정부의 각 기관에 의해서 계획된 시설과 서비스가 타 기관의 프로젝트(project)를 보완하기 위해서 필요한 시설과 서비스를 포함하는가, 그리고 정부 전체에 의해서 계획된 서비스와 시설이 예상되는 민간의 경제활동을 보완하기 위해서 필요한 서비스와 시설을 포함하는가의 고려,

③ 예상되는 정부활동의 모든 구성요소뿐 아니라 민간소비 및 민간투자의 그것의 상대적 필요성의 평가.

④ 재화 및 서비스에 대한 총수요의 예상수준이 너무 낮거나 너무 높거나에 따른 그 수준의 증가 혹은 감소책의 제안.

⑤ 생산자원의 대체적 사용 사이의 선택.

그리고 그에 따르면 프로젝트는 개발활동의 최소단위, 즉 한 학교, 한 공장, 두 도시 사이의 한 도로 같은 것을 말하며 프로그램은 한 세트의 관련된 프로젝트, 즉 학교건축 프로그램 혹은 지역사회개발 프로그램 같은 것을 말하며 플랜은 한 프로그램보다는 크지만 전국의 개발계획보다는 작은 개념을 말한다고 한다(그러나 플랜은 또 보통 1년 혹은 수년 동안 계획된 개발활동의 집합체를 말하기도 한다고 한다).

본론에 해당하는 Ⅱ의 제2~4편은 9개국에 관한 경제개발계획의 사례 연구를 다루고 있다. 각국의 사례 연구는 각각 개발계획에 관해서 정통한 9명의 전문가들이 분담하고 있다. 제2편은 미얀마, 인도, 파키스탄을 다루고 있고 제3편은 일본, 멕시코, 유고슬라비아를 다루고 있

고 제4편은 이란, 나이지리아, 영국을 다루고 있다. 그러나 이와 같은 9개국의 분류는 편자가 서론에서 밝히고 있는 바와 같이 "논리적으로 상호 배타적인 분류는 아니고 계획기구와 업적에 관한 어떤 사실을 강조하기에 편리하도록 한 분류이다." 미얀마, 파키스탄, 인도는 비록 그들이 내건 정치철학에는 상당한 차이가 있고 또 계획의 효과에도 차이가 있기는 하나 지리적으로 인접하고 있을 뿐 아니라 모두 혼합경제와 공식적인 계획을 갖고 있다는 데서 공통하다. 본편의 필자들은 이들 3개국의 계획이 실패하고 있는 것은 그 계획이 정책에 별로 영향을 미치지 못했으며 또 비현실적일 정도로 집행능력을 과대평가한 데 기인한다는 사실을 밝히고 있다.

일본, 멕시코, 유고슬라비아는 1950년대에 경제성장의 속도가 빠른 나라라는 데서 공통하다. 그러나 그들의 계획기구에는 현저한 차이가 있다. 유고슬라비아를 담당하고 있는 필자는 경제계획의 핵심이 좋은 경제정책과 그것을 수행할 수 있는 기구의 개발에 있다는 사실을 강조하고 있다.

일본과 멕시코를 담당하고 있는 필자는 각기 자신이 담당하고 있는 나라에서 이루어진 일에 대해서 비판적인 태도를 취하고 있음을 알 수 있다. 일본의 경우에는 특히 기초적 운수시설을 마련하는 데 실패한 탓으로 비판을 받고 있으며 멕시코의 경우에는 정권의 빈번한 교체에 말미암은 경제정책의 변경 때문에 공식계획이 불완전한 것으로 되어 버렸다는 비판을 받고 있다.

끝으로 이란, 나이지리아, 영국은 각각 특수한 의미를 갖고 있는 나라이다. 이들은 특수한 의미를 갖고 있다는 점에서만 공통하다. 이란은 풍부한 석유자원이 계획기구에 영향을 미친 고도의 전통적인 나라이며, 나이지리아는 경제적 및 정치적으로 신속한 경제성장에의 이행

과정에 있는 나라이며, 영국은 경제성장에의 이행이 맨 처음으로 이루어졌으며 현재는 선진국에 속한 나라이다. 이들 3개국 중 특히 이란에서의 경험은 전통사회에서 경제계획의 시행이 얼마나 어려운 일인가를 말해주고 있다. 어떤 사람은 이란의 계획을 '실패의 환상곡'이라고 호칭하고 있다.

이상의 제2~4편에는 각각 그 첫머리에 그 편에 속하는 논문에 관한 편자의 코멘트가 실려 있다. 따라서 각 논문을 읽기에 앞서 참고로 삼을 수 있게 되어 있다. 그리고 또 각 끝에는 참고문헌이 게재되어 있다. 따라서 그 나라에 관한 지식을 더 얻고 싶으면 그들을 참고하면 된다.

결론에 해당하는 Ⅲ의 제5편은 앞에서 행한 9개국의 사례 연구에 비추어서 좋은 계획의 특징, 좋은 계획을 위해서 필요한 기구와 절차(제11장), 직면하고 있는 곤란과 그것의 극복책, 그 밖의 교훈(제12장)을 다루고 있다. 본편은 서론에 해당하는 Ⅰ의 제1편의 경우와 마찬가지로 편자 자신이 쓴 부분이다.

편자에 따르면 좋은 계획의 특징은 다음의 여섯 가지라고 한다.

① 개발 및 경상목적을 위한 정부지출계획과 민간투자 및 민간소비를 가장 잘 규제할 정책을 명시한다.

② 개발계획에 포함되는 각 프로젝트는 기술적 및 경제적으로 건전할 뿐 아니라 그 나라의 감당능력 범위 안의 것이어야 한다.

③ 재화 및 서비스에 대한 정부사용 및 정부구매의 총계획량과 예상되는 민간수요량은 경제가 공급할 수 있는 것이어야 한다.

④ 계획은 신축적이어야 한다.

⑤ 계획목표는 약간 높게 설정하는 것이 좋을 것이다.

⑥ 민간의 경제적 활동을 자극하며 규제하기 위한 계획의 조항은

그 나라의 제도적 기구에 알맞은 것이어야 한다.

다음에 그에 따르면 좋은 계획을 위해서는 계획을 전담하는 국가기관이 있어야 하며 그 기관의 장은 전임이며 행정수반과 밀접한 관계를 갖고 있어야 하며 그 기관의 스태프는 ① 중앙통계국 직원 ② 재정 금융 면에 정통한 예산 및 금융기관의 직원과 긴밀한 접촉을 갖고 있으면서 경제의 총계적 구조분석을 할 수 있는 경제전문가들 ③ 각기 정부의 각 부처의 하나 혹은 기타의 정부기관들과 계속해서 긴밀한 접촉을 갖고 있는 경제전문가들로 구성되어야 한다고 한다.

또 다음에 그에 따르면 직면하고 있는 곤란은 ① 정치지도자의 계획의 무견, ② 고위 계획공무원의 무능, ③ 자원의 낭비벽, ④ 계획기관의 비중립성, ⑤ 계획기관에 대한 정부 각 부처 및 운영기관의 비협조, ⑥ 권위에 대한 전통적인 태도, ⑦ 정치 그룹에 대한 특별 고려, ⑧ 서투른 계획 실행 등이라고 한다.

그러나 그는 이와 같은 곤란 중에서 계획기관에 대한 정부의 각 부처 및 운영기관의 비협조에 대한 것을 제외하고는 별로 극복책을 상세하게 제시하고 있지 않다. 그가 제시한 상기 비협조의 극복책은 ① 계획기관을 행정수반 직속으로 하는 것, ② 장관 혹은 기관장에 제출하기에 앞서서 실무자급에서 사전에 계획과 사업계획을 평가하는 것의 두 가지이다.

끝으로 그에 따르면 얻은 교훈은 다음과 같다고 한다.

① 공식적인 계획기구가 없어도 상당히 효과적인 개발계획은 존재할 수 있다.

② 일국의 계획기구는 계획의 요건에 의해서뿐 아니라 사회의 문화에 의해서 제시되는 방향으로 발전된다.

③ 미개발사회에서 좋은 기구의 발전은 위기의 결과로서만 이루어

질 것이다.

이상이 본서의 대체적인 내용이다. 그러나 결론부분에서 피력한 편자의 의견에는 다음과 같이 수긍하기 어려운 점이 있다.

그는 비록 신중을 기하고 있기는 하지만, 계획은 자의적인 것이며 한 나라의 능력을 초과하는 것이어야 한다는 의견을 갖고 있다. 그러나 계획이 미치는 영향이 매우 크다는 것과 그것이 실패했을 때 초래될 결과를 생각한다면 과연 그와 같은 의견이 옳다고 할 수 있을는지?

그는 또 "원칙적으로 경상지출(경상이라는 용어는 모든 비개발지출을 포함하기 위해서 사용된다)을 위한 예산편성은 경제개발을 위한 계획수립과 마찬가지로 총계적 경제분석에 의거하여야 한다"(p. 343)는 의견을 갖고 있다. 총계계획이 일관성 검사(consistency check)로서 필요한 것이라는 것은 사실이지만 예산편성은 '원칙적으로' 상세한 미시적 고려와 분석에 의거하여야 하지 않을까? 왜냐하면 총가치는 논리적으로는 그들 미시적 고려와 분석에서 구성되기 때문이다.

여기서 미시적 개념과 거시적 개념의 관계를 논할 수는 없지만 선진국에서 거시적 개념이 만족스럽게 작용하는 한 가지 이유가 잘 작용하고 있는 시장기구의 존재에 있다는 것은 명백한 일이다. 그리고 그와 같은 사태에서 유리될수록 거시규모의 사용은 더욱더 위험하게 된다.

따라서 장래의 재정 및 경제사정을 평가할 때에는 계획기관과 예산당국은 합동해서 "일국의 자원의 완전사용을 성취시킬 총계적 정부지출의 수준"(p. 344)을 추정하여야 한다는 편자의 의견은 받아들이기 어렵다. 비숙련노동자의 심대한 실업군과 외환에서 경영재능에 이르기까지 모든 보완적 요인의 극심한 결핍을 옹호하고 있는 인도나 나이지리아 같은 나라에서 어떻게 그것이 가능하단 말인가?

이 밖에도 본서는 다음과 같은 결함을 갖고 있다.

① 유고슬라비아를 들고 있기는 하지만 이른바 중앙집권적인 경제 계획국가를 예로서 한둘 더 들어가지고 다른 나라와 비교할 수 있게 했으면 좋았을 것인데, 그것을 안 했다.

② 여러 사람들이 쓴 것을 편했기 때문에 문제를 다룬 방식 등에 통일성이 결여되어 있다.

③ 편자 자신도 서론에서 인정하고 있는 바와 같이 결론부분에서 얻은 요약과 사례 연구를 행한 분석에서 기술한 것이 밀착되어 있지 않다. 즉 요약은 사례 연구를 읽지 않아도 이해할 수 있는 것이다.

④ 직면하고 있는 곤란의 극복책에 대한 언급이 허술하다. 곤란 하나하나에 대해서 상세한 극복책을 제시해 주었더라면 더 좋았을 것이다.

그러나 상술한 바에서 편자가 타의 추종을 허용치 않는 매우 좋은 책을 편했다는 것은 명백하다. 사실 이 책은 우리에게 많은 암시를 주고 있다. 즉 우리나라는 현재 제1차 5개년계획을 시행하고 있는 중이며 또 제2차 5개년계획을 작성하고 있는 중이다. 그러나 다른 나라에 견주어 경제계획의 경험은 짧다고 아니할 수 없다. 따라서 우리에게는 다른 나라의 경험이 매우 중요하다. 실패했으면 그 실패원인이 무엇인가, 성공했으면 그 성공원인은 무엇인가를 확실히 파악함으로써 우리의 계획을 성공으로 이끌기 위해서 그들을 십분 참작·활용할 필요가 있다. (특히 멕시코와 이란의 것을 잘 검토할 필요가 있으리라!) 그뿐 아니라 우리나라 계획의 건설적인 비판을 위해서도 그들 원인을 확실히 파악할 필요가 있다. 그런데 이 책은 바로 그들에 대한 여러 가지 암시를 주고 있다. 특히 결론 부분인 제5편의 제12장에서 언급되고 있는, 직면하고 있는 곤란과 얻은 교훈은 우리에게 많은 참고가 되는 것들이라고 하겠다.

《경제논집》(서울대, 1966. 3)

《한국의 경제사상 · 이론 · 현실》[*]

1

약 반세기가 남짓한 기간 동안 한국의 경제학은 연구자의 수, 학문적 업적 등에서 괄목할 만한 성장을 해왔으며, 현실 경제에 대한 영향력도, 그것이 긍정적이었던 것이선 부정적이었던 것이건, 매우 커져온 듯하다.

그러나 그동안 우리의 경제현실에 맞는 경제학의 형성 노력이 전혀 없었던 것은 아니었다 할지라도, 그 역사는 대체로 외국경제학의 수입의 역사였다는 사실도 부인하기 힘들다. 요즈음 들어와 경제학계 일각에서나마 한국적 경제학의 정립을 위한 노력들이 이루어지고 있음은 만시지탄의 감은 없지 않지만 매우 반가운 일이라 하지 않을 수 없다. '한국경제학 서설'이라 조심스럽게 부제를 붙인 저자의 《한국의 경제사상·이론·현실》은 이 같은 관련에서 최근의 '한국적 경제학' 논의의 하나의 귀중한 성과로 생각된다.

---

[*] 박우희가 쓴 이 책은 1984년 유풍출판사에서 출간되었다.

이 책은 이미 발표되었던 글 중 "'한국경제학'이 어떤 것인지, 어떻게 되어야할 것인지"라는 질문에 대한 대답을 추구하려는 저자의 일관된 노력이 흐르고 있는 논문들을 모은 것이다. '한국경제학'에 대한 저자의 관심은 이미 《한국의 경제학의 좌표》에서도 보이고 있지만 이 책에서는 이 같은 관심이 더 폭넓게 다각적으로 다루어지고 있다.

우리는 저자 서문에서의 다음과 같은 말에서 저자의 문제의식을 읽을 수가 있다. "한국 사회에서는 그간 근대화에 필요한 정신이 없었고 있다면 의욕만이 있었을 뿐이었다. 근대화에 필요한 사상도 없었고 있다면 GNP 성장사상만 있었을 뿐이었다. 우리에게는 역시 경제이론도 없었고 있다면 미국식 경제이론만이 있을 뿐이었다. 그래서 우리 현실은 잘된 것과 못된 것의 반반경제에 그치고 있고 겉모양은 화려하지만 속은 빈 채 그대로 변모·확대되어가고 있다. 경제의 각 부분에는 자본주의적 요소가 깃들인 공업이 있는가 하면 농업·유통·소비 부문에는 아직도 전통적 사고방식이 지배적이 되어 있고…… 이런 상황을 반영하여 우리 경제학도 아직 방랑과 모색의 늪에서 헤어나지 못하고 있다. 이제 겨우 한국경제학 정립의 필요성을 의식하고 있는 단계에 불과한 것이다."

이러한 문제의식 아래서 저자가 추구해야 할 과제는 다음과 같은 것이 될 것이다. 첫째 '한국경제학'은 왜 필요한가? 둘째, 필요하다면 '한국경제'의 어떤 특징들이 그 같은 '한국경제학'의 정립을 요청하는가? 셋째, '한국경제학'은 어떤 내용이어야 하는가?

첫 번째 과제는 본서의 제1부 '사상과 이론'에서 다루고 있다. 1장 〈한국의 경제사상과 이론 비판〉에서 박 교수는, 한국에 이렇다 할 경제사상, 가치, 윤리가 부재되어 있는 상태에서 '수량적 세계관'을 배경으로 한 구미의 이른바 정통파 경제학을 무비판적으로 수용함으로써 경제정책의 혼란(및 기업, 개인의 행동에서의 혼란)이 가중되었다고 비판한다. 2장 〈구·미·일의 경제사상과 이론〉에서는, 상이한 사상적·문화적·역사적 배경 아래서 역시 다양한 경제이론이 생성되어 왔으며, 우리나라에서 유일한 경제학으로 생각되고 있는 '신고전파종합' 체계도 미국이라는 특수한 토양에서 자란 것이라는 점을, 칼 마르크스에서 조안 로빈슨에 이르기까지의 대(大) 경제사상가들의 사상의 핵심을 간명하게 제시하는 과정에서 보여주고 있다. 나아가 이들 구·미와는 경제관, 문화적·사회적 풍토가 크게 다른 동양에서 그 같은 특수성에 맞는 경제학의 정립이 가능한가의 검토에 대신하여 중국의 유교 사상과 경제관, 일본에서의 자신에 특유한 경제학을 정립하려는 노력들을 소개하고 있다.

세 번째 질문에 대한 답은 이상의 논의 전개 과정에서 분산적으로 다루어진다.

제2부 '현실'은 두 번째 질문에 답하는 부분이 된다. 1장 〈한국경제성장과 컬처〉, 2장 〈금융에 비친 윤리와 가치〉, 3장 〈기술혁신에 있어서의 문화적 특성〉, 4장 〈대외경제관계의 정치경제성〉에서는 가치·윤리·문화·정치 등의 비경제적 요인이 얼마나 강하게 한국자본주의를 규정하는가(또는 굴곡시키는가)를 보여준다. 또한 5장 〈일본경제발전의 문화적 요인〉에서는 시야를 바꿔 일본 특유의 문화가 일본자본주의 발전의 특수성에 어떻게 기여했는가를 보이고 있으며, 마지막으로 6장 〈한·일 경제관계 내의 역사와 철학〉이 실려 있다.

2

앞에서는 부제와의 관련 아래서 본서의 내용을 간단히 개괄해 보았는데 이제 시각을 약간 바꾸어, 이 책의 특징을 세 가지로 요약하여 내용을 좀더 상세히 음미해보자.

첫째, 이 책은 한국경제학이 무엇인가, 또 무엇이어야 하며 이를 위해 어떻게 해야 할 것인가의 윤곽을 찾고자 노력하고 있다. 우리나라에 경제학이 도입되어 경제학 강의라 하여 대학에서 고전파 경제학과 역사학파, 사회정책학파 경제학 등, 케인스 경제학 이전까지의 경제학이 일본을 경유, 변형된 채 가르쳐진 지도 오랜 시간이 지났다. 그러나 경제학이 이른바 주류경제학의 형식을 갖추면서 강의되고 연구된 것은 1950년대 중반 이후부터였고, 그것도 본격화된 것은 1970년대에 들어서였다. 즉 미국식 주류경제학이 미국 내 대학에서 강의되는 것과 비슷한 내용으로, 또 비슷한 수준으로 우리나라에서 전개된 것은, 대학에 따라 그리고 교수에 따라 다르긴 하겠지만, 일반적으로 말해 1970년대 중반쯤으로 보이는 것이다. 여하튼 이런 주류경제학이 이젠 우리 대학에 관한 한 교과서 중심의 강의를 통해 정착되기 시작하였으며 어떤 의미에서는 이것만이 경제학의 전부인 양 인식되고 받아들여지고 있는 형편에 이르고 있다. 짧은 기간 안에 이런 미국식 주류경제학은 한국 내의 경제학을 독점하게 된 것이다. 이에 따라 이전에 가르쳤던 일본식 경제학 강의, 즉 고전파 경제학은 무엇인가, 역사학파, 사회정책학파, 마르크스학파, 베블런주의자, 스웨덴학파의 경제학은 무엇인가를 경제사상사적으로 가르치던 학풍은, 신고전파 경제학과 케인스 경제학이 새뮤얼슨류로 통합된 경제학(이른바 '신고전파종합')으로 대체되어 그것만이 유일한 경제학인 양 인식되면서 우리 경제학계를 풍미하게 된 것이다.

앞으로도 이런 추세는 상당 기간 동안 계속될 것이며 어떤 면에서는 더 강화될지도 모를 전망이다. 대학 강의에서는 물론 사회에서의 발표, 경제전문지의 기고를 보아도 양적으로 근대경제학적 분석이 압도적으로 되어 왔으며, 이런 글을 잘 쓰는 사람만이 학자로서의 소양과 능력이 더 있는 것으로 판단되고 있다. 이런 글을 써서 외국의 전문잡지에 싣기만 하면 일약 경제학 대가로 인정받게 되며 이런 글을 한두 편 쓰기 위해 전 생애를 다 바치는 학자들도 많이 생겨나고 있다. 물론 이런 현상은 무척 반가운 일이기도 하다. 학자의 신분으로 글을 써서 남의 나라 유명 전문지에 기고, 다른 나라 학자들이 평가하는 수준의 글을 싣는다는 것은 여간 반가운 일이라 하지 않을 수 없는 것이다. 세계경제학계의 흐름이 잘 되었건 못 되었건 가릴 것 없이 우리나라 경제학계의 일부 학자들이 밤낮을 가리지 않고 열심히 공부해 그들과 어깨를 겨눌 정도의 깊이 있는 연구와 글을 계속 발표할 수 있다는 것은 우리 경제학의 수준을 세계 수준으로 높이는 가장 빠른 첩경이 될 수도 있기 때문이다. 사실 이 길은 쉽지도 않으며 많은 사람이 노력해도 그리 쉽사리 달성되지도 않는 어렵고 험난한 길이기도 하다.

그런데 우리의 논점은, 이러한 경향이 잘못되었다는 것을 주장하려는 것이 아니다. 이것만이 경제학의 전부요, 이것만이 우리 경제에 적합한 것이며, 이것만이 연구라고 강의되어야 한다는 편협하고 단견적인 견해가 잘못되었다는 것을 지적하고자 할 따름이다. 주류경제학도 가르쳐져야 하고 그 외 다른 많은 학파의 학설과 주의주장도 가르쳐져야 한다. 오히려 여러 학파의 철학과 사상, 이론과 현실적용이 함께 연구되고 전파되는 곳에서만이 참다운 경제학이 우리 내부에서 스스로 싹틀 수 있지 않을까 한다. 미국의 특수한 풍토, 역사적 배경 아래 형성된 경제학은 다른 풍토의 경제에서는 적합하지 않을 수도 있다. 특히 사상과 역사적 여건, 사람들의 가치관과 관습, 경제외적 요인이 서로 다른 곳에서는 그곳에 맞는 경제학이 잉태, 전파되어야 하는데도 유독 미국식 경제학만이 경제학 전반을 독점한다는 것은 경제학 자체의 발전을 위해서도, 또 한국경제의 발전을 위해서도 바람직하지 못할 수 있는 것이다.

그런데도 앞으로 얼마 동안은 이런 공부를 한 사람들이 더 많이 배출될 것이고 학계나 관계를 지배할 추세이고 보면, 우리 경제학계에서는 지금부터라도 경제학의 다양화를 위한 노력을 전개하지 않으면 안 될 단계에 당도하여 있다는 생각을 갖게 된다. 게다가 주류경제학이 왜 우리의 경제발전 단계와 여건에 맞지 않는지, 어떻게 변형되어야 할 것인지에 대한 연구는 우리만이 할 수 있는 과업이며 또한 우리만이 해야 할 일이 되고 있다고 생각된다.

서두에서 언급한 바 있지만, 이런 뜻에서 박 교수가 이 책에서, 한국내의 현재의 경제학 강의를 비판한 후 좀더 넓은 의미의 경제학 특히 정치경제학을 모색해야 하며, 나아가 우리 고유의 경제학 즉 '한국경제학'을 찾아 나서야 할 단계에 이르렀다고 주장함은 퍽 시의적절한 옳은 생각으로 여겨진다.

박 교수는 제1부 제1장에서 먼저 한국의 경제사상과 이론의 부재를 신랄히 비판하고 있다.

〈한국의 경제사상〉에서는 지금 우리가 지니고 있는 경제사상의 본체를 규명하고 의(義)·리(理) 공존의 경제사상이 필요함을 강조하고 있다. 또 〈경제발전의 가치기준〉 및 〈한국의 정신과 경제가치〉에서는 국민 전체의 가치기준이 서구식 '개'(個)와 동양식 '전'(全)을 조화시키지 못한 채 방황하고 있음을 지적하고 개와 전이 합하여 새로운 가치관이 확립될 때에만 공업화·근대화가 참다운 의미에서 내실을 기할 수 있음을 지적하고 있다.

〈한국자본주의의 정신〉에서는 지금 우리 경제가 자본주의적 형식으로 발전되고 있음에도 서구식 자본주의 체제에 한국식 전통과 가치관이 혼합된 결과 자본주의의 길을 올바르게 걸어가기가 무척 어려움을 밝히고, 일본의 예를 들어 기능과 조직, 개체와 공동체, 자본의 논리와 자본의 윤리가 합쳐질 수 있는 새로운 정신을 모색할 때 비로소 우리 자본주의가 잘 발전할 수 있다고 말하고 있다.

〈논어의 경제학〉에서는 논어를 세속사회의 질서철학으로 보아야 한다고 말하면서, 은둔자의 신학이나 형이상학적 종교로 파악함으로써 유교 전체를 현실과 동떨어진 것으로 해석해서는 안 된다고 하고 있다. 또한 경제학도 마찬가지로 절대수학세계에서 하루 빨리 벗어나려 노력해야 할 것이라고 주장하고, 우리의 경제학 커리큘럼에 논어와 정치경제학을 잇는 '고전강독' 같은 강의를 개설할 것을 제안하기도 한다.

〈한국경제학을 생각한다〉에서는 주류경제학이 왜 못마땅한가의 이유를 사상과 철학이 근원을 찾아 세시하면서, 우리 경제와 같은 여건과 발전 단계에서는 어떤 유형의 정치경제학이 정립되어야 할 것이라고 하고 있다.

〈수입경제학과 경제정책〉에서는 수입된 경제학과 이론을 사상과 철학의 차이를 고려하지 않은 채 형식만 따져 그대로 경제정책화하고 있는 현실을 비판하고, 나아가 이것이 우리 경제의 참다운 발전에 저해요인으로 작용하고 있다고 지적하고 있다. 〈경제정책과 지식과신〉및 〈지식의 참칭〉에서는 현재 미국식 경제학과 경제지식이 과학의 탈을 쓴 채 오도되고 있음을 지적하고, 생산함수·계량모델·적정통화량 공급·물가지수·실효보호율 계산 등 지금 우리가 쓰고 있는 경제 분석의 중요 방법과 접근법들이 과학과 지식을 참칭하는 그릇된 바탕에 근거하고 있음을 밝히고, 이를 시정하는 선에서 현실을 바탕으로 하는 새로운 경제지식을 쌓아가야 할 것임을 프리드리히 폰 하이에크를 인용하면서 강조하고 있다.

두 번째 특징은 이러한 비판을 비난만으로 그치지 않게 하기 위해 구미경제사상과 방법론의 변천, 마르크스 경제학의 재조명, 마르크스의 기술경제관, 반케인스론 시비, 현대경제학자들의 경제이론과 한국경제학, 중국의 경제사상과 경제관, 일본의 경제사상과 이론의 변천 등을 개괄·논술함으로써 비판의 바탕을 튼튼히 하고 나아가 대안을 암시하고 있다는 점이다.

저자는 먼저 서구에서 경제학이 생겨났을 때 어떤 사상을 근거로 하였으며, 사상과 분석방법론이 변천해 오는 동안 여러 경제이론이 실증과 규범, 실험과 연역, 특수와 일반, 역사와 논리 사이에서 어떻게 변모되었는가를 밝히고 있다. 또한 신고전파 경제학에서 실증적 방법론이 철학적 배경이 되었고 이어 논리실증주의가 지배하였으며, 순수 선험적인 지식의 우월성과 그 존재를 증명하는 이런 신고전파경제학이 현대경제학을 지배하고 있는 현실도 역사적으로 해명하고 있다.

이어 마르크스 경제학과 마르크스의 기술경제관이 어떤 것이며 우리 경제에 어떻게 투영될 수 있는가를 분석하고 있으며, 케인스 이론을 비판하고 여러 경제학자들의 생각도 아울러 기술하고 있다. 특히 케인스 이후 지금까지 수많은 경제학자들이 배출되었으나 아직 케인스만 한 경제학의 대혁명을 이룩한 사람이 나타나지 않고 있다고 말하고 이 중 여태껏 노벨경제학상을 탄 학자들과 노벨상을 타지는 않았으나 그보다 조금도 못지않은 조안 로빈슨 여사에 이르기까지의 21명의 대학자들의 경제이론을 알기 쉽게 풀어 종합·분석하고 있다. 주류경제학을 세우고 발전시킨 사람, 이에 반대하여 자기 특유의 경제이론을 전개한 사람, 옛 경제학을 더 발전·전개시킨 사람 등등 2차 대전

후 지금까지 경제학 발전에 이바지한 많은 사람들의 생각을 이렇게 잘 정리한 것은 이 책이 처음이 아닌가 생각된다.

이들의 경제이론이 한국경제학의 정립과 어떻게 연결될 수 있을까를 살펴본 점도 필자의 또 하나의 가치 있는 기여라 여겨진다.

중국과 일본의 경제사상과 이론을 개관·소개하고 있음도 다른 책에서 보기 힘든 일이다. 중국인의 고유 경제관을 국가와 개인, 시민과 직능의 문제와 연결, 근대화의 의식에 어떻게 연결되고 있는가를 밝히고 있음은 우리의 경우에도 많은 참조가 되리라 본다. 특히 일본인의 경제사상이 도쿠가와(德川) 막부 이래 어떻게 변천해 왔으며 그 기본이 되는 무사와 상인, 농민의 사상이 어떻게 지금까지 계승되어 오고 있는가를 밝힘으로써 일본경제의 발전요인을 정신적인 측면에서 구명하였는데, 이는 한국경제발전에도 시사하는 바가 많으리라 여겨진다.

명치유신 이후 자유주의적 경제사상이 시대적 요청에 따라 수입, 전파된 이래 지금까지도 일본의 경세사상을 일부 지배하고 있으며, 또한 이것이 일본적 국민주의와 배합되면서 일본 특유의 경제사상을 형성하고 있다는 지적은 주목할 만한 것이라 할 수 있다. 일본형 기업이념, 국민주의와 제국주의의 대두, 대학 내에서 여러 경제학파의 이론들이 흡수, 발전되고 있는 일본 경제학계의 소개 및 케인스 경제학과 신고전파 경제학이 어떻게 일본적 지성과 연결되면서 흡수 또는 배척되고 있는가를 상술하고 있음은 한국경제학이 앞으로 나아갈 길에 대하여 많은 암시를 주고 있다는 점에서 퍽 유익한 개관이라 여겨진다.

세 번째 특징은 이러한 사상과 이론의 비평 및 배경설명이 한국경제의 현실에 비추어질 때 시사하는 바가 무엇인가를 분석하고 있다는 점이다. 한국경제의 현실이 현대경제학에서 말하는 경제변수만에 의해 움직이는 것은 아니며, 오히려 비경제적 요인, 특히 정신, 문화, 가치관 및 역사적, 사회적, 정치적 요인 등이 한국경제의 발전을 돕고 또 반대로 저해하는 요인으로 크게 작용하였음이 여러 사례를 통해 자세히 논술되고 있다.

먼저 〈한국경제성장과 컬처〉에서는 자유경제의 윤리적 기초가 얼마나 중요한가를 밝히면서, 기존이론과 이를 바탕으로 한 경제정책이, 그것이 어떻게 현실화되었든 간에, 윤리적 기반이 튼튼하지 않고서는 결코 온전한 것이 될 수 없음을 우리 현실과 다른 나라의 경험을 예시하면서 상술하였다.

지금 우리 경제가 반반경제라고 일컬어지고 있는 이유도 반을 차지하는 경제윤리가 온전하지 못한 데 기인하고 있다는 것이다.

〈일본서 본 한국경제〉는 일본의 문화가 지금의 일본경제를 만든 것과 비교하면서, 우리 문화가 어떻게 우리 경제를 발전 또는 저해했는가를 기술하고 있다. 여기서는 역사와 인간을 경제적 요인보다 앞세우고 있다. 이어 〈비교우위의 산업선정 산업정책〉, 〈정부와 기업 간의 상관관계〉, 〈경제사상의 수렴〉에서도 인간의 현명·정직·공공성 의식이 얼마나 중요한가를 잘 설명하고 있다.

〈금융에 비친 윤리와 가치〉는, 제1부에서 언급한 한국인의 가치관 결여가 금융에 투영된 현실을 적나라하게 파헤치고 있으며, 엄청난 금융스캔들의 연속은 경제이론과 정책만으로는 치유될 수 없는 정치경제적 현상임을 잘 설명하고 있다. 또한 6·28조치를 이러한 측면에서 객관적으로 평가하였으며 저축률 제고의 문제도 사실상 국민이나 정부, 기업 전체의 가치관, 문화에 그 뿌리를 두고 있음을 강조하고 있다. 이자율을 만지작거린다거나 기타 금전적 인센티브를 주는 것만으로는 부족하며 경제사상 측면에서의 기본적인 전환이 절실함도 또한 강조된다.

기술혁신과 경제발전에서도 마찬가지이다. 흔히들 기술, 특히 과학이나 산업기술은 그 고유의 자연과학적 특성에 따라 움직이는 것으로 이해되어 왔다. 그러나 이 책에서 지적된 바와 같이 과학이나 기술도 문화적 특성을 지니고 있으며, 첨단기술도 이제는 그 나라 국민과 기업의 문화 즉 치밀성, 과감성, 청결성 등 제반 덕성에 더 많이 연관되어 있다고 말하고 있고, 또 기술은 이전해 오거나 기술을 흡수·유치하는 데에도 우리의 국민성과 맞는 적정기술을 받아들이고 발전시키는 정책이 필요하며, 특히 한일 간 기술분업에서도 이러한 모델을 바탕으로 새로운 방향을 모색할 필요가 있다고 말하고 있다. 아시아·태평양 지역에서의 기술분업도 구체적으로 설명되고 있다.

저자는 대외경제관계에서도 정치경제성이 더 많이 참작되어야 한다고 보고 있다. 신국제질서에서는 말할 것 없이 정치경제적 요인이 많이 작용하겠지만, 자유와 보호, 차관도입에서도 오히려 비경제적 요인이 더 많이 내재되어 있음을 지적하고 있다. 자유와 보호, 경쟁과 간섭, 자율과 계획, 민간주도와 정부주도를 어떻게 다루어야 할 것인가는 오늘날 우리 경제가 당면한 가장 긴급한 문제점의 하나로 생각된다. 그러나 여기서도 그 근원을 따져보면 자유와 보호에는 경제적 계산으로는 도저히 따질 수 없는 많은 비계량적인 요인들이 더 크게 작용하고 있음을 잘 알 수 있다. 즉 자유냐 보호냐의 문제는 시공에 따라 변하지 않는 절대윤리가 아니라 특수성을 지니고 있는 것이다. 특히 정직성과 공공성이 공무원과 기업인에 따라 다를 때에는 자유와 보호의 폭과 영역의 변화는 더욱 커진다. 공무원이 현명하지 못하고 정직하지 못하며, 공공성이 결여되어 있을 때는 정부의 간여는 대체로 계획에 의한 경제의 조정폭이 작아져야 할 것이며, 반대로 기업가의 현명과 정직, 공공의식이 결여되고 있을 때는 도저히 민간 주도의 경제구조가 형성될 수 없는데, 이 둘이 어느 편인가에 따라 자유와 보호의 영역도 결정되게 된다는 것이다.

일본경제발전의 요인을 문화적 측면에서 분석한 후 이를 한일경제관계에 확대하고 있음은 이 책의 또 하나의 특징이라 생각된다. 일본의 경제발전을 거시적으로 또 미시적으로 분석한 글은 많지만, 일본경제에 관한 한 일본인의 국민성, 역사성에서 일본경제의 발전요인을 찾는 접근법이 가장 현실적인 것으로 여겨진다. 이 책에서 세계 속의 일본경제, 일본경제의 경제대국으로서의 흥륭과 쇠망의 가능성을 다른 나라와 비교하면서 설명하고 있는 것은 퍽 흥미롭다. 경제대국의 영고성쇠를 일국 안의 웅장한 동학으로만 본 마르크스나 슘페터의 사고를 초극하면서 또 성장을 경제순환에서 유리시켜 분석한 케인스의 총수요관리까지 부정하는 입장을 취하면서, 세계자본주의의 역학을 국가 사이의 장기적 상승국면의 누적으로 보는 이러한 시각은 확실히 오늘의 일본경제가 이론적으로 또 학문적으로 경제대국이 될 조건을 갖추고 있는가를 구명하는 데 일조가 될 수 있을 것으로 사료된다.

일본인의 경제발전을 근면성 등 문화에서 찾는 한편 자연과 노동, 자본과 기계시설 등 생산과정에서 여러 경제적 요인이 상호작용할 때 근면이 어떤 역할을 하는가를 찾으려 애쓴 점도 일본경제발전의 요인을 구명하는 데 또 다른 하나의 시각을 제시하는 것으로 생각된다. 일본적 정신구조의 특성을 스즈키 쇼산(鈴木正三), 이시다 바이감(石田梅岩), 우에스기 요잔(上杉鷹山) 등 심학(心學)을 중심으로 한 일본식 가치관에 연결시켜 설명하고 있음도 퍽 흥미로운 분석으로 사료된다. 자본의 논리와 자본의 윤리가 일본 특유의 번(藩)의 경우 어떻게 전개되었으며, 이것이 오늘날 대기업에 그대로 남아 오늘의 경제번영을 어떻게 초래하였는가에 대한 정신적 구조의 분석과 설명은 한국자본주의의 정신구조형성 문제의 규명에 있어서도 참고가 될 것으로 생각된다.

오늘날 많이 논의되고 있는 한일 경제관계를 역사성과 철학성, 정치경제적 접근방법과 문화적 접근방법으로 분석한 것도 이 책 전체를 흐르는 같은 맥락의 하나로 보인다. 한일 경제관계를 이론적으로나 계량적으로 분석할 때는 언제나 그 한계와 제한성을 느끼게 마련인데 이를 역사적으로 또 문화적으로 보게 되면 새로운 해결방법이 모색될 수 있고, 여기에 새로운 철학을 가미할 때 비로소 한일 경제관계의 새로운 비전과 해결방안이 정립될 수 있다. 이 책은 이러한 면에서도 다른 책과 구별되는 특징을 지니고 있다.

3

이상에서 저자의 논점을 몇 가지 특징으로 요약하여 개괄해 보았다. 그런데 서두에서 언급한 것처럼, 본서는 '한국경제학'을 정립하기 위한 저자의 일관된 노력을 담고 있기는 하나, 여러 가지 면을 너무 광범하게 다루고 있기 때문에 완결된 체계로 하나의 꽉 짜인 틀에 논의를 응축시키지 못한 것이 아쉽다. 이 같은 점은 저자가 여러 곳에 발표한 논문들을 모아 편집을 한 것이라는 이 책의 성격에 기인되는 것이다.

또한 이 책에서는 저자가 갖고 있는 문제의식 아래서 저자가 해명해야 될 과제로서 우리가 제시한 3가지 중 두 가지에 대해서는 만족할 만한 논의가 이루어진 것으로 보이나, 세 번째의 과제, 즉 '한국경제학은 어떤 내용의 것이어야 하는가'라는 질문에 대해서는 논의가 미흡한 것으로 보인다. 한국자본주의의 특수적 측면이 보편적 측면을 얼마나 압도하며 또한 경제학의 방법론을 어떤 식으로 제약하는가에 대한 논의가 더 있었더라면 저자의 주장이 더 설득력을 가질 수 있었을 것이다. 이와 관련하여 '한국에 맞는 정치경제학'에서 정치경제학이 무엇을 지칭하는지가 선명하지 않은 점도 아쉽다.

그러나 이 같은 지적이 이 책의 가치를 낮게 평가하는 것으로 받아들여져서는 안 될 것이다. '한국경제학'의 내용이 무엇이어야 하는가는 앞으로 한국경제학계가 함께 추구해야 할 과제라 할 수 있는 것이며, 이 같은 큰 짐을, 이제 본격적인 논의를 시작하려는 단계에 있는 저자에게 모두 지우려 하는 일은 가혹한 일이기도 하려니와 우리의 책임을 회피하는 무책임한 일이 될 수도 있기 때문이다.

이 책은 '한국경제학'의 정립에 귀중한 도움이 될 수 있는 여러 가지 가치 있는 논의를 전개했다는 점, 한국경제학계의 진로에 대해 의미 있는 시사점을 던져주고 있다는 점만으로도 높은 평가를 받을 만한 것으로 생각된다.

《사회과학논평》(1985. 9)

《한국자본주의론》[*]

이 책은 무엇보다도 먼저 오늘의 한국경제가 과연 자본주의경제인
가, 그리고 자본주의경제라면 서구적인 자본주의경제와는 어디가 어
떻게 다른가 하는 점부터 문제 삼고 있다. 이 기본적 명제에 대해 물
론 이 책에서 명확한 해답을 내려주고 있는 것은 아니다.

다만 이 책에서 강조하는 바는 오늘의 한국경제사회의 성격을 규명
할 때 역사적으로나 현상적으로 '식민지 반봉건 사회'로서의 성격과
'주변부 자본주의 사회'로서의 성격을 떠나서는 논할 수 없다고 하는
점에서 주어진다.

이 책이 갖는 둘째 특징은 8·15와 6·25라고 하는 두 개의 정치사적
대사건이 한국사회의 성격을 변화시키는 결정적인 계기가 되었음을
강조하고, 그것이 갖는 사회경제사적 의미를 최초로 깊이 있게 파헤치
고 있다는 점에서 찾을 수 있으며, 그리고 6·25전쟁 휴전 이후 오늘에
이르기까지의 한국경제의 전개를 '원조경제 시대'와 '차관경제 시대'로
구분하여—이 점이 바로 이 책의 흠이기도 하지만—각각의 구조와 순

---

[*] 이대근·정운영이 엮은 이 책은 1984년 까치출판사에서 출간되었다.

환 메커니즘을 다루고 있음이 셋째의 특징이다.

그리고 제3부에서는 불완전한 한국경제가 갖는 주변부 자본주의적 성격을 몇 개 부문으로 나누어 살펴보고, 결론으로 그 주체적 지향을 위한 방향모색을 시도하고 있다.

아무튼 우리 사회를 풍미하는 사회과학(이론)에서의 식민지성 극복이라는 시대적 요구에 부응하여 젊은 경제학도들에 의하여 수차례 의욕적 토론과정을 거쳐 만들어진 이 《한국자본주의론》은 몇 가지 구성상의 미흡함과 아쉬움이 있기는 하나, 같은 집필계획 아래 쓰인 자매지 《세계자본주의론》과 더불어 사회과학도의 관심을 끌 수 있는 책임에는 틀림없다.

《중앙일보》(1988. 1. 16)

《민족경제론》·《전후 30년의 세계 경제사조》[*]
: 민중을 위한 경제학의 모색

저자는 올해 들어 약 1개월 반의 간격을 두고서 두 권의 저서를 발간했다. 여기서 평하려고 하는 책이 바로 그것이다. 두 책을 발간 월일로 보면 《전후 30년의 세계 경제사조》가 빠르지만, 실질적으로는 《민족경제론》이 앞선다고 할 수 있다. 왜냐하면 후자는 1972년과 1977년 사이에 이미 《서울경제신문》과 《신동아》, 《창작과 비평》, 《대화》 등의 종합잡지에 발표한 글과 미발표한 글을 수록한 것인데, 이들 글의 논조를 그대로 따르면서 새로이 써서 발간한 것이 바로 전자이기 때문이다.

1

《민족경제론》은 18개 논문으로 구성되어 있다. 그리고 이 18개 논문은 4개 그룹으로 나누어져 있다.

---

* 박현채가 쓴 두 책은 1978년 한길사와 평민사에서 각각 출간되었다.

첫째 그룹은 인간을 위한 경제학 서설, 둘째 그룹은 일제 경제침탈에 대한 재인식, 셋째 그룹은 한국경제의 발전과 현실, 마지막 그룹은 경제적 민족주의의 오늘과 내일로 되어 있다. 또 각 그룹에는 각각 3개, 3개, 7개, 5개의 논문이 속해 있다.

평자가 보기에는 저자의 한국경제를 보는 시각을 밝히는 데 필요한 일반론적인 글을 수록한 것이 첫째 그룹이고, 오늘날의 한국경제를 제대로 보는 데 반드시 필요하기 때문에 정확하게 파악할 필요가 있다고 저자 나름대로 생각하고 있는 것을 수록한 것이 각각 둘째 그룹과 마지막 그룹이고, 오늘날의 한국경제를 다룬 글을 수록한 것이 셋째 그룹이 아닌가 생각된다. 둘째 그룹은 전전의 일제식민지 통치시대의 경제에 대한 필요한 지식을 그 당시의 선도 부문(leading sector)이라고 말할 수 있는 농업과 공업으로 압축하여 제공하려고 한 글을 수록한 것이고, 마지막 그룹은 오늘날의 한국경제가 그 일환으로 되어 있는 세계경제의 동향, 오늘날의 한국경제가 택하고 있는 경제체제인 자본주의 경제체제의 변화 등에 대한 지식을 주는 글을 수록한 것이다. 모름지기 경제현상은 역사적, 누적적인 현상이라는 것이, 또 오늘날에는 이미 어느 나라 경제도 고립해서 운용될 수 없다는 것이 사실이라고 한다면, 종적인 지식과 횡적인 지식이 각각 반드시 필요하게 되는 것은 당연하다고 말할 수 있을 것이다. 이런 의미에서 오늘날의 한국경제에 대한 제대로 된 지식을 주기 위한 글을 수록하고 있는 이 두 그룹은 바로 반드시 필요한 것임에 틀림없다. 이렇게 보면, 오늘날의 한국경제를 다룬 글을 수록하고 있는 셋째 그룹은 맨 나중에 읽을 성질의 것이라고 말할 수 있을 것 같이 생각된다. 이 셋째 그룹에 수록된 글은 다시 농업과 관련된 것, 조세와 관련된 것, 경제개발계획과 관련된 것으로 나누어 볼 수 있다. 9개의 글 가운데서 농업 및 노동과 관련된 것이 약 반을 차지하는 것을 보면 역시 저자의 주 전공이 농업경제학 및 노동경제학이고, 그러기에 그 주 논문도 〈자본주의 소농〉, 〈한국노동운동의 현황과 과제〉 등인 데 기인할 것이다.

2

《전후 30년의 세계 경제사조》는 4개의 글로 구성되어 있다. 〈전후 30년의 세계 경제사조〉, 〈국부론과 자본론〉, 〈한국노동운동의 전개과정〉, 〈다시 등장한 소작제도〉가 그것이다. 이 글들은 각기 그 성격에 비추어서 《민족경제론》의 4개 그룹에 소속시켜 볼 수 있는 것이다. 즉 첫째 글은 《민족경제론》의 마지막 그룹에, 둘째 글은 첫째 그룹에, 셋째와 넷째 글은 셋째 그룹에 각각 소속시킬 수 있다.

그렇다면 두 책은 하나로 묶어서 생각해 볼 수 있을 것이다. 그런데 이 두 책은 저자가 머리말에서 밝히고 있는 바와 같이 밖으로는 우리 사회가, 안으로는 우리·사회에서 민중이 겪고 있는 생활이 현실을 해명하고 그들의 생활상의 요구를 어떻게 실현할 것이냐 하는 실천적 요구와 관계 지어 쓴 것이며, 자립적 민족경제의 확립을 위한 길(저자는 이것을 생활하는 민중의 소망에 좇아 국민경제의 내용을 정립하는 것 혹은 한 민족의 자립·자주의 기초를 조성하는 것으로 보고 있다)에 대해서 관심 있는 사람들에게 적은 것이나마 도움을 주고 광범한 견해차를 좁히는 데 기여하기 위해서 쓴 것이다.

이어서 이 책이 저자가 민중의 편에 서서 한국경제의 문제를 들여다보고 거기에서 얻은 결론을 밝힌 글을 수록한 것임을, 그리고 그의 자립적 민족경제의 확립(저자는 이것을 경제적 민족주의 실현으로 보고 있기도 하다)이 민중의 소망에 부응하는 국민경제의 내용 정립 또는 민족의 자립·자주의 기초 조성을 뜻함을 분명히 알 수 있을 것이다.

저자는 민중을 직접적인 경제담당자로, 민중의 생활사를 역사로, 민중의 생활권의 보장 또는 확보를 산업사회에서의 경제적 자유로, 그리고(저자는 이렇게 말하고 있지는 않지만) 한 나라 민중이 경제적 자유를 누릴 수 있는 경제기반의 확립 또는 조성을 자립적 민족경제의 바탕으로 보고 있는 것 같이 생각된다. 저자는 또 우리나라의 외부사정, 즉 세계경제의 동향이 우리나라로 하여금 자립적 민족경제의 확립을 필요케 하고 있는 것으로 보고 있다고 할 수 있다. 자립적 민족경제의 확립이 한 나라 민중의 경제적 자유를 누릴 수 있는 경제기반의 확립이라고 한다면 그것을 위한 길이 한 나라 경제의 자립도를 높이는 것(혹은 해외의존도를 낮추는 것) 다시 말하면 자본, 산업구조, 무역, 기술 등 모든 분야에서 자율도를 높이는 것임은 말할 나위도 없다.

저자는 이처럼 민중의 편에 서서 한국경제의 문제를 보는 입장을 견지하면서 일관된 논조로 이 두 책의 글을 썼고, 또 저자의 자립적 민족경제의 확립의 내용이 다른 입장에서 정의한 그것과 차이를 갖고 있음은 물론이다. 그렇다면 첫째 점에서 미루어 보아 요구가 있고 그것이 필요하다고 생각하면 무엇이든 처음부터 공부하는 마음으로 쓴다는 원칙 아래에 쓴 것이며, 또 경제학도의 입장에서 한국경제와 우리가 직면하고 있는 여러 문제에 참여하는 과정에서 써온 것을 하나로 묶은 것이기에 이 책은 체계 없는 평론집일 뿐이라는 저자의 말은 겸손의 말로 들리지 않을 수 없으며, 둘째 점에서 보아 쓸 당시에는 그렇게 하는 것이 정당하고 역사의 편에 서는 것이라는 생각 아래에 썼다는 저자의 말과 어느 누구도 부정하지 않는 것 같이 느껴지는 자립적 민족경제의 확립이라는 명제를 실현시키는 방법을 둘러싸고 광범한 견해차가 있다. "견해차는 있을 수 있고 또 있어야 한다. ……"는 저자의 말은 각각 우리에게 실감을 주는 것이라고 아니할 수 없을 것이다. 특히 평자와 같이 한 가지 이론이나 견해만을 가르치거나 알리는 일은 있어서도 안 되고 적어도 또 다른 이론이나 견해도 동시에 가르치거나 알리고 최종결정은 학생 또는 당사자들에게 맡기는 것(물론 나 자신의 견해 또는 입장은 밝혀두지만)이 옳다는 원칙을 지켜보는 입장에 서는 사람들에게 더욱이 실감이 날 것이다.

3

평자가 이 두 책을 높이 평가하는 이유는 앞에서 말한 바로 그 두 가지 점에 있는 것이다. 그러나 이 밖에도 이 두 책을 읽으면서 저자가 이론적인 무장에 역점을 둔 점, 피상적인 견해나 피상적인 현상분석에서 벗어나서 본질적인 견해나 현상의 본질 분석에 주력하려고 노력한 점, 기술직이 아니고 분식적이려고 노력한 점, 친근감과 평이감을 주면서도 음미를 요구하고 있는 글을 쓰려고 노력한 점 등으로 해서 평자가 두 책에 호감을 느꼈으며 또 그들을 높이 평가하고 싶은 충동에 사로잡힌 것은 사실이다.

물론 이 두 책은 실린 글 가운데에 좀더 실증적인 분석이 뒤따랐더라면 하는 것이 있고, 개념이 좀 애매하거나 엄밀하게 규정되지 못한 것이 있고, 용어 사용에 경직감을 주고 있는 경우가 있는 등의 결함을 갖고 있다. 그리고 특히 《민족경제론》에 한정되는 것이지만 《전후 30년의 세계경제사조》의 경우처럼 글 전체의 첫머리와 각 부분 첫머리에 각각 간략한 개요를 제시해 주었더라면 하는 아쉬움도 있다. 개요를 제시해 주면 독자가 그 글의 윤곽을 정확하게 파악할 수 있었을 것이다.

그러나 이런 결함은 앞에서 든 두 책의 특징에 견주면 매우 사소한 것임에 틀림없다고 할 수 있다. 평자는 그러기에 비록 저자와 입장을 달리하는 사람이라고 하더라도 정책당국자, 정치가, 경제전문가 등을 포함하여 많은 사람들에게 이 두 책을 일독할 것을 권하고자 한다. 특히 수량적 분석지향형의 사람들과 경제적으로 볼 때 민족주의가 어떤 것인가를 알고 싶어 하는 사람들에게는 필히 일독할 것을 권한다.

《창작과 비평》(1978. 6)

《21세기 시민경제 이야기》[*]
: 우리가 직면한 경제현실에 대한 진단

이 책은 머리말에서 알 수 있듯이 저자가 그간 정치현장에서 배운 경험과 하버드 대학교에서 출판한 《대중참여경제론》을 준비하면서 다져진 경제이론을 바탕으로 하여 씌어진 것이다. 이 책은 3부 21장으로 구성되어 있다.

제1부 '새로운 경제철학의 모색'에서는 현재 한국경제의 상황을 한마디로 총체적 위기상황이라 진단하고, 그 근본원인이 과거 군사정권의 유산인 권위주의적 정부의 개입 또는 관치경제로 인해 각종 시장이 원활하게 기능하지 못한 데 있다고 밝히고 있다. 그리고 현대의 위기를 극복하기 위해서는 무엇보다도 경제정책의 기본틀 또는 패러다임의 전환이 필요하다는 것을 역설하며 그 대안으로 '민주적 시장경제'를 새롭게 제시하고 있다.

민주적 시장경제는 정치적 민주화에 맞추어 경제운영에 민주주의 원리, 원칙의 작용을 확대하고 정부의 불필요한 규제를 철폐하여 진정

---

[*] 고 김대중 전 대통령이 쓴 이 책은 산하출판사에서 1997년 간행되었다.

한 시장경제 질서를 확립하는 것을 의미한다. 민주적 시장경제에서는 권력의 분산을 통한 분권화, 법치주의, 시민의 자율성 보장과 참여의 확대를 기초로 하여 사유재산권, 계약의 자유 그리고 자기책임의 원칙이 유기적으로 관철되는 것을 전제로 한다.

제2부 '진정한 민주적 시장경제의 정책'에서는 민주적 시장경제의 패러다임에 맞추어 경제의 각 부분별 정책과제와 정책방향을 구체적으로 제시하고 있다. 저자는 물가, 금융, 초지, 제재, 재벌, 중소기업, 국제경쟁력, 노사관계, 농업, 복지, 교육, 환경 등 실로 한국경제가 당면한 거의 모든 문제에 대하여 저자 자신의 구체적 해결책을 밝히고 있다.

제3부 '한국경제의 미래상'에서는 한국경제에 대한 장기적인 비전을 제시한다. 저자는 21세기는 아시아·태평양 시대가 될 것으로 전망하고, 21세기의 새로운 경제변화에 대응하는 비전으로서 '인본적 경제제일주의'를 제창하고 있다. 인본적 경제제일주의는 민주적 시장경제가 정착되고 완성되는 '신뢰의 경제', 쾌적한 환경의 고소득 미래 산업사회를 건설하는 '그린·테크노피아 경제', 정신의 풍요로움을 추구하는 '문화경제', 남북한의 평화공존 속에서 상호보완적 발전을 추구하는 '통일경제'를 내용으로 한다.

이렇게 구성된 이 책은 많은 특징을 가지고 있다. 그 중 몇 가지만 들면 다음과 같다.

첫째는 경제현실에 대한 경험과 경제이론의 소화를 바탕으로 쓴 책이라는 점이다. 이것은 이 글의 첫머리에서 알 수 있다. 이 점에서 이 책은 양자 중 어느 한쪽에 치우친 책들과 차별화된다고 할 수 있다.

둘째는 현재의 경제위기는 주기적 경기변동에서 비롯된 일시적인 것이 아니라 그동안의 잘못된 경제정책의 패러다임에서 비롯된 것이며, 따라서 그것은 단편적, 대중적 처방으로는 극복할 수 없으며 어디까지나 새로운 패러다임으로의 전환을 필요로 한다는 사실을 강조하고 있는 점이다. 필자는 기존의 패러다임을 권위주의적 관치정치로 보고 민주적 시장경제를 새로운 패러다임으로 내세우고 있다.

셋째는 현재 당면하고 있는 다양한 경제문제들에 대해 거의 빠짐없이 진단하고 민주적 시장경제 패러다임에 입각하여 일관되게 정책적 대안을 제시하고 있는 점이다. 뿐만 아니라 각 과제를 해결하기 위한 7~8개의 방안을 제시하고 있는데 이들이 곧 정책으로 입안될 수 있을 만큼 구체적이라는 점도 간과할 수 없다. 이런 내용은 저자가 한국경제의 치유책을 찾기 위해 얼마만큼 경제현실에 대하여 고민하고 탐구했는지를 알 수 있게 한다. 사실 저자는 "지난 30여 년 동안 틈나는 대로 줄곧 경제를 공부해 왔다"고 말하고 있다.

넷째는 최근 많은 사람들이 현재의 정부정책이 21세기의 한국경제에 대한 장기적 비전을 갖지 못한 채 사후대처방안으로 행해지고 있다는 데 대한 우려를 불식시키려는 듯이 21세기 한국경제의 장기적 비전을 제시한 점이다. 그런데 그 내용이 성장과 분배적 정의를 동시에 추구함으로써 궁극적으로 삶의 질을 향상시키는 데 역점을 두고 있어 더욱 돋보인다.

다섯째는 각장 제목 아래 그 장에서 기술된 내용의 요약을 첨가하여 독자의 편의를 도모한 점이다. 독자는 그러기에 요약을 먼저 읽고 본문을 읽든지 본문을 먼저 읽고 요약을 읽든지, 정확한 글의 내용을 파악할 수 있을 것이다.

어떻든 이 책은 그동안 저자의 많은 독서와 실물경제에 대한 풍부한 경험 그리고 뛰어난 분석능력을 잘 보여주고 있다.

《책과 인생》(1997. 7)

경제개발 5개년계획, 나는 이렇게 본다

경제계획의 수립을 위해서는 어느 정도의 경제통계의 정비가 전제되는데 불행히 이런 정비도 없이 계획을 수립하게 된 것이 사실이다.

이 점 유감스러운 일이라 아니할 수 없다. 그러나 지금에 와서 이를 흠잡는다는 것은 계획의 수립이 필요없다는 이야기밖에 되지 않기 때문에 일단 이 문제는 논외로 하기로 하겠다. 따라서 여기서는 각종 계획의 신뢰성 여부에 대해서는 일체 언급하지 않기로 한다. 그리고 이번 발표된 경제개발 5개년계획을 보건대 몇 가지 문제점이 있다는 것이 느껴진다. 그러면 문제점은 무엇인가.

△ 첫째로 회임성(懷妊性) 지출의 증대, 소비재 공급계획의 미수립 등으로 미루어 보아 인플레이션의 야기가 우려되는데 그러고서도 목표가 달성될 수 있겠는지.

△ 둘째로 총투자액이 3조 2천여 억 원으로 되어 있는데 과연 이것을 원활히 조달할 수 있겠는지.

△ 셋째로 목표년도에 가서는 수출액을 기준년도이며 동시에 작년 다음으로 수출액이 많은 해인 1960년의 3,290만 달러에서 그것의 약 4배인 1억 3,750만 달러로 증가시키기로 되어 있는데 과연 이것이 가능

하겠는지.

△ 넷째로 계획은 '가이드 포스트'에 불과하므로 반드시 차질이 생기는 법이다. 따라서 만일 크게 차질이 생겼다고 할 때 이에 대한 대비책으로서 계획실천의 우선순위가 예정되어 있어야 할 줄 아는데 과연 그것이 예정되어 있는지.

△ 다섯째로 제1차산업의 성장률을 이례적인 대풍년의 해인 1960년을 기준으로 해서 책정하고 있는데 풍년은 자연적 조건에 거의 전적으로 좌우된다고 할 수 있으므로 제1차산업에 한해서는 몇 개년의 평균을 사용해서 성장률을 책정했어야 하지 않을까.

△ 끝으로 계획이 진행됨에 따라 많은 기술자를 필요로 할 것인데 이에 대한 계획이 전혀 세워져 있지 않았다.

《동아일보》(1962. 1. 16)

경제계획 조기 달성을 서두르지 말라

선거를 계기로 해서 제2차 5개년 경제개발계획의 3년 반 단축, 네거티브제의 실시, 공공요금의 인상, 세제 개혁 등이 커다란 이슈로서 부각되었다.

제2차 계획의 조기 달성은 목표년도인 1971년에 다음 선거가 있다는 데에서 내세워질 법한 일이지만 앞으로 10퍼센트 경제성장률, 즉 GNP 증가율이 지속된다면 이 면에서도 내세워질 만한 이유는 충분히 있다. 분명히 앞으로 10퍼센트의 경제성장률이 지속된다면 1969년의 GNP는 1조 2,218.3억 원에 달함으로서 이미 원계획의 목표년도인 1971년의 GNP 계획치 1조 1,696.7억 원을 초과하게 된다. 물론 13.4퍼센트(구계열을 사용하는 경우에는 11.9%)라는 높은 경제성장률을 1966년에 달성했고 거기에 제1차년도인 1967년에도 경제성장률이 10.5퍼센트는 되리라는 전망이고 보면, 앞으로 10퍼센트의 경제성장률의 지속은 무난하리라고 예상할 수 있을는지 모른다. 그러나 단축안을 보면 반드시 그렇게만 예상할 수도 없을 것 같다. 그 안에는 다음과 같은 문제점이 있기 때문이다.

첫째로 1967~1970년 동안의 총투자는 원계획의 계획기간 중(1967~

1971년)의 총투자인 9,800.7억 원보다 1,111.5억 원이나 더 많은 1조 912.2억 원이며, 특히 국내저축으로 조달하기로 되어 있는 투자재원은 원 계획기간 중의 그것보다 1,407.1억 원이나 더 많다. 원계획에 대해서도 투자재원 조달이 어렵지 않겠는가라는 논의가 많았음을 생각할 때, 과연 이것이 가능할는지 의심스럽다.

둘째로 상품수출은 1970년에 6억 5천만 달러나 된다. 과연 이것이 가능할는지 역시 의심스럽다.

셋째로 1970년에 가서 산업구조는 농림업 31.3, 광공업 24.6, 사회간접자본·서비스업 44.1로 되게 되어 있다. 이것을 원계획의 34.0, 26.8, 39.2와 대비해 볼 때 사회간접자본·서비스업의 비중이 커지는 것을 알 수 있다. 현재 수송부문과 전력부문이 애로부문임을 감안할 때 이들을 포함하는 사회간접자본·서비스업의 비중이 커지는 것은 무리가 아닐 것이다.

그러나 해러드모형인 (경제성장률)×(자본계수)=(저축률)에서 유도한 (자본계수)=(저축률)÷(경제성장률)을 사용하여 계획된 자본계수를 계산해 보면 계획기간 중의 계획된 총투자율, 즉 저축률이 19.1퍼센트고 계획된 경제성장률이 7퍼센트이므로 원계획의 그것은 19.1÷7=2.73이 되고 단축기간 중의 계획된 총투자율, 즉 저축률이 23.3퍼센트고 계획된 경제성장률이 10퍼센트이므로 단축안의 그것은 23.3÷10=2.33이 된다. 사회간접자본 부문은 일반적으로 자본의 회임기간 즉 자본의 투하에서 생산물이 나오기까지의 기간이 긴 부문으로 되어 있다. 따라서 이 부문의 자본계수, 즉 자본산출비율은 일반적으로 커지지 않을 수 없다. 그런데 산업구조는 사회간접자본·서비스 등이 큰 비중을 차지하게 되어 있으면서 계획된 자본계수는 도리어 낮아지게 되어 있지 않은가?

이렇게 볼 때 어딘가 모순이 있는 것 같다. 중공업화는 여전히 원계획대로 강조되고 있다는 것을 생각할 때 더욱 그런 느낌이 든다. 끝으로 식량생산계획, 교육훈련계획과 같은 그 공급이 신축적이 아닌 부문의 계획은 그 성질상 조기 달성이 어렵다.

이 밖에도 여러 가지 문제점을 들 수 있지만 이상의 몇 가지만으로도 조기 달성이 반드시 쉬운 일이 아님을 알 수 있을 것이다. 또 설사 조기 달성이 이루어졌다고 하자. 경제성장률이 국민소득증가율을 말할진데 소득분배가 불균등하게 이루어지는 경우에는 그것은 별로 의의를 갖지 못하게 될 것이다.

그런데 따지고 보면 네거티브제의 실시, 공공요금의 인상, 세제개혁은 제2차 계획의 조기 달성과 밀접한 관련을 갖고 있는 것이다. 네거티브제는 수출입의 제한 및 금지품목만을 리스트에 올려놓고 그 이외의 품목에 대해서는 수출입을 개방하는 제도를 말한다. 이 제도는 선진국에서 채택되고 있는 제도이다. 우리나라에서 이 제도를 실시하는 근본목적은 국내기업을 합리화시켜서 국제경쟁력을 강화시키며 수입을 개방함으로써 수출개방의 길을 터놓아 우리나라 상품의 수출시장을 확대시키는 데 있다고 한다. 따라서 그동안 이 제도의 실시를 물론 서둘러 왔을 것이다.

그러나 이번 실시를 본 네거티브제는 비록 제1단계의 것이기는 하지만 정부보유불 5천만 달러의 소화에 의한 2백억의 통화회수를 통해서 그동안의 외자도입과 선거에 기인하는 인플레 분위기를 제거함으로써 물가안정을 도모하려는 데 주 목적이 있는 것 같다. 물가안정은 경제개발계획의 주 전제가 된다. 제2차 계획의 조기 달성을 서두르면 투자증대를 통해서 인플레 분위기가 부단히 조장될 가능성이 있다. 이렇게 볼 때 네거티브제는 근본목적보다도 물가안정의 도모라는 목적을 위해서 이용될 가능성이 크다. 말하자면 물가 당국에 의해서 물가의 억제를 위한 수단으로서 원용될 가능성이 크다. 현 단계에서 네거티브제를 실시하는 것이 과연 옳은가 아닌가에 대한 결론은 우리나라 산업이 아직도 보호육성의 단계에 놓여 있는 것으로 보느냐 그렇지 않고 이미 그 단계는 지나서 능히 국제적으로 경쟁할 수 있는 것으로 보느냐에 따라서 달라질 것이다.

그러나 네거티브제를 실시한다고 하면서 비교적 국제경쟁력이 강하다고 생각할 수 있는 대기업체의 제품을 수입금지 또는 제한 품목에 포함시키고 있다면 본말이 전도된 처사라고 아니할 수 없을 것이다. 이번 발표된 제한품목에 대기업체의 독과점품목인 TV, 냉장고, 설탕, 판유리, 폭발물 등이 포함되어 있는데 이것은 무엇 때문인지 잘 이해가 안 간다.

네거티브제가 얼마만 한 효과를 거둘 것인지에 대해서도 문제가 있지만 이 제도가 전시효과를 통해서 소비성향을 높일 가능성이 있음을 간과해서는 안 될 것이다. 소비성향이 높아지는 것은 저축성향이 낮아지는 것을 의미하므로 따라서 국내저축이 낮아질 가능성이 있다. 제2차 계획의 조기 달성은 국내저축의 증가를 요구하는데 이 제도는 조기 달성에 역행하는 것이 될는지 모른다.

철도요금, 전기요금, 석공탄가격 등의 공공요금의 인상은 국영기업체의 적자 보전과 시설 확장 및 개량에 필요한 투자재원의 확보를 위해서 실시되거나 실시되려고 하고 있다.

정부는 지난 7월 26일에 석공탄가격을 30.6퍼센트 인상할 것을 스타트로 해서 대체로 내년 6월까지는 각급 공공요금을 인상하기로 하고 있다. 공공요금의 인상이 서둘러지는 것은 이제까지 정부의 투융자에 의존하고 있던 국영기업체의 투자재원이 제2차 계획의 조기 달성,

지방사업 등에 대한 선거공약의 실천을 위한 팽창예산으로 정부의 투융자재원의 부족을 느끼게 되어 재원에 보전할 수 없게 된 데 기인한다. 경제기획원이 계산한 바에 따르면 인상의 제1차 파급효과는 철도화물요금을 30퍼센트 인상한 경우에는 0.2퍼센트, 전기요금을 15퍼센트 인상한 경우에는 0.6퍼센트라고 한다. 별로 대단치 않은 것 같지만 이것은 어디까지나 일차적인 효과라는 점을 잊어서는 안 된다. 간접효과까지를 고려하면 상당한 정도로 물가등귀가 야기될 것이다.

모든 공공요금을 보도된 율대로 인상한다고 하고 1966년의 서울 근로자가구의 소비지출 자료에서 계산할 때 직간접 효과를 고려하면 그 인상이 소비지출을 10~12퍼센트 증가시키게 된다는 결과가 나온다.

정부가 공공요금 인상의 출발로 삼은 석공탄가격의 인상을 네거티브제와 병행 실시하려고 한 것은 공공요금 인상에 기인하는 물가등귀를 네거티브제의 실시에 따르는 통화회수로 상쇄시키려고 한 데 있다. 그러나 공공요금을 인상시키는 요인에는 두 가지가 있음을 잊어서는 안 된다. 하나는 적자 보전인데 국영기업체의 경영합리화를 통해서 이 요인에 기인하는 인상은 적극 막아야 할 것이다. 다른 하나는 소요 투자액의 증가인데 이것은 제2차 계획의 조기 달성이라는 목표설정에 의해서 영향을 받는 것이다. 따라서 만약 조기 달성만 서두르지 않는다면 이 요인에 기인하는 공공요금 인상은 상당한 정도로 억제할 수 있을 것이다.

한편 이번의 세제개혁안은 19개 세법 중에서 13개 세법을 고치고 전화세와 부동산 양도세를 새로 만드는 광범위한 내용을 가지고 있으며, 이 세제개혁으로 118억 원의 세수의 순증이 초래되게 되어 있다. 앞에서 본 바와 같이 제2차 계획의 조기 달성을 위해서는 국내저축을 1,407.1억 원이나 원계획의 그것보다 늘려야 하게 되어 있다.

이런 의미에서 정부가 세수증대를 꾀하는 것은 당연한 일이며 그 내용에서도 종래에 견주어 여러 가지로 개선된 것은 사실이다. 그러나 갑종근로소득세 부담자로부터 가혹하다는 말을 듣지 않을 수 없다. 또 고소득층으로 갈수록 갑종근로소득세 부담액보다도 사업소득세 부담액이 덜해져 나간다는 것도 좀 생각할 문제이다. 간접세의 증수를 도모함으로써 소비의 억제를 기도하고 있으나 이 세는 물가등귀를 초래할 가능성이 있으며 또 네거티브제의 실시를 기해서 그 효과가 상쇄될 가능성도 있다. 앞으로 이 문제에 대해서는 면밀한 검토가 있어야 할 것이다.

이런 의미에서 나는 제2차 계획의 조기 달성을 서두를 것이 아니라 계획을 착실히 끌고 나갈 것을 강조한다. 그것을 그대로 끌고 가면서 물가안정을 도모하고 산업구조의 구색을 갖추며 소득분배에 대하여 보다 많은 관심을 기울임으로써 국민으로부터 진정한 협조를 얻도록 하여 경제개발계획은 우리에게 반드시 필요한 것이라는 확신을 국민 각자에게 갖게 하는 것이 도리어 더 타당한 길일 것이다.

《대학신문》(서울대, 1967. 8. 28)

3차 5개년계획
: 상위 중진국에의 청사진, 그 허와 실

3차 5개년 계획은 농어촌경제의 혁신적 개발, 수출의 획기적 증대, 중화학공업의 건설 등 3가지를 기본 정책방향으로 삼고 이를 뒷받침할 중요 목표로서 주곡 자급화, 농어민 소득증대, 경지정리 및 기계화, 수출 35억 달러 달성, 중화학공업 건설을 통한 공업고도화 등의 여덟 가지 항목을 제시하고 있다.

3차 계획의 목표를 세움에 있어 먼저 고려되어야 할 것은 한국의 장기 경제개발계획이 궁극적으로는 자립경제 확립에 그 이상을 설정하고 있다고 할 때 지금까지의 1, 2차 계획이 그것을 위해 얼마만큼의 성과를 거두었으며 가장 미흡했던 점이 무엇인가를 밝히는 위에 그것을 보완·수정해가는 방향을 취해야 한다는 점이다. 이렇게 볼 때 현시점에서 한국경제 자립화를 지연시키는 가장 중요한 애로를 이루고 있는 농업과 중화학공업의 발전에 3차 계획의 기본목표를 설정하고 있는 점은 타당하다고 하겠다.

그러나 계획목표와 관련하여 몇 가지 느낀 점을 가려 적으면 다음과 같다.

첫째, 3차 계획의 가장 두드러진 강조점이라고 할 농어촌 경제개발은 1차 계획 이래 식량자급화를 중심으로 중요목표로 표방되어 왔으면서도 이번 계획에까지 미뤄져 온 매우 어려운 과제인 것이다.

이번 계획안에는 농어촌 개발을 위해 품종, 시비(施肥), 농약사용 개선 등을 통한 주곡 자급, 축산 개발, 잠업 진흥, 조림 확대, 어업 확대, 경지정리 및 농업기계화, 농어촌의 도로망·전화통신망 확대, 지붕 개량, 위생시설 개량, 농어민소득증대 특별사업의 계속 추진, 경제작물의 생산 확대 등 매우 다양한 시책 목표가 나열되어 있다. 물론 그 어느 것도 완급의 차는 있을지언정 농어촌의 근대화를 위해 결국은 이루어져야 할 일들이지만, 우리의 경험에 비추어 볼 때 제약된 재원으로 많은 시책을 동시에 추구하는 것보다는 가장 시급하고 기초적인, 예컨대 주곡 자급과 같은 소수의 시책을 집중적으로 추구하는 편이 훨씬 능률적으로 될 수 있지 않을까 한다.

둘째, 1, 2차 계획에서 수입대체산업의 건설에 그침으로써 공업원료, 중간재 및 기계설비의 수입수요의 계속적인 확대가 불가피하게 되고 있어 이번 3차 계획기간의 중화학공업 건설은 만난을 무릅쓰고라도 종합제철, 광물용선철 및 특수강 공장, 산업기계 및 공작기계의 생산 확대와 질적 향상, 그리고 원료광물 개발 확대 등 기초적 부문에서 획기적인 성과를 거둘 수 있도록 집중적으로 추진되어야 할 것이다.

셋째로 기본방향의 하나인 목표년도 35억 달러 수출 달성이라는 고정목표와 중화학공업의 건설이란 목표 간의 상충 가능성이다. 수출의 급속한 확대를 통하여 국제수지 개선과 중화학공업의 건설은 그 중 어느 것도 버릴 수 없는 목표이며 장기적으로는 서로 부합되는 것임에도 단기적으로는 서로 어긋날 수도 있는 것이기 때문이다.

따라서 단기적으로 위의 두 가지 목표 간에 상충이 일어날 때는 그 중 어느 하나의 선택문제가 생기게 된다. 여기에 있어 고정된다면 그것을 위해 제약된 자원의 집중적 투입이 필요하게 되며 이렇게 되면 중화학공업화라는 장기목표는 상당한 지연을 면치 못하게 될 위험이 없지 않다. 결국 국내 산업구조 위에 밀착된 수출로의 전환을 위해서는 일시적인 수출목표 달성에 차질이 오는 일이 있더라도 장기적인 수출산업기반의 확립이란 더 큰 목표에 정책 우선순위를 부여하고 그것을 감수하는 것이 현명한 일일 것이다.

《동아일보》(1971. 2. 11)

경제계획과 GNP[*]

정부는 3차 경제개발 5개년계획이 끝나는 76년도에는 자립경제 기반을 구축 '상위 중진국'에 돌입할 것을 제시했다. 장기 개발계획의 중간도정으로 확정된 이 계획은 연간 경제성장률을 8.6퍼센트, 목표년도인 76년의 국민생산(GNP) 규모를 3조 7천3백억 원(69년 불변가격 기준), 1인당 GNP를 69년의 198딜러보다 약 배가 되는 389딜러 신으로 내다보고 있다. 그러나 이 같은 계획을 소망스럽게 달성하려면 내·외자의 효율적인 동원, 물가 상승요인의 제거, 소비 억제, 지속적인 고도성장의 저변에 혼재되고 있는 각종 격차 문제의 축소 등이 정책적으로 보완되어 나가야 할 문제점으로 지적되고 있다. '번영의 70년대'를 향한 3차 5개년계획의 좌표와 문제점을 대담을 통해 분석해 본다.

중점적 추진 아쉬워

변형윤 이번 3차 5개년계획의 기본방향에는 과거 10년 동안의 경험

---

[*] 이 글은 당시 서울상대 학장이었던 변형윤 선생과 연세대 경영대학장이었던 김상겸 교수와의 대담 내용이다.

을 통해서 부각된 문제점을 모두 망라한 것 같아요. '성장, 안정, 균형의 조화'를 추구하면서 산업구조의 고도화, 그리고 지역개발의 극대화를 계획의 기조로 삼고 8대 기본방향을 설정한 것은 일단 긍정적으로 봐야겠지요. 그러나 이 같은 목표는 앞으로 우리나라 경제의 장기적인 해결과제라고 보겠는데 과연 계획기간 동안에 모두 실현할 수 있을 것인지…….

좀 나열주의에 흐른 감이 없지 않군요. 3대 기조와 8대 기본방향 속에는 서로 상충하는 요인이 없지 않은데 좀더 중점적으로 밀었으면 하는 아쉬움이 있어요.

김상겸 먼저 3대 기조를 내세우고 계획을 짜다 보니 결국 기본방향은 나열주의로 흐른 것이 아닌가 해요. 계획을 짜는 것과 밀고 나가는 정책수단은 동일시해서는 안 됩니다. 요컨대 지금까지 누적된 문제점들을 이번 3차 5개년계획에서 어떻게 수정해 나갈 것인가 하는 점이 문제라고 하겠어요. 벅찬 목표를 설정하고도 이를 집행하는 과정에서 정책의 취사선택을 통해 올바로 집행하지 않으면 그동안 경제개발 과정에서 드러난 마찰 현상과 모순을 오히려 심화시키지 않을까 우려됩니다.

변형윤 3차 경제개발계획에서는 과거 10년 동안 연평균 성장률 10퍼센트보다 낮은 8.6퍼센트 선으로 잡고 있는데 일부에서는 너무 낮지 않느냐고 하지만 성장률에 집착할 필요는 없다고 봅니다. 대체로 계획의 기본방향은 후진국 경제구조 아래서 낙후한 사회간접자본부문에 역점을 둔 점, 그리고 몬순지역 생산인 농수산부문의 비중을 높이면서 중화학공업의 개발을 통해 수출산업 및 제조업 부문의 개발 등을 의욕적으로 반영한 것 같은데, 어떻게 조화시키느냐가 문제지요.

민간부문 재원 배가

김상겸 경제성장률을 구체적으로 산출하는 방법은 아직도 문제로 남고 있어요. 종래는 높은 성장률을 유지하기 위해 정부부문의 투자비중을 높이고 민간부문을 상대적으로 낮게 잡았으나 이번 3차 계획에는 민간부문이 약 배가 되었는데, 과거처럼 정부의 특혜로 민간부문의 재원조달이 이루어진다면 인플레를 야기하고 그로 인해 실질소득이 저해되어 소득격차를 심화시키게 됩니다. 민간부문의 재원조달을 높인 것은 재원조달의 정상화를 위해 바람직한 노릇이지만 그대로 되지 않을 때는 많은 문제가 따릅니다.

1, 2차 경제개발계획기간에는 많은 모순이 병존하면서도 상당한 성장을 했으나 앞으로는 금리·가격구조 그리고 지역 간 소득격차 등 각종 격차를 조정, 축소해 나가야 합니다. 농업부문에 상당한 치중을 하고 있으나 농촌경세 향상과 관련한 사회간섭자본의 비중을 누었느냐 하는 점도 문제입니다. 사실상 경제개발계획은 정책수단 동원의 정상화가 반드시 필요하며 가령 정상적인 방법으로 목표 달성이 되지 않을 때는 실패로 생각하지 말고 과감하게 재조정해야 되겠지요.

변형윤 결국 내자동원이 제대로 되지 않을 경우, 그리고 내자를 최대로 동원하고 부족한 것은 외자조달에 의존할 수밖에 없는데……. 이번 5개년 계획은 자립경제를 기조로 내세우고 있으니 만큼 흔들릴 염려는 없다고 하겠으나 지금까지 소비수준으로 민간저축이 계획대로 달성될 것인가는 의문입니다. 외국의 전시효과(demonstration effect)의 영향으로 국내 소비수준이 높아지고 있는데 사치품의 수입 억제, 과세 면에서 정책적인 배려 등이 선행되지 않는 한 낙관할 수 없다고 하겠어요. 정부도 이 부문에 대해서는 반성의 여지가 많다고 생각합니다.

김상겸 순수한 입장에서 민간 재원조달의 마찰과 외자 도입의 마찰 현상을 비교해서 국민경제의 어느 부문을 치중하는 것이 플러스가 된다고 생각합니까.

변형윤 국내 재원조달과 외국 재원조달은 보완적인 관계에 있다고 봐요. 3차 계획은 자립·자주적인 기조를 목표로 하고 있는데 빚을 얻어서 안이하게 조달한다는 사고방식은 있을 수 없으며 결국은 내자조달에 치중하는 것이 옳다고 봅니다.

농수산부문 혁신을

김상겸 3차 경제개발계획의 산업구조에 대해서 어떻게 생각합니까.

변형윤 산업구조의 고도화는 선진국의 모형에 접근하게 되는데 농수산부문에 대한 혁신적인 개발은 농업기계화 등 녹색혁명을 통해 획기적인 농업생산성을 제고시키는 것을 전제로 부가가치가 떨어지는 것을 개선해야죠.

광공업부문에서는 중화학공업의 개발로 수출을 촉진한다는 것이 당면한 과제인데 문제는 종합제철과 같이 외자의존으로 공장을 건설해서는 안 되며 어떻게 해서든지 내자의 비중을 높여야 해요. 사회간접자본 및 기타 부문에서는 현재 후진국의 패턴을 개선한다는 것이며 2차산업의 개발로 이 부문은 따라서 개발될 것이므로 큰 문제는 없다고 하겠으며, 특히 사회간접부문에서 기타부문인 서비스부문이 상대적으로 떨어지는 것은 불가피하다고 봅니다.

김상겸 산업의 근대화 과정에서 1차산업 비중은 떨어지고 2차, 3차 산업부문이 올라갑니다.

문제는 우리나라의 경우 산업구성 및 인구구성 간에 갭이 커서 이른바 2중경제의 성격을 띠고 있다는 점입니다. 69년도에 농수산업부문의 구성비는 28.8퍼센트인데 고용구조는 50퍼센트를 차지하고 있으며 광공업부문은 21.4퍼센트인데 고용구조는 15.1퍼센트로서 크게 벌어지고 있지 않아요. 그런데 76년에 가서는 농수산업의 구성비가 21.1퍼센트, 고용구조가 37.1퍼센트인데 광공업부문은 29.6퍼센트에 고용은 20.5퍼센트로 농업인구의 비중이 줄어들고 있는데 반해 광공업인구가 많이 늘고 있어요. 바람직한 방향이라고 보겠어요. 즉 고용구조 면에서 농수산업부문이 69년의 50퍼센트 선에서 76년에 37.7퍼센트로 내려 높은 비율로 감소 현상을 반영하고 있어요. 그러나 인구의 자연증가를 커버하면서 농수산의 고용을 2차, 3차부문으로 계획대로 흡수할 것인가는 과거의 실적에 비추어 회의적인 면도 없지 않아요.

수출목표 낙관수치

변형윤 총투자 3조 9천억 원 가운데 중앙정부의 투자배분 1조 1천7백억 원을 공제한 지방·민간부문은 아직 밝혀지지 않고 있는데 앞으로 정책수립 과정에서 소득격차 축소에 정책적인 배려를 해야 된다고 봅니다.

그리고 3차 5개년계획 목표년도의 수출목표가 35억 달러로 책정되어 있는데 낙관적인 목표치로 봅니다. 그러나 수출목표 달성을 위한 정책과 이를 뒷받침할 중화학공업 건설계획이 상충된다고 할 때 수출목표 달성에만 급급해 중화학공업 건설을 팽개치고 대체성 있는 다른 산업으로 바뀔 우려가 없지 않습니다. 요는 수출산업기반을 두지 않은 채 수출목표 달성에 일관할지도 모른다는 가능성은 배제해야 합니다. 이런 예도 들 수 있습니다. 수입은 원자재·시설재 도입 등 수출과 밀접한 관계가 있습니다. 그렇다고 수출 제고에 따라 수입이 늘어나는 것을 방관만 할 수 없는 것이고 보면 3차 5개년 계획기간 동안 막연한 수입규모만 나열할 것이 아니라 수입정책을 구체적으로 명시해야 합니다. 또 수입은 정부의 조세수입·물가안정에도 영향을 미치므로 이런 점에 중점을 두어 우선 급한 대로 수입이 늘어날 가능성도 있는 것이어서 전반적 정책이 앞서야 한다는 것입니다.

김상겸 수출목표 달성을 위한 구조별 수출품을 보면 공산품이 69년까지의 79퍼센트에서 목표년도에는 91퍼센트, 이 중 선박, 전자제품 등 중화학공업제품이 같은 기간에 29퍼센트에서 44퍼센트로 비중이 늘어나 있는데 이는 중화학공업을 수출대체산업으로보다 가득률을 높여 수출산업으로 보고 있다고 할 수 있습니다. 그동안 수출증가율은 상당히 높아졌으나 외화가득률엔 큰 변동이 없는데 얼마나 개선될 것인가가 문제입니다. 세계적 수출 추세를 보더라도 선진국의 중화학제품 수출의 비중이 높아지는데 우리나라가 이에 뛰어들어 격심한 국제경쟁을 극복하며 수출의 비중을 끌어올릴 수 있느냐 하는 점에서 무리가 아닌가 봅니다.

변형윤 국제무역의 방향이 선진국 사이의 북북무역으로 흐르며 중화학부문의 양이 증대하고 상품의 질이 우수해서 우리는 경쟁할 수 없는 실정입니다. 따라서 우리로서는 중화학공업을 개발해서 국내산업의 기계설비, 원료제공 등으로 외화가득률을 높여주며, 원료의 국산화로 달러 유출을 방지하는 데 중점을 둬야 하겠습니다. 다시 말해서 중화학공업의 내용이 문제인 것 같습니다.

김상겸 중화학공업 내용이 수출대체 면에 치중하면서 수출증대를 할 수 있는 것이 이상적이지만 3차 5개년계획 중 중공업제품의 증가속도가 너무 빨라 수출대체, 수출증대의 목표를 동시에 달성하는 것은 힘에 벅찰 것 같습니다. 강력한 정부의 지원이 있으면 수출목표 달성이 무리는 아니나 비정상적인 지원으로 목표를 달성하려 든다면 비정상적 지원의 여파, 예를 들어 상품의 품질과 가격의 국제경쟁력 약화 등 문제가 커지지 않을까도 염려됩니다.

변형윤 결론적으로 수출목표 달성과 수출산업기반 조성이 상충되어 어느 것이 경시되지 말고 둘 다 잘 조화되어 가능하게 되는 길을 찾아야 할 것이라고 생각됩니다.

김상겸 경제성장에 따라 인구증가는 둔화되므로 사회 안정이 계속되고 가족계획 등이 성공하면 인구증가율을 1.5퍼센트로 막는다는 것은 가능합니다.

변형윤 인구증가율 억제문제는 증가율이 떨어져도 규모가 크면 절대 수는 같은 것이므로 가족계획사업 등이 인구정책의 전반이라는 개념을 떠나 고용증대 등 경제정책 전부가 인구정책에 반영되어야 할 줄 압니다. 영농성책노 농업근대화는 기계화라기보다는 쉽게 농사지을 수 있다는 점에 착안해야 되며, 영농의 다각화라 해서 종래처럼 일부 특수층에 혜택을 주는 것을 돌려 주곡인 쌀 생산자에게 쌀값을 높여 소득보장을 해주는 등 혜택을 줘야 할 것입니다.

김상겸 결국 농민의 사고방식 등 농촌의 실정을 알아 농업기계화는 노동력을 배제하는 것이 아닌 생산비용을 낮추는 데, 농업개발은 생산성 향상에 힘써야 한다는 얘기입니다.

새로운 소비구조를

변형윤 이번 3차 5개년계획에서 국민저축을 늘리려면 전시효과에 들뜬 고소득층의 자숙과 정부의 소비수준 억제시책이 요구되며 물가안정을 꾀하고 각 분야의 균형적 발전에 의한 국민의 균점의식을 높여 범국민적 협조를 얻는 것이 이 계획의 성패를 가름할 것이라고 생각됩니다.

김상겸 60년대 후반에서 70년대에 이르는 동안 조정정책이 가능했는데도 각 분야의 격차가 현저하게 나타났습니다. 특히 지역별·계층별 소득격차라든지 물가체계의 격차, 금리의 격차와 더불어 세제 면에서 격차도 줄여야 합니다. 현행 세제는 격차를 초래한 원인이기는 하지만 세제의 불합리로 기업가들은 세금조절이 영업의 반 이상을 차지하여 경영에 열중할 수 없다는 불평을 하고 있습니다. 3차 5개년계획도 결론은 잘되어 있습니다. 그러나 부분적으로 드러나는 불합리한 점은 계획의 실현과정에서 그때그때 격차를 줄이는 데 정책적인 배려를 해야 하며 투자자원 조달방법도 정상적 염출방식에 따라야 합니다. 또한 급격히 성장하는 생산구조에 맞는 소비구조를 갖추도록 노력해야 할 것입니다. 결론적으로 격차 없는 치밀한 정책을 이뤄 가야 한다는 말입니다.

《한국일보》(1971. 2. 13)

3차 5개년계획
: 인구·고용 부문

　한 나라의 인구가 출생과 사망에 의해서 결정된다는 것은 주지의 사실이다. 그런데 대체로 저개발국은 고출생-고사망형으로 특징지어지는 것이 보통이었다. 그러나 2차 대전 후에는 저개발국은 고출생-저사망형으로 전환되었다. 그것은 선진국 또는 국제기구로부터의 의료원조, 약품원조 등으로 사망률이 낮아진 데 크게 기인한다. 오늘날 많은 저개발국이 직면하고 있는 인구문제는 바로 이 고출생-저사망에 기인하는 인구의 급증에 따르는 문제에 불과하다. 분명히 인구의 급증은 실업문제, 도시문제, 식량문제 등의 여러 가지 어려운 문제를 야기한다. 그러나 이에 더해서 그것은 경제학적인 관점에서 볼 때 방대한 불완전취업자층(위장실업자층)의 존재, 중소기업 영세경영의 높은 비중, 비근대적인 산업구조, 저임금과 심한 임금격차 등의 여러 가지 문제를 야기한다. 그러기에 인구과잉형 저개발국은 인구문제에 비상한 관심을 갖고 인구정책, 고용정책 등을 서두르고 있다. 우리나라도 인구과잉형 저개발국이다. 따라서 우리나라도 그 열외일 수는 없다. 사실 인구의 감소는 그만큼 1인당 국민소득의 제고를 초래할 것이다. 따라서 출생률을 저하시켜 저출생-저사망형으로 전환시키려는 것이 오늘날 인구과잉형 저개발국이 취하는 방향이다. 이 방향에서 나온 인구정책이 바로 가족계획의 추진이다. 가족계획의 추진은 다름 아닌 출생률 저하의 운동이기 때문이다. 그러나 이 밖에 해외이민의 적극적인 장려도 인구정책의 하나가 됨은 말할 나위가 없다. 해외이민 되는 만큼 과잉인구의 압력은 감소될 수 있기 때문이다. 오늘날 인구과잉형 저개발국에서 가족계획의 추진, 해외이민의 적극적인 장려가 인구정책의 주종을 이루는 것은 바로 이러한 데 기인한다.

가족계획의 보급

우리나라에서도 가족계획은 성행하고 있고 또 성공한 나라의 하나로서 들어지는 것 같다. 그러나 가족계획의 성과를 올리기 위해서 서두르는 것도 좋지만 그것을 보완하는 대책을 소홀히 해서는 안 될 것이다. 예를 들면 약(藥), 루프 등의 장치의 보급을 서두르는 것도 좋지만 그와 병행해서 일반보건지식의 보급도 서둘러야 한다. 왜냐하면 위생관념이 희박한 상태 아래서 이루어지는 가족계획은 도리어 딴 병을 병발시킬 가능성이 많기 때문이다. 따라서 약, 루프 등의 장치의 보급 숫자와 함께 일반보건교육의 보급 정도도 가족계획의 추진성과를 표시하는 지표로서 사용되어야 할 것이다. 또 우리나라에서도 그간 계속해서 해외이민을 추진해왔다. 그러나 얼른 보기에는 쉬운 것 같지만 많은 성과는 기대하기 어렵다. 해외로 이민하는 경우에는 그것을 받아들이는 상대국의 여러 가지 사정, 예컨대 인종문제 등에 기인해서 외국의 이민을 환영하지 않는 경우가 적지 않다. 보사부 통계에 따르면 1970년 6월 말 현재로 이민자 총수는 7만 1,979명에 불과하다.

따라서 별로 크게 기대할 것이 못된다고 할 수 있다. 결국 이렇게 보면 이민의 효과는 도리어 증가인구의 배출구를 찾는다고 하는 정신적인 것이거나 혹은 그것에 부수해서 이입국과의 친선관계를 더하여 문화의 교류를 촉진하며 자본의 이동을 원활하게 하며 무역을 촉진시킨다고 하는 부차적인 것인 셈이다. 이런 의미에서는 물론 해외이민의 추진을 도모하여야 할 것이다.

과잉인구대책

일반적으로 인구정책은 세워진다고 해도 곧 그 효과를 기대할 수 있는 것이 아니고 10년, 20년 후에 가서야 비로소 기대할 수 있는 것이며, 또 인구는 매우 광범하게 관련을 갖고 있는 것이라고 한다면 인구정책으로서는 정치, 경제, 사회에 대해서 갖는 인구의 의의를 국민 각자로 하여금 의식케 하여 스스로 그것에 대응하도록 이끄는 것이 가장 중요한 일이다.

각국의 인구정책이 직접 인구에 대처하는 면에서는 도리어 소극적이고 인구와 관련을 갖는, 외부 여러 조건들에 대해서 적극적인 것은 그 때문이다. 사실 현실적으로 볼 수 있는 인구정책은 인구 그 자체에 취해지는 대책이라기보다는 인구의 과잉 편재에서 발생하는 문제의 해결을 도모하려는 것이 많으며 또 인구의 압력과 관련해서 일어나는 사회적, 경제적 문제들에 대한 대책인 수가 많다. 예를 들면 식량 증가, 실업대책, 사회정책상의 시설의 강화 등이 그런 것이다.

로단의 이론

앞에서 말한 바와 같이 우리나라도 다른 인구과잉형 저개발국과 마찬가지로 여러 가지 고용정책을 서두르고 있다. 경제기획원의 〈경제활동인구조사〉에 따르면 1969년에는 완전실업자 수는 47만 1천 명이다. 이것은 완전실업률이 4.8퍼센트임을 나타낸다. 그러나 여기서 말하는 완전실업자는 '조사기간 중 1시간도 일에 종사하지 않았으나 일할 의사와 능력을 가지고 있으며 구직활동을 하고 있는 자'라는 것을 잊어서는 안 된다.

이러한 완전실업의 존재 이외에 실업보험제도가 미비하며 빈곤한 노동자층이 많은 우리나라의 조건 아래서 농업과 중소기업 영세경영 부문에 단시간 및 저소득취업자 등 방대한 수의 불완전취업자가 광범하게 존재한다. 따라서 우리나라의 고용문제는 완전실업 대책보다도 불완전취업자에 대한 대책에 대한 한층 큰 과제를 안고 있는 것이다.

로젠슈타인-로단에 따르면 저개발국에서 완전고용의 달성을 위해서 채택되어야 할 정책에는 높은 경제성장률의 달성, 생산적인 노동집약적 기술 활용, 농업부문에서의 공공사업, 농업부문에서의 생산성 상승과 소득 상승을 통한 농촌으로부터 도시로의 인구이동의 방지, 공업단지 특히 중소기업을 위한 공업단지의 육성의 다섯 가지가 있다고 한다. 단 여기서 높은 경제성장률의 달성은 대부분 국내의 저축 자원에 의해서 이룩되어야 하는 것이 강조되어 있다는 점과 공업단지의 육성은 대기업과 중소기업의 계열차 또는 그들 사이의 높은 연관성을 전제로 하고 있다는 점을 잊어서는 안 된다. 그뿐만이 아니다.

생산적인 노동집약적 기술의 활용은 예를 들면 도로를 '불도저'를 사용치 않고 건설한다든가 '댐'을 건설하는 것을 말하는데 이 방법은 현실적으로는 그다지 채택되고 있지 않다고 한다. 결국 그렇다면 고용정책의 입안을 이루는 것은 높은 경제성장률의 달성과 농업부문의 발전이라고 할 수 있다. 사실 하비슨(F. H. Harbison)도 농촌의 전환, 즉 농업부문의 발전을 근본적인 고용정책으로 들고 있다. 농업부문이 발전하면 식량증산이 이룩되어 식량부족의 문제도 해결됨은 물론이다. 그리고 높은 경제성장률의 달성이 근본적인 고용정책이라는 것은 말할 나위도 없다. 왜냐하면 인구증가에 견주어 경제성장이 크면 클수록 고용증가는 더욱더 이루어질 것이기 때문이다.

고도성장의 요인

그러면 높은 경제성장률의 기본 동인은 무엇인가. 물론 이에 대해서는 사람에 따라서 여러 가지 견해가 있을 줄 안다. 그러나 역시 그것은 높은 투사수준이 아닌가 생각한나.

그러나 투자의 급격한 증대는 '인플레'와 국제수지 악화의 위험을 수반함으로써 도리어 장기적으로는 경제성장률을 낮추게 되어 완전고용의 달성을 지연시킨다. 따라서 장기적인 성장정책의 목표는 경제성장의 극대화와 안정화를 어떻게 조화시키는가에 있다고 할 수 있다. 그런데 안정적 성장을 위해서는 저축의 범위 안에서의 투자가 필요하므로 결국 저축의 증대가 관건이 되는 셈이다. 물론 여기서 저축의 증대는 주로 국내저축을 말한다.

이렇게 보면 높은 저축의 증대를 통한 높은 안정적 성장, 바로 이것이 장기적으로 본 우리나라의 고용정책의 기본선이 된다. 그러나 여기서 말하는 높은 안정적 성장은 결코 레이놀즈(L. G. Reynolds)의 주장에 연해서 추구되는 그것은 아니다.

레이놀즈는 그의 한 논문 가운데서 "서구식으로 조직된 공업 그리고 특히 더 큰 저개발국에서 유행하고 있는 중공업은 그다지 노동사용적이 아니다. 공업 내부에서는 오늘날까지 일본경제에서 추구되어 왔고 또 실질적으로 고도성장에 기여한 소규모의, 더 분권적이고 더 노동사용적인 형태의 조직을 찾아내야 한다. 또 어느 일정한 점까지는 더 노동사용적인 기술이 생산증가적이라는 것을 표시할 수 있다. 풍부한 노동공급을 사용하는 방향으로 마련되지 않은 개발정책은 또 국민생활을 확대하지 못할 것이다"라고 말하고 있다. 그러나 이 말에 대해서 그가 같은 부분에서 "공업부문 외부에서, 즉 노동절약적이기보다는 토지절약적인 새 기술이 과잉노동을 흡수할 수 있는 농업, 넉시의 주장에 연해서 조직된 노동집약적 공공사업 및 자본투자보다는 주로 교육과 조직을 필요로 하는 기타 방향에서 취업기회를 더욱더 정력적으로 추구하여야 한다"고 한 말에 전적으로 찬성하면서도 이의를 제기하지 않을 수 없다.

왜냐하면 그의 견해는 너무나도 근시안적이기 때문이다. 역시 장기적으로 보면 현대공장식공업과 특히 중공업의 발전이 중시되어야 한다. 중공업이라고 해서 반드시 노동절약적인 것은 아니다. 기계공업, 조선공업 등은 비교적 노동사용적이다. 중공업의 고용효과는 결코 작은 것은 아니다. 이에 대해서 우리나라의 경우에는 중공업의 발전은 중간재와 자본재의 국산화를 가능케 함으로써 중간재와 자본재수입의 감소를 초래하며 기형적인 공업구조를 개선해주며 수출상품의 다양화를 가능케 해줌으로써 수출총액의 증가를 초래할 수 있다.

영세부문도 근대화

여기서 말하는 높은 안정적 성장은 다름 아닌 현대공장식 공업과 특히 중공업의 발전을 중시하는 레이놀즈의 주장에 연해서 추구하는 그것이다. 결국 이런 식의 높은 안정적 성장을 장기적으로 추구해 가면서 불완전취업자층의 해소와 새로이 추가되는 노동력의 흡수를 도모하여야 할 것이다.

그러나 불완전취업자층이 대량으로 존재하는 것은 그 경제라든가 사회의 근대화가 뒤늦은 데에도 기인한다면 그들의 해소를 위해서는 그들이 머무르고 있는 농업, 상업, 중소기업, 영세경영 같은 부문 자체의 근대화도 서둘러야 하지 않을까 생각한다.

끝으로 산업별 취업구조, 즉 산업별 취업자 구성은 서독형이 되도록 개선해 가야 할 것이다. 산업별 취업구조를 서독형과 미국형으로 나눈디면 2차산업의 구성비기 기장 그고 그 디음이 3치산업의 그것이고 1차산업의 그것이 가장 작은 형이 서독형이고, 3차산업의 구성비가 가장 크고 그 다음이 2차산업의 그것이고 1차산업의 그것이 가장 작되 3차산업의 구성비가 매우 크고 1차산업의 그것이 매우 작은 형이 미국형이라고 할 수 있다.

1966년 서독의 산업별 취업구조는 1차산업 10.8퍼센트, 2차산업 49.3퍼센트, 3차산업 39.9퍼센트, 미국의 그것은 1차산업 5.5퍼센트, 2차산업 34.1퍼센트, 3차산업 60.4퍼센트, 일본의 그것은 1차산업 22.2퍼센트, 2차산업 32.2퍼센트, 3차산업 45.6퍼센트이다. 일본의 그것은 서독형과 미국형의 중간임을 알 수 있다. 우리나라의 1969년의 그것은 1차산업 51.3퍼센트, 2차산업 17.9퍼센트, 3차산업 30.8퍼센트이다. 1963년의 1차산업 63.2퍼센트, 2차산업 11.2퍼센트, 3차산업 25.6퍼센트에 견주면 1차산업의 구성비는 감소하고 2차, 3차산업의 그것은 증가하고 있다.

서독형 취업구성

클라크(C. Clark)에 의하면 경제성장에 따라서 1차산업 인구(1차산업 취업인구)의 구성비는 저하하고 2차, 3차산업, 특히 3차산업 인구의 그것은 증가한다고 한다. 이것이 이른바 클라크법칙이다. 이 법칙에 따르면 우리나라의 산업별 취업구조가 개선되고 있는 것은 사실이다.

그러나 이 법칙은 결코 경제성장을 이룩한 한 나라의 산업별 취업구조의 미국형으로의 비약을 말해주는 것이 아니라는 점을 잊어서는 안 된다. 우리나라의 경우에는 2차산업의 비약적인 발전을 통한 고용의 증가를 도모함으로써 서독형의 산업별 취업구조를 실현하는 방향으로 나가야 할 것이다. 그리고 이 법칙은 또 1차산업 인구의 구성비의 저하는 농업부문의 생산성 향상, 즉 농업강령에 뒷받침된 그것을 말해주는 것이라는 점을 잊어서는 안 된다. 이 점에서도 농업부문의 발전은 요구된다.

요컨대 직접적인 인구정책으로서는 가족계획의 추진, 해외이민의 적극적인 장려 등을 들 수 있다. 그러나 클라크가 한 논문에서 세계의 농업생산성이 현재의 덴마크의 수준으로만 높아진다면 세계의 식량문제나 토지에 대한 인구압력은 쉽게 해소되어 버릴 것이라는 점을 지적한 데서 알 수 있는 바와 같이, 농업부문의 발전만 있으면 과잉인구의 압력도 완화 또는 해소될 수 있을 것이다. 그런데 농업부문의 발전은 고용정책의 주된 과제 중 하나이다. 따라서 이렇게 보면 고용정책의 추구는 동시에 과잉인구의 문제를 해결해 주기도 한다고 할 수 있

다. 그러므로 앞으로는 직접적인 인구정책에 너무 집착하지 말고 그것
을 보완적, 부차적인 것으로 보고 서독형의 산업적 취업구조의 실현을
추구하면서 높은 경제성장률의 달성, 농업부문의 발전 등의 고용정책
추구에 주력을 두는 방향으로, 그리고 인구의 압력과 관련해서 일어나
는 사회적, 경제적 문제들에 대한 대책을 중시하는 방향으로 나가야
할 것이다.

《서울경제신문》(1971. 2. 10)

5차 계획의 전략과 전술
: 물가안정이 선진권 교두보

계획의 기본 목표

그 기본 목표는 다음과 같다.

  1) 경제체제 재편의 추진
① 물가안정에 정책의 최우선을 두어 경제안정기반의 정착
② 투자효율을 극대화하고 저축을 증대
③ 시장경제 기능을 활성화하여 능률 향상

  2) 항구적 발전기반의 구축과 관련해서는
① 수출주도의 지속과 대외개방정책의 적극화
② 국내외 시장에서 경쟁력 있는 비교우위산업의 육성
③ 에너지 제약의 극복

  3) 지역 간·계층 간·부문 간의 균형발전과 관련해서는

① 국토의 균형개발과 쾌적한 환경의 조성

② 기본수요 충족 등 사회개발의 적극적 추진

그리고 같은 계획서를 보면 이 개발전략을 추진하는 데 이용되는 정책은 매우 많다. 그러나 그 중에서 일단 특기할 만하다고 생각되는 것만을 들면 다음과 같다.

첫째로 경제체제 재편의 추진과 관련하여서는 ① 저축의 증대[국내 저축률 21.2%(1980년)에서 29.6%(1986년)로의 제고] ② 조세감면의 전반적인 재검토 ③ 재정수지의 균형 ④ 통화의 적정공급(통화증가율 18% 수준의 유지)과 통화관리의 효율화 ⑤ 식료품 등 생필품의 가격안정, 지가와 주거비안정, 서비스요금과 공공요금의 안정 ⑥ 금융자율화(금리결정의 자율화·저리 정책금융 축소정비 등)와 산업지원의 합리화(산업정책심의회 설치운용 등) ⑦ 공정거래제도의 조기정착 ⑧ 수입 자유화폭 1986년까지 선진국 수준으로 제고 ⑨ 합작투자의 획기적 증내 등이나.

둘째로 항구적 발전기반의 구축과 관련하여서는 ① 기계공업·전자공업 등의 육성과 수출경쟁력 제고 ② 섬유 등 경공업제품의 지속적 증가 ③ 물가·임금의 안정 및 환율의 안정적 유동화 ④ 품질·생산성 향상으로 수출경쟁력 제고 ⑤ 핵심기술 개발에 대한 지원 강화와 선진국과의 기술격차 축소 ⑥ 농업·중소기업·국내부존자원에 대한 투자의 효율화 ⑦ 에너지 다소비형·자본집약적 소재공업 육성의 합리적 추진 ⑧ 농어민소득의 증대와 농어민복지의 증진 ⑨ 주택·보건·상수도 등 생활편익시설 능력의 범국가적 최대한 확충 ⑩ 에너지 수입 절약 시책의 강화, 에너지의 안정적 확보, 에너지 정책의 합리적 추진(석유의존도의 61.3%(1980년)로의 저하 등을 포함) ⑪ 무역외수입 확대, 원리금상환 부담률 12퍼센트 이내로의 유지 등이다.

셋째로 지역 간·계층 간·부문 간의 균형발전과 관련하여서는 ① 쾌적한 환경의 조성 ② 지역생활권 개발로 균형적인 안주체계 확립 ③ 농촌 등 지방에 공장유치를 위한 기반 조성 ④ 국민 기본수요의 충족 (주민생활의 안정 및 향상, 국민보건의 증진) ⑤ 인력개발 ⑥ 절대빈곤 인구의 축소 및 빈곤의 완화 ⑦ 사회 보장의 확대 ⑧ 사회개발을 위한 재정기능의 강화 등이다.

전반은 조정기간

상술한 바를 통해서 다음을 알 수 있다. 첫째로 물가안정에 최대 우선이 두어져 있다. 이것은 인플레가 대부분 사람의 실질소득의 감소, 소득분배의 악화, 저축의욕 감퇴, 수출경쟁력의 약화, 사회복지 추진의 어려움 등을 초래하는데 그간 인플레의 경시풍조로 인플레를 계속해서 겪어옴으로써 이런 폐해가 크게 현재화한 것을 반영한 것이라고 할 수 있다. 사실 제3차 계획과 제4차 계획은 각각 '성장', '안정', '균형'과 '성장', '능률', '형평'을 그 기조로 삼고 있다.

다음에 이제까지의 수출확대→공업생산 증대→경제성장, 바꾸어 말하면 수출주도적 공업화를 통한 경제성장의 추진이 그대로 지속되게 되어 있다. 따라서 수출이 여전히 경제성장의 엔진 또는 추진력으로서의 역할을 담당하게 되어 있다. 그리고 비교우위의 원리가 계속해서 내세워지고 있고 또 비교우위 산업에 대한 갖가지 지원도 지속되게 되어 있다. 한편 수입개방화의 추진도 그대로 지속하게 되어 있다.

셋째로 에너지, 특히 석유에 대한 대비에 많은 힘을 기울이게 되어 있다. 앞에서 상술한 것 외에도 원유비축량을 30일분(1980년)에서 90일분(1986년)으로 늘리기로 하고 있고 제3의 석유파동을 가상한 예비

대안을 발전시키는 등 석유문제에 많은 관심이 경주되어 있다.

넷째로 사회개발이 본격화하게 되어 있다. 사회개발의 문제는 제4차 계획에서 비로소 크게 다루어졌다. 그러나 일단 그것의 본격화는 제5차 계획으로 미루어졌는데 그것이 실현되게 된 셈이다. 이것은 소득계층 간, 지역 간의 균형 발전에 대한 요구와 각계각층의 복지에 대한 요구 증대에 기인한다고 할 수 있다.

다섯째로 국내저축 동원의 극대화가 강조되고 있다. 국내저축률은 1986년에는 1980년보다 8.4퍼센트포인트나 많아지게 되어 있다. 언제나 국내저축 또는 내자동원의 극대화가 강조되었지만 해외저축의 축소가 강력히 요청되는 제5차 계획기간 중에서처럼 그것이 절실한 일은 없다고 할 수 있다.

여섯째로 결과치로서의 경제성장이 중시되고 있다. 고용안정을 위해서 계획의 기본목표의 하나로서 연평균 7~8퍼센트의 경제성장률이 내세워지고 있기는 하지만 이제까지처럼 목표치 또는 계획치로서의 면만이 강조되고 있지 않다. 경제성장률에는 목표치 또는 계획치로서의 면과 결과치로서의 면의 두 가지 면이 있는데 이제까지는 어떻게 보면 그 중에서 목표치로서의 면, 그것도 10퍼센트 또는 그 이상에만 집착해왔다고 할 수 있다. 그 결과 제5차 계획에서 '안정', '능률', '균형'을 그 기조로서 삼지 않을 수 없게 된 것이다.

만약 결과치로서의 면이 중시된다면 국민소득의 증가를 뜻하는 경제성장(경제성장률은 국민소득의 증가율이다) 하나만을 내세우지 않고 국민소득을 제외한 다른 분야를 건전하게 운용하는 가운데서 얻어지는 경제성장률에 큰 의미를 부여하는 것이 가능하게 된다. 사실은 이렇게 하는 가운데서 얻어지는 결과치로서의 경제성장률을 그 목표치까지 실현하는 것이 진정으로 의미 있는 것이다.

일곱째로 개발전략은 계획기간의 전반까지는 인플레와 비능률 요인을 대폭 정비하고 그 전반부터 제2의 도약을 실현하는 식으로 추진하게 되어 있다. 말하자면 계획기간의 전반은 이른바 '조정기간'으로 간주되고 있는 셈이다.

원리금 부담 심각

그러나 이러한 몇 가지로 특징지어 질 수 있는 개발전략과 정책을 통해서도 제5차 계획기간 중에 무역수지 및 경상수지의 균형과 투자재원의 국내 완전조달이 실현되지 못한다는 점에 유의할 필요가 있다. 1986년에 가도 무역수지와 경상수지는 각각 25억 달러와 36억 달러의 적자가 되는 것으로 되어 있다. 그리고 해외저축률은 2.9퍼센트나 된다. 한편 주곡은 1987년께 가야 자급되는 것으로 되어 있다. 따라서 제4차 계획까지 계속해서 계획의 기본정신으로 내세워졌던 자립경제 또는 자력성장경제의 실현은 제5차 계획이 끝나도 이루어지지 못하는 셈이다. 자립경제 또는 자력성장경제는 적어도 국제수지 균형, 투자재원의 국내완전조달, 주곡의 자급을 포함하고 있기 때문이다.

다음에 중화학공업 투자의 조정에 대한 언급이 없다. 인플레도, 정부의 지나친 간섭도, 왜곡된 자원배분도, 산업의 국제경쟁력 약화도, 지나친 에너지 및 자원의 해외의존도, 지나친 과잉시설도, 급격한 외채누증도 지나친 과거의 중화학공업 투자에 기인하는 바가 크다는 사실을 감안할 때 중화학공업 투자조정의 계속되는 강력한 추진은 절대로 필요하다고 할 수 있다. 그렇다면 그것에 대한 명시가 적어도 있었어야 하지 않을까.

셋째로 소득분배의 개선은 어느 한두 가지의 특정한 정책으로 실현되는 성질의 것이 결코 아니라는 점이 간과되어서는 안 된다. 소득분배의 개선을 위해서는 물가안정이 필수적이지만 세제상의 고려도, 또 산업정책 전반에서의 특별한 배려, 소득보상적인 가격 지정의 채택 등과 같은 가격정책에서의 특별한 배려 등도 절대로 필요하다. 이러한 여러 면에서의 노력이 전제가 되지 않고서는 소득분배의 개선에 대한 소기의 성과를 거두기란 힘든 일이다.

넷째로 외자절약의 문제가 가볍게 다루어지고 있다고 할 수 있다. 제5차 계획기간 중에 465억 달러의 외자가 경제수지적자 보전, 원금상환 등을 위해서 필요할 뿐 아니라 그동안의 외채 잔액이 3백억 달러를 상회하고 있음을 생각할 때 외자 절약을 위한 대책은 심각하게 다루어져야 할 것이다.

그런 의미에서 모든 정책을 수립할 때에는 외자 절약에 더욱더 큰 비중을 부여하도록 할 필요가 있을 것이다. 우리나라에는 한푼의 외자도 귀중하고 귀중한 것이다.

그러나 이들에 더해서 개발전략의 추진 및 정책의 운용과 관련해서 조화가 중시되어야 한다는 것을 말하지 않을 수 없다. 왜냐하면 실제에서는 어떤 한 개발전략이나 정책에 의해서 다른 것들이 뒷전으로 밀리는 일이 얼마든지 있을 수 있기 때문이다.

자립경제로의 접근

따라서 그런 의미에서 우선 예컨대 생필품의 안정이 임금의 저율 인상, 미·맥곡 정부수매가격의 저율 인상 등으로 받아들여지거나 혹은 비교우위 산업의 육성이 농업, 중소기업 등의 상대적 위축으로 받아들여지는 일이 없도록, 다시 말하면 그런 의구심을 농업, 중소기업 등에 종사하는 사람은 물론 그 밖의 많은 사람들이 갖는 일이 없도록 정책이 조화 있게 운용되어야 할 것이다. 그리고 또 예컨대 이제까지의 수출증가가 기업의 자체 노력에 기인하는 바 크지만 정부의 금융재정상의 특혜와 환율인상 등에 기인하는 바도 큼을 감안할 때 수출증가를 위해서도 환율의 안정적 유동화, 조세 감면의 전반적인 재검토, 저리 정책금융의 축소 정비 등이 뒷전으로 밀릴 가능성은 언제든지 있다.

그러나 앞으로는 절대로 그런 일이 있어서는 안 될 것이다. 물론 수출이 경제성장의 엔진으로서 역할을 담당해왔고 또 앞으로도 담당할 것은 사실이지만 그러나 그렇다고 해서 수출만을 생각할 수 없는 상태에 놓여 있는 것이 현실이다. 매우 어렵기는 하지만 앞으로는 경제합리화라는 자체 노력에 주로 의존해서 수출을 증가시켜 가도록 기업을 유도해 가야 할 것이다. 조화가 중시되어야 하지만 그와 아울러 정책은 고성장, 저물가, 무역수지 혹은 경제수지의 균형 또는 흑자 고고용, 투자재원 완전 국내조달이라는 바람직스러운 경제 상태(이것은 말할 것도 없이 자립경제 또는 자력성장경제를 전제로 한다)에의 접근에 크게 공헌하는 방향으로 운용해 가야 할 것이다.

통계치보다는 경제현실을 중시하는 입장에서 보면 이런 식으로 정책이 운용되기만 하면 족한 것이다. 장기적인 관점에서 보면 제5차 계획기간의 전반을 '조정기간'으로 삼을 것이 아니라 계획기간 전부를 조정기간으로 삼아도 무방할 줄 안다. 문제는 바람직스러운 상태에 얼마만큼 더 접근하느냐에 있기 때문이다.

대만의 놀라운 성공

우리나라의 가장 강력한 경쟁국인 대만은 1970년과 1972년 사이와

1976년과 1978년 사이에 이런 바람직스러운 경제 상태를 실현시켰고 1976년 이후에도 비교적 그것에 가까운 경제 상태를 실현시켜 오고 있기에 더욱이 이 점이 강조되지 않을 수 없다. 경제성장률, 도매물가상승률, 무역수지, 실업률을 보면 1978년에는 우리나라의 경우 각각 11.6퍼센트, 11.7퍼센트, 22.6억 달러의 적자, 32퍼센트인 데 대해서 대만의 경우에는 13.5퍼센트, 3.5퍼센트, 16.6억 달러의 흑자, 1.7퍼센트였고 1980년에는 우리나라의 경우 -5.7퍼센트, 38.9퍼센트, 47.9억 달러의 적자, 5.2퍼센트인 데 대해서 대만의 경우에는 6.7퍼센트, 21.5퍼센트, 0.8억 달러의 흑자, 1.2퍼센트이었다(물론 대만의 경우 투자재원은 국내저축으로 완전히 조달되었다). 상반기의 경제성장률이 3.0퍼센트, 도매물가상승률이 2.8퍼센트이고, 8월까지의 무역흑자가 2.3억 달러인 것을 보면 1981년에는 도리어 1980년보다 좀더 바람직스러운 상태에 접근된 것으로 예상된다.

그런데 대만이 이렇게 경제적으로 성공을 거두게 된 데에는 여러 가지 요인이 기여했을 것은 분명한 일이다. 경제외적 요인도 포함해서 말이다. 그러나 뭐니 뭐니 해도 물가안정에 최우선을 두고 경제를 운용해 나가는 것을 빼놓을 수 없을 것이다. 대만은 경제개발계획을 실시한 이래 단 한 번의 계획을 제외하고는 언제나 물가안정을 계획의 중점 목표의 첫째로 삼아왔다. 그리고 단 한 번의 예외적 계획에서도 물가안정은 두 번째였다.

사실 대만은 제1차 석유파동과 그에 이은 불황을 맞이하고서도 일단 물가안정에 최우선을 두고 불황의 긍정적인 면을 살리면서 허용되는 극대성장을 실현시키려는 경제운용 방식을 취했던 것이다. 여기서 불황의 긍정적인 면이란 다름 아닌 경제의 체질, 기업의 체질, 가계의 체질을 강화시키는 것을 말한다. 그리하여 제2차 석유파동과 그에 이은 불황을 맞이하고서도 여유를 보이고 있는 것이다. 현재 선진국에서 가장 여유를 보이고 있는 일본의 경우도 대만의 경우와 꼭 마찬가지의 경제운용 방식을 택했던 것이다.

우리나라도 제5차 계획에서는 정책의 최우선을 물가안정에 두고 있다. 물가안정은 인플레의 폐해를 생각할 때 제아무리 강조해도 남음이 있다고 할 수 있다. 거기에다 결과치로서 경제성장률이 중시되고 있다. 어떻든 물가안정에 최우선을 두고 정책을 계속 보완하면서 일관되고 조화 있고 짜임새 있게 운용함으로써 제5차 계획기간에 우리나라 경제가 바람직스러운 경제상태에 크게 접근했으면 한다.

《한국경제신문》(1982. 1. 1)

5차 계획 수정의 길

정부는 제5차 계획을 전면 수정하기로 했다고 한다. 사실은 1979년에서 1981년까지의 격동기를 맞이해서 2~3년 동안의 조정기를 설정하여 제5차 계획의 수립과 실시를 연기할 수도 있었지만 계속성을 내세워 그 와중에서도 계획을 수립하여 1982년부터 실시해 오고 있다. 따라서 이번에 선면수성으로 1982년과 1983년의 2년 동안은 일난 조정기로 간주되게 된 셈이라고 할 수 있다.

그러면 제5차 계획은 어떤 내용의 것이라고 할 수 있는가. 그것은 안정·능률·균형을 기조로 삼고 있고, 경제안정기반의 정착(10% 수준의 물가안정), 지속적 성장기반의 공고화(7~8%의 경제성장), 소득계층 간·지역 간 균형발전(사회개발의 확대)을 기본목표로 삼고 있고 경제체질 재편의 추진, 항구적 발전기반의 구축, 지역 간·계층 간·부문 간의 균형발전을 발전전략으로 삼고 있다. 왜 이 계획이 이런 내용의 것이 되었는가.

제4차 계획에 따르면 최종년도인 1981년에는 고성장, 고고용, 저물가, 투자재원의 국내 완전조달, 국제수지 균형 또는 흑자, 그다지 크지 않은 규모의 외채잔액이 실현되는 것으로 되어 있었다. 그러나 1979년의 제2차 오일쇼크를 계기로 해서 세계경제가 스태그플레이션에 휩싸였을 뿐 아니라 국제경제환경이 불투명 또는 불확실해졌고, 게다가 한편 같은 계획이 그렸던 것과는 거리가 먼 경제현실이 나타났고 또 다른 한편 그동안의 정부주도형·외자의존형의 수출주도적 공업화를 통한 고도성장정책의 추구에 의해서 누적된 문제들, 즉 인플레이션의 만성화, 소득분배의 악화(계층 사이의 소득격차 확대 또는 불균형 심화), 지역 간·산업 간의 불균형 심화, 독과점화의 심화, 비능률, 기술개발 부진, 경제운용의 경직성, 주택·교육 등의 기본수요 및 상하수도 등의 생활편익 시설의 미흡 등이 노정되었다. 그리하여 제5차 계획은 상술한 내용의 것이 되었던 것이다.

물론 결과적으로는 현재 물가는 진정된 상태에 있고 국제수지 불균형도 상당히 개선된 상태에 있는 것이 사실이다. 그러나 아직도 경제현실은 제4차 계획이 그렸던 최종년도의 경제 모습과는 여전히 거리가 있는 것이 또한 사실이다. 그런데다 노정된 문제들은 장기적인 과제이기에 그것들의 해결에는 시간이 걸리게 되어 있다. 따라서 앞으로도 제5차 계획의 기조와 발전전략은 그대로 견지하면서, 그리고 기본목표는 지표 혹은 수치만을 적절하게 수정하고 역시 그대로 견지하면서, 즉 물가안정 아래 극대성장과 사회개발의 확대를 계속해 추구하면서 알찬 결실을 거두어 가도록 해야 할 것이다. 여기서 물가안정 아래 극대성장은 물가안정을 우선해서 추구하는 가운데 얻어지는 최대의 경제성장률의 실현의 뜻으로 해석하면 된다.

특히 우리나라가 경제체제로서 자본주의적 시장경제체제를 채택하고 있는 점을 감안할 때, 그리고 농업과 중소기업의 역할을 새삼 중시할 때 더욱이 그러하다고 할 수 있다.

일반적으로 자본주의의 결함으로서는 강력하게 저지되지 않는 한 불안정과 불완전고용으로 향하는 편의(偏倚)를 갖고 있다는 점, 부와 소득의 분배가 불균등하다는 점, 독과점화의 경향을 갖고 있다는 점 등이 들어진다. 따라서 이런 사실을 감안할 때 그 과제로서는 물가안정 아래 극대성장의 추구, 소득분배의 개선(계층 간 소득격차의 완화), 독과점 규제의 강화 등이 중시되게 되어 있다.

한편 농업의 육성은 소득분배의 개선을 위해서, 또 중소기업의 육성도 소득분배의 개선을 위해서 필요하다. 그러나 이에 더해서 농업의 육성은 고용흡수 또는 농촌으로부터 인구유출을 방지하기 위해서도 필요하다.

농업은 고용흡수적인 산업이기 때문이다. 농업의 육성은 또 국내시장의 육성을 위해서도, 식량도입의 감소를 위해서도 필요하다. 식량증산과 식량절약이 결부된다면 식량도입을 감소시키는 효과는 더 커질 것이다. 그런가 하면 중소기업의 육성은 고용흡수를 위해서 필요하다. 중소기업노 농업과 마찬가시로 고용흡수적인 산업이기 때문이다. 중소기업의 육성은 또 국내시장의 육성을 위해서도 필요하다.

그러나 제5차 계획에서는 자립경제 또는 자력성장 구조의 실현이 기조 혹은 기본목표로서 내세워져 있지 않다. 그런데 제1차 계획에서부터 제4차 계획에 이르기까지 계속해서 내세워졌고 또 1980년대 초까지는 실현되는, 혹은 되어야 할 것으로 삼아졌던 것임을 생각할 때 그것은 1980년대의 중요한 과제임에 틀림없다. 따라서 앞으로의 계획수립에서는 자립경제 혹은 자력성장 구조의 실현을 중시해야 한다.

제1차 계획에서는 자립경제의 기반 구축을, 제2차 계획에서는 자립경제의 촉진을, 제3차 계획에서는 자립적 경제구조의 실현을 각각 기조로서, 또 제4차 계획에서는 자력성장 구조의 실현을 기본목표로 들고 있었다. 그리고 제2차 계획에서는 자립경제의 내용으로서 국제수지의 균형·필요한 투자재원의 완전한 국내조달·완전고용을, 제3차 계획에서는 자립적 경제구조의 내용으로서 산업구조의 고도화(주로 공업비중의 증대, 중화학공업 비중의 증대를 말한다)·국제수지의 개선·주곡의 자급을, 제4차 계획에서는 자력성장 구조의 내용으로서 국제수지의 균형·투자재원의 자력조달·산업구조의 고도화를 각각 들고 있다.

이 자립경제의 실현을 위해서는 농업·광업·중화학공업의 자본재 및 소비재산업의 육성, 수출증대, 내자동원의 극대화, 외화절약, 기술개발 등이 무엇보다도 중요한 것이라는 점에 유의할 필요가 있다. 이들 중에서 내자동원의 극대화·외화절약·수출증대는 외채감소 또는 외채누증 방지의 수단이 되기도 한다. 내자동원의 극대화를 위해서는 물가안정 외에 건전한 소비풍토 조성이 필요한 수단이 됨은 두말할 필요가 없다. 현재의 외채잔액과 앞으로 예상되는 그 규모를 고려할 때 내자동원의 극대화와 외화절약은 제 아무리 강조해도 남음이 있다고 할 수 있다.

어떻든 자립경제의 실현도 이룩되는 가운데서 제5차 계획에서 내세워진 기본 목표가 알찬 결실을 맺었으면 한다. 즉 앞으로의 계획수립에서는 물가안정하의 극대성장, 사회개발의 확대와 함께 자립경제의 실현도 중시되었으면 한다.

《동아일보》(1983. 7. 18)

경제개발전략

보통 경제적 저개발상태는 '1인당 국민소득의 저위'로, 그리고 경제개발은 '1인당 국민소득의 증가'로 여겨지는 것 같다. 따라서 자연히 경제개발과 경제성장은 동의어로 받아들여지고 있는 것 같다. 원래 1인당 국민소득의 증가는 경제성장으로 삼아져 왔다고 할 수 있기 때문이다. 그렇다면 경제개발의 진략은 곧 경제성장의 촉진을 핵심으로 하는 것은 당연한 논리의 귀결이라고 할 수 있다.

경제성장의 촉진을 위해서는 한편으로는 투자의 증가가 필요하고 다른 한편으로는 수요의 창출이 필요하다. 그런데 오늘날의 저개발국은 대개의 경우 자본이 부족하고 전반적인 빈곤으로 인해서 국내수요가 제약을 받고 있는 것이 상례이다. 따라서 저개발국에서는 경제성장의 촉진을 위해서 외국자본과 해외시장(즉 수출)에 주로 의존하는 것은 불가피한 일로 인식되어 왔다고 해도 무방하다. 이에 더해서 1950년대에 중남미의 저개발국에서 추진되었던 수입대체를 통한 경제개발이 한계에 직면한 것도 이런 인식을 더욱 공고하게 만든 면이 있다고 할 수 있다.

물론 이 외자와 수출에 기반을 둔 경제성장 촉진의 경제개발전략은 무엇을 수출하는가에 따라서 두 가지 유형으로 나누어 볼 수 있다. 첫째 유형은 공업원료가 되는 1차산품(석유, 고무 등)의 수출을 통한 경제성장 촉진의 전략이고 둘째 유형은 경공업제품과 일부 중화학공업 제품을 주로 하는 2차산품의 수출을 통한 경제성장 촉진의 전략이다. 대체로 자원잉여·노동부족 저개발국을 첫째 유형에 그리고 자원부족·노동잉여 저개발국은 둘째 유형에 의존하고 있다고 할 수 있다.

이 양자 가운데에서 첫째 유형의 한계는 이미 명백히 드러났다고 해도 과언이 아니다. 자원보유국 또는 산유국의 경험이 그것을 잘 증명해 주고 있기 때문이다. 자원보유국의 경험을 통해서 알 수 있듯이 자원의 수출이 주도하는 경제성장은 세계자원시장의 수요패턴의 변화와 자원보유량의 고갈로 제약을 받게 되어 있으며, 또 산유국의 예에서 알 수 있듯이 석유의 수출이 주도하는 경제성장은 석유부문의 급속한 성장의 영향이 다른 부문에 제대로 파급되지 않고 있을 뿐 아니라 경제성장의 이익이 선진국의 석유재벌과 국내 일부 계층에게만 주로 귀속되고 대부분의 국민들에게는 적하(滴下)되지 않는 등의 문제를 야기시키고 있기 때문이다.

이에 대해서 둘째 유형의 한계는 아직 명백히 드러나고 있지 않은 편이라고 할 수 있다. 그것은 주로 이 전략이 1960년대 이후에 와서야 몇몇 저개발국에서 본격화된 관계로 그 기간이 비교적 짧은 데다가 사례연구가 충분히 이루어지지 못함으로써 아직은 그것에 관한 일반화된 논의가 불가능한 데 기인한다. 따라서 이 유형을 채택하고 있는 전형적인 나라인 한국, 대만, 홍콩, 싱가포르 등에 대한 단기간의 부분적인 사례연구를 통해서 이들의 경제개발이 성공적이라든가 나아가서 이들 다른 저개발국들이 따르지 않으면 안 되는 가장 모범적인 것이라든가 하는 몇몇 선진국 경제개발론자들의 주장은 성급한 일반화라고 하지 않을 수 없다.

그런가 하면 이들 선진국 경제개발론자들은 이른바 주류경제학에 바탕을 둔 경제개발론(주류경제개발론)의 주창자이기도 한데 사실은 이 이론에는 다음과 같은 한계가 있다.

첫째로 경제발전을 경제성장과 동일시하고 있다. 이것은 서구, 미국 등의 선진국의 경제발전 과정에서 추출된 경제발전 개념을 보편적인 것으로 오해한 데 기인한다고 할 수 있다.

즉 오랜 기간에 걸쳐서 점진적으로 근대적 사회구조를 형성하던 선진국에서는 경제발전과 경제성장은 동일한 내용을 갖는 것으로 되었다. 그러나 선진국과 이질적인 사회구조를 갖는 저개발국에서는 양자는 동일한 것이 될 수 없으며 경제발전은 총체적인 사회구조의 변혁을 그 전제조건으로 한다. 따라서 저개발국에서의 경제성장은 그것이 사회구조의 변혁을 전제하지 않는 한 진정한 경제발전이 될 수 없다. 둘째로 내자와 외국자본을 구별하지 않는다. 주류 경제개발론에서는 자본의 사회적 중립성을 가정하며 그것을 물적 속성에서만 파악함으로써 국적 등의 차이에 따른 자본의 질적 성격차가 무시된다. 그 결과 자본이 부족한 저개발국에서는 외국자본의 도입은 불가피할 뿐 아니라 그 자본은 좀더 고도의 기술을 수반하기 때문에 바람직스러운 것으로 여겨진다. 그러나 자본의 사회적 기능도 동일시하는 것은 타당하지 않다고 할 수 있다. 외국자본은 내자와 달라서 국내에서 창출된 이윤의 해외유출을 초래한다. 그리고 최근의 한 연구에 따르면 그것은 시간의 흐름에 따라서 저개발국의 외자의존성을 심화시킨다고 한다. 셋째로 국내분업의 중요성을 간과하고 국제분업의 의의를 강조한다.

즉 비교생산비설에 따라서 비교우위를 갖는 상품생산에 특화하여 수출하고 그렇지 않은 상품은 수입에 의존하도록 하는 것이 바람직스럽다는 국제비교우위원리를 중시한다. 그러나 1차산품의 2차산품에 대한 교역조건이 19세기 말 이후 계속해서 악화되어 왔다는 역사적인 예에서도 짐작할 수 있듯이 국제분업은 결코 저개발국에게 유리한 결과를 초래한다고 할 수 없다. 실제로 교역의 결과 저개발국으로부터 선진국으로 막대한 이윤이 유출되고 그 결과 저개발국의 국제수지 악화가 초래되고 있다.

이러한 주류 경제개발론의 한계는 그것이 서 있는 전제에 기인한다고 할 수 있다. 그 전제는 다음과 같다. 첫째로 경제발전은 여러 계기적인 단계를 거치면서 실현되는 것이며 오늘날의 저개발국은 선진국이 이미 오래 전에 거쳐 온 어떤 발전단계에 머물러 있다. 둘째로 저개발국의 저개발은 오직 그 나라 자신(내부)의 경제적, 정치사회적, 문화적 특징들의 반영 혹은 산물이다. 셋째로 저개발국은 서로 고립되어 나름대로의 역사와 구조를 갖고 있는 두 부문으로 구성되어 있고 그 중 한 부문만이 선진국과의 접촉으로 발전하였고 다른 한 부문은 그것과 고립되어 저개발 상태에 있다.

그러나 이 전제는 오늘날의 저개발국의 과거나 현재는 결코 선진국의 과거나 현재와 동일시할 수 없는 독자적인 것이라는 점, 저개발국의 저개발 상태는 식민지 종속의 결과이며 따라서 그것의 근본적인 원인은 선진국과 저개발국 사이에 존재해 온 과거와 현재의 관계들에 내재하는 것이라는 점, 최근의 연구에 따르면 선진국 자본은 다른 한 부문에도 침투하여 관련을 맺어 왔다고 하는 점에서 잘못된 것이라는 비판을 받고 있다.

이렇게 보면 잘못된 전제에 서 있기에 주류 경제개발론은 그에 따른 한계를 갖지 않을 수 없으며 따라서 그것이 뒷받침해 주고 있는, 외자와 수출(둘째 유형)에 기반을 둔 경제성장 촉진이라는 경제개발전략에도 한계가 있을 수밖에 없다는 결론이 나올 수 있을 것이다.

현재 한국경제는 여러 가지로 어려움을 겪고 있다. 따라서 한국경제에 대한 비판론도 크게 대두되고 있다. 낙관론이 옳은지 비관론이 옳은지는 시간이 해결해 줄 것이다. 그러나 분명한 것은 이제까지 채택해 온 경제개발전략에 대해서는 실증적인 면에서뿐 아니라 이론적인 면에서도 강력한 비판이 대두되고 있다는 사실이다. 따라서 이런 점을 감안할 때 우리나라의 경제개발전략을 재검해 보는 것은 절실한 일이라고 아니할 수 없다.

《재정》(1985. 6)

민간주도경제

현재 우리나라에서 경제적 민주화의 일환으로서 민간주도경제가 강조되고 있다. 그러나 사실은 이 말이 등장한 것은 대체로 제3차 계획(1972~1976)이 시작되면서부터가 아닌가 생각된다. '수출주도'적 공업화를 통한 '고성장'의 실현을 경제개발전략으로 삼다 보니 자연히 민간부문에 대한 정부의 간섭이 지나친 감이 있었을 것이고 따라서 차츰 그 단점이 나타나자 그런 경제를 정부주도경제라고 한다면 그것과 대립되는 말로서 민간주도경제라는 말이 등장하게 되었다고 볼 수 있다. 그러나 민간주도경제라는 말은 경제학 책에는 없다. 시장경제라는 말이 있을 뿐인데 민간주도경제는 이 시장경제를 뜻한다고 보면 큰 잘못이 없을 것이다. 왜냐하면 시장경제는 민간부문의 경제활동을 시장·가격기구에 맡기는 것, 바꾸어 말하면 시장원리에 맡기는 것을 원칙으로 하는 경제를 말하기 때문이다.

시장·가격기구는 다음과 같은 정태적 기능을 한다. 첫째로 소비재를 소비자 사이에 배분하는 기능을 한다. 둘째로 이윤극대화의 기준에 따라서 생산을 재화 또는 상품별로 배분하는 기능을 한다. 셋째로 소득극대화의 기준에 따라서 생산요소(기본적으로 노동, 자본, 토지)를 여러 가지 용도별로 배분하는 기능을 한다. 넷째로 기능적·인적 소득배분을 결정한다.

따라서 이런 기능을 감안하여 시장경제를 더욱더 분명하게 정의하면 그것은 민간부문의 경제 활동을 시장·가격기구에 맡겨서 새뮤얼슨(P. A. Samuelson)이 말하는 '무엇을' '어떻게' '누구를 위하여'라는 모든 경제의 기본문제를 해결하게 되어 있는 경제라고 할 수 있다.

'무엇을'은 소비로, '어떻게'는 생산으로, '누구를 위하여'는 분배로 바꾸어 볼 수 있으므로 달리 표현하면 시장경제는 소비, 생산, 분배의 문제를 시장·가격기구에 맡겨서 해결하게 되어 있는 경제가 되는 셈이다. 구체적으로는 '무엇을'의 문제는 생산물시장에서, '어떻게'의 문제는 기업에서, '누구를 위하여'의 문제는 생산요소시장에서 각각 해결되게 되어 있다.

그런데 이 시장·가격기구는 자동적으로 작동하기 때문에 대규모의 행정기구나 의사결정기구가 필요 없을 뿐 아니라 그 기능을 보강해주거나 여러 가지 제약을 제거해 주기 위한 법체계를 마련해 주는 이외에는 별다른 정책이 필요 없다는 장점을 갖는다.

오늘날의 선진 자본주의국가들은 바로 이 시장경제를 경제체제로 채택하고 있는 것이 사실이다. 그러나 시장경제는 부와 소득분배의 불균등화, 독과점화, 경제력 집중화 등을 결함으로서 갖고 있을 뿐 아니라 공공재, 교육 및 공해 등 불확실한 장래 등의 시장·가격기구가 미치지 못하는 문제를 안고 있다. 그러기에 오늘날의 선진 자본주의국가들에서도 그 결함의 시정과 여러 문제들의 해결을 위해서 정부의 간섭을 필요로 하는 '계획화'가 도입되고 있다. 물론 이때 가능한 한 시장·가격기구의 적극적 효과적인 활용이 도모되고 있음은 말할 나위도 없다.

우리는 이 점에 특히 유의할 필요가 있을 것이다.

사실 현재 우리나라에서 경제적 민주화의 일환으로서 민간주도경제가 그리고 시장·가격기구가 더욱더 강조되고 있지만 그러나 그렇다고 해도 결코 그것이 정부의 역할의 축소를 뜻하는 것은 아니고 단지 그 역할의 변화를 뜻할 따름이라는 것을 분명히 알 필요가 있다. 도리어 정부의 정책은 시장·가격기구의 강화를 위해서 필요하며 또 더 강력한 시장·가격기구는 정책을 효과적으로 실시하기 위해서 필요하다. 따라서 정부의 역할은 과거의 잘못된 경제개발 계획의 좋지 못한 결과를 교정하기 위해서 더욱더 요구될지 모른다. 즉 과거의 자의적인 직접통제로 해서 각종의 불균형이 발생했고 무역정책, 재정정책, 금융정책, 산업정책, 임금정책 등 각종 정책이 서로 상충된 방향으로 작용하여 그 효과가 상쇄되고 이로 말미암아 많은 왜곡된 결과가 나타났다면 그것의 시정을 위해서 정부의 역할은 더욱더 필요하게 될 것이다.

그런가 하면 민간부문의 잠재적 능력과 자본을 비통제적인 방법으로 동원하는 데에는 시장·가격기구를 발달시키는 길밖에 없다. 그리고 정부에 의한 사회간접자본의 확충은 시장·가격기구의 발달을 위한 물적 기반을 마련해 주며 시장상호 간의 의존관계를 강화하게 된다. 정부는 또 은행제도, 화폐시장, 자본시장, 노동조직, 농업신용조직 등을 구축하는 데에서 그리고 민간부문의 경제활동을 원활하게 하는 경제환경을 조성할 각종 법적, 제도적 뒷받침을 하는 데에서 중대한 역할을 하게 된다.

이러한 정부의 역할로 해서 일단 시장·가격기구가 개선되고 보강되면 그때 비로소 경제개발계획은 선진 자본주의국가들의 그것처럼 가이드 포스트의 역할을 하는 데 그치는 유도계획 또는 지시적 계획이 될 것이다.

이에서 알 수 있듯이 민간주도경제는 전혀 정부의 간섭이 없는 경제도 또 지나친 정부의 간섭이 있는 경제도 결코 아니다. 그것은 어디까지나 앞에서 언급된, 꼭 해야 할 일만을 정부가 하는 범위 안에서 정부의 간섭이 허용되는 혹은 정부의 제대로 된 역할이 기대되는 경제를 뜻한다. 따라서 민간주도경제가 제대로 된 의미 또는 제 모습을 가지려면 무엇보다도 우선해서 정부가 꼭 해야 할 일과 절대로 해서는 안 될 일의 명확한 구별이 필요하다고 할 수 있다. 그리고 민간주도경제가 마치 어떤 급격한 방향전환을 예고하는 것처럼 우리에게 인식을 주는 일은 적극 피할 필요가 있다. 급격한 방향전환은 그 의도가 제 아무리 좋더라도 반드시 큰 부작용을 초래하게 마련이기 때문이다. 그러기에 민간주도경제로의 전환은 신중하게 그리고 점진적으로 이루어져야 한다고 생각한다. 즉 지금까지의 정책 중에 잘못된 것은 무엇인가, 시장·가격기구가 제대로 기능을 다하지 못했다면 그것은 전적으로 정부의 간섭에 기인하는 섯인가, 성책선환에 따른 예상뇌는 부작용은 무엇이며 그것을 어떻게 최소화할 것인가 등 생각할 수 있는 모든 문제를 충분히 검토하고 그것에 적절히 대처해 가면서 전환을 진행시키는 것이 바람직스럽다고 할 것이다. 이때 지나친 간섭으로 야기된 불균형이나 왜곡화 현상의 시정에는 시간이 걸리게 되어 있음도 아울러 고려할 필요가 있을 것이다.

민주화를 전제조건으로 하고 있다고 볼 수 있으므로 경제적 민주화의 일환인 민간주도경제는 정치적 민주화의 실현과 병행해서 실현될 수 있다는 사실에 특히 유의할 필요가 있다. 정치적 민주화의 실현 없이 민간주도경제의 실현을 기대한다는 것은 어리석기 짝이 없는 일일 것이다.

그뿐 아니다. 민간주도경제의 실현을 위해서는 기업의 주식 공개화·주식 분산화·경제력집중 방지·한국은행의 독립성 확보·금융기관의 자율화·소비자의 합리적 행동 등도 못지않게 중요하다고 할 수 있다. 기업의 소유와 경영의 분화는 기업의 사적 지배의 종식을 의미할 뿐 아니라 건전한 경영을 위해서도 필요하다. 그리고 시장경제는 경제력의 분산을 전제로 한다. 시장경제는 중앙은행의 독립성·금융기관의 자율화를 전제로 한다. 금융기관의 자율화를 위해서는 정책금융의 비중을 크게 낮출 필요가 있으며 그런 의미에서 산업은행, 중소기업은행, 국민은행 등의 정책금융기관의 대출 재원규모를 크게 확대시켜 그 전담기관에게 맡기도록 해야 할 것이다. 시장경제는 또 소비자의 합리적 행동을 전제로 한다.

결국 민간주도경제의 실현을 위해선 전제, 갖추어야 할 요건, 해결 또는 대비해야 할 문제 등이 많음을 알 수 있다. 어떻든 이러한 전제, 요건, 문제들이 충족 또는 해결되어 민간주도경제가 제 모습을 갖추게 될 날이 하루속히 도래했으면…….

《향상의 탑》(서울대 상과대학, 1987년 봄)

7차 계획의 성패

　최근에 〈과학 및 산업기술개발촉진계획〉(1992~1996)이 7차 계획조
정위원회에 의해 확정 발표되었다. 이것은 내년부터 시작되는 7차 계
획(정식명칭은 7차 경제사회발전 5개년계획)의 부문계획이다. 기술개발은
현재 절실하게 요청되고 있는 우리나라 수출경쟁력의 제고·강화의 열
쇠를 쥐고 있는 것이기에 이 부문계획에 대해서 우리는 특별히 주목
할 필요가 있다. 사실 기술개발 문제가 우리 경제의 장래를 좌우하는
것이라고 해도 과언이 아니다.

　이 부문계획에 따르면 과학기술 투자의 총규모는 GNP 대비로 89년
의 2퍼센트 수준에서 96년에는 3~4퍼센트 수준으로 끌어올려지고 공
유성 산업기술, 공공복지기술, 연구인력 양성, 기초연구는 정부가 맡고
전문적인 산업기술개발 및 기업화 연구는 민간에 맡기는 것으로 되어
있다. 그리고 그것을 뒷받침하는 뜻에서 정부예산 중 과학기술 투자비
중은 올해의 3퍼센트에서 96년에는 4~5퍼센트 수준으로 높이고 정부
대 민간의 투자비율은 89년의 25 대 75에서 96년에는 30 대 70으로
조정된다.

　이상을 주 내용으로 하고 있는 이 부문계획에 대해서 나는 우선 최

종 확정될 때까지 반드시 해당 각 분야의 현장종사자들의 의견을 폭넓게 직접 듣고 그것을 수렴, 반영하는 노력을 게을리하지 말 것을 강조하고자 한다. 계획이 소기의 성과를 거두기 위해서는 현실에 굳건한 바탕을 둔 것이어야 하기 때문이다. 그 다음으로 계획이 그 자체로 얼마나 정밀하게 짜여졌느냐 하는 것보다는 그 추진 결과, 즉 그 계획을 통하여 얻은 것이 무엇인가가 더 중시되어야 한다는 것을 강조하지 않을 수 없다. 그동안 여러 차례의 의욕적인 계획이 실시되었지만 어찌된 셈인지 그 결과는 수출경쟁력의 약화, 나아가서는 기술개발의 낙후로 이어졌기 때문이다. 우리들은 이 점에 유의하여 앞으로 계획의 추진과정에 대한 감시를 소홀히 하지 않도록 해야 할 것이다.

그리고 정부는 선도적인 역할과 함께 민간의 기술개발 활동을 적극적으로 뒷받침하는 데 주력해 가야 할 것이다.

《내일경제신문》(1991. 8. 31)

경제계획의 조정기간

선거가 끝난 후 우리의 관심이 경제에 집중되고 있는 것은 자연스런 일이다. 앞으로 물가·국제수지 등이 염려스럽기 때문이다. 물가를 안정시키고 국제수지를 개선하는 것 등은 정부가 꼭 해야 할 일들임에 틀림없다. 그러나 물론 무리수를 써가면서까지 그렇게 해야 하는 것은 아닐 것이다.

물가안정·국제수지 개선 등의 실현에는 시간이 필요한 것이 사실이다. 그러기에 나는 종합적이고 다각적인 대책을 마련하고 그것을 착실하게 추진하는 것이 정부의 당연한 몫이라고 생각한다. 그리고 다른 한편으로 나는 차제에 1992년과 1993년을 조정기간으로 삼은 뒤에 1994년부터 제7차 계획을 실시하도록 할 것을 강력히 주장한다.

돌이켜보면 제1차 계획기간(1962~1966)에 보완계획이 마련되었던 일이 있는가 하면 제5차 계획기간(1982~1986)과 제6차 계획기간(1987~1991)에도 수정계획이 마련되었던 일이 있다. 5차, 6차 계획기간의 수정계획은 주로 집권자가 바뀐 것을 계기로 해서 작성되어 각각 1983년 12월, 1988년 10월에 발표되었다.

이렇게 본다면 1993년 2월에 집권자가 바뀌게 되어 있는 이상 그때

가서 수정계획을 작성하는 것보다는 그동안 노정된 갖가지 부작용을 시정하는 시간적 여유를 가지면서 집권자의 공약을 반영한 경제계획을 작성해서 실시토록 하는 것이 더욱 합리적이고 현실적이라고 할 수 있지 않을까.

이미 1991년 11월에 확정된 제7차 계획의 공업총량지표를 수정한 것이 지난 3월에 발표된 것이라든지, 1991년 우리 경제의 성장내용은 소비와 건설투자의 과열에 따른 이상 고성장의 틈을 완전히 벗어나지 못한 것을 반영하고 있다는 한국은행 〈1991년 국민계정(잠정)〉에서의 지적을 감안한다면 더욱 그러하다고 할 수 있을 것이다. 따라서 나는 조정기간의 설정을 결코 주저할 일이 아니라고 생각한다. 사실 경제계획을 실시하는 선진국에서도 조정기간을 설정하는 것은 얼마든지 찾아볼 수 있는 일이다.

이번 기회에 한번 2년 정도의 조정기간을 거침으로써 1994년부터 새로운 기분으로, 그리고 국민들의 광범한 합의와 기대 속에서 알찬 경제계획이 수립되고 그 계획에 의거한 다양한 단기정책이 수행될 수 있는 계기를 마련하는 것을 생각해 봄직하다.

《서울경제신문》(1992. 4. 3)

제2편
발전전략과 경제정책

민족혁명형 개발정책에로의 전환

1. 머리말

순수하게 경제적인 측면에서만 보더라도 1971년은 그지없는 격랑의 해였다. 연초부터 양대 선거의 소용돌이에 휘말려든 한국경제는 그 출발부터 격심한 자금난에 허덕였다. 선거자금으로 뿌려진 막대한 돈이 회수되면 그래도 해소되리라고 믿었던 자금난은 선거가 끝난 뒤에도 풀리기는커녕 오히려 날이 갈수록 그 도가 심해져 가기만 했다. 게다가 선거 때까지 정책적으로 눌러 두었던 각종 가격과 요금이 일제히 인상물결을 일으키자 하반기에 들어서면서부터 물가가 또한 걷잡을 수 없이 오르기 시작했다.

더욱이 대외적인 측면에서 한국경제는 또한 1971년에 두 가지 일대 사건을 맞이한 셈이 되었다. 지난 8월 16일 닉슨 대통령의 달러화 방위 긴급경제조치(이른바 달러 쇼크)와 그로 인한 일본 원화절상 움직임에 따른 파장이 그 첫째이고, 10월 16일자의 미국 섬유류 수입규제협상 타결에 따른 충격이 그 두 번째의 사건이다. 두 가지 대사건을 계기로 한국경제는 후술하는 바와 같이 결정적인 영향을 감수하지 않을 수 없었다. 즉 중소 규모의 섬유공업 분야를 중심으로 기업의 휴업과 폐업이 속출하고 근로자의 감원 선풍, 각종 생산요소 가격의 등귀, 기업 운영자금의 궁색, 그 위에 양곡수급 불원활로 말미암은 쌀값 인상 등 생계비 상승까지 겹쳐 한국경제는 가히 난국이라 할 만큼 심각성을 드러냈다.

이상의 최근에 제기된 경제적 문제들의 성격을 정책 당국의 주장대로 과연 급속한 개발과정에서 불가피하게 일어나는 일시적 현상 내지 고도성장의 부작용으로 규정지을 수 있는가, 그렇잖으면 경제체질적인 모순 또는 불합리성에 기인하는 개발정책 그 자체의 필연적 귀결로 파악되어야 할 것인가, 문제의 중요성은 바로 여기에 있다.

이러한 문제의식 아래 이 글은 1971년 중에 제기된 주요 경제양상을 중심으로 그 근본적인 원인을 규명함으로써 현존 개발정책 방향을 반성하고 나아가 급변하는 세계경제의 흐름 속에서 한국경제가 나아갈 새로운 방향을 모색코자 한다.

2. 성장과 발전의 비리

일반적으로 경제의 성장과 발전은 그 개념을 달리한다고 본다. 뚜렷한 개념상의 구분은 어렵다고 하더라도 성장이란 대개 경제량을 총체적으로 표현하는 GNP의 증대를 기준으로, 그리고 발전이란 성장과 산업별·공업별 구조 등 국민경제 구조상의 변혁을 포괄하는 개념인 것만은 분명하다. 그래서 전자가 경제의 물량적 증대란 측면만을 분석대상으로 하는 것이라면, 후자는 그와 같은 물량적 변동과 더불어 산업구조상의 문제까지도 분석대상으로 삼지 않을 수 없다. 산업구조상의 문제 등을 분석대상으로 삼을 때 거기에서 도출되는 결론은 다양할 수 있으므로 거기에 대한 객관적 판단을 얻기 위해서는 일정한 판단기준이 전제되어야 한다. 판단기준의 선택에 있어서는 주관성을 면할 수 없으나 우리는 과거의 역사와 오늘날의 시대적 요청에 따라 어느 정도 일반성을 갖는 기준을 설정할 수 있으며 우리는 이것을 자주경제와 자립적 산업구조에서 찾고자 한다. 다음에서는 이러한 기준 아래서 오늘날 한국경제가 당면하고 있는 문제를 분석하고자 한다.

돌이켜볼 때, 2차 대전 후 저개발국은 너나 할 것 없이 정부 주도하에 인위적 경제개발 정책을 추진해 왔고 우리나라도 1962년 이래 5개년계획을 강력히 추진해 왔음은 이미 주지하는 바다. 또한 그동안의 실적이 제시하는 바로는 양차의 5개년계획을 통해 우리나라는 여타의 저개발국에 비하여 더 높은 경제성장을 이룩했다는 것도 이미 공지된 사실이다. 여기에는 구태여 계수적 뒷받침을 할 필요도 없다. 단지 경제성장률이나 수출증가율이 너무나 높아 기회 있을 때마다 금메달(수출증가율)이나 동메달(GNP 증가율)에 빗댄 내부적 선전과 함께, 외부적으로도 한국경제에 대해서 이제부터는 외부지원을 어느 정도 줄여도 좋다는 일부 선진국 측 평가만을 지적하는 것만으로도 충분한 것이기 때문이다.

그런데 우리의 분석대상은 이러한 물량적 성장 결과 자체에 주어지는 것이 아니다. 앞에서 제기한 성장과 발전의 논리 속에서 그동안 거둔 성장 결과를 발전의 의미로 받아들일 수 있는가 없는가이다. 그러한 측면에서 보면 우리나라의 경우에도 긍정적인 회답을 어렵게 하는 많은 문제들이 있다.

그 첫째로 경제성장 면을 보면 1969년의 15.9퍼센트를 최고로 매년 괄목할 만한 GNP 증가율을 올리고 나아가 산업구조도 농림수산업 비중이 1962년의 36.6퍼센트에서 1970년의 28.1퍼센트로 줄고, 대신 광

공업 비중이 기간 중 16.5퍼센트에서 22.2퍼센트로 늘어나 지표상으론 상당한 산업구조의 고도화를 이룩했다. 그러나 그와 같은 성장은 이를 테면 1967년 및 1970년에 농림수산업이 −6.0퍼센트 및 −0.8퍼센트란 '마이너스의 성장'을 기록했음에도 광공업 및 3차산업 부문에서는 예년에 견주어 아무런 하등 영향이 없는 고성장을 이루었고, 이는 또한 투자재원 형성 면에서 외자도입 규모와 밀접한 상관관계 하에 이루어졌다고 하는 두 가지 점을 특별히 지적할 필요가 있다. 따라서 그동안의 고도성장이 국내적 분업관계나 국내 투자재원에 의하여 이루어지지 못했다고 하는 점을 발견할 수 있고, 이는 또한 성장기반의 취약성을 가리키는 것으로서 우리의 긍정적 회답을 어렵게 하는 일차적 근거가 된다.

둘째, 수출신장 면에서도 1962년 이래 매년 30~40퍼센트씩의 수출증가가 이루어졌음은 부인할 수 없다. 그리고 수출산업별 구성도 2차산품 수출비중이 1962년에는 19.4퍼센트에 불과하던 것이 1970년에는 77.4퍼센트까지 확대됨으로써 이른바 수출구조의 고도화가 또한 괄목할 만큼 이루어졌다. 그러나 다른 한편 수입증대도 또한 계속되어 1970년의 총체적인 수입 대 수출비율이 2.4대 1로서 여전히 무역수지 역조가 크다.

이것은 수출상품의 원자재를 해외에 많이 의존하여 평균적인 외자가득률이 5할대에 불과하다는 사실에 연유하는 것으로서 수출이 많이 되면 될수록 수입도 증대되지 않을 수 없다는 이 수출입 구조 면의 아이러니컬한 논리가 또한 우리에게 긍정적 답변을 못 내리게 하는 두 번째 이유이다.

위에서 경제성장과 수출신장이란 두 측면에서 그동안의 고도성장이 어떠한 물질적 기반과 논리적 배경 아래 이루어졌는가를 보았다.

〈표 1〉 GNP와 산업구조지표 추이

	단 위	1962	1966	1970
G N P 총 규 모	억 원	348	10,032	25,459
G N P 성 장 률	%	3.5	31.4	8.9
농 림 수 산 업	%	−6.0	11.0	−0.8
광 공 업	%	15.7	15.2	17.7
사회간접자본·기타 서비스	%	9.1	14.8	9.9
산 업 구 조 (경 상)				
농 림 수 산 업	%	36.6	36.1	28.1
광 공 업	%	16.5	19.6	22.2
사회간접자본·기타 서비스	%	46.9	44.3	49.7

자료: 한국은행.

사실인즉 소비재 내지 원자재 도입을 내용으로 하는 원조경제와는 달리 자본재 도입을 내용으로 하는 차관 또는 직접투자 경제하에서는 국내에서 생산이 늘고 GNP가 성장한다는 것은 당연한 것이다.

이렇게 볼 때, 1960년대의 고도성장에 대해서는 더 이상의 이론적 부연이 필요없게 된다. 뿐만 아니라 한 나라 경제의 외자도입이 확대된다는 것은 그만큼 개방경제화를 뜻하고 대외경제 거래가 넓어진다는 것을 의미하므로 1960년대의 급격한 수출신장도 이상의 논리로 미루어보아 조금도 기이할 것이 없다.

단지 이 경우 도입된 외국자본은 피도입국의 경제성장의 측면과는 그 이해를 같이할 수 있으나 경제발전의 측면과는 이해를 달리할 경우가 얼마든지 있을 수 있다는 점, 그리고 경제발전에 대한 시각을 적어도 국민경제의 자주·자립화 과정에다 둔다면 그동안의 고도성장을 바로 고도발전으로 파악할 수는 없다는 점을 지적케 한다. 그리하여 외국자본과 기술에 의하여 경제개발을 추진하고 있는 저개발국의 경우, 성장과 발전 간의 이러한 모순, 바로 그것이 1971년 한국경제의 여러 현상들의 원인을 규명하는 전제가 된다.

3. 부문별 근본 병인의 소재

1) 기업부실화와 자금난

제2차 5개년계획의 후반기인 1969년에 들어오면서 벌써 5개년계획 사업으로 건설된 유수의 차관기업 또는 은행융자기업들이 말썽을 빚었다. 즉 정부의 부실기업 정리시책이 발표되면서 그때까지 정부시책에 적극 순응하여 보상까지 받은 기업들이 기업 자체의 의사와는 반하는 강제적 정비를 당하게 된 것이 바로 그것이었다. 그러나 당시만 하더라도 이러한 기업은 소수에 지나지 않았고 그 부실화의 원인도 기업측의 경영관리 면의 과제로 규정되어 기업부실화는 어디까지나 의욕적 개발정책의 추진과정에서 충분히 유발될 수 있는 일종의 부작용으로 간주되었던 것이 사실이다. 대표적인 부실기업의 강제처분이란 비상수단을 통해서 기업부실화를 방지할 수 있을 것이라고 판단한 것은 완전한 잘못이었다.

그 뒤 해를 거듭할수록 기업부실화의 증상은 더욱 표면화하였고, 마침내 지난 여름 동경에서 열린 제3차 한일협력위원회(총회) 주변에서는 지금까지 들어온 일본 상업차관기업의 약 85퍼센트가 부실이라는 도저히 믿지 못할 소리까지 들려왔다. 이제 부실기업 문제는 고도성장 과정에서 일어날 수 있는 부작용으로서 규정하기에는 너무나 절실한 국면에 처하게 되었다. 오히려 그것은 예외적 존재로서가 아니라 차관기업이 갖는 속성으로 인한 일반적 존재로 인식해야 할 단계에 있다.

한국경제의 당면문제를 종합적으로 표현하는 이 기업부실화 경향이야말로 현실의 한국경제가 안고 있는 최대의 병폐이다. 진정이다, 업계 엄살이다 하고 오랫동안 공방전을 벌여온 불경기 여하 문제도 실은 이 기업부실화의 외양적 표현에 불과할 따름이다. 그러면 기업부실화의 근본원인은 어디에 있는가. 흔히들 자금 궁색이다, 생산요소 가격의 인상이다, 판매부진(시장협소)이다 하는 요인들을 지적한다. 그러나 이들은 기업수익성이란 측면에서 기업경영 실적에 영향을 미치는 요소들이기는 하나 그것이 바로 기업경제성이란 측면에서 부실화의 근본원인이 될 수는 없다. 왜 기업자금 부족을, 요소가격 인상을, 그리고 판로 협소화를 가져오느냐 하는 그 자체의 원인이 규명되어야 하기 때문이다.

첫째, 기업자금 문제를 살펴보자. 정부의 절대적인 비호 아래 자라온 한국의 기업이 정부지원을 요구, 자금부족을 외쳐온 것은 결코 어제 오늘의 일이 아니다. 그러나 작금의 기업자금난 소동은 종전의 그것과는 성격을 달리하는 점이 있다. 몇 해 전부터 물가고를 우려한 나머지 긴축정책을 표방하고 자금방출을 억제한 면이 있기는 하나 통화량이나 금융기관 여신증가 면에서 보아 결코 그 정도로 자금방출이 억제된 것은 아니었다. 그럼에노 기업자금 사성은 부노율이 높아시고, 시중 상가에서까지도 확실히 돈이 귀해졌다는 것을 피부로 느낄 만큼 악화된 것이 사실이다. 그 원인은 어디에 있는가. 자금의 회수기간이 늘어나고 소수계층으로의 집중이 심화되며 또 부동산투자 등 비생산적 부분에 투입되기 때문인 점도 적지 않을 것이다. 그러나 그보다 더욱 주요한 원인은 기(旣)도입외자에 대한 원리금 상환에서 찾지 않을 수 없다.

사실 작년까지만 하더라도 기일 도래되는 원리금이 현금차관 등 신규차관(치환용)에 의하여 상환 결제되는 비중이 상당했는데, 금년부터는 이러한 방식이 크게 준 반면, 요(要)상환절대액은 더욱 많아졌기 때문에 그만큼 기업자금 사정의 경색을 강요했던 것이다. 이를 더 구체적으로 보면 금년 1월부터 8월까지 금융기관 여신증가액은 약 1,457

억 원이었는데 금년 중, 기간 3년 이상의 외자상환 부담만 하더라도 무려 855억 원 규모에 이르고 여기다 3년 미만의 것까지 포함한다면 요상환 규모는 더욱 커질 것이므로 이로써 저간의 여신확대 속에서 융자금 궁색사정의 이유를 발견할 수 있다. 이러한 시각에서 우리는 작금의 일련의 불경기 징후 즉 기업자금난, 판매부진, 휴업 및 폐업과 기업도산 등의 사태 만연의 근본적인 원인을 도입외자의 원리금 상환 부담의 본격화와 이의 관련기업(분야)에의 파급효과에서 찾지 않을 수 없다.

2) 수출한계와 대외경제관계

대외의존적 공업화방식을 채택한 저개발국치고 국민경제에서 수출이 차지하는 비중이 높지 않은 나라가 없다. 그 이유로는 첫째, 그러한 방식의 공업화 과정에서 도입된 외국자본의 원리금 상환을 위한 소요외화의 준비라는 내부적 필요성과, 둘째 저임금 수준을 노리는 선진자본에 의한 조립·가공적 재수입 목적의 생산활동을 허용하는 외부적 요청의 두 가지로 집약될 수 있다. 그 어느 쪽이든 우리나라 역시 대외거래관계 즉 수출비중은 그동안 크게 증대되었고, 더욱이 그것은 수출입국이란 캐치프레이즈 아래 정부 스스로가 수출을 위해서는 그야말로 수단과 방법을 가리지 아니한 정책 배경을 갖고 이루어졌다.

그러나 정부의 이러한 피나는 노력이나 급진적 수출증가 속도도 금년에 들어와 타율적인 외부사정 변동에 의해 완전히 좌초하고 말았다. 즉 지난 8월 16일 신경제정책이란 미명 아래 취해진 이른바 닉슨의 달러방위 긴급경제조치와 그 여파로서 일본 엔화 평가절상 소동에 따른 파장은 우리의 수출계획을 여지없이 짓밟아버리고 말았다. 그도 그럴 것이 우리의 수출은 미, 일 두 나라에 절대적으로 의존하고 있기 때문에(〈표 2〉 참조) 이 두 나라의 수입경기가 바로 우리의 수출계획을 좌우하는 처지에 있고, 더욱이 대미 수출품의 경우 그 원재료의 대부분을 일본으로부터 수입해 사용하고 있으며 또한 일본의 대한 원자재 수출 사정의 변동이 우리의 수출계획에 결정적인 영향을 끼칠 수 있기 때문이다(1970년 중 총원자재 수입액 997백만 달러의 36.3%를 일본에, 24.6%를 미국에, 그리고 수출용 원자재의 절반을 일본에 각각 의존하고 있음).

〈표 2〉 한국의 대미, 대일 수출입의존도

(단위: 백만 달러)

	수 출			수 입		
	총수출	일 본	미 국	총수입	일 본	미 국
1960	32.8	20.2 (61.5)	3.6 (11.5)	343.5	70.4 (20.5)	133.7 (38.9)
1965	175.1	44.0 (25.1)	61.7 (35.2)	463.4	166.6 (36.0)	182.3 (39.3)
1969	622.5	133.3 (21.4)	312.2 (50.1)	1,823.6	753.8 (41.3)	530.2 (29.1)
1970	835.2	234.3 (28.1)	395.2 (47.3)	1,984.0	809.3 (40.8)	584.8 (29.5)
1971	1,350.0	310.0 (23.0)	670.0 (49.6)	–	–	–

주: 1) 1971년 계획은 상공부 계수임.
  2) ( ) 안은 전체에 대한 비율임.
자료: 관세청, 《무역통계연보》.

금년도 수출목표액 13.5억 달러 달성 여부 이전에 이번 사태를 통해 뼈저리게 느낀 것은 우리의 수출구조 기반이 말할 수 없이 취약하다는 점과 나아가 지금까지의 양적 신장 결과도 자율적인 힘에 의해서가 아니라 수입국 측(또는 그 원자재의 수출국 측) 이익에 의해서 가능했다는 사실이었다. 그 현실의 사례를 이번 미국 섬유류 수입규제 문제에서 찾아볼 수 있다. 전후 미국은 자체생산의 원면을 임금이 싼 저 개발국에 수출하여 가공상품화하여 재수입, 싼 가격으로 국내 소비자에게 공급하는 과정을 취해 왔다. 이러한 방식이 국내 섬유업계의 반발로 어렵게 되자 하루아침에 수입을 금지함로써 수많은 섬유업체를 단숨에 몰락케 한 오늘의 현실이 그것을 잘 대변해 주고 있다.

여기서 국지적(국내적) 분업체제를 무시하고 그 소요원재료도, 제품 판매시장도 모두 외자에 의존한 수출구조가 얼마나 허약한 체질인가를 알 수 있게 된다. 이러한 사정이 모두 외자경제가 갖는 속성에서 유래하는 비리로서 현실의 수출문제 또는 대외거래 관계의 한계성도 근본적으로 이러한 논리적 배경 아래서 파악되어야 한다.

3) 물가고와 생계궁핍화

한국의 물가구조의 특징 하나는 상대가격 원리가 적용되지 못하고 있다는 데서 찾아진다. 즉 정부의 강력한 물가통제 아래 가격 메커니즘에 의한 경쟁질서가 왜곡되어 생산자는 생산자대로 소비자는 소비자대로 부당한 거래를 강요당하고 있다. 이러한 물가정책 논리는 경우에 따라 가격하향적 생산활동이 가능한 독과점 상품에서는 부당이득을 보장하고 이와 달리 가격인상 조작이 불가피한 상품에서는 당해 기업의 도산을 초래하는 모순을 심화시켰다.

그동안 강력한 정책적 억압에 의해 그 인상세가 저지되어 왔던 물가수준이 하반기에 들어서면서 외자기업 제품가격의 인상과 주요 관영·관허요금의 인상을 선두로 일제히 고개를 쳐들기 시작했다. 정부의 연말까지 시한부 안정약속과 세무·경찰력 등 강권적 행정력까지 동원하여 물가를 안정시키고자 부심하고 있으나 최근의 곡가변동의 경우만을 보더라도 그러한 노력이 수월하게 성취되기는 어려울 것으로 보인다.

물가상승 형태를 흔히들 코스트 푸시적인 것과 디맨드 풀적인 두 가지로 나눈다. 우리나라도 몇 해 전부터 노동생산성 상승보다도 임금상승률이 빠르다는 논거 아래 이른바 생산성임금제가 제창되면서부터 이 두 가지 형태 중 코스트 푸시적인 설명이 상당히 그 근거를 인정받아 왔다. 이는 마치 오늘날 미국의 스태그플레이션의 근본원인을 생산성 초과 임금상승률에서 찾고 소득정책 강화를 통해 그것을 해결코자 하는 오류를 그대로 답습한 잘못된 논리라 하겠다. 더 구체적으로 보면 1962~1970년 동안 제조업 연평균 실질임금 상승률은 약 8퍼센트(서울 소비자물가지수를 디플레이터로 한 것임)로서 그간의 전체적인 경제성장률이나, 비록 명목수치지만 매년 30퍼센트가량씩 인상된 공무원의 봉급수준에 비해서 실적 면에서도 우선 높지 않았다.

한국적 물가상승의 근본요인은 어디서 찾아야 할 것인가. 주로 정부기업 또는 정부관리 기업에 의해서 공급되는 사재의 가격과 주요 외자기업 제품의 가격의 선도적 인상을 우선 고려할 수 있으나 이는 어디까지나 사후적인 관찰에 불과하다. 그러한 생산요소 가격을 포함하여 전반적인 제품가격의 인상을 초래하는 더 근저에 숨겨진 동인은 아무래도 과중한 외자원리금의 상환 압박에서 찾지 않을 수 없다. 일반적으로 기업이 추가이윤을 올릴 수 있는 길은 생산비용(주로 임금)을 낮추거나 제품 판매가격을 올리는 두 가지밖에 없다. 막대한 외채 압력에 허덕이는 우리나라 기업이 그 원리금 상환에 있어 지보은행(支保銀行)에 의한 대불(代拂)을 일으키지 않으려고 하는 이상, 상환대금을 마련하는 손쉬운 길은 판매가격의 인상이 아닐 수 없다. 정부로서도 또한 대불 발생을 일으키는 것보다는 가격인상을 허용해 주는 편이 더욱 소망스러울 것이라는 점은 충분히 납득할 수 있는 일이다. 그리고 외자기업 및 외자관련 기업의 제품가격 인상의 충동은 도입된 외자가 가능한 최대한의 이윤을 거두려는 자본 본래의 속성으로부터도 충분히 해명될 수 있고, 이는 일찍이 일제식민지 통제하에서 우리가 이미 경험한 역사적 사실이기도 하다(외자경제하에서 인플레이션 문제에 관해서는 《재정》 1971년 10월호에 실린 김준보 교수의 〈외자도입과 인플레이션 위기〉를 참조하기 바람).

한편 이러한 외채상환 압력 아래서 근로자의 임금수준 또한 최소한 절하는 되지 않더라도 최대한으로 그 상승이 억제될 것만은 분명한 사실이다. 그래서 구매력 부족으로 기업이 현재 판매부진을 겪고 있음은 주지하고 있는 바다. 그런데도 어떻게 일반물가는 상승할 소지를 갖는가. 여기에 대한 해답은 상승되는 제품의 대부분의 수요대상이 위에서 말한 임금동향과는 무관한 도시지역의 일부 고소득층으로 제한되어 있다는, 바꾸어 말하면 소비구조의 극단적 이중성으로부터 제시된다. 뿐만 아니라 자기들의 구매의사와는 무관하게 물가상승을 접하게 되는 일반대중의 생계궁핍 심화과정도 결국 이상과 같은 논리적 귀결로 이해될 수밖에 없다.

이상의 세 가지 부문 외에도 우리는 현실의 한국경제가 안고 있는 병폐를 얼마든지 찾아볼 수 있다. 주곡자급화의 길이 자꾸만 멀어져가는 농업 부문의 병폐화에서, 민족자본으로서 중소기업 부문의 몰락과정에서, 국지적(국내적) 분업체제와는 관련 없는 소비구조의 퇴폐적 왜곡화 등에서…… 발견할 수 있다. 그리고 이들의 근본적인 병인 역시 지금까지 살펴본 외자경제의 속성에서 구명될 수밖에 없음도 물론이다.

4. 맺는말

이상으로 우리는 서두에서 제기한 문제, 즉 한국경제의 오늘날 여러 양상을 급진적 개발정책의 추진과정에서 유발될 수 있는 단순한 부작용으로 보느냐, 또는 개발정책 그 자체의 방향 설정의 오진에 기인하는 근본적 문제로 보아야 하느냐 하는 판단을 내려야 한다. 물론 여기에는 근대화 내지 공업의 본질을 어떻게 이해하느냐에 따라, 즉 어떠한 판단기준을 설정하느냐에 따라 서로 다른 해답이 나올 수 있다. 그러나 지금까지 분석 결과를 두고, 또한 경제개발의 궁극적 목표를 자주경제, 자립적 산업구조의 달성에 두는 이상, 이에 대한 결론적 평가는 다분히 전자보다도 후자의 편에 가까움을 숨길 수 없다.

이렇게 결론짓고 보면 우리는 한 가지 주요한 사실에 당면하게 된다. 즉 개발계획을 수립할 당시 설정한 개발의 목표설정 곧 '자립경제 기반구축'이란 그 자체는 옳았으나 개발과정에서 동원한 수단 곧 무리(과도)한 외자의존과 같은 것이 잘못되었다는 사실이다. 엄밀히 따지면 그러한 목표설정과 정책수단은 어디까지나 불상용(不相容)의 것으로 보아야 했을지도 모른다.

어쨌든 이제 그동안의 값비싼 경험을 살려 원점에서 새로운 개발이념, 새로운 개발방향의 모색, 바꾸어 말하면 현존 개발방향의 근본적 전환을 이룩해야 할 단계에 이르렀다. 그런데 저개발국의 조국근대화는 그 물질적 기반을 우선적으로 확립해야 한다는 점에서 경제개발 공업화를 주 내용으로 하지 않을 수 없다.

무릇 저개발국 근대화의 길은 일반적으로 다음의 세 가지 유형으로 구분된다. 근대화를 바로 서구화와 동의(同意)로 해석하고 서구 선진 자본주의국가들이 걸어온 근대화의 과정과 내용을 그대로 답습하는 이른바 자본주의형, 둘째 자본주의 문명의 성숙을 기다리지 않고 바로 사회주의화의 길을 모색하는 이른바 사회주의형, 셋째 이 두 가지 방식의 장점을 발전적으로 배합한 중간적 방식인 민족혁명형이 바로 그것이다(본 근대화유형론에 관해서는 《신동아》 1971년 11월호에 실린 졸고 〈한국경제의 진단과 반성〉을 참조하기 바람).

이 세 가지 중에서 특히 우리의 관심을 끄는 유형은 마지막의 민족혁명형 방식이다. 왜냐하면 식민지통치에서 벗어난 신생 저개발국이 택해야 할 근대화 이념은 명실상부한 자주·자립 국가의 건설에 주어지고, 또한 그 실제 과정은 구식민지통치가 남긴 유물로서 전근대적 요소의 청산과정으로 규정되는 동시에, 이러한 전근대적 요소의 청산은 결국 민족혁명 과정을 통해서만 전제적(專制的)으로 가능할 것이기 때문이다.

소망스런 근대화의 유형을 이렇게 민족혁명형으로 잡을 때, 그 구체적인 경제개발 방향은 외향적 공업화 방식으로부터 내포적 공업화 방식으로 전환에서 우선 제시된다. 내포적 공업화 방식은 형식적 국제분업원리에 바탕을 둔 외부 의존적 개발방식 즉 원격지 상업이론을 거부하고 국내산업 간의 유기적 관련성의 확립이라는, 즉 국지적 분업체제에 바탕을 둔 개발방식임을 의미한다. 그러므로 내포적 공업화의 길은 바로 국내 농업 부문과 균형적 개발 아래서만 가능하므로 농업 부문의 개발도 동시에 중시되지 않을 수 없다. 모름지기 농업개발 없는 공업화 과정이 국민경제의 대외의존도만 심화시키고 결과적으로 국민경제의 자주화를 달성하지 못한 사례는 오늘날 우리 주변에서 얼마든지 발견할 수 있다.

내포적 공업화로의 전환이 결코 쉽게 이루어질 것으로 믿을 수는 없다. 더욱이 국민경제의 주요 구석구석까지 도입외자가 깊숙이 관련되어 있고 따라서 산업구조 자체가 외부시장 의존적 체제로 편성되어 있는 환경 아래서 도입외자에 대해 불이익을 가져올 이러한 방향전환은 결코 순탄하지는 않을 것이다.

그러나 아무리 비싼 대가를 지불하더라도 기필코 이는 이루어져야 한다. 더욱이 눈을 밖으로 돌릴 때 급전하는 국제정세의 소용돌이 속에서 우리가 살아남고 또한 번영할 수 있는 길은 오로지 이 길밖에 없다고 판단되기 때문이다.

《정경연구》(1971. 12)

새로운 경제정책의 방향

1. 고도성장─불황의 메커니즘

1960년대 후반기에 대로를 질주하듯이 고도성장을 구가하던 한국경제는 1970년을 고비로 1971년 전반기에 부문별로 불황의 징조가 뚜렷해졌고 후반기에 들어서부터는 전 부문에 걸쳐서 불황을 나타내게 되었다. 불황이 어떤 형태로 진행되어 왔는가는 다음 통계표에서 볼 수 있다. 각 연도의 1/4분기를 비교해 보면 1970년에 비해 1971년에는 GNP의 성장률은 더욱 높아졌다. 그러나 부문별로 보면 건설업 부문에서 심한 불황의 징조를 보여주고 있다. 특히 도시건설, 민간건설, 기타건설의 증가가 격감하였으며, 전력에 대한 투자는 1972년의 과다투자 이후 절대적인 감소를 보이고 있다. 이러한 감소에도 불구하고 제조업의 계속적인 호조와 농촌어업의 약간의 성장으로 높은 성장률을 지속할 수 있었다. 그리고 건설 중에도 주택건설만이 활발하게 이루어질 수 있었다.

그런데 1972년 1/4분기에 들어와서는 농촌어업을 제외한 모든 부문이 전년 동기에 비해서 성장이 전반적으로 둔화되었다. 그리하여

<표> 불황의 양상들

증가율(연분: %)

	1970. 1/4분기	1971. 1/4분기	1972. 1/4분기
국 민 총 생 산	11.2	16.7	6.7
농 촌 어 업	3.5	6.3	12.6
비 농 촌 어 업	12.0	17.7	6.1
광 공 업	29.5	22.9	8.9
(제 조 업)	15.2	24.0	9.2
건 설 업	26.7	9.6	2.7
사 회 간 접 자 본	17.4	13.6	8.5
기 타 서 비 스	6.8	15.3	4.1
국 내 고 정 투 자	15.4	11.5	−10.4
민 간 건 설	49.7	5.6	−5.2
도 시 건 설	44.7	1.9	−10.6
(주 택)	27.0	67.2	−28.3
(비 주 택)	51.3	−23.6	1.6
기 타 건 설	55.3	13.6	−0.2
전 력	54.3	−11.5	−41.6
정 부 건 설	−0.4	−16.6	−9.6
기 계 시 설	5.2	19.2	−14.6

자료: 한국은행.

GNP 성장률도 전기보다 무려 10퍼센트나 떨어진 6.7퍼센트에 불과하였다. 이 가운데에 특히 건설업이 절대적인 감소를 보였으며 제조업의 성장률도 10퍼센트 아래로 떨어졌다. 투자는 전반적으로 절대적인 감소를 보였는데 그 감소는 10.4퍼센트나 되는 것이다. 특히 주택건설의 감소는 대단히 컸다.

한편 광공업을 보면 전체적으로 8.9퍼센트의 증가를 보이고 있으나, 1971년 3월에 비하여 1972년 3월에 절대적으로 생산이 감소한 부문도 적지 않아 석탄광업, 제재 및 목제품, 고무제품, 화학제품, 토석 및 유리 제품, 전기제품, 수출용기기 등이 그 기간 동안에 감소를 보인 부문이다. 이와 같은 불황에 직면하여 정부는 일대 정책전환을 시도하고 있는 듯하다.

그간의 고도성장을 초래한 요인에는 여러 가지가 있겠지만 수출산업, 수입대체산업, 사회간접자본 부문 등의 주도부문에 대한 투자를 주로 한 고투자가 주된 것임은 말할 나위도 없다. 그런데 이들 주도부문이란 것은 해외의존형인 동시에 국내시장에 비해서 항상 시설과잉형이다. 즉 그것은 해외자본과 해외자본재 내지 시설재에 크게 의존하고 있으며 또 그 중의 수출산업과 수입대체산업은 대체로 해외자본재에 크게 의존하고 있을 뿐 아니라, 국내시장에 비해서 시설과잉형의 것들이고, 그들을 지원하는 사회간접자본 부문도 시설과잉형이라 할 수 있다.

따라서 원리금상환이 이루어지게 되면 기업자금, 나아가서 통화량, 그리고 국제수지가 압박을 받게 되어 있으며, 또 자본재 내지 시설재의 수입이 증가하게 되면 국제수지가 압박을 받게 되어 있고, 원자재의 수입이 증가하게 되면 또한 국제수지가 압박을 받게 되어 있다. 또 원자재의 가격이 상승하게 되면 국내물가가 상승하게 되어 있으며, 국내시장의 구매력이 상대적으로 감퇴하게 되면 시설과잉의 정도는 더욱더 커지게 되어 있다. 또 환율이 인상되면 원리금상환 부담이 증가하게 되고 수입원자재의 가격상승을 통해 국내물가의 상승을 초래하게 되어 있다.

그런데 고도성장의 과정에서 나타난 부실기업가에 의한 기업운영은 기업자금에서 압박을 가중시키고 또 나아가서 부실기업을 발생시키고 있으며, 그간의 중화학공업의 미발달은 원자재 및 자본재 내지 시설재의 해외의존을 조장함으로써 국제수지에 압박과 물가에 압박을 가중시키고 있으며, 그간의 농업 부문의 낙후는 식량 수입을 통해서 국제수지에의 압박을 가중시키고 또 구매력의 상대적 감퇴를 통해서 시설과잉의 정도를 더욱더 크게 하고 있다.

이에 더해서 외자유입도 국제적 전시효과를 통해서 국내 소비수준, 특히 도시 소비수준을 높이는 동시에 외자도입에 의해서 세워진 외자기업으로 하여금 국내시장에서 독과점적 지위를 누리게 함으로써 물가상승을 초래하고 있다. 그리고 기업가 대부분의 경영합리화 노력의 부족도 기업자금에 압박, 국제수지에 압박, 물가에 압박을 가중시키고 있다. 그뿐이 아니라 현재 원리금상환 부담이 매우 커지며 환율이 점진적으로 인상되고 있다. 그리하여 기업가들, 나아가서 소비자에의 부담이 가중되고 있으며, 그 결과 조업단축 등에 기인하는 실업, 정부의 세수 결함 등이 발생하고 있고, 또 공판카르텔이 형성되고 있다.

2. 새로운 경제정책의 방향

우리가 현재 당면하고 있는 불황은 바로 이상과 같은 상태를 말한다고 할 수 있다. 그리고 상술한 바에 따라 다음과 같은 결론을 유도할 수 있으며 이는 새로운 경제정책의 내용이 되어야 한다.

(1) 안정기조는 계속 유지, 추구되어야 한다. 고도성장의 과도한 추구는 지금까지 누적되어 온 우리나라 경제의 각종 비리의 최대의 궁극적인 원인이라고 볼 수 있다. 오버론 정책은 현시점에서 재현되어서는 안 된다.

(2) 기업에 의한 경영합리화 노력은 철저히 실천되어야 한다. 기업가는 환상적인 이익에 기초한 경영을 지양해야 한다. 차관은 얻으면 무조건 이익이 되고 은행대출은 많을수록 좋으며, 부동산은 사두면 값이 오르게 마련이고, 상품을 생산하면 팔린다는 생각은 통하지 않는다는 것을 알아야 한다. 그리고 경영합리화란 해고나 노임 인하로 달성되는 것이 아님을 알아야 한다. 경영합리화를 위해서는 뚜렷한 근거와

전망에서 합리적인 계산에 기초하여 경영 내부의 비리와 낭비요소를 제거하는 것이어야 한다. 정부도 기업의 경영합리화 노력에 커다란 책임을 가져야 된다. 중요한 결정이 거의 정부 주도하에 이루어지고 합리적인 계산이 아니라 정책 결정 및 당국의 선호에 의하여 각종 특혜가 남발된 과거의 제도 아래서는 기업의 불합리한 경영은 어느 정도 정부에 의해 조장되었다고도 볼 수 있다. 정부는 적극적으로는 기업으로 하여금 창의적인 결정을 내릴 수 있게 하는 정책적인 뒷받침을 해줄 뿐 아니라 소극적으로는 기업의 합리적 행동에 대한 감독을 철저히 함으로써 합리화 노력에 자극을 주고 지원을 해야 할 것이다. 특히 외자기업이 독과점적인 지위를 누리고 있으면서도 원리금상환에 크게 허덕이고 있는 것은 그것에 대한 대비를 소홀히 하였거나 별로 경영합리화 노력을 하지 않았음을 나타낸다고 생각할 때 경영합리화 노력은 강조되어야 한다.

(3) 부실기업가는 배제되어야 하며 부실기업은 정리되어야 한다. 그리고 이때 부실기업가에게 채무의 무한책임을 지울 수 있도록 되어야 한다. 기업의 부실화는 우연적인 것이 아니라 필연적 결과인 경우가 많다. 처음부터 그러한 부실화의 전망이 확실함에도 불구하고 법의 미비를 악용하여 기업은 부실화하고 기업가는 치부하며, 기업부실화의 부담은 국민이 져야 하는 비리는 단연코 근절되어야 한다.

(4) 외자도입은 정선주의의 원칙에서 행해져야 한다. 외자도입은 장기저리의 것으로 한정시키도록 함은 물론 국내 소비수준을 크게 높이는 외자도입은 금지하며, 또 외자기업에 대해서는 반드시 원리금상환을 위한 기금의 마련 등 원리금상환에 대한 대비를 하도록 철저히 규제하여야 한다. 우리나라는 아직도 자본이 부족하고 따라서 외자도입이 당장 중단될 수는 없을 것으로 본다. 그러나 종전까지의 외자도

입은 장기적으로 외자도입을 줄이는 방향으로 이루어지지 못하고 더욱더 외자의 필요를 가중시키는 방향으로 이루어졌다. 불요불급한 외자가 중소기업 분야에까지 침투함으로써 중소기업을 몰락시키고, 이런 기반 위에 선 외자기업은 소비수준을 높임으로써 더욱 많은 원자재의 도입을 유발하고, 이는 또 외자의 도입에 의해 메워졌던 것이다. 그리고 원리금상환기가 도래하면 이러한 기업이 미처 대비하지 못한 원리금상환의 부담은 국민 부담으로 넘어가는 일이 적지 않았다. 이러한 사태가 다시는 발생하지 않도록 외자도입의 사전적인 감독은 보다 철저하고 보다 신중하여야 한다.

(5) 중화학공업은 육성되어야 한다. 수입대체산업이나 수출산업이나를 막론하고 경공업 중심의 공업구조는 내수산업의 생산이 늘면 늘수록 또 수출이 늘면 늘수록 그보다 더 빠른 속도로 수입이 증가하지 않으면 안 되고, 이 수입은 차관에 의해 도입되지 않으면 안 되며, 따라서 경제는 너욱너 내외의존적인 구조, 나아가서는 대외종속적인 구조를 띨 수밖에 없다. 또 이러한 경공업 생산을 위한 사회간접자본 부문도 해외로부터의 자본재 내지 시설재에 의존함으로써 또한 대외의존도를 높이는 방향으로 작용한다. 이러한 경제구조에서는 국제수지의 개선과 자립경제의 달성은 불가능하다. 중화학공업을 일으켜 원자재 부문, 자본재 내지 시설재 부문의 균형적인 발전을 이룩함으로써만 현재의 구조적인 부도는 시정될 수 있다.

(6) 농업 부문은 개발되어야 한다. 농업 부문의 발달 없이 추진되는 공업화가 허구라는 것은 이제 만천하에 드러났다. 고미가정책을 견지함으로써 식량의 자급화를 초래하게 하는 한편 농촌의 구매력을 증가시켜야 한다. 식량자급화를 달성하지 못하는 상태에서 수출의 확대란 전혀 무의미하다는 것이 외자가득액의 절반이나 되는 금액을 식량 수

입에 충당해야 했던 몇 년간의 경험으로 실증되고 있고, 농촌 구매력의 개발 없이 공업화를 향해 얼마나 전진할 수 있는가를 최근의 제조업의 시설과잉 사태에서 똑똑히 볼 수 있다. 농촌 구매력의 증대 등이야말로 농촌도 살고 도시도 사는 유일한 길이다.

(7) 수출은 확대되어야 한다. 물론 여기서의 수출확대는 정부 지원에 주도된 수출확대가 아니고 어디까지나 기업의 경영합리화 노력을 통한 국제경쟁력의 강화에 주도된 수출확대여야 한다. 수출확대는 시설과잉의 해소책이 되며 또 국제수지의 궁극적 해결책이 된다.

(8) 수입은 억제되어야 하며 소비수준 특히 도시 소비수준은 억제되어야 한다. 수입의 궁극적인 억제를 위해서는 수입품의 국내조달을 위한 중화학공업의 건설 및 농업개발도 있어야 하겠지만, 절대적인 수요를 억제하는 것도 또한 필요하기 때문이다. 수입 억제를 위한 조치로는 그 자원인 차관도입의 정선과 수입조장적인 역할을 해 온 관세감면의 대폭 축소가 있어야 할 것이다.

(9) 환율은 안정되어야 한다. 그간의 환율인상에 의한 국제수지 개선 노력은 별로 효과를 거두지 못했다고 할 수 있다. 사실 환율인상만으로는 국제수지 개선을 기대하기 어렵다. 앞에서 말한 직접적인 국제수지 개선 노력과 결부될 때 비로소 그것은 의의를 갖게 된다. 그러나 여기서 환율안정화라는 것은 과거와 같이 외자도입을 통해서 외환공급을 증가시킴으로써 초래되는 그런 것은 결코 아니고 어디까지나 국내적 온갖 노력의 결과로서의 안정화를 말함을 잊어서는 안 된다.

(10) 독과점거래는 규제되어야 한다. 물론 PVC 업계 등에서 보는 바와 같은 기업의 남립(濫立)은 금지되어야 한다. 그리고 공판카르텔 형성은 소비자를 보호하는 범위에서 허용되어야 한다.

(11) 현 시점에서는 중소기업에 대한 투자와 케인즈적 경기대책 즉

공공지출에 의한 공공사업의 추진은 적극적으로 이루어져야 한다. 이것은 실업의 방지를 위해서 필요하다. 그러나 이것은 안정기조를 유지하는 범위 내에서 추진되어야 한다. 이의 추진을 위한 정부 투융자의 증가는 전반적인 예산운용의 합리화 및 불요불급한 부문에 배분된 예산의 전용을 통해서도 가능하다고 본다. 또 관세 감면폭의 축소를 통해서도 가능할 것이다.

(12) 금리와 세율은 탄력적으로 운용되어야 한다. 즉 현 시점에서는 금리는 인하하도록 하고 세율도 경우에 따라서는 인하하도록 한다. 그리고 정부는 기업으로 하여금 채권발행을 통해서 자본을 조달할 수 있도록 지원하며 세율인하에 기인하는 세수결함은 공채발행 등 되도록 인플레를 유발하지 않는 방법으로 충당하도록 해야 할 것이다.

이들 중에서 첫째 안정기조 유지, 둘째 기업의 경영합리화 노력, 다섯째 중화학공업의 육성, 여섯째 농업개발, 아홉째 환율안정, 열째 독과점거래 규제는 물가정책에 속하는 것이고, 다섯째 중화학공업의 육성, 여섯째 농업개발, 일곱째 수출확대, 여덟째 수입 억제는 국제수지 개선 등에 속하는 것이고, 둘째 기업의 경영합리화 노력, 셋째 부실기업 배제, 넷째 외자도입의 정선, 다섯째 중화학공업의 육성, 여섯째 농업개발, 일곱째 수출확대, 열한째 중소기업에 대한 투자와 탄력적 운용은 경기부양 등에 속하는 것이라 할 수 있다.

정부는 우리 경제가 당면한 물가안정, 국제수지 개선, 경기부양 등의 여러 가지 과제를 동시에 달성할 수 없다고 판단하고 그 가운데 물가안정에 치중한 시책을 비치고 있다. 즉 물가상승률을 연 3퍼센트 선으로 억제하고 환율을 4백 원 선에서 고정시키고 성장률을 하향 조정한다는 것 등이다. 그러나 이 시책은 필자가 앞에서 제시한 여러 가지 시책과 일치하는 것처럼 보이면서도 일치하지 않는 면이 있다.

첫째, 경제성장률을 8퍼센트로 하향 조정한다고 할 때 8퍼센트라는 것이 과거의 성장률에 비하면 물론 낮은 것이나 그 자체로서는 높다거나 낮다고 말할 수 없다. 우리가 안정기조를 유지하자는 것은 이 기조를 유지하면서 경제구조를 바로잡자는 것이다. 지금까지 소홀히 다루어지던 부문이 중요시되고 지금까지 과열되었던 부문이 열을 식히게 되면 성장률은 자연히 떨어지게 된다. 그러나 이렇게 됨으로써 경제체질은 강화되고 성장잠재력은 커지게 된다. 반대로 8퍼센트의 성장이라고 과거와 같이 경공업 위주의 성장이라면 성장률을 낮추었다는 것은 경제활동 수준의 저하 외에 아무것도 의미하지 않는다.

환율을 4백 원 선으로 유지한다는 것도 마찬가지 논리로 경제의 제력이 환율을 4백 원 선으로 유지되지 않을 수 없도록 작용할 때 그 의미가 있는 것이지 인위적으로 환율만을 어떤 수준에 유지하려는 정책은 여러 가지 예견되는 그리고 예견하지 못한 효과를 수반하게 될 것이며, 이는 틀림없이 어떤 중요한 목표의 희생에 의해서만 달성될 수 있을 것이다.

물가를 3퍼센트로 억제한다는 것은 더더군다나 그러할 가능성이 짙다. 우리의 경제현실에서 볼 때 1960년대에 들어와 물가가 이렇게 낮은 율로 변동한 일이 없을 뿐만 아니라 현재 연율 15퍼센트나 되는 높은 율로 변동하고 있다는 것이 3퍼센트의 허구성을 드러내는 것이라고 볼 수 있으며, 또 우리의 중요한 무역 상대국의 물가조차도 5퍼센트 이상의 상승률을 보여주고 있는 현실에서, 그리고 중요한 원자재를 해외에 의존하고 있는 현실에서 국내적인 물가상승 요인이 없다고 가정하더라도 환율을 고성시킨다면 물가상승률이 외국의 물가상승률인 5퍼센트 이상이 되어야 외국과의 상대가격이 유지된다는 이야기가 된다. 이렇게 볼 때 3퍼센트란 실현될 수도 없겠지만 만일 이것을 강제로 실현하려 한다면 예컨대 물가와 고용의 트레이드 오프(trade off)에 의한 희생 등은 말할 수 없이 클 것이다.

우리의 현실에 비추어볼 때 물가가 문제되는 것은 연 10퍼센트 이상의 악성 인플레이션인 것이며 연 5~6퍼센트 정도의 물가상승은 안정이라 보아도 무방할 것이다.

이렇게 볼 때 현재 우리가 취해야 할 경제정책의 방향도 물가를 중시하고 경기부양을 소홀히 해도 좋다든지 국제수지를 개선하기 위해서 모든 희생을 무릅쓰고 수출을 늘려야 한다든지 하는 것이어서는 안 된다는 것을 알 수 있다. 앞에서 제시한 12개의 방향은 동시적으로 서로 조화를 이루면서 추구되어야만 현재의 불황을 타개하고 장래의 성장잠재력을 배양할 수 있다고 본다.

《재정》(1972. 7)

한국의 경제정책

1. 서 언

원래가 자본주의 경제체제를 취하고 있는 나라에서는 국민경제의 조정기능은 가계 및 기업의 자유로운 활동을 전제로 시장의 가격기구의 자동적인 작용에 거의 전적으로 맡겨지고 있었다. 바꾸어 말하면, 자본배분, 소득배분의 문제 해결은 시장의 가격기구의 자동적인 작용에 거의 전적으로 맡겨지고 있었다.

그러나 시장의 가격기구는 실업·소득배분의 불평등을 발생시켰을 뿐 아니라 독점·외부경제 등으로 제대로 기능을 할 수 없게 되었다. 말하자면 이 기구는 결함을 나타냈다. 그리하여 이 시장 가격기구에 정부의 경제정책, 특히 재정금융정책의 적극적인 개입이 요청되었다. 따라서 오늘날 자본주의 경제체제를 취하고 있는 선진국에서는 국민경제의 조정기능은 원칙적으로 시장의 가격기구의 자동적인 작용에 맡기되 정부는 경제정책을 통하여 이 기구에 적극적으로 개입하고 있다. 즉 오늘날 선진국에서는 정부의 경제정책은 중요한 구실을 하고 있으며 정부의 경제적 역할은 매우 크다.

다른 한편 자본주의 경제체제를 취하고 있는 오늘날의 저개발국은 자생적인 자본주의 발전과정을 밟지 못했기 때문에 시장의 가격기구 자체가 제대로 마련되어 있지 못한 실정인 데다가 이중적이고 파행적인 경제구조 위에서 빈곤으로부터 벗어나기 위한 경제개발을 지상목표로 추구하고 있기 때문에 거기에서는 더욱더 적극적인 정부의 경제적 역할이 요청되고 있다. 즉 정부의 경제정책이 더욱더 중시되고 있다. 또 그러기에 경제개발계획이 요청되고 있다. 물론 선진국에서도 경제계획이 요청되고 있으며 경제개발계획이 수립되어 있는 경우에도 경제정책은 이 계획과의 관련하에서 제시되고 실행되는 것이 상례이다. 국민경제의 조정기능을 시장의 가격기구에 거의 전적으로 맡기고 있는 경우, 정부의 경제정책의 원칙을 자유방임의 원칙이라고 한다면, 계획이 시행되는 경우, 경제정책의 원칙은 계획화의 원칙이라고 할 수 있을 것이다.

한국도 자본주의 경제체제를 취하고 있는 저개발국이다. 그러나 1960년(4·19 이전)까지는 정부의 경제정책에서 자유방임의 원칙이 채택되었다고 할 수 있고 계획화의 원칙이 채택된 것은 1962년 이후의 일이라고 할 수 있을 것이다.

따라서 아래서는 1960년(4·19 이전)과 그 이후로 시기를 나누고, 다시 그 이후를 1966년까지와 1967년 이후로 나누어서 기업에 미친 영향을 염두에 두면서 한국의 경제정책을 간략하게 개관하기로 한다.

2. 1960년(4 · 19 이전)까지의 경제정책

대체로 자유당 정부하의 시기라고 할 수 있는 1960년(4·19 이전)까지의 경제정책은 그때그때 야기되는 단기적인 경제문제에 대해서 단편적이며 즉흥적으로 대처한 것이었으며 경제개발이라는 장기적인 관점에서 종합적이며 통일적으로 다루어진 것은 아니었다.

그리고 비록 농지개혁과 같은 제도적인 개혁이 이루어졌고 또 가격·금융·무역·유통 등에 관한 광범위한 통제가 존재하기는 했어도 자유당 정부가 의도적으로 추구한 경제정책의 원칙은 자유방임의 원칙이었다. 물론 이 원칙이 어떤 경제이론에 근거를 둔 것은 아니고 어디까지나 당시의 정치관료들의 미국식 경제체제에 대한 피상적이고 맹목적인 숭배와 일제 말기의 통제경제에 대한 국민의 반감과 미국식 가치관의 유입에 의해서 빚어진 것이기는 하지만, 어떻든 자유당 정부는 이러한 자유방임의 원칙에 의거하면서 인플레이션 수습·경제안정과 민족자본의 형성 또는 축적이라는 커다란 과제를 해결하기 위한 물적 기초를 귀속재산과 미국의 원조물자에 두고 있었다고 할 수 있다. 그러나 귀속재산의 불하는 경제원칙에 의해서 행해졌다기보다는 정치권력의 자의적인 배려에 의해서 행해졌으며 특혜적인 성격을 띠고 있었다고 볼 수 있다. 따라서 그것은 정치권력에 의존하여 불건전한 자본축적을 꾀하는 기업풍토 내지 체질을 조성했다고 할 수 있다.

한편 미국 원조물자는, 미 정부의 대의회보고회에 명시되어 있는 바와 같이 대한(對韓) 원조가 기본적으로 "한국이 외부의 실질적인 원조를 받지 않고 1949~50년의 생활수준을 지탱하며 강대국을 제외한 외부의 군사력에 의한 침략에 항거하여 이를 격퇴하기에 충분한 군사력을 유지할 수 있는 정상적인 경제력을 지니도록 한국을 발전시키는 것"(《미 상하 양원 보고서》, 1954. 7. 29)이었지 자립적인 국민경제의 발전을 위한 것이 아니었기 때문에, 그것은 주로 소비재였다고 할 수 있다. 따라서 원조를 통한 소비재의 외부 유입은 자연히 원조된 소비재를 중심으로 하는 수입대체의 공업화를 초래했으며 또 수입대체산업을 거의 타 산업과 연관을 갖지 않는 것으로 만들었다.

그뿐 아니라, 원조물자는 정치권력과 결탁한 특정 기업에 염가로 판매됨으로써 기업의 정치권력을 이용한 특혜에 의존하는 자본저축을 초래하여 건전한 기업가정신의 발전과는 상반되는 기업풍토 내지 체질을 조성했다. 이에 대해서 특정 기업에 대한 저리의 자금지원도 그와 같은 풍토 내지 체질을 조성했음은 말할 나위가 없다. 그리하여 민족자본인 중소기업은 외면당하게 된 셈이다.

이렇게 보면 결국 자유당 정치하의 경제정책은 "저개발국 공업화에서는 무엇보다도 국가의 강력한 종합적인 시책의 뒷받침이 관건이 되는 것임에도…… 관권과 야합한 특정 기업의 보호에 치우쳐 결과적으로는 공업부문의 순조로운 발전을 저해했으며"(《경제백서》, 1962) 국민경제의 대외의존성을 온존·강화하는 것에 지나지 않았다고 할 수 있다.

3. 1960(4·19 이후)에서 1966년까지의 경제정책

그동안의 저성장, 빈곤, 독재에 대한 정치적 불만으로 자유방임적인 가치관이 불신을 받게 된 데다가 국제적으로 저개발국 일반의 경제개발에 대한 논의가 활발히 이루어진 것이 주된 계기가 되어 '경제개발 5개년계획'이 4·19 이후에 민주당 정부에 의해서 수립되었으며 이는 다시 5·16 이후에 군사정부에 인계되어 구체화되었다. 말하자면 자유당 정치하의 경제정책에서 자유방임의 원칙은 일대 수정을 받게 된 셈이며 계획화의 원칙과 국민경제에서 정부의 역할이 강조되게 된 셈이다. 사실 1962년부터 시작된 제1차 경제개발 5개년계획에서는 경제체제는 "민간인의 자유와 창의를 존중하는 자유기업의 원칙을 토대로 하되 기간산업 부문과 그 밖의 주요 부문에 대해서는 정부가 직접적으로 관여하거나 또는 간접적으로 유도정책을 쓰는 '지도받는 자본주의체제'"라는 것이 내걸리고 있다(《경제백서》, 1970).

제1차 5개년계획은 '개발연대의 시발과 제도적 기반정비'를 계획기조로 삼으며 '주요 애로부문의 타개'라는 이념 아래서 사회간접자본투자, 기초산업 육성, 소비재수입대체를 개발전략으로 삼으며 또 전력, 비료, 섬유, 시멘트를 주요 성장산업으로 삼고 있다. 그리고 이 계획은 재원조달에서는 내자를 최대한으로 동원하고 부족량을 도입외자(차관)로 충당하기로 되어 있다.

그러나 1962년의 통화개혁의 실패, 부정축재 환수를 통한 자본동원의 부진 등과 1965년의 한일회담의 타결을 계기로 한 일본으로부터 차관도입의 개시는 자연히 이 기간의 재원조달을 외자의존형으로 만들지 않을 수 없었다. 그리하여 1966년에는 경제성장률 13.4퍼센트라는 외자를 기반으로 한 고도성장이 실현되었다. 그러나 이것은 외자의존형의 기업풍토 내지 체질을 조장하는 계기가 되었다고 할 수 있다.

이에 더해서 이 계획기간 중에 추구된 소비재수입대체의 공업화는 이제까지와 마찬가지로 타 산업과 밀접한 연관하에, 즉 그것의 원료와 중간재를 생산하는 산업의 육성과 병행해서 추진되지 않고, 수입원료와 중간재를 가공하는 산업의 육성의 성격을 띤 것이었기 때문에 자연히 수입의 증대를 가져와서 무역수지의 개선을 어렵게 만들었다. 그뿐 아니라 이 계획기간 중의 사업 대부분은 외자를 주축으로 추진되었기에 민족자본인 중소기업의 문제를 심각하게 대두시켰으며, 또 자본을 비롯한 자원의 효율적인 운영보다는 국민경제의 양적확대에 치중한 탓으로 단위기업의 제반 경영조건과 최적규모를 신중히 고려하지 않아 뒤에 부실기업이 싹틀 소지가 마련되었다고 할 수 있다.

4. 1967년 이후의 경제정책

　1967년부터 시작된 제2차 경제개발 5개년계획은 '고도성장 실현과 공업화'를 계획기조로 삼으며 '대외지향적 공업화'(경제의 개방체제화)라는 이념 아래서 소비재 수출증대, 소비재 및 중간재 수입대체, 사회간접자본의 확충을 개발전략으로 삼으며 또 합성섬유, 석유화학, 전기기기를 주요 성장산업으로 삼고 있다. 그리고 이 계획 또한 외자를 기반으로 하고 있음은 말할 나위도 없다. 따라서 한마디로 말해서 이 계획은 외자를 기반으로 하는 수출지향적인 공업화정책을 채택하고 있는 것이다. 물론 수출은 소비재를 주로 한 것이나 공업화는 중간재 수입대체의 공업화를 포함하고 있으며, 또 중간기업의 육성이 중점 시책의 하나였기도 했지만, 이 제2차 5개년계획은 계획기간 중에 불황이 시작된 것으로 보는 1971년을 포함하고 있으면서도 고도성장을 실현했나. 그러기에 1972년부터 시작된 제3차 경제개발 5개년계획에서도 고도성장이 그대로 추구되게 되었다.

　제3차 5개년계획은 '산업구조의 고도화와 안정적 균형성장'을 계획기조로 삼으며 '성장·안정·균형'이라는 이념 아래서 농어촌경제의 개발, 중화학공업의 건설, 중간재 및 시설재 수출실현을 개발전략으로 삼으며 또 철강, 수송용기계, 가정용 전자기기, 조선을 주요 성장산업으로 삼고 있다.

　이 계획도 외자를 기반으로 하는 수출지향적인 공업화정책을 채택하고 있는 것임은 물론이다. 다만 외자는 차관뿐 아니라 외국인직접투자를 포함하고 있고 수출은 중화학공업제품인 중간재와 시설재의 수출을 포함하고 있는 점이 다를 뿐이다.

　이 계획 또한 계획기간 중에 1972년의 불황과 1973년의 석유파동 이후의 심한 불황을 겪으면서도 고도성장을 실현하고 있음은 말할 필요가 없다.

그러나 제2차 및 제3차 5개년계획 기간에 이와 같이 고도성장이 실현되었음에도 적지 않은 난제가 한국경제에 안겨졌음을 간과해서는 안 된다. 사실 제2차 5개년계획기간의 후반부터 농공 간·계층 간의 소득격차의 문제, 농업부문의 상대적인 낙후로 인한 식량수입·국내시장의 협소화 문제, 지속적인 수입누증·외화가득률의 저위의 문제 등이 야기되었다. 그리하여 제3차 5개년계획에서는 이미 본 바와 같이 개발전략으로서 농어촌경제의 개발, 중화학공업의 건설이 채택되고 있을 뿐 아니라 소득격차에 대한 고려도 이루어지고 있다.

이 밖에 또 주어진 과제로서는 먼저 중소기업의 문제를 꼽을 수 있을 것이다. 중소기업의 육성은 제2차 5개년계획의 중점정책의 하나였다. 그러나 기존 중소기업의 체질이 지나치게 취약하고 정부의 정책 자체가 신규공장 건설을 중심으로 한 대기업에 치중되어 있었기 때문에 중소기업의 문제는 뚜렷한 해결을 보지 못한 채 있었으며 중화학공업의 건설에 중점을 둔 제3차 5개년계획에서도 별다른 정책이 제시되지 않고 있다고 해도 과언이 아니다.

다음에는 불건전한 기업풍토 내지 체질의 문제를 꼽을 수 있을 것이다. 이미 자유당 정부 아래서 싹트기 시작했다고 볼 수 있고 특혜의 존형의 기업풍토 내지 체질과 제1차 5개년계획기간의 후반부터 싹트기 시작했다고 볼 수 있는 외자의존형의 기업풍토 내지 체질은 기업의 자기자본과 내자조달능력이 빈약한 상태에서 급속한 신규공장 건설을 위한 자금조달로 말미암아 현재화 내지 확대되게 되었다. 그 결과 1969년부터 차관원리금의 상환이 본격화되자 기업의 재무구조의 악화·부실기업의 문제가 심각하게 대두되었다. 그리하여 정부는 1970

년부터 기업의 자기자본 확보를 강력히 촉구하는 한편 자금조달 및 운영의 건실화, 경영의 합리화, 기업의 사회적 책임의식을 강조하는 기업육성 4원칙을 제시하며 부실기업을 정리하기에 이르렀다. 어떻든 한국기업의 체질이 어떠한 것인가는 1972년의 8·3조치에 의해서 여실히 증명되었다고 할 수 있다. 물론 정부는 그 뒤 증권시장의 육성과 병행해서 기업공개정책을 강력히 추진함으로써 기업의 자기자본조달 능력을 키워 왔다고는 할 수 있다.

끝으로 높은 무역의존도의 문제가 제기될 수 있을 것이다. 수출의존도와 수입의존도의 합계인 무역의존도는 1973년부터 70퍼센트(상품의 그것은 60%)를 웃도는 높은 값을 보이고 있다. 이것은 한국경제의 대외의존도(대외의존성의 정도)가 그만큼 높다는 것이다. 바꾸어 말하면 자율도(자율성의 정도)가 그만큼 낮다는 것을 반영하는 것이라고 할 수 있다. 대외의존도가 높은 경우에는 한 나라 경제가 해외여건 변동에 크게 좌우된다. 사실 우리는 무역의존도가 높다는 것이 이띠한 결과를 가져오는가를 1973년의 석유파동 이후에 분명히 알았으리라고 생각한다. 한국경제는 심한 인플레이션과 수입초과를 불황과 함께 겪었던 것이다. 그러기에 내년인 1976년부터 시작되는 '착실한 성장과 사회개발'을 계획기조로 삼고 있는 제4차 5개년계획에서는 개발전략의 첫째 것으로서, 경제의 자립구조 강화, 즉 경제의 자립도 제고가 들어지고 있다.

그리고 소득격차, 중소기업, 기업풍토 내지 체질의 문제와 관련해서는 사회개발과 형평의 증진을 개발전략의 하나로, 중소기업의 육성을 중요시책의 하나로, 기업의 내부금융 및 직접금융 확충·간접금융체제의 개선 등을 자금운용 효율화의 기본방향으로 각각 들고 있다.

5. 결 언

앞에서 우리는 한국의 경제정책을 1960년(4·19 이전)까지, 1960년 (4·19 이후)에서 1966년까지, 1967년 이후의 세 개의 시기로 나누어서 기업에 미친 영향을 염두에 두면서 극히 간략하게 개관했다.

결국 기업과 관련해서 볼 때에는 한국의 불건전한 특혜의존형·외자 의존형의 기업풍토 내지 체질을 개선하기 위한 정책수단의 강구와 강 력한 구사가 앞으로 경제정책에서 추구되어야 할 가장 중요한 일이라 는 것을 이에서 유도할 수 있지 않을까 생각한다.

물론 이미 본 바와 같이 정부는 기업풍토 내지 체질의 개선을 위하 여 여러 가지로 노력해왔고 앞으로도 노력하기로 되어 있다. 따라서 여기서는 정부는 합리적인 기업가정신을 적극적으로 발휘시킨다는 관 점에서 될수록 직접적인 방법으로 특정 기업을 지원하는 일을 피하도 록 할 것과 지나친 개입을 통해서 기업의 창의성 발휘를 방해하는 일 을 하지 않도록 할 것을 강조하는 데 그치기로 한다.

《아주대논문집》(1976)

1백억 달러 수출 이후의 경제정책 방향

제4차 경제개발 5개년계획서는 "지난 15년간…… 대외지향적인 공업정책으로 수출을 크게 증진시켜 국제수지를 개선하고 고용기회를 확대하여 자력성장의 기반을 조성하였다"(p. 1)는 점, "자원파동 이래 세계적 경제정세의 변화에 따른 난관을 극복하는 과정에서 국제수지의 균형, 투자재원의 자력조달, 산업구조의 고도화를 통한 자력성장 구조의 실현이 우리 경제의 당면과제로 부각되었다"(p. 13)는 짐, 1981년에는 "우리 경제는 개방체제를 활용하여 국제수지의 확대균형을 달성하고 투자재원을 완전 자력조달함으로써 자력성장 구조를 실현할 것이다"(p. 114)는 점을 밝히고 있다.

그리고 1976년 6월에 발표된 동 계획서는 제1차에서 제3차까지의 계획과 제4차 및 제5차 계획의 계획기조, 개발전략, 주요 성장산업을 각각 명시하고 있다(〈표〉 참조). 먼저 그동안 수출주도형 성장정책이 추구되어 왔고, 앞으로도 그럴 것임을 여기서 알 수 있다.

다음에 자력성장 구조의 실현과 형평의 증진이 제4차 계획의 주된 목표 내지 당면과제로 되어 있음을 알 수 있다. 이것은 그동안의 경제성장 과정에서 나타난 문제점 중 가장 두드러진 것이 무엇인가를 단적으로 표현해 주는 것이라고 할 수 있을 것이다.

각 계획의 계획기조 개발전략 주요 성장산업

⟨표 1⟩

	1차 계획(1962~1966)	2차 계획(1967~1971)
계 획 기 조	개발연대의 시발과 제도적 기반정비	고도성장실현과 공업화
개 발 전 략	주요 애로부문의 타개 - 사회간접자본 투자 - 기초산업 육성 - 소비재수입대체	대외지향적 공업화 (경제의 개방체제화) - 소비재수출 증대 - 소비재 및 중간재수입대체 - 사회간접자본의 확충
주요 성장산업	전력, 섬유, 비료, 시멘트	합성섬유, 석유화학, 전기기기

⟨표 2⟩

	3차 계획(1972~1976)	4차 계획(1977~1981)
계 획 기 조	산업구조의 고도화와 안정적 균형 성장	착실한 성장과 사회개발
개 발 전 략	성장 안정 균형 - 농어촌 경제의 개발 - 중화학공업의 건설 - 중간재 및 시설재 수출 실현	성장 능률 형평의 조화 - 경제의 자립구조 강화 - 기술 및 숙련노동 집약적 공업 개발 - 능률과 기술혁신으로 국제경쟁력 강화 - 사회개발과 형평의 증진 - 시설재 수출 증대
주요 성장산업	철강, 수송용기계, 가정용, 전자기기, 조선	철강, 산업용기계, 전자기기 및 부품, 조선

⟨표 3⟩

	5차 계획(1982~1986)
계 획 기 조	선진국형 경제구조와 사회개발의 본격화
개 발 전 략	경제구조의 성숙과 사회개발의 본격화 - 선진형 공업화(지식정보 집약산업의 개발) - 사회개발의 본격화 - 후생 및 분배정책 - 플랜트 수출의 본격화
주요 성장산업	정밀기계공업, 전자공업, 지식정보산업

그동안 주로 수출산업과 수입대체산업이 선도부문(leading sector)으로서 역할을 해왔고 또 수출이 괄목할 만한 증대를 계속해 옴으로써 고도성장이 실현된 것은 사실이다. 수출의 괄목할 만한 증대로 상품수출의존도는 1973년에는 27.0, 1976년에는 32.0에 달했다. 그리고 올해에는 1백억 달러의 수출목표 달성이 예상되고 있다. 그리하여 용역수출·건설수출 등의 호조가 가세됨으로써 해외부문에서 급격한 통화증발(通貨增發)이 일어나 물가를 크게 위협하고 있다. 그 결과 현재 통화흡수책의 하나로서 수입자유화 조치가 취해지고 있기도 하다.

그러나 이것보다도 수출의 증대가 앞으로 자칫하면 국내시장과 유리도가 커지거나 국내에서 자원공급도(가공원자재 포함)가 낮아지는 가운데에 이루어질 가능성이 크다는 데 더 문제가 있다고 할 수 있다. 수출의 증대만을 추구하다 보면 그럴 가능성은 충분히 있다. 즉 국내시장의 완충적인 역할이 약화되거나 수입자원에의 의존도가 높아질 가능성은 충분히 있다. 게다가 우리나라 산업 내지 기업의 국세성생력 강화를 위해서 취하게 되어 있는 수입자유화 조치는 수출의 증대를 위해서도 취하게 되어 있어 그렇지 않아도 높다고 볼 수 있는 상품수입의존도(1973년 33.7, 1975년 37.3, 1976년 33.5)가 더욱더 높아질 가능성이 크다. 이것은 곧 수출·수입 양면에서 우리 경제가 해외로부터의 충격에 더욱더 약해지는 것을 의미한다.

물론 수출·수입 양면에서 해외로부터의 충격에 더욱더 좌우되는 상태에서 국제수지의 확대균형은 실현 가능할 것이다. 그러나 이것은 결코 바람직스러운 것이 아니다. 그렇다면 해외로부터의 충격에 대한 저항력을 강화하면서 수출증대를 실현하는 방안을 다시 한번 진지하게 생각해 볼 필요가 있지 않을까 생각된다. 그리고 그때는 바로 1백억 달러의 수출목표가 달성될 것이 예상되고 또 계속해서 건설수출, 용역수출 등의 호조가 예상되는 지금이 아닌가 생각된다. 내년의 선진국들의 경기가 금년의 그것보다 나아질 전망이 없는 데다가 현재 국제통화 불안이 계속되고 있고 우리나라 상품에 대한 수입제한조치가 강화되고 있음을 감안한다면 더욱이 그러한 것 같이 여겨진다.

앞으로 해외로부터의 충격에 대한 저항력을 강화하면서 수출증대를 실현하기 위해서는 적어도 투자의 증대와 생산물에 대한 고가격정책의 추구를 통한 제1차산업 및 광업의 적극적인 개발과 투자의 증대를 통한 기초중화학공업(원자재를 생산하는 중화학공업 부문)의 적극적인 개발, 투자의 증대를 통한 중소기업의 적극적인 육성, 기술개발·경영 합리화의 극대화를 통한 국제경쟁력의 강화, 수입자유화 조치의 신중한 실시, 경제외교의 강화 등이 필요하다고 할 수 있을 것이다.

우리 경제는 그동안 고도성장을 실현해 왔다. 그러나 그 고도성장은 외자에 크게 의존하여 실현된 것이라고 할 수 있다. 원래 우리 경제는 미국의 원조에 크게 의존하여 왔지만, 국내저축률과 해외저축률의 비율은 제1차 계획기간 중에는 6.9:8.7(경상가격 기준), 제2차 계획기간 중에는 14.8:10.5(경상가격 기준), 제3차 계획기간 중에는 18.9:11.8 (1975년 가격 기준)로서 해외저축률의 비중은 각각 56퍼센트, 42퍼센트, 39퍼센트나 된다. 그러기에 제4차 계획에서는 기간 중의 비를 24.2:2.0 (1975년 가격 기준)으로, 즉 해외저축률의 비중을 7.6퍼센트로 낮추고 있고, 더욱이 1981년에는 완전히 국내저축으로 투자재원을 조달할 뿐 아니라 약간의 해외투자를 하기로 되어 있다. 그리고 그러기 위해 물가의 안정, 건전한 소비풍토의 조성 및 견실한 재정의 운용 등 안정기조의 유지를 위한 정책의 지속을 추구하게 되어 있다.

우리나라의 소비수준이 대만, 필리핀 등의 그것에 비해서도 높다는 것이 사실이라면, 이런 의미에서도 건전한 소비풍토의 조성은 절대로 필요하다고 할 수 있다. 이 건전한 소비풍토를 조성하려면 국제적 전시효과(저개발국 국민으로 하여금 소득수준이 높은 선진국 국민의 소비생활을 모방케 하는 유혹)의 슬기로운 방지가 무엇보다도 필요하다는 것을 잊어서는 안 될 것이다. 그리고 이 효과를 슬기롭게 방지하려면 건전한 소비생활에서 사회지도층의 솔선수범은 말할 것도 없고 외자도입정책, 수입대체산업의 육성, 매스컴정책, 출판정책, 교육정책 등에서 그것에 대한 특별 배려 등이 필요하다고 할 수 있을 것이다.

자력성장 구조의 실현은 적어도 국내저축의 증대를 통한 투자재원의 자력조달, 제1차산업 및 광업과 기초중화학공업의 적극적인 개발 등에 뒷받침된 국제수지의 균형과 산업구조의 고도화가 합쳐질 때 비로소 진정으로 의의를 갖게 되는 것이다.

이 자력성장 구조의 실현과 함께 제4차 계획에서 주된 목표로 되어 있는 것은 형평의 증진이다. 계획기간 중에 형평의 증진을 위해 경제활동 과정에서 직접 발생하는 1차적 소득분배의 개선에 중점을 두어 고용, 교육, 보건, 직업훈련 등을 강화해 가며 종합소득세제와 정부의 이전지출 등을 통한 2차적 소득분배 개선의 제도와 기반을 마련해 가기로 되어 있다(p. 15).

따라서 제4차 계획에서는 형평의 증진이 추구되기 시작한 데 불과하다고 보는 것이 타당할 것이다. 그것이 본격화되는 것은 제5차 계획부터인 것 같이 생각된다(〈표〉 참조).

그러나 개발성과의 균점이 성공적인 경제개발계획이 반드시 필요한 전제의 하나라고 한다면 균점화를 위한 적극적인 노력 즉 소득격차의 축소 또는 소득분배에 대한 특별한 배려는 제4차 계획기간 중에도 절실하게 요청된다고 할 수 있을 것이다.

〈대한상공회의소 경제정책토론회〉(1977. 11)

한국 경제정책 20년 결산

1. 머리말

우리나라에서 경제개발계획이 실천에 옮겨진 것은 1962년부터의 일이다. 올해가 제4차 경제개발 5개년계획기간의 마지막 해이니까 꼭 20년 전의 일이 되는 셈이다. 물론 경제개발계획과 관련해서는 여러 가지 논쟁점이 있을 수 있다. 그러나 대체로 지시적(혹은 유도적) 계획이냐 명령적 계획이냐, 성장이냐 안정이냐, 혹은 성장이냐 분배냐, 농업개발이냐 공업화냐, 수출(외향적)이냐 내수(내포적)냐, 내자냐 외자냐, 경공업이냐 중화학공업이냐, 대기업이냐 중소기업이냐 등이 그 주된 것이 아닌가 생각된다.

일단 이렇게 논쟁의 초점을 묶어 볼 때 그러면 그동안 정부는 어떤 개발전략 내지 개발정책을 채택해 왔다고 할 수 있는가.

그 해답은 그동안의 우리의 체험, 여러 글이나 말 등을 통해서 얻을 수 있다. 그러나 여기서는 일단 그 해답을 정부에서 펴낸 4권의 계획서와 그동안의 실적을 나타내는 주요 경제지표에서 얻기로 한다.

바로 2절과 3절에서 그것을 위한 우리나라 경제개발계획의 내용과 그 실적을 각각 다루기로 한다. 여기에서 답이 나오면, 이 답이 알려주는 우리나라의 경제개발전략 내지 정책을 검토하는 일이 필요하므로, 그것을 4절에서 하기로 한다.

그리고 끝으로 4절에서 얻어진 기본적인 사실에 의거해서 5절에서는 앞으로 우리가 어떻게 해야 하는가에 대한 일반론적인 하나의 제언을 하기로 한다.

2. 우리나라 계획의 개요

1) 제1차 계획: 대외의존형

계획서를 보면 계획기간(1962~1966) 중에 ① 연평균 경제성장률(1961년 가치기준)은 7.1퍼센트로 한다. ② 제조업은 연평균 성장률은 15.0퍼센트로, 제조업의 국민총생산에서의 비중은 1960년의 12.7퍼센트에서 1966년에는 17.5퍼센트로 한다. ③ 수출은 1966년에는 1960년의 4.2배(1억 3천8백만 달러)로 한다. ④ 투자율은 22.6퍼센트로 투자재원은 40.0퍼센트를 국내저축으로 조달하고 나머지 60.0퍼센트를 해외저축으로 조달한다고 되어 있다.

1950년대의 경제성장률이 5.0퍼센트 수준임을 감안할 때, 7.1퍼센트는 제1차 계획에서는 고도성장정책이 추구됨을 말해주는 것이다. 이 고도성장정책의 추구는 계획 확정 당시의 확대론 우세의 분위기를 반영하는 것이라고 할 수 있다.

한편 제조업의 성장률이 큰 것과 그 비중의 증가는 공업화의 터전을 마련하려는 제1차 계획의 한 모습을 보이는 것이다(p. 19). 그리고 수출의 4.2배로의 증가는 이 계획의 중점의 하나인 '수출증대를 주축으로 하는 국제수지의 개선'(p. 16)과 계획기간 중 증대하는 수입수요를 최대한 자력으로 조달하기 위한(p. 32) 노력을 나타내는 것이다. 그러나 투자재원 조달에서 알 수 있듯이 이 계획은 외자의존적인 것이라고 할 수 있다.

2) 제2차 계획: 고도성장정책

이것은 제1차 계획기간에 부각된 점들을 반영시키고자 함을 알 수 있다. 계획서를 보면 계획기간(1967~1971) 중에 ① 연평균 경제성장률(1965년 가격 기준)은 7.0퍼센트로 한다. ② 광공업의 연평균 성장률은 10.7퍼센트로 광공업의 국민총생산에서의 비중은 1965년의 21.7퍼센트에서 1971년에는 26.8퍼센트로 한다. ③ 수출은 매년 17.0퍼센트씩 증가시켜 1971년에는 1965년의 3.2배(5억 5천만 달러)로 한다. ④ 투자율은 19.0퍼센트로 투자재원은 60.0퍼센트를 국내저축으로 조달하고 나머지 40.0퍼센트를 해외저축으로 조달한다고 되어 있다. 그와 동시에 식량을 자급하고 영농을 다각화하여 농가소득의 향상에 주력하고 화학·철강 및 기계공업을 건설하여 중화학공업의 기틀을 잡는 등에 중점을 두고 있다.

분명히 연평균 경제성장률 7.0퍼센트는 이 계획서가 말하고 있는 것처럼 "자원배분을 견실하게 하여 과열현상을 피하고 인플레를 유발함이 없이 균형 잡힌 발전을 이룩하려는 계획의 기본적 자세를 보이는 것"(p. 32)이었다. 그러나 제2차 계획부터 총자원예산(ORB)으로 매년 원래의 계획을 수정해가기로 했는데, 이 수정계획은 연평균 경제성장률을 10.5퍼센트로 크게 늘리는 한편 광공업의 연평균 성장률도 20.2퍼센트로, 광공업의 국민총생산에서의 비중도 1971년에 26.8퍼센트로 되어 있는 것을 30.2퍼센트로, 수출도 1971년에 5.5억 달러로 되어 있는 것을 10.0억 달러로 각각 크게 늘리고 있다. 그 대신 제1차산업의 연평균 성장률은 5.0퍼센트에서 4.3퍼센트로 낮추고 있다. 그리고 투자율은 25.8퍼센트로 6.8퍼센트포인트나 늘리고 있다. 또 국내 자력조달율도 61.0퍼센트로 1퍼센트포인트 늘리고 있다. 그러나 이 계획도 여전히 외자의존적인 것이라고 할 수 있다.

결국 연평균 경제성장률의 수정치에서 알 수 있듯이 이 계획에서는 무엇보다 고도성장정책을 추구한 셈이다.

3) 제3차 계획: 성장·안정·균형

이 계획은 제2차 계획기간에 부각된 여러 문제들을 반영하고 있다고 볼 수 있다. 계획서를 보면 그 기본정신의 하나로서 "성장·안정·균형의 조화를 추구하여 안정된 기반 위에서 성장을 이룩하고 동시에 개발성과가 농어민 저소득층을 포함하여 온 국민에게 널리 보급되도록 하여……"(p. 1)를 들고 있고, 그 주축을 "농어촌경제의 혁신적 개발, 수출의 획기적인 승대 및 중화학공업의 건설"(p. 2)에 누고 있고, 중점목표의 하나로서 식량의 증산, 주곡의 자급을 들고 있다. 이제 구체적 계획치를 보면 다음과 같다.

계획기간(1972~1976) 중에 ① 연평균 경제성장률(1970년 가격기준)은 8.6퍼센트로 한다. ② 제조업의 연평균 성장률은 13.3퍼센트로, 제조업의 국민총생산에서의 비중은 1970년의 20.5퍼센트에서 1976년에는 26.8퍼센트로 하고, 제조업에서 중화학공업 비중(중화학공업비율)은 1970년의 35.9퍼센트에서 1976년에는 40.5퍼센트로 한다. ③ 수출은 매년 27.3퍼센트씩 증가시켜 1976년에는 1970년의 4배(35억 1천만 달러)로 하고 수출에서 공산품 수출비중은 1970년의 83.6퍼센트에서 1976년에는 90.4퍼센트로, 공산품수출에서 중화학공업제품 비중은 1970년의 14.3퍼센트에서 1976년에는 33.3퍼센트로 한다. ④ 투자율은

24.9퍼센트로, 투자재원은 78.7퍼센트를 국내저축으로, 나머지 21.3퍼센트를 해외저축으로 조달한다고 되어 있다.

연평균 경제성장률 8.6퍼센트는 계획서가 밝히고 있는 바에 따르면 "성장과 안정을 조화시키는 동시에 농어촌부문·중소기업·유통부문 등 저생산성부문의 개발에 역점을 둠으로써 부문 간의 균형도 함께 이룩하려는 수준"(p. 3) 또는 "계획기간 중에 수입을 적정수준에 유지하면서 국내저축능력의 범위 안에서 안정된 성장을 이룩할 수 있는 수준"(p. 4)이라고 한다. 그러나 총자원예산을 통하여 이 계획의 1973년 이후의 매년의 경제성장률 8.5퍼센트를 9퍼센트에서 10퍼센트로 상향 조정하고 있다. 또 수출도 1979년에 원계획치의 2배에 가까운 65억 달러로 수정하고 있다.

결국 제3차 계획에서도 제2차 계획의 고도성장정책의 기조가 그대로 유지되었다고 할 수 있다.

4) 제4차 계획: 성장·능률·형평

역시 제3차 계획기간에 부각된 점들이 이 계획에 반영되고 있는 것은 사실이지만, 이 계획의 기조는 여전히 고도성장정책에 있었다고 해도 과언이 아닐 것이다.

사실 계획서를 보면 이 계획은 '성장·능률·형평'을 이념으로 하고 국제수지의 균형, 투자재원의 자력조달, 산업구조의 고도화를 실현하고 사회개발을 통하여 형평을 증진하며 기술을 혁신하고 능률을 향상하는 것을 목표로 하고 있다(p. 13). 그리고 물가안정의 정착을 내세우고 있고(p. 21), 부가가치세제의 도입과 관세율의 균등화 등으로 재정의 중립성을 추구하고, 시장경제의 능률을 제고할 것을 계획하고(p. 31), 제시적 계획 내지 유도계획으로서의 성격을 살릴 것을 밝히고 있다(p. 121). 그리고 다음과 같은 구체적인 계획치도 제시하고 있다.

계획기간(1976~1981) 중에 ① 연평균 경제성장률(1975년 가격 기준)은 9.2퍼센트로 한다. ② 제조업의 연평균 성장률은 14.3퍼센트로, 제조업의 국민총생산에서의 비중은 1975년의 28.4퍼센트에서 1981년에는 39.7퍼센트로 하고, 중화학공업비율은 1975년의 42.4퍼센트에서 1981년에는 49.5퍼센트로 한다. ③ 수출은 매년 16.0퍼센트씩 증가시켜서 1981년에는 1975년의 2.1배(141억 6천5백만 달러)로, 수출에서 공산품수출의 비중은 1975년의 84.9퍼센트에서 1981년에는 92.0퍼센트로, 공산품수출에서 중화학공업제품 수출의 비중은 1975년의 29.5퍼센트에서 1981년에는 46.0퍼센트로 한다. ④ 투자율은 26.2퍼센트로 한다. 그리고 국내저축률과 해외저축률은 1981년에 26.1퍼센트와 −0.1퍼센트로, 계획기간 중에 24.2퍼센트와 2.0퍼센트로 한다. 즉 계획기간 중에 투자재원의 92.4퍼센트를 국내저축으로, 나머지 7.6퍼센트를 해외저축으로 조달한다고 되어 있다. 이렇게 1981년에 투자재원의 완선 자력조달을 실현할 뿐 아니라, 무역수지 면에서 1980년에 1981년의 경상수지의 흑자를 실현할 것도 계획하고 있다. 1980년의 무역수지흑자는 1억 3천2백만 달러, 1981년의 경상수지흑자는 1억 9천2백만 달러로 되어 있다.

3. 계획의 실적 개요

1) 제1차 계획: 자원동원문제

이 계획은 1964~1966년의 연평균 경제성장률을 5.0퍼센트, 투자율을 17.0퍼센트로 하여 축소조정하고 1964년부터 실시하려고 하는 등 실시과정에서 많은 시련을 겪기는 했지만, 일단 실적을 보면 연평균 경제성장률은 8.5퍼센트(1960년 가격 기준)로서 계획치를 넘어섰고 제조업의 연평균 성장률과 그 비중도 약간 상회했다. 그러나 농업을 포함하는 제1차산업은 계획치를 약간 하회한다. 게다가 수출은 계획치를 웃돌았으나(연평균 수출증가율은 43.7%) 흉작에 기인하는 식량수입과 자본재수입의 증가에 따라 1964년을 전후해서 외환위기를 맞았고 1963년과 1964년에는 심한 인플레도 겪었다.

한편 1965년 9월 30일에 높은 역금리제를 실시하는 등 저축증대를 위한 노력이 있기는 했지만 또 과거 우리나라의 투자재원의 주종을 이루어 온 미국의 원조와 잉여농산물의 도입규모는 점차 감소되었다고는 해도 서독 등으로부터 공공차관의 도입과 1965년의 한일국교정상화에 따라 1966년부터 시작된 대일청구권자금과 상업차관의 일부 도입으로 투자재원의 조달에서는 별 변동이 없었다. 우연히도 국내자력조달률은 40.0퍼센트였다. 따라서 축소조정된 계획(보완계획)에서는 국내자력조달률 42.0퍼센트를 하회한 셈이다.

그리하여 식량의 자급, 농공 간의 격차, 수출 제일주의 내지 수출에 의한 공업입국 안정, 저축증대를 통한 국내자력조달율의 제고 등이 강조되게 되었다.

2) 제2차 계획: 외자의존 심화

실적을 보면, 연평균 경제성장률은 11.4퍼센트(1965년 가격 기준)나 되어 수정계획치조차 웃돌고 있고 광공업의 경우 그 비중은 대체로 수정계획치에 가깝지만 그 연평균 성장률은 20.9퍼센트로서 역시 수정계획치를 웃돌고 있다. 수출도 10.7억 달러로서 수정계획치를 상회하고 있다(연평균 수출증가율은 35.2%). 그러나 제1차산업의 연평균 성장률은 낮춘 수정계획치의 반도 안 된다. 또 투자율은 30.9퍼센트로서 수정계획치조차 크게 상회하고 있지만 투자재원의 조달에서는 계획과는 달리 국내자력조달률은 50.5퍼센트에 불과했다. 결국 크게 증대된 투자재원은 반이 해외저축에 의해서 조달된 셈이다. 그렇지 않아도 외자의존적인 성격이 더욱더 심화되었다고 할 수 있다.

게다가 경기과열을 진정시키기 위한 긴축에다 미국 등 선진국의 불황의 여파도 가세하여 1968년 11.3퍼센트, 1969년 13.8퍼센트이던 경제성장률(1975년 가격 기준)이 1970년에는 7.6퍼센트, 1971년에는 9.4퍼센트, 1972년에는 5.8퍼센트인 데서 알 수 있듯이 우리나라도 1970년부터 불황을 겪기 시작하여 부실기업의 정리문제가 대두되었고 경영합리화의 필요성이 강조되었는가 하면, 경기부양책의 채택 즉 확대정책으로서의 복귀가 촉구되기도 했다.

말하자면 1970년과 1971년에는 고도성장이냐 안정이냐의 사이에서 방황하기는 했지만 그래도 안정의 요청이 강했고, 국제수지의 능력과 국내저축의 증대가 성장제약 요인으로 부각됨으로써 국제수지 개선을 위한 더 한층의 수출증대, 수입의 적정선 유지, 수출증대를 위한 중화학공업화, 내자동원을 위한 더 한층의 노력 등이 필요한 것으로 되었고, 개발성과의 균점·식량증산·농업개발·산업 간의 균형·경영합리화 등이 요청되게 되었다.

3) 제3차 계획: 부문 간 불균형

실적을 보면 연평균 경제성장률은 11.2퍼센트(1970년 가격 기준)로서 수정계획치조차 상회하고 있고, 수출도 77억 1천5백만 달러로서 역시 수정계획치를 실현하고 있다(연평균 증가율은 47.2%).

제조업의 연평균 성장률은 20.4퍼센트로서 계획치를 크게 넘어서고 있지만 국민총생산에서의 그 비중, 중화학공업비율, 공산품 수출과 중화학공업제품 수출의 비중 등은 대체로 계획치와 비슷하다.

한편 제1차산업은 5.8퍼센트의 연평균 성장률을 나타냄으로써 계획치를 상회하고 있다. 그리고 투자재원의 조달에서도 국내자력조달률은 88.5퍼센트로서 계획치를 크게 상회하고 있다. 그러나 해외저축에 의한 조달률 11.5퍼센트는 경상가격 기준으로 볼 때에는 25.0퍼센트나 된다는 것을 간과해서는 안 될 것이다.

이 계획기간에는 자원파동, 제1차 석유파동 및 후속되는 세계불황을 겪었다. 그러나 그럼에도 불구하고 연평균 경제성장률은 11.2퍼센트나 된다. 이것은 기업의 사채동결을 주 내용으로 하기는 하지만 이 안은 확대정책의 지속을 알리는 신호라고 할 수 있는 8·3조치가 이 계획 기간의 초년도인 1972년에 취해졌다는 것을 상기한다면, 일단 있을 수 있는 것이라고 생각된다. 그러나 이 계획기간 중에 그동안 수출증대를 지속해옴으로써 시장의 해외의존, 공업용 원자재 및 시설재의 해외의존, 자본 및 기술의 해외의존의 정도가 커진 우리 경제는 그 취약성을 여실히 드러냈다고 볼 수 있다. 즉 1973년에 수출의존도는 30퍼센트를 넘어섰고 수입의존도는 35퍼센트를 넘어섰는데, 1974년과 1975년에 대규모의 무역수지적자를 겪었고 1963년과 1964년에 이어 두 번째의 심한 인플레를 겪었다. 무역수지는 1974년에는 23억 9천만 달러, 1975년에는 21억 9천만 달러나 되었고 물가상승률은 도매의 경우에는 42.1퍼센트·26.6퍼센트, 소비자의 경우에는 24.3퍼센트·25.3퍼센트나 되었다. 〈물가안정 및 공정거래에 관한 법률〉은 바로 심한 인플레를 겪으면서 독과점가격이 선도적인 역할을 하는 것을 계기로 하여 1975년에 제정되어 1976년부터 실시된 것이다.

그런가 하면 경제성장률(1975년 가격 기준)은 1972년에는 1962년 이후에 있어서 1962년(2.2%) 다음으로 낮은 5.8퍼센트이고, 1975년에는 그 다음으로 낮은 7.1퍼센트인 데 견주어 1973년에는 1962년 이후에 있어서 두 번째로 높은 14.9퍼센트, 1976년에는 가장 높은 15.1퍼센트인 것에서 알 수 있듯이 심한 기복을 보여주고 있다.

그러나 그런데도 아무런 수정 없이 철강·기계·전자·조선·석유화학공업 등의 중화학공업 건설은 계속 추진되었다.

한편 중소기업의 비중은, 제조업의 경우 부가가치 기준으로 1963년에 52.5퍼센트이던 것이 1966년에는 42.5퍼센트, 1971년에는 28.0퍼센트로 점차 낮아졌는데 그것이 1974년과 1975년에는 25.3퍼센트가 되었고 1976년에는 가장 낮은 23.7퍼센트가 되었다. 이것은 대기업 즉 독과점기업의 비중이 그만큼 높아진 것을 말한다.

그리고 정부의 경제운용방식에 대한 논의가 빈번했고 사회개발, 비능률의 제거, 기술개발 등의 필요성이 강조되기도 했다.

4) 제4차 계획: 인플레 심회

이 계획기간의 제3차년도인 1979년부터 제2차 석유파동 및 후속되는 세계불황에 직면하게 되었다. 1977~1980년의 실적을 보면 연평균 경제성장률은 5.4퍼센트로서 계획치를 크게 밑돌고 있다. 이것은 초년도인 1977년, 2차년도인 1978년에는 각각 10.3퍼센트, 11.6퍼센트로서 계획치를 웃돌고 있지만 1979년 6.4퍼센트, 1980년 −5.7퍼센트인 데 기인한다. 제조업의 연평균 성장률도 10.6퍼센트로서 계획치를 밑돌고 있는데 이것도 역시 1979년과 1980년의 그것이 낮은 데 그 주원인이 있다. 또 제조업의 국민총생산에서의 비중도 34.2퍼센트(1980년)로서 계획치를 밑돌고 있다.

그러나 중화학공업 비율은 이미 1977년에 50.0퍼센트를 넘어섰고 1980년에는 53.2퍼센트나 됨으로써 계획치를 상회하고 있고, 수출도

1980년에 175억 2천5백만 달러(연평균 증가율 21.8%)나 되어 원계획치를 크게 웃돌고 있다. 특히 수출은 이미 1977년에 1백억 달러를 넘어서게 되었고, 1967년 이후 처음으로 무역수지 적자가 7억 6천4백만 달러가 되었을 뿐 아니라 경상수지는 1965년에 이어 두 번째로 흑자를 보였다(1,230만 달러). 공산품 수출비중과 중화학공업제품 수출비중도 대체로 1980년에 계획치를 실현시켰다. 그러나 수입도 크게 늘어 1978년에는 무역수지 적자가 22억 6천만 달러, 경상수지 적자가 10억 8천만 달러나 되었고, 1979년에는 무역수지 적자가 52억 8천만 달러, 경상수지 적자가 41억 5천만 달러, 1980년에는 무역수지 적자가 47억 9천만 달러, 경상수지 적자가 56억 9천만 달러나 된다. 이렇게 1980년에 경상수지 적자가 무역수지 적자를 상회하게 된 것은 외채의 원리금상환액의 증가에 따른 무역외수지 적자의 증가에 기인한다. 이리하여 무역수지는 1980년에, 경상수지는 1981년에 각각 흑자를 실현한다는 계획은 일단 무산된 셈이다.

한편 해외저축률은 1980년에 9.8퍼센트, 계획기간 중에 6.0퍼센트(이것은 해외저축에 의한 조달률이 20.0%에 가까움을 나타낸다)가 되어 1981년에 투자재원의 완전 국내자력조달은 실현될 수 없었다. 이에 더해서 1962~1980년의 투자재원의 국내자력조달률은 65.6퍼센트에 불과했다. 다시 말하면 해외저축에 의한 조달률이 34.4퍼센트나 된다. 물가상승률도 1977년에는 도매의 경우에는 9.0퍼센트, 소비자의 경우에는 10.1퍼센트로 비교적 안정적이었으나, 1978년에는 이미 도매 11.7퍼센트, 소비자 14.4퍼센트나 되며 1979년부터 세 번째의 심한 인플레기를 맞고 있다. 1978년에는 물가가 크게 뛰기 시작하면서 부동산투자의 성행과 복부인의 등장 등으로 해서 마침내는 부동산투자 억제를 내용으로 하는 8·8조치가 취해지기도 했다. 1979년과 1980년의 물가

상승률은 각각 18.8퍼센트, 18.3퍼센트와 38.9퍼센트, 28.7퍼센트나 된다. 소비자물가 상승률의 경우에는 1980년이 1975년보다 더 높다.

그런가 하면 제1차산업은 1978년(-4.0%)과 1980년에 마이너스 성장을 함으로써 -5.0퍼센트의 연평균 성장률을 보여 계획치 4.0퍼센트를 무색케 하고 있고, 1979년부터는 중화학공업 투자조정이 시작하여 현재에 이르고 있고, 독과점의 폐해를 강력히 규제하기 위하여 올해부터는 공정거래법이 강화되어 실시되고 있고, 1979년 무렵부터는 외채부담(중장기 외채잔액은 1980년 말로 243억 달러)을 강하게 느끼기 시작했다고 할 수 있다.

그리고 현재로서는 1977년을 전후해서 등장했던 전환기라는 용어가 무색할 만큼 어려운 경제 상태에 직면하고 있는 것이 사실이다.

4. 개발전략과 그 귀결

1) 고도성장의 개발전략

2절과 3절에서 밝힌 계획의 내용과 실적, 특히 수출증가율·공산품 수출증가율·제조업성장률·경제성장률 등의 그것(〈표 1〉 참조)에서 우리나라가 1962년 이후 계속해서 수출확대→공업생산증대→고도성장, 바꾸어 말하면 급속한 수출증대에 의해서 주도되는 급속한 공업성장을 통한 고도성장, 즉 '수출주도적' 공업화를 통한 고도성장의 개발전략 내지 개발정책을 추진해 왔음을 알 수 있다.

그리고 공업화에서는 제2차 계획까지는 경공업 중심이었고 제3차 계획부터는 중화학공업 중심이었다고 할 수 있다.

따라서 제3차 계획부터는 중화학공업 중심의 '수출주도적' 공업화를 통한 고도성장의 개발전략이 계속해서 추진되어 왔다고 할 수 있다.

〈표 1〉 계획기간별 주요 경제지표

기간 종류	I (1962~1966)	II (1967~1971)	III (1972~1976)	IV (1977~1980)	I ~ IV
수 출 증 가 율*	43.7(42.9)	35.2(39.5)	47.2(43.1)	21.8(21.2)	37.4(37.2)
공산품수출증가율	76.1	48.7	44.3	22.0	48.0
제 조 업 증 가 율	15.0	21.8	18.7	10.6	16.8
광 공 업 증 가 율	14.3	20.0	18.0	10.3	15.9
경 제 성 장 률	7.8	9.7	10.1	5.4	8.4

* (   )는 EPB, 1981, p. 194의 수치임.
출처: EPB, 1981, pp. 24, 191, 194.

결국 성장이냐 안정이냐 또는 성장이냐 분배냐에서는 성장 그것도 고도성장이, 농업개발이냐 공업화냐에서는 공업화가, 수출(혹은 외향적)이냐 내수(혹은 내포적)이냐에서는 수출이, 경공업이냐 중화학공업이냐에서는 제2차 계획까지는 경공업이, 제3차 계획부터는 중화학공업이 각각 채택된 셈이다.

이러한 개발전략으로 그동안에 국민소득의 증가, 산업구조·공업구조의 고도화, 수출구조의 고도화, 고용증대·고용구조의 개선, 투자재원의 국내자력조달률의 제고, 복지향상 등 많은 것이 실현되었다. 그러나 여기서 우선 우리나라의 고도성장의 내용을 한번 검토해 볼 필요가 있을 것이다. 고도성장이 무엇을 말하는지는 사람에 따라서 다르지만 대체로 제2차 계획 전반까지는 8.0퍼센트 내외, 그 이후는 10퍼센트 또는 그 이상의 경제성장을 말하는 것같이 생각된다. 경제성장률(1975년 가격 기준)은 제1차 계획기간 중에도 7.8퍼센트, 제2차 계획기간 중에는 9.7퍼센트, 제3차 계획기간 중에는 10.1퍼센트인 데다가 계속해서 10퍼센트를 상회한 해가 1968년과 1969년인 데서 그렇게 해석할 수 있을 것 같다.

2) 열(熱)의 차(差)가 큰 성장

그러나 연평균 경제성장률이 10퍼센트인 1967~1976년의 고도성장기를 볼 때 일본과 대만의 1960년대와 1970년대 초까지와 너무도 거리가 먼 것을 알 수 있다(〈표 2〉 참조). 이 기간에 실제로 10퍼센트를 상회하고 있는 해는 1968년·1969년·1973년·1979년의 4개년에 지나지 않고 나머지 6개년은 10퍼센트를 하회하고 있다. 그리고 1967~1976년에는 가장 높은 1969년의 13.8퍼센트와 가장 낮은 1967년의 6.6퍼센트의 차는 7.2퍼센트며 1972~1976년에는 가장 높은 1976년의 15.1퍼센트와 가장 낮은 1972년의 5.8퍼센트의 차는 9.3퍼센트나 된다. 원래가 산술평균은 추상적인 즉 실재하지 않을 수도 있는 수치이기는 하

〈표 2〉 한국 · 일본 · 대만의 경제성장률

	한 국	일 본	대 만
1962	2.2	7.0	7.8
1963	9.1	10.5	9.4
1964	9.6	13.1	12.3
1965	5.8	5.1	11.0
1966	12.7	16.9	9.0
1967	6.6	12.5	10.6
1968	11.3	14.0	9.1
1969	13.8	12.2	9.0
1970	7.5	11.7	11.3
1971	9.4	5.3	12.9
1972	5.8	9.5	13.3
1973	14.9	10.0	12.8
1974	8.0	−0.6	1.1
1975	7.1	1.4	4.2
1976	15.1	6.5	13.6
1977	10.3	5.4	9.9
1978	11.6	5.6	13.9
1979	6.4	5.8	8.0
1980	−5.7	3.8	6.7

출처: EPB, 《주요경제지표》, 1980, pp. 546, 548, 558.

지만 우리나라의 10년간의 평균경제성장률 10퍼센트는 이렇게 실제치들과 유리되어 있는 수치이다. 말하자면 10년 동안에 우리나라는 고열과 저열의 차가 큰 경제성장을 경험해 왔다고 할 수 있다. 1978년까지로 연장해도 마찬가지이다.

이와는 대조적으로 일본과 대만은 1963~1973년에 각각 10.5퍼센트와 11.0퍼센트의 연평균 경제성장률을 실현하면서도 일본은 1965년과 1971년을 제외하면 평균에 거의 가깝거나 평균을 상회하는 경우도 7개년이나 되고, 대만은 가장 높은 1972년의 13.3퍼센트와 가장 낮은 1966년과 1969년의 9.0퍼센트의 차가 4.3퍼센트이고 평균에 거의 가깝다. 열의 차가 그다지 크지 않는 가운데 일정한 체온을 유지한 셈이다.

우리나라의 고도성장은 이런 내용의 것인데도 불구하고 제1차 석유파동 및 후속되는 세계불황기에도 계속해서 추구되었던 것이다. 사실은 불황을 맞이해서 그것의 긍정적인 면은 잘 살렸어야 하는데 그것을 못 살린 것이다. 불황의 긍정적인 면이란 경기과열을 진정시키는 일, 즉 기업과 국민경제의 체질강화는 말할 것도 없고 개인 살림을 짜임새 있게 만드는 것을 말한다.

거기에다 1973년은 대규모의 중화학공업 건설이 본격적으로 착수되기 시작한 해라고 할 수 있다. 그렇다면 고유가·고자원가격 시대를 맞이해서 건설계획을 검토해서 연기할 것은 연기하고, 중지할 것은 중지하는 식으로 축소 조정했어야 하는데 그 일을 못했을 뿐 아니라, 일단은 물가안정에 최대의 역점을 두고 불황의 긍정적인 면을 살리면서 허용되는 극대성장을 실현하려고 했어야 하는데 그대로 고도성장을 추구함으로써 물가를 희생시키고 무역수지적자·경상수지적자의 확대를 초래하게 되었던 것이다. 대만은 그런 시기를 맞아서 바로 우리나라가 채택하지 못한 그런 정책을 택했던 것이다. 이것은 바로 〈표 3〉

이 잘 말해주고 있다.

〈표 3〉 한국 · 대만 · 일본의 주요 경제지표

연도＼구분	경제성장률 (%)	물가상승률(%)		무역수지 (억 달러)	실업률 (%)
		도 매	소비자		
1968	11.3	8.4	10.9	−10.1	5.1
	9.1	3.2	7.7	−1.1	1.7
	14.0	1.0	5.3	−0.2	1.2
1969	13.8	6.4	12.5	−12.0	4.8
	9.0	−0.4	5.2	−1.6	1.9
	12.2	2.0	5.3	+9.7	1.1
1970	7.5	9.1	16.1	−11.5	4.5
	11.3	2.7	2.8	+0.4	1.7
	11.7	3.7	7.6	+4.4	1.2
1971	9.4	8.8	13.4	−13.3	4.5
	12.9	0.0	3.5	+2.2	1.7
	5.3	−0.8	6.2	+43.1	1.2
1972	5.8	13.8	11.7	−9.0	4.5
	13.3	4.6	3.0	+4.7	1.5
	9.5	0.8	4.4	+51.2	1.4
1973	14.9	6.9	3.2	−10.2	4.0
	12.8	22.7	8.3	+6.9	1.3
	10.0	15.8	11.8	−13.8	1.3
1974	8.0	42.1	24.3	−23.9	4.1
	1.1	40.6	47.4	−13.3	1.5
	−0.6	31.4	24.3	−65.8	1.4
1975	7.1	26.6	25.3	−21.9	4.1
	4.2	−5.1	5.3	−6.4	2.4
	1.4	3.0	11.9	−20.4	1.9
1976	15.1	12.1	15.3	−10.6	3.9
	13.6	2.8	2.5	+5.7	1.5
	6.5	5.0	9.3	+24.3	2.0
1977	10.3	9.0	10.1	−7.6	3.8
	9.9	2.8	7.0	+8.5	1.3
	5.4	1.9	8.1	+98.1	2.0
1978	11.6	11.7	14.4	−22.6	3.2
	13.9	3.5	5.8	+16.6	1.7
	5.6	−2.5	3.8	+187.7	2.2

	6.4	18.8	18.3	−52.8	3.8
1979	8.0	13.8	9.8	+13.3	1.3
	5.8	7.3	3.6	−76.3	2.1
	−5.7	38.9	28.7	−47.9	5.2
1980	6.7	21.5	19.0	+0.8	1.2
	3.8	17.8	8.0	+21.3	2.0

주: 상단은 한국, 중단은 대만, 하단은 일본임.
출처: EPB, 《주요경제지표》, 1980, pp. 83, 548, 558; EPB, 1981, p. 179.

3) 성장이냐 안정이냐

대체로 성장이냐 안정이냐는, 고성장 고물가냐, 저성장 저물가냐로 해석되는 것 같다. 즉 전자는 고도성장을 위해서는 물가를 희생시켜도 된다는 것을, 후자는 반대로 저물가를 위해서는 고도성장을 희생시켜도 된다는 것을 말하는 것처럼 생각하는 것 같다. 그러나 1960년대와 1970년대 초까지 또 1976년 이후의 대만에서 볼 수 있듯이, 고성장 저물가는 실현 가능하다. 그렇다면 고성장 저물가를 실현해야 한다는 것을 강조하는 것이 안정을 택하라는 입장이라고 할 수는 없을까. 고물가의 현상이 진행되고 있을 때에는 고성장 저물가의 상태가 정착될 때까지 일정기간 저성장을 감수해야 한다는 입장이다.

고용증대는 물론 중요하다. 그러나 적극적인 고용증대정책을 펴가기만 한다면 그런 노력이 약한 경우의 고도성장을 추구할 때보다 도리어 더 고용증대를 가져올 수도 있지 않을까. 게다가 고물가의 지속, 즉 심한 인플레의 진행은 많은 사람들의 실질소득을 감소시킬 뿐만 아니라 계획의 차질을 가져오며 또 부의 편재, 즉 분배의 악화를 촉진한다.

성장이냐 분배냐에서도 분배를 택하는 입장은 고성장 분배개선을 실현해야 한다는 것을 강조한다고 생각하면 된다. 다시 말하면 소득격차의 확대현상이 진행되고 있을 때에는 언제라도 고성장 분배정책의 상태가 정착될 때까지 일정 기간 저성장을 감수해야 한다는 입장을 말한다는 뜻이다.

고도성장을 추구하다 보면 급속한 수출증대가 필요하며 수출증대를 위해서는 중화학공업제품 수출의 증대가 필요하므로 대규모의 중화학공업 건설을 서두를 필요가 있게 된다. 그러다 보면 투자율의 증대가 필요하게 되고, 정부의 간섭의 정도와 범위가 강해지고 넓어지게 된다. 투자율의 증대가 계속되면 투자재원의 국내조달률 또는 국내저축률이 높아진다고 하더라도 계속해서 해외저축에 의존하지 않을 수 없으며, 투자율과 국내저축률의 차가 클수록 해외저축률은 커지지 않을 수 없을 것이다. 이와 같이 해서 그동안 우리나라 투자재원 조달에서 외자의존성은 계속해서 증대되어 왔다. 그리고 해외저축률이 커지면 원리금의 상환부담을 누증시켜 경상수지의 균형을 유지하기 어렵게 만들 것이다.

4) 경제체제 문제

한편, 우리나라는 경제체제로서 자본주의적 시장경제체제를 택하고 있으므로 계획을 프랑스의 경우처럼 지시적 계획 내지 유도적 계획이 되지 않을 수 없고 시장경제원리가 존중되지 않을 수 없는데, 정부의 간섭의 정도와 범위가 강해지고 넓어지게 되면 계획이 유도적 계획으로서의 성격을 상당히 잃게 되고, 시장경제원리가 경시되는 경향을 띠게 될 것이다. 1970년대 초부터 계속해서 민간주도형 경제와 시장경제원리가 강조되는 까닭은 바로 여기에 있는 것이다.

수출이냐 내수냐에서는, 우리나라처럼 원래가 국내시장이 협소하고 자원이 빈약하며 만성적인 수입초과 즉 무역수지 적자에 시달리는 농업국에서 공업화를 추진하려고 할 때는 자연히 그 판로를 해외시장에서 찾지 않을 수 없으므로 수출이 강조된다. 그러나 그렇다고 하더라도 수출증대를 서두르다 보면 국내의 산업 간·공업 간의 연관도 유지, 자원절약형으로의 산업구조·공업구조의 개편, 기술개발, 국내시장의 육성 등을 고려할 겨를이 없이 공업화를 추진할 뿐 아니라, 수입자유화를 서두르지 않을 수 없게 된다.

그렇게 되면 시장의 해외의존, 공업용원자재 및 시설재의 해외의존, 자본 및 기술의 해외의존이 심화됨은 말할 것도 없고, 수입이 수출과 병행해서 증가하게 될 것이다. 따라서 국민경제가 더욱더 해외의존적인 성격을 띠게 됨은 물론 무역수지 및 경상수지의 개선 가능성이 희박해지게 될 것이고 투자재원의 완전 국내조달을 어렵게 만들 것이며, 더욱더 국내시장의 뒷받침을 못 받게 될 것이다. 또 기업의 채산성이 더욱 악화되어 수출기업이 부실화될 가능성이 커질 것이다.

한편, 수출증대를 위해서는 국제경쟁력을 경시할 수 없으므로 국제단위 규모의 공장을 건설하지 않을 수 없는데, 자유경쟁의 원리를 내세워 같은 정도의 그런 공장을 여럿 건설하게 되면, 과잉시설의 문제, 중소기업의 상대적 낙후현상 등이 야기되며 독과점규제의 필요성이 더욱 강해지게 될 것이다.

대기업이냐 중소기업이냐에서, 대기업을 택하는 이유는 대단위 규모의 공장건설에서 찾아질 수 있을 것이다. 그리고 다른 한편에서는 환율인상·임금억제·금리인하 등의 요구가 계속적으로 일어날 가능성이 커지게 될 것이다.

또 공업화, 그것도 수출을 위한 공업화를 서두르다 보면, 농업이 상대적으로 낙후될 가능성이 크다. 투자배분에서 상대적 비중의 저하현상이 일어날 뿐만 아니라, 농업이 공업에 대한 역할을 제대로 수행할 수 없는 현상이 일어날 수 있기 때문이다.

일반적으로 우리나라처럼 농업부문에 과잉인구의 압력이 존재하는 경우, 즉 잠재실업자 내지 위장실업자를 포함한 실업인구가 머물러 있는 경우에는 투자를 일단 공업부문에 하는 것을 통해서, 다시 말하면 공업화를 통해서 농업개발도 유인하며, 경제성장도 실현하는 것으로 되어 있다.

농업부문에 머물러 있는 광범한 실업인구를 흡수하기 위해서 필요한 투자의 규모가 엄청나게 큼은 물론, 생산성이 낮기 때문에 그 효과도 별로 크지 않을 것이기 때문에, 농업과 마찬가지로 직접적인 생산활동부문의 한 지주인 공업에 일단 투자의 중점을 두어 농업부문에 머물러 있는 실업인구를 점차적으로 흡수함으로써 농업의 정체성을 면하게 하는 길을 택할 수밖에 없을 것이다. 그러기에 인구과잉형 저개발국에서는 경제개발계획이 곧 공업화계획을 의미하는 것으로 된다.

5) 언제쯤 사립경세가 실현될까?

그러나 공업화는 어디까지나 이렇게 하나의 수단으로서 역할을 하는 것에 불과하다. 그렇다면 공업화는 농업이 그 역할을 제대로 수행할 수 있게 하면서 추진되지 않으면 안 될 것이다. 농업이 공업에 대해서 하는 역할로서는 시장·노동력·식량·원료·자본 등의 공급이 들어진다. 그런데 그 중에서 원료·자본을 공급하는 역할까지 기대하는 것은 무리일는지 모르나, 시장으로서의 역할을 그동안 우리 농업부문이 할 수 있도록 했는지조차도 의문스럽다. 그런데 사실 농업부문은 1980년 현재 취업인구 전체의 34.0퍼센트를 차지하고 있고, 이것은 광공업의 그것보다도 오히려 큰 비중이다.

이 밖에 수출을 서두르고 또 그것을 위한 공업화를 서두르다 보면 정부가 각종의 재정·금융 및 세제상의 지원을 하지 않을 수 없게 되어, 기업의 비효율화·부실화는 말할 것도 없고 경제 각 부문에 비효율성이 초래될 가능성이 크다.

이렇게 보면, 우선 제1차 계획 때부터 계속해서 내세워진, 또 1980년대 초까지는 실현되는 혹은 되어야 할 것으로 보았던 자립경제 내지 자력성장경제의 실현이라는 목표가 왜 이루어질 수 없었는가를 이해할 수 있을 것이다. 제1차 계획에서는 '자립경제 달성을 위한 기반구축'(p. 15)을 기본목표로서, 제2차 계획에서는 '자립경제의 확립·촉진'(p. 27)을 역시 기본목표로서, 제3차 계획에서는 '자립적 경제구조의 실현'(p. 1)을 기본정신의 하나로서, 제4차 계획에서는 '자력성장구조의 실현'(p. 13)을 목표의 하나로서 각각 들고 있다. 그리고 제2차 계획에서는 자립경제의 내용으로 국제수지의 균형, 필요한 투자재원의 완전한 국내조달, 완전고용(p. 27)을, 제3차 계획에서는 자립적 경제구조의 내용으로서 산업구조의 고도화, 국제수지의 개선, 주곡의 자급(p. 1)을, 제4차 계획에서는 자력성장 구조의 내용으로서 국제수지의 균형, 투자재원의 자력조달, 산업구조의 고도화(p. 13)를 각각 들고 있는데 현실적으로 나타난 귀결은 앞서 본대로 이러한 목표의 내용과는 달랐던 것이다.

그리고 또한 고물가, 산업 간·공업 간의 불균형, 중화학공업의 투자조정, 독과점의 폐해, 소득격차의 확대, 기업의 부실화, 경제 각 부문의 비효율화, 외채누증 등의 현상이 왜 현재 일어나고 있는가를 이해할 수 있을 것이다.

동시에 왜 우리 경제가 해외의존성을 강하게 띠게 되었는가, 민간주도형경제와 시장경제원리가 왜 강조되지 않을 수 없었는가, 대기업이냐 중소기업이냐에서 왜 대기업이 택해지지 않을 수 없었는가, 복지사회의 기틀 마련에 왜 어려움을 겪지 않을 수 없는가 등도 이해할 수 있을 것이다.

그런데 또 2절과 3절에서 알 수 있듯이 이와 같은 우리나라의 개발전략은 외자의존적인 성격을 다분히 지니고 있는 것이기도 하였다. 그러므로 이 글에서는 생략되었지만 이러한 측면에서 검토도 필요할 것이다.

5. 하나의 제언

물론 그동안에 우리 경제가 제1차 석유파동 및 후속되는 세계불황을 겪었고 1979년부터 제2차 석유파동 및 후속되는 세계불황을 다시 겪고 있다는 엄연한 사실을 경시하고 싶지 않다. 그런 어떻게 할 수 없는 외부요인 내지 해외요인에 1차적인 책임을 돌릴 수도 있을 것이다. 그러나 정부가 그동안의 계획을 성장시킨 개발전략으로서 내세운 '수출주도적' 공업화를 통한 고노성상성책의 책임이 너 그나고 할 수 있다. 수출 1백억 달러, 경상수지흑자 1,230만 달러, 투자재원의 국내 자력조달률 92.1퍼센트로 특징지을 수 있는 1977년의 경상수지흑자는 제1차 석유파동으로 급증한 석유달러를 이용한 중동산유국의 대규모 경제개발계획의 추진에 따른 우리나라의 건설수출 붐, 용역수출 붐에 기인하는 면이 많다는 점을 간과해서는 안 된다.

같은 제1차 석유파동 및 후속되는 세계불황을 맞이하고서도 앞에서 본 것처럼 1963년부터 11.0퍼센트의 연평균 경제성장률을 달성해 온 대만은 물가안정에 최우선을 두고 불황의 긍정적인 면을 살리면서 허용되는 극대성장을 실현시킬 때는 그런 정책을 택했던 것이다. 그럼으로써 일시적으로 경제성장률 저하·무역수지적자·실업률 증가 등의 현상을 겪기는 했지만 1976년부터 다시 고성장·저물가·무역수지흑자·저실업의 경제 상태를 실현했으며, 우리나라와 마찬가지로 제2차 석유파동 및 후속되는 세계불황을 겪고 있으면서도 상당히 여유를 보이고 있다.

〈표 3〉에서 우리나라와 대만의 1974년·1975년과 1978년 이후를 비교해 보면 두 나라 경제의 차이를 뚜렷이 파악할 수 있을 것이다.

일본도 그때 대만과 마찬가지 정책을 택했다. 그러나 일본은 선진국이기에 1963~1973년의 고성장·저물가의 상태가 아니고 5.0퍼센트에서 6.0퍼센트의 안정성장과 저물가의 상태, 다시 말하면 다른 선진국에 비해서는 고성장·저물가의 상태를 실현시켰다. 일본은 대체로 3년에서 4년 동안을 종래의 고성장·저물가의 상태를 안정성장·저물가의 상태로 연착륙시키는 정지작업 기간으로 삼았던 것이다.

어떻든 대만은 1960년대 초에서 1970년 초까지 그리고 1976년 이후 고성장·저물가에다 무역수지흑자·저실업의 경제상태를 실현했고 또 실현해 오고 있는데 이것은 다름 아닌 우리가 바람직스러운 경제상태로 여기는, 또는 그것을 향해서 노력해 가야 할 것으로 여기는 경제상태인 '고성장·저물가, 무역수지 내지 경상수지균형, 저실업'의 경제상태 그것이라고 할 수 있지 않은가.

따라서 결코 유리하다고 할 수 없는 국제경제환경을 감안할 때 우리는 앞으로 대만과 일본이 준 교훈을 거울로 삼아서 우리 경제를 운용해 나가도록 해야 할 것이다. 다시 말하면 두 차례의 석유파동과 후속되는 세계불황을 통해서 해외의존적인 경제가 얼마만큼의 열병을 앓게 되는가를 똑똑히 경험하는 한, 앞으로 당분간은 바람직스러운 경제 상태에 더욱더 접근하기 위해서 물가안정에 최우선을 두고 불황의 긍정적인 면을 살리면서 허용되는 극대성장을 실현하려는 노력에 전력투구해야 할 것이다.

그러면서 수출이 국내산업과 밀착되도록 하는 산업구조, 공업구조의 개편, 공업 간의 연관도를 높이기 위한 소재 및 중간재 생산부문의 육성, 산업 간의 연관도 제고, 공업에 대한 시장의 역할을 제대로 할 수 있도록 하기 위한 농업과 중소기업의 적극적인 개발 내지 육성 및 수입유발적인 공업구조의 개편, 중화학공업 투자조정, 기술개발, 경영합리화, 내자동원의 극대화, 외국인 직접투자의 엄선, 경제 각 부문의 비효율성을 제거하기 위한 제도정비 및 개선, 충실한 유도계획화, 분배문제에 대한 사전배려 등 우리가 풀어 나가야 할 여러 난제를 하나하나 차분히 해결해 가도록 힘써야 할 것이다.

결코 고도성장만이 능사는 아니다. 이제는 높은 국민소득(국민총생산)의 증가를 의미하는 고도성장의 환상에서 깨어날 때가 왔다고 본다. 국민소득인 개개인의 몫이 하나로 뭉뚱그려진 것에 불과하다. 그러기에 개개인의 입장에서 보면 별뜻을 못 느낄 수도 있다. 그런 것의 큰 증가가 고도성장인 것이나. 그리고 1인당 국민총생산(1인낭 GNP)은 바로 그런 것을 인구수로 나눈 수치 즉 산술평균에 불과하다. 그런데 산술평균은 모드(총액수) 등과 같은 실재하는 구체적인 수치를 나타내는 평균이 아니고 이미 말한 바와 같이 추상적인 즉 실재하지 않을 수도 있는 수치를 나타내는 평균이다. 그러니 1인당 국민총생산은 그 성격상 개개인의 입장에서 보면 더욱더 별뜻을 못 느끼는, 혹은 실감이 나지 않을 수 있는 것이다. 이런 1인당 국민총생산의 큰 증가도 고도성장을 말함은 말할 나위가 없다.

그렇다면 또 이제는 국민소득의 증가율인 경제성장률을 목표치로서 보지 말고 국민소득의 증가 외의 물가안정·무역수지·경상수지의 개선, 분배개선 등을 추구하는 가운데에 결과로서 얻어지는 결과치라는 면에 더 큰 의미를 부여할 때가 왔다고 본다. 경제성장률 그것도 높은 경제성장률을 목표치로 보다 보니 자연히 국민소득의 증가 외에 다른 것이 소홀히 다루어질 가능성이 크다.

그뿐 아니다. 국민소득이 증가하면서도 물가가 뛰고 무역수지 적자, 경상수지 적자가 확대되고 실업률이 높아질 수 있는 것과 마찬가지로, 다시 말하면 바람직스러운 경제상태와 거리가 있는 그런 것이 실현될 가능성이 큰 것과 마찬가지로 정치·사회·문화 등의 여러 분야에서 별로 발전이 없으면서도 얼마든지 국민소득은 증가할 수 있는 것이다. 이것은 우리가 그동안 체험해 오고 있는 바이고, 또 한때 제2경제라는 용어가 나온 것으로도 알 수 있을 것이다. 그러기에 대체로 선진국에서는 경제성장이 곧 경제발전을 뜻하는 것으로 해석된다지만 경제발전과 경제성장을 구별하여 경제발전은 경제성장에 정치·사회·문화 등의 여러 분야에서 갖가지 구조적인 변화가 합쳐진 것으로 해석되고 경제개발은 저개발국에서는 경제성장이 아니고 경제발전이어야 한다는 당위성을 나타내기 위해서 쓰이는 용어로 해석되는 것이다. 이제까지 우리나라의 계획이 경제개발계획인 것도 이런 것을 감안한 것이 아니었을까 한다.

《정경문화》(1981. 10)

경제현실과 경제정책
: 제5차 5개년계획 수정 발표에 부쳐

1980년대의 경제현실

1979년부터 한국경제는 많은 어려움을 겪어 오고 있다. 마이너스 6.2퍼센트의 성장 즉 6.2퍼센트의 GNP감소가 있은 1980년은 고사히고라도 제4차 계획(1977~1981)의 최종년도인 1981년만 해도 경제성장률 즉 GNP의 성장률은 6.4퍼센트, 실업률은 4.5퍼센트, 도매물가상승률은 20.4퍼센트, 해외저축률(경상가격표시)은 7.9퍼센트, 무역수지(경상가격표시)는 36.28억 달러의 적자, 경상수지(동)는 46.46억 달러의 적자, GNP에서의 제조업비중(불변가격표시)은 34.6퍼센트, 제조업에서의 중화학공업비중 즉 중화학공업비율(동)은 54.0퍼센트, 외채잔액(경상가격표시)은 325억 달러, 외채잔액의 대GNP비율은 52.2퍼센트, 외채원리금상환부담률은 13.9퍼센트나 되었다.

말하자면 경제현실은 GNP에서의 제조업비중 중화학공업비율을 제외하고서는 제4차 계획이 그렸던 것과는 거리가 먼 것이 된 셈이다. 4차 계획에 따르면 1981년에는 경제성장률은 9.0퍼센트, 실업률은 3.8

퍼센트, 도매물가상승률은 8.0~9.0퍼센트, 해외저축률(불변가격표시)은 마이너스 0.1퍼센트, 무역수지는 13.7억 달러의 흑자, 경상수지는 11.72억 달러의 흑자, GNP에서의 제조업비중은 39.7퍼센트, 중화학공업비율은 49.5퍼센트, 외채잔액은 136.48억 달러, 외채잔액의 대GNP 비율은 23.3퍼센트, 외채원리금상환부담률은 10.5퍼센트로 되어 있었다. 다시 말하면 1981년에는 고성장, 고고용 즉 저실업, 비교적 안정된 물가 즉 물가안정, 투자재원 국내완전조달, 국제수지 균형 또는 흑자, 산업구조의 고도화, 그다지 크지 않은 규모의 외채잔액·외채비중·외채상환부담이 실현되는 것으로 되어 있었다.

그런데 경제현실은 산업구조의 고도화를 제외하고는 저성장, 저고용 즉 고실업, 고물가, 고해외저축률, 국제수지 불균형의 확대, 외채누증·큰 외채비중·외채상환부담으로 나타났다. 게다가 인플레이션의 만성화, 소득분배의 악화(계층 간의 소득격차 확대 내지 불균형 심화), 지역 간·산업 간의 불균형 심화, 독과점화의 심화, 비능률, 기술개발 부진, 주택·교육 등의 기본수요 및 상하수도 등의 생활편익시설의 미흡 등이 노정되기도 했다.

그리하여 1982년부터 시작되는 제5차 계획(1982~1986)은 안정·능률·균형을 기조로, 경제안정기반의 정착(10.0% 수준의 물가안정), 지속적 성장기반의 공고화(7.0~8.0%의 경제성장), 소득계층 간·지역 간 균형발전(사회개발의 확대)을 목표로, 경제체질 재편의 추진, 항구적 발전기반의 구축, 지역 간·계층 간·부문 간의 균형발전을 각각 발전전략으로 삼게 되었던 것이다.

제5차 계획의 초년도인 1982년에도 물가는 진정되고 국제수지는 상당히 개선되었지만, 경제현실은 아직도 여전히 제4차 계획이 그렸던 최종년도의 경제 모습과는 상당히 거리가 있는 것은 사실이다. 1982년에는 경제성장률은 5.7퍼센트, 실업률은 4.4퍼센트, 도매물가상승률은 4.7퍼센트, 해외저축률은 4.6퍼센트, 무역수지는 23.98억 달러의 적자, 경상수지는 25.46억 달러의 적자, GNP에서의 제조업비중은 34.2퍼센트, 중화학공업비율은 55.0퍼센트, 외채잔액은 327억 달러, 외채잔액의 대GNP비율은 56.2퍼센트, 외채원리금상환 부담률은 15.5퍼센트가 되었다. 그리고 노정된 문제들에도 변화가 없는 것이 사실이다.

고도성장의 결과

한국경제가 1979년부터 겪고 있는 어려움 가운데에는 물론 1979년 2월의 이란혁명의 성공에 따른 제2차 오일쇼크와 세계불황에 기인하는 것도 있다. 저성장, 저고용, 고물가, 국제수지 불균형의 확대, 외채 누증 등이 그것이다.

그러나 이들 어려움이 직접적으로든 간집적으로든 그동안의 경제정책의 누적된 결과임은 두말을 필요로 하지 않는다. 즉 잘 알려져 있는 대로 GNP와 1인당 GNP의 현저한 증가, 생활수준의 커다란 향상, 산업구조의 고도화, 수출상품 구조의 고도화 등 많은 성과를 거두게 한 바로 그동안의 경제정책이, 다른 한편에서는 1979년부터 한국경제가 겪고 있는 어려움을 직접적으로든 간접적으로든 초래했다고 할 수 있다.

여기서 그동안의 경제정책이란 다름 아닌 제4차 계획까지의 수출주도적 공업화를 통한 고도성장의 실현이라는 경제개발전략에서 나온 여러 경제정책의 묶음을 말한다고 할 수 있다. 이때 공업화는 제2차 계획까지는 경공업 중심이었고, 제3차 계획 이후는 중화학공업 중심이었음은 물론이다.

사실 그동안의 실적을 나타내는 주요 경제지표를 보면, 연평균 경제성장률은 제1차 계획기간에는 7.8퍼센트, 제2차 계획기간에는 9.7퍼센트, 제3차 계획기간에는 10.1퍼센트, 제4차 계획기간에는 5.8퍼센트이다. 그리고 농림어업의 그것은 5.9퍼센트, 1.6퍼센트, 6.2퍼센트, 0.9퍼센트, 제조업의 그것은 15.1퍼센트, 21.8퍼센트, 18.8퍼센트, 10.2퍼센트, 사회간접자본 및 기타의 그것은 8.5퍼센트, 12.7퍼센트, 8.5퍼센트, 5.7퍼센트이다.

부가가치가 아니고 생산액으로 보아도 제조업의 연평균 증가율은 제1차 계획기간에는 16.2퍼센트, 제2차 계획기간에는 22.4퍼센트, 제3차 계획기간에는 15.2퍼센트, 제4차 계획기간에 속하는 1977~1979년에는 15.2퍼센트이다. 그리고 경공업의 그것은 11.9퍼센트, 19.1퍼센트, 17.0퍼센트, 10.1퍼센트이고, 중화학공업의 그것은 27.3퍼센트, 27.6퍼센트, 23.5퍼센트, 19.7퍼센트이다.

한편 총수출의 연평균 증가율은 제1차 계획기간에 속하는 1964~1965년에는 42.4퍼센트, 제2차 계획기간에는 33.8퍼센트, 제3차 계획기간에는 51.0퍼센트, 제4차 계획기간에는 22.6퍼센트이다. 그리고 1차 산품의 그것은 26.3퍼센트, 12.3퍼센트, 47.4퍼센트, 17.2퍼센트이고, 공산품의 그것은 55.4퍼센트, 40.9퍼센트, 52.2퍼센트, 23.3퍼센트이다. 공산품을 다시 경공업제품과 중화학공업제품으로 나누어서 보면, 경공업제품의 그것은 75.3퍼센트, 40.6퍼센트, 45.0퍼센트, 17.5퍼센트이고, 중화학공업제품의 그것은 19.9퍼센트, 46.6퍼센트, 79.4퍼센트, 32.3퍼센트이다.

이에서 알 수 있듯이 우리나라는 1962년 이후 특히 64~65년 무렵부터 계속해서 수출증대→제조업생산증대→고도성장, 바꾸어 말하면 급속한 수출증대에 의해서 주도되는 급속한 제조업성장(공업성장)을 통한 고도성장의 실현이라는 경제개발전략을 추진해 왔다.

그리고 특히 고도성장이 구가되거나 불가피하다고 여기는 시기는 1962년 이후 가장 높은 수준의 경제성장을 달성하고 최저실업상태를 나타내는 등 사상 유례없는 호경기를 맞이한 1976~1978년이라고 할 수 있다. 이때의 상황을 나타내기 위해서 그 당시의 고도성장 불가피론을 대표한다고 볼 수 있는 한국개발연구원의 보고서인 《장기경제사회발전전망》(1977~1991)에 관해서 언급한 경제기획원의 《개발연대의 경제정책》(1982)의 한 구절을 들면 다음과 같다.

> 동 전망은 제4차 계획에서와 마찬가지로 선진산업사회를 추구하면서 국민생활수준을 균형 있게 향상시키는 한편 국가안보를 위한 국방력 강화를 위해서는 고도성장이 불가결한 것을 전제로 하여 1991년까지 연평균 10퍼센트의 성장목표가 가능한 동시에 적정수준으로 정하였다(167~168면).

그러나 그동안의 정책당국의 낙관론, 단기적·소극적 정책대응 자세, 정책 당국의 실험지향적인 자세, 정책 당국의 정책운용상의 경직성, 정책 당국의 비판의 허용·수렴 노력의 부족 등이 합쳐서 현재 겪고 있는 어려움을 격화시킨 면이 있음을 간과해서는 안 된다.

경제정책의 실패

① 정책 당국의 낙관론과 소극적 단기적 정책대응 자세는 다음에 의해서 잘 나타난다고 할 수 있다.

1976~87년 중 우리 경제의 구조적 변화에 대하여 당원(當院)은 국내외 수요의 급증에 따른 경기과열을 가져오기는 하였지만 구조적 측면에서는 큰 문제가 없는 것으로 평가를 하고 있었다. 따라서 고도성장에 따른 부작용을 해소하겠다는 정책적 노력은 1978년 3월부터 구체화되었으나, 기본방향에 있어서는 당시의 경기과열을 억제한다든가 하는 적극적 입장이 아닌, 수급불균형의 보완이라는 소극적 입장을 가지게 되었다(위의 책, 176면).

이 시기에 한국경제 현상에 대한 당원의 견해는 대체로 한국경제가 전환기에 처해 있으므로 경제의 구조적 개선 내지 운용방식의 전환이 필요하다는 인식은 하고 있었으나, 물가 및 임금상승과의 악순환을 제외하고는 한국경제가 위기에 처한 정도는 아니라고 보았다(위의 책, 194면).

1976~78년간의 고도성장에 따른 우리 경제의 전환기적 양상은 당원이 단기조정정책에 의하여 극복하고자 하는 데 치중하여 그 해결이 미진한 채 제2차 석유파동을 맞게 됨으로써 새로운 경제운영방식의 전환을 모색하게 되었다(위의 책, 189면).

그런데 오늘날 각국 정부는 경제계획 내지 경제정책의 수립에 있어서 우선 현실의 경제정세(즉 경제현실)를 파악하고 그 정책과제에 따라서 여러 변수를 구분한다. 다시 말하면 목표변수(정책목표를 나타내는 변수), 수단변수(정책수단을 나타내는 변수), 여건변수(정부의 행동 관심의 직접대상이 되지 않거나 정부가 자유로이 관리할 수 없는 변수)로 구분한다. 그리하여 제시된 문제에 알맞은 형의 수학적 정식화를 하고, 즉 이들 변수 간의 방정식군 내지 모델을 구성하고, 다음에 정책수단을 움직인 경우 정책목표에 주는 효과를 예측한다. 끝으로 바람직스러운 정책목표를 실현하기 위해서 움직여야 할 정책수단의 크기를 결정하게 되어 있다.

따라서 경제정책은 경제현실에 대한 정부의 판단, 한 나라의 경제의 바람직스러운 상태 내지 모습에 대한 정부의 평가, 많은 정책목표 가운데에서 무엇을 선택할 것인가에 대한 정부의 판단 등을 전제로 하고 있다고 할 수 있다.

② 우리나라에서는 언제부터인지는 잘 몰라도 신중과 무능이 혼동되고 있는 감이 있다. 따라서 신중을 기하기 위해서 많은 시일을 들여서 여러 가지 면에서 면밀한 검토를 하다 보면 자칫하면 무능으로 몰리는 수가 있을 수 있다.

그렇다면 그동안 실험하는 식으로 서둘러서 실시에 옮긴 경제정책이 적지 않다고 할 수 있을 것이다. 우리는 그 대표적인 예를 아직도 물의를 일으키고 있는 부가가치세세에서 찾아볼 수 있나.

그러나 경제현상의 연구에는 일반적으로 실험의 방법 대신에 통계방법이 채택되고 있으며, 경제현상은 비가역적이고 비반복적이고 누적적인 성격을 갖는 것으로 이해되고 있다. 다시 말하면 경제현상은 역사적으로 다시 돌이킬 수 없고, 재현을 불허하고, 과거의 경제정책 내지 조치의 누적된 결과를 나타내는 현상이며, 어떤 경제정책 내지 조치에 대한 평가는 그것으로 해서 이득을 보는 사람들 측에서는 찬성을 하고 손실을 보는 사람들 측에서는 반대를 하는 식으로 양분되기 쉽다. 따라서 그런 일이 있어서는 결코 안 되지만, 제아무리 나쁜 경제정책 내지 조치를 취해도 그것에 찬성하는 사람들은 있기 마련이다. 그러기에 그 수립과 집행에서 신중을 기할 필요가 있다.

③ 경제정책 운용상의 경직성의 대표적인 한 예는 1978년 8월 8일

의 〈부동산투기억제 및 물가안정을 위한 종합대책〉(8·8조치)을 나오게 할 만큼 물가의 압력이 투기로까지 파급되게 한 1976~1978년의 정책에서 찾아볼 수 있다. 그러나 경제정책 운용상의 경직성을 일면중시적이고 계획치 내지 목표치에 집착하는 경제정책의 운용으로 본다면 그 예는 수 없이 많다고 할 수 있다.

여기서 일면중시적이란, 예를 들면 무역수지의 균형을 위해서는 수출과 수입의 양면에 대해서 손을 써야 함에도 수출만을 강조한다든가, 국토의 녹화를 위해서는 식목에 못지않게 육림에도 주력해야 함에도 식목만을 강조하는 그런 것을 말한다. 그리고 계획치 내지 목표치 집착적이란, 예컨대 목표치로 정해진 경제성장률이라든가 물가상승률이라든가 수출액은 상황의 변화가 있어도 아랑곳하지 않고 어떠한 무리를 해서라도 달성해야만 하는, 그것도 초과달성해야만 하는 것으로 여기는 그런 것을 말한다. 그런데 그 계획치 내지 목표치는 각종의 경제전망치(경제예측치)가 그러하듯이 사실은 전제를 어떻게 설정하는가에 따라서 얼마든지 달라질 수 있는 수치인 것이다. 따라서 계획치 내지 목표치에 대한 집착은 별로 의미가 없다고 할 수 있다.

④ 그동안 소비자, 농민, 노동자, 중소기업자의 이익을 대변하는 조직 또는 단체가 활동의 제한에 기인해서든 기타 요인에 기인해서든 그 기능을 제대로 발휘하지 못해 온 것이 사실이다. 어떻게 보면 독과점화의 심화, 지역 간·소득계층 간·산업 간·기업규모 간의 불균형의 확대가 그것을 실증해 주고 있다고 할 수 있다. 또 그동안 공청회, 평가교수회의, 한국개발연구원의 경제정책협의회 등이 활용된 것은 사실이나 그 기능 또한 제한적인 것이었다.

5차 5개년계획의 기조

제5차 계획은 1979년부터 시작된 여러 가지 어려움을 겪는 가운데서 수립된 것이다. 그렇기 때문에 그것은 제4차 계획까지의 경제개발 전략에 대한 반성과 그 당시의 어려움 내지 경제현실을 보는 시각의 변화를 반영한 것이라고 할 수 있다. 이 사실은 다음에서 알 수 있을 것이다.

우리 경제가 이렇게 어려운 상황에 처하게 되자 당원은 단순히 제한된 범위 내에서의 단기적 정책대응만으로는 해결될 수 없음을 인식하게 되었고, 기존의 개발전략의 추진방식에 대한 한계와 모순에 대해 다시 한번 생각하게 됨으로써 우리 경제의 근본적인 구조개편과 체질개선을 시도하였다(위의 책, 198면).

그리고 그것은 다음에서 알 수 있듯이 1980년대를 보는 자세의 변화를 반영하는 것이라고도 할 수 있다.

80년대의 세계 경제여건은 지난 60년대나 70년대보다 훨씬 어려워질 것으로 예상된다. …… (이와 같이) 세계 경제정세가 극히 유동적이고 장래에 대한 불확실성과 가변성이 증대하고 있으며 이러한 불확실성 아래서 경쟁은 더욱 가열화될 것으로 예상된다.

대외여건의 변화와 함께 대내적으로도 불균형적인 양적 성장보다는 산업 간, 기업 간, 노사 간, 지역 간의 균형적인 질적 성장에 대한 요구가 커지고 있다. 또한 경제성장도 그 자체가 목적이 아니고 성장과정에 있어서 공정경쟁과 성장과실의 적정배분이 보다 강조되고 있다.

한편 사회의 급속한 발전과 국민의식 수준의 향상에 따라 사회복지 등에 대한 새로운 욕구가 증대되고 다양화되고 있어 이는 바로 행정수요에 대한 급격한 변화로 나타나고 있다(위의 책, 246~247면).

제5차 계획(1982~1986)에 따르면 도매물가 상승률은 13.0퍼센트, 무역수지는 40.0억 달러의 적자, 경상수지는 49.0억 달러의 적자가 되는 것으로 되어 있다. 그리하여 1982년에는 물가가 진정되었고 국제수지가 상당히 개선된 것이 사실이다. 그렇게 보면 이 계획의 전면 수정도 있을 만한 일이라고 할 수 있다.

그러나 물가안정은 주로 원유가격의 하락과 해외원자재 가격의 하락 내지 보합에 기인하고, 국제수지 개선은 이 해외요인과 '오차 및 누락'이 크게 늘어난 데서 기인한다는 점에 유의할 필요가 있다. 1982년의 오차 및 누락은 14.4억 달러나 된다. 1981년의 그것은 4.0억 달러에 불과했다.

따라서 물가와 국제수지에 대해서 지나치게 낙관할 일이 못 된다고 할 수 있다. 앞으로 원유가격은 몰라도 만약 해외원자재가격이 상승하게 되면 물가가 등귀하고 국제수지의 적자가 커지게 되어 있는 것이 현실이다. 특히 우리나라의 물가구조는 해외의존형이기 때문에 해외원자재의 가격 등귀는 수입물가의 등귀, 도매물가의 등귀, 소비자물가의 등귀로 연결되게 되어 있다.

게다가 이미 앞에서 본 것처럼 아직도 1982년의 경제 모습은 제4차 계획이 그렸던 1981년의 그것과 상당히 거리가 있다. 1981년의 경제모습은 물가상승률에 문제가 있기는 하지만 일단 한국경제에게는 바람직스러운 상태에 가까운 것이라고 할 수 있다. 또 어떻게 보면 그것은 자립경제 내지 자력성장구조가 크게 실현된 상태로도 볼 수 있다.

정책의 목표와 자세

① 그렇다면 현재 우선 필요한 일은 한국경제를 바람직스러운 상태에 가까운 것, 즉 1981년의 경제모습으로 접근시키는 일이라고 할 수 있다. 이것은 자립경제의 실현으로의 접근을 의미할 것이다.

따라서 앞으로 제5차 계획의 기조와 발전전략은 그대로 견지하면서, 그리고 기본목표는 지표 내지 수치(10%, 7.0~8.0%)만을 적절하게 수정하여 역시 그대로 견지하면서, 즉 물가안정하의 극대성장과 사회개발의 확대를 계속 추진하면서 알찬 결실을 거두어야 할 것이다. 여기서 물가 안정하의 극대성장은 물가안정을 우선해서 추구하는 가운데에 얻어지는 최대의 경제성장률의 실현의 뜻으로 해석하면 된다.

다만 물가상승률을 수정하는 데 있어서는 1973년의 전철을 밟지 않도록 할 필요가 있다. 1973년에는 소비자물가 상승률을 3.0퍼센트 안팎으로 억세한다는 공약이 연초에 내길어졌다. 결국 그 목표는 달성되었다. 분명히 1973년의 소비자물가 상승률은 3.0퍼센트이다. 그러나 그것은 어디까지나 목표를 실현하기 위한 온갖 무리의 산물이었다는 것을 잊어서는 안 된다.

따라서 원유가격과 해외원자재가격의 동향에 대해서 지나치게 낙관적인 전망을 내리고 물가억제선을 무리하게 낮추는 일은 없어야 할 것이다.

물가안정은 실질소득의 향상, 생활안정, 국제경쟁력의 강화를 가져온다. 그리고 그것은 경제계획과 사회개발의 전제가 되기도 한다. 그러나 인플레이션은 소득분배의 악화 즉 분배의 불균등 확대를 초래하므로 물가안정은 소득분배의 개선을 위해서도 반드시 필요한 것이다. 따라서 물가안정은 제아무리 강조되어도 지나침이 없다고 할 수 있다.

그러나 그렇다고 하더라도 물가안정만 이룩되면 다 되는 것은 결코 아니다. 바람직스러운 경제모습으로 접근해가는 가운데에 실현되는 물가안정, 바로 이것이 우리에게 절실할 것이라고 아니할 수 없다. 그리고 물가가 등귀할 때에는 서민의 입장에 선 물가안정에 주력하도록 하면 족한 것이다.

② 또 필요한 일은 계속해서 중화학공업을 정상화시켜 가는 일이라고 할 수 있다. 다음에서 알 수 있듯이, 제4차 계획 초기의 중화학공업의 무리한 건설은 많은 문제를 야기했을 뿐 아니라 중화학공업 자체까지도 어려움을 겪게 만들었다.

중화학공업의 건설이 민간의 과욕과 정부의 방관적 지원으로 계획 초창기에 집중되었고, 그 추진방법에서도 한 분야에 여러 기업이 참여하게 됨으로써 규모의 경제성을 잃게 되었다. 결과적으로 국제경쟁력을 모두 갖추지 못하게 되는 문제점을 낳게 되었다. 짧은 기간 동안 난립된 상태로 중화학건설이 이루어지다 보니 우리의 금융능력, 기술능력, 인력공급능력, 부품공급능력 등이 따라가지 못하게 되고 여기에서 중화학공업은 어려움을 겪게 되었다.

이는 제2차 석유파동으로 인하여 급속도로 대내외 수요가 냉각됨에 따라 더욱 악화되게 되었다. 중화학공업의 무리한 건설은 계획 초반기의 높은 인플레, 높은 임금상승, 높은 통화증발 등의 주요한 원인이 되었고, 이에 따라 급속히 타 산업의 수출경쟁력까지도 악화시키게 되는 경제운용 상의 부담으로 작용하게 되었다. 이런 문제는 제2차 석유파동을 흡수하지 못하고 우리 경제 자체가 어려움을 겪게 되는 요인으로 작용하게 되었다(위의 책, 222면).

　그리하여 1979년 5월부터 몇 차례 중화학공업의 투자조정이 단행된 것은 사실이다. 그러나 앞으로도 짐이 될 가능성이 크므로 정상화될 때까지 그 투자조정은 지속할 필요가 있다.

　③ 또 다른 필요한 일은 모처럼 제2차 오일쇼크 이후에 자세 내지 인식의 전환을 엿볼 수 있기는 하지만, 역시 정치 당국의 낙관적인 자세, 단기적인 자세, 소극적인 자세의 탈피라고 할 수 있다. 경제현실 등에 대한 판단에서 자칫하면 자의적이고 주관적으로 흐르기 쉬운데, 거기에다 만약 낙관적이거나 단기적이거나 소극적이기까지 한다면 그 결과는 어떻게 될 것인가.

　④ 이 밖에 또 그동안의 잘못을 되풀이하지 않기 위해서 경제정책의 수립과 집행에 있어서는 실험하는 식으로 서두르는 일이 없도록 하고 신축성을 보이도록 하며, 활동이 미약하거나 미비한 이익집단을 대변하는 조직 내지 단체를 강화·육성하도록 하며, 정부가 스스로 제약을 받는 뜻에서 광범위한 사유로운 비판을 허용하어 그것을 수렴해서 적극적으로 반영하려는 노력을 강력히 추구해 가는 일도 필요한 일이라고 할 수 있다. 또 오늘날에 있어서는 경제정책은 이해관계를 달리하는 우리들의 생활에 지대한 영향을 끼친다는 사실을 감안할 때 자유롭고 광범위한 비판의 허용이 강조되어야 할 것이다.

　⑤ 그리고 더 나아가서 여러 가지 비판 내지 요구를 수렴하는 데 있어서는 되도록 그것을 받아들이려는 자세를 취하도록 노력하고, 어떤 경제정책의 실시 여부를 결정하는 데 있어서는 찬반의 의견이 팽팽히 맞서고 있는 경우 그 실시를 연기 내지 보류하는 등의 유연성을 보이도록 노력해야 할 것이다. 또 과거의 경험을 잘 살리도록 노력하되, 특히 쓰라린 경험을 교훈으로 삼아서 되풀이하는 일이 없도록 노력해 가야 할 것이다.

경제학의 교훈

끝으로 지금 우리의 경제정책 수립에서 필요한 일은 다른 나라 특히 여러 선진국들의 경제정책에 대한 정확한 파악, 수량적 정식화에 기인하는 경제정책의 한계에 대한 이해, 국민으로부터 경제정책에 대한 신뢰 획득, 경제정책에서 케인스(J. M. Keynes)의 전제와 이상상의 철저한 터득 등이라고 할 수 있다.

① 경제정책은 수학적 정식화에 기인하는 한계를 갖고 있다. 그 한계의 첫째는 계량화할 수 있는 양적인 변화만이 문제의 대상이 되며 질적인 문제는 다루어지지 않는다는 것이다. 어느 정도 질의 전제하에서 양적인 변화만이 다루어진다. 둘째의 한계는 이론적 추리와 그 수학적 표현의 기술적 필요에서 정책수단과 정책목표에 대해서 간단한 전제를 설정하는 것에 의해서 현실의 단순화가 시도되지 않을 수 없다는 것이다. 그 단순화로 해서 수학적으로는 명료하고 정확한 해(解)가 구해질 수 있겠지만, 해 그 자체의 구체성은 희미하게 되지 않을 수 없다.

경제정책의 이론에 대한 계량경제학적 접근을 최초로 시도한 사람이라고 할 수 있는 틴베르헌(J. Tinbergen)도 경제정책과 관련해서 경제적 관점에서뿐 아니라 제도적·법률적·광의의 기술적 그리고 심리학적 관점에서도 보아야 한다는 것을 강조하고 있다.

② 경제정책이 성공하려면 국민으로부터 신뢰를 얻을 필요가 있다. 국민으로부터 신뢰를 못 얻으면 어떤 경제정책도 실패로 돌아가지 않을 수 없다는 것은 오늘날 잘 알려져 있는 사실의 하나이다. 각각 관점은 다르지만 해러드(R. F. Harrod)나 틴베르헌은 다 같이 국민으로부터의 신뢰를 강조하고 있다.

③ 주요 선진국들에서 어떤 경제정책이 실시되고 있는가를 아는 동시에, 성공을 거두었다면 그것을 가능케 한 여건 내지 특수 요인이 무엇인가를 정확하게 파악할 필요가 있다. 오늘날 각국 경제는 국제화시대 속에서 운영되고 있고, 주요 선진국들이 어떤 경제정책을 실시하고 있는가는 특히 저개발국, 신흥공업국 등에 많은 영향을 주고 있다.

④ 영미 경제학자의 압도적인 지지를 받아오고 있는 케인스는 경제정책을 결정해서 실천하는 정부와 정부고문에 대해서 일정의 전제와 이상상을 설정하고 있다.

그 전제는 《케인스전》(1951)의 저자인 해러드가 '하비 로드의 전제'라고 부른 것이다. 그 명칭은 케인스의 생가가 상류지식계급이 살고 있는 영국 케임브리지의 하비로드에 있는 데서 연유한다. 해러드의 말을 그대로 인용하면, 그것은 "영국 정부는 과거·미래를 불문하고 설득이라는 방법을 구사하는 지적 엘리트층에 의해서 계속해서 지배된다"고 하는 전세를 말한다.

한편 케인스는 언젠가 치과의사처럼 공평한 기술자인 정부 경제고문이 편견에 사로잡히지 않는 과학적 조언을 하고, 정책결정자는 그것에 따라서 '공공의 이익'을 위해서 행동한다고 하는 모습을 이상상으로 그린 일이 있다. 이런 전제와 이상상을 갖고 있었기 때문에 케인스는 정부의 개입과 반(反)균형재정이 불가피하다는 것을 주장했다고 볼 수 있다. 물론 이때 정책결정자가 '라플라스의 마(魔)'처럼, 다시 말하면 전지전능자처럼 행동하지 않는다는 것이 내포되어 있음은 말할 나위도 없다. '라플라스의 마'라는 말은 라플라스(P. S. Laplace)가 1796년에 발간한 철학서인 《세계체계론》의 비유에서 나왔다고 한다.

《신동아》(1983. 9)

한국 경제정책의 개관

1. 머리말

흔히 1945년 8·15 이후를 경제개발 5개년계획의 실시를 기준으로 해서 계획의 시기와 그 이전의 시기로 즉 1961년까지와 1962년 이후로 양분한다. 그러나 제1차 5개년 계획기간(1962~1966)은 어떻게 보면 이제까지 계획에 대한 경험을 하지 못한 상태에서 경험을 쌓은, 다시 말하면 학습시기였다고 볼 수 있는 데다가 사실 '공업화개시의 기반구축'(〈표 2〉)의 시기였으며, 또 1962년, 1963년에 무역수지적자 확대를 겪으면서(〈표 1〉) 수출입국론이 대두되어 마침내 수출지향화의 방향으로 나아가게 되었고, 다른 한편 1963년, 1964년에 물가가 급등하여 '안정'이 강조되지 않을 수 없음으로써 원계획의 수정 내지 보완계획(1964~66)이 수립되기도 했다.

따라서 이 글에서는 이런 점을 감안하여 1945년 8·15 이후를 우선 1966년까지와 1967년 이후로 양분하기로 한다. 사실 1967년 이후 소위 '수출주도적 공업화'를 통한 '고성장'의 실현이라는 경제개발전략이 본격적으로 추구되기 시작했다고 할 수 있다. 물론 제3차 계획기간의

〈표 1〉 주요 경제지표

	1962	1963	1964	1965	1966
경 제 성 장 률(%)	2.2	9.1	9.6	5.8	12.7
실 업 률(〃)	–	8.2	7.7	7.4	7.1
물 가 상 승 률(〃)					
도　　매	9.1	19.4	34.9	10.3	8.6
소 비 자(서울)	6.6	20.7	29.5	13.6	12.1
통 화 증 가 율[*](〃)					
통　　화	10.1	6.3	16.7	34.2	29.7
총　통　화	24.9	7.4	14.8	52.7	61.7
무 역 수 지(억 달러)	−3.35	−4.10	−2.45	−2.40	−4.30
수　　출[**]	0.55	0.87	1.19	1.75	2.50
수　　입[**]	4.22	5.60	4.04	4.63	7.16
경 상 수 지(억 달러)	−0.56	−1.43	−0.26	0.09	−1.03

주: *) 말잔액 기준임.
　　**) 통관 기준임.
출처: 한국은행 조사제2부, 《주요경제지표》, 1985. 2. 15.

제1차년도인 1972년부터 이제까지의 '경공업' 중심의 공업화가 '중화학공업' 중심의 공업화로 전환되기는 했지만 1974~75년의 제1차 오일쇼크를 겪으면서노 그러한 성세개발선략이 시속적으로 추구된 것이 사실이다. 그러나 제4차 계획기간의 1979~81년에 제2차 오일쇼크를 겪은 데다가 그때까지의 경제개발전략의 추구과정에서 야기된 갖가지 부작용 즉 인플레이션, 만성적인 국제수지적자, 농업·중소기업의 상대적 위축, 지역 간·규모 간 소득격차, 경제력집중 등이 현저하게 노정되었다. 그리하여 제5차 계획(1982~86)은 비로소 최우선의 계획기조 내지 목표로서 '안정'을 삼게 되어(〈표 2〉) 이제까지의 경제개발전략이 수정을 보게 되었다. 즉 '안정'하의 중화학공업 중심의 '수출주도'적 공업화의 추구로 바뀌게 되었다. 따라서 이 글에서는 1967년 이후를 다시 1981년까지와 1982년 이후로 양분하기로 한다.

이하에서는 1966년까지의 경제정책, 1967년 이후의 경제정책의 귀결이 차례로 다루어진다.

<표 2> 제1~5차 경제개발계획의 기조 등

	I (1962~66)	II (1967~71)	III (1972~76)	IV (1977~81)	V (1982~86)
기조 또는 목표	사회경제적 악순환의 시정과 자립경제 달성의 기반구축	산업구조의 근대화와 자립경제의 촉진	성장·안정·균형	성장·능률·형평	안정·능률·균형
정책 과제	· 농업생산력 증대에 의한 국민경제의 구조적 불균형 시정 · 에너지 공급원의 확보 · 기간산업 확충과 사회간접자본의 충족 ·유휴자원 활용 ·국제수지 개선 ·기술의 진흥	· 식량자급과 수자원 개발 · 공업고도화의 기반조성(화학·철강·기계공업) · 7억 달러 수출과 수입대체 촉진―국제수지 개선 · 고용증대, 가족계획추진, 인구팽창 억제 · 영농의 다각화와 농가소득 향상 · 과학과 경영 기술 진흥과 생산성 향상	· 주곡의 자급화 · 농어촌 생활환경 개선 · 중화학공업 건설로 공업의 고도화 · 과학기술 향상과 인력개발, 사회간접자본의 균형적 확대 · 국토자원의 효율적 개발, 산업 및 인구의 적정분산 · 사회보장과 국민복지 향상	· 투자재원의 자력조달 · 국제수지균형의 달성 · 산업구조의 개편과 고도화 · 새마을사업의 확대 · 과학기술투자의 확대 · 경제운용과 제도 개선	· 물가안정의 달성 · 비교우위산업의 육성 · 투자효율의 극대화 · 시장경쟁의 촉진 · 대외개방의 적극화 · 새로운 노사관계의 정착 · 사회개발의 확충
공업화 전략	공업화 개시의 기반구축: · 기초산업육성 · 사회간접자본 정비	대외지향적공업화: · 자본재수입대체화 · 경공업수출화	산업구조 고도화: · 중화학공업 건설	자력성장구조의 실현: · 기술·고용 집약 산업 개발	선진국형 공업화: · 지식·정보 집약 산업 개발
주요 성장 산업	· 전력 · 비료·정유 · 합성섬유 (나이론사) · 시멘트 · PVC	· 합성섬유 (폴리에스터사) · 석유화학 · 전기기기 (TV, 냉장고)	· 철강 · 수송용기계전자기기 · 가정용전자기기 (TV, 트랜지스터) · 조선 · 석유화학 콤비나트	· 철강 · 산업용기계 · 전자기기 및 부품 · 조선	· 정밀기계 · 전자공업 · 지식·정보산업

2. 1966년까지의 경제정책

1) 1960년(4·19 이전)까지의 경제정책

대체로 1960년(4·19 이전)까지의 경제정책은 그때그때 야기되는 단기적인 경제문제에 대해서 단편적이며 즉흥적으로 대처한 것이었으며 경제개발이라는 장기적인 관점에서 종합적이며 통일적으로 다루어진 것은 아니었다.

그리고 비록 농지개혁과 같은 제도적인 개혁이 행해졌고, 또 가격·금융·무역·유통 등에 관한 광범위한 통제가 존재하기는 했어도 자유당 정부가 의도적으로 추구한 경제정책의 원칙은 자유방임의 원칙이었다. 물론 이 원칙이 어떤 경제이론에 근거를 둔 것은 아니었다. 어떻든 자유당 정부는 이러한 자유방임의 원칙에 의거하면서 인플레이션 수습·경제안정과 민족자본의 형성 또는 축적이라는 커다란 과제를 해결하기 위한 물석 기초를 귀속재산과 미국 원조물사에 두고 있었냐고 할 수 있다. 그러나 귀속재산의 불하는 경제원칙에 의해서 이루어졌다기보다는 정치권력의 자의적인 배려에 의해서 이루어졌으며 특혜적인 성격을 띠고 있었다고 볼 수 있다. 따라서 그것은 정치권력에 의존하여 불건전한 자본축적을 도모하는 기업풍토 내지 체질을 조성시켰다고 할 수 있다.

한편 미국 원조물자는 미 정부의 대의회 보고서에 명시되어 있는 바와 같이 대한원조(對韓援助)가 기본적으로 "한국이 외부의 실질적인 원조를 받지 않고 1949~1950년의 생활수준을 지탱하며 강대국을 제외한 외부의 군사력에 의한 침략에 항거하여 이를 격퇴하기에 충분한 군사력을 유지할 수 있는 정상적인 경제력을 지니도록 한국을 발전시키는 것"[1]이었지 자립적인 국민경제의 발전을 위한 것이 아니었기 때문에 그것은 주로 소비재였다고 할 수 있다. 따라서 원조를 통한 외부로부터 소비재의 유입은 자연히 원조된 소비재를 중심으로 하는 수입대체의 공업화를 초래했으며, 또 수입대체산업을 거의 타 산업과 연관을 갖지 않는 것으로 만들었다.

그뿐 아니라 원조물자는 정치권력과 결탁한 특정 기업에 염가로 판매됨으로써 기업의 정치권을 이용한 특혜에 의존하는 자본축적을 초래하여 건전한 기업가정신의 발전과는 상반되는 기업풍토 내지 체질을 조성했다. 이에 더해서 특정 기업에 대한 저리의 자금지원도 그와 같은 풍토 내지 체질을 조성했음은 말할 나위가 없다. 그리하여 민족자본인 중소기업은 외면당하게 된 셈이다.

이렇게 보면 결국 자유당 정부하의 경제정책은 "저개발국 공업화에서는 무엇보다도 국가의 강력한 종합적인 시책의 뒷받침이 관건이 되는 것임에도…… 관권과 야합한 특정 기업의 보호에 치우쳐 결과적으로는 공업부문의 순조로운 발전을 저해했으며",[2] 국민경제의 대외의존성을 온존·강화하는 것에 불과했다고 할 수 있다.

2) 1960년(4·19 이후)에서 1966년까지의 경제정책

그간의 저성장, 빈곤, 독재에 대한 정치적 불만으로 자유방임적인 가치관이 불신을 받게 된 데다가 국제적으로 저개발국 일반의 경제개발에 대한 논의가 활발히 이루어지게 된 것이 주된 계기가 되어 '경제개발 5개년계획'이 4·19 이후에 민주당 정부에 의해서 수립되었으며 이는 다시 5·16 이후에 군사정부에 의해서 인계되어 구체화되었다. 말하자면 자유당 정부하의 경제정책에서 자유방임의 원칙은 일대 수정

---

1) 《미 상하 양원 보고서》, 1954. 7. 29.
2) 《경제백서》, 1962.

을 받게 된 셈이며 계획화의 원칙과 국민경제에서 정부의 역할이 강
조되게 된 셈이다. 사실 1962년부터 시작된 제1차 경제개발 5개년계획
에서는 경제체제는 "민간인의 자유와 창의를 존중하는 자유기업의 원
칙을 토대로 하되 기간산업부문과 그 밖의 주요 부문에 대해서는 정
부가 직접적으로 관여하거나 또는 간접적으로 유도정책을 쓰는 지도
받는 자본주의체제"라는 것이 내걸어졌다.[3]

제1차 계획은 '사회경제적 악순환의 시정과 자립경제 달성의 기반
구축'을 계획기조로 사회간접자본투자, 기초산업육성, 소비재수입대체
를 공업화전략으로 각각 삼고 있었으며 또 전력·비료·섬유·시멘트를
주요 성장산업으로 삼고 있었다(〈표 2〉). 그리고 이 계획은 재원조달에
서는 내자를 최대한으로 동원하고 부족분을 도입외자(차관)로 충당하
기로 되어 있었다.

그러나 1962년의 통화개혁의 실패, 부정축재환수를 통한 자본동원
의 부진 능과 1965년의 한일회담의 타결을 계기로 한 일본으로부터
차관도입의 개시는 자연히 이 기간 중의 재원조달을 외자의존형으로
만들지 않을 수 없었다. 그리하여 1966년에는 경제성장율 12.7퍼센트
라는 외자를 기반으로 한 고성장이 실현되었다. 그러나 이것은 외자의
존형의 기업풍토 내지 체질을 조장하는 계기가 되었다고 할 수 있다.

이에 더해서 이 계획기간 중에 추구된 소비재 수입대체의 공업화는
이제까지와 마찬가지로 타 산업과의 밀접한 관련하에, 즉 그것의 원료
와 중간재를 생산하는 산업의 육성과 병행해서 추진되지 않고 수입원
료와 중간재를 가공하는 산업의 육성의 성격을 띤 것이었기 때문에
자연히 수입의 증대를 가져와서 무역수지의 개선을 어렵게 만들었을

---

3) 《경제백서》, 1970.

뿐 아니라 이 계획기간 중의 사업 대부분은 외자를 주축으로 추진되었기에 민족자본인 중소기업의 문제를 심각하게 대두시켰으며, 또 자본을 비롯한 자원의 효율적인 운영보다는 국민경제의 양적 확대에 치중한 탓으로 단위기업의 제반 경영조건과 최적규모를 신중히 고려하지 않아 뒤에 부실기업이 싹틀 소지가 마련되었다고 할 수 있다.

3. 1967년 이후의 경제정책[4]

1) 1967년에서 1981년까지의 경제정책

제2차 계획이 시작된 해인 1967년에서 제4차 계획의 최종년도인 1981년까지의 시기는 '수출주도'적 공업화를 통한 '고성장'의 실현이라는 경제개발전략이 본격적으로 추진된 시기이다. 다시 말하면 이 시기에는 공산품 수출증대→수출증대→고경제성장(내지 고공산품 수출증가율→고수출증가율→고GNP증가율)의 실현이 추구되었다. 그리고 고성장의 실현이 곧 고고용의 실현이라는 생각, 고투자를 위해서는 외자에 의존해도 무방하다는 생각, 고성장을 위해서는 인플레이션은 불가피하거나 감수해야 한다는 생각 등이 그 전제가 되어 있었다. 그런가 하면 수출증대가 곧 국제수지 개선의 수단이었다.

고성장을 추구하다 보니 자연히 확대적 금융정책·재정정책이 채택되지 않을 수 없었다. 또 수출증대를 고성장의 지렛대로 삼다 보니 금융재정상의 특혜적 지원책이 동원되었으며 수출증대를 위해서 중화학공업제품 수출이 필요하다 보니 제3차 계획이 시작된 1972년부터 중화학공업 시대가 개막되었다. 중화학공업의 육성을 위해서는 개별 산

---

4) 이 논의와 관련해서는 〈표 3〉을 참조하기 바란다.

〈표 3〉 주요 경제정책 일지(1967년 이후)

1966*	중소기업기본법 제정
	외자도입법 제정
1967	상품수입에서 네거티브 리스트제(Negative List) 실시
1968	대한중석과 합작투자로 종합제철공장을 포항에 설립키로 공표(3. 20)
	이중 곡가제 실시
	자본시장육성에 관한 법률 제정
1971	새마을사업 전개
	국가보위에 관한 특별조치(12·27조치)
1972	경제의 성장과 안정에 관한 긴급명령(8·3조치)
	기업공개촉진법 제정
1973	중화학공업선언
1974	국세기본법 제정·종합소득세제 전면실시
1975	종합무역상사제 실시
	물가안정 및 공정거래에 관한 법률 제정
1976	부가가치세제 실시
	농수산물 유통 및 가격안정에 관한 법률 제정
1978	부동산투기억제조치(8·8조치)
	중소기업진흥법제정
1979	기술도입에서 네거티브 리스트제 실시
1980	독점규제 및 공정거래에 관한 법률 제정
	노동제법의 개정과 노사협의회법 제정
	수입자유화 적극추진
	미 달러화 환율결정방식으로 복수통화바스켓방식 채택
	중화학공업투자조정
1981	자본시장자유화추진계획 발표
1982	농어촌후계자육성사업전개
	중소기업진흥장기계획(1982~91) 확정
	기술진흥확대회의, 기술진흥심의회 설치
1983	복합영농시범사업 전개
1984	외자도입에 있어서의 네거티브 리스트제 실시
1986	2000년대 과학기술발전장기계획(1987~2001) 확정
1987	농어촌부채경감대책 발표(3·16 조치)

주: *) 참고로 들어두었음.

업육성법을 제정하고 이에 의거해서 직접 혹은 간접적인 지원을 강행했다. 즉 이들 산업에 대해서 국세와 관세의 감면정책, 금융지원, 수입규제에 의한 국내 판매가격 보조, 기타 행정지원 등을 행했다. 그런가

하면 필요한 투자자원의 마련을 위해서 국민투자기금법에 의거한 국민투자기금을 설치하여 1974년부터 운용하였다. 그러나 1980년에 투자재조정이 실시되지 않을 수 없을 만큼 그동안 과중하고 중복된 중화학공업 투자가 행해진 것이 사실이다.

한편 수출증대의 필요에서 수입자유화 폭의 확대가 이루어졌다. 그 첫 시도가 곧 1967년에 있는 상품수입에서의 네거티브 리스트제 실시라고 할 수 있다. 이 수입자유화는 1980년부터 적극적으로 추진되었다. 또 수출증대를 위해서는 국제경쟁력이 강화되어야 하므로 임금억제가 필요하다고 하여 1971년에는 노동활동의 제한을 포함하는 〈국가보위를 위한 특별조치〉(12·27조치)가 취해졌으며 1980년에는 노동에 관한 법들이 개정되었으며 또 노사협의회법이 제정되었다.

물론 내자동원을 위해서 적극적으로 노력한 것은 사실이다. 즉 1972년의 사채동결조치(8·3조치의 일환) 등의 저축증대 노력, 1968년의 〈자본시장 육성을 위한 법률〉 제정, 1972년의 기업공개촉진법 제정 등의 자본시장 육성을 위한 노력, 1974년의 종합소득세제·부가가치세제 실시 등의 세수증대를 위한 노력 등이 그것이다. 그러나 1981년 현재로 외채잔액은 324억 달러나 되었다.

인플레이션 불가피론 내지 인플레이션 감수론 팽배로 1972년의 8·3조치, 1976년의 〈물가안정 및 공정거래에 관한 법률〉 실시 등 일련의 물가안정을 위한 노력이 이루어졌지만 인플레이션은 계속 진전되었고 마침내는 1978년의 〈부동산투기 억제를 위한 조치〉(8·8조치)가 취해질 정도였다.

8·3조치는 인플레이션의 악순환, 고리사채의 성행 등을 해결하기 위해서 기업의 모든 사채를 동결시키고 채권 및 채무관계를 조정하는 한편 금리의 인하·장기저리자금의 공급 등을 주 내용으로 하고 있었

다.5) 1976년에 실시된 〈물가안정과 공정거래에 관한 법률〉은 물가안정과 공정하며 자유로운 경쟁질서의 확립을 목표로 한 것이었으며 그 내용은 직접통제에 관한 규정·공정거래에 관한 규정·운용기구 및 시행절차 등에 관한 규정으로 대별된다.6) 그러나 공정거래 내용은 물가안정의 부차적 수단으로 인식되고 운용도 활발치 못했다. 그리하여 본격적인 공정거래제도가 도입된 것은 〈독점규제 및 공정거래에 관한 법률〉이 1980년 제정되고 1981년 4월부터 실시된 때부터이다. 이 법의 내용도 〈물가안정 및 공정거래에 관한 법률〉의 경우와 마찬가지로 직접통제에 관한 규정·공정거래에 관한 규정·운용기구 및 시행절차 등에 관한 규정으로 대별된다.7) 8·8조치는 양도세율의 인상(30%에서 50%로), 전매 시의 100퍼센트 중과, 등기제도의 강화 등을 주된 내용으로 하고 있다.8)

공업화는 농업과 보완관계를 이루면서 추진되어야 한다. 그러나 그동안 그것이 경시된 면이 있다. 그리하어 식량 증산, 농업소득 향상 등을 위해서 여러 가지 정책이 취해졌지만 농업이 상대적으로 위축되게 되어 마침내는 1969년부터 고곡가정책과 2중가격제가 실시되기 시작했다. 미곡의 수매가격 인상률은 1968년 17.0퍼센트, 1969년 22.6퍼센트, 1970년 35.9퍼센트, 1971년 25.0퍼센트이었으며 1970년 산 미곡의 수매가격은 80킬로그램 가마당 7천 원, 방출가격은 6천5백 원이었다.9) 그리고 1973년에는 농수산물도매시장법이 제정되었으며 1976년에는 〈농수산물 유통 및 가격안정에 관한 법률〉이 제정되었다. 또

---

5) 중소기업은행, 《중소기업20년사》, 1981, pp. 70~71.
6) 경제기획원, 《공정거래백서》, 1984, p. 36, 65.
7) 위의 책, pp. 75~76.
8) 전국경제인연합회, 《한국경제정책 40년사》, 1986, pp. 1001~1002.
9) 위의 책, p. 647.

1971년부터 새마을사업이 추진되었다.

수출증대와 결부되어 양산체제가 추진되다 보니 대기업 우선이 되지 않을 수 없어 결과적으로 중소기업의 상대적 위축, 독과점화·경제력집중이 야기되었다. 그리하여 1967년에는 중소기업에 대한 전 금융기관의 특별자금지원·중소기업신용보증 등이 실시되기 시작했으며 1972년의 8·3조치에서는 중소기업의 산업합리화 부문에 대해서 중점 지원 하도록 했으며 1979년에는 중소기업진흥기금을 설치 운용하기 시작했다. 한편 독과점화·경제력집중 방지를 위해서 1976년에는 〈물가안정 및 공정거래에 관한 법률〉을 시행했으며 1981년에는 〈독과점 규제 및 공정거래에 관한 법률〉을 시행했다.

역시 수출증대와 결부되어 기술도입이 추진되었다. 물론 기술개발이 강조되기도 했지만 주로 외국기술에 의존했다고 할 수 있다. 기술도입과 관련해서는 1979년부터 시행된 네거티브 리스트제가 채택되었다. 이것이 이른바 기술도입에서의 1단계 자유화 조치이다.[10]

끝으로 외환정책과 관련해서는 1980년에 미 달러화 환율의 결정방식으로서 현행의 복수통화 바스켓 방식을 채택한 것을 들 수 있다. 그 이전의 방식은 고정적인 단일변동환율제 방식이라 할 수 있다.

2) 1982년 이후의 경제정책

1982년부터 시작된 제5차 계획부터는 제4차 계획까지의 경제개발전략이 수정을 받아, 원계획이나 1984년부터 시작된 수정계획이나 다 같이 계획의 기조를 '안정', '능률', '균형'으로 삼게 되었다. 다시 말하면, 물가안정이 경제정책의 최우선 과제로 삼아지게 된 셈이다. 이것은 제

---

10) 위의 책, p. 574; 한국은행, 《주간내외경제》, 1984. 9. 29. p. 14.

3차 계획의 '성장', '능률', '균형', 제4차 계획의 '성장', '능률', '형평'과 좋은 대조를 이루고 있는 것이 사실이다.

물론 석유 및 기타 자원의 국제가격의 하락 또는 보합 때문이기도 하지만 이와 같이 물가안정 우선으로 경제개발전략이 수정된 결과, 1982~1986년간의 연평균 물가상승률은 도매물가의 경우 1.6퍼센트, 소비자물가의 경우 3.9퍼센트에 지나지 않았다. 연평균 물가상승률은 제1차 계획기간에는 도매물가와 소비자물가가 각각 18.3퍼센트와 16.5퍼센트, 제2차 계획기간에는 7.9퍼센트와 12.6퍼센트, 제3차 계획기간에는 20.3퍼센트와 15.9퍼센트, 제4차 계획기간에는 19.7퍼센트와 18.6퍼센트이었다. 그리고 제5차 계획기간의 연평균 경제성장률은 7.7퍼센트로서 제4차 계획기간의 그것(6.1%)보다는 크지만 제2차와 제3차 계획기간의 그것(9.6%와 9.7%)보다는 작다.[11]

이처럼 '안정'을 추구하다 보니 자연히 금융정책·재정정책은 상대적으로 긴축적인 것이 되지 않을 수 없었다고 할 수 있다.

이 시기에 특별히 들어질 만한 정책은 농업·중소기업·외자도입·기술개발 등과 관련된 것이다. 1982년부터 농촌의 젊은 일손이 농촌을 빠져 나가는 것을 방지하기 위한 농어촌후계자육성사업이, 1983년에는 농가소득증대를 위한 복합영농시범사업이 실시되었으며[12] 1987년 3월 16일에는 농가부채의 경감을 위해서 1조 원의 자금을 지원하여 사채를 금리가 싼 공(公)금융으로 바꿔주고 각종 농수산 관련자금의 대출금리를 전면 인하하는 등을 내용으로 하는 농어촌부채경감대책이 실시되기 시작했다.

1982년 4월에는 중소기업의 건전한 발전을 위해서 〈중소기업진흥장

---

11) 한국은행 조사 제2부,《주요경제지표》, 1985. 2. 15 ; 1987. 6. 15.
12) 전국경제인연합회,《한국경제정책 40년사》, 1986, pp. 731~734.

기계획〉(1982~1991)이 수립되어 실시되기 시작했으며 1986년부터는 중소기업의 국제화 촉진·자율성 확보를 위한 방향으로 보완되어 실시되고 있다. 1982년에 수립된 계획은 1991년까지 중소기업의 부가가치율을 44.8퍼센트로, 계열화율을 70.0퍼센트로, 법인경영비중을 60.0퍼센트로 끌어올리고 시설노휴화율을 20.0퍼센트로 끌어내리는 것을 주 내용으로 하고 있다.

1984년 7월부터는 네거티브 리스트제가 외국인직접투자의 허용방식으로서 채택되었다. 이것은 원리금상환부담이 없는 외자조달과 선진 경영기법 및 고도기술의 이전을 원활히 하여 산업의 국제경쟁력을 배양하기 위한 방안의 일환이었다.

그리고 기술개발의 중요성에 대한 인식에 따라 1982년에는 기술개발전략과 정책방향을 종합적으로 설정하는 기술진흥확대회를 설치하는 동시에 기술진흥심의회도 설치하는 한편 금융세제 등 기술개발지원제도를 강화했으며 1986년 9월에는 2000년에 세계 10위의 기술선진국, 세계 15위의 경제국이 되게 하는 〈2000년대 과학기술발전장기실천계획〉(1987~2001)을 확정지었다. 그리고 1981년 1월에는 〈자본시장자유화추진계획〉(1981~1990년대 전반)을 발표하여 자본시장의 국제화를 점진적으로 추진키로 했다. 그 첫 단계조치로서 같은 해 11월에 증권투자신탁회사로 하여금 3천만 달러의 외국인전용수익증권을 미국과 영국의 증권시장에 발매토록 했다.

4. 경제정책의 귀결

1) 부정적 귀결

각종 경제정책의 실시는 한국경제에 극심한 구조적 인플레이션, 소득계층 간·도농 간·규모 간·지역 간의 소득격차의 확대 즉 소득분배의 악화, 국제수지의 악화, 외채누증, 특정 산업에 대한 편중지원 및 보호에 따른 구조적 비능률 등의 이른바 각종 부작용을 초래하였다. 제5차 계획에서 경제개발전략의 수정은 바로 이러한 부작용의 현저한 노정에 기인했다고 할 수 있다.[13]

어떻든 경제개발전략의 추진은 한국경제에 해외의존성, 외채누증, 농업·중소기업의 상대적 위축, 경제력 집중, 소득분배의 악화 등을 초래했으며 서비스산업의 이상비대화를 초래하기도 했다. 이러한 현상들이 나타나게 된 원인들을 살펴보면, 첫째, 고성장의 추진은 고투자를 필요로 했는데, 국내저축의 동원에 의한 투자재원의 충족이 어려운 상황에서 고성장전략은 곧 해외저축률의 제고를 의미하는 것이었다. 이 해외저축의 형태가 차관인 한 그것은 외채누증과 직결되는 것이다.

둘째, 급속한 공업화의 추진에만 치중한 나머지 농공 간의 연계성 강화 내지 산업연관도의 제고를 제대로 실현할 수 없었나. 이 결과 식량자급율의 저하, 중간재 내지 소재·부품의 수입의존도 증대 등의 현상이 발생했으며, 이는 다시 수입유발적인 수출구조를 초래하였다. 그 결과 수출증대를 통해서도 무역수지, 나아가서 경상수지의 개선, 즉 국제수지의 개선은 이루어지지 않았다. 그런가 하면 수출증대의 추진은 양산체제의 확립을 통해서 경제력 집중 내지 독과점화, 바꾸어 말하면 중소기업의 상대적 위축을 촉진했을 뿐 아니라 중소기업이 국내 기술의 지원을 제대로 받지 못하도록 함으로써 해외기술의존도를 높이기도 했다. 식량, 중간재 내지 소재 및 부품, 기술의 해외의존도의 심화는 곧 수입증대를 통해서 무역수지·경상수지(국제수지) 적자폭의

---

13) 비봉출판사, 《한국경제의 이해》, 1987, pp. 47~53.

확대→외채누증, 수입의존적 물가구조 등이 초래된다는 것을 의미하여, 농업·중소기업의 상대적 위축이 농공 간, 규모 간, 소득계층 간의 소득격차의 확대를 의미함은 말할 나위도 없다.

셋째, 경제개발전략의 추진에 따른 급격한 농촌인구의 유출, 정부기능의 확대 등은 과잉인구의 압력 등과 합쳐서 서비스산업의 이상비대화를 초래했다. 유출되는 농촌인구는 일반적으로 광공업, 사회간접자본(건설업, 전기·가스·수도사업, 운수·창고·통신업), 서비스산업으로 흡수되는데, 공업화에 따른 농촌인구의 흡수를 크게 웃도는 급격한 농촌인구의 유출과 정부기능의 확대 등으로 서비스산업으로의 유입이 크게 증대된 것이 사실이다. 그러나 이미 경제개발계획의 실시 이전에 과잉인구의 압력으로 서비스산업은 비대화되어 있었다고 할 수 있다.

그런데 이들 가운데에서 해외의존성의 심화 내지 경제자립도의 저하가 한국경제에 어떤 현상을 야기하는가는 직접 겪은 두 차례의 석유파동과 1986년의 경험에 의해서 명백해졌다고 할 수 있다. 다음에서 알 수 있듯이, 한국경제는 석유파동의 경우처럼 불리한 바람이 해외로부터 불어오면 매우 나빠져서 매우 큰 어려움을 겪게 되며, 반대로 1986년의 경우처럼 유리한 바람이 해외로부터 불어오면 매우 좋아져서 들뜨게 되어 있다. 해외의존도의 제고가 특별히 강조되는 이유는 바로 여기에 있는 것이다.

2) 석유파동시기와 1986년의 경제

제5차 계획의 최종년도이기도 한 1986년에는 고성장, 큰 폭의 국제수지흑자, 저물가가 실현되었다. 더욱이 만성적인 무역수지가 적자에서 흑자로 된 것은 의의있는 일이라고 할 수 있다. 구체적으로는 경제성장률 12.5퍼센트, 경상수지 46.17억 달러의 흑자, 무역수지 42.06억 달러의 흑자, 도매물가 상승률 -2.2퍼센트, 소비자물가 상승률 2.3퍼센트로 나타났다(〈표 4〉).

그리하여 1인당 국민총생산은 2,296달러가 되었으며, 외채잔액도 23억 달러가 줄어든 445억 달러(대국민총생산 비율 48.0%, 1985년 56.2%)가 되었다. 거기다가 국민저축률은 32.8퍼센트로서 투자율 30.2퍼센트를 2.6퍼센트포인트나 넘어서고 있다. 즉 투자재원이 국내재원으로 완전히 조달되었다.

그러나 이러한 좋은 실적은 이른바 저유가, 저국제금리, 엔고 내지 저달러의 3저현상에 주로 기인한다는 것은 잘 알려져 있는 사실이다. 사실 유가하락 및 천연자원의 국제시세 하락 내지 보합은 수입감소를 통해서 무역수지·경상수지의 흑자를, 그리고 수입물가 하락을 통해서 물가하락 내지 낮은 물가상승을 초래했으며, 국제금리 하락은, 현재 외채잔액에서 차지하는 변동금리부외채의 비중이 약 65퍼센트인 탓으로, 상환금리의 하락을 통해서 경상수지의 호전을 초래했다. 또한, 엔고 내지 저달러는 수출경쟁력 강화를 통해서 수출증대, 나아가서 무역수지와 경상수지의 흑자를 초래했다고 할 수 있다.

사실 1986년의 고성장, 국제수지흑자, 저물가는 지난 두 차례의 석유파동 때의 저성장, 큰 폭의 국제수지적자, 고물가와 마찬가지로, 주로 그동안의 경제개발전략에 기인하는 해외의존성의 심화 내지 경제자립도의 하락을 그대로 반영하는 것이라고 할 수 있다.

제1차 석유파동 때인 1974년, 1975년에는 경제성장률은 각각 7.7퍼센트, 6.9퍼센트, 경상수지는 -20.2억 달러, -18.9억 달러, 무역수지는 -19.4억 달러, -16.7억 달러, 도매물가상승률은 42.1퍼센트, 26.5퍼센트, 소비자물가상승률은 24.5퍼센트, 25.2퍼센트이었고, 제2차 석유파동 때인 1979년, 1980년, 1981년에는 경제성장률은 각각 7.0퍼센트,

-4.8퍼센트, 6.6퍼센트, 경상수지는 -41.5억 달러, -53.2억 달러, -46.5억 달러, 무역수지는 -44.0억 달러, -43.8억 달러, -36.3억 달러, 도매물가상승률은 18.8퍼센트, 38.9퍼센트, 20.4퍼센트, 소비자물가상승률은 18.3퍼센트, 28.7퍼센트, 21.3퍼센트이었다. 그리고 외채잔액은 203.0억 달러, 272.0억 달러, 324.0억 달러이었고, 그것의 대GNP 비율은 32.5퍼센트, 45.1퍼센트, 48.9퍼센트이었다(〈표 4〉).

〈표 4〉 주요 경제지표

	1974	1975	1977	1978	1979	1980	1981	1985	1986
경 제 성 장 률(%)	8.5	6.8	10.7	11.0	7.0	-4.8	6.6	5.4	12.5[p]
실 업 률(%)	4.1	4.1	3.8	3.2	3.8	5.2	4.5	4.0	3.8
물 가 상 승 률(%)									
도 매	42.1	26.5	9.0	11.6	18.8	38.9	20.4	0.9	-2.2
소 비 자	24.5	25.2	10.2	14.5	18.3	28.7	21.3	2.5	2.3
수 입	26.8	-5.8	0.9	4.4	26.7	27.6	4.0	-3.9	-14.3
통 화 증 가 율(%)									
통 화(말잔액)	23.6	25.4	38.7	32.2	18.0	17.2	13.4	3.2	11.0
총 통 화(″)	24.0	28.2	39.7	35.0	24.6	26.9	25.0	15.6	18.6
투 자 율(%)	31.8	27.5	27.7	31.9	36.0	32.1	30.3	31.1	30.2[p]
국 민 저 축 률(%)	19.3	16.8	25.4	27.3	26.5	20.8	20.5	28.6	32.8[p]
해 외 저 축 률(%)	11.9	10.3	1.2	4.3	8.9	11.5	9.8	3.1	-2.8[p]
경 상 수 지(억 달러)	-20.23	-18.87	0.12	-10.85	-41.51	-53.21	-46.46	-8.87	46.17
무 역 수 지(″)	-19.37	-16.71	-4.77	-17.81	-43.96	-43.84	-36.28	-0.19	42.06
수 출[*](″)	(44.60)	(50.81)	(100.47)	(127.11)	(150.56)	(175.05)	(212.54)	(302.83)	(347.15)
수 입[*](″)	(68.52)	(72.74)	(108.11)	(149.72)	(203.39)	(222.92)	(261.31)	(311.36)	(315.84)
산 업 구 조[**](%)									
농 림 어 업	24.3	24.5	22.0	20.2	18.8	14.6	15.8	13.5	12.3[p]
광 공 업	27.2	27.6	28.9	29.4	29.8	30.9	30.7	29.6	31.4[p]
제 조 업	26.0	26.2	27.5	28.0	26.7	29.6	29.2	28.2	30.0[p]
S O C · 기 타	39.5	47.9	49.1	50.5	51.4	54.5	53.4	56.9	56.3[p]
중화학공업비율[***](%)	47.8	44.6	48.3	49.9	52.3	50.5	50.7	54.4	
환 율(원, 대미)	484.0	484.0	484.0	484.0	484.0	659.9	700.5	890.2	861.4
외 환 보 유 액(억 달러)	10.56	15.50	43.06	49.37	57.08	65.71	68.91	77.49	79.55
G N P(″)	187.0	208.0	366.0	513.0	614.0	603.0	662.0	837.0	951.0[p]
외 채 잔 액(″)	59.0	84.0	126.0	148.0	203.0	272.0	324.0	468.0	445.0
					(32.5)[****]	(45.1)[****]	(48.9)[****]		
1 인 당 G N P(달러)	540	590	1,008	1,392	1,640	1,589	1,719	2,047	2,296[p]

주: *) ( ) 안은 통관 기준임, **) 경상가격표시, ***) 부가가치 기준 경상가격표시, ****) 대GNP 비율, %표시

물론 3저현상이 모든 나라에 적용된 것은 사실이다. 따라서 다른 나라에 비해서 더 좋은 실적을 올린 것만큼은 자랑할 수 있을 것이다. 그러나 따지고 보면 그것은 바로 한국경제가 다른 경제에 비해서 해외의존성이 더 심화되어 있다는 것 또는 경제자립도가 더 낮다는 것을 말해 주는 데 불과하다고 할 수 있다.

한국경제는 그동안 자본·식량·소재·부품·기술·석유·기타 천연자원 등을 해외에 크게 의존해 왔다. 이것은 현재 외채잔액이 445억 달러가 된다는 것, 식량자급률이 50퍼센트 미만에 불과하다는 것, 큰 폭의 대일 무역수지적자가 주로 소재·부품의 대일의존에 기인한다는 것, 기술도입의 대가지불인 로열티가 연 2억 달러를 넘고 있다는 것, 중화학공업이 석유다소비형·기타 천연자원 다소비형이라는 것 등에 의해서 충분히 확인될 수 있을 것이다.

5. 맺음밀

각종 경제정책의 실시는 1인당 GNP의 증대, 실업률 저하(고용증대), 산업구조 고도화, 수출상품구조 고도화, 고용구조 내지 취업구조 고도화(근대화), 투자재원국내조달률 제고 등의 긍정적 귀결[14]을 초래한 것은 틀림없는 사실이다.

그러나 이미 4절의 1항에서 본 바와 같은 부정적 귀결을 초래한 것 또한 사실이며, 특히 두 차례의 석유파동 시기와 1986년의 경험을 통해서 알 수 있듯이 해외의존성의 심화로 한국경제는 해외여건의 변화에 크게 좌우되게 되어 있다. 따라서 석유파동 시기와 1986년은 한국

---

14) 앞의 책, pp. 43~46.

경제의 최우선 과제의 하나는 곧 해외의존성의 감소 내지 경제자립도의 증대라는 것을 분명히 해주었다고 할 수 있다.

그러나 그 정책의 입안·실시 과정에서 기업과 가계의 의사, 근로자의 의사, 농민의 의사, 중소기업의 의사 등을 경시한 면이 많기 때문에 그 정책이 그들의 의사존중의 요구를 강렬하게 분출시킨 것 또한 틀림없다. 현재 소리높이 외쳐대고 있는 '경제적 민주화'의 요구 즉 민간주도, 강력한 소비자단체의 결성, 민주적 노조의 결성, 민주적 농협의 결성, 독과점 규제·공정거래 등에 대한 강렬한 요구가 바로 그것이라고 할 수 있다. 이 요구는 달리 표현하면 정당한 분배에의 참여에 대한 요구 또한 성장성과의 균점에 대한 요구이기도 하다.

따라서 한국경제는 현재 매우 힘겨운 과제에 직면하고 있는 셈이다. 모름지기 슬기롭게 대처해 가야 할 것이다.

《숭실대논문집》(1987)

석유파동이 한국경제에 어떤 영향을 줄 것인가

에너지 파동이 한국경제에 미치는 영향은 한국의 독자적인 요인에 의한 것과 미국, 일본이 받는 영향으로 인한 간접적인 요인의 두 가지 측면에서 볼 수 있다.

독자적인 요인에 의한 영향부터 보면 유류공급 감소로 기업의 생산위축을 가져올 것으로 보아 경제성장은 떨어질 것이고, 그것이 매우 심각하게 장기화된다면 마이너스 성장을 초래할 수도 있을 것이다.

물가 면에서도 전 산업 부문에서 유류를 원료나 연료로 사용하고 있지 않은 산업이 거의 없을 것으로 보아 유류가격 인상으로 모든 기업의 생산품가격은 불가피하게 상승하지 않을 수 없게 되었다. 기업의 생산위축에 따라 이익이 감소되기 때문에 세수(税收)도 줄어들 것이다. 국제수지 면에서 우리의 주요 수출시장인 미국, 일본이 받는 영향도 크기 때문에 수출에도 타격을 줄 것이며 유류가격 인상으로 수입 원자재값이 인상되면 실질적으로 수입은 늘 것이다. 수출이 줄고 원자재 값이 오름으로써 기업의 차관상환에 부담을 더할 것이며 이에 따라 외환보유고도 많이 떨어질 것으로 본다. 기업의 생산위축으로 고용이 감소되어 실업률이 늘어나고 임금인상을 기대하기 힘들어져 물가

상승을 감안하면 실제적으로는 자금이 인하되는 현상을 빚을 것이다.

미국, 일본이 받는 영향으로 인해 우리가 받는 영향은 우리 경제의 70퍼센트가 두 나라에 의존하고 있기 때문에 매우 크다. 더욱이 일본은 유류파동으로 가장 심한 타격을 받는 나라인데 일본 기업의 생산위축은 원자재 공급감소 및 가격인상이라는 이중고로 코스트 푸시를 가져오고 있으므로 우리 기업도 생산위축을 면하기 어려울 것이다. 따라서 이 같은 영향을 감안하여 우리나라 경제정책의 방향이 수정되어야 하겠으며 구조적으로 재검토되어야 한다고 생각한다.

우리나라는 인구과잉형에 자원부족형 후진개발국이므로 농촌의 과잉노동력을 공업화를 통한 제조부문에 흡수해야 한다.

해외자원의 의존도가 높은 우리나라가 일본형의 공업화를 그대로 따라가야 할 것이냐에 문제가 있다. 일본의 중공업화 시대는 석유과잉 시대였고 자원문제도 현재와 같이 심각하지 않았으나 현재의 국제적인 여건은 크게 달라졌다. 1970년에 들어서면서 자원 민족주의가 대두되었고 석유의 수급 균형이 불안정하며 80년대에 가서는 산유국이 메이저 그룹이 갖고 있는 주식의 52퍼센트를 소유하게 됨에 따라서 산유국의 지위는 높아지고 상대적으로 메이저 그룹의 지위는 떨어질 것이다.

정부는 80년대를 중화학공업 시대로 규정하고 있는데 이 같은 불안정 여건 아래서 중화학공업에 역점을 두어야 할 것인가에 한국경제의 고민이 있다. 이렇게 볼 때 80년대 경제정책인 중화학공업화정책은 수정 내지 재검토되어야 한다고 본다. 그래서 앞으로는 유류절약적인 산업구조로 점차적인 접근을 해야 할 것이며 식량의 자급자족으로 외자를 절약해야 할 것이다.

《한국일보》(1973. 12. 13)

중화학공업 투자조정과 경제안정의 과제

1

1962년 이후 우리는 1963~64년에 첫 번째의 심한 물가상승 시기를 맞이했다. 이때의 인플레는 디맨드 풀 인플레였다고 할 수 있다. 즉 초과수요에 기인해서 인플레가 야기되었다고 할 수 있다. 두 번째의 심한 물가상승 시대는 석유파동 후의 1974~75년에 맞이했다. 이때의 인플레는 제조원가의 상승에 기인하는 코스트 푸시 인플레였다고 할 수 있다. 그리고 이때 물가 면에서 기업의 독과점화의 폐해가 현재화했다고 할 수 있다. 그리하여 1975년 말에 〈물가안정과 공정거래법〉이 제정되어 1976년부터 실시되기에 이르렀다. 그 결과 일단 독과점상품의 가격은 규제되게 되었다고 할 수 있다. 우리는 현재 세 번째의 심한 물가상승 시대를 맞이하고 있는 셈이다. 대체로 이것은 1977년 후반기부터 시작되었다고 할 수 있다.

2

우리가 현재 겪고 있는 심한 물가상승은 무엇에 기인한다고 할 수 있는가. 그것은 여러 가지 요인에 기인한다고 할 수 있을 것이다. 그러나 그간의 고도성장의 추구, 수출드라이브정책, 중화학공업화의 추구, 높은 해외원자재의존, 기업의 독과점화, 경제정책운용의 경직화, 인플레감수론 등에서 그 주된 원인을 찾을 수 있지 않을까 생각된다.

원래가 고도성장은 전반적으로 수요를 자극시켜서 물가상승을 야기할 수 있다. 수출드라이브정책·중화학공업화의 추구는 주로 투자의 자극을 통해서 수요를 자극함으로써 물가상승을 야기할 수 있다. 특히 중화학공업화는 그 회임기간이 길어 더욱이 그 가능성을 크게 한다. 높은 해외원자재의존은 원자재의 국제시세가 상승하면 그대로 제조원가를 높여서 물가상승을 야기할 수 있다. 독과점기업은 독과점적인 지위를 이용해서 제조원가 상승 요인을 그대로 가격으로 전가하는 힘을 갖고 있으므로 기업의 독과점화는 물가상승을 야기할 수 있다. 경제정책운용의 경직화는 통화를 급격히 증가시키는 요인이 발생했을 때 적절하게 대처하지 못하게 함으로써 물가상승을 야기할 수 있다. 인플레감수론, 즉 고도성장 아래서는 인플레는 불가피하며 감수하여야 한다는 논의는 그것이 지배적일 때에는 물가상승을 야기할 수 있다.

그런데 우리나라에서는 그동안 고도성장과 수출드라이브정책, 중화학공업화는 지상명령으로 간주되어 온 감이 있다. 그리고 그 결과 인플레 감수론이 지배해 왔다고 할 수 있다. 또 경제정책의 운용에서 경직성을 보여 왔다고 할 수 있다. 우리는 그 경직성이 야기한 좋은 예로서 1977년에 있은 40.7퍼센트의 통화팽창을 들 수 있다. 기업의 독과점화도 어떻게 보면 수출드라이브정책·중화학공업화의 추구가 빚어낸 부수적인 산물의 하나라고 할 수 있을 것이다. 수출의 국제경쟁력을 강화하기 위해서는 공장을 국제적인 단위규모로 할 필요가 있고 또 중화학공업 공장의 경우에는 원래가 대규모이므로 자연히 기업은 대규모화하지 않을 수 없어 독과점화되었다고 할 수 있다. 거기에다 수출드라이브정책·중화학공업화의 추구는 중화학공업의 가공원자재 생산부문을 적극적으로 육성하면서 행해지지 않은 탓으로 더욱더 해외원자재의존을 높였다고 할 수 있다.

이러한 원인들이 빚어낸 것이 다름 아닌 우리가 현재 겪고 있는 디맨드 풀 인플레와 코스트 푸시 인플레의 합작형이라고 할 수 있는 심한 물가상승인 셈이다. 당초에는 디맨드 풀 인플레였다고 할 수 있으나 작년 후반기부터 석유가격 상승, 자원가격 상승이 있자 코스트 푸시 인플레의 양상도 띠기 시작했다고 할 수 있다. 그리고 가격현실화 조치는 바로 코스트 푸시 인플레의 면을 부각시킨 것이며, 또 물가상승을 더 심하게 하는 역할을 했다고 볼 수 있을 것이다.

3

수출드라이브정책·중화학공업화의 추구의 결과, 투자배분을 보면 제조업에서의 중화학공업의 비중은 1975년 가격기준으로 1977년에는 71.9퍼센트, 1978년에는 72.9퍼센트이며(경상가격기준으로는 각각 75.0%, 82.8%인 것 같다) 금융 전체에서 차지하는 정책금융의 비중은 1977년에는 48.6퍼센트, 1978년에는 51.5퍼센트나 된다. 회임기간이 길어 물가상승을 야기할 가능성이 매우 큰 중화학공업에 투자의 많은 부분을 배분한다는 것은 생필품과 관련이 있는 경공업에 대한 배분을 그만큼 작게 한다는 것을 뜻함은 불 보듯 뻔한 일이다. 또 정책금융의 비중이 크기 때문에 경공업은 일반금융으로부터 자금을 지원받기도 힘들다. 따라서 공급부족으로 생필품의 가격상승 나아가서 물가상승이 야기됨은 당연하다고 할 수 있다. 그리고 수출과다의 경우에는 내수부족이 야기되지 않을 수 없어 물가상승이 일어나게 된다.

그뿐 아니라 금년에 중화학공업에서 필요한 운전자금은 전체 민간 대출 한도의 10퍼센트를 웃도는 3천억 원이나 되고 계획대로 추진한다면 1981년에는 그것이 2조 원을 넘을 것으로 예상된다고 한다. 그렇다면 투자재원의 조달도 문제가 되겠지만 계속해서 경공업에 대한 배분의 비중을 낮게 유지할 때 생필품의 가격상승, 나아가서 물가상승이 야기되는 일이 없을 것인지도 문제라고 할 수 있다. 따라서 중화학공업화의 추진은 이 면에서도 심각하게 검토될 필요가 있다.

경제안정화 종합대책을 보면, 정부는 수출드라이브정책·중화학공업화의 추구에 일단 신축성을 보여 수출목표치에 집착하지 않는 한편, 올해에 제조업에 대한 투자의 82.0퍼센트(경상가격 기준)를 중화학공업에 배분하려던 당초의 계획을 수정하여 78.0퍼센트를 배분하도록 한다고 한다. 바꾸어 말하면 경공업에 대한 투자배분의 비중을 4.0퍼센트 포인트 높인다고 한다. 또 장기적으로 보아 국제경쟁력이 약한 사업과 시설과잉 또는 중복투자로 부실화될 가능성이 큰 사업·자기자금투입 비중이 낮은 사업의 투자는 연기하며, 5백만 달러 이상 차관 및 외화 대출신규사업은 철저히 타당성을 검토하며, 구체적인 대상품목 및 연기에 따른 추가비용분담 방안 등은 부총리를 위원장으로 하는 투자사업 조정위원회를 설치하여 심의하도록 하고 있다. 이 위원회는 정책금융의 운용도 관리하도록 되어 있다.

그러나 우리나라의 해외원자재의존도는 높다. 수입에서 원자재의 비중은 1977년에는 55.2퍼센트, 1978년에도 55.7퍼센트나 되고 또 분류를 달리해서 공업용 원료 및 연료로 할 때에 이 비중은 1977년에는 61.5퍼센트, 1978년에는 55.6퍼센트나 된다. 이 가운데서 연료(주로 원유)는 1977년에는 20.1퍼센트, 1978년에는 16.3퍼센트로서 가장 큰 수

<표 1> GNP 디플레이터 및 물가상승률

(단위: %)

	도매물가 상승률	전 도시 소비자	서 울	GNP 디플레이터 상승률	수입물가 상승률	수입상품 도매물가 상승률
1962	9.5		6.5	18.4		6.6
1963	21.1		20.2	29.3		45.9
1964	35.4		29.6	30.0		31.9
1965	9.1		13.8	6.2		3.8
1966	9.0	11.6		14.5		4.4
1967	6.4	10.4		15.6	3.3	
1968	8.4	10.9		16.1	13.6	
1969	6.4	12.5		14.8	15.8	
1970	9.1	16.1		15.3	5.0	
1971	8.8	13.4		12.6	9.1	
1972	13.8(8.4)	11.7(9.1)		15.6	8.2(8.7)	
1973	6.9(15.1)	3.2(8.5)		13.3	31.3(54.5)	
1974	42.1(44.6)	24.3(26.6)		30.1	43.8(17.0)	
1975	26.5(19.6)	25.3(26.4)		23.8	−4.8(−5.4)	
1976	12.1(9.4)	15.3(9.6)		18.5	3.0(6.3)	
1977	9.0(10.1)	10.1(11.0)		15.4	0.9(−1.7)	
1978	11.7(12.2)	14.4(16.4)		18.8	−(10.4)	

치를 나타내고 있지만 원유 같은 천연자원이 아닌 가공원자재가 적어도 30.0퍼센트 이상의 수치를 나타내고 있음을 간과해서는 안 될 것이다. 만약 이 비중이 상당히 낮다고 하면 자원파동의 영향을 덜 받는다고 할 수 있을 것이다. 이에 경영합리화가 가세된다면 더욱이 그러할 것이다. 국제상품가격지수의 하나인 로이터 지수는 1978년 3월 1일에 1,388.5이던 것이 올해 3월 28일에는 1,574.9나 되고 또 우리나라의 수입물가는 올해 3월 말 현재로 작년 말에 견주어 7.8퍼센트나 상승하고 있다. 이것은 도매물가와 소비자물가의 상승률보다 큰 수치이다. 이 높은 해외원자재의존은 무역수지의 적자, 특히 대일무역수지 적자의 초래요인의 주된 것 가운데 하나이기도 하다.

<표 2> 제조업 부문품 투자배분

(단위: %)

		1976	1977	1978	1979
1975년 가격기준	국내총고정 자본형성	100.0	100.0	100.0	100.0
	제 조 업	31.1(100.0)	32.0(100.0)	32.5(100.0)	32.7(100.0)
	경 공 업	9.1(29.3)	9.0(28.1)	8.8(27.1)	8.6(26.0)
	중화학공업	22.0(70.7)	23.0(71.9)	23.7(27.1)	24.2(74.0)
경상가격 기 준	국내총고정 자본형성	100.0	100.0	100.0	100.0
	제 조 업	29.4	30.1	30.3	30.2
	경 공 업	−	−	−	−
	중화학공업	−	−	−	−

출처: 경제기획원, 《1978~79년 경제운용계획》, 1978. 3. pp. 102~103.

따라서 물가안정과 관련해서 생각할 때 투자조정에서는 상술한 점들을 감안하여 현재로서는 경공업에 대한 투자비중을 높이고 아울러 중화학공업에서는 가공원자재 생산부문에 대한 투자비중을 높이도록 하여야 할 것이다. 물론 경제기획원의 올해 주요 시책에 따르면 공급이 부족한 정유, 철강 등의 부문에 대한 신규투자를 계속 확충하기로 되어 있고 또 철강, 석유화학, 비철금속 등의 소재공업부문의 운전자금을 지원하기로 되어 있기는 하지만……

4

우리나라의 물가안정을 위해서는 현재로서는 고도성장과 수출드라이브정책·중화학공업화(단 가공원자재생산부문은 제외)의 추구로부터의 탈피, 경제정책운용의 경직화로부터의 탈피, 인플레 감수론으로부터의 탈피가 우선 필요하다고 할 수 있다. 필요하다면 적어도 일정 기간 이러한 탈피는 가능하며 또 불가피하다고 할 수 있다. 그리고 경제계획

<표 3> 공업구조

(단위: %)

	경상가격 기준		1975년 가격 기준	
	1975	1978	1977	1978
G　N　P	100.0	100.0	100.0	100.0
광　공　업	29.1(100.0)	28.2(100.0)	31.2(100.0)	33.0(100.0)
광업 및 채굴업	5.1	5.2	4.5	3.9
제　조　업	94.9	94.8	95.5	96.1
경　공　업	48.9	48.8	47.0	45.2
중화학공업	46.0	46.0	48.5	50.9
제　조　업	(100.0)	(100.0)		
경　공　업	50.6	50.6		
식　료　품	13.3	14.7		
음　료　품	4.2	4.4		
섬　　　유	17.4	15.2		
의　　　류	8.2	9.2		
목 제 가 구	3.0	2.9		
피　　　혁	1.7	1.5		
고 무 제 품	2.8	2.7		
중 화 학 공 업	49.4	49.4		
화 학 제 품	10.3	9.6		
석 유 정 유 업	10.3	9.1		
1 차 철 강	10.5	10.6		
일 반 기 계	2.5	2.8		
전 기 기 기	9.9	10.5		
수 송 용 기 기	5.9	6.8		

출처: 한국은행, 《조사월보》, 1979. 1. pp. 12~13.

은 원래가 인위적으로 이루어지는 슬기로운 경제활동의 조정기능을 전제로 하기에 바로 경제정책운용의 신축성을 요구한다고 할 수 있고 또 고도성장과 물가안정은 양립할 수 있을 뿐 아니라 물가안정은 고도성장의 전제라고 할 수도 있다.

경제안정화종합대책을 보면 현재로서는 정부가 여러 가지 면에서 신축성을 보이고 있는 것 같이 생각된다. "경제성장률이나 수출목표치

<표 4> 중화학공업구조

(단위: %)

	1963	1973	1974
기 초 생 산 재 공 업	9.7	4.6	6.0
제 철 제 강	1.8	0.4	0.4
비 철 제 련 정 련	0.2	1.2	1.4
공 업 용 기 본 화 학	5.8	2.9	4.0
공 작 기 계	1.9	1.1	0.2
중 간 생 산 재 공 업	25.4	32.6	27.6
기 타 1 차 철 강	6.5	13.3	14.5
기 타 1 차 비 철	1.4	0.5	0.5
원 료 화 학 품	5.8	6.5	6.6
중 간 금 속 제 품	2.0	2.7	2.2
산 업 기 계	3.2	3.2	2.1
산 업 용 전 기	4.7	5.1	1.2
철 도 차 량	1.2	0.8	0.2
산 업 용 광 학 기 계	0.6	0.4	0.3
최 종 생 산 재 공 업	64.9	62.8	66.4
기 타 화 학 제 품	31.8	31.5	26.6
유 리 · 토 석	17.1	10.5	10.0
기 타 금 속 제 품	4.6	2.0	3.6
기 타 일 반 기 계	1.3	1.3	1.9
기 타 전 기	2.0	8.5	4.8
기 타 수 송 용 기 계	7.9	8.2	8.9
기 타 광 학 기 계	0.2	0.8	0.6
중 화 학 공 업	100.0	100.0	100.0

출처: 경제기획원, 《광공업센서스》에서 작성.

에 집착하지 않을 것이다. 경제안정기반은 꼭 이룩할 것이다. 투자배분에서 중화학공업의 비중을 올해의 당초 계획치인 82.0퍼센트를 78.0퍼센트로 낮출 것이다" 등에서 미루어 보아 그렇게 말할 수 있을 것이다. 그러나 물가안정을 위해서는 적어도 앞으로 얼마간을 조정기간으로 삼고 여러 가지 면에서 계속적으로 대처해 갈 필요가 있다는 것을 다시 강조하지 않을 수 없다. 그리고 이와 관련해서 만약 우리나라의 경제개발계획이 성공적이었다고 자부한다면 경제계획의 전제를 상기할 필요가 있다는 것을 강조하지 않을 수 없다.

이와 아울러 물가안정을 위해서는 앞으로도 중화학공업의 가공원자재생산부문의 적극적인 육성의 재중시, 경영합리화의 강화, 독과점규제의 강화 등이 필요하다고 할 수 있다.

그러면서 앞으로도 원유가격, 자원가격 등 물가를 상승시킬 복병이 많음을 감안할 때 그 기간 동안 서민의 의·식·주·행과 관련 있는 기초적인 필수품목과 서비스의 가격을 거의 고정시켰다고 할 수 있을 정도로 안정시키는 데 온갖 노력을 경주할 것을 강조하지 않을 수 없다. 그 노력에는 이들 제조업체에 대한 보조금, 조세경감 등의 조치가 포함된다고 할 수 있을 것이다. 현재로서는 서민의 생활안정을 위한 길은 기본적으로는 이것밖에 없다고 할 수 있을 것이기 때문이다. 이 때 그들 품목과 서비스만으로 작성되는 지수를 별도로 작성하고 이것의 상승률을 극력 안정시키도록 하여야 함은 재론의 여지가 없다.

끝으로 물가안정은 어니까시나 무역수지의 석사폭의 지나친 확대 없이 이룩될 때 바람직스러운 것임은 말할 나위도 없다.

《전경련》(1979. 5)

'80년 국내 경제전망과 정책선호

1

현재 우리는 심한 인플레이션과 심한 무역수지적자에 직면하고 있다. 뿐만 아니라 1980년대가 개막되는 해인 내년에도 그러리라고 예상된다.

사실 올해에는 물가상승률은 20.0퍼센트를 웃도는 것으로, 그리고 무역수지적자는 FOB 기준으로 40.0억 달러를 넘어설 것으로 전망되는데 내년에는 물가의 경우에는 올해보다는 그 상승률이 약간 낮아지리라고 예상되기는 하지만 아직은 그 전망이 불투명한 데다가 주로 원유가격상승과 수출둔화로 무역수지적자는 50.0억 달러를 넘어설 것으로 예상된다. 그리하여 무역수지적자 보전을 위한 장단기 외자의 도입규모도 커질 것이 예상된다. 즉 올해의 약 40.0억 달러가 내년에는 60.0억 달러로 확대되리라고 한다.

따라서 내년에는 정부는 무엇보다도 우선해서 이 인플레이션과 무역수지의 문제와의 대결에 전력투구해야 한다고 할 수 있을 것이다.

2

물론 올해에 들어와서 경제안정화 정책이 추진되고 있고 앞으로도 2, 3년 더 계속되리라고 한다. 그러나 1980년대 전반에는 확대냐 안정이냐의 선택에서는 안정의 선택이 다시 강조되어야 할 것이다.

이 두 가지 문제는 시급히 해결을 요하는 문제이기도 하지만 어느 기간에는 안정에 역점을 두고, 어느 기간에는 확대에 역점을 두고 경제를 운용해도 결과적으로 성장이 얻어질 수 있다고 할 수 있기 때문이다. 게다가 어떻게 보면 확대와 안정의 절충형(혹시 이것을 안정적 성장이라고 한다면 안정적 성장)이라는 말은, 과정에서는 혹은 사전적으로는 공허한, 다시 말하면 실재하지 않는 것이고 결과적으로 또는 사후적으로만 뜻이 있는 것인지도 모르기 때문이다.

만약 이것이 사실이라고 한다면 1980년대 전반에는 안정에 역점을 두고서도, 그 후반에는 확대에 역점을 둠으로써 1980년대에 성장을 실현할 수 있다고 하겠다.

그뿐 아니다. 이 두 가지 문제를 야기시킨 근본 원인이라고 할 수 있는 1970년대의 수출드라이브정책·중화학공업화와 결부된 고도성장정책의 추구를 촉구했다고도 볼 수 있는 선성장 후분배의 주장이나 성장 초기에는 소득분배의 불평등은 불가피하다는 주장, 고성장은 곧 고고용이라는 주장, 고성장 아래서는 인플레이션은 불가피하다는 주장 등은 시대착오적인 것이거나 잘못된 것이라고 할 수 있다.

즉 선성장 후분배의 주장은 복지사상이 팽배하고 있는 시대에는 시대착오적인 것이라고 할 수 있으며, 성장과 더불어 분배문제도 적극적으로 배려되지 않는 한 성장이 실현된다고 해서 소득분배가 평등하게 되는 것은 결코 아니며, 적극적인 고용흡수정책을 펴 나가기만 하면

〈표 1〉 주요 경제지표(1)

(단위: %, 억 달러)

	경제 성장률	물가상승률		GNP 디플레 이터 상승률	수 출	수 입	무역수지	경상 수지	실업 률
		도 매	소비자						
1962	2.2	8.8	(6.5)	18.4	0.55	4.2	−3.7(−3.4)	(−0.56)	…
1963	9.1	20.5	(20.2)	29.3	0.87	5.6	−4.7(−4.1)	(−1.4)	7.7
1964	9.6	35.1	(29.6)	30.0	1.19	4.0	−2.9(−2.5)	(−0.3)	7.4
⋮	⋮	⋮	⋮	⋮	⋮	⋮	⋮	⋮	⋮
1970	7.4	9.1	16.1	15.1	8.4	19.8	−11.5(−9.22)	(−6.2)	4.5
1971	8.8	8.8	13.4	12.1	10.7	23.9	−13.3(−10.5)	(−8.5)	4.5
1972	5.7	13.8(8.4)	11.7(9.1)	15.6	16.2	25.2	−9.0(−5.8)	(3.7)	4.5
1973	14.7	6.9(15.1)	3.2(8.5)	13.2	32.3	42.4	−10.2(−5.7)	(3.1)	4.0
1974	7.5	42.1(44.6)	24.3(26.6)	29.6	44.6	68.5	−23.9(−19.4)	(−20.2)	4.1
1975	7.0	26.6(19.6)	25.3(26.4)	24.7	50.8	72.7	−21.9(−16.7)	(−18.9)	4.1
1976	14.2	12.1(9.4)	15.3(9.6)	17.7	77.2	87.7	−10.6(−5.9)	(−3.1)	3.9
1977	10.5	9.0(10.1)	10.1(11.0)	16.3	100.5	108.1	−7.6(−4.8)	(−0.12)	3.8
1978	11.6	11.7(12.2)	14.4(16.4)	20.6	127.1	149.7	−22.6(−17.8)	(−10.9)	3.2
1962~69	8.9	13.0	11.4	18.1					(6.6)
1970~78	9.7	15.6	14.9	18.4					4.1

주: 1) 물가의 경우 ( ) 안의 1962~64년분은 서울 소비자물가 상승률을, 그리고 1972~ 분은
전년말대비 상승률을 표시함.
2) 무역수지의 경우 ( ) 안은 FOB 기준으로 표시한 것을 나타냄.
3) 실업률의 6.6은 1963~69의 평균임.

고성장이 아니더라도 고고용은 실현될 수 있으며, 고성장은 저물가 아
래서도 가능하다고 할 수 있다.

3

따라서 정부는 내년에도 일단 안정을 선택하고 안정의 추구라는 확
고한 입장에서 이제까지의 경제정책을 평가하고, 필요한 경우 수정 내
지 조정을 하여 그렇게 한 것을 시행해 가도록 해야 할 것이다. 특히
앞으로 원유의 공급과 가격의 전망이 불투명함을 감안할 때 더욱이

〈표 2〉 주요 경제지표(2)

	1979			1980
	계 획	전 망	실적(1~11)	
경 제 성 장 률(%)	8.0~9.0	8.7	8.9(Ⅰ~Ⅲ)	7.0~8.0
실 업 률(%)	3.8~4.2	3.9	3.7(Ⅲ)	4.1
물가상승률(%) 도매	24.0~25.0	24.0~26.0	22.6	
소비자	21.0~22.0	22.0~24.0	18.3	12.0~15.0
경 상 수 지(억 달러)	−29.0	−33.0	−34.92	
무 역 수 지(〃)	−38.0	−41.0	−39.93(−47.08)[*]	−36.0~−44.0
수 출	155.0	152.0	132.5	186.0
수 입	193.0	193.0	172.43	222.0~230.0
외 환 보 유 액(〃)	59.0	59.6	55.39	(70.0)[***]
통화증가율(%) 총통화	25.0	24.0~25.0	(24.6)[**]	20.0
통 화	23.6	22.0~23.0	(19.3)	18.0

주: *) ( ) 안은 수입을 CIF 기준으로 표시한 경우의 무역수지임.
　　**) 전년 11월에 대한 11월의 증가율임.
　　***) 최근의 전망임.

그러하다고 할 수 있을 것이다.

그리고 인플레이션의 진정과 관련해시는 시민의 처지를 힝상 염두에 두어야 할 것이다. 인플레이션의 폐해는 거의 모든 국민에게 미치지만 서민이 가장 크게 받게 되어 있다. 그런 뜻에서 서민의 일상생활에 필수불가결한 품목과 서비스의 가격 안정에 일차적인 노력을 경주하는 일은 매우 중요하다고 할 수 있을 것이다.

이런 가격의 안정만 실현된다면 임금문제를 에워싼 노사문제의 해결은 상당히 쉬워지게 될지도 모를 것이다.

한편 무역수지적자의 개선과 관련해서는 적극적인 해결책, 즉 수출확대 노력을 통한 해결책을 택할 것이 아니라 소극적인 해결책, 즉 수입의 축소노력을 통한 해결책을 택해야 할 것이다.

또 다른 한편 산업 간·기업 간의 불균형, 낮은 산업 간·공업 간의 연관도 등의 문제 해결을 위한 기틀을 마련하는 노력도 이루어져야

<표 3> 경제성장률

(단위: %)

1965	1967	1970	1972	1974	1975	1977	1978	1979
5.8	6.6	7.4	5.7	7.5	7.0	10.3	11.6	8.9[*]
8.9	13.4	6.5	5.4	14.4	1.4	9.7	17.1	13.3
11.1	4.9	9.7	5.6	10.8	4.5	4.2	16.7	9.9
9.0	13.3	0.2	6.1	8.4	7.4	11.2	13.8	4.8
1.5	2.5	11.0	5.9	3.1	11.6	13.7	4.9	

주: *) 추정치임.

할 것이다. 다시 말하면 농업의 육성, 중화학공업의 조정, 중소기업의 육성 등에 새로운 의의를 부여할 필요가 있을 것이다.

　끝으로 경제운용은 신축적으로 행하여 정책불신을 초래하지 않도록 해야 할 것이다. 목표치에 집착하여 경제운용을 경직적으로 행한다면 자연히 정책불신을 초래하기 마련이므로 경제운용은 신축적으로 행해져야 할 것이다. 즉 경제환경의 변화에 신축적으로 대응해 가야 할 것이다.

4

　이상에서는 안정이 강조되었다. 그리고 그런 입장에서 주장이 전개되었다. 그러나 안정을 강조한다고 해서 수입의 지나친 증가를 통해서 통화를 환수하는 일이나, 단기성 외자의 도입을 통해서 기업의 차관의 존도를 증가시키는 일이나, 해외지점을 통한 현지금융의 확대 등마저 긍정적으로 받아들이는 입장에 서 있는 것이 결코 아님은 말할 나위도 없다. 그런 것은 결코 허용되어서는 안 된다고 생각한다. 그리고 자금배분에서의 편중도 배제되어야 한다고 생각한다. 어떻게 보면 자금

<표 4> 경상수지적자 보전(1979)

(단위: 억 달러)

차 관	19.0
기 타 장 기 자 본	5.0
단 기 자 본 및 금 융 차 입	15.0
계	39.0
경 상 수 지 적 자 보 전	29.0
외 환 보 유 액 증 가	10.0

과 관련해서는 이 편중문제가 더 심각하다고 할 수 있을는지 모르기 때문이다.

어떻든 다음 해에는 순리대로 그리고 무리 없이 경제운용이 행해지는 가운데에 인플레이션의 진정과 무역수지적자의 개선을 위한 기틀이 마련됨으로써 국민들이 우리 경제의 앞날에 대해서 낙관할 수 있게 되었으면……

《전경련》(1980. 1)

석유난 타개를 위한 시책과 방향

1

최근의 보도에 따르면 런던의 《파이낸셜 타임스》지는 올해 1월 29일에 이미 지난 1일자로 소급하여 원유가격을 현행 배럴당 24달러에서 26달러로 인상한 세계최대 산유국 사우디아라비아가 OPEC 내의 단일유가체제 확립을 위해서 오는 4월 1일자로 원유가격을 배럴당 27.6달러로 또다시 인상할 것이며 산유량도 현행 하루 950만 배럴에서 9백만 배럴로 감축할 것이며 7월 1일부터 또다시 산유량을 하루 850만 배럴로 줄일 예정이라고 보도했다고 한다.

사실 외국의 전문가들은 작년 2월의 이란혁명 후의 제2차 석유위기 이후 OPEC이 석유에 대한 수요가 낮아져도 원유가격을 실질가격으로 유지하는 정책, 나아가서 실질가격을 인상하는 정책, 즉 생산조정에 의해서 실질가격의 유지, 나아가서 그것의 인상을 가능케 하는 석유온존정책을 뚜렷이 내세우고 있는 것으로 보고 있다. 원유의 실질가격은 원유의 명목가격을 선진국의 소비자물가지수로 나눈 가격을 말하므로 선진국의 물가안정, 특히 미국의 그것 없이는 원유의 실질가격의 유지가 불가능하다고 할 수 있을 것이다.

미국의 물가안정의 실패는 국제통화인 달러의 가치하락을 통해서 직접적으로, 또 OPEC이 과거에 축적한 달러표시 금융자산의 감소를 통해서 간접적으로 원유가격의 상승 또는 원유문제를 야기하게 되어 있다. 말하자면 미국의 인플레에 기인하는 달러의 가치하락은 이중적으로 원유가격의 상승을 초래하게 되어 있다고 할 수 있다. 그런데 카터 대통령은 금년 1월 30일에 의회에 보낸 연례 경제교서에서 현재의 10.0퍼센트를 약간 상회하는 인플레율(소비자물가상승률)을 1983년까지 3.0퍼센트로 끌어내리라는 의회의 시한을 5년 더 연장해야 할 것이라고 밝히고 있다.

게다가 OPEC은 장기의 가격전략으로서 원유가격을 대체에너지의 공급비용까지 인상시키려고 하고 있다고 한다.

OPEC이 아직 뚜렷한 목표를 갖고 있는 것은 아니지만 보통은 석탄으로부터 합성하는 석유가 하나의 복표로 되어 있다고 볼 수 있는데 이 석탄으로부터 합성하는 석유의 공급비용은 일반적으로 미국탄의 경우에는 30~37달러, 미국탄을 사용해서 유럽 북서부에서 생산되는 경우에는 30~44달러가 되는 것으로 알려져 있다. OPEC 대변인이 원유가격은 아직도 우라늄 등의 다른 자원가격에 비해서 싸며 대체에너지의 개발비용에 맞먹는 수준까지 점진적으로 올려야 한다고 강조하고 있는 것이나 OPEC의 연구책임자가 OPEC 인플레 지수에 따르면 원유의 명목가격은 지금쯤 배럴당 43달러 정도는 되어야 하며 1974년 이후 세계 인플레로 원유의 실질가격은 20퍼센트 이상 떨어졌으나 작년의 가격조정으로 1974년 이후 연간 5퍼센트의 실질상승률을 확보하게 되었다고 주장한 것은 바로 공급비용 인상 전략을 뒷받침해 주는 것이라고 할 수 있을 것이다.

이렇게 보면 1980년 전반의 전망으로서는 원유대체에너지가 실현되기까지는 원유가격은 상승한다고 보는 편이 우리 경제의 운용을 위해서 도움이 된다고 할 수 있지 않을까. 그렇다면 앞으로 석유대책에서는 이런 점을 필히 감안할 필요가 있다.

2

그러면 그 점을 반영시키는 길은 무엇이라고 할 수 있는가. 그것은 말할 것도 없이 탈석유화 내지 석유의존도 저하의 방향으로 나가는 길일 것이다. 1978년 현재로 우리나라의 에너지에서 석유의 비중이 60.0퍼센트를 상회하고 있다는 사실(〈표 1〉)과 금년에 이미 석유도입액이 60억 달러가 될 것이라는 사실을 고려한다면, 이런 결론은 더욱이 실감이 나는 것일는지도 모른다.

그런데 다행히도 경제기획원은 작년 10월에 비록 잠정적인 것이기는 하지만 석유에 덜 의존하는 형의 에너지 수급구조로 전환을 시도

〈표 1〉 에너지원별 소비구조

(단위: %)

구분 연도	합 계	석 탄	석 유	수력 및 원자력	신 탄
1962~66	100.0	42.6	11.7	1.7	44.0
1967~71	100.0	33.4	40.4	1.6	24.6
1972	100.0	28.3	52.2	1.5	18.0
1973	100.0	31.0	53.3	1.3	14.4
1974	100.0	31.6	53.0	1.8	13.6
1975	100.0	31.3	54.8	1.5	12.4
1976	100.0	32.0	56.2	1.5	10.3
1977	100.0	30.5	59.2	1.1	9.2
1978	100.0	28.2	61.1	2.9	7.8

출처: 동력자원부.

〈표 2〉 장기에너지 수급계획

(단위: 석유환산 100만 톤, %)

구분 \ 연도	1978	1981	1986	1991
석 유	22.143(61.2)	29.671(61.7)	42.357(54.8)	62.150(51.2)
석 탄	9.943(27.5)	14.627(30.4)	27.050(35.0)	39.033(32.2)
무 연 탄	8.448(23.4)	10.391(21.6)	10.904(14.0)	10.071(8.3)
유연탄(제철)	1.495(4.1)	3.338(6.9)	7.392(9.6)	14.388(11.8)
〃 (발전)	–	–	6.312(8.2)	8.964(7.4)
〃 (산업)	–	0.899(1.9)	2.442(3.2)	5.610(4.6)
태 양 열	–	0.006(0.0)	0.230(0.3)	1.200(1.0)
수 력	0.452(1.3)	0.544(1.1)	0.733(0.9)	1.229(1.0)
원 자 력	0.581(1.6)	0.898(1.9)	5.400(7.0)	16.691(13.8)
신 탄	3.038(8.4)	2.314(4.8)	1.528(2.0)	1.123(0.9)
합 계	36.157(100.0)	48.060(100.0)	77.298(100.0)	121.426(100.0)

주: 1) ( ) 안은 구성비임.
   2) 1978~91년간의 석유의 연평균 증가율을 8.3%, 석탄의 그것을 11.1%로 한 계획임.
출처: 경제기획원 1979. 10 발표.

하는 장기에너지 수급계획을 발표한 바 있고, 또 금년의 경제운용계획에서도 그런 의사를 분명히 한 바 있다.

장기에너지 수급계획에 따르면 석유의 비중은 1978년의 61.2퍼센트를, 1991년에는 51.2퍼센트로 10.0퍼센트포인트 낮추는 대신 석탄과 원자력의 그것은 1978년의 27.5퍼센트와 6.6퍼센트를, 1991년에는 32.1퍼센트와 13.8퍼센트로 각각 4.6퍼센트포인트와 12.2퍼센트포인트 높이기로 되어 있으며 경제운용계획에서는 석탄 LNG(액화천연가스), 원자력 등으로의 전환촉진을 들고 있다(〈표 2〉 및 부록 1).

그리고 에너지 최종수요에서 전력의 비중이 현재 20.0퍼센트를 상회할 것으로 예상되는데 발전에서 석유소비량이 1978년에 석유 총소비량의 28.3퍼센트나 차지하고 있음(〈표 3〉)을 감안해서인지 한전도 올해 1월에 탈(脫)석유화종합대책을 마련하여 강력히 추진하기로 했다고 한다. 그 대책에 따르면 석유소비량은 올해의 545.5만 배럴을,

<표 3> 석유의 용도별 소비구조(1978)

합 계	발 전	산 업				수 송	난방 및 취사	기 타
		화 학	시멘트	기 타	계			
100.0	28.3	14.7	6.2	25.1	46.0	15.7	7.6	2.4

출처: 경제기획원

1986년에는 596.4만 배럴로 억제하는 대신 석탄소비량은 올해의 190만 톤을, 1986년에는 976만 톤으로 대폭 늘림으로써, 또 원자력의존도를 올해의 7.5퍼센트에서 1986년에는 30.0퍼센트로 끌어올림으로써, 석유의존도를 올해의 78.2퍼센트에서 1986년에는 38.9퍼센트로 낮추기로 되어 있다.

그리고 언론에서도 이런 탈석유화의 방향을 강조하고 있는 줄 안다.

따라서 여기서는 앞으로는 이런 탈석유화의 방향에 서서 실리 있고 신뢰할 수 있는 중장기에너지 수급계획을 수립·확정해야 할 것이다.

그리고 그 계획을 실행해 가면서 각종의 필요한 대책을 세워갈 것을 강력히 주장하는 데 그친다.

3

앞에서 말한 필요한 대책은 과연 무엇이겠는가. 역시 다행히도 정부와 언론이 작년과 올해에 걸쳐서 여러 가지로 그것을 밝히고 있다. 따라서 참고삼아 그들을 살펴볼 필요가 있을 것이다.

우선 동력자원부는 작년에 에너지절약과 에너지이용 합리화의 토착화를 위한 에너지소비절약대책을 발표한 바 있다. 부록 2는 그것의 주 내용을 알려주고 있다.

다음에 경제기획원도 이미 앞에서 말한 올해의 경제운용기획에서

에너지대책을 밝히고 있다.

셋째로 동력자원부는 또 작년에 정유 3사에게 60일분의 원유비축을 하도록 책임을 부과하는 한편 직접 1982년까지 60일분의 원유비축을 하기 위한 계획을 추진하기로 했다.

끝으로 부분적으로 주장된 것이기는 하지만 그들을 종합해 보면 언론은 종합에너지대책의 마련, 국내부존에너지 자원과 대체에너지의 적극 개발, 에너지절약형 산업구조로의 개편, 에너지절약형 수출상품 구조로의 개편, 대체에너지의 도입, 석탄 LNG의 개발수입, 열효율의 제고, 자원외교를 통한 원유공급선의 다변화, 산유국과 경제협력 강화를 통한 GG(정부 간 거래), DD(직접거래), 원유의 안정적 확보, IEA(국가에너지기구)에의 가입, 원유비축, 원유비축제도의 정비 등을 주장하고 있다고 할 수 있다.

따라서 앞으로는 이들 각 대책을 체계적으로 잘 정리하고 그것을 강력히 실천해 갈 필요가 있다고 할 수 있을 것이다. 다만 분명히 하는 의미에서, 일단 요약을 해보면 〈표 4〉와 같이 될 것이다. 이에서 알 수 있듯이 필요한 대책은 원유의 안정적 확보, 원유비축 등의 직접적인 노력과 열효율 제고, 산업구조개편 등의 간접적인 노력을 통한 석유 및 동력절약, 국내 부존에너지자원 증산, 대체에너지 수입, 대체에너지 개발수입, 대체에너지 개발 및 그것에 의한 대체, 대체에너지 개발을 위한 연구 및 기술개발 촉진, 대체에너지 개발기술 도입 등의 적극적인 추진인 것이다. 〈표 4〉에는 이들 대책을 장단기로 나누어 본 것이 표시되어 있기도 하다.

그리고 이들 대책과 관련해서 특별히 강조할 점을 밝히면 다음과 같다.

첫째는 국내 부존에너지자원 증산 우선의 원칙의 견지이다. 주탄종

<표 4> 석유대체의 주 내용

구 분	단 기	장 기
원유의 안정적 확보	○	○
원유 비축	○	○
원유 및 동력 절약		
직접적	○	○
간접적 열효율 제고		○
산업구조 개편		○
국내부존에너지 자원 증산	○	○
대체에너지 수입	○	○
대체에너지 개발수입		○
대체에너지 개발 및 그것에 의한 대체		○
대체에너지 개발을 위한 연구 및 기술개발 촉진		○
대체에너지 개발기술 도입		○

유(主炭從油)의 원칙과 주유종탄이 그동안 엇갈린 것을 생각하면 이 점을 강조하지 않을 수 없다.

둘째는 석유 및 동력절약을 위해서는 발전부문과 산업부문에서의 절약이 무엇보다도 중요하다는 사실이다. 이미 앞에서 본 바와 같이 1978년에 발전부문에서 석유소비량이 석유총소비량의 28.3퍼센트나 차지하지만 산업부문에서 석유소비량의 비중은 그것을 훨씬 웃돌아서 46.0퍼센트나 된다. 이처럼 이 두 부문의 비중은 1978년에 도합 74.3퍼센트나 된다. 따라서 이 두 부문, 특히 산업부문에서 절약의 성공 여부가 석유 및 동력절약의 성패를 가름한다고 해도 과언이 아닐 것이다. 이런 의미에서 석유절약형으로 산업구조개편은 매우 커다란 의의를 지니고 있다고 할 수 있을 것이다. <표 5>는 어떤 산업이 다석유소비형이며 저석유소비형인가를 밝혀주고 있다.

셋째는 석유공급선의 다변화와 메이저 의존으로부터 탈피의 조속한 실현이다. 우리나라는 석유를 사우디아라비아, 쿠웨이트, 이란의 3개국에 1977년에는 96.7퍼센트(사우디아라비아 54.0%, 쿠웨이트 32.1%, 이란

<표 5> 산업의 유형

다석유소비형	제조원가에서의 비중(%)
요 업 시 멘 트 유 리 제 조 업	36.0
화 학 공 업	30.5
철 강 비 철 금 속	30.5
펄 프 제 지 공 업	16.7
정 유 석 탄 제 품 제 조 업	12.4
저 석 유 소 비 형	
전 기 기 계	3.3
인 쇄 출 판 피 혁 의 류	3.9
수 송 및 일 반 기 계	5.5
가 구	5.5
식 료 음 료 품 연 초	6.7
금 속 제 품	7.2
목 재 합 판	7.7
섬 유 고 무 제 품	9.9

출처: 한국은행.

10.6%), 1978년에는 95.9퍼센트(사우디아라비아 57.6%, 쿠웨이트 30.5%, 이란 7.8%)나 의존하고 있을 뿐 아니라 그것도 대부분 메이저에 의존하고 있다. 따라서 원유의 안정적 확보를 위해서는 꼭 이 두 가지가 조속히 실현되어야 한다고 할 수 있을 것이다.

4

상술한 바를 요약하면 다음과 같다. 1980년대 전반에는 국제원유 사정은 결코 낙관을 불허한다고 할 수 있다. 따라서 앞으로는 탈석유화 내지 석유의존도의 저하 방향으로 나아가야 할 것이다. 그리고 이 탈석유화의 방향에 서서, 실현성 있고 신뢰할 수 있는 중장기에너지 수급계획을 수립·확정하고 그 계획을 실행시켜 가면서 종합적으로 또 일관성 있게 원유공급선의 다변화, 메이저 의존으로부터의 조속한 탈피에 역점을 둔 원유의 안정적 확보, 원유비축, 발전부문과 산업부문에 중점을 둔 석유 및 동력절약, 우선시되는 국내부존에너지 자원증산, 대체에너지 수입, 대체에너지 개발수입, 대체에너지 개발 및 그것에 의한 대체, 대체에너지 개발을 위한 연구 및 기술개발 촉진, 대체에너지 개발기술 도입 등을 적극적으로 추진해가야 할 것이다. 이렇게 할 때 비로소 우리나라는 석유난을 단기적으로나 장기적으로나 타개할 수 있다고 할 수 있기 때문이다.

그와 더불어 위에서는 대륙붕에서 석유가 나오고 안 나오고를 불문에 부치고 문제를 다루었지만 나올 수도 있기 때문에 정부로서는 두 말 할 것도 없이 이런 경우에 우리나라에 더 많은 실익이 돌아가도록 하기 위해서 용의주도한 사전준비를 계속해가야 할 것이다.

〈부 록〉

1. 경제기획원이 1980년 경제운용계획에서 밝힌 에너지 대책
  (1) 원유확보외교의 적극적 전개
    ① 산유국과의 합작진출 강화
    ② 원유공급선의 다변화
  (2) 에너지절약대체 촉진
    ① 범국민적 절약운동의 전개
    ② 산업부문에너지 합리적 이용
    ③ 에너지다소비제품의 생산 및 수출조절
  (3) 장기에너지종합대책의 수립
    ① 석탄 LNG(액화천연가스), 원자력 등으로의 전환촉진
    ② 에너지 절약형 산업구조지향

(4) 자원의 개발수입 확대

2. 동력자원부가 밝힌 1979년 에너지 소비절약 대책

(1) 행정규제에 의한 에너지 절약

① 절전: 엘리베이터의 3층 이하 운행금지 및 4층 이상 격층제 운행. 조명등 사용제한 강화

② 가정·상업: 사치성업소의 주2회 휴일제 실시. 공공건물의 실내온도 규제(동절기 18℃ 이하, 하절기 28℃ 이상) 학교방학일 수조정

③ 산업: 열관리 지정업체의 확대, 노후 보일러의 연차적 개선

④ 수송: 주유소 평일영업시간 단축. 공휴일의 영업금지. 차량광고시 연료소비량 표시

(2) 지도계몽을 통한 에너지 절약

(3) 빔국민적 에너지질약운동 전개

① 각급 기관별 업체별 자체소비절약추진기구의 설치

② 소비절약에 대한 PR전개

③ 가정절약의 계몽

《석유》(1980. 3)

스크랩화 절실한 중화학공업,
통폐합만으로는 해결할 수 없다

다른 부문보다 큰 중화학공업 투자비

잘 알려져 있는 바와 같이 제3차 5개년계획(1972~1976)부터 중화학공업 우선의 수출주도적 공업화가 본격적으로 추진되기 시작했다. 제3차 계획은 농어촌경제의 혁신적 개발과 함께 수출의 획기적인 증대 및 중화학공업의 건설을 그 주축으로 삼고 있었다(동 계획서, 1971, p. 2).

사실 이 계획은 공산품의 수출에서의 비중을 1970년의 83.6퍼센트(1970년 불변가격 기준)를 1976년까지 90.4퍼센트로 제고시킴으로써 수출의 획기적인 증대를 기하고 있었고 또 1976년까지 중화학공업비율, 즉 중화학공업의 제조업에서 비중(생산액 기준 1970년 불변가격 기준)을 40.5퍼센트(1970년의 그것은 35.9%)로, 중화학공업제품의 공산품수출에서 비중을 33.3퍼센트(1970년의 그것은 14.3%)로 각각 높이기로 되어 있었다.

그리고 이 계획기간의 투자(고정자본형성 기준)의 산업별 분배의 실적(1975년 불변가격 기준)을 통해서 볼 때 중화학공업에 대한 투자는 투자 전체의 15.0퍼센트(제조업의 60.2%)나 차지하고 있다. 이것은 통신·수송에 대한 그것(20.5%)과 주택에 대한 그것(15.3%)에 이은 세 번째의 크기이다(〈표 1〉). 이것은 농업에 대한 그것(7.9%)보다는 말할 것도 없고, 농림어업에 대한 그것(10.1%)보다도 큰 것이다. 또 실적으로 보아 중화학공업비율이 생산액 기준, 부가가치 기준 할 것 없이 경상가격으로도, 1975년 불변가격으로도 40.0퍼센트 이상이 된 것은 1973년부터의 일이다.

제4차 계획(1977~1981)에서도 중화학공업 우선의 수출주도적 공업화가 그대로 답습된 것은 말할 것도 없다. 이 계획이 사회개발의 촉진, 기술의 혁신과 함께 그 목표로서 들고 있는 자력성장구조의 실현은 투자재원의 자력조달과 국제수지의 균형(이것은 수출의 획기적인 증대를

〈표 1〉 생산별 투자배분 실적 (고정자본형성 기준)

(단위: %)

	1972~1976 (1975년 불변가격)	1972~1997 (1980년 불변가격)
농 림 어 광 업		10.0
농 림 어 업	10.1	
농 업	7.9	
광 공 업	25.5	
제 조 업	24.4	23.2
경 공 업	9.4	8.7
중 화 학 공 업	15.0	14.5
화 학 공 업		4.5
철 강 · 금 속 공 업		4.5
기 계 공 업*		5.6
사회간접자본 및 기타 서비스	64.4	66.7
전 력	7.5	6.0
통 신 · 수 송	20.5	24.5
주 택	15.3	15.8
합 계	100.0	100.0

주: * 전자 수송용기기 포함.
출처: 《제4차 경제개발 5개년계획서》, 1976, p. 45.
     《제5차 경제사회발전 5개년계획서》, 1981, p. 44.

전제로 하고 있다), 산업구조의 고도화를 내용으로 하고 있다.

이 계획은 공산품의 수출에서 비중을 1975년의 84.9퍼센트(통관기준 FOB기준)를 1981년까지 92.0퍼센트로 늘리기로 되어 있었고, 또 1981년까지 중화학공업비율은 생산액기준 1975년 불변가격 기준으로는 1975년의 42.4퍼센트를 49.0퍼센트로, 부가가치 기준 1975년 불변가격 기준으로는 1975년의 42.4퍼센트를 49.5퍼센트로, 중화학공업제품의 공업품수출에서 비중은 1975년의 34.6퍼센트(통관기준 FOB 기준)를 50.0퍼센트로 각각 늘리기로 되어 있었다. 그리고 투자(고정자본형성 기준)의 산업별 배분에서는 중화학공업에 대한 투자는 계획기간 중 투자 전체의 17.4퍼센트(제조업의 64.1%)를 차지하게 하는 것으로 계획하고 있었다(〈표 2〉). 이것은 통신·수송에 대한 그것(19.6%)에 이은 두 번째의 크기이다. 이것은 주택에 대한 그것(15.9%)보다 큼은 말할 것도 없고, 농림어업(9.4%)(농업은 6.9%)보다 훨씬 크다.

투자를 고정자본형성에 재정투융자상의 개발지출을 포함시킨 것으로 할 때에는 1975년 불변가격 기준으로 중화학공업에 대한 투자는

〈표 2〉 산업별 투자분배 계획(1977~1981, 고정자본형성 기준)

(단위: %, 1975년 불변가격)

농 림 어 업	9.4
농 업	6.9
광 공 업	28.6
제 조 업	27.1
경 공 업	9.7
중 화 학 공 업	17.4
사 회 간 접 자 본 및 기 타 서 비 스	62.0
전 력	12.9
통 신 · 수 송	19.6
주 택	15.9
합 계	100.0

출처: 《제4차 경제개발 5개년계획서》, 1976, p. 45.

17.2퍼센트(제조업에 대한 그것은 26.7%)로서 가장 큰 비중을 차지하는 것으로 계획하고 있었으며, 따라서 수송에 대한 그것(14.6%), 주택에 대한 그것(13.9%), 전력에 대한 그것(13.0%)을 각각 앞서고 있었다. 농업에 대한 그것(10.4%)을 앞서 있었음도 말할 여지가 없다(〈표 3〉).

또 1972년에서 1979년까지 투자(고정자본형성 기준)의 산업별 배분의 실적(1980년 불변가격 기준)을 통해서 볼 때에도 그것은 투자 전체의 14.5퍼센트(제조업의 62.7%)나 된다(〈표 1〉). 이것은 통신·수송에 대한 그것(24.5%)과 주택에 대한 그것(15.8%)에 이은 세 번째의 크기이다. 농림어광업에 대한 그것(10.0%)보다 큼은 말할 것 없다. 한국산업은행 자료에 따르면 중화학공업의 전 산업설비투자(경상가격 기준)에

〈표 3〉 부문별 투자계획(1977~1981, 1975년 불변가격 기준)

(단위: %)

	외 자	내외자	정 부[*]
총 액	100.0	100.0	30.5
농 업	4.8	10.4	54.3
광 공 업	39.9	28.3	4.1
제 조 업	39.3	26.7	2.2
중 화 학 공 업	29.8	17.2	2.7
철 강	8.4	3.6	6.1
비 철	1.2	0.6	–
기 계	5.7	4.7	0.5
전 자	2.2	2.0	1.3
조 선	0.9	0.4	–
석 유 화 학	5.7	2.5	7.8
정 유	1.9	0.8	–
기 타 화 학	3.8	2.5	–
사회간접자본 및 기타 서비스	52.6	61.3	39.3
전 력	22.0	13.0	9.8
수 송	14.2	14.6	45.2
주 택	2.5	13.9	7.8

주: * 내외자에서 정부투자의 부문별 비중을 표시함.
출처: 《제4차 경제개발 5개년계획서》, 1976, pp. 162~193.

서 비중도 1975년과 1976년에는 40.0퍼센트대, 1977~1979년에는 50.0퍼센트대, 1980년에는 40.0퍼센트나 된다.

경제적 어려움 깃들인 과다한 투자

이러한 중화학공업 우선의 수출주도적 공업화를 추진한 결과 제조업의 비중(부가가치 기준)은 경상가격 기준으로 1980년에는 28.8퍼센트, 1981년에는 29.5퍼센트, 1975년 불변가격 기준으로 1980년에는 34.4퍼센트, 1981년에는 34.3퍼센트, 중화학공업 비중은 경상가격 기준으로 1980년에는 52.6퍼센트, 1981년에는 53.0퍼센트, 1975년 불변가격 기준으로 1980년에는 53.2퍼센트, 1981년에는 54.0퍼센트, 토산품의 수출에서 비중(통관 기준 경상가격 기준)은 1980년에는 90.0퍼센트, 1981년에는 90.4퍼센트, 중화학공업제품의 공산품 수출에서 비중은 1980년에는 46.3퍼센트, 1981년에는 47.3퍼센트로 각각 높아졌다(〈표 4〉). 말하자면 산업구조의 고도화, 공업구조의 고도화, 수출상품구조의 고도화가 크게 실현된 셈이다.

그러나 문제는 외자 및 외국기술과 타인자본에 의존해서 수입의존적 및 수입유발적인 중화학공업을 시설 과잉되게, 그것도 중복투자로 건설한 데에 있다고 할 수 있다. 거기에다 중화학공업의 경우에는 대규모의 운전자금을 필요로 할 뿐 아니라 국제경쟁력을 갖기까지에 많은 시간이 필요하게 되어 있다.

물론 수출증대에 주력하다 보니 그런 내용의 중화학공업 건설이 추진되었으리라고 어느 정도 긍정적으로 받아들일 수 있기는 하지만 그 추진이 많은 어려움을 우리 경제에 안겨 준 것은 틀림없는 사실이다. 우리 경제는 현재 바로 그 어려움을 겪고 있다.

우선 중화학공업은 경제기획원 자료에 따르면 1981년 6월 말 현재로 차관에서는 확정기준으로 25.3퍼센트, 도착기준으로 30.4퍼센트의 비중을, 외국인직접투자에서는 건수에 있어서는 61.7퍼센트, 금액에 있어서는 61.1퍼센트의 비중을 각각 차지하고 있다. 그리고 중화학공업은 한국은행의 기업경영분석 자료에 따르면 1980년에 자금의 14.9퍼센트, 고정자산의 14.1퍼센트를 외국차관에 의존하고 있다. 이것은 자기자금의 비중, 장기차입금의 비중이 각각 16.3퍼센트, 13.4퍼센트임을 감안할 때 매우 큰 것임을 알 수 있다(〈표 5〉).

경공업의 경우에는 외국차관의 비중은 자금의 6.6퍼센트, 고정자산의 5.0퍼센트, 자기자금의 그것은 17.6퍼센트로 되어 있다. 중화학공업은 기술도입에서는 1980년 말 현재로 건수에 있어서는 80.6퍼센트, 로열티 지급에 있어서는 76.6퍼센트를 차지하고 있다.

한편 중화학공업은 한국산업은행 자료에 따르면 산업에 대한 은행대출금에서는 1980년 밀 현재로는 35.7퍼센트, 1981년 11월 말 현재로는 36.1퍼센트의 비중을 차지하고 있다. 그리고 중화학공업은 앞에서 든 기업경영분석자료에 따르면 1980년에 자금의 9.6퍼센트를 장기은행차입금에, 16.2퍼센트를 단기은행차입금에 각각 의존하고 있다. 이것은 8.7퍼센트를 장기은행차입금, 27.4퍼센트를 단기은행차입금에 의존하고 있는 경공업의 경우와 대조를 이루고 있다. 은행차입금에서는 이처럼 경공업의 비중이 더 크지만 외국차관과 은행차입금을 합치면 중화학공업의 비중이 약간 더 크게 되어 있다.

중화학공업 건설이 외자에 의존하는 것이었음은 계획 자체에 의해서도 쉽게 증명될 수 있다. 제4차 계획에서는 중화학공업에 대한 투자는 앞에서 본 것처럼 계획기간 중 고정자본형성 기준으로는 투자 전체의 17.4퍼센트, 고정자본형성에 재정투융자상의 개발지출을 합친 것으로는 17.2퍼센트를 차지하는 것으로 계획하고 있었지만 외자만에 국한시켜서 볼 때에는 그 비중은 계획기간 중 도입하기로 계획한 1백억 달러(1975년 불변가격 기준)의 29.8퍼센트를 차지하는 것으로 되어 있었다(〈표 3〉). 그것은 22.0퍼센트의 전력, 14.2퍼센트의 수송을 크게 앞지르는 것이었다. 이어서 그것이 외국기술에 의존하도록 계획되었음도 동시에 알 수 있을 것이다. 그뿐 아니라 중화학공업 건설이 타인자본에 의존하는 것이었음도 계획 자체에서 증명된다고 할 수 있다. 거대한 자금을 필요로 하는 중화학공업 건설을 추진하면서 중화학공업에 대한 정부의 투자는 중화학공업 투자의 2.7퍼센트에 불과하도록 계획되고 있었기 때문이다(〈표 3〉).

민간기업이 감당하기에는 너무나도 벅찬 중화학공업 건설을 추진하면서도 정부의 투자는 이런 크기에 불과했던 것이다. 이렇게 보면 현재 우리가 직면하고 있는 경제적인 어려움은 계획 자체에서 이미 싹트고 있었다고 볼 수 있을 것이다.

중화학공업은 한국은행의 산업연관통계자료에 따르면 수입의존도(수입중간투입액/총투입액), 수입계수(수입액/생산액), 수입유발계수가 큰 산업임을 알 수 있다. 중화학공업의 수입의존도는 1975년에는 33.8퍼센트로서 가장 크며(제조업의 그것은 25.2%) 1978년에도 31.5퍼센트로서 역시 가장 크다(제조업의 그것은 24.2%).

중화학공업이 수입의존적임은 중공업제품의 국산화율이 저조한 것에 의해서도 증명될 수 있다. 보도된 바에 따르면 1981년에 국산화율은 선박의 경우에는 40.0퍼센트, 일부 농기계의 경우에는 25.0~40.0퍼센트, 공작기계의 경우에는 40.0~60.0퍼센트, 컬러 TV 전동기를 제외하고서는 전자전기제품의 경우에는 40.0~70.0퍼센트, 개발단계에 있는 반도체, 컴퓨터, VTR, 전자교환기 등의 전자전기제품과 부품의 경우에는 올해 말에 가서야 25.0~60.0퍼센트에 이를 정도라고 한다. 수입계수에서도 원유를 포함하는 광업(1975년에는 325.5%, 1978년에는 259.9%)을 제외하면 가장 크다. 즉 그것은 1975년에는 41.9퍼센트로서 가장 크며(제조업의 그것은 24.4%) 1978년에도 45.0퍼센트로서 역시 가장 크다(제조업의 그것은 27.6%). 수입계수가 높은 품목은 1978년 현재로 국내생산이 불가능한 비경쟁수입품인 비금속광석(원유), 임산물(원목), 농업특용작물(원면), 금속광석(철광석) 등과 부품의 수입의존도가 높은 일반기계, 정밀기계, 광학기구 등인데 후자는 중화학공업에서 생산되는 품목이다.

중화학공업은 수입유발계수도 크다. 그것은 1975년에는 52.1퍼센트, 1978년에는 49.1퍼센트나 된다. 이것은 곧 중화학공업의 비중이 커지면 수입이 따라서 커진다는 것을 말한다고 할 수 있다. 중화학공업제품수출의 비중이 커져도 마찬가지이다. 수출의 수입유발계수는 1975년과 1978년에 다 같이 36.0퍼센트이다.

중화학공업 중 철강공업, 조선공업, 석유화학공업의 경우에는 그 생산능력은 1981년 현재로 총생산능력에서는 말할 것도 없고, 최대규모의 공장의 생산능력에서 보아도 국제적인 경쟁규모에 달한 것으로 알려져 있다. 그리고 자동차공업, 비철금속공업의 경우에는 그 생산능력은 최대규모의 공장의 생산능력에서는 국제적인 경쟁규모의 절반에 불과하지만 총생산 능력에서는 거의 그 수준에 도달했다고 한다. 이밖에도 국제적인 경제규모에는 미치지 못하지만 대규모의 생산능력을 갖고 있는 공장은 상당히 많다.

그런데 1979년부터 시작된 중화학공업 투자조정에서 알 수 있듯이 그 투자는 중복되게 행해진 것이 사실이다. 중복투자의 대표적인 예는 이미 조정된 발전설비 및 건설중장비, 자동차, 선박용 엔진, 중전기기,

전자교환기, 동제련 등에서 찾아볼 수 있다. 이러한 사실들은 중화학공업에 대한 투자가 과대함을 말해주는 것이기도 함은 두말할 필요가 없다.

국산화 저조로 국제경쟁력도 약화

이렇게 외자와 타인자본에 의존하고 있으니 1980년에 영업외비용은 매출액의 12.1퍼센트, 부채비율은 460.0퍼센트나 되고, 또 외자에 의존하고 있으니 환율·해외금리의 상승의 영향을 받게 되어 있다. 1980년에는 외환차손은 매출액의 3.1퍼센트나 된다. 경공업의 경우에는 영업외비용 외환차손은 각각 9.1퍼센트, 1.2퍼센트에 지나지 않는다. 물론 부채비율은 경공업의 52.7퍼센트에 비해서 낮지만 그 크기가 매우 큰 것만은 틀림없는 사실이다. 금융비용 대 총비용비율, 금융비용 대 총매출액비율이 1980년에 7.37퍼센트, 7.78퍼센트나 되어 경공업의 6.81퍼센트, 7.01퍼센트를 앞지르고 있는 것도(1978년 1979년에는 뒤지고 있었다) 환율·해외금리의 상승에 기인하는 바가 크다고 할 수 있을 것이다.

영업외 비용 내지 금융비용의 증가는 곧 기업재무구조의 악화를 의미하기도 한다. 그런데 만약 수출부진·내수부진 등으로 판매부진이 일어나게 되면 그렇지 않아도 과잉시설 상태에 있는 중화학공업의 가동률의 저하현상이 초래되지 않을 수 없을 것이다. 다시 말하면 중화학공업업체는 적자운영을 면치 못할 것이다.

이렇게 보면 최근에 보도된 바 있는 조사대상 74개사 가운데서 34개사가 도합 2,609억 원의 적자를 냈고, 42개사가 도합 1,430억 원의 흑자(순이익)를 냈다는 상공부의 〈중화학공업의 업종별 주요 업체별

1981년도 가동률 및 경영실적〉 조사결과가 이해될 것이다.

경제기획원의 자료에 따르면 가동률은 1980년 12월, 1981년 7월에 농업용 트랙터의 경우에는 11.5퍼센트·38.9퍼센트, 선반의 경우에는 23.4퍼센트·32.0퍼센트, 직기의 경우에는 28.8퍼센트·33.7퍼센트, 크레인의 경우에는 41.2퍼센트·6.7퍼센트, 변압기의 경우에는 37.4퍼센트·38.0퍼센트, 승용차의 경우에는 45.4퍼센트·36.4퍼센트 등이라고 한다. 이것은 곧 중화학공업 중 중공업의 가동률이 얼마나 저조한가를 말해 준다고 할 수 있다. 최근에 보도된 업체별로 본 가동률의 실태도 바로 이 점을 잘 뒷받침해 주고 있다.

외자의존은 외채누증의 초래요인이기도 함은 말할 나위가 없다. 또 외국기술의존은 국내기술개발을 지연시키는 요인이 되기도 한다.

한편 타인자본, 특히 은행자금에 의존하다 보니 정책금융·지원금융의 확대가 초래되지 않을 수 없다. 1981년 11월 현재로 은행대출금에서 중화학공입의 비중은 36.1퍼센트지만 한국산입은행의 대출금만을 놓고 보면 그 비중은 46.1퍼센트나 된다. 따라서 정부개입의 여지가 커지지 않을 수 없을 것이다.

수입의존적이며 수입유발적이다 보니 산업연관도와 국산화율이 저위일 수밖에 없을 것이다. 국산화율의 저위는 곧 외화가득률의 저위를 초래하게 되어 있다. 외화가득률은 전(全) 상품·공산품 할 것 없이 높아져 왔지만 1978년 이후는 60.0퍼센트대의 낮은 수준에서 보합상태를 유지하고 있다.

전 상품의 경우에는 1978년 67.8퍼센트, 1979년 67.9퍼센트, 1980년 67.9퍼센트, 1981년 67.8퍼센트고 공산품의 경우에는 64.1퍼센트, 64.4퍼센트, 64.8퍼센트, 65.1퍼센트이다.

또 그러하다 보니 무역수지와 경상수지가 악화되지 않을 수 없고,

이들의 악화를 통해서 외채누증이 초래되지 않을 수 없으며 그런가 하면 수출입의존도가 높아지지 않을 수 없다. 자본재수입은 1980년에는 총수입의 23.0퍼센트, 1981년에는 23.5퍼센트, 원유수입은 25.3퍼센트·29.7퍼센트, 공업용원료수입은 41.7퍼센트·33.3퍼센트를 각각 차지하고 있다.

지역별로 무역수지를 볼 때 중동과의 그것은 1980년에는 38.5억 달러, 1981년에는 37.9억 달러의 적자인데 이것은 전적으로 원유수입에 말미암는다고 할 수 있다. 그러나 그 다음에 큰 28.2억 달러·28.7억 달러의 적자를 보인 일본과의 그것은 주로 공업용 원료와 자본재 수입에 말미암는다고 볼 수 있다. 중동과의 무역수지 적자는 1980년에는 총무역수지적자의 80.4퍼센트, 1981년에는 77.7퍼센트이고, 일본과의 그것은 1980년 1981년에 각각 59.0퍼센트를 차지하고 있다.

상품수출입의존도는 1980년에는 69.0퍼센트(수출 30.6%, 수입 38.4%), 1981년에는 71.4퍼센트(수출 33.2%, 수입 38.2%)나 된다(〈표 4〉). 중화학공업은 높은 수입유발계수를 갖고 있는데 중화학공업제품이 큰 비중을 차지하고 있는 수출은 또 이미 앞에서 본 것처럼 1975년에 0.36, 1978년에 0.36이라는 수입유발계수를 갖고 있는 점에 특히 유의할 필요가 있을 것이다.

시설과잉, 그것도 중복되게 과잉투자하다 보니 가득률의 저조는 애당초부터 예상되는 바였으며 판매부진 현상이 일어나면 그것이 더욱더 심해질 수밖에 없을 것이다. 게다가 시설의 대규모화는 말할 것도 없이 경영합리화를 전제로 한다. 따라서 만약 경영합리화가 제대로 이루어지지 않는 상태로 시설만 대규모화된다면 자연히 경영의 부실이 발생하지 않을 수 없을 것이다.

〈표 4〉 산업구조·중화학공업화율·수출상품구조·수출입의존도

1. 산업구조

	1980		1981	
	1975년 불변가격	경상가격	1975년 불변가격	경상가격
농 림 어 업	16.0	16.3	18.3	18.0
농 업	13.3	13.5	15.6	15.4
광 공 업	35.7	30.2	35.6	30.9
제 조 업	34.4	28.8	34.3	29.5
사회간접자본 및 기타 서비스	48.4	53.5	46.1	51.1
합 계	100.0	100.0	100.0	100.0

2. 중화학공업비중

	1980		1981	
	1975년 불변가격	경상가격	1975년 불변가격	경상가격
	53.2	52.6	54.0	53.0

3. 수출상품구조(통관기준 경상가격)

	1980	1981
합 계	100.0	100.0
공 산 품 중 화 학 공 업 제 품	90.0(100.0) (46.3)	90.4(100.0) (47.3)

4. 수출입의존도(경상가격)

	1980		계	1981		계
	수출	수입		수출	수입	
총	40.2	50.4	90.6	43.4	51.6	95.0
상 품	30.6	38.4	69.0	33.2	38.2	71.4

출처: 한국은행, 《조사통계월보》, 1982. 1.; 한국은행, 《주간내외경제》, 1982. 2. 27.;
《주간내외경제》, 1982. 2. 27.

또 중화학공업에 대한 투자는 회임기간이 길므로 일반적으로 인플레를 야기하는 것으로 알려져 있는 데다가 경공업에 대한 투자가 상대적으로 감소하는 것을 통해서도 인플레를 야기할 수 있다. 현금차관이 통화증발을 통해서 인플레를 야기하는 것도 사실이다. 이 인플레는 자원배분의 왜곡, 소득분배의 불평등 등을 야기하게 되어 있다.

앞에서 본 것처럼 공장의 생산능력이 국제적인 경제규모가 되도록 하다 보니 대기업이 많이 등장하게 됨으로써 자연히 대기업과 중소기업 간의 격차가 확대되지 않을 수 없을 것이다. 1980년 현재로 종업원 수 3백 인 이상의 대기업은 사업체 수에서는 광공업업체 전체의 3.4퍼센트를 차지하고 있는데 불과하지만 종업원 수와 부가가치에서는 각각 50.6퍼센트 65.8퍼센트를 차지하고 있다는 사실이 이것을 증명한다고 있다고 할 수 있을 것이다.

공장의 대규모화는 또 독과점화를 촉진시키지 않을 수 없다. 경제기획원 자료에 따르면 1980년 현재로 3개사의 시장점유율이 50.0퍼센트 이상인 독과점형 업종의 비중은 90.0퍼센트나 된다고 한다. 1974년에는 70.0퍼센트이었다. 그리고 재벌 전체의 시장점유율은 47.9퍼센트라고 한다(1970년의 그것은 43.9%).

원래가 중화학공업은 상당한 기간 동안은 국제경쟁력이 약하지 않을 수 없는데 거기에다 과잉투자가 이루어지다 보니 산업 전반의 국제경쟁력의 약화가 초래되지 않을 수 없을 것이다.

그런가 하면 중화학공업에 대한 투자를 과대하게 하다 보니 농업에 대한 투자의 비중은 낮을 수밖에 없으며, 따라서 농공 간의 격차가 확대되지 않을 수 없을 것이다. 1975년과 1977년 사이에는 농가소득이 근로자가구소득보다 높았으나(근로자가구소득을 100으로 할 때 농가소득은 1975년에는 101.6, 1976년에는 100.4, 1977년에는 102.0) 1978년부터 역

전되어 1980년에는 농가소득은 근로자가구소득의 84.0퍼센트를 차지
하고 있다(1978년 98.3%, 1979년 84.7%).

<표 5> 경영지표(1980)

(단위: %)

	중화학공업	경공업
1.　　　매　　　출　　　액	100.0	100.0
경　영　외　비　용	12.1	9.1
지　급　이　자　와　할　인　료	7.0	6.3
사　채　이　자　및　차　금　상　각	0.7	0.7
외　　환　　차　　손	3.1	1.2
기　타　영　업　외　비　용	1.3	0.9
2.　　　　자　　　　금	100.0	100.0
자　　기　　자　　금	16.3	17.6
타　　인　　자　　금	83.7	82.4
장　기　차　입　금	31.9	23.1
장　기　은　행　차　입　금	9.6	8.7
외　국　차　관	14.9	6.6
사　　　　채	5.4	6.7
기　타　장　기　차　입　금	2.1	1.1
단　기　차　입　금	19.3	26.7
단　기　은　행　차　입　금	16.2	24.4
기　타　단　기　차　입　금	3.1	2.3
매　입　채　무	22.3	18.0
기　　　　타	10.2	14.7
3.　　　　기　　　　타		
부　　채　　비　　율	460.0	527.9
금　융　비　용　대　총　비　용　비　율	7.37	6.81
금　융　비　용　대　매　출　액　비　율	7.78	7.01

출처: 한국은행, 《기업경영분석》, 1981.

시설 스크랩화로 내실 다져야 할 때

이에서 중화학공업 우선 내지 중시의 투자가 직접적으로든 간접적

으로든 현재 우리가 겪고 있는 경제적인 어려움의 초래요인임을 알 수 있을 것이다. 따라서 우리 경제의 어려움을 해결하려면 중화학공업의 정상화가 실현되지 않으면 안 된다고 할 수 있다.

그뿐 아니다. 한국산업은행 조사결과에 따르면 1982년에는 397개 주요 산업체의 자금필요액은 시설자금으로서 1조 3,980억 원, 운영자금으로서 5조 2,830억 원, 도합 6조 6,810억 원이나 된다고 한다. 그중 70퍼센트를 자체 조달하고, 나머지 30퍼센트를 외부차입금으로 조달하기로 되어 있다. 약 1조 5,880억 원을 외부자금으로 충당하기로 되어 있는 셈이다. 6조 6,810억 원은 1982년 2월 말의 총통화가 16조 2,574억 원임을 감안할 때 얼마나 큰 크기인가를 알 수 있을 것이다. 금년에 397개 업체만으로도 이런 규모의 자금을 필요로 한다고 한다.

이것은 현재 중화학공업이 우리경제가 부담하기에는 너무나도 벅찬 것임을 단적으로 말해 주는 것이라고 할 수 있다. 그렇다면 이런 면에서도 중화학공업의 정상화는 긴급을 요하는 일이라고 할 수 있을 것이다.

물론 정부는 1979년부터 중화학공업 투자조정을 추진해오고 있다. 그 결과가 서서히 나타나고 있으리라고 생각한다. 그러나 현재로서는 통폐합만으로 과연 중화학공업을 정상화할 수 있을지 의문스럽고, 경우에 따라서는 시설의 스크랩화도 필요할지 모른다. 앞이 보이지 않는, 즉 정상화의 여지가 없어 보이는 시설의 스크랩화말이다. 어떻게 보면 투자조정이 아니라 정리라는 말이 더 맞을는지 모른다. 이것은 고통스러운 일일 것이다. 그러나 그렇더라도 정상화를 위해서 불가피한 일이라면 그것도 불사해야 할 것이다. 또 이제까지 경험에 비추어 볼 때 외국의 합작선의 반발로 투자조정이 제대로 성과를 못 거두고 있는 감이 없지 않아 있다. 그러나 정상화가 반드시 필요한 일이라면 합작선의 설득을 계속 추진함으로써 양해를 얻도록 해야 할 것이다.

그리고 그것이 정상화의 길이라면 모르되 앞으로는 중화학공업의 어떤 업종은 세계 제10위 내로 부상시킨다든지와 같은 계획을 세우는 일은 하지 말았으면 한다. 우리 경제에 계속해서 무거운 짐을 주면서 어떤 업종이 세계 제10위 내로 되었다고 해서 무슨 의미가 있는 것인지 한번 묻지 않을 수 없기 때문이다. 수출을 확대하는 길의 하나로 주장되는 플랜트수출도 사실은 연불수출이기 때문에 막대한 자금지원을 필요로 한다.

그러기에 이제는 우리 경제도 허울 좋은 것보다는 실속을 차려 가도록 내실을 기해 갈 때가 되었다고 생각한다.

어떻든 현재로서는 장기적이고 정상적이며 종합적인 정상화방안을 마련하여(물론 이미 마련되어 있다면) 그것을 착실하게 계속적으로 추진해 가는 것만이 생각할 수 있는 가장 현명한 길이라는 것을 강조하지 않을 수 없다. 이때 수줄 정부의 수요장조·내수진작(농업 및 중소기업에 대한 투자증대를 통한)이 전제됨은 물론이고, 앞으로 또다시 전철을 밟지 말도록 해야 함도 재론을 요치 않을 것이다.

《월간조선》(1982. 6)

Change in the Global Economic Order and Challenges for the Korean Economy

1. Introduction

The global economy has changed dramatically over the two decades after the end of the Cold War. Emerging countries including China, India, and Brazil have made their presence felt in the global economy. They have greatly eroded the influence of advanced countries in the global economy and called for changes in the global economic order. The global financial crisis implies that there are serious underlying problems with economic liberalization and financial deregulation which advanced economies have advocated. Three years since the outbreak of the financial crisis, the advanced economies including the US and the EU have yet to escape from the aftermath of the crisis.

The current economic order, dominated by the western economies, is collapsing gradually, but seemingly without a new order to replace it. If history is any guide, the global economy usually experience great uncertainty during similar periods. This paper will talk about how to respond to this economic situation, and the challenges that Korea faces today, and the direction that Korea should head towards in the future.

Among the various tasks, this paper will suggest the three most important. First, it is important to manage key macroeconomic variables like inflation and finance in a stable manner. Second, it is critical to create decent jobs by responding to rapid changes in production and division of labor at the global level. Lastly, it is necessary to provide a new growth paradigm.

2. Changes in the Global Economic Order

A. Changes in the Global Economic Structure

First, after the WWⅡ, the global economy was dominated by the Group of seven countries, also known as the G7, led by the US under the so-called Bretton Woods system.

The characteristics of the system are a fixed exchange rate with the US dollar, trade liberalization and partial regulation on capital flows. While several characteristics of the early Bretton Woods system disappeared, as the international fixed exchange rates collapsed in the 1970s, capital liberalization rapidly advanced in the 1980s; and there were no fundamental changes in the dollar's status as the key currency. As the issuer of the world's key currency, the US was able to maintain its world economic hegemony despite losing ground somewhat. Under the US leadership, the G7 made important decisions like the 1985 Plaza Accord,

Table 1. Economic Share and Outlook of the Major Countries

(Unit: %)

	1990		2000		2010		2020	
1	US	26.39	US	30.73	US	23.13	China	19.08
2	Japan	13.84	Japan	14.49	China	9.32	US	16.63
3	Germany	7.86	Germany	5.90	Japan	8.72	Japan	5.82
4	France	5.71	UK	4.59	Germany	5.25	India	5.32
5	Italy	5.20	France	4.12	France	4.06	Brazil	3.91
6	UK	4.57	China	3.72	UK	3.56	Germany	3.84
7	Canada	2.67	Italy	3.41	Brazil	3.31	France	3.28
8	Russia	2.37	Canada	2.25	Italy	3.25	UK	3.27
9	Brazil	2.12	Brazil	2.00	India	2.74	Russia	3.08
10	China	1.64	Mexico	1.81	Canada	2.50	Italy	2.41
Emerging & Developing		–		21.05		35.02		50.53
G7		65.82		65.66		50.29		37.01

cf: 2020 is the outlook
Source: Bloomberg, Global Insight

which changed the global economic landscape.

Four changes, however, have begun to show in the existing order since the 1990s. First, emerging countries like China, India, Brazil and Russia achieved rapid economic advancement. These countries had economies of scale plus much resources, and began to pursue market economics in the 1990s, passing through a phase of economic restructuring. As a result, they recorded remarkably high economic growth rates after the 2000s. Between 2000 and 2010, their annual growth rates are: 10.3% in China, 7.3% in India, 3.7% in Brazil, and 5.3% in Russia. On contrary, the US recorded 1.9% annual growth and Japan posted 0.9% during the same period of time.

Global Insight predicts that high growth in the emerging countries will continue down the road. By 2020, China will account for 19% of the global economy, surpassing the US at 17%. The economic share of the G7, which is about half of the global economy at present, will shrink to approximately 37%, while emerging and developing countries will account for half of the world economy(⟨Table 1⟩).

Second, the European Union was launched. As of 2010, the EU, which was established in 1993, created the world's largest single economy, taking up 25.9% of the global economy(Eurostat). Even though the integration of the eurozone countries is in jeopardy after the global financial crisis, the emergence of a huge single economic bloc that can compete with the US can be regarded as a significant factor that changes the world economic order. In particular, the introduction of the euro in 1999 challenged the US dollar's status as a key currency(⟨Figure 1⟩).

Figure 1. Currency Composition Change in World Foreign Reserves

(Unit: %)

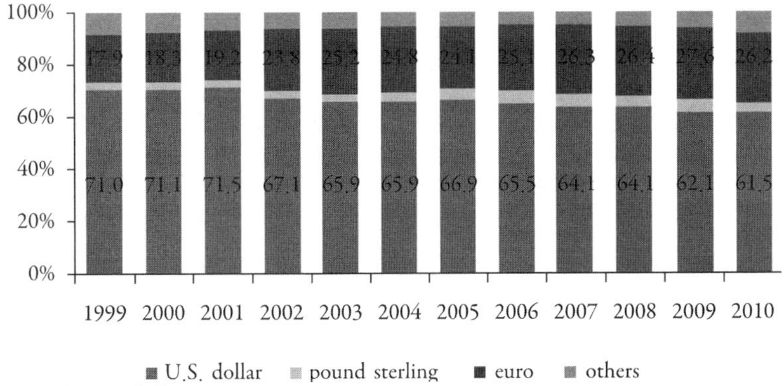

Source: IMF

Third, there was rapid advances toward globalization, which includes globalization of the financial sector. Globalization enabled better access to overseas production factors, and in particular, it facilitated the movement of capital. Free capital flows made global financial markets borderless, and made it difficult for each country to pursue independent monetary policy. A crisis in a country easily spreads into other countries. All of these undermine economic stability both in individual countries and entire regions.

Lastly, there is climate change. Countries around the world have already recognized since the 1980s that energy—guzzling growth models cannot be sustained both with respect to climate change and the environment. Sustained growth thus requires a new paradigm. Countries around the world also realized that it demands a concerted effort. And that is when negotiations over appropriate regulations and incentive mechanisms began, because it is necessary that the effort be mandated rather than remain voluntary. Governments recognized the need for global—level efforts for sustained growth in the UNCED[1] in 1992, and adopted the Kyoto Protocol in 1997.

B. Change in Global Economic Structure and Global Financial Crisis

There are various and complex causes for the global financial crisis that began in 2008, but another contributing factor is the change in the global economic structure. To begin with, the rapid economic growth

---

1) United Nations Conference on Environment and Development. The conference was also known as The Earth Summit and was held in Rio de Janeiro, Brazil.

among emerging economies triggered global imbalances. The US current account deficit increased from $398.3 billion in 2001 to $706.1 billion in 2008, and that was approximately 5% of its GDP. Meanwhile, China's current account surplus surged from $17.4 billion to $426.1 billion during the same period, which accounts for 9.8% of the GDP(⟨Table 2⟩).

The accumulation of the US current account deficit meant increased supply of dollars globally. The increased global liquidity caused property and asset bubbles, and the global financial crisis occurred when the bubble burst. In the end, severe global imbalance, caused by growth of emerging countries and excessive dollar liquidity were important underlying causes of the global financial crisis.

Table 2. Global Imbalance: China vs. US Current Account

(Unit: $ billion)

	2001	2002	2003	2004	2005	2006	2007	2008	2009	2010
China	17.4	35.4	45.9	68.7	160.8	253.3	371.8	426.1	297.1	306.2
US	−398.3	−459.1	−521.5	−631.1	−748.7	−803.5	−726.6	−706.1	−419.9	−470.9

Source: IMF, Statistics Korea

Meanwhile, deregulation in the financial sector continued and various financial products were promoted since the 1980s. And they directly led to troubles with subprime mortgage, which served as a starting point of the global financial crisis. After the 1980s, a globalized financial sector, an outstanding feature of globalization, facilitated the spread of the crisis across the world.

Figure 2. Economic Growth of Advanced and Emerging Economies
After the Global Financial Crisis.

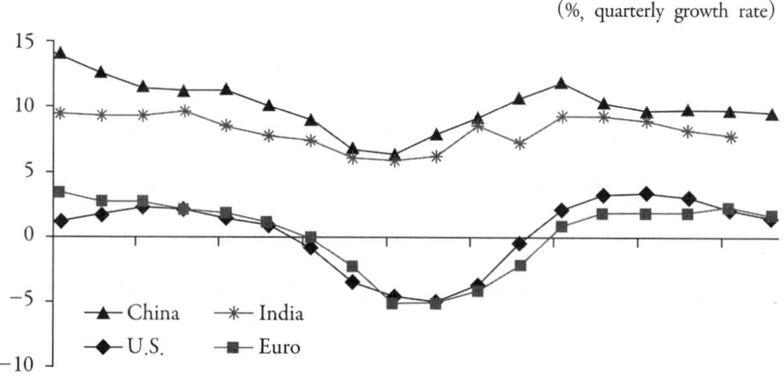

Source: Bloomberg

C. New Global Economic Order

Considering structural change in the global economy after the end of
the 1980s and the post-crisis economic situation, there are several things
that we can expect in the global economic order in the future.

First, with the growth of emerging economies and the integration of
Europe, the global economy will witness increasing multipolarity[2]—
meaning more than two dominant growth poles. The role of the US in
the world economy has long been declining and emerging economies
including China has been developing at a breakneck pace. Moreover, the
world is undergoing a two-speed economic recovery; advanced economies
are emerging slowly from the global financial crisis while emerging
countries are relatively buoyant. This will only make the world more

---

2) IBRD, *Global Development Horizon 2011*, xi.

Table 3. Multipolarity of the Global Economy
(Economic Size in the Region)

($ billion)

	2005	2006	2007	2008	2009	2010
ASEAN+3(Korea, China, and Japan)	8,537 (18.8%)	9,057 (18.4%)	10,107 (18.2%)	11,849 (19.4%)	12,289 (21.2%)	13,607 (21.6%)
US	12,638 (27.8%)	13,399 (27.3%)	14,078 (25.4%)	14,441 (23.6%)	14,256 (24.6%)	14,660 (23.3%)
EU	10,148 (22.3%)	10,740 (21.9%)	12,338 (22.3%)	13,635 (22.3%)	12,517 (21.6%)	16,263 (25.9%)
World	45,431 (100%)	49,155 (100%)	55,392 (100%)	61,221 (100%)	57,937 (100%)	62,909 (100%)

Source: IMF, World Economic Outlook Database.

multipolar. Together, the US and the EU are only recovering slowly but also are going through a fiscal crisis. In contrast, China showed a growth rate of over 9%, and other emerging economies recorded about 5% growth(⟨Figure 2⟩). The economic relations between China and its neighboring countries are becoming closer. ASEAN and East Asia will serve as one of dominant growth poles along with the West including the US and the EU. The Asian region accounts for 22% of the global economy and comes close to that of the EU at 26%(⟨Table 3⟩).

After the global financial crisis, there were significant changes in the global economic order and global governance. First, the G20[3], which includes a number of emerging economies, has emerged as a premier economic forum that replaced the role of the G7 in certain regard. In addition, quota of emerging economies in international economic

---

3) G20 includes the US, Japan, UK, France, Germany, Italy, Canada, Australia, South Africa, Brazil, Russia, India, China, Turkey, the UAE, Korea, Indonesia, Mexico, Argentina, and the EU.

organizations like the IMF and the World Bank has increased, corresponding to their economic leverage.[4]

Second, international cooperation will be more limited and the global economy is more likely to be unstable in a multipolar world[5]. Under such a regime, international coordination will not be effective if the G7 remains dominant, because the group of seven advanced countries now plays a smaller role in the global economy. While the G20 would have trouble in reaching a consensus, since there are more participants, so it will also take more time to draw a conclusion. Furthermore, China, India, Brazil and Russia, the participants of the G20 are at odds with the advanced countries politically, and militarily in some sense. Therefore, it is difficult to expect the level of international economic cooperation as much as in the past with the group of seven. Conflicts between the US and the emerging economies well illustrates the tension surrounding issues like addressing the current account imbalances and the quantitative easing policy in the US.

Third, various kinds of economic inequalities are highly likely to emerge as a serious problem both in the advanced and emerging economies. In the advanced economies, economic inequalities intensify

---

4) China's IMF quota increased to 4.00% (from 3.72%) following the adjustment in 2008. According to the 2010−additional reform plan, the number will go up to 6.39%. That means that China ranks 3rd (up from 6th) in terms of the IMF quota. India's quota also increased to 2.44% from 1.91%, and is expected to increase to 2.75% if the plan is affirmed

5) Kindleberger, Charles(1973), *The World Depression, 1929−39*. Economists like Kindleberger say when the global economy becomes unstable, the dominance of hegemonic powers get weaker and is multipolarized.

between classes, regions, or generations. For example, the Gini coefficient in the US was 0.40 in the beginning of 1980s, but the number increased to 0.47. There are three root causes of income inequality: technical advances such as IT, globalization, and demographic changes as in an aging society. Among these, technical advances and aging population are expected to continue for the time being.

All in all, the global economic order is shifting from one dominated by the US to a multi-polar world. But the grounds for a new global economic order that correspond to such change has not yet been laid.

3. Unstable Global Financial Market and Macroeconomic Stability

The global economy is increasingly unstable as the global economic order undergoes a general shift. In particular, the global economy does not have an international mechanism to regulate and supervise the unstable, cross-border capital flow. So there is a high chance of increased instability in the global financial market. The Southern European crisis since 2010 and credit downgrades in the US and Japan give support to such concerns.

Even though the global economy is going through a prolonged recession in the wake of the global financial crisis, it has yet to find a solution for earnest economic recovery. Advanced economies including the US implemented expansionary fiscal and monetary policies to boost the economy, but it undermined the fiscal soundness of the economies.

Moreover, excessive rise in liquidity has led to concerns over possibility of global inflation. In a situation where the global economy is increasingly unstable, a country needs a sound macroeconomic fundamental to achieve stable growth and to respond properly to uncertainties.

A. The instability of the Global Economy

There are many factors related to stability in the global economy, but inflation, fiscal and foreign exchange market are matters of the grave importance. These factors threaten to destabilize the global economic order during the shift.

First, inflation is taking place worldwide. Rapid economic growth of emerging economies including China drove the demand of oil and commodities up, which triggered global inflation, caused by the increase in costs. In addition, the weak dollar and increased dollar liquidity, the byproduct of shifts in the global economic order, are also factors in international inflation. Of greater interest is the fact that inflation factors such as from China, are spreading across the world. Based on low labor costs, China engaged in massive exporting of low cost products, and contributed to hedging against increasing prices. But recently, increases in wages and asset prices, along with currency depreciation, drove exporting production prices up, and inflation is spreading into other countries through trading. The inflation factors, mentioned above, are related to the change in the global economic structure, and is expected to linger for a while.

Second, the risk of fiscal crisis is spreading across the world. Major advanced economies have tried to stimulate their economies through government spending in the process of overcoming the financial crisis. However, this led to a fiscal situation verging on insolvency. In particular, countries like Greece, Ireland, Portugal in the Eurozone accumulated excessive government debts, and applied for a bailout package. Recently, the problem emerged in the form of severe fiscal problems in Italy and Spain. Additionally, the credit downgrades in the US and Japan is causing concerns for fiscal soundness in the international community. Fiscal crisis increases the possibility that the global economy will be thrown into turmoil.

Third, the foreign exchange market is increasingly volatile. As the global financial market fluctuates, the emerging economies face increasing volatility in the foreign exchange market, caused by massive influx and outflows of capital. Increasing volatility creates many problems such as creation of bubbles in financial and asset markets, undermining of FX soundness, causing troubles with government policy implementation in the global financial market, and increasing uncertainty across the economy.

B. Policy Response in Korea

One of the important tasks that the Korean policymakers should always keep in mind is maintaining stability, with respect to the financial market and Korea's macroeconomic situation. It will not only prevent unstable financial factors from occurring in the domestic market, but also stop the shock from spreading to the Korean market or at least minimize the impact when instability occurs overseas.

1. Price Stability

The Korean economy faces simultaneous challenges of responding to global inflation and absorbing the shocks. This year, Korean consumer price index exceeded 4% for seven consecutive months year on year, exceeding the central bank's target of 2~4%. Such inflation was caused by the rapid economic growth of the emerging economies, weak dollar and excessive liquidity, but one important contributing factor is the inflation triggered by China. China's share in total Korean imports increased from 7.9% in 2000, to 16.8% in 2010(KITA, KOSIS).

After 2009, Chinese production indices have increases in line with the Korean Import inflation figures(⟨Figure 3⟩), demonstrating that Chinese

Figure 3. Chinese Producer Index and Korean Import Inflation

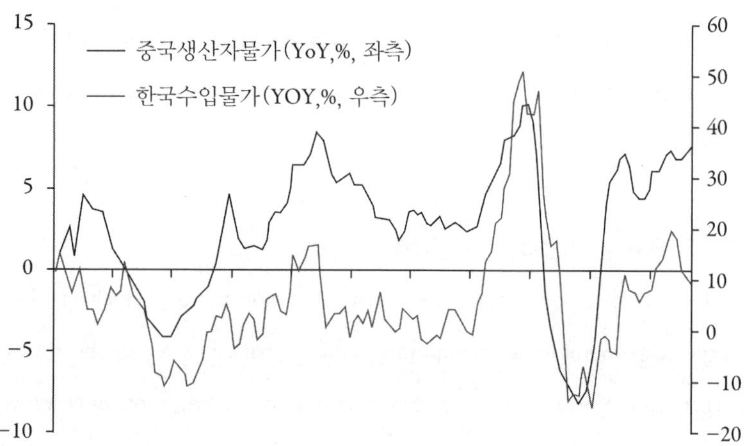

Source: Bloomberg

inflation is indeed triggering inflation in Korea.

Therefore, it is necessary to understand shifting structural factors of the global inflation, to formulate measures for a preemptive response. In particular, microeconomic policy alternatives and macroeconomic contingency plans are needed as soon as signs of inflation are spotted, in order to keep inflation under control.

2. The Pursuit of Fiscal Soundness

Considering Korea's present economic situation, fiscal soundness does not appear to be guaranteed. As ⟨Figure 4⟩ shows, Korea's national debt accounts for 33.5% of its GDP as of 2010, which is good compared to the OECD average. But there is a concern that fiscal soundness could be undermined by factors like rapid aging of the population, low birth rates, expansion of the welfare system, and increases in government-owned

Figure 4. Debt Conditions of the Major Economies

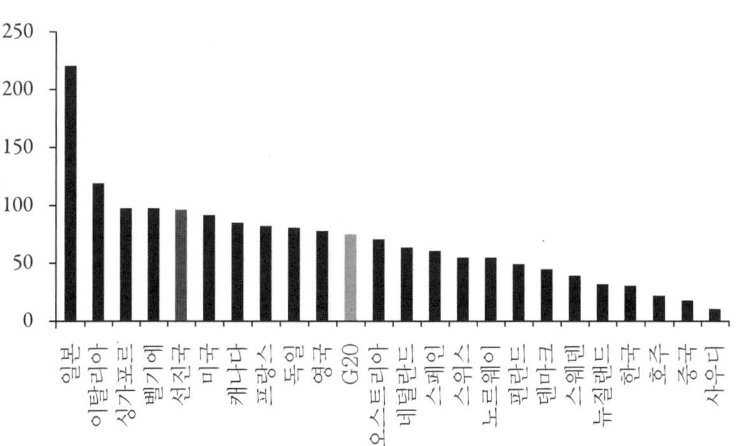

cf) as of 2010, percent compared to GDP; Sources: IMF

companies. Therefore, sustained fiscal soundness requires effective and specific measures to prevent fiscal crisis from occurring when the fiscal condition is sound.

To begin with, tax revenues should be expanded. Tax cuts should be examined very intensely to determine whether they would undermine fiscal soundness. Various measures aimed at cutting taxes need to be scrutinized as to their effectiveness, and it is desirable to reduce the tax burden gradually instead of quickly. When it comes to tax spending, massive national projects should never be politically motivated. To that end, the role of civil society, including the active Manifesto movement examining political feasibility, should be emphasized. In addition, the burden currently borne by public enterprises should not be passed over, to avoid undermining fiscal balance. Even though debts of state-owned companies are national debts in a broader sense, they are more dangerous in a sense that looser regulations are applied compared to other government debts.

3. Foreign Exchange Market's Stability

During the last global financial crisis, the Korean foreign exchange and capital market showed a high level of volatility. In the beginning of 2008, the Korean Won was traded at about 900 against one US dollar. By the end of 2008, the Korean won-US dollar exchange rate had increased from around the 900 to 1,500 won, more than 60% in 11 months. And within one month, the rate has gone down to 1,200 won and within the

Figure 5. Korea Won/US dollar exchange rate

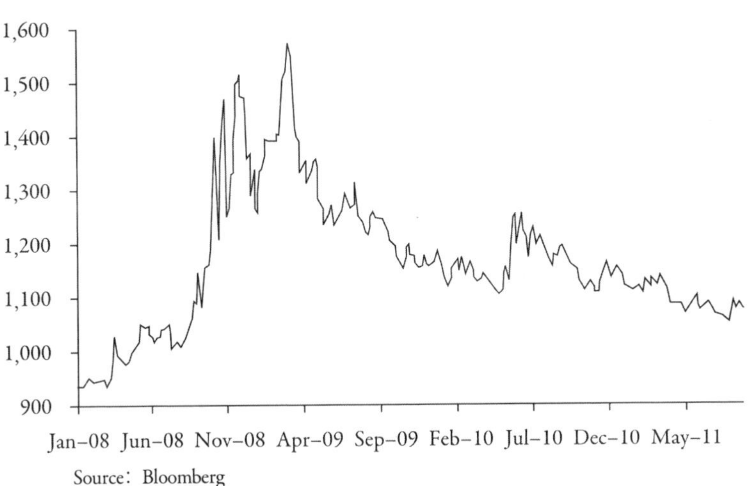

Source: Bloomberg

next 3 months, it has gone back up to 1,500 won(⟨Figure 5⟩). The same was true for the stock market. CDS premium, which reflects the cost of insuring Korea's sovereign debt against default, climbed to 670bp in October in 2008 from 10bp[6] before the global financial crisis(⟨Figure 6⟩). The number is very high even when compared to emerging economies. The reason behind this high volatility is that the Korean financial market is open and liberalized, making in and outflow of foreign capital relatively easy.

An appropriate level of regulation and supervision on capital movements along with maintaining macroeconomic prudential fundamental is necessary in order to control volatility in the capital and exchange markets. Along with a traditional microeconomic supervision

---

6) CDS stands for Credit Default Swap, and bp represents basis point, and means 1/100%.

Figure 6. Korea's CDS Premium

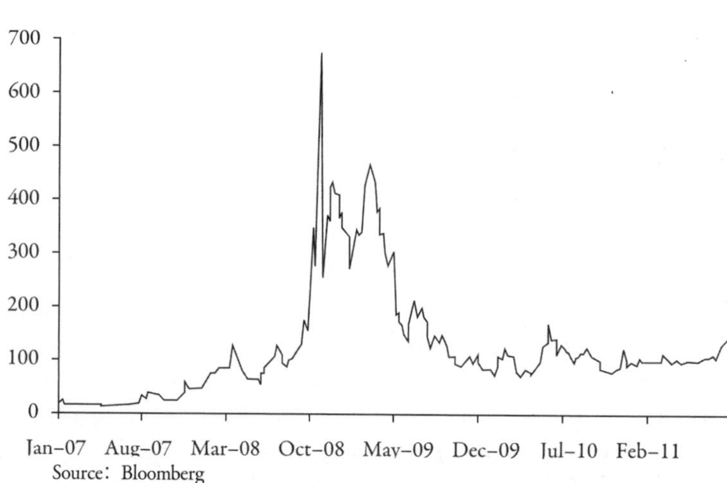

Source: Bloomberg

that monitors and oversees the fiscal soundness of each individual financial institution or market player, macroeconomic soundness supervision that prevents risks from spreading to the entire financial system needs to be strengthened. The advances in financial engineering and innovation increase the possibility that a risk in one financial institution will spread to the entire financial system. In addition, the recent problems including savings banks insolvency illustrate that Korean financial supervision is very weak, and there is a high likelihood of moral hazard in the supervision process because of conflict of various interests. So the entire system of financial supervision needs to be reviewed thoroughly.

Korea has hitherto taken various measures to control massive inflow of foreign capital, and lower the possibility of rapid outflow of capital. The measures include controlling the use of loans in foreign currency, reducing the limit of forward exchange position(40% of its equity for domestic banks, and 200% for foreign bank branches), and abolition of tax exemption for bond investments by foreigners.

Measures are also needed to reduce rapid volatility caused by foreign investment and to increase the share of domestic long-term investors in the stock and bond markets in the future. And in order to manage external financial shocks, it is important to manage the current account balance appropriately, so short—term foreign debt rate does not reach a dangerous level in terms of the foreign debt ratio to GDP or total debt liability

4. Changing International Division of Labor and Job Creation

One of the important challenges that the Korean economy is facing is the creation of decent jobs. Though there are various definitions as to what a 'decent' job is, but in general, decent jobs are taken to mean regular, full-time jobs rather than intermittent, irregular work; and middle and high income jobs rather than low income ones. Also, decent jobs can be defined as work with appropriate level of compensation and job security.[7]

Recently, as many young people are unable to find jobs after

---

7) According to the ILO's definition, decent jobs are productive work under the condition that guarantees freedom, equity, security and human dignity. But the definition is vague, and difficult to apply, so the ILO's definition was not used in this paper.

graduation from college, they often postpone their graduation because they are afraid of being unemployed after college. As of 2010, the total unemployment rate is 3.7%, while the same figure among the younger population has reached 8.0%. On the other hand, even if one can land a job, the positions are, in many cases, irregular jobs, mostly temporary or part-time work.[8] The phenomenon highlights the difficulty of gaining employment in Korea. At this moment, the global economic structure is shifting, in particular the international structure in production and division of labor. This paper will talk about how Korea can generate the so-called decent jobs. In particular, it will focus on how to take advantage of China, which is emerging as the world's economic powerhouse.

A. Job Creation that Uses China's Emergence

1. Opportunities and Threats that China brings

Geographically, Korea is located very close to China, and reaped huge benefits from China's economic emergence. China became the workshop of the world, which helped economic growth in Korea. Korea was able to increase exports of intermediate and capital goods(production goods) to China amid new international division of industries in North-east Asia.

Korean export volume to China jumped to $116.8 billion in 2010, accounting for 25.1% of the entire export of Korea from $2.65 billion in 1992 when the two countries established diplomatic ties(〈Table 4-1〉). If

---

8) As of March 2011, 33.8% of total wage workers are classified as irregular workers(The Ministry of Strategy and Finance, Aug. 2011).

Table 4-1. Trade between Korea and China

(Unit: $ 100 million)

	1992	1995	1998	2001	2004	2007	2010
export	26.5	91.4	119.4	181.9	497.6	819.8	1,168.3
import	37.2	74.0	64.8	133.0	295.8	630.3	715.7
trade balance	−10.7	17.4	54.6	48.9	201.8	189.6	452.6

Source: KITA, KOSIS

Table 4-2. Share of Export Items to China

(Unit : %)

year	total	mineral product	chemical, plastic, robber, and leather product	textile	steel metal product	machinery	electronics and electric product	others
1992	100.0	3.1	29.7	17.4	32.5	7.0	7.9	2.3
1995	100.0	5.1	35.9	20.4	10.3	13.4	10.2	4.7
1998	100.0	9.6	34.5	16.9	12.4	9.1	13.3	4.2
2001	100.0	9.3	30.9	13.1	10.1	9.4	23.4	3.7
2004	100.0	5.6	22.0	5.6	10.6	17.5	36.8	2.1
2007	100.0	6.6	22.0	3.4	8.1	15.9	42.5	1.6
2010	100.0	6.1	19.9	2.3	6.6	16.4	47.3	1.2

Source: KITA, KOSIS

the 5.4% of Korea's exports to Hong Kong is added to the 25.1% for China, the number reaches 30.5%, greater than the volume of export to the US(10.7%), Japan(6.0%), and the EU(11.5%) in combined.

Increase in exports to China would create jobs not only for export businesses but also for domestic parts/materials(intermediate goods) suppliers, and distributors. As 〈Table 4-2〉 shows, heavy chemical products, such as electronics, chemicals, machinery; represent a large portion of exports to China. These happen to be fields known to create decent jobs with a greater share of regular, and middle/high income positions.

Meanwhile, Korea's foreign direct investment or FDI to China increased significantly from $760 million in 2000, to $5.3 billion in 2007(⟨Figure 7⟩). Some worry about the increase in FDI, because it may lead to reduction in domestic investment and jobs. But creation of viable jobs in China for Korean with FDI should be always taken into consideration. In particular, the jobs are largely value-added high quality jobs.

Figure 7. The Amount of FDI to China

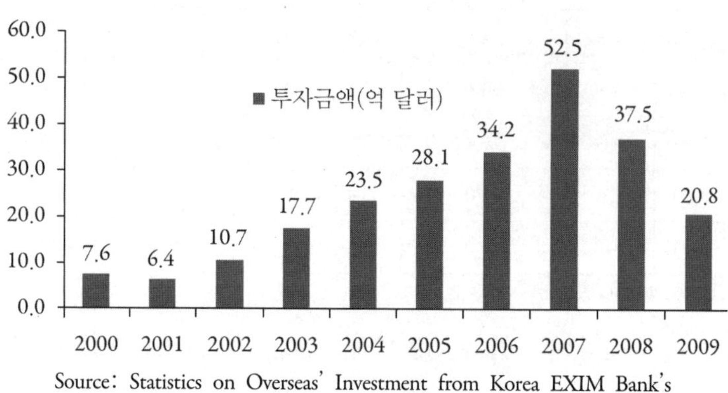

Source: Statistics on Overseas' Investment from Korea EXIM Bank's

As shown in ⟨Table 5⟩, there are more than 20,000 Korean companies in China. According to a survey by KIEP in 2007, each local subsidiary hires an average of five Koreans in China. In a nutshell, the Korean FDI to China results in more than 100,000 new jobs for Koreans. While most of the jobs in Korea that have been eliminated were mainly simple repetitive work in the labor-intensive industry, new jobs created in China for Koreans are mostly value-added managerial positions. So the increase in Korean FDI to China actually promotes creations of 'decent' jobs.

Table 5. FDI to China (As of June, 2011)

	the number of local subsidiaries (unit)	share (%)	investment amount ($ million)	share (%)
Total	21,435	100.0	33,699	100.0
agriculture, forestry, and fishing	292	1.4	120	0.4
mining	93	0.4	248	0.7
manufacturing	15,745	73.5	26,333	78.1
service (service industry)	5,305	24.7	6,998	20.8

Source: Statistics on Overseas' Investment from the Korea EXIM Bank

As such, it is true that Korea took advantage of the emergence of China and created decent jobs, but it cannot be said that the situation will continue. Both opportunities and threats co-exist. Along with China's emergence as the world's factory, another opportunity has been presented by the rapid expansion of its domestic market. China, with a population of 1.3 billion, already became the number one market for major goods and services. In 2009, 13.64 million cars were sold, 747.38 million cell phones are in use, and 380 million people use the internet. In particular, after the global financial crisis, the Chinese market is becoming all the more important. In 2008, China contributes 22% to global economic growth, and it is projected to rise to 50% during the crisis between 2009 and 2011(*The Economist*, April 22, 2010).

The increasing sophistication of the Chinese industrial structure is yet another threat. Korea's exporting structure regarding China is heavy on production goods for China's export industry, but such a structure is coming up against its limits. After the 2000s, China is pursuing a production scheme with focus on heavy and chemical industries. China is currently placing greater emphasis on heavy chemical industries including electronics, automobiles, steel, petrochemicals, and shipbuilding, which overlap with Korea's main export industries. As China's industrial structure progresses to an advanced state, its intermediate goods sector, which had so far depended on Korea, is more likely to substitute current imports. The possibility that Korea will come into conflict with Chinese goods not only in the Chinese market but also in the global market is growing.

2. Direction of Korea's Response

For the Korean economy to create more regular jobs, it needs to fully tap into opportunities provided by the Chinese market expansion and respond well to threats from the latter's industrial sophistication.

To begin with, the key to trade strategy with China is that Korea needs to take greater advantage of the growth of the domestic market in China than other competitors, if it is to generate more jobs. To that end, it requires a change in the export structure, to one that would directly target the Chinese domestic market's growth. Many advanced economies are already utilizing China not only as a processing base but also for its domestic market. In 2008, among major economies' trade with China, general products for domestic demand account for an average of 50%. Korea's figure is only 31.4%, while the number is 41% for Japan, and 58% for the US, and 68% for Germany. The more advanced the economy is, the better use they make of China's domestic market.

Within China's domestic market, the market for production goods are of greater significance than consumption goods. That is because, China is not a consumption goods importing country, nor is Korea a consumption goods exporter. In fact, in 2008, among Chinese imports, final consumption goods accounted for a mere 3.6%. And, Korea's final consumption goods export share with China is only 3.4%. Therefore, Korea needs to make inroads into the Chinese domestic market in production goods, where Korea already has a competitive edge. It is necessary to expand exports to the production goods market, demand for which is increasing.

Meanwhile, it is also necessary to pay attention to the service market. In 2008, the pattern of consumption among Chinese households in urban areas shows that 56.5% consist of basic consumption including food, clothing and shelter; 33.9% is for services like transportation, communications, entertainment, culture and medical care, and 6.0% is for other consumption including durable consumption goods like home facility goods(National Bureau of Statistics of China, 2009). Therefore, it is required to take an aggressive approach to the Chinese service market, in particular the consumption service market.

Both internal and external preparations are required, on Korea's part, to respond to the threat posed by the advancement of China's industrial structure. Internally, the Korean industries' competitive advantages should be maintained vis—a—vis China through continued technological advances in the major industries. By doing so, Korea will be able to sustain its status as a country with sophisticated technology in the international division of labor in Northeast Asia. At the same time externally, Korea needs to become one of the key players in Chinese heavy chemical industrialization through massive investments; just as Korea did in its export-driven growth process in coastal areas after the 1990s. Some Korean conglomerates should play a significant role in advancing China's heavy chemical industrialization through local investment in fields like electronics, automobile, petrochemical, steel, and shipbuilding. All in all, it is important to understand the changes in China, which will drive the change in the global economy, and to change the Korean economy's export structure to make tapping into the Chinese emergence easier. This constitutes a more effective way to create a greater number of decent jobs. But, the current Chinese industrial structure is rapidly changing in a direction of greater competition with that of Korea. If the Korean economy fails to respond to these changes, a decade long effort can turn out to have been in vain. Above all, the Korean exporting structure, needs to shift from supplying intermediate goods toward provision of production goods for the Chinese domestic market.

B. Advancement of Service Sector and More

Employment in producer services and social services industry accounts for 20.5% and 24.0%, respectively(〈Table 6〉). Wholesale and retails, which are part of distribution services, take up 21.1%; accommodations

Table 6. The Number of Employment of Each Service Industry

(Unit : person, %)

classification		2007	share	2009	share
total service sector		11,572,376	100.0	12,474,426	100.0
distribution service	wholesale and retail	2,515,629	21.7	2,626,339	21.1
	transportation and communication	1,297,529	11.2	1,401940	11.2
consumer service	accommodation and restaurant	1,716,607	14.8	1,757,715	14.1
	personal service	1,093,662	9.4	1,149,232	9.2
producer service	finance and insurance	638,528	5.5	682,428	5.5
	real estate and technology service	1,650,731	14.3	1,867,000	15.0
social service	educational service	1,292,672	11.2	1,358,311	10.9
	administration and health care	1,367,018	11.8	1,631,461	13.1

Source: Bank of Korea, Economic Statistics System

and food business, which are part of consumer services, accounted for 14.1% in 2009. These figures can be considered as relatively low, especially when compared to the OECD countries(OECD STAN Database).

These figures need to be increased, which means that the service industry needs to be nurtured and advanced. It also means that more jobs will be created in this sector. Promoting the service industry is an important way to create jobs in the sector, which justifies policies toward the advancement of the service industry as a viable option for creating new jobs.

Moreover, another job creation strategy is to shift growth paradigm toward inclusive growth, and maintain sustainable growth. In November

2009, Summits of the APEC announced the Singapore Development to seek a growth paradigm after the global financial crisis. The declaration advocates inclusive growth as one of the new paradigms, and one of the major agendas is job creation. In other words, it calls for job creation through inclusive growth as a new paradigm.

In addition, the advancement of the environmental industry helps generate jobs. Projects related to pollution control, renewable energies and energy saving are to be promoted, to show that the pursuit of sustainable growth can be helpful in creating jobs.[9]

5. Growing Inequality and Growth Paradigm

A. Economic Inequality and Inclusive Growth

The 1997 economic crisis has played a critical role in changing the income distribution structure in the Korean economy. Increased poverty and inequality might have been inevitable because unemployment rates rise during an economic crisis. The real problem lies in the fact that poverty and inequality have not yet returned to pre-crisis levels even after the GNI per capita has, which shows up clearly in ⟨Figure 8(a)⟩.

Korea's real per capita GNI fell to around $7,600 in 1998, but has recovered to a pre-crisis level, or $11,300 in 2000, and has since increased steadily until the 2008 global financial crisis. But the Gini coefficient has increased from 0.279 in 1997 to 0.296 in 1998, and

---

9) Inclusive growth and sustainable growth will be further discussed in the next chapter.

Figure 8. Changes in the Korean Economy's Growth, Inequality, and Poverty

(a) Economic Growth and Inequality

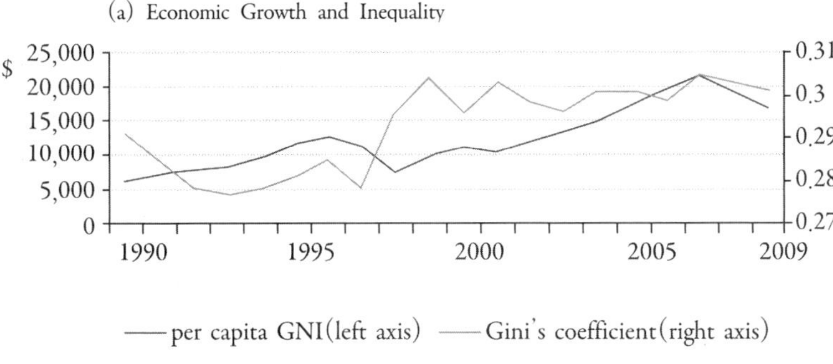

(b) Economic Growth and Poverty

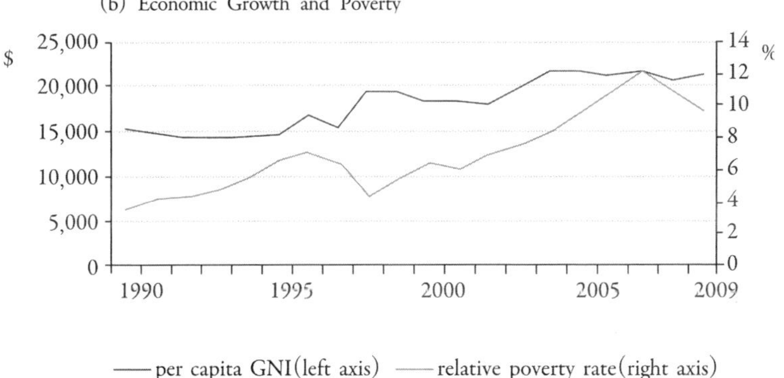

Data: Statistics Korea, KOSIS, and 〈Urban Family Income and Expenditure Survey〉 raw data
Cf: Gini coefficients and relative poverty rates were calculated based on the market income of urban working families of two or more.

remained at high levels ever since.

A more serious problem is that it is difficult to anticipate poverty and inequality to decline even as the economy grows. As 〈Figure 8(b)〉 shows, economic growth and poverty moved in opposite directions before 1998, meaning relative poverty rates dropped as income levels grew. After 1998, by contrast, relative poverty rates increased even as the economy grew, rather than decreasing.

Table 7. Real Market Income Growth Rates of
20 Urban Household Income Brackets by Period

(Unit: %)

Period Bracket	1996~1999	1999~2003	2003~2008
1	−11.0	3.3	2.4
2	−5.9	4.2	0.9
3	−4.6	4.6	1.6
4	−4.1	4.9	1.7
5	−3.8	5.5	1.4
6	−3.8	5.7	1.6
7	−3.6	5.4	2.0
8	−3.5	5.3	2.2
9	−3.5	5.2	2.2
10	−3.4	5.0	2.3
11	−3.1	4.8	2.4
12	−2.9	4.7	2.6
13	−2.9	4.6	2.6
14	−2.8	4.7	2.4
15	−2.8	4.7	2.5
16	−2.6	4.6	2.5
17	−2.6	4.6	2.8
18	−2.4	4.5	2.7
19	−2.2	4.5	2.6
20	−0.5	3.9	3.1
Average	−2.8	4.7	2.4

Data: Cited from p.196, 《Global Economic Crisis and Seeking a New Economic Paradigm》, Seoul Institute of Economic and Social Studies(2010).

This trend is shown more specifically in 〈Table 7〉 which compares real income growth rates by income bracket from 1996 to 2008. After 2003, income growth rates of low income brackets are lower than the average, while those of high income brackets exceed it. Furthermore, real income in the four lowest income brackets have not recovered to pre-crisis levels for 10 years following the crisis. Although the economy is growing and the average household income is rising, most of the benefits are shared only among higher income classes while income among low income brackets remained stagnant or grew very slowly; manifesting in the wide income gap problem the Korean economy is currently suffering from.

Korea is not the only country where economic growth has failed to improve distribution. Among OECD countries, there are more countries which did NOT see a decline in poverty and inequality after the mid 1980's than ones which did. Although all countries experienced economic growth during the period, distribution has been growing worse. Reasons behind such trends are not to be limited to globalization or changes in the technological structure mentioned above, but also demographic changes related to aging populations. Another contributing factor is an increase in the share of single-person households due to changing family structures. But the biggest reasons behind the worsening distribution structure may be found in the wide gap between large conglomerates and SMEs, and changes in the labor market.

As ⟨Figure 9⟩ illustrates, the wage gap between large companies and SMEs, which decreased in the early 1990's, widened consistently afterwards. The relative wage gap grew more sharply especially after 2005. The gap may be attributed to the performance gap such as differences in profits that come from differences in corporate sizes. However, the problem is that although business performance of large conglomerates is based upon collaboration with SMEs, the resulting benefits are not shared. Thus, unequal relationships between SMEs and large companies

Figure 9. Changes in Wage Differential between SMEs and Large Conglomerates

(Unit: 10,000 Korean won/month, %)

———monthly wage differential(left axis)

———wage differential rate(right axis)

Cf: The wage differential rate is the ratio of large conglomerates' average wage to SMEs' average wage (Data: Statistics Korea, KOSIS)

are contributing to widening disparities in distribution of earned income.

Another factor behind the increased inequality is the rising share of so -called irregular workers in the labor market which has become more flexible, and the widened wage differential between regular and irregular workers. The number of irregular workers have increased constantly to reach approximately $5.5 million as of March 2010, with average wages less than half that of regular workers.

The fact that growth and inequality increased at the same time means that a fundamental change is needed in the existing growth paradigm. The focus of the new paradigm must be shifted to inclusive growth, meaning economic growth that benefit all people who contributed[10]. In

---

10) Refer to E. Ianchovichina and S. Lundstrom, "What is Inclusive Growth?", February 10, 2009, p. 1. President Hu Jintao of China advocated inclusive growth

other words, it is growth that goes hand in hand with better distribution or where growth and distribution complement one another.

A noteworthy event regarding inclusive growth took place during the 2009 APEC Leaders' Declaration in Singapore[11], through which the leaders promoted inclusive growth, as follows:

"Support and develop SMEs. Put job creation at the heart of economic strategy. Facilitate retraining, upgrading of skills, and mobility of workers so that they can secure jobs, especially in new and growing industries. Enhance women's access to education, training, financing, technology, and infrastructure. Continue outreach to women entrepreneurs. Improve outcomes in education and skills-training. Develop social safety nets."

This shows the Singapore Declaration's emphasis on SMEs development, job creation, and social safety nets. Based on the declaration, the conventional growth paradigm needs to be changed toward inclusive growth, with focus on promoting manufacturing industries, job creation, and developing social safety nets.

In terms of developing SMEs, the primary focus should be on fostering small and medium sized manufactures, which can absorb a great deal of

---

at the Fifth APEC Human Resources Development Ministerial Meeting on 16 Sep. 2010. He stressed 1) economic growth based on the growth of as many people as possible 2) solving unemployment issues through human resource development 3) equal opportunities (equality in rights, rules, and distribution) as elements of inclusive growth.

11) APEC, 2009 Leaders' Declaration(Singapore), 14–15 Nov. 2009.

labor, accompanied by further strengthening of social safety nets. Korea's social safety net has a three-level structure[12]. In reinforcing social safety nets, a transfer of costs of meeting basic needs from individual citizens to society may well be sought, considering that a large percentage of the people face the possibility of falling into poverty. Also worth considering are reduction of the burden of education, medical, and housing expenses for households; as well as expanding public services to include the middle class.

B. Climate Change and Sustainable Growth

1. Climate Change's Economic Significance

According to the final report of the 1987 World Summit on Sustainable Development(WSSD)[13] or the 1992 United Nations Conference on Environment and Development, sustainable growth refers to economic growth (development) which can be sustained without causing an extreme depletion of natural resources or environmental destruction.

According to the OECD's definition, green growth means achieving

---

12) The first safety net includes social insurance systems for the general public (public pension, medical insurance, industrial accident insurance, and employment insurance); the second type of safety net consists of the basic livelihood security and public works (as supplementary measures), which altogether are public assistance for low-income families who require more protection than is provided by the first; the third safety net are various emergency aid systems which provide those who experienced accidents with a minimum level of support for livelihood and health.

13) Also referred to as the 'Brundland Report,' because the chair of the Commission was Gro Harlem Brundland, the female Prime Minister of Norway.

economic growth while ensuring that natural assets will continue to provide resources and environmental services for subsequent generations.

After 1987, the Intergovernmental Panel on Climate Change(IPCC) was launched as an official body of the UN in 1988, and the UNFCCC[14] was adopted at the 1992 UNCED.

Meanwhile, since the mid 2000's, the international community has been discussing the global climate change regime that will succeed the Kyoto Protocol. A major issue in the debate was whether to impose reduction targets on developing countries or not. Another issue has been how to support developing nations if they were to be given reduction obligations. The international community set a target of concluding the deal by 2009, but it has yet to be concluded because of opposition from China and Brazil, and lack of drive on the part of leading countries such as the US and EU.

Climate change is an issue of much consequence. First, it can cause tremendous changes in the structure of the energy supply network. Carbon dioxide, the most prominent greenhouse gas, is emitted while burning fossil fuels. Thus it is impossible to make substantial cuts in greenhouse gas emissions unless new energy sources are developed to replace the said fuels. Second, it may result in massive changes in the industrial structure. New energy, technologies, and products will be developed to reduce greenhouse gas emissions, and this will cause some industries to grow and others to decline. Third, it can become an

---

14) UN Framework Convention on Climate Change.

important variable which will affect global competitiveness. Fourth, it is intimately related to inequality issues. There is a high possibility that the carbon tax and emission trading system will work to the disadvantage of the economically vulnerable. This shows that though climate change itself is not an economic issue, it is closely related to economics.

The Singapore Declaration stated that climate change, which is the outcome of human activities, is one of the greatest challenges facing the global community, and that responding to it through moving onto the green economy will also present an opportunity. And according to the UNEP[15], green economy (or green growth) is an approach to achieve sustainable growth. Therefore, sustainable growth can be accomplished by addressing climate change through green growth.

The Singapore Declaration looks specifically at the ways of coping with climate change, which includes the following ideas.

"Confront climate change. Cut greenhouse gas emissions. Reduce energy intensity. Implement the APEC EGS[16] Work Program. Acknowledge the role of oceans in tempering climate change. Take measures to facilitate the spread of climate-friendly technologies. Recognize the role of renewable energy sources in cutting emissions and encourage the their development."

In this regard, the declaration requires special attention to the

---

15) The United Nations Environment Program which was founded as a result of the United Nations Conference on the Human Environment in Stockholm, 1972.
16) Environmental Goods and Services

worldwide effort to achieve sustainable growth.

2. Korea's Response

In 2008, the Korean government has presented Low Carbon Green Growth as a new vision in 2008. In line with this effort, in July 2011, a 30% cut in greenhouse gas emissions from its BAU level was set up as a target(〈Figure 10〉). Meeting it meant specific reduction targets for different sectors and businesses, and separate targets were set for 471 companies that emit more than a certain level of greenhouse gas.[17]

It is highly encouraging that the government is taking the initiative in setting emission targets. However, Korea still faces a number of challenges in building a low carbon society.

First, the Korean government's green growth policies hardly advances green growth in a true sense. Some of the policies do promote growth along with carbon reductions, but traditional public works like the Four Rivers Restoration Project, which does not enhance low carbon green growth in any way, constitutes a major part. Second, incentive systems which encourage various economic players, such as households and companies, to cut greenhouse gas emissions need to be introduced systematically. Though the government set the reduction target, but an effective system to provide incentive for individual economic players to help meet the target has yet to be established. It will be impossible to

---

17) The Presidential Committee on Green Growth(PCGG) was founded in Feb. 2009. As the First Basic Plan for Sustainable Development (2006−2010) expired, the Second Basic Plan for Sustainable Development (2011−2015) was established in Aug. 2011. The plan has four areas, 25 action plans, and 84 sub-action plans.

Figure 10. GHG Emissions Reduction Targets for 2020

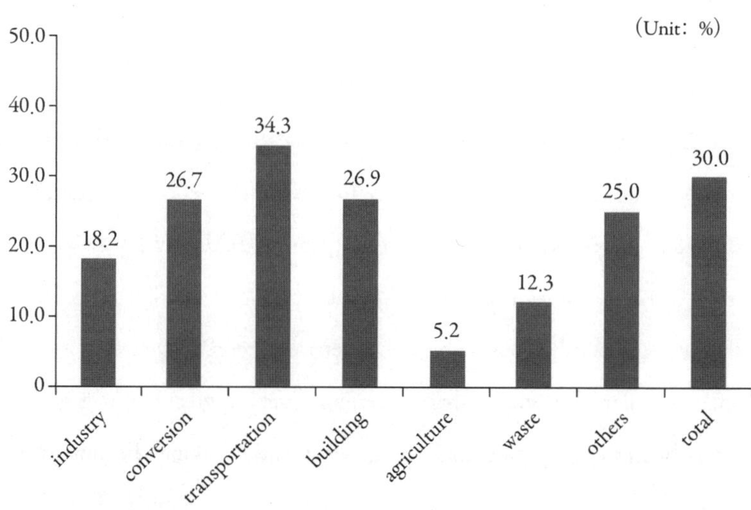

Data: Ministry of Environment

achieve the goal without creating such incentives. Third, an increase in energy prices will be unavoidable, given the possible changes in future global energy supplies and Korea's greenhouse gas emissions target. Thus, a systematic scheme is needed to buffer the shock on working families.

In the Singapore Declaration, APEC leaders have maintained that economic growth in their regions is consistent with sustainable growth; a point worth noting for future policy.

6. Conclusion

Over the past two decades, the global economy has gone through dramatic changes. Socialist regimes have collapsed, globalization emerged, and economic liberalization including deregulation have gained momentum. And on the other hand, the existing global economic order led by the US is losing its influence gradually. But the new global economic order adjusted to and for resolving newly developing issues has not yet emerged. Therefore, instability in the global economy is likely to increase. The global financial crisis that began in 2008 has yet to be fully addressed, and the European fiscal crisis and economic instability in the US continue. All of these seem to be related somewhat to the volatility in the global economic order.

Under such circumstances, the economic stability is high on the Korean government's list of national agendas. The Korean economy is vulnerable to external economic shock in terms of its structure, and that is why the government needs to, at least, thoroughly manage potential internal causes of instability, so that response measures can minimize external shocks. In the long term, controlling inflation is very important in order to minimize the effect from price increases in commodities and inflation in China. In addition, the international financial market is highly volatile, necessitating a thorough monitoring of the FX market and strengthening of regulations for achieving macroeconomic soundness. If necessary, capital flows need to be controlled appropriately.

On the other hand, technological advancement and globalization intensify economic inequality, which in turn undermines social integration and can become an obstacle to economic growth in the long run. In order to address inequality, diverse economic players need to contribute to economic growth, and the economic paradigm needs to shift toward inclusive growth so that a maximum number of people may benefit. The Korean economy is excessively dependent on exports and conglomerates for growth. Creating an environment where SMEs can grow and ventures can readily establish businesses is most important. And the most urgent issue is to nurture growth potential while responding to climate change as well.

In the end, we reiterate that at a time when global economic uncertainty is increasing, the most important values that needs to be upheld in the Korean economy is stability, inclusiveness and sustainability.

'제38회 대한민국학술원 국제학술대회 기조발표'(2011. 10)

선량의 역할과 책임[*]

국가발전 앞장서야

고흥문 우리 정치가 반세기에 가까운 역사를 갖게 됐지만 정치인의 역할과 책임이 무엇이냐에 대해서는 진지한 토론이 없었던 것 같습니다. 정치인도 하나의 직업인인 이상 직업으로서의 소명이 있을 것이며 그것은 '국리민복의 증진과 국가발전의 견인역할'이라고 요약할 수 있을 것입니다. 좀더 구체적으로 얘기한다면 정치인이 해야 할 일은 밖으로 국가안전을 보장하고 타국과의 경쟁에서 지속적인 발전을 도모하는 일일 것입니다.

변형윤 정치인의 역할과 책임을 묻기 위해서는 먼저 상황의 설정이 필요하다고 봅니다. 5·16부터 유신시대까지 정치인은 민주화를 향해 노력해야 할 시점이었습니다. 민주화가 어느 정도 이뤄진 시점이라면 정치가는 이제 민주화가 더욱 진전되고 국민들이 더 잘살 수 있는 방향으로 역할을 해나가야 할 것입니다. 정치인은 특히 과학자, 문학가, 예술가, 종교가 등과 같이 부의 축적은 없더라도 하는 일에 보람을 느

---

[*] 14대 국회 출범을 앞두고 이루어진 고흥문(高興門) 전 국회부의장과의 대담.

끼고 국민들의 칭송을 받는 것으로 만족해야 할 것입니다.

우리나라의 경우 정치인들이 과연 그런가 하고 묻고 싶습니다. 정치란 것이 이해관계가 상반되는 모두의 욕구를 충족시킬 수는 없더라도 적절한 타협을 통해 모두에게 만족감을 주고 편안히 수용할 수 있도록 조화를 이끌어내야 할 것이지만 지금 정치는 국민을 오히려 불안하게 하지 않나 생각됩니다.

고흥문 6공에서는 정치우선주의가 경제의 숨통을 조였고 민주화 욕구를 수용하는 과정에서 경제를 희생양으로 삼는 어리석은 짓을 범했습니다. 토지정책, 물가희생, 국제수지 악화, 북방협력 등은 경제정책을 잘못 선택해서 빚어진 결과가 아니라 정치논리가 경제논리를 눌렀기 때문에 생긴 것입니다. 대외경쟁력이 저하된 것도 정치우선주의 경제논리의 희생에 따른 결과로 볼 수 있습니다. 결국 정치인들이 책임을 다하지 못한 셈이지요.

변형윤 오늘날 선진국들은 정치에 의해서 경제가 영향을 덜 받는 반면 우리는 정치에 의해 경제가 크게 영향을 받고 있습니다. 그런 측면에서 정치논리의 경제논리지배라는 말이 제기되는 것 같습니다. 이것은 우리 경제발전사와도 큰 관계가 있다고 봅니다.

지난 62년 경제개발 추진 이후 기업들의 자주적인 노력은 절반 이하이고 절반 이상은 정부가 도와줘서 경제성장이 이뤄져 왔던 만큼 정부의 입김이 경제에 크게 작용해 온 것입니다. 또 집권당은 공약(空約)이 분명한 데도 표를 얻기 위해서 공약들을 남발했고 야당도 이를 따라갈 수밖에 없었습니다. 이런 과정을 거쳐 경제가 정치의 큰 영향을 받게 됐다고 봅니다. 제발 집권당이 공약에 그칠 것을 무리하게 제시하는 일은 하지 말아야 한다고 생각합니다.

고흥문 14대 선거를 앞두고 임기가 1년밖에 남지 않은 대통령이 지방을 순시하면서 2천 년대의 것을 공약하는 것을 보게 됩니다. 4년 전에 공약한 것도 이행 안 된 것이 있는데…….

이렇게 되면 국민은 선거 때만 되면 으레 그러려니 하고 공약을 믿지 않게 되며 정치에 불신을 갖게 됩니다. 국민이 유세장에 많이 모이지 않는 것도 '가서 들을 필요가 없다'라는 인식 때문입니다. 정치지도자가 될 사람은 거짓말을 해서는 안 됩니다.

변형윤 그런 점에서는 선진국과 달리 우리나라는 '행정'에 의해 정치가 좌지우지되지 않나 생각합니다. 행정을 감시하기 위해 입법부가 있는 것인데 입법부가 제대로 기능을 못하고 있습니다. 그런 측면에서도 정치가 제대로 활동을 못하고 있습니다.

고흥문 당정 간에 찬반이 있지만 집권층이 하라면 하는 것이 현실입니다.

구한말 상황과 비슷

변형윤 경제논리만 따지면 정치가 존재하기 어렵고 정치논리만 앞세우면 경제가 존재하기 어렵습니다. 양측이 상대방의 정당한 요구를 수용하면서 설득과 타협점을 찾아야 할 것입니다.

고흥문 요즘 정치인이 제대로 설득과 타협을 통한 책임을 다하고 있는지 낯 뜨거운 상황입니다. 각종 여론조사를 보면 '국가발전을 위한 기여도'에서 정치인들이 하위권에 속해있다는 것은 개탄스러운 일입니다. 현재 동북아정세는 구한말을 연상케 하는 격변기입니다. 경제 역시 경쟁력 감퇴, 후발국의 추격 등으로 어려운 시점입니다.

최근에 만난 일본의 한 식자는 한국이 '이제 손을 들 때가 됐는데 오기를 부리고 있다'고 비아냥거릴 정도입니다. 사회적 혼란 역시 총선 이후 극에 달할 정계혼란과 함께 혼미해질 것으로 보입니다.

변형윤 정치인들에게 대화와 타협이 부족한 것 같습니다. 지난 70년대 일본을 여행할 때 추곡수매기와 관련, 인상적인 모습을 본 적이 있습니다. 일 정부는 4퍼센트의 인상안을 제시했고 일 농민단체들은 대표집회 등을 통해 8퍼센트를 주장했습니다. 한동안 진통을 겪더니 나중에 보니까 6퍼센트로 조정되어 타결됐습니다.

양측의 의견이 조정되고 타결되는 것이 정치라고 생각됩니다. 우리의 경우 야당은 반대를 위한 반대를 하지 말아야 하지만 정부는 야당의 목소리가 농민을 대변한다면 수용해야 한다고 봅니다. 작년 추곡수매의 경우 야당뿐만 아니라 여당의 농촌출신 의원들도 야당과 같은 입장이었던 것으로 알고 있습니다. 의원들의 주장이 반대를 위한 반대가 아니고 농민의 목소리를 대변하는 것이라면 정부가 받아 들였어야지요. 양측의견에 타협이 이뤄질 수 있으리라고 봤는데 일방 처리되고 말았습니다.

고흥문 13대 국회를 보면 한심하다는 생각이 듭니다. 전체의석의 3분의 2를 가진 여당이 몸싸움 날치기 나아가 의장이 무선마이크를 들고 일괄처리하고 있습니다. 민주주의는 대화와 타협입니다. 연초에 인사차 찾아온 후배 야당 정치인들에게 '무더기로 통과된 법의 내용을 아느냐', '자구 하나라도 고쳤느냐'고 물었더니 전부 모르고 못했다는 겁니다. 소수가 다수를 어떻게 힘으로 이기겠습니까.

시간이 되는 한 토론해서 국민에게 내용을 알리고 국가에 이롭게 열 개 중 3~5개라도 얻는 것을 이끌어내야 하는 것이 야당입니다. 3공이 야당을 말살시키려 했다면 6공은 적어도 민주주의를 하려는 노력은 하고 있다고 봅니다. 따라서 야당은 반대를 위한 반대보다 타협을 통해서 일부라도 얻고 표결에서 지더라도 국민들의 인정을 받을 수 있어야 합니다. 이런 과정에서 민주주의가 자라나고 민주정치가 성숙될 수 있습니다. 특히 경제문제일수록 최선의 대화와 타협을 추구해야 합니다. 왜냐하면 국민들의 이해관계가 직접 걸려있기 때문입니다.

변형윤 정치인의 경제이해도 역시 노력 정도에 따라 천차만별인 것 같습니다. 또 정치인이 알려고 해도 자료를 얻을 수 없는 경우도 많구요. 정부가 자료를 독점해선 안 되고 국가기밀이 아닌 것은 모두 공개, 제공해야 한다고 봅니다.

정부가 곧잘 '야당이 경제도 모르면서 떠든다'고 하는데 국정감사 등에 자료를 적절하게 제공해야 합니다. 많이 공개화된 요즘에도 정부가 일부 '어두운' 자료에 대해서는 일부 거부감이 있는 것 같습니다. 예를 들어 '국방위가 하는 것은 모두 비밀'이라고 해서는 안 됩니다.

공인의 덕목 갖춰야

고흥문 정치인의 자질도 문제가 됩니다. 국회의원 자질은 5, 6공 들어 오히려 후퇴한 측면이 있습니다. 30억 원을 내고 국회의원이 된다고 합니다. 그런 사람들이 국회에 진출해서 무엇을 하겠습니까. 바람직한 국회의원을 뽑기 위해서는 선거법이 선거관리위원회가 주도하는 엄격한 1백 퍼센트 공영제로 바뀌어야 합니다. 무소속 차별에 대한 헌법재판소의 위헌판결이 보여주듯이 현재의 선거법은 정략적으로 이용되고 있습니다. 민주화보다는 정권연장을 위해 치우친 것입니다. 더욱 한심스런 것은 정략적으로 선거법을 만든 사람 자신들이 버젓이 그 법을 어기고 있다는 것입니다.

변형윤 정치인들이 하늘이 낸 사람이 아니라 이 땅에 발을 붙인 사람임을 생각할 때 그런 정치인을 뽑아주는 국민에게도 문제가 있습니다. 뽑아주는 사람들의 의식수준이 낮으면 저질의원이 나올 수밖에 없습니다. 돈 받고 찍는 의식수준을 벗어나야 합니다. 공약(空約)이 공약(公約)되면 뽑아줘서는 안됩니다. 정치인 역시 공인으로서 몸가짐 생활 등에서 지도적 역할을 해야 합니다. 공인에 대해서는 사인보다 훨씬 강한 조건을 요구할 수 있는 것도 이 때문입니다.

고흥문 우리 정치가 안고 있는 큰 문제점은 정치인의 도덕성 결여입니다. 정치인의 자질론, 지역당 성격, 파벌 위주의 정치형태 등이 바로 도덕성의 결여에 기초하고 있습니다. 나아가 이런 문제점을 알면서도 전혀 개선되지 않는 점을 보면 정치인이 시정잡배와 다를 바 없다고 봅니다.

또 하나의 문제점은 국민 유권자에게 있습니다. 도덕성이 결여된 정치인들을 용납하고 있는 것이 문제입니다. 이 나라 정치의 문제점은 국민의 문제점으로 이는 마치 거울에 비친 것과 같기 때문입니다. 국민들이 정신을 차려서 올바른 한표 한표로 바른 정치인을 뽑아야 정치인의 책임도 구현될 것입니다.

변형윤 최근 경제관료들의 원내진출 노력이 많은 것 같습니다. 민주적인 사람이 전문적인 지식을 가지고 원내에 진출하는 것은 바람직하다고 봅니다. 그러나 관료사회에서 몸에 밴 서열의식을 갖고 정계에 들어온다면 또 다른 부작용을 낳지 않을까 우려되기도 합니다. 선거구민들에 의해 지역구의 대표로 받아들여진다면 정계에 진출해서 떳떳한 자세로 정치에 임해야 한다고 봅니다.

정·경 상호보완을

고흥문 현실 속에서 바람직한 덕목들을 골라보는 것도 정치인의 책임을 따지는 데 의의가 있다고 생각합니다. 외국 정계인사를 볼 때 고르바초프 전 소련 대통령의 결단성과 혜안, 부시 미 대통령의 날카로운 분석력을 들 수 있습니다. 국내 역대정치인들 중에서는 조병옥 박사의 양보협상정신, 박정희 대통령의 가난추방 의지를 들고 싶습니다. 이들이 가진 독특하면서도 뛰어난 각각의 자질을 종합하려는 노력이 필요하다고 봅니다.

최근 이른바 대권을 잡겠다는 사람들의 자질을 볼 때 국민들에게 정직하지 못한 채 자신들의 이해관계에 따라 이합집산하는 모습이 두드러져 안타깝습니다.

변형윤 기업인들이 제기하는 불만을 볼 때 아직도 기업인들이 자유롭고 대등한 관계에서 정부와 얘기할 수 없는 것 같습니다. 정부가 고자세를 유지하고 있는 것 같고 그런 점에서 견제세력이 필요하다고 봅니다. 경제정책의 잘잘못을 지적하고 얘기하는 것을 대권에 대한 도전 등으로 과민하게 받아들여서는 안 될 것입니다. 정부는 좀더 너그럽게 수용해 나가야 국민들의 실생활을 개선해 나갈 수 있습니다.

고흥문 경제는 경제논리대로 운영되어야 하지만 한계설정이 어려워 어느 나라건 계획경제적 요소가 가미되고 있습니다. 그러나 정치와 경제의 상관관계는 상호보완적이어야지 정치우위가 돼서는 절대로 안 될 것입니다. 더구나 각 국은 무역을 바탕으로 경제력을 앞세운 경쟁시대에 접어들고 있습니다. 이는 이념대립의 종식에 따른 자연스런 결과로 앞으로는 정치가 경제를 뒷받침하는 자리매김을 해야 한다고 봅니다. 그리고 이것이 정치인들의 책임이기도 하구요.

《매일경제신문》(1992. 3. 23)

학현 변형윤 약력

1927년 1월 6일 황해도 황주읍 예동리에서 출생

학 력

경기중(5년제) 졸업(1944). 서울상대 졸업(1951). 경제학 박사(서울대, 1968).

현 직

서울대 명예교수(1992~). 대한민국 학술원 회원(1993~). 서울사회경제연구소 이사장
(1993~). 한국경제발전학회 이사장(2007~).

전 직

서울상대 강사·교수(1955~75); 학장(1970~75).
경제개발5개년계획 평가교수(1966~80).
UN 경제개발연수원 강사(1968).
서울대 사회과학대학 교수(1975~80, 1984~92); 해직(1980), 복직(1984).
서울대 교수협의회장(1980, 1987~89).
한국계량경제학회장(1986). 한국경제학회장(1989).
경제정의실천시민연합 공동대표(1989). 한겨레신문사 이사(1991). 포항공대 이사(1996
~2005). 한겨레통일문화재단 이사장(1996). 서울시정개발연구원 이사장(1996). 통일
부 통일고문(1998). 한국외대 이사장(1998~2001). 제2건국위 대표공동위원장·고문
(1998~ 2003). 상지대 이사장(2004~07).

상 훈

다산경제학상(1985), 서울특별시 문화상(2001), 국민훈장 무궁화장(2000).

주요 저서

《경제수학》(1957), 《통계학》(1958), 《한국경제론》(편저, 1977), 《한국경제의 진단과 반
성》(1980), 《반주류의 경제학》(편역, 1981), 《분배의 경제학》(1983), 《현대경제학연구》
(1985), 《한국경제연구》(1986), 《경제를 되새기며》(2000).